사고와
언 어

Л.С. Выгоцкий

Мышление и речъ

1934

인간 의식의 본성을 다룬 심리학의 고전

사고와 언어

Мышление и речь

레프 세묘노비치 비고츠키 지음

이병훈 · 이재혁 · 허승철 옮김

연암서가

옮긴이

이병훈(李丙勳)

고려대학교 노어노문학과를 졸업하고, 모스크바국립대학교에서 러시아문학 박사학위를 받았다. 지금은 아주대학교 다산학부대학 부교수로 재직 중이다. 지은 책으로 『아름다움이 세상을 구원할 것이다』, 『모스끄바가 사랑한 예술가들』 등이, 옮긴 책으로 『젊은 의사의 수기·모르핀』, V.G. 벨린스키의 『전형성·파토스·현실성』(공역) 등이 있다.

이재혁(李在赫)

연세대학교를 졸업하고, 모스크바국립대학교에서 언어학 박사학위를 받았다. 지금은 부산외국어대학교 러시아학과 교수로 재직 중이다. 지은 책으로 『내가 사랑한 러시아』, 『러시아 정교의 미학』, 『러시아 극동의 역사와 문화』, 『실용 노어학 개론』 등이 있으며, 옮긴 책으로 이반 크르일로프의 『이반 크르일로프 우화시』 등이 있다.

허승철(許勝澈)

고려대학교 노어노문학과를 졸업하고, 미국 브라운대학교에서 슬라브어학 박사학위를 받았다. 지금은 고려대학교 노어노문학과 교수로 재직 중이다. 2006~2008년 우크라이나 대사를 역임했다. 지은 책으로 『나의 사랑 우크라이나』, 『우크라이나 현대사』, 『코카서스 3국의 역사와 문화』 등이 있고, 옮긴 책으로 알렉산드르 푸시킨의 『예브게니 오네긴』, 『얄타: 8일간의 외교 전쟁』, 『크림반도 견문록 1, 2』 등이 있다.

사고와 언어

2021년 4월 25일 초판 1쇄 인쇄
2021년 4월 30일 초판 1쇄 발행

지은이 | 레프 세묘노비치 비고츠키
옮긴이 | 이병훈·이재혁·허승철
펴낸이 | 권오상
펴낸곳 | 연암서가

등록 | 2007년 10월 8일(제396-2007-00107호)
주소 | 경기도 고양시 일산서구 호수로 896, 402-1101
전화 | 031-907-3010
팩스 | 031-912-3012
이메일 | yeonamseoga@naver.com
ISBN 979-11-6087-077-0 93180

값 30,000원

비고츠키의 생애와 언어 심리학 이론

1. 비고츠키의 생애

러시아의 심리학자인 레프 세묘노비치 비고츠키(Lev Semenovich Vygotsky)는 1896년 벨라루스의 오르샤에서 태어났다. 그의 가족은 비고츠키가 태어난 직후 고멜이라는 도시로 이주했으며, 그는 이곳에서 유년기와 청소년기를 보냈다. 그의 부모는 유대인이었다. 아버지는 고멜의 은행 지점장이었고, 어머니는 교사교육을 받은 사람이었다.

비고츠키는 어린 시절 집에서 가정교육을 받았고, 나중에는 고멜의 유대인 김나지움을 졸업했다. 그는 김나지움에 다니면서 철학, 역사, 문학, 예술 분야에서 탁월한 재능을 발휘했다. 그리고 이것은 그의 전 생애에 걸쳐 중요한 학문적 자양분이 되었다. 1913년 비고츠키는 김나지움을 졸업하고 모스크바대학교에 진학했다. 처음에 그는 의학을 공부하다가 나중에는 법학으로 전공을 바꾸어 법과대학을 졸업했다. 그는 모스크바대학교에 다니면서 당시에 비공식 교육기관이던 샤냐프스키 대학교에서 철학과 심리학 과정을 이수하기도 했다. 이 학교는 1900년대 초 제정 러시아에 반대하는 모스크바대학교 교수들이 대거 참여해 설립한 곳으로 당대의 저명한 교수들이 강의에 참여했다. 특히 비고츠키는 여기서 심리학자 블론스키의 심리학과 교육학 강의를 듣고 많은 감명과 영감을 얻었다.

모스크바대학교를 졸업한 비고츠키는 고멜에서 중등학교 교사로 재직했다. 그리고 대중음악학교에서 미학과 예술사 강의를 했으며, 여러 잡지에 연극과 문학에 관한 비평들을 발표했다. 또 그는 고멜사범기술대학에서 심리학 실험실을 조직하고 본격적으로 심리학 연구에 몰두하기도 했다. 이 시기에 비고츠키는 「셰익스피어의 덴마크 왕자 햄릿에 관한 비극」(1915~16) 등과 같은 흥미로운 논문들을 발표했다. 비고츠키가 심리학자로서 주목을 받기 시작한 것은 1924년 레닌그라드에서 개최된 제2차 러시아 심리신경학회에서 「조건반사적 조사방법과 심리학적 조사방법」이라는 논문을 발표한 이후다. 이 논문은 많은 사람의 반향을 불러일으켰으며, 그에게 모스크바 국립실험심리학연구소에서 연구할 수 있는 기회를 부여했다. 비고츠키는 이 연구소에서 「예술 심리학」이라는 논문으로 학위를 받았다.

1925년 여름에 비고츠키는 영국, 독일, 프랑스, 네덜란드 등지에서 열린 국제학술대회에서 많은 논문을 발표하였고, 1925년과 1926년 사이의 겨울에 『심리학 위기의 역사적 의미』라는 방대한 저술을 집필했다. 여기서 그는 현대 심리학의 위기가 지니고 있는 본질을 지적하고 새로운 방법론의 기초를 제시했다. 그의 주된 문제의식은 심리학을 주관적인 영역에서 역사적·문화적 영역으로 확대하는 것이었다.

그로부터 1934년 젊은 나이에 결핵으로 세상을 떠나기까지 10년 동안 비고츠키는 저술활동에 몰두했다. 이 기간에 그는 평생의 동료였던 레온티예프와 루리야를 만나 현대 심리학에서 매우 독창적인 이론으로 평가되는 비고츠키학파의 이론을 정립했다.

비고츠키는 생의 마지막 몇 년을 강의와 저술활동에 광적으로 매달렸다. 그는 죽기 몇 달 전에도『사고와 언어』의 마지막 장을 속기사에게 받아 적게 했을 정도다. 그는 평생 180여 편의 논문과 저술을 남겼다. 그의 대표작으로는『예술 심리학』(1925),『심리학 위기의 역사적 의미』(1925~26),『장애아동의 발달과 교육진단』(1931),『고등정신기능의 발달사』(1931, 1960년 출간),『심리학 강의』(1932), 피아제의 저서『아동의 언어와 사고』(1923)의 러시아어 번역판에 쓴 장문의「서문」(1932),『정신분열증 환자의 사고』(1934) 등이 있다. 이 중 피아제의 저서에 붙인 서문은『사고와 언어』제2장으로 다시 발표되었다.

비고츠키의 저서는 소비에트 시절에, 특히 스탈린 체제에서 출판이 금지되었다. 그러나 그의 업적과 지적 전통은 소비에트 심리학계에 많은 영향을 주었으며, 그의 제자들은 소비에트 심리학을 대표하는 학자들로 성장했다. 특히 1960년대 이후에 그의 이론은 서구의 학자들에게서 많은 공감을 얻었으며, 현재까지도 그의 이론을 연구하는 체계적인 이론서가 계속 출간되고 있다. 러시아에서는 1982년부터 84년 사이에 비고츠키의 전집 여섯 권이 출간된 바 있다.

2. 비고츠키의 심리학 이론*

비고츠키 심리학 이론의 특징은 예술, 철학, 미학, 언어학, 교육학 등의 문제를 심리학의 주요 연구주제로 삼았다는 데 있다. 가령,『예술 심리학』에서 비고츠키가 제기하는 본질적인 질문은 미학적 반응이란 심리적으로 무엇인가 하는 것이다. 이를 해명하기 위해서 그는 먼저 러시아 형식주의자들의 이론을 받아들이지만, 곧 이를 넘어서 예술작품의 기능적 측면에 관한 사회-심리학적 해명에 관심을 기울인다. 다시 말해서 예술작품을 설명하는 데 그것의 구조적 측면에 대한 객관적인 해명만으로는 부족하며 그것의 구조적 조직화가 어떤 해석적 효과를, 어떤 미학적 반응을 낳는지에 대한 해명이, 즉 예술작품의 구조와 대응하는 사회-심리학적 측면에 대한 해명이 더 본질적이라는 것이다. 그리고 여기서 중요한 것은 우리의 미학적 반응의 기원과 형성방식에 대한 발생적·역사적 고찰이다. 비고츠키가 『예술 심리학』에서 제시한 이러한 이론적·방법론적 문제들은 이후 그의 심리학 연구 전체에서 일반화된 형태의 문제의식들로 나타난다.

비고츠키의 심리학적 연구들을 일목요연하게 파악하려면 그의 이론적 틀 전체를 특징짓는 문제의식을 어느 정도는 일반화시켜 볼 필요가 있다. 이것을 워치(J.V. Wertsch)는 『비고츠키와 정신의 사회적 형성』이라는 책에서 다음과 같이 세 가지로 요약한다. 즉, ① 발생적(genetic)·발달적 과정의 이해를 중요시하는 입장, ② 인간 개개인에게 있는 고도의 정신적 과정들은 사회적 과정들 속에 그 기원이 있다는 입장, ③ 정신적 과정들은 그것들을 매개하는 도구들과 기호들을 이해할 때만 이해될 수 있다는 입장이 그것이다. 물론 이 세 가지 일반적 입장들은 서로 별개의 것이 아니라 밀접하게 연관되어 있다. 인간을 특징짓는 고도의 정신적 기능들의 사회적 기원에 관한 문제는 발생적 과정에 대한 본

---

* 이 절은 이기웅, 「비고츠키 심리학 이론의 언어학적 전망」(『러시아어문학연구논집』, 2011, 38권)을 참조했다.

질적인 이해와 맞물려 있으며, 인간 의식의 사회적 상호작용과 정신적 기능들은 거기에 개입되는 매개(mediation)의 형태들과 맞물려 있다.

이러한 비고츠키의 이론적 틀 속에서 후기로 올수록 특별히 중요한 위치를 차지하게 되는 것은 세 번째 것, 즉 매개의 문제다. 가령 1933년 무렵이 되면 그는 "우리 심리학에 관한 핵심적 사실은 매개의 사실이다"라고 주장하고 있다. 특히 매개의 여러 형태 중에서 기호가, 그리고 기호의 여러 형태 중에서도 언어가 중요한 관심사로 부각된다. 이때 본질적인 문제로 제기되는 것이 바로 기호의 의미에 관한 것이다. 실제로 그는 다음과 같은 입장을 표명하는 데까지 나아가게 된다. "이전 작업들에서 우리는 기호가 의미를 갖는다는 것을 간과하고 있었다. [……] 우리는 이 의미의 불변성 원칙으로부터 출발하면서 이 의미라는 것을 빼고 생각했다. 그러나 이미 이전의 분석들에서도 의미의 문제는 존재하고 있었다. 이전의 우리의 과제가 논리적 기억과 손수건 '매듭' 사이에 무엇이 공통적인가를 보여주는 것이었다면, 지금 우리의 과제는 그것들 사이에 존재하는 차이를 보여주는 데 있다."

비고츠키의 후기 작업에서 가장 핵심적인 것은 바로 심리적 도구(psychological tool)로서 기호 개념이다. 도구의 사용을 자연에 대한 인간의 매개적 활동으로 규정한 마르크스와 엥겔스의 입장을 더 발전시켜 비고츠키는 그것을 기호의 영역으로까지 확장시킨다. 요컨대 매개적 활동은 도구의 사용과 기호의 사용으로 나뉘며, 전자가 외적인 대상을 향한다면, 후자는 내적인 방향성을 갖는다는 것이다. 다시 말해서 기호는 인간의 내적·심리적 활동을 매개하는 수단이라는 것이다. 이렇게 놓고 볼 때, 도구와 기호는 한편으로는 유사한 연관성을 갖지만 다른 한편으로는 질적으로 상이한 양태를 갖는다. 도구와 기호는 인간의 매개적 활동의 연장이라는 점에서, 사회적으로 규정된 특성을 지녔다는 점에서, 그리고 이러한 연장의 성격이나 완성도 등에 따라서 대상 자체에 대한 인간의 관계와 인간들 사이의 관계가 특정한 양상으로 규정된다는 점에서 유사한 성격을 갖는다고 할 수 있다. 반면 도구와 달리 '심리적 도구'인 기호는 우리의 행동 과정에 통합되면서, 사고, 기억, 상상, 의지 등과 같은 정신적 기능들의 구조와 전개를 변화시킨다. 그리고 바로 이러한 속성들을 통해서 우리의 도구적 행위의 구조 자체도 규정하고 새롭게 재구성하는 것이다.

비고츠키가 후기로 갈수록 기호의 문제에 주목하는 것은 기호가 인간의 정신적 기능들의 단순한 보조물이 아니라 그것들을 변화·발전시킬 수 있기 때문이다. 그는 기호를 본질상 사회적인 것으로 간주한다. 언어에서 수학적 표기들에 이르기까지 다양한 유형의 기호는 개체로서 인간의 본능적·유전적 산물이 아니라 사회-문화적 발전의 산물이다. 또 이러한 기호들은 인간의 사회적 목적을 위한 수단, 타인에게 영향을 미치는 수단이며, 종국에는 자기 자신에게 영향을 미치는 수단이 된다는 것이다.

언어학자가 아니라 심리학자였던 비고츠키는 언어나 기호를 그 자체로 바라보고 분석·기술·설명하지 않았다. 앞에서도 언급했듯이 비고츠키의 문제의식은 인간의 정신적 기능들과 기호들 사이의 상호관계를 과학적으로 규명하는 것, 다시 말해서 인간의 발달에서 기호들은 어떻게 습득되고 활용되는지, 이를 통해서 고도의 정신적 기능들은 어떻게 '질적인 도약'을 하는지, 그리고 역으로 이러한 정신적 기능들은 기호들의 사용에 어떤 영향을 미치며, 어떻게 그것을 풍부하게 하는지를 심리학적으로 관찰하고 설명하는 것이었다. 흥미롭게도 그의 이런 이론적 지향성은 규정된 대상 그 자체를 연구하는 언어학이 오늘날 봉착한 근본적인 한계, 즉 한편으로는 규정된 대상에 대한 객관적인 지식을 추구하지만 다른 한편으로는 이 같은 추구가 대상 자체에 고유한 기능적 속성을 도외시함으로써 결과적으로 대상 자체까지도 사라져버리게 만드는 문제점을 극복하는 데 유효한 출발점을 제시해줄 수 있다. 그러면 이 같은 문제의식을 갖고 비고츠키의 마지막 저서『사고와 언어』를 살펴보자.

3. 사고와 언어

『사고와 언어』는 실험 심리학에서 가장 난해한 문제 중 하나인 사고와 언어의 발생적 관계를 다루고 있다. 이 책의 내용은 크게 두 개의 실험적 연구로 구성되어 있다. 하나는 아동기 개념의 일반적 발달과정을 밝히는 것이고, 다른 하나는 아동의 과학적 개념과 자연발생적 개념의 발달을 비교·연구하는 것이다. 이런 실험 결과에 기초해서 비고츠키는 생각과 말의 관계를 통해 언어적 사고 과정 전체를 상호 연관되고 일관된 모습으로 제시하고 있다.

1) 아동기 개념의 발달과정에 대한 실험적 연구

비고츠키는 개념을 사고의 기본 단위로 생각하고 그것이 말과 어떤 관계를 갖는지 주목한다. 만일 개념을 개별적인 사물들에 대한 또는 사물의 여러 가지 개별적인 양태에 대한 일정한 방식의 일반화라고 한다면, 그리고 그것이 말의 의미형성 과정과 어떤 관계가 있는지 해명한다면 이로부터 우리는 아동이 자기 앞에 놓인 여러 가지 대상을 어떤 방식으로 분류하고 명명하는지를 관찰할 수 있을 것이다. 비고츠키는 이러한 일련의 심리학적 실험 결과를 바탕으로 아동의 개념발달 과정을 다음과 같이 세분화한다.

첫 번째 단계는 대상들을 아동의 주관적인 연관관계들에 따라서 분류하는 단계로, 이 단계에서 대상들의 분류나 일반화에는 어떤 형태적 완결성이나 일관성, 규칙성 등이 결여되어 있다. 이 단계를 혼동심성적 지각 또는 '무연관의 연관'이라고 부른다. 마찬가지로 이 단계에서 개념을 나타내는 말의 의미 또한 아동의 지각활동의 주관적인 인상에 따라 비완결적으로, 일정치 않게 사물이나 사물의 특징들과 대응되는 양상을 보인다. 그렇지만 이 단계에서 아동과 성인은 이미 동일한 단어에 의한 상호 이해가 부분적으로 가능한데, 그것은 아동과 성인이 생각하는 해당 단어의 의미가 어떤 구체적인 대상의 지칭에서 종종 서로 교차하는 상황이 발생하기 때문이다. 하지만 이 단계에서 아동의 사고와 성인의 사고가 완전히 일치하는 것은 물론 아니다. 그리고 이 단계는 다음과 같은 세 가지 수준으로 세분화할 수 있다. i) 혼합적인 방식으로 형상을 구성하는 수준, ii) 주관적이나마 어떤 동일한 계통성을 설정하면서 대상들을 모으는 수준, iii) 개별 대상들이 아니라 그것들의 이러저러한 무리들에 대해서 혼합적인 형상을 구성하는 수준. 여기서 특히 이 세 번째 수준은 다음 단계의 발달로 이어지는 연결고리의 역할을 한다.

두 번째 단계는 복합적 사고 단계다. 이 단계는 아동이 같은 종류의 사물들을 같은 그룹으로 통합하고, 사물들 속에서 발견한 객관적인 결합 법칙에 따라 그 사물들을 종합하기 시작하는 단계로 이전과 비교해

연관성과 객관성이라는 특성을 지닌다. 두 번째 단계는 다음과 같이 다섯 가지 유형으로 발전된다. i) 연합적 복합, ii) 수집적 복합, iii) 연쇄적 복합, iv) 확산적 복합, v) 의사(擬似)개념적 복합. 이 단계에서 아동은 성인과 마찬가지로 같은 말을 가지고 같은 대상을 지칭할 수 있다. 하지만 이것은 단어의 대상적 관련성에 있어서는 일치할 수 있지만, 같은 의미로 단어를 사용하는 것은 아니다. 이 단계의 사고 메커니즘의 특징인 복합적 사고는 아동이 그다음의 사고발달 단계로 넘어가도 사라지지 않고 여전히 남아서 작동한다. 특히 의사개념적 복합은 개념적 사고 단계와 관련해서 중요한 의미를 지닌다. 구체적인 사물들의 복합적 결합은 표면적 성질상, 즉 외형이나 외적인 특성에서는 개념과 완전히 일치하지만, 그것의 발생적 성질이나 발생과 발달의 조건, 복합의 기초를 이루는 인과적·역학적 결합에 있어서는 결코 개념이 아니다. 다시 말하면 이것은 외면적으로는 개념이지만 내면적으로는 복합인 것이다.

세 번째 단계는 개념형성의 단계인데, 여기서 아동의 사고는 개별 대상들에 대해서 통합과 일반화를 행하게 된다. 그렇지만 이 발전 단계의 i) 첫 번째 수준의 경우, 일반화는 주로 대상들에 대한 지각의 유사성에 기초한다. ii) 그리고 두 번째 수준에 이르면 비로소 잠재적 개념들이 형성된다고 볼 수 있다. 이 국면에서 일반화는 대상들 사이의 유사성을 넘어서 어떤 공통성의 파악을 근거로 하게 된다. 그렇지만 여기서도 아동은 대상의 구체적인 기능적 특성이나 실천적인 행동과 연관된 사고를 한다. iii) 세 번째 수준은 추상화의 과정이라고 할 수 있는데, 이 수준에서 아동의 사고는 어떤 대상이 실제로 갖는 일련의 속성들 중 특정한 것을, 즉 해당 대상을 어떤 일정한 공통적인 그룹에 속하게 하는 특정한 속성을 다른 속성들에서 분리한다. iv) 마지막으로 네 번째 수준은 진정한 개념의 형성 과정이다. 개념은 추상화된 일련의 속성들이 다시 종합화될 때, 이러한 추상적 종합이 사고의 기본 형태가 될 때 발생한다. 그리고 이러한 과정에서 말은 결정적인 역할을 한다. 말에 의해 아동은 어떤 특정한 속성들에 주의를 기울일 수 있게 되고, 말로 그 속성들을 종합하고, 추상적 개념을 상징화하는 것이다. 이로써 개념은 사고가 만들어낸 고차원적인 형태의 기호처럼 운용될 수 있게 된다.

2) 과학적 개념과 일상적 개념의 발달에 대한 비교 연구

아동기 개념의 발달과정에 대한 실험적 연구가 아동의 일상적·자연발생적 개념의 형성 과정에 대한 관찰이었다면, 과학적 개념의 형성 과정은 이와는 상반된 양상을 보인다. 일상적 개념의 형성은 아동의 의식이 언어 외적인 것을 언어적인 것으로 만들어가는 과정이었다면, 과학적 개념의 형성은 아동이 스스로 그것을 경험하기 이전에 이미 만들어진 성인의 담론 세계로부터 주입된 것이라고 할 수 있다. 이 때문에 아동에게서(특히 초등학교 저학년 학생의 경우) 과학적 개념들의 발달이 일상적 개념들의 발달을 선행하는 현상이 생긴다. 여기서 위험성은 그러한 과학적 개념들이 구체적인 현상적 토대에 관한 경험적 파악이 동반되지 않은 채로 단순히 언어적 공식들로서 이해될 우려가 있다는 점이다. 반면 일상적 개념은 추상화하기 어렵고 마음대로 활용할 수 없다는 약점이 있다.

비고츠키는 사고의 발달과정에서 발생적으로 상반된 방향성을 지닌 일상적 개념들과 과학적 개념들 사이의 관계를 실험적으로 규명한다. 그는 "나는 아프기 때문에 내일 학교에 안 갈 것이다." 같은 문장에서 원인의 표현 '때문에'의 의미를 7~8세 아동들이 정말로 알고 있는가라는 의문을 던진다. 그 연령의 아동들이라면 대개 이러한 표현을 자연스럽게 구사하지만 실험 결과는 현실과는 거리가 있다. 이것은 이 연령대의 아동들에게 "…… 때문에 이 사람은 자전거에서 떨어졌다"라는 문장을 완성해보라고 하면 더 확연히 드러난다. 이러한 사실은 아동이 일상적 개념의 표현들을 비자각적인 상태로, 마음대로 활용할 수 없는 상태에서 구사하고 있음을 보여준다. 따라서 일상적 개념의 표현들을 좀더 일반적인 방식으로, 그리고 좀더 올바르게 사용할 수 있기 위해서는, 이 '원인'에 대한 비자각적이고 자연발생적인 개념화에 논리적·과학적 개념화가 보충될 필요가 있다. 역으로 일상적 개념들은 성인들의 담론 세계로부터 들어온 과학적 개념들을 아동이 스스로 소화해낼 수 있게 하는 구체적인 토대 역할을 한다. 일상적 개념들은 또한 과학적 개념들이 단순한 언어적 정의로만 기억되지 않고 실제 현상이나 대상들과의 관계 속에서 구체적으로 이해되고 내용적으로 풍부하게 뿌리를 내릴 수 있는 토양 역할을 한다. 이처럼 일상적 차원과 과학적 차원의 상호관계를 통해서 아동의 사고 속에서 개념들은 자각성, 체계성, 일반적 임의성을 획득하게 된다.

아동기 일상적 개념들의 형성과 과학적 개념들의 형성은 각각의 과정들이 갖는 특성상, 즉 내적 발달의 과정과 외부로부터의 학습 과정이라는 측면에서 모국어 습득과 외국어 학습 사이의 관계, 그리고 좀더 일반적으로 발달과 학습 사이의 관계와도 맥락을 같이한다. 모국어와 외국어 학습을 예로 들어보자. 여기서 모국어는 일상적 개념으로, 외국어는 과학적 개념으로 치환해서 이해해도 좋을 것이다.

아동은 모국어를 습득하는 것과는 완전히 다른 방법으로 외국어를 습득한다. 모국어 발달에서 습득한 법칙 중에 어떤 것도 외국어를 습득할 때 유사하게 반복되지 않는다. 모국어는 상대적으로 성숙한 언어이고, 외국어는 완전히 다른 내적 조건과 외적 조건 아래서 습득되기 때문에 외국어의 습득 과정은 모국어 습득 과정과 크게 다를 수밖에 없다. 그러나 차이가 아무리 클지라도 모국어와 외국어를 습득하는 과정에는 서로 많은 공통점이 있고, 본질적으로 이들은 언어발달 과정이라는 동일한 과정에 속한다는 사실을 숨길 수 없다. 외국어의 습득은 오랜 발달과정을 거친 모국어의 모든 의미적 측면을 이용하고 있는 독자적인 과정이다.

취학 연령기 아동에게 외국어를 교육하는 것은 모국어의 지식을 그 기초로 한다. 하지만 반대로 외국어가 아동의 모국어에 영향을 미치는 반대의 의존관계는 덜 알려져 있다. 외국어의 습득은 언어 형식을 자각하고 언어 현상을 일반화하며 사고 도구와 개념의 표현으로서 말을 더 자의적으로 사용한다는 점에서 아동의 모국어를 더 높은 수준으로 상승시킨다. 대수의 습득이 모든 산술적 연산을 대수적 연산의 특수한 예로 이해하게 하고, 구체적 수의 연산으로 더 자유롭고 추상적이고 일반적인 시각을 주는 것처럼, 외국어의 습득은 아동의 모국어를 한층 더 높은 수준으로 만든다고 할 수 있다. 대수가 아동의 사고를 구체적인 수 의존관계로부터 해방시켜주고, 가장 일반적인 사고 수준으로까지 향상시켜주는 것처럼, 외국어를 습득하는 것은 아동의 언어적 사고를 구체적인 언어 형태와 현상으로부터 해방시킨다.

3) 사고와 언어

비고츠키는 언어가 두 가지 기능을 갖는다고 보았다. 하나는 외적 언어로서 이것은 다른 사람에게 향하는 언어다. 이 언어는 사회적 의사전달 기능을 수행한다. 다른 하나는 자기중심적 언어다. 자기중심적 언어는 들을 수는 있지만 다른 사람이 아닌 자기 자신을 향하는 언어다. 이 언어는 다른 사람과 의사소통을 목적으로 하는 외적인 언어와는 달리 종종 생략되고 집약된다. 이러한 언어행위를 할 때 사람들은 다른 사람들이 이해했는지 개의치 않기 때문에 자기중심적인 것처럼 보인다. 비고츠키는 이 자기중심성을 언어의 결함이 아니라 언어의 독특한 기능이라고 이해했다.

비고츠키는 다양한 실험을 통해서 외적 언어와 자기중심적 언어가 서로 다른 시기에 형성된다는 것을 증명했다. 유아기 아동의 언어는 주로 공적인 기능을 수행하며 사회적 환경과 학습에 적응하는 중요한 도구가 된다. 그리고 유아가 성장함에 따라 언어는 새로운 기능을 갖게 되는데, 그것은 단지 의사소통이 아니라 자신의 행동을 지배하고 새로운 지식을 얻기 위해 사용된다. 이 시기에 형성되는 것이 바로 자기중심적 언어다. "자기중심적 언어의 구조적·기능적 특성은 아동의 성장과 함께 증대한다. 3세 때 자기중심적 언어와 아동의 소통적 언어의 차이는 거의 제로에 가깝다. 7세가 되면 거의 모든 기능적·구조적 특성에서 3세의 사회적 언어와 구별되는 언어가 발생한다. 이러한 사실에서 우리는 성장에 따른 두 가지 언어적 기능의 발전적 분화와 유아기에 이러한 두 가지 사명이 거의 동일한 방법으로 수행되는 일반적이고 미분화된 언어적 기능들로부터 자기 자신을 위한 언어와 타인을 위한 언어의 독립을 확인할 수 있다."(이 책, 488쪽) 비고츠키에 따르면 자기중심적 언어는 심리학 측면에서는 내적 언어이고, 구조적 관점에서 보면 외적 언어다. 그리고 아동이 성장할수록 자기중심적 언어는 내적 언어로 성장, 진화한다.

말이 일단 두 개의 구별되는 특징으로 분리되면 자기중심적 언어는 안으로 숨어들어 내적 언어가 된다. 그리고 인간은 이 내적 언어를 통해서 언어적 사고를 한다. 내적 언어와 언어적 사고라는 두 가지 개념은 인간이 지니고 있는 서로 다른 내적 정신 과정을 의미한다. 비고츠키는 내적 언어를 완전히 특수하고 독립적이며 자율적이고 자립적인 언어의 기능이라고 규정한다. 이 언어는 생각과 말의 동적인 관계를 매개하는 언어적 사고의 특수한 내적 국면으로 기능한다. 인간이 내적 언어를 외적 언어로 바꾸는 것은 한 언어에서 다른 언어로 직접적으로 번역하는 것도 아니고, 무언에 음성적 측면을 부가하는 것도 아니며, 내적 언어의 단순한 음성화도 아니다. "그것은 언어의 재구성이며, 내적 언어의 완전히 특수하고 독자적인 구문법, 의미적·음성적 구조를 외적 언어의 구조적 형태로 변화시키는 것이다. 내적 언어가 단순히 음성이 없는 언어가 아니듯이 외적 언어는 음성이 있는 내적 언어가 아니다. 내적 언어에서 외적 언어로 이행하는 것은 복잡한 동적 변형, 즉 술어적이고 관용적인 언어가 구문법적으로 분절되고 타인에게 이해되는 언어로 변화하는 것이다."(이 책, 532쪽)

내적 언어는 완전히 특수한 기능이며 어떤 의미에서 외적 언어와 대립된다고 할 수 있다. 그러나 내적 언어가 외적 언어에 선행하는 것이거나 그것의 내적 측면은 아니다. 만약 외적 언어가 생각이 말로 변화하는 과정이거나 사상의 물질화·객관화라면 우리는 여기서 그 반대 방향의 과정, 즉 밖에서 안으로 나가는 과정, 언어가 생각으로 기화하는 과정을 보게 될 것이다. 그러나 비고츠키는 언어가 결코 그 내적 형식에서 사라지지 않는다고 이해했다. 즉 그에 따르면 의식은 결코 증발하지도 않으며 순수한 정신에 용해되지도 않는다. 내적 언어도 역시 언어며, 말과 결합된 생각이다. 그러나 만약 생각이 외적 언어의 말 속에 구현된다면, 말은 생각을 낳으면서 내적 언어에서는 소멸할 것이다.

비고츠키는 내적 언어에 대한 실험적 분석을 통해서 생각이 직접적으로 언어적 표현과 일치하지 않는다는 결론에 도달한다. "생각은 언어같이 개별적 단어들로 구성되지 않는다. 만약 내가 오늘 푸른색 점퍼를 입은 소년이 맨발로 뛰어가는 것을 보았다는 생각을 전달한다면, 나는 소년과 점퍼, 점퍼가 푸른색이었다는 것, 소년이 신발을 신지 않았다는 것, 소년이 뛰어갔다는 것을 별개로 보지 않을 것이다. 나는 이 모든 것을 통일된 생각의 행위 속에서 보지만 이것을 언어로 표현할 때는 개별적인 말로 분해한다. 생각은 항상 전체를 이루며, 그 길이와 용량에서 개별적 말보다 훨씬 크다. 연설하는 사람은 자주 동일한 생각을 몇 분에 걸쳐 전개한다. 이러한 생각은 연설자의 머릿속에서 전체로서 존재하지, 언어가 전개되는 것처럼 결코 개별적인 단위로 점진적으로 발생하지 않는다. 생각은 동시다발적으로 존재하지만 언어는 연속적으로 전개된다. 생각은 말들의 비를 뿌리는 구름에 비유할 수 있다. 그러므로 생각에서 언어로 이행하는 과정은 생각이 분해되고 그것이 말로 재생되는 복잡한 과정이다. 바로 이런 이유 때문에 생각은 말뿐만 아니라 생각을 표현하는 말의 의미와도 일치하지 않는다. 생각에서 말로 전이하는 과정은 의미를 횡단해 존재한다. 우리 언어에는 배후의 생각이나 숨은 내면적 의의가 존재한다. 생각을 말로 직접 이행하기는 불가능하기 때문에 항상 복잡한 경로가 필요하고, 말의 불충분함에 대한 탄식과 생각의 불완전한 표현에 대한 슬픔이 발생한다."(이 책, 536쪽) 그러나 비고츠키는 생각이 말로 표현될 수 없지만 말 속에서 완성되는 것이라는 사실을 보여준다. 생각은 외적으로 기호에 의해 매개될 뿐만 아니라 내적으로 의미에 의해 매개된다. 문제는 의식 간의 직접적 소통이 물리적으로뿐만 아니라 심리적으로도 불가능하다는 것이다. 이것은 오직 간접적이고 매개적인 경로를 통해서만 가능하다. 이러한 경로는 처음에는 의미, 나중에는 말에 의한 생각의 내적 매개 속에서만 존재한다. "생각은 말의 직접적인 의미와 결코 일치하지 않는다. 의미는 생각이 언어적으로 표현될 수 있도록 매개한다. 즉 생각에서 말로 이행하는 경로는 간접적이고 내적으로 매개된 경로다."(이 책, 538쪽)

타인의 언어를 이해하는 데 상대방의 생각이 아니라 몇가지 말만 이해하는 것은 불충분하다. 그러나 대화자의 생각을 이해하는 것은 그 생각을 발화하게끔 하는 동기에 대한 이해가 없다면 불충분한 이해가 된다. 이런 의미에서 비고츠키는 모든 진술에 대한 심리학적 분석에서 최종적으로 언어적 사고에 숨겨져 있는 내적 국면을 밝힐 때만 철저한 분석을 할 수 있을 것이라고 주장한다. 즉 그는 인간의 사고를 언어로 완전히 표현할 수는 없지만 언어적 사고가 인간의 사고를 지탱하는 가장 중요한 근간이라는 사실을 실험적으로 증명한 것이다. 이 점을 감안하고 이 방대한 저서의 마지막 문장을 읽으면 그 의미를 새삼 깨닫게 된다. "태양이 작은 물방울에 반영되듯이 의식은 말 속에 자신을 표현한다. 말과 의식의 관계는 미시적 세계와 거시적 세계, 살아 있는 세포와 유기체, 원자와 우주의 관계와 같다. 말은 의식의 소(小)세계다. 의미가 부여된 말은 인간 의식의 소우주다."(이 책, 547쪽)

이 책은 비고츠키(Л.С. Выгоцкий)의 『사고와 언어』 러시아어 텍스트(Мышление и речь, 1934; Психология развития человека, М: Смысл, 2004)를 번역한 것이다. 옮긴이들은 이외에 영어 번역본(*The*

Collected Works of L.S. Vygotsky, Volume 1, Problems of General Psychology, New York: Plenum Press, 1987), 일어 번역본(『思考と言語』, 柴田義松 譯, 明治圖書版, 1962)을 참고했다. 개정판을 내면서 역자들은 번역 문장의 가독성을 높이는 데 주력했음을 밝혀둔다. 이를 위해 우리말 표현에 어색한 문장을 다수 손질했으며, 본문에서 필요한 주석을 역주 형태로 보완했다. 그리고 비고츠키가 가장 많이 사용하고 있는 러시아어 용어인 mysli(사상 혹은 생각)와 slovo(단어 혹은 말)를 문맥에 따라 새로 고쳤다. 바라건대 개정판을 통해 독자들이 비고츠키의 사상을 좀 더 정확하고 용이하게 이해하는 데 도움이 되기를 희망한다. 비고츠키의 텍스트가 아무리 난해하다 해도 번역본에 혹시 있을지도 모를 오역의 책임을 옮긴이들이 피하기는 어려울 것이다. 『사고와 언어』의 1~3장과 6장의 전반부는 허승철, 4장과 6장의 후반부는 이재혁, 5장과 7장은 이병훈이 나누어 번역했다. 끝으로 개정판을 낼 수 있도록 기회를 주신 연암서가 권오상 선생님과 해제를 쓰는 데 많은 도움을 준 경북대 이기웅 교수께 이 자리를 빌려 감사의 뜻을 전한다.

2021년 1월
이병훈 아주대학교 다산학부대학 교수

일러두기

1. 이 책은 레프 세묘노비치 비고츠키(Л.С. Выгоцкий)의 『사고와 언어』 러시아어 텍스트 *Мышление и речь*(Москва: Лабиринт, 2004)를 번역한 것이다.
2. 본문에서 각주는 저자 주, 편집자 주, 옮긴이 주, 영어본 편집자의 주로 구분하여 표시했다.
3. 각 장의 소제목은 일본어 번역본을 참고했다.
4. 이 책에 나오는 인명과 지명은 모두 외래어 표기법에 따랐다.
5. 원서에서 이탤릭체로 쓴 곳은 고딕체로 표기했다.

저자 서문

이 책에서는 실험 심리학에서 가장 어렵고 혼란스러우며 복잡한 문제의 하나인 사고와 언어 문제를 심리학적으로 연구한다.[1] 우리가 알고 있는 한 이 문제를 체계적이고 실험적으로 고찰한 연구자는 아직 없었다. 우리 앞에 놓여 있는 과제를 해결하는 것은, 비록 초보적인 접근일지라도, 우리의 관심을 끄는 문제의 특수한 측면에 대한 개별적인 실험적 연구로 이루어질 수 있을 것이다. 이러한 연구의 예로는 실험적으로 설정하는 개념에 대한 연구나 문어와 사고의 관계에 대한 연구, 내적 언어에 대한 연구 등이 있다.

우리는 실험적인 연구 외에 불가피하게 이론적이고 비판적인 연구에도 눈을 돌리지 않을 수 없었다. 한편으로는 심리학에서 축적된 다수의 사실 자료를 이론적으로 분석하고 일반화하는 방법이나, 계통발생과

---

1 언어를 나타내는 러시아어는 '야직'(*iazyk*)과 '레치'(*rech*)가 있다. 전자가 소쉬르 (Ferdinand de Saussure)의 '랑그'(langue)에 해당하는 단어라면, 후자는 구체적인 발화 행위를 포함하는 '파롤'(parole)과 같은 의미로 볼 수 있다. 저자는 책의 제목을 포함하여 본문에서 '레치'(*rech*)를 주로 사용했는데 두 단어를 의도적으로 구별하여 썼다고 볼 수는 없다. 여기서는 이 두 단어를 필요에 따라 '언어'나 '말'로 번역했다 – 옮긴이.

개체발생의 자료를 대비·대조하는 방법으로 우리의 문제를 해결하기 위한 출발점을 설정해야 했으며, 사고와 언어의 발생적 근원에 대한 일반적인 학설의 형태로 과학적 사실을 독자적으로 수집하기 위한 기본 전제를 발전시키지 않으면 안 되었다. 다른 한편으로는 사고와 언어에 관해 사상적으로 가장 영향력 있는 당대의 이론을 비판적으로 분석할 필요가 있었다. 이것은 우리가 이 이론들과 거리를 두고 우리 자신이 탐구할 길을 찾으며, 예비적인 작업 가설을 세워 처음부터 우리의 연구를 위한 이론적 관점을, 현대 과학에서 지배적이기는 하지만 근거가 빈약하여 재검토와 극복을 요하는 이론들로 이끈 다른 관점들과 대립시키기 위한 것이었다.

연구 과정에서는 거듭 이론적인 분석을 하지 않을 수 없었다. 사고와 언어의 연구는 불가피하게 인접해 있는 일련의 과학 지식 분야와 관련을 맺게 된다. 언어 심리학과 언어학 자료의 비교와 개념에 대한 실험적 연구와 교육 심리학 이론의 비교는 꼭 필요했다. 우리가 보기에는 연구 중에 부딪히는 이 모든 문제는 독자적으로 축적한 사실 자료를 분석하기보다는 순수하게 이론적으로 조명하여 해결하는 쪽이 가장 편리했다. 이런 규범을 따르면서 우리는 다른 곳에서 그리고 다른 자료를 바탕으로 개발한 학습과 발달에 관한 작업 가설을 과학적 개념의 발달을 연구하는 문맥 속으로 끌어들였다. 그리하여 결국 실험적인 모든 자료를 이론적으로 일반화하고 하나로 총괄하는 것이 이론적인 분석을 우리의 연구에 결합하는 최종 목적지가 되었다.

이처럼 우리 연구의 구성과 체계가 복잡하고 다면적이며, 비록 여러 부분으로 분절되어 있더라도 작업 전체는 본질상 단일한 연구며 연구 전체는 모든 부분에서 본질적이고 중심적인 과제의 해결, 즉 사고와 언어의 관계를 발생적으로 분석하기 위한 것이다. 이는 우리 작업의 개별적인 부분들 앞에 놓인 각각의 부분적인 과제는 공통의 목적에 너무도 강하게 종속되어 있고, 선행했던 부분이나 계속되는 부분에 너무도 긴밀하게 연관되어 있기 때문이다.

이런 주된 과제에 따라 우리 연구와 작업의 계획이 정해졌다. 우리는 문제 설정과 연구 방법의 모색을 출발점으로 삼았다.

그런 다음 우리는 언어와 사고의 발달에 관한 가장 완성되고 영향력 있는 두 가지 이론, 즉 피아제(Jean Piaget)[2]와 스턴(William Stern)[3]의 이론을 비판적 견지에서 분석하려 시도했다. 이것은 처음부터 우리의 문제 설정과 연구 방법을 전통적인 문제 설정 방법에 대립시키고, 결과적으로 작업 과정에서 우리가 탐구해야 할 본질적인 것이 무엇인지, 또 우리가 이르러야 할 종착점이 어디인지를 밝히기 위한 것이다. 더 나아가 개념들의 발달과 언어적 사고의 주된 형식에 관한 두 가지 실험적

---

2 피아제(1896~1980): 스위스의 심리학자이자 철학자. 아동심리학의 대가이자 인지 발달이론의 창시자이다. 피아제는 언어가 사고를 완전히 설명하지 못한다고 보았다. 왜냐하면 사고의 구조는 언어적 현실보다 더 심오한 인간 행동과 감각의 메커니즘에 뿌리를 두고 있기 때문이라고 생각했기 때문이다. 하지만 사고가 복잡할수록 언어도 더 많이 필요하다는 사실을 부정하지 않았다. 결과적으로 피아제는 언어가 사고를 구성하는 필요조건이라고 주장했다. 이에 대해 비고츠키는 피아제가 사회적 및 문화적 환경을 고려하지 않고 추상적인 방식으로 고등 정신기능의 발달 분석에 접근했다고 비판했다. 하지만 피아제는 비고츠키가 사망한 이후에 그의 이론을 본격적으로 접할 수 있었다. 피아제의 대표적인 저서로는 『언어와 아동의 언어』(1923), 『인지심리학』(1947) 등이 있다 - 옮긴이.

3 윌리엄 스턴(1871~1938): 독일 출신의 심리학자이자 철학자. 나치의 박해를 피해 미국으로 망명한 그는 현대 아동심리학 및 발달심리학의 대표적인 인물 중 하나로 IQ 개념의 창시자이기도 하다. 특히 언어발달이 아동의 지능에 어떤 영향을 주는지에 관한 탁월한 연구를 남겼다. 대표적인 저서로는 『아동의 언어』(1907), 『차별심리학』(1911) 등이 있다 - 옮긴이.

연구의 전 단계로서, 사고와 언어의 발생적 근원을 분명히 하고 이에 따라 언어적 사고의 발생에 관한 독자적인 작업을 위한 출발점을 결정하는 이론적 연구를 해야 했다. 책 전체의 중심적인 부분은 두 가지 실험적 연구로 이루어진다. 하나는 아동기에 있어서 말이 지니고 있는 의미의 기본적인 발달과정을 밝히는 것이며, 다른 하나는 아동의 과학적 개념과 자연발생적 개념의 발달을 비교·연구하는 것이다. 마지막으로 결론에 이르는 장에서는 연구 전체의 자료를 한데 묶어 언어적 사고의 과정 전체를 자료에 나타난 대로 상호 연관되고 통일된 모습으로 제시하려고 시도했다.

연구 대상이 되는 문제에 해결책을 제시하려는 모든 연구와 마찬가지로 이 연구에서도 면밀한 분석과 검증을 요하는 새롭고도 논쟁적인 내용을 담고 있는가 하는 문제가 자연스럽게 제기된다. 우리 연구가 사고와 언어에 관한 일반 학설에 기여할 새로운 점을 몇 가지로 열거할 수 있다. 문제를 수정하여 제시한 것과 기존 관점에서 더 새로운 연구 방법을 고안한 것을 제외하면, 우리 연구에서 새로운 점은 다음과 같은 항목으로 정리해볼 수 있다. ① 말의 의미는 아동기에 발달한다는 사실에 대한 실험적 증거의 제시와 그 발달의 주요 단계 설정, ② 아동의 자연발생적 개념과 비교하여 과학적 개념이 발달하는 독특한 과정의 발견과 이러한 발달의 주된 법칙을 밝히는 것, ③ 독자적인 언어 기능으로서 문어의 심리학적 본성과 문어와 사고의 관계를 밝히는 것, ④ 실험을 통하여 내적 언어의 심리적 본질과 사고의 관계를 밝히는 것이다. 우리의 연구에 담겨 있는 새로운 자료를 이렇게 열거하면서 가장 염두에 둔 것은 실험적으로 확인된 새로운 심리학적 사실인 사고와 언어의 일반 이론에 이 연구가 기여할 수 있는 점과 이런 사실들을 해석하고,

설명하고, 의미를 부여하는 과정에서 필연적으로 제기되는 작업가설과 이론적 일반화였다. 이러한 사실들과 이론들의 의미와 진실을 평가하는 것은 물론 옳지 않으며 저자의 의무도 아니다. 이것은 비평가와 독자의 몫이다.

이 책은 사고와 언어에 대한 저자와 동료들의 거의 10년에 걸친 연구 결과물이다. 이 연구를 시작했을 때 우리는 궁극적 결과뿐만 아니라 연구 과정에서 발생한 수많은 문제도 확실히 알지 못했다. 이 때문에 연구 과정에서 우리는 이전에 제기된 명제를 여러 차례 재검토하고 많은 것을 폐기하고 옳지 못한 것으로 드러난 것을 잘라내야 했으며, 어떤 것은 다시 설정하고 심화시키고, 어떤 것은 완전히 새롭게 작업하여 쓸 수밖에 없었다. 우리 연구의 기본 노선은 처음에 설정한 기본 방향에서 벗어나지 않았다. 이 책에서 우리는 이전 연구에서 함축적으로 포함되어 있던 것의 상당 부분을 명시적으로 표현하여 전개하려고 시도했다. 이와 더불어 우리가 이전에 옳다고 생각했던 많은 것을 완전한 착오로 여기고 이 책에서 제외하기로 했다.

이 책의 개별적인 부분은 다른 저서에서 이미 이용한 바 있으며, 통신교육의 한 과정에서 초고 형식으로 출판된 것도 있다.(제5장) 그리고 논문이나 다른 저자의 저서나 비평문에 대한 서문으로 출판된 것도 있다.(제2, 3장) 하지만 나머지 장들은 전체로서의 이 책이 그러하듯이 처음으로 출판되는 것이다.[4]

---

[4] 이 책의 일부는 개별 논문으로 출판되거나 강연으로 발표된 것이다. 2장은 피아제의 「아동의 언어와 사고」(The Language and Thought of the Child, 1932)의 러시아어판 서문으로 실렸으며, 제4장은 「자연과학과 마르크시즘」(Estestvoznanie i Marksizm, 1929)에 실렸다. 제5장은 저자가 모스크바 제2국립대학에서 행한 "개념형성 과정에

우리는 새로운 방향으로 내디딘 첫걸음 같은 이 연구가 가지고 있는 피할 수 없는 불완전성을 잘 알고 있다. 그러나 확신하건대 그 첫걸음이 사고와 언어의 연구에서 이전에 심리학에서 진행된 연구와 비교하여 진일보한 것이며, 사고와 언어의 문제를 인간 심리의 중심적 문제로 해명하며, 연구자들을 의식에 대한 새로운 심리학 이론으로 직접 인도한다는 점에서 그 불완전함의 정당성을 찾으려 한다. 그렇지만 우리는 이 문제를 연구의 결론적인 몇 마디 말로밖에 다루고 있지 못하며 그 문턱에서 연구를 중단한 것에 지나지 않는다.

대한 실험적 연구" 강의에 바탕을 두었다 - 편집자.

제1장

문제와 연구 방법

사고와 언어의 문제는 무엇보다 다양한 심리 기능, 다양한 종류의 의식 활동에 관한 문제로 심리학의 영역에 속한다. 이 문제에서 중심 요소는 생각(*mysli*)과 말(*slovo*)의 관계에 대한 문제다.[1] 이 문제와 관련 있는 다른 문제들은 모두 부차적이며 기본 문제에 논리적으로 종속된 것처럼 보인다. 이 문제를 해결하지 않고 더 세부적인 문제를 올바르게 제기하는 것은 불가능하다. 한편 정말 이상하게 보이겠지만, 이 다양한 기능 간의 결합과 관계의 문제야말로 현대 심리학에서는 거의 고찰하지 않은 새로운 문제다. 심리학 역사만큼이나 오래된 문제인 사고와 언어 문제는 바로 이 점에서 생각과 말의 관계에 대한 문제로 귀결되며, 이 문제는 연구가 가장 덜 되고 밝혀진 것도 가장 적다. 최근 10년간 심리학에서 지배적이었던 원자적이고 기능적인 분석의 결과는 다음과 같다. 즉 각각의 심리 기능이 고립된 형태로 연구되고, 심리학적 인식의 방법은 이들 개별적이고 고립된, 독립적인 연구에 적용되어 고찰되고

---

1 러시아어 mysli는 '사상', '생각' 등의 뜻을, slovo는 '단어', '말' 등의 뜻을 가지고 있다. 여기서는 mysli와 slovo를 문맥에 따라 이 두 가지로 번역했다 - 옮긴이.

완성된 반면, 기능들 간의 연관 문제와 의식의 전체 구조 속에서 이 기능들을 조직하는 문제는 여전히 연구자의 관심 밖에 있었다는 것이다.

의식은 하나의 통일체를 이루고 있고, 의식의 각각의 기능은 그 활동에서 상호 불가분하게 연관되어 있다는 생각은 현대 심리학에서 새로운 것이 아니다. 오히려 심리학에서 의식의 통일성과 개별적인 기능들 사이의 연관은 보통 연구의 대상이 되기보다는 오히려 가정으로 받아들여졌다. 더욱이 의식의 기능적 통일성을 가정하면서 심리학은 논의의 여지가 없는 이러한 가정과 더불어 그 연구의 기초에 모든 사람이 암묵적으로 용인하는, 명료하게 정식화되어 있지 않은 완전히 잘못된 가정을 설정했다. 즉 의식의 기능들 사이의 연관이 불변적이라고 인정하는 가정을 설정하고, 지각은 주의와, 기억은 지각과, 생각은 기억과 항상 동일한 방법으로 연결되어 있다고 가정했다. 따라서 기능들 사이의 연관은 공통의 승수(乘數)로서 괄호 밖으로 뺄 수 있으며, 그래서 괄호 안에 남아 있는 개개의 고립된 기능들을 연구할 때는 산정할 필요가 없는 결과가 초래되었다. 앞서 말했듯이, 이런 까닭에 상호 연관의 문제는 현대 심리학의 문제 가운데서도 가장 연구가 안 된 분야로 남아 있다. 이것은 사고와 언어 문제에도 영향을 미치지 않을 수 없었다. 이 문제에 대한 연구사를 살펴본다면 생각과 말의 관계에 대한 문제의 핵심은 연구자의 관심에서 언제나 벗어나 있었고, 문제의 핵심은 항상 다른 곳에 가 있었으며 다른 문제로 바뀌었다는 것을 쉽게 알 수 있을 것이다.

심리학에서 사고와 언어 문제에 관한 과거의 연구 결과를 간략하게 정리해본다면 다음과 같이 말할 수 있을 것이다. 한마디로 다양한 연구자들이 제시한 이 문제의 해결방법은 아주 오래전부터 현재까지 양극단 사이를 항상 끊임없이 오락가락했다는 것이다. 즉 생각과 말을 동일시하여 완전히 결합하거나, 반대로 형이상학적이고 절대적이고 완전히 단절되거나 분리된 것으로 다루어왔다. 사고와 언어에 관한 다양한 학설은 이 양극단의 하나를 순수한 형태로 표현하거나, 이 양극단을 자신의 체계 속에서 결합하고 그사이의 한 지점을 취하는 듯하지만, 그럼에도 역시 이 양극 점 사이에 있는 축을 따라 움직이면서 언제나 동일한 악순환 속에서 맴돌았고 지금까지 여기에서 빠져나오지 못하고 있다. 고대에서부터 비롯된 사고와 언어를 동일시하는 관점은 생각이 '음성을 뺀 말'이라고 설명하는 심리언어학의 사유에서부터, 사고를 '운동신경이 억제된 반사'로 보는 현대 미국 심리학자와 반사학자들에게까지 이어져 내려온 것이다. 이 노선에 합류하는 모든 학설이 사고와 언어의 본성에 관한 자신들의 견해 때문에 생각과 말의 관계 문제를 해결할 수 없었을 뿐 아니라, 그러한 문제를 제기할 수조차 없었던 것은 당연한 일이다. 생각과 말이 일치하여 만일 이들이 동일하다면 이 양자 사이에는 아무런 관계도 생겨날 수 없고, 연구 대상이 될 수도 없을 것이다. 사물이 사물 그 자체와 맺는 관계가 연구 대상이 될 수 있다고 생각하는 것은 불가능하기 때문이다. 생각과 언어를 하나로 보는 사람은 생각과 말 사이의 관계에 문제를 제기하는 길을 스스로 막는 것이며 이 문제를 처음부터 해결할 수 없는 것으로 만들어버리는 것이다. 문제는 해결되지 않고 단지 회피되고 있을 뿐이다.

언뜻 보기에 반대쪽 입장, 즉 사고와 언어가 독립되어 있다는 관념을 발전시키고 있는 학설이 우리가 관심을 기울이는 문제에 관해서 더 나은 위치에 있는 것처럼 보일지도 모른다. 뷔르츠부르크학파(Würzburg school)의 사람들처럼 언어를 생각의 외적 표현이나 생각의 의상(衣

裳)처럼 보는 사람들은 생각을 말을 비롯한 모든 감성적인 것에서 해방시키려고 노력하며, 생각과 말의 관계를 순수한 외적인 관계로 생각하고, 생각과 말의 관계 문제를 제기할 뿐 아니라 그것을 나름대로 해결하려고 시도하고 있다.[2] 하지만 극히 다양한 심리학 유파가 제시하는 이러한 해결방법은 이 문제를 해결하거나 제기하지 못할 뿐 아니라, 첫 번째 그룹의 연구처럼 이 문제를 회피하지는 않는다 하더라도 문제의 매듭을 푸는 대신에 그것을 끊어버리고 있다. 언어적 사고를 그것의 구성요소로, 서로 관계없는 생각과 말로 분리하면서 이들 연구자들은 사고의 순수한 특질을 언어와 상관없이 그 자체로 연구하고, 언어는 사고와 상관없이 그 자체로 연구한 뒤 양자 사이의 관계를 상이한 두 과정 사이의 완전히 외적인 기계적 관계로 생각하려 한다.

그 실례로 이런 방법을 통해 언어적 사고를 구성요소들로 분해하고, 두 과정의 연관과 상호작용을 연구하려는 현대 학자 가운데 한 사람의 시도를 언급해볼 수 있다. 이 학자는 이 같은 연구의 결과로, 언어활동은 사고의 진행을 돕는 중요한 역할을 한다는 결론을 내린다. 언어활동은 어렵고 복잡한 언어 재료라는 조건에서 내적 언어가 이해 대상에 대한 더 나은 기억과 통합을 촉진시키는 작업을 통해 이해를 돕는다. 더욱이 이러한 언어활동 자체는 그 활동에 내적 언어가 결합하면 능동적 활동의 일정한 형식처럼 역할을 하는데, 내적 언어는 생각이 진행될 때 중요한 것과 중요치 않은 것을 구별하고 감지하고 포착하는 것을 돕는

---

2 퀼페(Oswald Külpe), 마르베(Carl Marbe), 아흐(Narziss Ach) 같은 학자들이 뷔르츠부르크 심리학연구소(Würzburg Institute of Psychology)의 리더들이다. 이들의 주요 저술은 진 만들러와 조지 만들러(Jean and George Mandler)가 편집한 *Thinking: From Association to Gestalt*, New York: Wiley, 1964에 실려 있다 – 옮긴이.

다. 마지막으로 내적 언어는 생각이 음성 언어로 이행할 때 촉진하는 요인 역할을 한다.

우리가 이런 예를 든 것은 단지 일정한 통일적인 심리학적 구성체로서의 언어적 사고를 구성요소로 분해한다면 연구자는 이런 기본적인 과정 사이에 그것이 두 개의 이질적인, 내적으로는 서로 아무런 관련도 없는 활동 형식처럼 순수한 외적인 상호작용을 확정하는 것말고는 아무 할 일이 없다는 것을 보여주기 위함이다. 두 번째 경향의 대표자들이 더 나은 처지에 있다고 하는 것은 어떻든 사고와 언어의 관계에 대해 문제를 제기할 수 있기 때문이다. 이러한 점에 이들의 장점이 있다. 하지만 이들의 약점은 이러한 문제제기 자체가 처음부터 잘못되어 있으며, 문제의 올바른 해결 가능성을 완전히 배제하고 있다는 데 있다. 왜냐하면 이 통일적인 전체를 개별적인 요소로 분해하는 이들의 적용 방법은 생각과 말의 내적 관계를 연구하는 것을 불가능하게 만들기 때문이다. 이처럼 문제는 분석 방법에 있다고 볼 수 있다. 그러므로 우리는 처음부터 사고와 언어의 관계 문제를 제기하기 위해서 이 문제를 연구할 때 어떤 분석 방법이 성공적 해결을 보증해줄 수 있는지를 분명히 해야 한다고 생각한다.

우리는 심리학에서 적용되는 분석에서 두 가지 종류를 구별해야 한다. 모든 심리적 구성체에 대한 연구는 분석을 전제로 한다. 하지만 이 분석은 원칙적으로 상이한 두 가지 형식을 취할 수 있다. 그중 하나는 연구자들이 몇백 년에 걸쳐 이 문제를 해결하려고 시도하면서 겪은 모든 실패에 전적으로 책임이 있는 것이고, 다른 하나는 비록 겨우 첫걸음을 내디딘 것이라 해도 이 문제를 해결하는 데 유일하게 올바른 출발점이다.

심리학적 분석의 첫 번째 방법은 복잡한 심리학적 전체를 요소들로 분리하는 것이다. 이 방법은 물을 수소와 산소로 분해하는 화학적 분석에 비유할 수 있다. 이러한 분석의 근본적 특징은 분석 대상 전체와는 완전히 다른 산물, 즉 전체의 고유한 특성을 갖지 않는 요소들, 전체가 결코 드러낼 수 없었던 일련의 새로운 특질들과 같은 분석결과를 얻는다는 것이다. 사고와 언어의 문제를 해결하려고 이 문제를 언어와 사고로 분해하는 연구자에게는, 가령 왜 물이 불을 끌 수 있는가, 또는 왜 물에 아르키메데스의 법칙이 적용되는가와 같은 물이 지닌 특질에 관한 문제를 과학적으로 규명하려다가 이러한 특질을 해명하는 방법으로 물을 산소와 수소로 분해하는 사람들이 경험하는 것과 같은 완전히 동일한 일이 일어난다. 놀랍게도 그런 연구자는 수소 자체는 가연성이며 산소도 연소를 돕는다는 것을 알 것이며, 따라서 이들 요소의 특질로는 전체에 고유한 특질을 결코 밝힐 수 없을 것이다. 이와 마찬가지로 바로 전체로서의 언어적 사고에 고유한 가장 본질적인 특질을 해명하려고 언어적 사고를 개별적인 요소들로 분해하는 심리학자는 나중에 전체에 존재하는, 통일을 이룬 이런 요소들을 헛되이 탐색하게 될 것이다. 분석 과정에서 이 요소들은 증발하고 기화해버리며, 연구자가 할 일이란 요소들 사이의 외적이고 기계적인 상호작용을 찾는 것말고는 아무것도 없게 될 것이다. 그리하여 그것을 바탕으로 순수하게 사변적인 방법을 통해 분석 과정에서 사라져버렸지만 해명해야 할 특질들을 재구성해야 할 것이다.

본질적으로 전체에 고유한 특질들을 상실한 요소들을 산출하는 분석은 그 분석이 해결하려 했던 문제의 관점에서 볼 때 고유한 의미의 분석은 아니다. 오히려 그것은 분석과 반대되는, 어떤 의미에서는 그것에 대립하는 인식방법으로 보는 편이 옳을 것이다. 물의 모든 성질과 동일하게 관계를 맺고 있는 물의 화학식은 모든 종류의 물에 동일하게, 빗방울에서부터 태평양에 이르기까지 똑같이 적용된다. 따라서 물을 요소들로 분해하는 것은 물의 구체적인 성질을 해명하도록 이끄는 길이 될 수 없다. 그것은 오히려 분석, 즉 고유한 의미에서의 분해라기보다는 일반화로 상승시키는 방법이 된다. 이와 마찬가지로 심리학적으로 전체적인 구성체에 적용되는 이런 유형의 분석은, 아동기의 언어적 사고의 발달과 다양한 형태로 언어적 사고가 기능하는 것을 관찰할 때 우리가 항상 마주치게 되는 말과 생각 사이의 관계에 존재하는 모든 특수성과 구체적 다양성을 해명해줄 수 있는 분석이 아니다.

이런 분석은 심리학에서도 대상을 본질적으로는 자기 대립물로 전환해버리며, 우리를 연구 대상이 되는 전체의 구체적이고 특수한 성질들에 대한 해명으로 이끄는 대신에 전체를 더 일반적인 지시(指示)로, 곧 언어와 사고 전체에 대해 그것들의 추상적 보편성 전체에서는 관계를 맺고 있지만, 우리가 관심을 갖고 있는 구체적 법칙성을 획득하는 것과는 관계가 없는 어떤 것을 설명해주는 지시로 상승시킨다. 더구나 심리학에서 무계획적으로 적용되는 이런 유형의 분석은 연구하는 과정의 통일성과 전체성의 특성을 무시하고 통일의 내적인 관계들을 두 개의 이질적이고 서로 무관한 과정의 외적이고 기계적인 관계들로 바꾸어버린다. 이런 종류의 분석 결과가 분명하게 나타난 곳이 바로 사고와 언어에 관한 분야다. 소리와 의미의 생생한 통일이며 그 내부에 살아 있는 하나의 세포처럼 가장 단순한 형태에서도 언어적 사고 전체에 고유한 모든 주요 특질을 포함하고 있는 말 자체가 그 같은 분석의 결과로 두 부분으로 분할된 모습으로 나타났다. 그리고 연구자들은 그 뒤 외적인 기계적·연상적 연관성을 설정하려고 시도했다.

말에서 소리와 의미는 결코 내적으로 연결되어 있지 않다. 기호 속에 통합된 이 두 요소는 현대 언어학의 가장 유명한 대표자 한 사람이 말하듯이, 완전히 별개의 삶을 살고 있다. 따라서 그 같은 견해에서는 언어의 음성학적 측면과 의미론적 측면을 별개로 연구하는 데서 가장 비참한 결과밖에 나올 수 없다는 사실은 놀라운 일이 아니다. 소리가 생각에서 분리되면 그것의 모든 특성, 즉 소리를 인간 언어의 소리로 만들고 자연에 존재하는 나머지 소리들의 왕국에서 그것을 구별하게 만들어 줄 그러한 특성들을 상실해버릴 것이다. 그러므로 이 무의미해진 소리 속에서 단지 물리적·심리적 특질만을, 즉 이 소리에만 고유한 게 아니라 자연에 존재하는 나머지 모든 소리에서도 공통된 특질을 연구하게 되었고, 결국 그 같은 연구로는 왜 여러 물리적·심리적 특질을 지닌 소리가 인간 언어의 소리이고 그것을 그처럼 만드는지 우리에게 설명할 수 없었다. 이와 똑같이 의미를 말의 소리 측면에서 떼어버리면 순수한 표상으로, 순수한 사고 행위로 되어버릴 것이다. 그리하여 이들은 별개로, 자신의 물질적 전달자와 상관없이 존재하고 발전하는 개념으로 연구하게 되었다. 고전적 의미론과 음성학이 성과를 내지 못하는 것은 바로 이 소리와 의미의 괴리, 말을 개별 요소로 분해한 것에 상당히 기인한다.

이와 똑같이 심리학에서도 아동 언어의 발달은 그것을 소리, 음성 측면의 발달과 의미 측면의 발달로 분해하는 관점에서 연구되었다. 한편으로는 세부적인 데까지 면밀하게 연구된 아동 음성학의 역사는 아주 기초적일지라도 관계있는 현상들의 문제를 전혀 통합할 수 없었다. 다른 한편으로 아동이 사용하는 말의 의미에 대한 연구는 아동의 사고가 아동 언어의 음성적 역사와는 아무런 관련도 없는 자동적이고 자립적인 역사라는 결론으로 이끌었다.

우리가 생각하기에 사고와 언어에 대한 모든 학설에서 결정적인 전환점은 이 같은 분석에서 다른 종류의 분석으로 이행하는 것이다. 이 후자를 복잡하지만 통일적인 전체를 단위들로 분해하는 분석이라고 지칭할 수 있을 것이다. 여기서 우리가 말하는 단위는 분석의 산물로서 이러한 산물은 요소들과 달리 전체에 고유한 기본적인 모든 특질을 갖추고 있으며, 더 이상은 분해가 불가능한 통일체의 살아 있는 부분들이다. 물의 화학식이 아니라 분자와 분자 운동의 연구가 물의 개별적인 특질들을 해명하기 위한 열쇠다. 이와 마찬가지로 살아 있는 유기체에서 고유한 생명의 주된 모든 특질을 지니고 있는 살아 있는 세포가 생물학적 분석의 진정한 단위다. 복잡한 통일체를 연구하려는 심리학은 이것을 이해할 필요가 있다. 심리학은 요소들로 분해하는 방법을 단위들로 분해하는 분석 방법으로 바꿔야 한다. 그리하여 통일체로서 어떤 전체에 고유한 특질들을 지닌 이 분해 불가능한 단위들을 발견해야 하며(이들 특질은 이 단위들 속에서 대립 형태로 나타난다.), 그런 분석을 빌려서 자기 앞에 제기되는 구체적인 문제를 해결하려고 노력해야 한다.

그렇다면 더 이상 분해 불가능하며 전체로서의 언어적 사고에 고유한 특질들을 담고 있는 단위들이란 어떤 것인가? 우리가 생각하기에는 그런 단위는 말의 내적 측면, 즉 말의 의미에서 찾을 수 있다.

말의 내적 측면은 지금까지 전문적으로 연구된 적이 거의 없었다. 의미에서 분리된 소리가 자연에 존재하는 다른 모든 소리의 바다 속에서 해체되어버리는 것과 똑같이, 말의 의미도 우리 의식의 다른 모든 표상의 바다 속에서 해체되어버렸다. 이 때문에 인간 언어의 음성적 측면에 대해 현대 심리학이 인간 언어의 소리 그 자체의 특징은 이러하다고 말할 것이 아무것도 없는 것과 마찬가지로, 말의 의미에 대한 연구 영역에서도 심리학은 우리 의식의 다른 모든 표상과 생각의 특징에 대해서 서술하는 것말고는 아무것도 얘기할 것이 없다. 연합 심리학(association psychology)[3]의 상황은 원칙적으로 현대 구조언어학에서의 상황과 똑같다. 우리는 항상 단지 우리에게 표현된 말의 외적 측면만을 알았다. 그것의 다른 측면, 즉 말의 의미는 달의 반대편처럼 영원히 연구되지 않은 채 미지의 것으로 남아 있었고, 지금도 그러한 상태로 남아 있다. 그렇지만 바로 이 다른 측면에 우리의 관심을 끄는 사고와 언어의 관계 문제를 해결할 가능성이 숨어 있다. 왜냐하면 바로 말의 의미 속에 우리가 언어적 사고라고 일컫는 통일체의 매듭이 묶여 있기 때문이다.

이것을 해명하기 위해서는 말의 의미가 지니는 심리학적 본성에 관한 이론적 해석에 대해 몇 마디 해둘 필요가 있다. 우리 연구 과정에서 보게 되겠지만 연합 심리학이나 구조주의 심리학 어느 것도 말의 의미가 지니는 본성 문제에 만족스러운 대답을 주지 못한다. 그런데 이론적 분석이 보여주는 바와 마찬가지로 나중에 서술하게 될 실험적 연구는 말의 의미가 지닌 내면적 본성을 규정하는 가장 본질적인 것이 지금까지 일반적으로 탐구해왔던 곳에 존재하지 않는다는 것을 보여준다.

말은 항상 어떤 하나의 개별적인 대상이 아니라 대상들의 전체 집단이나 종류와 관련이 있다. 이 때문에 모든 말에는 은폐된 일반화가 있다. 즉 모든 말은 이미 일반화되어 있으며, 심리학적 관점에서도 말의

---

3 심리적 활동이 연합의 원리에 의해 형성된다고 주장하는 심리학의 한 분야. 연상 심리학이라고도 한다 – 옮긴이.

의미는 무엇보다 일반화의 결과다. 그러나 쉽게 알 수 있듯이, 일반화는 극히 언어적인 사고 활동이고, 사고가 직접적인 감각과 지각에 반영되는 것과 전혀 다르게 현실을 반영한다. 감각이 없는 사물에서 감각으로, 또 감각에서 사고로 이행하는 것을 변증법적 비약이라고 지칭하는 것은 사고가 직접적 감각과는 질적으로 다르게 현실을 의식 속에서 반영한다는 것을 뜻한다. 한 단위가 갖는 이런 질적 차이는 본질적으로 현실의 일반화된 반영이라고 가정할 수 있는 충분한 근거가 있다. 이 때문에 우리가 심리학적 측면에서 밝히려고 시도한 말의 의미, 곧 말의 일반화는 본래 의미에서의 사고 활동이라고 결론을 내릴 수 있다. 하지만 이와 함께 의미는 언어 자체의 불가분한 일부며, 사고의 왕국에 속하는 것과 동일한 비중으로 언어의 왕국에 속해 있다. 의미 없는 말은 말이 아니라 공허한 소리다. 의미를 상실한 말은 더 이상 언어의 영역에 속하지 않는다. 따라서 의미는 본질상 언어적인 현상으로도, 사고 영역에 속하는 현상으로도 동일하게 고찰할 수 있다. 말의 의미에 대해 우리는 서로 분리해서 언어의 요소들에 대해 쉽게 얘기했던 식으로 언급할 수 없다. 그렇다면 의미란 무엇인가? 언어인가, 사고인가? 의미는 언어적 사고의 단위이므로 언어이고 동시에 사고다. 만일 그렇다면 우리가 관심을 갖고 있는 문제의 연구 방법이 의미론적 분석 방법이나 언어의 의미 측면에 대한 분석 방법, 말의 의미에 대한 연구 방법과 다를 수 없다. 이런 방법들을 통할 때 우리의 관심을 끌고 있는 사고와 언어의 관계 문제에 대한 직접적인 대답을 올바로 기대할 수 있다. 왜냐하면 관계 자체는 우리가 선택한 단위에 포함되어 있기 때문이며, 이 단위의 발전, 기능, 체계, 운동 전반을 연구하면서 사고와 언어의 관계 문제, 언어적 사고의 본성 문제 중 많은 것을 인식할 수 있기 때문이다.

우리가 사고와 언어의 관계를 연구할 때 적용하려는 방법은 분석 방법이 지니는 모든 장점과 어떤 복잡한 통일체 자체에 고유한 특질들을 종합적으로 연구할 가능성을 결합할 수 있는 탁월함을 지니고 있다. 우리는 이것을, 우리가 관심을 갖는 문제의 또 한 측면, 이 역시 항상 애매한 상태로 남아 있던 한 측면의 예에서 쉽게 확신할 수 있다. 언어의 원초적인 기능은 의사소통이다. 언어는 무엇보다 먼저 사회적 교류의 수단, 발화와 이해의 수단이다. 언어의 이 기능도 요소들로 분해하는 분석에서는 지적인 기능과 단절되어버렸으며, 두 가지 기능이 마치 평행적으로, 서로 관계가 없는 듯한 언어의 속성이 되어버렸다. 언어는 마치 그 자체 안에 교류의 기능과 사고의 기능을 혼합한 것처럼 되었다. 하지만 이 두 기능이 서로 어떤 관계에 있는지, 언어에서 두 기능이 존재하게 되는 조건은 무엇인지, 이들의 기능 발달은 어떻게 일어나는지, 양자가 어떻게 내부에서 구조적으로 통합되는지 하는 모든 문제는 지금까지도 연구되지 않고 있다.

한편 말의 의미는 사고의 단위인 동시에 이들 두 가지 언어 기능의 단위이기도 하다. 정신의 직접적인 의사소통이 불가능하다는 것은 물론 과학적 심리학의 공론이다. 그리고 언어나 다른 기호 체계 또는 의사소통 수단의 매개를 거치지 않은 의사소통은, 동물계에서 관찰되는 바와 같이, 아주 원시적인 형태나 대단히 제한된 범위의 의사소통밖에 할 수 없다는 것도 주지의 사실이다. 본질상 표현 동작의 도움을 받는 이러한 의사소통은 의사소통이라고 할 만한 가치도 없는 것으로, 차라리 정서의 전달이라고 해야 한다. 위험을 발견하고 놀란 거위가 소리를 지르며 무리 위로 날아오르는 것은 자기가 본 것을 무리에게 알리는 것이라기보다는 자신의 놀람을 무리에게 전달하는 것이다.

생각과 체험의 합리적인 이해와 전달에 바탕을 둔 의사소통에는 반드시 일정한 체계의 수단이 필요하다. 그 원형은 노동에서 의사소통의 필요로 발생한 인간의 언어였으며 그것은 영원히 그러할 것이다. 하지만 최근까지 이 문제는 심리학에서 지배적인 견해에 맞추어 극히 단순화된 형태로 제시되어왔다. 의사소통 수단은 기호, 말, 소리로 생각되었다. 그런데 이런 오해는 요소들로 분해하는 분석을 언어의 전체 문제를 해결하기 위해 적용하는 오류에서만 생겨난 것이었다.

의사소통에서 말은 주로 언어의 단순한 외적 측면에 지나지 않는다. 그런데도 소리 자체가 임의의 경험, 정신생활의 임의의 내용과 연합할 수 있으며, 따라서 이 내용과 체험을 다른 사람에게 전달하거나 알릴 수 있다고 가정되었다. 하지만 의사소통의 문제, 아동기에서 이해 과정과 이 과정의 발전에 대한 더욱 면밀한 연구로 연구자들은 완전히 다른 결론에 이르게 되었다. 기호 없이 의사소통이 불가능한 것과 똑같이 의미가 없어도 의사소통은 불가능하다는 것이 밝혀졌다. 어떤 체험이나 의식 내용을 다른 사람에게 전달하기 위해서는 전달되는 내용을 일정한 종류와 무리의 현상과 관련 짓는 것말고는 다른 방법이 없다. 그리고 이것은 이미 우리가 알고 있듯이, 반드시 일반화가 필요하다. 이처럼 의사소통은 일반화와 언어적 의미의 발달을 전제로 한다. 다시 말해서 일반화는 의사소통의 발달 속에서 가능하게 된다. 이렇게 하여 인간에게 고유한 고차적 형식인 심리적 의사소통은 인간이 사고에 따라 현실을 일반화하여 반영하는 것으로만 가능하다.

지각과 감정이 지배하는 본능적 의식의 영역에서는 본래적 의미에서의 이해와 의사소통이 아니라 전달하는 것만 가능하다.[4] 사피어(Edward Sapir)는 언어 심리학에 대한 자신의 논문들에서 이것을 밝혀냈다.

그는 이렇게 말했다.

언어의 요소들은 우리 경험의 전체나 일정한 종류와 연관되어야 한다. 경험의 세계를 상징화하는 것이 가능하기 위해서는 그것이 극히 단순화되고 일반화되어야 한다. 그렇게 할 때만 의사소통이 가능해진다. 왜냐하면 일회적인 경험은 일회적인 의식 속에서 존재하며, 엄밀히 말해서 전달될 수 없는 것이다. 전달될 수 있으려면 그 경험은 사회의 암묵적 동의에 따라 통일체로 간주되는 일정한 집단과 관련이 있어야만 한다.[5]

실제로 의사소통과 일반화의 이런 관계를 확신하기 위해서는 언어의 기본적인 두 가지 기능에 대한 예를 살펴볼 필요가 있다. 나는 누군가에게 내가 춥다는 것을 전하려 한다. 그에게 이것을 이해시키는 것은 일련의 표현 동작으로 가능하다. 하지만 실제의 이해와 전달은 내가 느끼는 것을 일반화하고 지칭할 수 있을 때, 즉 내가 느끼는 춥다는 느낌을 대화 상대가 알고 있는 일정한 종류의 상황과 관련지을 수 있을 때만 이루어질 수 있다. 아직 일정 수준의 일반화를 할 수 없는 아동들에게 사물이 온전히 전달될 수 없는 이유가 바로 여기에 있다.

여기서 문제는 이해를 위해 상응하는 말과 소리가 부족한 것이 아

---

4 인지와 이상 발작의 상호관계는 비고츠키의 미완성 최후 저작인 『감정의 연구』(Uchenie ob emotsiiakh, 1933)의 주제였다. 이 논문은 『비고츠키 저작집』(Sobranie sochinenii) 6권에 실려 있다-옮긴이.

5 E. Sapir, Language, London: Ruppert Hart Davis, 1971, 12쪽-옮긴이.

니라 상응하는 개념과 일반화가 부족하다는 데 있다. 톨스토이(Lev Nikolaevich Tolstoy)가 말했듯이, 거의 대부분 말 자체가 아니라 말로 표현되는 개념이 이해되지 않는 것이다.[6] 개념이 있는 경우에는 거의 언제나 말이 있다. 따라서 말의 의미를 사고와 언어의 통일체로뿐만 아니라 일반화와 의사소통의 통일체, 의사소통과 사고의 통일체로도 간주할 근거는 충분하다.

이러한 문제제기는 사고와 언어의 모든 발생적 문제에 대해 본질적인 원칙론적 의미를 지닌다. 그 의미는 무엇보다 먼저 이 같은 가정(假定)을 설정할 때만이 사고와 언어의 인과적·발생적 분석이 비로소 가능하게 된다는 점에 있다. 의사소통과 일반화의 통일체를 인식해야 비로소 아동의 사고발달과 사회적 발달 사이에 존재하는 실제적 연관 관계를 이해할 수 있다. 이 두 문제, 즉 말과 생각의 관계, 일반화와 의사소통의 관계 문제는 우리 연구가 해결해야 할 중심적인 문제가 되어야 한다.

그렇지만 연구의 전망을 확대하기 위하여 사고와 언어 문제에서 몇 가지 점을 더 언급하고 싶다. 이들은 유감스럽게도 이 연구의 직접적인 대상이 되지는 못했지만, 당연히 이 연구에 뒤따르는, 그리고 이 연구에 진정한 의미를 부여하는 문제들이기 때문이다.

우리는 연구가 진행되는 동안 한쪽으로 남겨놓은 문제이지만 언어와 사고를 다루는 문제에서 반드시 언급하지 않으면 안 되는 문제를 제일 먼저 제기하고 싶다. 그것은 바로 말의 의미와 음성적 측면의 관계에 대한 문제다. 언어학에서 이 문제에 대한 진전이 우리를 흥미롭게 하는

---

6 L. Tolstoy, *Pedagogicheskie statii*, Moscow: Kushnerev, 1903, 143쪽 – 옮긴이.

언어 심리에서 분석 방법의 변화에 관한 문제와 직접 연결되어 있다. 그런 이유로 이 문제를 잠깐 생각해보기로 한다. 이 문제는 한편으로는 우리가 옹호하는 분석 방법들을 제일 명확하게 밝혀주며, 다른 한편으로는 향후 연구를 위한 가장 중요한 전망 가운데 하나를 열어 보여주고 있기 때문이다. 전통적인 언어학은, 앞에서 언급한 것처럼, 언어의 음성적 측면을 언어의 의미적 측면과는 관계없는 완전히 독자적인 요소로 이해했다. 이 두 요소가 결합하여 그 뒤에 언어가 구성되었다. 이와의 관련 속에서 개별적인 음성은 언어의 음성적 측면의 개별 단위로 간주되었지만, 의미에서 분리된 음성은 이 작동 원리대로라면 인간 언어의 음성이 지니고 있는 모든 것을 상실하고, 사람의 음성을 모든 다른 (자연계의) 소리의 대열에 포함시킨다. 바로 이것이 전통적인 음성학이 주로 음향학이나 생리학을 지향하고 언어 심리학을 지향하지 않은 이유다. 그런 까닭으로 언어 심리학은 문제의 이런 측면을 해결하는 점에서는 완전히 무력했다.

인간 언어의 음성들에서 가장 본질적인 것은 무엇이고, 무엇이 자연계의 다른 소리와 이 음성들을 구별하는 것일까?

심리학에서 가장 생동감 있는 반응을 찾은 현대 음운론의 연구 방향이 바르게 지적하는 대로, 인간 언어의 음성들의 가장 본질적인 특징은 일정한 기호 기능을 함유한 이 음성이 일정한 의미와 연결되어 있다는 것이다. 그러나 의미가 없는 '음성 그 자체'가 언어의 측면들을 연결하는 기본 단위는 아니다. 즉 음성의 기본 단위는 개별 음성이 아니라 음소, 다시 말해서 의미 기능에서 모든 음성적 측면의 기본 속성을 유지하고 있는 더 이상 분해되지 않는 음운론의 기본 단위다. 음성이 의미 있는 음성이기를 그만두고 음성의 기호 측면에서 이탈하자마자 음성은 인간의 언어에 고유한 모든 속성을 잃어버린다. 그래서 언어학과 심리학에서 유익한 작업은 오직 언어의 소리 측면의 연구, 즉 언어를 음성적·의미적 측면의 속성처럼 언어에 고유한 속성을 보존하는 기본 단위들로 나누는 연구일 뿐이다.

우리는 여기서 이 방법론을 적용하면서 언어학과 심리학이 이룬 모든 구체적인 업적을 다 언급할 수는 없다. 단지 이 업적들이 이 연구의 방법론과 본질적으로 일치하며, 요소들로 분해하는 분석에 상반되는 방법론의 효용성이 증명되었다는 것만 지적해두겠다.

이 방법론의 유익함은 언어와 사고의 문제와 직접적·간접적으로 관련 있는, 언어와 사고의 영역에 속하거나 그와 인접한 일련의 문제들에도 시험되고 증명되었다는 점이다. 우리는 단지 요약된 형태로 이 문제들의 공통 영역을 언급할 수 있을 뿐이다. 이미 앞에서 말한 것처럼 그 공통 영역이 앞으로 우리의 연구 전망을 제시하고 그것의 의미를 모든 문제의 맥락 속에서 명확하게 밝힐 수 있기 때문이다. 즉 언어와 사고의 복잡한 관계, 전반적인 인식의 문제, 인식의 개별적 측면을 두고 하는 말이다.

만약 이전의 심리학에서 상호작용과 연관성의 문제가 접근 불가능한 연구 영역이었다면, 지금은 이런 문제가 단위의 방법을 적용하거나 그것으로 요소의 방법을 대체하려는 연구자들에게 개방되어 있다.

우리가 의식의 다른 측면들에 대한 사고와 언어의 관계를 말할 때 발생하는 첫 번째 문제는 지각과 감정 사이의 연관성에 대한 문제다. 알려진 바와 같이, 감정이나 의지 측면에서 인식의 지적 측면을 분리하는 것은 전통적 심리학의 기본적이고 근본적인 문제점 가운데 하나다. 이때 사고는 스스로 생각하는 사고의 자동적인 흐름으로 불가피하게 전환되며, 사고는 모든 실생활과 분리되고, 생각하는 인간의 생생한 충동, 흥미, 의욕 등과 분리된다. 그리고 이 경우 사고는 인간의 생활이나 행위에서 아무것도 변화시킬 수 없는 완전히 불필요한 부대 현상으로 판명되거나, 아니면 인식과 개성에 간섭하면서 이해할 수 없는 형태로 생활에 영향력을 행사하는 독자적이면서 자치적인 어떤 것으로 변환된다.

처음부터 감정을 사고에서 분리하면 사고 자체의 원인을 규명하는 길을 영원히 닫아버리게 된다. 왜냐하면 사고에 대한 결정론적 분석은 사고의 동기, 사고의 방향을 결정하는 욕구, 흥미, 충동과 여러 경향을 밝히는 것을 전제하기 때문이다. 아울러 사고를 감정에서 분리하면 사고가 반대로 심리적·감정적·의지적 측면에 영향을 주는지 연구하는 것을 사전에 불가능하게 만든다는 것 또한 명백하다. 왜냐하면 정신생활을 결정론적으로 연구하는 것은 개인의 고유한 체계로 인간 행위를 규정할 수 있는 마력(魔力)을 사고에 부여하는 것과 생각을 행위의 불필요한 부속물과 행위의 무력하고 무익한 그림자로 전환하는 것을 배제하기 때문이다.

복합체를 하나의 단위로 분석하는 것은 우리가 고찰하는 모든 문제를 해결하는 방법이다. 이러한 분석은 감정과 지능을 통합하는 역동적인 의미 체계가 존재한다는 것을 보여준다. 분석은 또한 모든 이데아에는 그 속에 제공된 실제에 대한 사람의 감정 관계가 가공된 형태로 들어 있다는 것도 보여준다. 분석은 또 사람의 욕구와 충동이 사고로 직접 이동하는 것을 보여주기도 하고, 반대로 사상이 개체의 행위와 구체적 활동으로 이동하는 것을 열어 보이기도 한다.

우리는 그 밖의 다른 문제들에 대해서는 살펴보지 않기로 한다. 다른 문제들은 한편으로는 우리의 직접적인 연구 대상이 아니고, 다른 한 편으로는 이 책의 결론 부분에서 전망을 다룰 때 취급할 것이기 때문이다. 우리가 채택한 방법이 사고와 언어의 내부적 통일성을 보여줄 뿐 아니라, 언어적 사고와 전체적인 인식의 관계도, 언어적 사고와 인식의 개별적이고 가장 중요한 기능의 관계도 밝혀준다는 것만 지적해둔다.

이 첫 장의 결론 부분에서는 짧게 우리 연구의 프로그램을 확인할 일만 남았다. 우리의 작업은 일련의 개별적인 실험적 연구와 비판적·이론적 성격의 연구들로 구성될 수밖에 없는 매우 복합적인 문제들의 통합된 심리학적 연구다. 우리는 현대 심리학 사상의 정점이며, 우리가 선택한 이론적 시각에 극단적으로 배치되는 언어와 사고 이론에 대한 비판적 연구에서 작업을 시작할 것이다. 우리는 이 첫 연구를 통해 사고와 언어에 대한 현대 심리학의 모든 기본적·구체적인 문제 설정을 살아 있는 현대 심리학 지식의 맥락 속에서 다루어야만 한다.

사고와 언어 같은 문제를 연구하는 것은 현대 심리학에서 이와 반대되는 이론적 시각과의 이념 투쟁을 의미한다.

우리는 두 번째 부분에서 계통발생적·개체발생적 측면에서 사고와 언어발달에 관한 기본 자료들을 이론적으로 분석할 것이다. 우리는 처음부터 사고와 언어의 출발점을 표시해두지 않을 수 없다. 왜냐하면 사고와 언어의 발생적 근원을 잘못 설정하는 것이 이 문제에서 잘못된 이론의 원인으로 작용하는 경우가 종종 있기 때문이다. 아동기의 개념발달을 실험으로 연구하는 것이 연구의 중심을 이루게 된다. 연구는 두 부분으로 갈라지는데, 첫 번째 부분에서 우리는 실험적으로 형성된 인공적인 개념의 발달을 검토하며, 두 번째 부분에서는 아동의 실제적인 개념발달을 연구하는 데 전력을 다할 것이다.

마지막으로 결론 부분에서는 이론적·실험적 연구의 토대 위에서 언어적 사고 과정의 구조와 기능을 전체적으로 분석할 것이다.

언어와 사고의 통합체로서 말의 의미 분석과 연구에 우리가 맨 처음으로 적용하려고 한 이른바 발달에 관한 견해가 이 모든 개별 연구를 통합하는 계기로 작용한다는 것도 밝혀둔다.

제2장

피아제 이론에서 아동의 언어와 사고에 대한 문제: 비판적 연구

1. 피아제의 심리학 이론

피아제의 연구는 아동의 언어와 사고, 논리와 세계관에 대한 이론 발달과정에서 기념비적인 한 시기를 차지하고 있다. 그의 이론은 역사적인 의미를 지니고 있다.

피아제는 아동의 언어와 사고에 관해 자신이 최초로 개발한 대범하고 심도 있고 적용 범위가 넓은 임상 실험 방법을 이용하여 아주 새로운 관점에서 아동 논리의 특수성을 체계적으로 연구했다. 피아제는 두 번째 저서를 마치면서 단순 비교를 통해 이전 연구에서 방향전환의 중요성을 정확하고 명쾌하게 지적했다.

우리가 생각하건대 정상적이고 교양 있는 성인의 생각과 비교하여 아동의 생각을 레비-브륄(Lévy-Bruhl)이 규정한 '원시적 사고' 또는 프로이트(Sigmund Freud)와 그의 제자들이 설명한 '자폐적이고 상징적인 생각' 또는 블롱델(Maurice Blondel)이 제시한 '병적인 의

식' — 이 개념이 언젠가 기존의 개념과 합쳐지지 않는다면 — 등으로 대치될 날이 올 것이다.[1]

사실상 피아제의 최초의 저작들은 심리학적 사유의 역사에서 볼 때 레비-브륄의『열등 사회 정신의 기능』, 프로이트의『꿈의 해석』, 블롱델의『병적인 의식』같은 저서들의 출간시기와 비교해야만 한다.

더욱이 이런 저서들 사이에는 심리학의 다양한 분야에서 그 저작들의 역사적 의미에 따라 결정되는 외적 유사성뿐만 아니라 깊은 내적 동질성도 있다. 즉 이 저작들에 포함되고 구현된 철학적·심리학적 경향에는 본질적인 연관성이 있다. 피아제가 자신의 연구와 저작에서 이 세 학자와 그들의 저작에 과도하게 의존한 것은 다 이유가 있다.

여기서는 피아제가 자신의 연구에서 행한 방향전환의 본질이 무엇인지 상세하게 밝히지 않아도 될 것이다. 아동의 언어와 사고를 연구하는데 새로운 방향과 전망을 제시한 방향전환은 클라파레드(Édouard Claparéde)의 프랑스어판「서문」에 아주 잘 설명되어 있다.

이전까지 학자들이 아동의 사고 문제를 양적인 차원에서 접근했다면, 피아제는 그 문제를 질적인 차원에서 접근했다. 또 과거에는 아동 사고의 발달과정에서 일정한 수준의 가감 결과만 보았다면(새로운 자료에 따른 경험의 축적과 몇몇 실수의 배제 그리고 이를 설명하는 일이 연구의 근본적인 과제다.), 이제는 이 발달과정이 무엇보다도 아동의 사고 자체가 조금씩 자신의 성질을 변화시키는 정도에 달려 있음

---

1 피아제,『언어와 아동의 사고』, 1932, 408쪽.

을 보여준다.[2]

아동의 사고를 질적인 문제로 새롭게 제기한 피아제는 이전까지 지배적이었던 경향에 반대하여 아동 사고의 긍정적인 특성 문제를 언급할 수 있게 되었다. 전통 심리학에서 아동의 사고는 성인의 사고와는 질적으로 다르며, 손상·부족·결함 등의 부정적인 특성을 지닌 것으로 간주된 데 반해, 피아제는 아동 사고의 질적인 특수성을 긍정적인 측면에서 밝혀내려고 노력했다. 이전까지는 주로 아동에게는 무엇이 부족한가, 성인과 비교해서 무엇이 모자라는가 하는 부분에만 관심을 집중했다. 그래서 아동 사고의 특성을 추상적인 사고, 개념의 형성, 추론의 관계와 추리 등을 할 수 없는 것으로 규정했다.

새로운 연구에서는 아동이란 누구인가, 아동의 사고에는 어떤 고유한 특성이 있는가 하는 문제들이 관심의 대상이 되었다.

본질적으로 피아제가 발견한 새로운 사실은 다른 많은 위대한 발견이 그런 것처럼 평범하고 단순하다. 그래서 피아제 자신이 루소의 말을 인용하여 설명한 것처럼 오래된 평범한 진술의 도움으로 표현할 수 있다. 즉 아동은 결코 성인의 축소판이 아니며, 아동의 두뇌 또한 성인 두뇌의 축소판이 아니다. 피아제가 아동 사고의 연구와 관련하여 밝혀내고 사실로 확립한 이 평범한 진리 뒤에는 역시 본질상 평범한 개념, 즉 발달의 개념이 숨겨져 있다. 이 단순한 개념이 내용적으로 피아제의 모든 연구 결과를 관통하는 것이다.

그러나 현대 심리학이 겪고 있는 심각한 위기는 아동의 논리에 대한

---

2 같은 책, 60쪽.

새로운 연구 방향에서도 그대로 드러나고 있다. 이것은 위기의 시대에 새로운 길을 연 모든 뛰어난 심리학적 저작들과 마찬가지로 피아제의 아동 사고의 연구에 이중적인 각인을 남겼다. 이러한 의미에서 볼 때 피아제의 저작들은 전적으로 위에서 언급한 프로이트나 블롱델, 레비-브륄 등의 저작들과 비교할 만하다. 피아제의 연구와 마찬가지로 이 연구들은 모두 위기의 시대가 낳은 산물이다. 실증적인 자료와 방법론적인 근거의 예리한 모순관계에서 시발된 이 위기는 심리학의 가장 기초적인 부분과 관련되어, 심리학을 학문명이 뜻하는 진정한 과학으로 전환시켰다.

심리학의 위기는 무엇보다도 이 학문의 방법론적 근거의 위기다. 이 위기는 심리학의 역사 자체로 거슬러 올라간다. 위기의 본질은 바로 유물론적인 경향과 관념론적인 경향의 대립에 있다. 이 두 경향은 다른 어떤 분야의 학문에서보다도 심리학 분야에서 더욱 치열하고 예리하게 대립하고 있다.

지금 심리학의 역사적 상황은 브렌타노(Franz Brentano)의 말을 빌리면 "많은 심리학이 존재하지만 통합된 심리학은 없다"라고 표현할 수 있다. 바로 그런 이유 때문에 다양한 심리학이 발생하고 있으며 공통적이고 단일한 심리학이 없는 것이라고 우리는 말할 수 있다. 이는 모든 현대 심리학의 지식을 통합할 수 있는 통일된 학문체계의 부재가 다음과 같은 현상을 불러올 수 있다는 것을 의미한다. 즉 심리학의 제반 분야에서 미미한 사실들의 단순한 축적을 넘어서는 모든 새로운 사실의 발견은 자신만의 독자적인 이론을 세울 것을 요구하며, 새로 발견된 사실과 관계의 설명, 이해를 위한 체계를 갖출 것을 요구하고, 자기만의 독자적인 심리학 ─ 여러 심리학 가운데 하나인 ─ 을 창조할 것을 요구한다.

프로이트, 레비-브륄, 블롱델은 그렇게 자신만의 심리학을 만들었다. 그들 이론의 사실적 근거와 이 근거에 기반을 둔 이론적 구조 사이의 모순, 모든 저자에게서 매우 독특한 양상을 띠는 이 체계들의 관념론적 특징, 그리고 전체적인 이론 구축에서 보이는 형이상학적 경향은 바로 우리가 위에서 위기의 흔적이라고 언급한 바 있는 이중성을 필연적으로 보여준다. 이런 이중성은 학문 연구가 사실 자료수집에서 한 발 앞서 나가면서 동시에 이론적인 해석과 조명에서는 두 발 뒤로 물러나는 데서 비롯된다. 현대 심리학은 거의 매 단계에서 학문의 자랑이요 최신 결과인 새롭고 중요한 발견들이 과학 이전 단계의 개념으로 빠져버리는 비참한 장면을 연출하고 있다. 그래서 반(半)형이상학적인 개념과 체계가 과학 이전 단계의 개념들을 뒤덮고 있는 것이다.

피아제는 아주 단순한 방법으로 이 이중성을 피하려고 했다. 즉 그는 아주 철저하게 사실 속에만 머물고자 했다. 사실 이외에는 어떤 것도 알려고 하지 않았다. 그는 의식적으로 일반화를 회피했고, 더욱이 순수한 심리학의 문제를 넘어 논리학, 인식론, 철학사 같은 인접 학문으로 나아가는 것을 피했다. 순수한 경험론적 토양이 그에게는 가장 유망하게 여겨졌다. 피아제는 자신의 저작에 대해서 말하기를 "이 연구는 무엇보다도 사실과 자료의 총집합이다. 어떤 특정한 서술체계가 아닌 단일한 방법론이 각 장의 내용적 통일성을 설명해준다"[3]라고 언급했다.

이것이 지금 우리가 관심을 갖는 연구에서 가장 가치 있는 것이다. 새로운 사실의 발굴, 심리학적 사실의 과학성, 자료들의 분류, 클라파레

---

[3] 같은 책, 64쪽.

드의 표현대로 자료가 이야기하는 바를 들을 수 있는 능력—이 모든 것이 피아제의 연구에서 의심할 여지 없이 아주 중요한 부분을 차지하고 있다. 크고 작은 일차적 또는 이차적 중요성을 지닌 방대한 새로운 사실들은 새로운 결과를 낳으며, 이전에 이미 알려진 결과들을 보충하면서 피아제의 저작에서부터 아동 심리학이라는 분야로 밀려들어왔다.

새로운 사실의 발굴과 확산은 무엇보다도 피아제가 처음 도입한 임상 실험적 방법 덕택에 가능했는데, 이 방법의 장점과 특성이 심리학 연구 방법론에서 임상 실험적 방법을 중요한 위치로 올려놓았고, 변화하고 발전하는 아동 사고의 복잡하고 전체적인 형성구조 연구에서 꼭 필요한 방법으로 만들어놓았다. 이 방법론은 피아제의 모든 다양한 사실적 연구에 실제적인 통일성을 부여했다. 그의 사실적 연구는 아동 사고의 유기적이고 조직적이며 충분한 임상 실험적 자료와 도표를 제시하고 있다.

새로운 사실과 그 사실의 발굴, 분석의 새로운 방법은 많은 새로운 문제를 낳았다. 그중에서 상당 부분은 심리학에서 처음으로 제기된 문제들이고, 또 다른 부분은 처음 제기된 것이 아니더라도 적어도 새로운 모습으로 제기된 것들이다. 실례로 아동 언어에서 문법과 논리의 문제, 아동의 내성(introspection) 발달의 문제와 논리적 연산의 발달과정에서 내성의 기능적 의미의 문제, 아동 간의 언어적 사고의 이해 문제 등을 언급할 필요가 있다.

그러나 다른 모든 연구자와 마찬가지로 피아제도 현대 심리학의 위기가 뛰어난 많은 심리학자를 곤란에 빠뜨린 운명적인 이중성을 피할 수는 없었다. 피아제는 이 위기에서 안전하고 높은 사실이라는 벽 뒤에 숨고 싶었다. 그러나 사실들은 그를 배신하고 그에게 등을 돌렸다.

많은 문제를 야기한 것이다. 그것은 피아제가 그토록 피하려고 했던 이론—비록 완전하게 정립되고 확산된 것은 아니더라도 진정한 의미의 이론—과 관계된 문제들이었다. 물론 그의 저서에는 이론도 들어 있다. 이것은 어찌 보면 피할 수 없는 운명과도 같은 것이다.

피아제는 "우리는 실험 결과가 보여주는 대로 사실들을 차근차근 추적하려고 노력했을 따름이다. 물론 실험이란 항상 그걸 가능하게 한 가설에 따라 규정되지만, 우리는 사실의 분석에만 관심 범위를 좁혔다"[4]라고 했다. 그러나 사실을 분석하는 것은 곧 필연적으로 어떤 이론의 틀 안에서 그 사실을 해석하는 것이 되고 만다.

사실들은 철학과 끊을 수 없는 관계에 놓여 있다. 특히 피아제가 발견하고 설명하고 분석하는 아동 사고의 발달이란 사실은 더더욱 그러하다. 따라서 누군가가 이 풍부한 새로운 사실들의 모음집에 접근할 수 있는 방법을 찾고자 한다면, 그는 반드시 먼저 사실의 철학과 그 사실의 획득, 의미의 철학을 깨달아야만 한다. 이런 과정이 없다면 사실들이란 때로 무의미하게 죽은 상태일 수도 있기 때문이다.

그런 이유로 우리는 피아제의 연구를 비판적으로 재조명하는 이 장에서 구체적으로 개별적인 문제들을 자세하게 살피려고 하지는 않을 것이다. 따라서 전체적으로 조망해보고, 아동 사고의 모든 다양한 문제를 종합적으로 일반화해보고, 그것들의 공통된 근원을 파악해보고, 그 속에서 가장 중심적이고 기본적이며 전체를 규정할 수 있는 요소들을 찾아보는 작업이 필요하다.

그러나 작업은 우리가 이해하고 평가하는 열쇠를 찾는 연구의 기반

---

4 같은 책, 64쪽.

에 있는 이론과 방법론적 체계를 비판하는 방향으로 나아가야 한다. 사실 연구는 이론을 지지하거나 연구 방법론을 구체화하기 때문에 우리는 사실 연구에 관심을 가져야 한다.

피아제 저서들에서 아동의 언어와 사고의 문제에 대한 우리의 비판적 연구는 이러한 방향으로 나아가야 한다.

내용이 풍부한 피아제의 연구에 기본이 되는 모든 구성을 단일한 관점으로 이해하려는 독자에게는 피아제가 자신의 연구 과정과 결과를 설명한 것이 도움이 되지 않는다. 피아제는 자신의 설명에서 의식적으로, 그리고 의도적으로 체계를 회피한다. 피아제는 자료의 불완전한 연계성을 비난하는 것을 두려워하지 않는다. 그에게 자료는 사실들을 순수하게 연구한 것이다.

그는 아동 사고의 문제에 있어서 많은 구체적 사실이 지니고 있는 특징을 조급하게 하나의 체계로 이해하려는 시도를 경계한다. 그는 원칙적으로 너무 체계적인 설명을 자제하고, 아동의 심리를 넘어선 모든 일반화를 자제한다. 그는 교육자와 아동에 대한 정확한 지식이 필요한 모든 사람에게 사실 분석이 이론보다 더 중요하다는 것을 확신했다.

피아제는 일련의 연구들을 마치고 나서 종합을 시도한다. 그는 이렇게 하지 않으면 종합이 항상 사실을 설명하는 것을 방해하고, 사실을 왜곡하게 된다고 보았다. 이와 같이 이론과 사실 분석을 엄격히 분리하고, 모든 자료의 전체적 종합을 개별적 연구의 설명과 분리하려는 시도가 피아제 연구 방법의 특징이다. 사실을 연구 과정에서 드러나는 대로 서술하는 것이 그의 목표였다.

이미 언급한 바와 같이, 우리가 그의 모든 구성을 전체적으로 단일한 견해로 포착하고, 이것을 결정하는 기초적 원리들을 이해하고자 한다면, 우리는 피아제의 행로를 따를 수 없다. 우리는 모든 사실을 연결하는 사슬에서 중심 고리를 찾으려고 노력해야 한다. 이 연결고리가 이론 체계의 나머지 부분까지 확장되고, 전체 구조를 지탱하는 중심적 원리를 찾아야 한다.

이 점에 관해서 우리는 피아제에게서 직접 도움을 받을 수 있다. 그는 자신의 책 내용을 전체적으로 요약하는 「결론」 장에서 연구 내용에 대한 전체적 조망을 시도하고, 이것을 일정한 체계로 유도하고, 연구에서 개별적으로 발견되는 사실들 사이의 연관성을 나타내고, 복잡하고 다양한 사실들을 결합하고자 노력했다.

여기서 발생하는 첫 번째 문제는 피아제의 연구에서 드러난 아동 사고의 모든 특징을 연결하는 객관적인 고리를 찾는 것이다.

이 모든 특징은 공통의 원인으로 귀착되지 않는 개별적이고 독립적인 현상인가? 또는 이 특징은 이것들을 결합하는 중심적인 사실에 근거하는 일정한 구조나 서로 연결된 전체를 나타내는가? 이 연구들은 아동 사고의 일련의 특징을 다룬다. 예를 들면 그것은 아동의 언어와 사고의 자기중심성(ego-centrism), 지적 실재성(intellectual realism), 혼동심성(syncretism), 관계에 대한 이해 부족, 의식적 지각의 어려움, 자기 관조에 대한 무능력 등이 있다.

문제는 "이 현상들이 어떤 연관이 없이 전체를 이루는지, 즉 이 현상들이 서로 연관이 없이 일련의 우연하고 단편적인 원인들 때문에 나타나는 것인지, 또는 이들은 연관이 있는 전체를 구성하고 이 때문에 독특한 논리를 나타내는지"[5]에 있다. 이 질문에 대한 저자의 긍정적인 대

---

5 같은 책, 370쪽.

답은 사실의 분석에서 이론 영역으로 자연스럽게 나아가게 하고(비록 저자의 말에서는 사실 분석이 이론에 선행할지라도), 사실 분석 자체는 이 이론으로 결정된다는 것을 나타낸다.

아동 사고의 개별적인 특징들을 결합시키는 중심 고리는 무엇인가? 피아제의 기본 이론에서 중심 고리는 아동 사고의 자기중심성이다. 중심 고리는 그의 모든 체계의 중추신경이고, 그의 이론구조 전체의 근본 사상이다.

"우리는 아동 논리의 대부분의 특징을 자기중심성으로 귀결시키고자 노력했다"[6]라고 그는 말했다. 이 모든 특징은 아동의 논리를 결정하는 복합체가 된다. 이 복합체의 기반에는 아동 사고와 아동 행동의 자기중심성이 있다. 아동 사고의 나머지 모든 특징은 이 기본 특징에서 나온다. 기본 특징을 긍정하거나 부정하는 것에 따라 모든 나머지 맥락도 강화되거나 약화된다. 이러한 맥락에 근거해야 아동 논리의 모든 개별 특징을 이해하고 인식하고 전체로 묶는 이론적 일반화가 가능하다.

그래서 예를 들면 저자는 아동 사고의 중심 특징 중 하나인 혼동심성이 아동의 자기중심성의 직접적 결과라고 직접적으로 말한다.[7]

따라서 아동 사고의 자기중심성은 무엇이고, 자기중심성이 성인의 생각과는 다른 아동의 생각을 구성하는 나머지 특징들과 어떤 관련이 있는지를 무엇보다도 먼저 살펴보아야 한다. 피아제는 자기중심적인 생각을 발생적·기능적·구조적 관점에서 자폐적 생각과 이성지향적 사고 사이에 위치하는 사고의 과도기적 중간 형태로 규정한다. 이것은 사고발달 과정에서도 과도기적인 단계이고, 발생적인 연결고리 역할을

---

6 같은 책, 371쪽.
7 같은 책, 389쪽.

한다.

피아제는 이성적 또는 지향적 생각과 블로일러가 자폐적 생각이라고 한 비지향적 생각 사이의 구별을 심리분석 이론에서 차용한다.

"지향적 생각은 의식적이다. 즉 지향적 생각은 생각하는 사람의 이성에 분명하게 제시된 목적을 추구한다. 지향적 생각은 지적이다. 즉 현실에 적응하고 영향을 주려고 한다. 지향적 생각은 진실이나 오해를 포함하고 있고, 언어로 표현된다.

자폐적 생각은 무의식적이다. 이것이 추구하는 목적과 설정하는 과제들은 의식에 제시되지 않는다. 자폐적 생각은 외부 현실에 적응하지 않고, 자신의 상상의 세계를 만든다. 이것은 진실을 확립하려 하지 않고, 욕구의 만족을 지향하며 개별적이다. 그래서 자폐적 생각은 언어로 직접적으로 표현될 수 없고, 무엇보다도 먼저 이미지로 나타난다. 그리고 소통을 위해서는 자폐적 생각을 유발한 감정을 상징과 신화로 일깨울 수 있는 우회적 방법에 의존해야 한다."[8]

사고의 첫 번째 형태는 사회적이다. 이것은 발달하면서 점점 더 경험과 순수 논리의 법칙에 따른다. 바로 명칭 자체가 지적하는 바와 같이 자폐적인 생각은 개별적이고, 여기서는 정확히 정의할 필요가 없는 일련의 특별한 법칙들을 따른다.

이 극단적인 두 가지 사고 형태 간에는 "의사소통 능력의 차이를 나타내는 많은 중간 단계가 있다. 이 중간적인 형태는 자폐성의 논리와 이성의 논리 중간에 있는 특별한 논리에 따라야 한다. 우리는 이 중간 형태 중에서 가장 중요한 생각, 즉 현실에 적용하려고 노력은 하지만

---

8 같은 책, 95쪽.

그렇게 의사소통이 되지 않는 아동의 생각을 자기중심적 생각이라고 부르자고 제안한다."⁹

피아제는 중간단계로서 아동의 자기중심적 생각에 관한 입장을 다른 곳에서 더 분명히 표현한다. "구조상 모든 자기중심적 생각은 (지향하지 않는, 즉 환상으로서 변덕스럽게 존재하는) 자폐적인 생각과 지향적인 이해 사이의 중간 위치에 있다."¹⁰

사고 형태의 구조뿐 아니라 기능 면에서도 자기중심적 생각은 발생적으로 자폐적 사고와 실제 사고 사이에 위치한다. 이미 앞에서 말한 바와 같이, 이 사고의 기능은 현실에 적응하는 것보다는 오히려 자신의 욕구를 만족시키는 데 있다. 이 사고는 현실을 지향하는 것보다는 오히려 욕구를 만족시키는 것을 지향한다. 이것은 자기중심적 생각을 자폐적인 생각과 동일한 범주로 만들지만, 이 둘 사이에는 서로 분리되는 본질적인 특징이 있다.

자기중심적 생각을 현실을 지향하는 성인의 실제 사고와 가까운 것으로 만들고, 꿈, 환상 또는 공상의 논리를 넘어서는 것으로 만드는 새로운 기능적 계기들이 여기에 있다.

"자기중심적 생각은 구조상 더 자폐적이지만, 이 생각의 욕구들은 순수한 자폐증처럼 제한적인 필요나 놀이의 필요성을 만족시키는 것만을 지향하는 것이 아니라, 성인의 생각과 마찬가지로 지적 적응을 지향한다는 점을 염두에 두고 아동의 생각을 자기중심적 생각이라고 부르는 것이다."¹¹

---

9 같은 책, 96쪽.
10 같은 책, 229쪽.
11 같은 책, 374쪽.

이와 같이 기능적 측면에서 피아제는 자기중심적 생각을 다른 두 가지 극단적인 사고 형태와 분리하기도 하고, 근접시키기도 하는 계기들을 인정하고 있다. 이 계기에 대한 연구는 피아제의 기본 가설인 "아동의 생각은 우리의 생각보다 더 자기중심적이고, 엄격한 의미에서 자폐성과 사회화된 생각의 중간형태다"[12]라는 결론에 도달한다.

아마도 이중적인 자기중심적 생각에서 피아제는 자기중심적 생각과 자폐성을 분리하기보다는 근접시키는 계기들을 계속해서 강조한다는 것을 처음부터 지적해야 할 것이다. 결론의 한 단락에서 그는 "자기중심적 생각에서 놀이는 일반적으로 최고의 법칙이다"[13]라는 진리를 결정적으로 상기시키고 있다.

이 두 가지를 분리하는 계기들이 아니라 근접시키는 계기들을 강조할 때 특히 중요성이 큰 것은 자기중심적 생각의 기본 현상 가운데 하나인 혼동심성이다. 피아제는 혼동심성과 아동 논리의 다른 특성들은 자기중심주의의 직접적인 결과라고 본다. 그는 아동 논리의 핵심적 특징에 대해서 다음과 같이 말한다.

"우리 연구의 결과를 읽으면 모든 혼동심성을 야기하는 자기중심적 생각은 논리적인 생각보다는 자폐적인 생각이나 꿈에 더 가깝다고 생각하게 될 것이다. 우리가 기술한 사실은 여러 면에서 사실상 꿈이나 환상과 밀접하게 관련되어 있다."[14]

그러나 여기서도 피아제는 논리적 생각과 심리분석가들이 용감하게 꿈의 '상징주의'라고 불렀던 것 사이의 중간 단계로서 혼동심성적 생각

---

12 같은 책, 376쪽.
13 같은 책, 401쪽.
14 같은 책, 173쪽.

의 체계를 연구하고 싶어한다. 잘 알려진 바와 같이, 프로이트는 꿈에는 꿈의 이미지 발생을 지배하는 기본적인 기능이 두 가지 있다고 지적했다. 다양한 몇몇 이미지를 하나로 합치게 하는 응축과 어떤 대상에 속하는 특질들을 다른 대상으로 바꾸는 전이가 그것이다.

피아제는 라르손(K.D. Larson)의 견해를 따라서 "응축과 전이의 기능들과 일반화(응축의 유형인) 기능 사이에는 중간 고리들이 존재해야 한다. 혼동심성은 이 고리 중에 가장 본질적인 것이다"[15]라고 생각한다. 아동 논리의 기반인 자기중심성뿐 아니라, 그것이 발현된 가장 중요한 형태인 혼동심성도 피아제 이론에서는 꿈의 논리와 사고의 논리 사이의 중간적이고 과도기적인 형태로 연구된다.

"혼동심성은 그 기제 자체로 보아서 자폐적 생각과 논리적 생각의 중간 고리다"라고 그는 다른 곳에서 말한다. 우리는 이 두 생각을 비교하기 위해서 혼동심성의 경우를 서술했다. 우리가 보는 바와 같이 피아제는 혼동심성에 관해 얘기한 것을 아동의 자기중심적 생각의 다른 모든 특징과 발현으로 확대시킨다.

피아제의 모든 이론에서 아동 사고의 자기중심성 개념을 설명하기 위해서는 세 번째 기본적인 동기, 즉 발생적 관계를 서술해야 한다. 이 발생적 관계에서는 한편으로 순수 자폐성인 꿈의 논리와 자기중심적 사고의 관계, 다른 측면에서 이성적 사고의 논리와 자기중심적 생각의 관계를 다루어야 한다. 우리가 살펴본 바와 같이 피아제는 구조와 기능적 관계에서 자기중심적 생각을 사고발달의 이 두 극단적인 단계 사이에 존재하는 중간적이고 연결적인 요소로서 파악했다. 피아제는 사고

---

15 같은 책, 174쪽.

발달에서 이 세 가지 사고를 결합하는 발생적 연관과 관계의 문제를 같은 방식으로 해결한다.

피아제가 심리분석 이론에서 차용한 견해, 즉 자폐적인 사고 형태가 아동 심리의 본질적 조건이고 본원적인 사고의 형태라는 견해는 전체적으로 그의 사고발달 개념 중에서 가장 기본적인 것이고, 아동의 자기중심성에 대한 발생적 정의의 기초가 된다. 현실적 사고는 아동을 둘러싸고 있는 사회환경으로부터 아동이 오랫동안 지속적으로 영향을 받은 이후에 나타난다.

피아제는 이러한 관점에서 출발하여 "지적 활동이 완전히 논리적 활동인 것은 아니다. 지적이지만 논리적이지 않을 수 있다"라는 결론을 내린다. 지성의 다양한 기능은 어떤 기능이 다른 기능 없이, 또는 다른 기능보다 먼저 나타날 수 없을 정도로 서로 필수적으로 연관되어 있지는 않다. "논리적 활동은 진실을 증명하고 탐구한다. 해결책을 발견하는 것은 상상을 필요로 하지만, 논리적 활동에 대한 필요는 매우 늦게 나타난다."[16]

피아제는 "이러한 지연은 두 가지 원인으로 설명된다. 첫째, 생각은 진실을 추구하는 일보다 훨씬 이전에 직접적으로 욕구를 만족시키는 데 쓰인다. 가장 독자적으로 발생하는 사고는 놀이거나, 적어도 바라는 것을 실현 가능한 것으로 생각하게 하는 환상적 상상이다. 아동들의 놀이, 언행, 생각을 연구한 모든 학자가 이것을 관찰했다. 프로이트도 쾌락 원리가 현실 원리에 선행한다면서 바로 이 점을 확실하게 언급했다. 7~8세 아동의 머릿속은 놀이 경향으로 가득하다. 다시 말하면, 이 연령

---

16 같은 책, 372쪽.

까지는 진실로 간주되는 생각과 허구를 구별하기가 매우 어렵다"[17]라고 말했다.

이와 같이 자폐적 사고는 발생적 관점에서는 최초의 사고 형태이고, 논리는 상대적으로 늦게 나타난다. 그리고 자기중심적인 생각은 발생적 관점에서는 중간 위치이고, 자폐증에서 논리로 사고가 발달하는 과정의 중간 단계다.

유감스럽게도 피아제는 아동 생각의 자기중심성 개념을 어디에서도 체계적으로 분명히 표현하지는 않았다. 그러나 자기중심성 개념은 그의 모든 체계에서 결정적인 요인이다. 이 개념을 명확히 설명하기 위해서는 마지막 문제인 아동 생각의 자기중심성의 기원 문제를 다루어야 하고, 만일 그렇게 표현될 수 있다면 자기중심성의 폭과 영역, 즉 아동 생각의 다양한 영역에서 이 현상의 한계와 범위를 기술해야 한다.

피아제는 자기중심성의 핵심을 두 가지 요인에서 찾는다. 첫째, 심리 분석 이론에 따르면 아동의 비사회성이고, 둘째, 실제 활동의 특성이다.

피아제는 자기중심적 사고의 중간적 성격에 관한 자신의 기본 입장은 가설적인 것이라고 여러 번 말했다. 그러나 이 가설은 매우 상식에 가깝고, 아동의 자기중심성이 그에게는 거의 논쟁의 여지가 없을 정도로 분명했다. 그의 저서의 이론적인 부분에서 다룬 문제는 자기중심성이 이 책에서 다루고 있는 표현의 어려움과 논리적 현상들을 초래하는지, 또는 그 관계가 반대인지를 규정하는 것이다.

"그러나 발생적 관점에서 아동의 생각을 설명하기 위해서는 아동의 활동에서 출발해야 한다. 아동의 활동은 확실히 자기중심적이고 이기

---

17 같은 책, 372쪽.

적이다. 사회적 본능은 분명히 나중에 발달한다. 이러한 측면에서 첫 번째 결정적인 시기는 7~8세다."[18] 피아제는 아동이 최초로 논리적으로 사고하고 자기중심성의 결과를 피하기 위한 최초의 노력도 이 연령과 관련 있다고 보았다.

피아제가 자기중심성을 이후의 사회적 본능의 발달과 아동 본성의 생물학적 이기주의에서 끌어내려고 시도한 것은 본질적으로 자신의 자기중심적 생각에 대한 정의와 일치한다. 자기중심적 생각은 사회화된 생각이라기보다는 개인적인 생각이고, 피아제의 견해로는 사회화된 생각은 합리적이고 현실적인 생각을 뜻한다.

자기중심성이 아동의 사고에 미치는 영향의 폭과 영역에 관한 두 번째 문제에 대해서 피아제는 자기중심성을 아동의 사고와 행동에 기본적이고 본원적이고 근본적일 뿐만 아니라 일반적인 것이라고 생각하면서 보편적 의미를 부여하고, 이 현상을 절대화하려고 했다. 그래서 피아제는 아동 논리에 있는 풍부하고 다양한 모든 현상을 아동의 자기중심성의 직접적이거나 지연된 현상으로 보았다.

그러나 이것이 전부가 아니다. 자기중심성의 영향은 사실에 기인한 결과들에 따라서는 위로도, 결과의 발생을 조건짓는 원인들에 따라서는 아래로도 확산된다. 이미 언급한 바와 같이, 피아제는 사고의 자기중심성을 아동 행동의 이기성과 관련지었고, 후자를 8세까지 아동 발달의 비사회성과 관련지었다.

아동의 자기중심성이 개별적이고 가장 중심적으로 드러나는 경우, 예를 들면 아동 생각의 혼동심성은, 특정 영역이 아니라 아동 사고의

---

18 같은 책, 377쪽.

전체적 특징이라는 점을 피아제는 직접적이고 분명하게 말한다. 그는 "혼동심성은 아동의 모든 생각에 스며들어 있다"[19]라고 말한다. 피아제는 다른 곳에서는 다음과 같이 썼다.

"사회화하는 습관이 확립하기 시작할 때인 7~8세까지 아동에게는 자기중심적인 생각이 현저하다. 그러나 7세 6개월까지는 자기중심성의 결과, 특히 혼동심성은 아동의 모든 생각, 즉 순수한 언어적 생각(언어적 이해)에도, 직접적인 관찰(지각적 이해)에도 스며들어 있다. 자기중심성의 결과는 7~8세 이후에 즉시 사라지지 않고, 조작하기 가장 어려운 구체적인 생각에, 즉 순수한 언어적 생각에 형상화되어 남아 있게 된다."[20]

이것은 자기중심성이 영향을 주는 영역이 8세까지는 전체적으로 아동 사고와 지각의 모든 영역과 직접적으로 일치한다는 것을 믿어 의심치 않게 한다. 8세 이후 아동의 사고발달 과정이 갑자기 변하면서 생각의 자기중심적인 특성은 아동 사고의 제한된 영역과 이성과 분리된 영역에서만 유지된다. 8세부터 12세까지는 자기중심성이 생각의 일정 영역과 부분에만 영향을 준다. 그러나 8세까지는 무제한이고, 전체적으로 아동 생각의 모든 영역에 영향을 준다.

이미 언급한 바와 같이, 피아제의 모든 연구에서 중심적이고 결정적인 의미를 가지고 있고, 그의 저술에서 모든 사실 자료들을 분석한 것을 이해하는 데 핵심 개념인 자기중심적 생각의 특징은 이렇게 정리할 수 있다.

생각의 자기중심성에 대한 이러한 견해에서부터 이것은 항상 법칙적

---

19 같은 책, 390쪽.
20 같은 책, 153쪽.

이고 필연적이고 확고하게 경험에 상관없이 아동의 심리적 본질과 매우 밀접하게 관련되어 있다는 결론이 자연스럽게 나오게 된다. 피아제는 "경험조차도 이렇게 형성된 아동의 지성을 잘못에서 구출할 수는 없다. 사물이 잘못이지, 아동은 결코 잘못이 없다"라고 했다.

"마술로 비를 오게 하는 미개인은 자신의 실패를 악마 때문이라고 설명한다. 그에게는 경험이 침투할 수 없다. 경험은 그가 단지 개별적이고, 매우 특별하고 테크닉적인 경우들에서만 신뢰를 잃게 했지만(경작, 사냥, 제조), 사실과의 순간적·부분적인 접촉은 그의 사고 방향에는 결코 영향을 주지 않았다. 이러한 것은 아동에게 더 강하게 적용된다. 아동의 물질적 부족은 부모의 돌봄으로 예방되기 때문에, 아동은 장난감들을 통해서만 사물의 저항력과 친숙해지는 것은 아닐까?"[21]

피아제에게 아동의 경험에 대한 무감각은 다음과 같은 그의 기본이념과 연결되어 있다.

"아동의 생각을 교육적 요인과 성인이 아동에게 주는 모든 영향과 분리할 수는 없다. 그러나 이 영향은 사진 필름에서처럼 아동에게 남아 있지 않고 동화된다. 즉 영향을 받는 생명체로 변형되고, 생명체의 고유한 실체와 합체된다. 우리는 바로 심리학적 실체, 다르게 말하면 아동 생각에 고유한 구조와 기능을 기술하고 설명하려고 했다."[22]

이 말에 사회환경의 영향을 동화시키고 고유한 법칙에 따라 이 영향을 변형하는 아동의 심리적 실체를 연구하려고 한 피아제의 방법론적 기초가 드러나 있다. 간략하게 말하면, 피아제는 아동 생각의 자기중심성을 아동의 심리적 실체에 스며든 사고의 사회적 형태가 변형된 결과

---

[21] 같은 책, 372~373쪽.
[22] 같은 책, 408쪽.

라고 본다. 이 변형은 심리적 실체의 생명과 발전을 지배하는 법칙에
따른다.

우리는 피아제가 불충분하게 제기한 정식을 통해 피아제 연구 전체
의 철학에, 아동의 사고발달 과정의 사회적·생물학적 문제와 아동 발
달과정 전체의 본질에 충분히 다가갈 수 있다.

피아제가 별로 언급하지 않은 방법론적으로 복잡한 측면에 대해서는
뒤에서 특별히 자세히 다룰 것이다. 무엇보다도 먼저 이론적이고 사실
적인 측면에 집중해서 아동의 자기중심성에 대한 피아제 개념의 본질
에 대한 분석과 비판에 관심을 기울일 것이다.

2. 자폐적 사고

계통발생과 개체발생의 관점에서 보면 자폐적 사고가 결코 아동과
인류의 지적 발달에서 최초 단계는 아니다. 자폐적 사고는 모든 발달과
정이 시작되는 원시적 기능이 아니며, 다른 모든 것의 기원이 되는 본
원적 형태와 기본적 형태도 아니다.

유아[23] 행동을 생물 진화의 관점과 생물학적 분석의 관점에서 연구하
는 자폐적 사고에 대한 연구 결과조차도 프로이트가 제기하고 피아제
가 수용한 기본적인 입장을 정당화하지는 않는다. 즉 자폐성이 사고발
달에서 모든 이후 단계의 출발점이 되는 시원적이고 기본적인 단계라
는 견해, 가장 일찍 나타나는 사고는 피아제의 표현대로 어떤 환상이라

---

[23] 7세 이하 – 옮긴이.

는 견해, 자폐적 사고를 지배하는 쾌락 원리는 현실성 원리보다 우선한
다는 견해를 정당화하지 않는다. 생물학에 정통한 심리학자들, 특히 자
폐적 사고에 대한 학설을 발전시킨 블로일러도 이 같은 결론에 도달했
다는 것은 주목할 만하다.

블로일러는 최근에 '자폐적 사고'라는 용어가 많은 오해의 원인이었
다는 것을 지적했다. 자폐적 사고를 정신분열증적 자폐증과 일치시키
는 내용이 이 개념에 포함되기도 했고, 자폐적 사고를 이기주의적 사고
와 동일시하는 것들도 있었다. 그래서 블로일러는 자폐적 사고를 현실
적이고 합리적인 사고와 대립되는 개념으로 비현실적 사고라 부를 것
을 제안했다. 이 명칭으로 표현되는 개념 내용의 중요한 변화는 명칭의
변화에 가려져 있다.

자폐적 사고를 연구한 블로일러 자신이 이 변화를 잘 표현했다. 그는
이 연구에서 자폐적 사고와 이성적 사고 간의 발생적 상관관계에 대한
문제를 직접적으로 제기했다. 그는 자폐적 사고가 보통 합리적 사고보
다 발생학상 더 이른 단계에 나타난다는 것을 지적했다. "현실성의 기
능, 복잡한 현실의 요구를 충족하는 현실적 사고는 자폐적 사고보다는
훨씬 쉽게 질병의 영향으로 파괴된다. 자폐적 사고는 질병의 진행 과정
에서 제일 먼저 나타난다. 자네(Janet) 같은 프랑스 심리학자들은 현실
적 기능이 가장 고차원적이고 가장 복잡하다고 했다. 그러나 이 문제
에 대해서는 프로이트만이 분명한 입장을 취하고 있다. 그는 발달과정
에서 쾌락의 메커니즘이 가장 우선적이라고 분명히 말했다. 그는 현실
적 욕구를 어머니에게서 충족하는 젖먹이와 계란 속에서 껍질로 외부
세계와 분리되어 성장하는 병아리는 이미 자폐적인 생활을 하고 있다
는 것을 예로 든다. 아동은 아마도 그의 내적 욕구 충족에 대해 환각을

일으키고, 자극이 증가할 때와 만족하지 못할 때 외침과 몸부림 형태의 반응으로 자신의 불만을 표현하고, 그다음에는 환각을 통해서 만족한다."[24]

우리가 살펴본 바와 같이, 블로일러는 자기중심적인 아동의 사고를 논리적 한계에 도달한 최초의 자폐증(피아제는 이것을 유년기의 심리연구에서 매우 철저히 자기중심주의라고 부른다.), 즉 유아론(solipsism)과 합리적 사고 사이의 과도적 단계로 정의하면서, 피아제와 마찬가지로 아동 발달의 심리분석 이론의 기본 입장을 취한다.

하지만 동시에 이러한 관점을 비판하면서 블로일러는 발생적 관점에서 확고한 논거를 제시하고 있다고 생각한다. 그는 다음과 같이 말한다.

"나는 이것에 동의할 수 없다. 나는 유아에게서 환각적인 만족을 보지 못했고, 음식을 실제로 먹은 후에야 만족하는 것을 보았으며, 계란 속의 병아리는 관념의 도움이 아니라 물리적·화학적으로 취할 수 있는 양식의 도움으로 자기의 길을 열고 나온다는 것을 말하고 싶다.

더 나이 든 아동을 관찰하면서도 아동이 상상 속의 사과를 실제 사과보다 선호하는 것을 보지 못했다. 저능아와 미개인은 실제적이고 현실적인 정치가며, 미개인은 (사고 능력의 정점에 있는 우리처럼 그렇게) 이성과 경험이 불완전한 경우에만 자폐적인 바보짓을 한다. 우주, 자연현상에 대한 개념과 질병과 다른 불행에 대한 이해 그리고 자신을 이러한 일로부터 보호하기 위해 취하는 조치 등에서 그런 것이 나타난다.

저능아에게는 현실적 사고뿐 아니라 자폐적 사고도 단순화된다. 아

---

24 블로일러, 『자폐적 사고』, 55~56쪽.

무리 발달 단계의 낮은 상태에 있다고 하더라도, 다른 무엇에 앞서 현실에 반응하지 않는 생명체를 어디에서도 발견하지 못했고 그러한 대상을 상상할 수도 없다. 그리고 자폐적 기능들이 특정한 조직 단계보다 더 아래에 존재할 수 있다는 것도 제시할 수 없다. 자폐적 기능에는 복잡한 기억 능력이 필수적이다. 고등동물에 대한 몇몇 관찰을 제외하면 동물은 단지 현실적 기능만을 알고 있다.

그러나 이 모순은 쉽게 해결할 수 있다. 자폐적 기능은 현실적 기능의 단순한 형태만큼 그렇게 원시적이지 않다. 그러나 이것은 여러 면에서 인간에게서 발달되는 고등 형태의 현실적 기능보다는 더 원시적이다. 하등동물들은 현실적 기능만을 가지고 있다. 자폐적으로만 생각하는 존재는 없다. 특정한 발달 단계에서 시작해서 자폐적 기능은 현실적 기능과 결합되고, 이때부터 현실적 기능과 함께 발달한다."[25]

쾌락 원리, 공상과 꿈의 논리가 사고의 현실적 기능보다 우위에 있다는 관점으로부터 생물진화 과정에서 사고발달의 과정에 대한 현실적인 연구로 전환되어야만 현실을 지향하고 새로운 조건과 변하는 외부환경에 적응하는 실제적인 사고가 지적 활동의 기본적인 형태라는 것을 확신할 수 있다.

생물진화의 관점에서 보면, 공상의 기능, 꿈의 논리가 일차적이라고 가정하는 것, 사고는 생물 계열에서 발생했고 자기만족 기능을 수행하기 위해 쾌락 원리에 따르는 과정으로서 하등동물에서 고등동물로, 그리고 고등동물에서 인간으로 이행하면서 발달했다고 가정하는 것은 난센스다. 사고발달 과정에서 쾌락 원리의 우선성을 가정하는 것은 우리

---

25 같은 책, 57~58쪽.

가 지능이나 사고라고 부르는 새로운 심리적 기능의 발생 과정을 처음 부터 생물학적으로 설명할 수 없다는 것을 의미한다.

개체발생 관점에서도 아동 사고의 일차적 형태로 욕구의 환각적인 만족을 가정하는 것은, 블로일러가 지적한 바 있듯이, 만족은 음식을 실제로 섭취한 후에야 나타난다고 하는 논쟁의 여지가 없는 사실을 무시하는 것을 의미한다. 그리고 더 연령이 높은 아동은 상상 속의 사과를 실제 사과보다 선호하지 않는다는 사실을 무시하는 것을 의미한다.

우리가 앞으로 지적하는 바와 같이, 블로일러의 기본적인 발생학적 표현은 자폐적 사고와 현실적 사고 사이에 존재하는 발생적 연관에 관한 질문을 완전히 해결하는 것은 아니지만, 두 가지 점에서는 논쟁의 여지가 없는 것 같다.

첫째, 자폐적 기능이 상대적으로 나중에 발생한다는 것이고, 둘째, 자폐증의 일차성과 원초성에 대한 개념이 생물학적으로 불충분하다는 점이다.

우리는 블로일러가 두 사고 형태의 발생 과정에서 가장 주요한 단계를 서로 관련지어 설명하려고 한 계통발생적 도식보다 더 나아가지는 않을 것이다. 그는 자폐적 기능의 발생을 사고발달의 네 번째 단계와 연관짓고 있다. 이 단계에서는 외부 세계의 자극 없이 개념이 "축적된 경험에 따라서, 이미 경험한 것에서 아직 알려지지 않은 것으로, 과거에서 미래로 확산된 논리적 기능과 유추와 결합된다. 또 다양한 우연성에 대한 평가도, 행위의 자유도, 감각기관의 우연한 자극과 욕구들과 무관하게 단지 회상으로 구성된 일관성 있는 사고도 가능해진다."

블로일러는 계속해서 다음과 같이 말한다.[26]

"단지 여기에서만 자폐적 기능이 나타날 수 있다. 오직 여기에서만 강한 쾌락이나 만족과 관련된 관념이 존재할 수 있다. 이 관념은 자신이 만들어낸 즐거운 상상을 관념과 결부시키면서 외부 세계에 있는 즐겁지 않은 것을 배제하고, 환상적인 실현에 만족하면서 외부 세계를 변화시킬 수 있다. 그러므로 비현실적 기능이 현실적 사고의 입문보다 더 우선적일 수 없고, 비현실적 기능은 현실적 기능과 나란히 발달되어야 한다.[27]

개념형성과 논리적 사고가 더 복잡하고 더욱 구별될수록, 이것이 현실에 더 정확히 적응될수록, 흥분의 영향을 벗어날 가능성도 커진다. 그에 반해서 다른 측면에서는 과거로부터 감정적으로 채색된 기억심상(engram)의 영향을 받을 가능성과 미래에 대한 감정적 관념으로부터 영향을 받을 가능성은 증가한다.

동시에 과거로부터 무한한 감정적 회상의 존재와 미래에 대한 감정적 표상의 존재는 공상으로 쉽게 빠져들게도 하고, 다양한 사고 결합은 무한히 다양한 공상을 가능하게 한다.

사고가 발달하면서 두 사고 유형의 차이는 더 분명해진다. 두 유형은 직접적으로 대립하면서 어려운 갈등을 초래할 수 있다. 그리고 만약 두 극단이 균형을 이루지 않는다면, 한편으로는 실제적으로 생각하지 않고 현실에 적극성을 보이지 않는 공상가 유형이 나올 수 있고, 다른 한편에서는 분명하고 현실적인 사고 때문에 장래를 생각하지 않고서 주어진 순간만을 사는 착실하고 현실적인 인간 유형이 나올 수 있다.

---

26 같은 책, 60~62쪽.
27 우리의 견해에 따르면 이 두 가지 과정을 병렬적인 것으로 보는 것은 잘못된 것이다. 그것은 사고의 두 가지 형태의 발전 과정이 지니고 있는 현실적인 복잡성과 일치하지도 않는다 - 저자.

계통발생에서 이런 평행성에도 불구하고, 현실적 사고는 여러 이유 때문에 더 발달되고, 정신의 일반적인 착란이 발생할 경우 현실적 기능은 훨씬 더 강하게 파괴된다."

블로일러는 어떻게 계통발생적 관점에서 자폐적 기능처럼 미약한 기능이 2세 이후의 많은 아동에게서 자폐적 사고가 이들의 심리적 기능의 대부분(현실에서 공상들, 놀이들)을 지배할 정도로 그렇게 크게 확산되고 힘을 얻을 수 있을까 하는 문제를 연구했다.

우리는 언어의 발달이 자폐적 사고에 상당히 유익한 조건이고, 다른 측면에서는 블로일러 자신이 언급한 바와 같이 자폐성은 사고 능력을 단련하는 데 유익한 토대라는 점에서 이 질문에 대한 답을 찾는다. 아동의 공상 속에서 조합 능력은 활발한 놀이에서 신체가 단련되는 것만큼 향상된다.

"아동이 군인 놀이나 엄마 놀이를 할 때, 아동은 새끼 고양이가 동물 사냥을 준비하는 것과 유사하게 관념과 감정에 필수적인 복합들을 연습한다."[28]

그러나 만약 발생적 속성 측면에서 자폐적 기능의 문제가 이와 같이 설명된다면, 이 기능의 속성을 자폐적 기능의 기능적·구조적 측면에서 새롭게 이해하고 문제를 재검토해야 한다. 자폐적 사고의 무의식성에 관한 문제가 이 관점에서 핵심이다. 프로이트와 피아제는 "자폐적 생각은 무의식적이다"라는 동일한 정의에서 출발한다. 피아제가 주장한 바와 같이, 자기중심적 생각도 아직 완전히 의식적이지 않으며, 이런 측면에서 이 생각은 성인의 의식적 사고와 꿈의 무의식적 활동 사이의 중

---

28 같은 책, 76쪽.

간에 있다.

피아제는 "아동은 자기 자신을 위해서 생각하기 때문에, 독자적인 판단 메커니즘을 의식할 필요가 없다"[29]라고 주장했다. 사실상 피아제는 '무의식적 판단'이라는 표현을 믿을 수 없다고 생각했으므로 이 표현을 피했다. 그러므로 그는 행위 논리가 아동의 사고 속에 우세하지만, 아직 생각의 논리는 없다고 말하는 것을 선호했다. 이것은 자기중심적인 생각이 무의식적이라는 명제에서 발생한 것이다. 피아제는 "아동의 논리적 현상은 대부분 이 공통의 원인으로 귀결될 수 있다. 이 논리의 근원과 원인은 7~8세 아동의 자기중심적 생각 속에, 그리고 이 자기중심성을 만들어내는 무의식성 속에 있다"[30]라고 말했다. 피아제는 아동이 자기를 관조하는 능력이 부족하다는 것, 인식하기 어렵다는 것에 더 관심을 가졌고, 생각하는 방식에서 자기중심적인 사람들이 다른 사람보다 더 잘 자신을 인식하고 자기중심성 때문에 올바르게 자기 관조한다는 보통의 견해는 옳지 않다고 했다. 피아제는 "정신분석에서 자폐성 개념은 어떻게 전달하기 어려운 생각이 일정한 무의식성을 초래하는지 분명히 보여준다"[31]라고 결론 내린다.

그러므로 아동의 자기중심성은 아동 논리의 일부 특징을 설명할 수 있는 무의식성을 동반한다. 그는 아동이 어느 정도 자기 관조를 할 수 있는지 다룬 실험 연구로 이런 견해를 주장했다.

엄격히 말해서, 자폐적 생각과 자기중심적 생각의 무의식성에 대한 관념은 바로 피아제 개념의 기반이다. 왜냐하면 그의 기본 정의에 따르

---

29 피아제, 『언어와 아동의 사고』, 1932, 379쪽.
30 같은 책, 381쪽.
31 같은 책, 377쪽.

면, 자기중심적 생각은 자신의 목표와 과제를 인식하지 않는 사고이고, 인식되지 않는 열망을 만족시키는 생각이기 때문이다. 그러나 자폐적 사고의 무의식성에 대한 이 시각도 새로운 연구에서는 불가피하게 수정되어야 한다. 블로일러는 "경험이 없는 사람에게 이 두 개념이 서로 쉽게 하나로 합쳐지는 것처럼 프로이트에게 자폐적 사고는 무의식적 사고와 밀접한 관계에 있다"[32]라고 했다.

하지만 블로일러는 이 두 개념을 엄격히 구별해야 한다고 결론을 내린다. 그는 자폐적 사고가 다른 두 형태를 수용하는 구체적인 예를 들면서, "원칙적으로 자폐적 사고는 무의식적 사고처럼 그렇게 의식적일 수 있다"[33]라고 했다.

마지막으로, 자폐적 사고와 자기중심적 형태가 현실을 지향하지 않는다는 것과 관련해서 후자의 관념도 새로운 연구에서는 수정되어야 한다는 점이다. "자폐적 사고가 발달하는 토대에 따라서 우리는 서로 분명히 구별되지는 않지만 전형적으로 매우 큰 차이를 보여주는 현실에서 이탈 정도와 관련있는 두 가지 다른 형태를 찾았다"[34] 한 형태는 현실과 다소 가깝다는 것으로 다른 형태와 구별된다. "잠을 자지 않은 정상적인 사람의 자폐성은 현실과 관련이 있고, 거의 규범적으로 형성되고 확고하게 설정된 개념에 따라서만 행동한다."[35]

앞으로 논의하게 될 우리 연구의 입장을 미리 밝힌다면, 우리는 이 입장을 아동에게 적용해보면 특히 확실하다고 말할 것이다. 아동의 자

---

32 블로일러, 『자폐적 사고』, 43쪽.
33 같은 책, 43쪽.
34 같은 책, 26~27쪽.
35 같은 책, 27쪽.

폐적 사고는 현실과 밀접히 관련되어 있고, 거의 아동의 환경과 경험에 의존한다. 꿈에 나타나는 다른 형태의 자폐적 사고는 실제성과의 분리 때문에 절대적인 난센스를 만들 수 있다. 그러나 꿈과 질병은 현실을 왜곡하기 위한 꿈과 질병이다.

이와 같이, 우리는 발생적·구조적·기능적 측면에서 자폐적 사고는 이후 모든 사고 형태가 자라나는 최초 단계나 기반이 아니라는 것과, 아동의 자기중심적 사고를 최초이자 기본적인 사고와 고등한 사고 형태들 사이의 중간 단계로 보는 견해도 재고할 필요가 있다고 생각한다.

3. 아동의 자기중심성의 근거

피아제 이론에서 아동의 자기중심성 개념은 모든 문제가 교차하고 모이는 초점이다. 피아제는 이 개념을 통해서 아동의 논리가 지니고 있는 많은 개별 특징을 통일시키고 있다. 그는 이 개념을 사용해서 이 특징들을 일관성 없고 무질서하고 혼돈스러운 집합체에서 하나의 원인으로 조건지어지는 일관성 있는 구조적 복합체로 변화시키고 있다. 그러므로 피아제 이론 체계의 기반인 자기중심성 개념의 타당성에 대해 질문하는 것은 전체 이론 구조의 타당성을 질문하는 것이다.

그러나 이 기본 개념이 확고한지, 확실한지를 시험하기 위해서는 기본 개념이 어떤 사실적 토대에 근거하고 있는지, 어떤 사실들에 근거해서 연구자가 거의 논쟁의 여지가 없는 가설을 수용했는지를 물어보아야 한다. 이전에 우리는 인간의 진화 심리학과 역사 심리학의 자료들에 근거를 둔 이론적 의견에 비추어 비판적으로 이 개념을 연구하고자 했다. 그러나 우리가 이 개념에 대한 최종 판단을 이 개념의 경험적 기반을 실험하고 확인하기 전에 내릴 수는 없다. 사실적 기반은 경험적 연구로 확인된다.

여기서 이론적 비판은 실험적 비판에 자리를 양보해야 하고, 논증과 반박의 투쟁, 그리고 동기와 반대 동기의 투쟁은 논쟁의 여지가 있는 이론의 기반 속에 있는 사실들과 반대로 일련의 새로운 사실들이 접합된 구조의 투쟁으로 교체되어야 한다.

무엇보다도 먼저 우리는 피아제의 생각을 설명하고 피아제가 자기 개념의 경험적 기반이라고 한 것을 가능한 한 정확히 한정해야 한다.

피아제 이론의 기반은 아동 언어의 기능을 설명한 그의 첫 번째 연구에 있다. 이 연구에서 피아제는 아동들의 모든 대화는 자기중심적 언어와 사회화된 언어라고 할 수 있는 두 개의 큰 그룹으로 나뉜다고 했다. 피아제는 우선 독특한 기능으로 구별되는 언어를 자기중심적 언어의 의미로 사용했다.

피아제는 "우선적으로 아동은 단지 자신에 대해서만 말하기 때문에, 그리고 주로 아동은 대화자 관점에 따르려 하지 않기 때문에, 언어는 자기중심적이다"[36]라고 했다. 아동은 자신의 언어를 듣는지에는 관심이 없고, 대답을 기다리지도 않으며, 대화자에게 영향을 주거나 대화자에게 무엇인가를 실제로 알려주는 것을 바라지 않는다. 이것은 드라마의 독백과 비슷하다. 독백의 본질은 하나로 표현할 수 있다. "아동은 혼잣말을 하는 것처럼 그렇게 자신과 말한다. 그는 누구에게도 호소하지 않는다."[37] 수업할 때 아동은 자신의 행동에 각각의 진술을 첨부하는데,

---

36 피아제, 앞의 책, 72쪽.
37 같은 책, 73쪽.

피아제는 아동 활동의 언어적 부산물인 자기중심적 언어를 기능이 완전히 다른 사회화된 아동의 언어와 구별했다. 사회화된 언어에서는 아동이 실제로 다른 사람들과 생각을 교환한다. 아동은 부탁하고 명령하고 위협하고 알리고 비판하고 질문한다.

피아제는 아동의 자기중심적인 언어를 상세히 임상적으로 분리하고 기술하고 측정하고 과정을 추적하는 데 크게 기여했다. 피아제는 자기중심적 언어 속에서 아동의 자기중심적 생각에 대한 기본적이고 직접적인 증거를 찾았다. 그는 통계로 낮은 연령에서는 자기중심적 언어의 비율이 매우 크다는 것을 지적한다. 이 통계에 기반을 두어 6~7세까지 아동 진술의 절반 이상이 자기중심적이라고 말할 수 있다.

피아제는 첫 번째 연구에 대한 진술을 마치면서 "만약 우리가 설정한 아동 언어에서 최초의 세 범주(반복, 독백, 집단적 독백)가 자기중심적이라고 생각한다면, 말로 표현될 때 6세 6개월인 아동의 사고도 아직 44~47퍼센트가 자기중심적이다"[38]라고 말했다. 그러나 더 어린 연령의 아동에 대해 말한다면, 6~7세 아동과 비교하여 이 수치를 현저히 높여야 한다. 이후 연구들이 지적한 바와 같이 이 수치가 증가하는 원인은 아동의 자기중심적 언어에서도, 사회화된 언어에서도 그의 자기중심적 사고가 나타나기 때문이다.

피아제는 성인은 혼자일 때도 사회적으로 생각하지만 7세보다 어린 아동은 사회 속에 있을 때조차도 자기중심적으로 생각하고 말한다고 직접적으로 말했다. 아동에게는 말로 표현된 생각 외에 다량의 진술되지 않은 자기중심적 생각이 있다는 상황을 고려한다면 자기중심적 사

---

38 같은 책, 99쪽.

고의 비율은 자기중심적 언어의 비율을 능가한다는 것이 분명해진다.

피아제는 아동 생각의 자기중심성이 어떻게 설정되는지 말하면서, 다음과 같이 말했다.

"약 한 달 가까이 각 아동들의 언어를 기록하면서, 우리는 이 아동들이 자유롭게 작업하고 놀고 말할 수 있을지라도 아동 언어의 44~47퍼센트가 이미 5~7세 사이에는 자기중심적이라는 것을 알았다. 3~5세 사이에서는 54~60퍼센트가 자기중심적 언어다.

[······] 이 자기중심적 언어의 주된 기능은 자신의 생각이나 자신의 개별적인 활동을 분명하게 말하는 것이다. 하지만 여기에는 언어에 관한 논문에서 자네가 염두에 두고 있는 행동을 동반하는 외침이 아직 해결되지 않은 채로 남아 있다. 이와 같이 아동 언어에서 현저한 이 성질은 자기중심적 생각을 증명하고, 게다가 아동이 자신의 고유한 활동을 율동적으로 전달하는 말들을 제외하고 아동은 확실히 진술되지 않은 많은 생각을 마음속에 간직하고 있다는 것을 증명한다. 그러므로 이런 생각이 아동에게는 이것을 위한 수단들이 없다는 것을 의미하지 않는다. 이 수단들은 단지 다른 사람들과 관계를 맺게 하고, 다른 사람의 관점을 고려하게 하면서 발달한다."[39]

이와 같이 우리는 피아제가 자기중심적 사고의 비율이 자기중심적 언어의 비율보다 현저히 우세하다고 한 것을 보았다. 그러나 아동의 자기중심적 언어는 아동의 자기중심성 개념에 대한 기본적인 증거를 제공해준다.

자기중심적 언어를 분리한 첫 번째 연구를 결론 맺으면서, 피아제는

---

[39] 같은 책, 374~375쪽.

이렇게 질문한다.

"이 연구를 기반으로 해서 어떤 결론을 내릴 수 있는가? 아마도 이럴 것이다. 6~7세까지 아동들은 성인보다 더 자기중심적으로 생각하고, 행동하고, 우리보다는 적게 지적 욕구를 서로 전달한다."[40]

피아제에 따르면, 이것의 원인은 두 가지다. "하나는 이 원리들이 7~8세 이하 아동 사이에는 어떤 사회적 상호작용이 없다는 데 기인하고, 다른 하나는 아동의 진정한 사회적 언어, 즉 아동의 기본활동(놀이)에서 사용되는 언어는 말뿐만 아니라 제스처, 움직임, 표정의 언어이기도 하기 때문이다."[41]

그는 "7~8세까지 아동들에게는 실제로 그러한 사회적 생활이 없다"[42]라고 했다. 제네바의 유아원에서 사회적 삶을 관찰한 피아제에 따르면, 단지 7~8세가 되어야 아동들에게는 함께 일하려는 욕구가 나타난다.

그는 "그래서 우리는 바로 이 연령에서는 자기중심적 진술들이 힘을 잃는다고 생각한다"라고 했다. "다른 측면에서는, 만약 아동의 대화가 6세 6개월까지 그렇게 낮은 수준으로 사회화된다면, 그리고 만약 자기중심적인 형태들이 정보, 대화 등과 비교해서 그렇게 큰 역할을 한다면, 그 이유는 실제로 아동의 언어가 완전히 개별적인 두 형태를 포함하고 있기 때문이다. 그것의 하나는 말을 수반하거나 심지어 말을 완전히 교체하는 제스처, 움직임, 표정 등이고, 다른 하나는 말로만 구성되어 있는 것이다."[43]

---

40 같은 책, 91쪽.
41 같은 책, 93쪽.
42 같은 책, 93쪽.

이 연구를 기반으로, 낮은 연령에서 자기중심적 형태가 우세하다는 사실을 바탕으로 피아제는 우리가 앞에서 언급했고, 아동의 자기중심적 생각은 자폐적 사고 형태와 현실적 사고 형태 사이의 중간형태로 연구된다고 결론 내린 기본적인 작업가설을 만들었다.

피아제 체계의 내부구조, 논리적 의존성, 개별 구성요소들의 상관관계를 이해하기 위해서 피아제가 아동의 자기중심적 언어 연구를 기반으로 그의 이론의 토대를 구성하는 주요 작업가설을 만들었다는 상황이 중요하다. 이것은 자료구성이나 철저한 기술의 테크닉적 고려가 아니라, 아동 연령에서 자기중심적 언어의 존재 사실과 아동의 자기중심성에 대한 피아제의 가설 간에 직접적인 관계를 보여주는 모든 체계의 내적 논리에 의한 것이다.

그러므로 만약 우리가 이 이론의 기반을 심도 있게 살펴보고 싶다면, 우리는 이 이론의 사실적 전제들, 아동의 자기중심적 언어에 대한 학설에 관심을 가져야 한다. 이런 의미에서 피아제의 연구에서 이 장은 흥미로운 부분이 있다. 피아제의 책에 있는 풍부한 내용이나 가장 압축된 특징에 대한 모든 개별 연구의 검토는 우리 과제에 포함할 수 없다.

이 장의 과제는 본질적으로 다르다. 과제는 모든 체계를 일관된 관점으로 이해하고, 이론적으로 이 개별 연구를 하나의 전체로 관련시키는 분명한 단서를 밝히고 비판적으로 이해하는 것, 간략히 말하면, 이 연구의 철학을 밝히는 것이다.

오직 이런 관점에서, 즉 이 철학의 사실적 근거의 측면에서, 모든 방면으로 통하는 연관들을 위한 이 지점의 중심적인 의미의 관점에서 우

---

43 같은 책, 94~95쪽.

리는 개인적 문제를 전문적으로 연구해야 한다. 이미 언급한 바와 같이, 이 비판적인 연구는 사실적 연구와 다를 수 없다. 즉 비판적 연구도 임상 연구와 실험 연구에 기반을 두어야 한다.

4. 자기중심적 언어와 자기중심적 사고

피아제가 자신의 책에서 매우 분명히 서술한 바 있는 순수히 사실적인 문제를 제외하고 이론적인 조망에 관심을 집중한다면, 자기중심적 언어에 대한 피아제 학설의 기본 내용은 다음과 같다. 나이가 어린 아동의 언어는 대부분 자기중심적이다. 이런 아동의 언어는 의사소통의 목적을 가지고 있지 않을 뿐 아니라, 의사소통의 기능을 수행하지도 않는다. 반주가 기본적인 멜로디를 수행하는 것처럼 아동의 언어는 분명히 발음하고, 율동적으로 말하고, 활동과 경험을 동반할 뿐이다. 본질적으로 반주가 기본 멜로디의 과정과 구성에 개입하지 않는 것처럼, 아동의 언어는 아동의 활동에서도, 경험에서도 본질적으로 아무것도 변화시키지 않는다. 이들 사이에는 내적 연관보다는 오히려 어떤 일치성이 존재한다.

피아제의 기술에 따르면 아동의 자기중심적 언어는 아동의 적극적인 활동의 부산물로, 자기중심적인 사고의 발현체로 보인다. 이 시기에 아동에게 최고의 법칙은 놀이다. 피아제가 말한 바와 같이, 어떤 환상적인 상상이 아동 사고의 최초의 형태이고, 그것은 아동의 자기중심적 언어 속에 표현되어 있다.

그래서 이후 논의 과정에서 매우 본질적인 우리의 첫 번째 입장은 자기중심적 언어가 아동의 행동에서 객관적으로 유용하고 필요한 어떤 기능도 수행하지 않는다는 것이다. 이것은 존재하지 않을 수도 있는 자기 자신을 위한 언어이고, 자기 자신의 만족을 위한 언어다. 이것 때문에 어떤 것도 아동의 활동에서 본질적으로 변화되지는 않을 것이다. 완전히 자기중심적인 동기에 따르고 주위 환경으로 이해할 수 없는 아동의 언어는 언어적 꿈이거나, 현실적 사고의 논리보다 공상과 꿈의 논리에 더 가까운 아동 심리의 산물이라고 말할 수 있다.

피아제 이론의 두 번째 입장, 즉 아동의 자기중심적 언어의 운명에 대한 입장은 아동의 자기중심적 언어의 기능에 대한 문제와 직접적으로 관련 있다. 만약 자기중심적 언어가 아동의 꿈 속 생각을 표현한 것이라면, 만약 자기중심적 언어가 무익하고 아동의 행동에서 어떤 기능을 하지 않으며 아동의 행동에서 부차적 산물이라면, 만약 반주와 마찬가지로 활동과 경험을 동반하는 것이라면, 자기중심적 언어에서 아동 사고의 취약함·미숙함의 징후를 인식하고, 아동 발달과정에서 이 징후가 사라진다고 기대하는 것은 자연스러운 일이다.

기능적으로 유용하지 않고 아동의 구조적 행동과 직접적으로 관련이 없는 이 반주는 점점 약해져서 일상적인 아동의 언어에서 완전히 사라질 것이다.

피아제의 경험적 연구는 자기중심적 언어의 비율이 아동이 성장함에 따라 줄어든다는 것을 확실하게 보여주었다. 7~8세까지 이 비율은 영에 가까워진다. 그리고 이것은 자기중심적 언어가 취학 연령을 지난 아동에게는 고유하지 않다는 사실을 의미한다. 사실상, 피아제는 아동이 자기중심적 언어를 버리면서 사고의 결정적 요인으로서 자신의 자기중심성까지 버리는 것이 아니라, 아동의 자기중심적 진술들과 직접적으로 닮지 않은 새로운 징후들 속에서 이 요인이 나타나면서 혼합되고, 다른 관점으로 이동하고, 추상적인 말로 사고하는 영역에서 우세해지기 시작한다고 생각했다.

그래서 피아제는 아동의 자기중심적 언어가 어떤 기능도 하지 않는다는 주장에 입각해서 자기중심적 언어는 취학 연령기에 쇠퇴하기 시작하여 줄어들다가 사라진다고 주장한다. 자기중심적 언어의 기능과 운명의 문제는 전체적으로 그의 모든 학설과 직접적으로 관련 있고, 피아제가 발달시킨 자기중심적 언어에 대한 모든 이론의 중심이다.

우리는 아동의 성장과정에서 자기중심적 언어의 운명과 기능의 문제를 임상실험으로 연구해야 했다.[44] 우리는 이 연구들을 통해 흥미로운 과정을 특징짓는 몇몇 본질적인 계기를 설정할 수 있었고, 피아제가 발달시킨 것과 비교하면 아동의 자기중심적 언어의 심리적 속성을 다르게 이해하게 되었다.

우리는 이 연구의 기본 내용, 과정, 결과를 진술하지는 않을 것이다. 모든 것은 다른 곳에서 진술되었기 때문이다. 여기서는 이 문제 자체에 대해 관심을 갖지는 않을 것이다. 지금 우리는 아동의 자기중심성에 대한 모든 학설에 대해 피아제의 기본적인 입장을 사실적으로 확인하거나 반박하기 위해서 연구에서 얻을 수 있는 것에만 관심을 가질 수 있다.

우리는 이 연구를 통해 아동의 자기중심적 언어가 아동의 활동 속에서 독특한 역할을 일찍부터 하기 시작한다는 결론을 내렸다. 우리는 피아제의 경험과 유사한 경험 속에서 아동의 자기중심적 언어가 야기하는 것이 무엇이고 어떤 원인이 아동의 자기중심적 언어를 만들어내는

---

44 이 연구는 A. 루리야, A. 레온티예프, R. 레베나와의 긴밀한 협력하에 진행되었다. 이에 대해서는 뉴욕에서 열린 제9회 국제심리학회의보고서(1929)를 참조할 것 – 저자.

지를 조사하려고 노력했다.

이것을 하기 위해서 우리는 아동의 행동을 혼란스럽게 만드는 요인을 설정하고 피아제가 한 것처럼 아동의 행동을 조직했다. 예를 들면, 아동들이 자유롭게 그림을 그리는 경우에 우리는 아동에게 필요한 색연필, 종이, 물감 등을 제공하지 않는 방해요인을 도입했다. 간략히 말하면, 우리는 아동의 자유로운 활동 속에 실험적으로 장애와 방해요인을 도입했다.

이와 같이 혼란스러운 상황에서 우리가 계산한 아동의 자기중심적 언어의 비율은 피아제의 규범적인 비율 그리고 혼란 없는 상황에 놓인 아동들의 경우에서 계산한 비율과 비교할 때, 빠르게 거의 두 배로 증가한다는 것을 지적하고자 한다. 아동들은 혼란한 상황에서 자기중심적 언어가 급증한다는 것을 보여주었다. 혼란스러워진 아동은 상황을 이해하려고 했다. "연필이 어디에 있지? 지금 나는 푸른색 연필이 필요해. 상관없어. 나는 푸른색 대신에 붉은색 연필로 그리고, 물로 적실 거야. 이것은 어두워지고 푸른색으로 될 거야." 이것은 모두 다 혼자서 판단한 것이다.

우리는 활동을 방해하지 않는 실험에서 피아제보다 약간 더 낮은 비율을 얻었다. 이와 같이 순조롭게 진행되는 활동의 파괴나 혼란은 자기중심적 언어를 발현시키는 주요 요인 중에 하나라고 생각할 수 있는 타당성을 얻었다.

피아제 책의 독자는 우리가 발견한 사실이 피아제가 그의 서술 속에서 여러 번 발전시킨 두 가지 생각, 두 가지 이론적인 견해와 이론적으로 대비될 수 있다는 것을 쉽게 발견할 것이다.

첫 번째 것은 클라파레드가 만들었는데, 자동으로 진행하는 활동 속에서 어려움과 방해는 이 활동을 인식하게 하는 인식의 법칙이라는 것이다. 두 번째는 언어의 출현이 항상 이 인식과정을 증명한다는 견해다. 우리는 그러한 사실을 아동들에게서 발견할 수 있었다. 아동들에게는 자기중심적 언어가 있다. 즉 말로 상황을 이해하고 문제를 해결한 다음 행위를 계획한다. 이것은 좀더 복잡한 상황에 대한 반응으로 나타난다.

더 나이 든 연령의 아동은 약간 다르게 행동했다. 아동은 자세히 살펴보고, 깊이 생각하고(우리는 의미심장한 휴지를 그렇게 판단한다.), 그다음에 문제를 해결했다. 아동은 생각했던 문제에 대해 미취학 아동의 사고와 매우 흡사한 대답을 항상 했다. 이와 같이, 우리는 미취학 아동에게서 공개적인 언어로 실현되는 활동이 취학 아동에게서는 내적 언어, 소리 없는 언어로 실현된다고 생각한다.

그러나 우리는 이것에 대해 뒤에서 언급할 것이다. 자기중심적 언어 문제로 되돌아간다면, 순수한 표현 기능과 방전(放電) 기능을 제외하고, 그리고 아동의 적극성을 단순히 동반한다는 것을 제외하고, 자기중심적 언어는 아마도 고유한 의미에서 매우 용이한 사고의 수단이라는 것, 즉 행위 속에서 발생하는 과제를 해결하는 기능을 시작한다는 점을 말해야 한다. 실례로 우리는 한 가지 사실만을 제시할 것이다. 5세 6개월인 아동은 ― 우리의 경험에 따르면 ― 전차를 그린다. 하나의 바퀴를 묘사하는 선을 연필로 그리면서, 아동은 연필을 힘껏 누른다. 연필심은 부러진다. 아동은 연필로 종이를 힘껏 누르면서 원을 연결하려 하지만, 부러진 연필 때문에 움푹 파인 흔적 이외에는 종이에 아무것도 남아 있지 않다. 아동은 조용히, 혼잣말로 '연필이 부러졌다'고 말한다. 그리고 연필을 옆에 놓고 사고 후에 수리 중인 부서진 객차를 물감으로 그리기 시작하며 그림의 변화된 주제에 대해서 때때로 혼잣말을 계속한다. 우연히 발생한 아동의 자기중심적 발언이 아동의 활동과 분명히 관련 있는 한, 그리고 아동의 그림 그리기의 전환점을 형성하는 한, 상황과 혼란 인식에 대해서, 이후 행동 진로에 대한 결정, 방법, 계획 설정, 새로운 의도를 추구하는 것에 대해서 확실히 말하는 한—간략히 말하면, 기능상 전형적인 사고 과정과 구별되지 않는 한, 자기중심적 발언을 기본적인 멜로디 과정에 개입하지 않는 단순한 반주, 단순히 적극적인 아동의 부산물로 생각하는 것은 불가능하다.

우리는 아동의 자기중심적 언어가 항상 이 기능에서만 나타난다고 말하고 싶지 않다. 우리는 자기중심적 언어의 지적 기능이 즉시 아동에게 나타난다고 주장하고 싶지도 않다. 우리가 경험한 아동의 자기중심적 언어와 활동의 상호교착 속에서 우리는 매우 복잡한 구조적 변화와 변동을 상세하게 조사할 수 있었다.

우리는 실제 활동을 동반하는 자기중심적 발언에서 아동이 어떻게 자신의 실제 조작의 최종 결과나 주요 전환기를 반영하고 결정하는지, 그리고 아동의 활동이 발달함에 따라 미래 행위를 계획하고 방향을 정하는 기능을 획득하면서 이 언어가 점점 조작의 중간으로, 그다음에 바로 조작의 처음으로 바뀌는지를 관찰할 수 있었다. 우리는 행위 결과를 표현하는 말이 어떻게 이 행위와 밀접히 결합되어 있는지, 그리고 말이 실제 지적 조작의 가장 주요한 구조적 계기를 분명히 반영하고 있기 때문에 말이 아동의 의도와 계획에 따르고, 아동을 활동의 합목적적인 단계로 향상시키면서 아동의 행위를 해명하고 방향을 결정하기 시작하는지를 발견했다.

아동의 최초 표현 활동에서 나타난 말과 그림의 변화 속에서 오래전의 사실적 관찰을 상기시키는 무언가가 일어났다. 알려진 바와 같이, 손에 연필을 잡은 아동은 먼저 그리고, 그다음에 그에게 일어났던 것을 명명한다. 아동의 활동이 발달함에 따라, 점차로 그림의 주제는 과정 중간에 변하고, 그다음에는 그것을 수행한 사람의 의도와 미래 행위의 목적을 결정하면서 진행된다.

그러한 것은 일반적으로 아동의 자기중심적 언어와 함께 발생한다. 우리는 아동이 그림을 그리는 과정에서 발생하는 명칭의 변화 속에서 우리가 말했던 좀더 일반적인 법칙의 특수한 경우에 관심을 갖게 되었다. 자기중심적 언어로 수행되는 일련의 다른 기능들에서 이 기능의 비중을 규정하는 것도, 아동의 자기중심적 언어의 발달에서 구조적·기능적 변화들의 역동성을 연구하는 것 ― 이것에 대해서는 다른 곳에서 다룰 것이다 ― 도 지금은 우리 과제에 포함되지 않는다.

우리는 본질적으로 다른 것, 즉 자기중심적 언어의 기능과 운명에 관심이 있다. 자기중심적 언어는 취학 후에 사라진다는 사실을 설명하는 문제도 자기중심적 언어의 기능 문제를 재검토하는 것과 관련이 있다. 여기서 바로 문제의 본질을 직접 실험으로 연구하기가 매우 어려워진다. 우리는 자기중심적 언어에서 외적 언어가 내적 언어로 발달하는 과도기 단계를 발견하고자 우리가 만든 가설을 구성하는 동기인 간접적 자료들만을 관찰했다.

물론 피아제 자신은 이것에 대한 어떤 근거도 제시하지 않았고, 자기중심적 언어를 과도기의 단계로 연구해야 한다는 것을 어디에서도 지적하지 않았다. 반대로, 피아제는 자기중심적 언어의 운명은 쇠퇴하고 있고, 아동의 내적 언어의 발달 문제는 그의 모든 연구 중에서, 특히 아동 언어의 모든 문제 가운데 일반적으로 가장 모호하며, 심리적 의미에서 언어, 즉 자기중심적 외적 언어와 유사한 내적 기능을 하는 언어는 외적 언어 또는 사회화된 언어에 우선한다고 생각했다.

발생적 관점에서 이 입장이 아무리 놀라울지라도, 우리는 사회화된 언어가 자기중심적인 언어보다 뒤에 나타나고 단지 자기중심적인 언어가 쇠퇴한 뒤에야 확고해진다는 주장을 일관되게, 끝까지 발전시켰다면 피아제가 그런 결론에 도달했으리라고 생각한다.

그러나 피아제의 이론적인 견해에도 불구하고, 그의 연구에서 일련의 객관적인 자료들과 특히 앞에서 언급한 바 있는 우리의 독자적인 연구들은 가설일 뿐이지만, 지금 아동 언어의 발달에 대해서 알고 있는 모든 측면에서 학술적으로 가장 유용한 것이다.

실제로, 성인의 자기중심적 언어가 훨씬 더 풍부하다는 것을 지적하기 위해서는 아동의 자기중심적 언어를 성인의 자기중심적 언어와 양적으로 비교만 하면 된다. 왜냐하면 우리가 아무 말도 없이 깊이 생각하는 것은 기능주의 심리학 관점에서 사회적 언어가 아니라 자기중심적 언어이기 때문이다. 왓슨(John B. Watson)은 자기중심적 언어는 사회적 적응이 아니라 개별적 적응의 역할을 하는 언어라고 말했다.

이와 같이 성인의 내적 언어를 미취학 아동의 자기중심적 언어와 유사하게 만드는 첫 번째 원인은 기능이 공통적이라는 것이다. 양자는 모두 의사소통을 수행하고 주위 환경과 관계를 맺는 사회적 언어와 분리된 자기 자신을 위한 언어다. 우리는 심리 실험에서 왓슨이 제안한 방법에 기초하여, 인간이 지적인 과제를 소리 내어 해결하는 것, 즉 인간의 내적 언어의 표현을 드러내고, 성인이 소리 내어 나타낸 사고와 아동의 자기중심적 언어 사이에 있는 깊은 유사점을 발견하게 될 것이다.

성인의 내적 언어와 아동의 자기중심적 언어를 가깝게 만드는 두 번째 원인은 이들의 구조적 특징이다. 실제로, 피아제는 자기중심적 언어에는 다음의 특징이 있다는 것을 이미 지적했다. 자기중심적인 언어를 단순히 기록하면, 즉 자기중심적 언어가 발생한 상황, 구체적 행위와 분리한다면, 자기중심적 언어는 아무도 이해하지 못한다.

자기중심적 언어는 자기 자신에게만 분명하고, 축소된 형태를 띠며, 생략되거나 짧게 끊어지는 경향이 있고, 눈앞에 있는 것을 놓치기도 한다. 다시 말하면 자기중심적 언어는 복잡한 구조적 변화를 겪게 된다.

이 구조적 변화에는 내적 언어의 기본적인 구조적 경향으로 인정할 수 있는 것과 매우 유사한 경향, 즉 생략하는 경향이 있다는 것을 지적하기 위해서는 가장 간단한 분석이면 충분하다. 마지막으로, 취학 연령기에 자기중심적 언어가 급속히 쇠퇴한다고 피아제가 규정한 사실은 이 경우에는 자기중심적 언어가 단순히 쇠퇴한다는 것이 아니라, 자기중심적 언어가 내적 언어로 변한다는 것, 또는 자기중심적 언어가 내부로 이탈한다는 것을 가정해야 한다.

우리는 동일한 상황에서 미취학 아동들과 취학 아동들에게서는 때로는 자기중심적인 언어, 때로는 무언의 심사숙고, 즉 내적 언어의 과정이 발생한다는 것을 지적하는 실험 연구 결과를 이 이론을 판단하는 근거로 사용할 수 있다. 이 연구는 자기중심적 언어와 관련해서 과도기 연령에서 동일한 실험 상황을 비판적으로 비교하는 것은 무언의 심사숙고 과정이 기능 측면에서 자기중심적 언어의 과정과 등가일 수 있다는 의심할 여지가 없는 사실을 증명하고 있다.

만약 우리의 가정이 이후 연구에서 어느 정도 인정받는다면, 우리는 내적 언어에는 대략 저학년 아동에게서 형성되고, 그리고 이것은 취학 후 자기중심적 언어의 비율이 급속히 감소하는 근거라고 결론 내릴 수 있을 것이다.

취학 후 아동의 내적 언어에 대한 르메트르(A. Lemaître)와 여러 학자의 관찰들은 이것을 증명하고 있다. 이 관찰들은 취학 아동에서 내적 언어의 유형은 더 현저히 불안정하고 견고하지 않다는 것, 우리 앞에는 발생적으로 젊은, 불완전하게 형성되고 완전히 결정되지 않은 과정들이 있다는 것을 지적한다. 이와 같이, 만약 우리가 사실 연구의 기본 결과를 요약하고자 한다면, 새로운 사실 자료들의 측면에서 자기중심적 언어의 기능과 운명이 아동의 자기중심적 언어를 자기중심적 생각을 직접 표현한 것으로 본 피아제의 관점과 결코 일치하지 않는다.

우리가 앞에서 인용한 견해들은 6~7세까지의 아동이 성인들보다 더 자기중심적으로 생각하고 행동한다는 것을 지지하지 않는다. 우리가 연구한 자기중심적 언어가 모든 측면에서 이것을 증명할 수는 없다.

아마도 내적 언어와 내적 언어의 기능적 특징의 발달과 직접적으로 관련 있는 자기중심적 언어의 지적 기능은 아동의 자기중심적 생각을 결코 직접적으로 표현하는 것은 아니지만, 자기중심적 언어는 상응한 조건들에서 매우 일찍 아동이 현실적으로 사고하는 수단으로 된다는 것을 보여준다.

그러므로 피아제가 자신의 연구를 통해 내린 결론, 즉 아동기의 자기중심적 언어로부터 아동 사고의 자기중심적 성격에 관한 가설로 이행한다는 기본적인 결론은 다시 사실들로 확인되지 않았다. 피아제는 만약 아동의 언어가 6년 6개월에서는 44~47%가 자기중심적이라면, 6년 6개월에서 아동의 사고도 44~47%까지 자기중심적이라고 생각했다. 그러나 우리의 경험은 자기중심적 언어와 자기중심적 사고의 성격 간에는 어떤 관계가 존재할 수 없다는 것을 보여주었다.

여기에 이 장의 과제와 관계가 있는 우리 연구의 주요 관심사가 있다. 우리 앞에는 우리가 이 사실과 관련 있다고 한 가설이 근거가 있는 것인지 없는 것인지를 결정하는 확실하고 실험적으로 확인된 사실이 있다. 우리는 아동의 자기중심적 언어는 자기중심적 사고의 표현이 아닐 수 있다는 것뿐만 아니라, 자기중심적 사고와 직접적으로 대립하는 기능, 즉 공상과 꿈의 논리가 아니라 이성적·합리적 행동과 사고의 논리와 가까워진다는 점에서 현실적 사고의 기능을 수행하기도 한다는 사실을 강조할 것이다.

이와 같이 자기중심적 언어와 여기서 도출되는 아동의 자기중심적 사고를 인정하는 것 사이에 직접적인 연관에 대한 실험적 비판은 불필요하다.

이것은 주요하고 기본적이며 중심적인 것이다. 이런 연관과 함께 아동의 자기중심성 개념이 만들어지는 주요한 사실적 근거도 사라진다. 우리는 사고발달에 대한 일반 이론의 관점에서 이론적 개념의 근거 부족을 앞부분에서 밝히려고 했다.

실제로 피아제는 자신의 연구와 논문에서 아동 생각의 자기중심적 성격은 하나가 아니라 세 개의 특별한 연구주제로 구성된다는 것을 지적했다. 그러나 우리가 이미 앞에서 지적한 바와 같이, 자기중심적 언어를 다룬 첫 번째 연구는 피아제가 든 모든 사실적 증거 중에서 기본적이고 가장 직접적인 증거다. 즉, 이 연구를 통해서 피아제는 직접적으로 연구 결과로부터 기본 가설을 공식화했다. 나머지 두 가지 연구는 첫 번째 연구를 점검하는 역할을 한다.

이 연구들은 기본 개념을 지지하는 본질적으로 새로운 근거라기보다는 첫 번째 연구에 포함된 증거의 효력을 더 확산시키는 역할을 한다.

그래서 두 번째 연구는 아동 언어의 사회화된 부분에서조차 자기중심적 언어의 형태들이 나타난다는 것을 지적했고, 마지막으로 피아제 자신이 인정한 바와 같이, 세 번째 연구도 이 두 연구를 점검하는 역할을 하고, 아동의 자기중심주의의 원인을 더 정확히 설명한다.

피아제의 이론이 설명하고자 한 문제들을 앞으로 연구하는 과정에 이 두 근거도 상세히 실험 연구를 통해 밝혀야 할 것이다. 그러나 이 장에서 피아제가 두 사실적 연구들을 아동의 자기중심성 이론을 정식화한 기본 과정에 원칙적으로 새로운 증거와 판단을 본질적으로 제기하지 않았기 때문에 우리는 이것을 다루지 않을 것이다.

5. 자기중심적 언어와 내적 언어의 발달

우리는 지금 작업의 목적과 관련해서 피아제의 세 연구 중에 첫 번째 연구에 대한 실험적 비판에 기초한 긍정적인 결론들의 일반적이고 원칙적인 측면에 관심을 가져야 한다. 이 결론은 전체적으로 피아제의 이론을 올바르게 평가하는 데 중요하다. 이 결론은 우리가 다시 문제를 이론적으로 연구하는 데 도움을 주고, 이 장의 앞부분에서 분명히 표현되지는 않았지만, 언급한 바 있는 결론에 도달하게 한다.

문제는 우리가 독자적인 연구들에서 부족한 결과를 도출했다는 것이다. 그리고 이 빈약한 결과를 통해서 피아제의 아동의 자기중심성 이론에서 사실적 근거와 이론적 결론 사이의 연관을 절단했다기보다 이 결과들이 아동의 사고와 언어의 발달에서 기본 방향과 결합을 규정하는 확대된 전망을 아동의 사고발달 관점에서 미리 결정해야 되기 때문에 우리는 부족한 결과들로 구성된 가설을 정식화해야 한다는 것이다.

피아제 이론에서 아동의 사고발달은 자폐증에서 사회화된 언어로, 환상적인 상상에서 관계들의 논리로 발전하는 기본 진로에 따랐다. 앞에서 언급한 피아제 자신의 표현을 사용하면, 피아제는 아동을 둘러싸고 있는 성인들의 언어와 사고가 아동에게 주는 사회적 영향이 아동의 심리적 실체에 의해 어떻게 동화되는지, 즉 변형되는지 연구하려고 했다고 말할 수 있다. 피아제에게 아동 사고의 역사는 아동 심리를 결정하는 내적이고 개인적이고 자폐적인 계기들을 점차로 사회화하는 역사다. 사회적 언어는 자기중심적 언어에 선행하지 않지만, 발달 역사에서 자기중심적 언어에 후행해야 할 때조차도 사회적인 것은 발달의 최종 단계에 나타난다.

우리가 발전시킨 가설의 관점에서는 아동의 사고가 기본적으로 발달하는 방향은 다른 방향이고, 우리가 방금 언급한 관점은 이 발달과정에서 가장 중요한 발생적 관계들을 왜곡된 형태로 나타낸다. 앞에서 언급한 비교적 제한된 사실적 자료들을 제외하고, 아동 언어의 발달에 대해서 우리에게 많은 것을 알려주는 사실들은 모두 다, 우리가 아직 불충분하게 연구한 과정에 대해서 알고 있는 것이 모두 유용하다는 것을 나타내고 있다.

우리는 분명하고 일관성 있게 생각하기 위해서 위에서 전개한 가설부터 살펴볼 것이다.

만약 우리의 가설이 옳다면, 연구자는 아동의 자기중심적 언어가 발달하는 과정을 우리가 앞에서 피아제의 견해를 진술할 때 서술했던 것과 완전히 다른 형태로 제시해야 한다. 게다가 어떤 의미에서는 자기중심적 언어를 발생시키는 과정은 피아제의 연구에서 서술되는 것과 직접적으로 대립된다. 만약 우리가 작은 부분에서 발달 방향 — 자기중심적 언어의 발생 순간부터 소멸 순간까지 — 을 가정할 수 있다면, 전체적으로 발달 방향에 대해 우리가 알고 있는 관점에서 우리의 가정을 검토할 수 있을 것이다.

바꾸어 말하면 우리는 전체적으로 모든 발달과정에 있는 합법칙성 속에 이들을 끼워넣으면서, 이 부분에서 발견한 합법칙성을 검사할 수 있다. 우리의 검사 방법은 그러할 것이다.

우리는 이 발달과정을 지금 간략히 기술하고자 한다. 간략히 논의한다면, 우리는 이 가설에 따라 모든 발달과정을 다음과 같이 제시할 수 있다. 성인에게도, 아동에게도 언어의 의사소통 기능, 사회적 연대의 기능, 주위 사람들에게 영향을 주는 기능은 언어의 일차적 기능이다. 이와 같이 아동의 최초 언어는 순수하게 사회적 언어다. 아동의 언어가 애초부터 그리고 단지 변화와 발달과정 속에서만 비사회적이라는 관념은 사회화된 언어라는 용어와 관련이 있기 때문에, 아동의 최초 언어를 사회화된 언어라고 하는 것은 잘못이다.

이후의 성장과정에서 다기능인 아동의 사회적 언어는 개별 기능들을 구별하는 원리에 따라 발달하고, 일정 연령에서는 자기중심적 언어와 의사소통용 언어로 매우 분명하게 구별된다. 우리는 이 두 형태의 언어가 우리의 가설 측면에서는 동일하게 사회적이지만, 언어의 기능 측면에서 다르기 때문에 피아제가 사회화된 언어라고 한 언어의 형태를 그렇게 부르는 것을 선호한다. 이와 같이 이 가설에 따르면, 자기중심적 언어는 아동이 사회적 언어를 기반으로 해서 사회적 형태의 행위와 집단적 협력 형태의 행위를 개인적·심리적 기능들의 영역으로 바꾸는 방법으로 나타난다.

이전에는 사회적 형태의 행위였던 바로 그 행위들을 아동이 자신에게 적용하는 경향을 피아제는 잘 알고 있었다. 그는 자신의 책에서 언쟁 과정에서 아동의 사고가 발생하는 것을 설명할 때 이것을 적절히 사용했다. 피아제는 아동의 사고는 아동 집단에서 진정한 의미의 언쟁이 발생한 후에, 사고가 발달하기 시작하는 기능적 시기들이 언쟁이나 토론에서 나타나자마자 발생한다는 것을 확실하게 지적했다.

우리의 견해로는, 그러한 것은 아동이 이전에 다른 사람들과 이야기했던 것처럼 완전히 그렇게 혼잣말로 대화하기 시작할 때도, 아동이 혼잣말로 대화하면서 상황이 아동에게 그것을 강요하는 장소에서 소리 내어 생각하기 시작할 때도 일어난다.

사회적 언어와 분리되는 아동의 자기중심적 언어를 기반으로 해서 자폐적이기도 하고 논리적이기도 한 아동 사고의 기반인 아동의 내적 언어가 발생한다. 그러므로 우리는 피아제가 기술한 아동의 자기중심적 언어에서 외적 언어에서 내적 언어로 이행하는 가장 중요한 시기를 발생적 측면에서 발견하고자 했다. 만약 우리가 피아제가 예로 든 사실 자료를 심도 있게 분석한다면, 피아제 자신이 그것을 인식하지는 않았지만, 외적 언어가 내적 언어로 어떻게 변하는지를 피아제가 분명히 지적했다는 것을 발견할 것이다.

피아제는 자기중심적 언어는 심리적 기능상 내적 언어이고, 생리적 속성상 외적 언어라는 것을 지적했다. 이와 같이 언어는 실제로 내적 언어로 되기 이전에 심리적으로 내적 언어다. 이것은 우리가 내적 언어의 형성 과정이 어떠한지 설명할 수 있게 한다. 이 형성 과정은 언어의 기능 분리로, 자기중심적 언어의 고립화로, 자기중심적 언어의 점차적인 축소로, 마지막으로 자기중심적 언어를 내적 언어로 변화시키는 것으로 실현된다.

자기중심적 언어는 외적 언어에서 내적 언어로 가는 과도기 형태다. 바로 이 때문에 자기중심적 언어는 이론적으로 큰 관심의 대상이 된다.

그러므로 전체 도식은 사회적 언어-자기중심적 언어-내적 언어와 같다. 이 도식을 형성하는 계기들의 연속성 측면에서 우리는 이 도식을 계기들의 연속성을 지적하는 내적 언어 형성에 대한 전통적인 이론(외적 언어-속삭임-내적 언어)과 대비할 수 있다. 다른 측면에서 언어의 논리적 사고발달에서 기본적인 계기들의 발생적 연속성을 지적하는 피아제의 도식(언어 외적 자폐적 사고-자기중심적 언어와 자기중심적 사고-사회화된 언어와 논리적 사고)과 비교할 수 있다.

이 두 공식의 사실적 내용이 완전히 관련이 없는데도 방법론적으로 피아제의 도식과 상당히 유사하다는 것을 지적하기 위해서 우리는 이 도식 중에 첫 번째 도식을 인용했다. 이 공식의 제안자인 왓슨이 외적 언어에서 내적 언어로 이행하는 것은 중간 단계로, 속삭임을 통해서 일어나야 한다고 생각한 것과 마찬가지로 피아제도 자폐적 형태의 생각에서 논리적 형태의 생각으로 이행하는 중간 단계로, 자기중심적 언어와 자기중심적 사고를 염두에 두었다.

이와 같이 우리가 아동의 자기중심적 언어라고 표현한, 아동의 사고발달에서 동일한 지점들은 이 도식에서는 두 개의 완전히 다른 아동 발달의 진로 위에 놓여져 있다. 피아제에게 이것은 자폐성에서 논리로, 즉 친밀하고 개인적인 것에서 사회적인 것으로의 과도기 단계이고, 우리에게 이것은 외적 언어에서 내적 언어로 가는 과도기 형태, 즉 사회

적 언어에서 개인적인 언어(자폐적인 언어적 사고[45]도 포함)로 가는 과
도기 형태다.

이와 같이 우리는 발달과정 전체를 상기하기 위한 출발점을 다양하
게 이해하는 것이 발달 상황을 다양한 수준으로 묘사할 수 있다는 것을
알고 있다.

우리의 논의 과정에 갑자기 나타난 기본 문제는 다음과 같다. 아동의
사고발달 과정은 어떠한가? 자폐증에서, 환상에서, 꿈의 논리에서 사회
화된 언어와 논리적 사고로 발달하는가? 또는 반대 방향인가? 아동의
사회적 언어에서 자기중심적 언어로 이동해서 내적 언어와 사고(자폐
적 사고까지 포함)로 발달하는가?

문제를 이러한 형태로 표현하는 것만으로도 우리가 이 장의 앞부분
에서 이론적으로 공격했던 바로 그 문제로 본질적으로 되돌아갔다는
것을 알 수 있다. 실제로, 앞에서 우리는 피아제가 심리분석에서 차용
했고 자폐적 사고가 생각발달에서 최초의 단계라고 말한 기본 입장의
관점에서 이론적 타당성 문제를 연구했다.

---

45 융(Carl Gustav Jung)과의 논쟁에서 블로일러가 "자폐적 사고도 지향적일 수 있다.
단어를 통해 자폐적으로 생각할 수 있는 것과 같이, 개념을 말로 바꾸지 않으면서, 지
향적으로 현실적으로 생각할 수도 있다. 말과 말들의 연상들은 자폐적 사고에서 자주
매우 중요한 역할을 한다는 것을 강조해야 한다"(블로일러, 『자폐적 사고』, 9장)는 것
을 지적한 것은 이와 관련해서 큰 관심을 얻었다. 우리는 전문적인 연구로 설정된 두
가지 주목할 만한 사실을 여기에 포함시킬 수 있다. 첫 번째 사실은 블로일러도 언급
한 2세 이후 아동에게서 자폐적 사고의 개선은 언어의 습득과 밀접히 관련이 있고,
심지어는 후자에 직접적으로 더 크게 의존한다는 것이다. 두 번째 사실은 성적으로
성숙하는 시기와 관련이 있고, 그리고 12세에서 16, 17세 청소년의 상상력이 크게
발달하는 것은 이 연령에서 성립된 개념형성 기능과 직접적으로 관련이 있다는 것이
다 - 저자.

우리는 앞에서 이 입장에는 근거가 부족하다는 것을 인정해야 했던 것처럼, 이 이념의 근거를 비판적으로 연구하고, 이 영역에 대해 완전히 기술한다면, 아동 사고의 전말과 기본적인 발달 방향이 우리가 관심을 가지고 있는 개념으로는 올바르지 않게 제시된다는 결론에 도달하게 된다.

아동의 사고는 실제로는 개별적인 것에서 사회화된 것으로가 아니라, 사회적인 것에서 개별적인 것으로 발달한다. 우리가 관심을 갖고 있는 문제에 대한 이론적인 연구와 실험적인 연구도 기본적으로 그러한 결론에 도달한다.

6. 피아제의 자기중심성 이론 비판

우리는 피아제 이론에서 아동의 자기중심성 개념에 대해 검토한 결과를 총정리할 수 있다.

계통발생과 개체발생 관점에서 이 개념을 연구하면서, 우리는 자폐적 사고와 현실적 사고의 발생적 대립에 관한 왜곡된 관념이 이 개념에 기반해 있다는 것을 지적하려고 노력했다. 특히 자폐적 사고 형태가 심리발달 과정에서 최초이자, 원초적 형태인 것처럼 생물학적 진화 관점에서 가정하는 것은 근거가 부족하다는 생각을 전개하려고 노력했다.

이후에 우리는 피아제가 아동의 자기중심성의 직접적 발현과 출현을 발견한 개념, 즉 자기중심적 언어에 대한 학설이 의지하고 있는 사실적 기반들을 연구하려고 했다. 우리는 다시 아동의 언어발달 분석을 기반으로 해서 아동의 자기중심적 사고의 직접적인 출현에 대한 관념으로서 자기중심적 언어는 기능적 측면과 구조적 측면에서 사실적으로 확인되지 않는다는 결론을 내렸다.

우리는 사고의 자기중심성과 자기 자신을 위한 언어 사이의 연관은 아동 언어의 성격을 결정하는 고정적이고 필수적인 영역이 결코 아니라는 것을 이후에 알았다.

마지막으로 우리는 아동의 자기중심적 언어는 아동의 내적 자기중심성의 외적 발현으로서 7~8세 아동에게서는 점차 사라지는 부산물이 아니라는 것을 지적하고자 했다. 반대로 자기중심적 언어는 앞에서 든 자료들의 측면에서는 외적 언어에서 내적 언어로 언어가 발달하는 과도기 단계로 나타났다.

이와 같이 우리에게 흥미로운 개념의 사실적 기반도 변화하고, 이와 함께 전체적으로 모든 개념도 흔들린다.

이 장의 마지막 부분에서 우리가 내렸던 결론을 대략적으로 일반화하는 일이 남아 있다.

우리의 모든 비판의 주요 이념으로 제기할 수 있었던 첫 번째 기본적인 입장을 다음과 같이 표현할 수 있다. 우리는 정신분석과 피아제의 이론에서 두 가지 다른 사고 형태에 관한 문제를 설정하는 것 자체가 잘못이라고 생각한다. 욕구의 만족을 현실적응과 대립시키는 것은 잘못이다. 무엇이 아동의 사고를 움직이는지—내적 욕구를 만족시키려는 노력인지 또는 객관적 현실에 적응하려는 노력인지—문제삼는 것도 불합리하다. 왜냐하면 욕구라는 개념을 발달 이론의 관점에서 밝힌다면, 바로 욕구는 현실에 적응하는 것으로 만족된다는 관념을 포함하기 때문이다.

블로일러는 위에서 인용한 부분에서 유아는 즐거움에 대해 환각을

갖기 때문에 만족하는 것은 아니라는 것 — 실제로 음식을 섭취한 후에
야 욕구에 만족한다 — 을 매우 확실히 지적했다. 더 나이 든 아동이 실
제 사과를 상상의 사과보다 선호한다면, 그것은 아동이 현실에 적응하
기 위해서 자신의 욕구를 잊어버렸기 때문이 아니라, 아동의 욕구가 자
신의 사고와 행동을 움직였기 때문이다.

문제는 유기체 또는 개인의 욕구와는 독립적으로 적응 자체를 위해
서 객관적인 현실에 적응하는 것이 존재하지 않는다는 것이다. 현실에
적응하는 것은 욕구 때문이다. 이것은 매우 평범하고, 우리가 연구한
이론에서 고려하지 않은 평범한 진리다.

식사, 따뜻함, 운동에 대한 욕구, 즉 모든 기본적 욕구가 현실에 적응
하는 모든 과정을 결정하는 원동력이 아니며, 내적 욕구를 만족시키는
기능을 하는 사고의 한 형태를 현실에 적용하는 기능을 하는 다른 형태
의 사고에 대립시키는 자체도 의미가 없다. 욕구와 적응은 통일적으로
연구되어야 한다. 생활 속의 만족이 아니라 상상 속의 만족을 추구하는
발달된 자폐적 사고에서 발견되는 현실과의 분리는 이후에 발달한 산
물이다. 자폐적 사고의 근원은 현실적 사고의 발달과 현실적 사고와 그
것의 기본적인 결과인 개념적 사고의 발달과 연관되어 있다. 그러나 피
아제는 쾌락의 원리는 현실의 원리에 선행한다[46]는 입장뿐만 아니라
보조적이고 생물학적으로 종속되는 시기로부터 독자적인 생명의 근원
과 제일의 동인(Primum movens)으로, 즉 모든 심리적 발달의 최초 동
기로 변화하는 쾌락의 원리에 대한 형이상학도 프로이트에게서 차용
한다.

---

46 피아제, 『언어와 아동의 사고』, 372쪽.

피아제는 "'자아'에게는 만족이 유일한 원동력이기 때문에 자폐성은 현실에 적응하지 않는다고 지적한 것이 정신분석의 공로 중 하나다. 자폐적 생각의 유일한 기능은 자폐적 사고가 '자아'에 적합하도록 현실을 변형하고, 만족이 필요와 흥미를 갖게 하는 것이다"[47]라고 말했다. 논리적인 필연성을 가지고서, 만족과 욕구를 현실에 대한 적응에서 분리하면서, 그리고 이들을 형이상학적인 최고 기반에 포함시키면서, 피아제는 다른 유형의 사고(현실적 사고)를 현실적 욕구, 관심, 욕망과 완전히 분리된 사고이자 순수한 사고로 제시할 수밖에 없었다. 적응 없는 욕구들은 없고, 적응과 욕구가 분리되거나 대립되지 않는 것과 같이 그러한 사고는 본질적으로 존재하지 않는다. 즉, 아동에게는 세상의 모든 것(욕구, 욕망, 관심)에서 분리된 순수한 진리를 추구하는 사고가 존재하지 않는다.

피아제는 현실적 생각과 자폐적 생각을 구분하면서, "자폐적 생각은 진리를 확인하는 것이 아니라, 욕망을 만족시키는 것을 지향한다"[48]라고 말했다. 그러나 과연 모든 욕망이 항상 현실을 배제하는가? 또는 과연 실제 욕구와 완전히 독립적으로 진리 자체를 추구하는 생각이 가능한가? (문제는 아동의 생각에 관한 사실이라는 것을 상기하라.) 단지 모든 현실적 내용을 상실한 공허한 추상화만이, 단지 논리적 기능들만이, 단지 생각의 형이상학적 인격들만이 그런 방식으로 구별될 수 있지만, 그것은 어떤 경우에도 생생하고 현실적인 아동 사고의 모습이 아니다.

수에 대한 피타고라스의 학설과 감각 대상들로부터 분리된 이념에 대한 플라톤의 학설에 대해 아리스토텔레스가 비판한 것을 언급하면서

---

47 같은 책, 401쪽.
48 같은 책, 95쪽.

레닌은 다음과 같이 말했다.

"관념론은 원시적인 것이다. 일반적인 것(개념, 이데아)은 개별적인 존재다. 이것은 조야하고 기괴하며 (더 정확히는 어린아이같이) 어리석다. 그런데 정말 현대의 관념론, 칸트(Immanuel Kant), 헤겔(Georg Wilhelm Friedrich Hegel), 신의 관념이 그러하지 않을까(완전히 그러하지 않을까)? 책상들, 의자들과 책상과 의자라는 관념, 세계와 세계라는 관념, 대상과 '본체', 인식 불가능한 '물 자체', 지구와 태양의 연관, 자연 일반──법칙, 로고스, 신. 인간 인식을 두 가지로 구분하는 것과 관념론(종교)의 가능성은 이미 첫 번째, 기초적인 추상화에서 제시된다. 지식(인간)이 개별 대상에 접근하는 방법, 개별 대상에서 모형(개념)을 제거하는 것은 단순하고 직접적이고 활기 없는 행위가 아니라 복잡하고 분열된 지그재그 형태의 행위다. 이 행위는 생활에서 환상을 제거하는 가능성, 그리고 추상적인 개념, 관념을 환상으로 변형하는 (게다가 사소하고, 인간이 인식할 수 없는 변환) 가능성을 포함하고 있는 행위다. 왜냐하면 가장 단순한 일반화와 기초적인 공통 관념에는 환상의 편린이 존재하기 때문이다."[49]

상상과 사고가 발달과정에서 대립적이라는 생각을 분명하고, 더 심도 있게 표현할 수는 없다. 상상과 사고의 통일은 이미 인간이 형성하는 최초의 일반화 속에, 가장 최초의 개념 속에 포함되어 있다.

대립물의 통일과 분열을 지적하는 것, 모든 일반화가 한편에서 삶에서 이탈하는 것이고, 다른 한편에서 바로 이 삶을 더 심도 있고 확실하게 표현하는 것이며, 모든 일반적 개념 속에는 환상의 편린이 있다고

---

49 비고츠키는 이 인용문의 출처를 정확히 밝히지 않고 있다. 이 인용문은 레닌의 『철학 노트』에 나오는 한 구절이다─옮긴이.

보는 사고와 환상의 지그재그적인 발달을 지적하는 것은 현실적 사고와 자폐적 사고를 연구하는 실제적인 방법을 열어준다.

만약 이 방법에 따른다면, 자폐성이 아동 사고의 발달 초기에 위치되어서는 안 된다는 것, 자폐성은 더 후에 형성된다는 것, 자폐성은 생각 발달 속에 포함된 대립 중에 하나라는 것에 동의하지 않을 수 없을 것이다.

그러나 우리는 경험적으로 이 이론적 관점에서 새롭고, 매우 중요한 계기를 하나 더 언급할 수 있다. 우리는 아동의 자기중심적 언어는 현실, 아동의 실제 활동, 아동의 현실적 적용에서 분리되지 않는 불안정한 언어라는 것을 알았다. 이 언어는 아동의 이성적 활동을 구성하는 필수적인 계기가 되고, 초기 합목적적 행위에서 지식을 습득하면서 지식화되고, 아동의 더 복잡한 활동 속에서 의도와 계획을 형성하는 수단으로 계속 역할을 수행한다.

바로 활동, 실천이 새로운 관점에서 자기중심적 기능을 밝히고, 달의 다른 표면처럼, 보통 관찰자의 시야 밖에 있는 아동의 사고발달의 완전히 새로운 면을 표현하는 새로운 계기들이다.

피아제는 사물들이 아동의 지식을 완성하지 않는다고 주장한다. 그러나 우리는 현실 속에서, 아동의 자기중심적 언어가 실제 활동과 관련 있는 곳에서, 아동의 자기중심적 언어가 사고와 관련 있는 곳에서 사물들이 실제로는 아동의 지식을 완성한다는 것을 알았다. 사물들은 현실을 의미한다. 그러나 현실은 아동의 지각 속에서 수동적으로 표현되는 것이 아니라, 추상적인 관점에서 아동이 인식하는 것이 아니라, 아동이 자신의 실천 과정에서 마주치는 것이다.

이 새로운 시기, 아동의 사고발달에서 현실과 실천 문제, 그리고 이들의 역할 문제는 전체 상황을 본질적으로 변화시키지만, 우리가 피아제 이론의 기본 노선을 연구하고 방법론적으로 비판할 때 언급할 것이다.

7. 피아제 철학 비판

만약 우리가 전체적으로 현대 심리학, 특히 아동 심리학에 관심이 있다면, 최근 심리학의 발달 경향을 쉽게 정리할 수 있을 것이다. 독일 심리학자 아흐(Narziss Kaspar Ach)의 피험자 중 한 명이 현대 심리학의 실험에서 받은 직접적인 인상을 결산하면서 이 경향을 매우 잘 표현했다. 그는 실험이 끝난 후에 연구서 서문에서 이것에 대해 말한 실험자를 만족시키는 말을 했다. "그러나 이것은 실험적 철학일 뿐이다."

심리학적 연구들을 철학적 문제들과 접근시키는 것, 일련의 철학적 문제들에게는 중요한 의미가 있지만, 반대로 문제제기에 있어서 철학적 이해에 의존하는 문제들을 심리학 연구 과정에서 직접적으로 발전시키려는 시도는 현대의 모든 연구 속에 스며들어 있다.

우리는 이 입장을 설명하는 예들을 인용하지는 않을 것이다. 지금까지 살펴본 피아제의 연구는 항상 철학적인 연구와 심리학적인 연구의 경계에서 진행되었다는 것만을 지적한다. 피아제 자신은 아동의 논리가 끊임없이 부딪치는 암초와 같이 논리학의 문제들, 심지어는 자주 인식론의 문제들과 마주칠 정도로 너무 복잡한 영역이라고 말했다. 이 혼란 속에서 일정한 방향을 유지하고 심리학과 무관한 문제들을 배제하는 것은 항상 쉬운 일은 아니다.

피아제는 경험의 결과들을 너무 빨리 일반화하는 것과 이론, 논리 체계의 선입견에 사로잡히는 것을 가장 위험한 것으로 제시한다. 그러므로 우리가 이미 말한 바와 같이, 저자는 너무 체계적으로 진술하는 것과 아동 심리학의 한계를 벗어난 모든 일반화를 원칙적으로 보류한다. 그의 의도는 단지 사실들을 분석하는 데만 제한되어야 한다는 것과 이 사실들의 철학에 열중해서는 안 된다는 것이다. 그러나 그는 논리학, 철학사, 인식론은 예상보다 더 많이 아동 논리의 발달과 관련이 있는 영역이라는 것을 인정해야 했다. 그러므로 비록 그의 사상이 숙명적인 경계인 철학에 완전히 근접하는 경우에 사상의 흐름이 심하게 훼손될지라도, 그가 원하든 원하지 않든, 싫든 좋든 이 인접 영역들에서 일련의 모든 문제를 다루고 있다.

클라파레드는 피아제 책의 「서문」에서 피아제는 연체동물들을 포획하듯 심리학적 사실을 탐색한 자연 생물학자-자연과학자이고, 자연과학적인 사고 원리들을 습득한 사람이며, 자신의 자료들을 잘 분석하는 능력을 가지고 있는 사람이고, 철학적인 문제에 정통한 학자 가운데 한 사람이라고 했다.

"그는 가장 어두운 골목길을 알고 있고, 교과서에 있는 과거 논리의 모든 함정을 알고 있다. 그는 완전히 새로운 논리를 지지하고, 인식론의 세세한 문제들에 정통하지만, 여러 영역에 대한 탁월한 지식이 그에게 애매한 판단을 하지 않게만 한 것이 아니라, 반대로 그는 심리학을 철학에서 엄격히 분리했고, 숙명적인 경계의 이쪽에 남아 있었다. 그의 업적은 순수하게 과학적이다."[50]

우리가 뒤에서 지적하려고 노력하는 바와 같이, 피아제는 철학 체계

---

50 같은 책, 62쪽.

를 본질적으로 회피할 수 없었기 때문에, 그리고 바로 철학의 부재가 완전히 특정한 철학을 의미하기 때문에, 이 후자의 주장에서는 클라파레드에게 동의할 수 없다. 완전히 순수 경험론 안에 잔류하려고 시도하는 것이 피아제의 모든 연구의 특징이다. 자신을 어떤 선입견적인 철학 체계와 관련시키는 것을 두려워하는 것은 그 자체가 우리가 지금 피아제의 가장 중요하고 기본적인 특징에서 밝히려고 하는 특정한 철학적 세계관의 징후다.

우리는 앞에서 아동의 자기중심성 개념을 연구했다. 아동의 자기중심성은 자기중심적 언어에 대한 피아제 학설의 기반이었다. 피아제는 아동의 논리에 있는 모든 특징을 아동의 자기중심성과 관련시켰다. 우리는 이 연구로 기본 개념에는 이론적인 근거와 사실적인 근거가 부족하다는 결론, 다시 말해 아동의 발달과정은 이 이론에서 왜곡된 형태로 제시된다는 결론에 도달했다.

이 장의 과제를 고려해볼 때 아동의 자기중심성에 대해 모두 언급하는 것은 불가능했다. 이것은 피아제의 연구가 수록되어 있는 모든 장을 하나하나 살펴보고, 결국 피아제의 테마를 다시 다루는 별도의 논문에서 비판적으로 분석해야 한다는 것을 의미한다. 우리의 과제는 본질적으로 다르다고 생각한다. 우리의 과제는 독자가 피아제의 책에 있는 풍부한 자료와 최초의 일반화들을 쉽게 비판적으로 수용하게 하는 데 있다. 이것을 위해서 우리는 피아제 연구들의 방법론적인 측면을 살펴보아야 하고, 그 방법론적인 측면을 비판적으로 조사할 필요가 있다.

우리는 피아제의 과학적 사고 논리를 규정하는 기본적이고 중심적인 계기부터 시작할 것이다. 그것은 인과성의 문제다. 피아제는 아동의 전(前)인과성 문제를 다룬 압축적이고 표현력이 풍부한 장으로 책을 끝

마치고 있다. 아동이 아직 인과성의 개념을 모른다는 것, 그리고 아동의 사고가 이 문제를 지향하는 단계는 전(前)인과성의 단계로 불려질 수 있다는 결론은 아동 논리를 분석한 피아제의 최종 결론이다.

이 문제는 피아제가 자신의 네 번째 연구서에서 아동의 물리적 인과성 개념을 설명하고 있을 정도로 피아제의 전체 이론에서 중요한 위치를 차지하고 있다. 그는 이 새로운 사회적 연구를 통해 아동의 세계관, 운동에 대한 아동의 설명, 기계와 자동차에 대한 아동의 이해에서—간략히 말해, 외부 현실에 대한 아동의 모든 사고에서—인과성은 없다고 결론 내렸다.

그러나 이것이 아무리 이상할지라도 피아제는 자신의 연구에서 전인과성 단계에 대한 생각을 의식적으로, 의도적으로 유지하고자 했다. 피아제 자신이 과학에서 일어나는 것이 아동한테도 일어난다고 말했다.[51] 피아제 자신은 아마도 인과성을 거절하는 것을 초인과성 단계로, 즉 인과성 개념이 지나간 단계인 가장 정확한 과학적 사고를 표현하는 것으로 연구한 것 같다. 그러나 실제로 인과성 관념을 거절하는 모든 사람은 피아제 자신이 아동의 사고를 분석하면서 매우 잘 기술했던 전인과성 단계로 좋든 싫든 후퇴한다.

피아제가 인과성 원리와 대립시킨 것은 무엇인가? 피아제는 그가 연구한 현상들을 인과적으로 연구하는 것을 발생적 관점으로 교체했다. 그에게 인과성 원리는 더 높은 발달 원리를 폐기하는 것으로 이해되었다. 그는 이렇게 질문한다.

"심리 현상을 설명한다는 것이 의미하는 것은 무엇인가? 볼드윈

---

51 같은 책, 368쪽.

(James Mark Baldwin)이 섬세한 분석으로 이것을 지적한 바와 같이, 발생학적인 방법이 없다면, 심리학에서는 결과를 원인이라고 생각하지 않는다고 확신할 수 없을 뿐만 아니라, 설명에 대한 문제를 제기하는 것조차도 불가능하다. 따라서 원인과 결과의 관계를 수학적 의미에서 기능적 의존성 개념의 선후에 대한 개념과 관련시키는, 발생적 발달의 관계로 교체해야 한다.

우리는 이에 대한 기술을 유보하면서, 발생적 의미에서 가장 잘 설명되는 처음 관찰한 현상들에서 시작해서, 'B가 기능 A인 것처럼 A는 기능 B다'라고 A와 B에 대해서 말할 수 있다."[52]

이와 같이 피아제는 발달과 기능적 의존성 관계를 인과성의 관계로 교체했다. 피아제는 행위에서 원인으로 상승하는 것은 단순히 역사적 인식이라는, 괴테(Johann Wolfgang von Goethe)가 잘 표현한 원리를 여기서는 고려하지 않았다. 피아제는 진정한 지식은 원인들로 상승하는 지식이라는 베이컨(Francis Bacon)의 유명한 관점을 잊었다. 피아제는 발달에 대한 인과적 이해를 기능적 이해로 교체하려 했고, 자신이 알지 못할 정도로 자신의 발달 개념도 모든 내용을 상실했다. 모든 것이 이 발달에서는 일정한 조건이 있다. 현상 A는 현상 B의 기능으로 연구될 수 있지만, 현상 B도 기능 A로 연구될 수 있다.

이 연구 결과로 피아제는 발달 원인과 발달요인들에 대한 문제를 배제한다. 그에게는 발생학적 의미에서 가장 잘 설명되는 첫 번째 관찰된 현상들을 선택하는 권리만이 있다.

이 근거에 따라서 아동 사고의 발달요인들에 대한 문제는 피아제 연

---

52 같은 책, 371쪽.

구에서 인과성 문제와 같은 방식으로 해결된다. 피아제는 다음과 같이 질문한다.

"이 '설명되는 현상들'이란 무엇인가? 이 측면에서 사고의 심리학은 심리학이 연관을 설명해야 하는 두 가지 기본적인 요인들—생물학적 요인과 사회적 요인—과 항상 충돌한다. 만약 생물학적 관점에서, 또는 최근 유행하는 사회학적 관점에서 생각의 발달을 기술하고자 한다면, 현실의 절반을 다루지 않을 위험이 있다. 즉 양극단을 배제해서는 안 되고, 어떤 것도 무시해서는 안 된다.

그러나 시작을 위해서는 다른 언어들을 버리고 한 언어를 선택해야 한다. 우리는 사회적 언어를 선택했지만, 이 언어에는 어떤 배타성도 존재하지 않는다. 우리는 아동의 사고를 생물학적으로 설명하는 것으로 돌아가는 것과 우리가 여기서 하고자 하는 기술을 이 설명에 귀착시키는 것을 유보할 것이다.

아동의 자기중심적 생각이라는 특징적인 현상을 사회 심리학적 관점에서 기술하는 것이 우리의 출발점이었다. 우리는 아동 논리의 특징적인 부분을 자기중심성에 귀착시키려고 노력했다."[53]

여기서 사회적 언어로 기술하는 것이 다른 책에서는 충분히 생물학적으로 기술될 수 있다는 역설적인 결론이 도출된다. 사회 심리학적 관점에서 기술한다는 것은 다른 언어를 포기하고 그의 마음에 드는 모든 언어를 고를 수 있는 저자의 선택의 문제다. 이것은 피아제가 연구한 바와 같이 아동의 사고발달에서 사회적 요인의 개념을 분명히 하는, 피아제의 모든 방법론에서 중심적이고 결정적인 주장이다.

---

[53] 같은 책, 371쪽.

주지하다시피 피아제의 모든 책에는 아동의 사고의 역사에서 사회적 요인들이 아동의 사고의 구조와 기능에 가장 큰 영향을 준다고 기술되어 있다.

러시아어판 「서문」에서 피아제는 이것이 그의 저서의 기본 생각이라고 직접 썼다.

"출판된 저서의 지배적인 생각은, 내가 보기에는, 아동의 사고는 오직 타고난 심리생물학적 요인들과 물질적 환경의 영향뿐만 아니라, 아동과 아동을 둘러싼 사회적 환경 간에 설정된 관계들로도 이해되어야 한다는 이념이다. 나는 이것으로 아동은 주위의 의견과 생각을 반영한다고 단순히 말하고 싶지는 않다. ─ 이것은 진부한 것이다. 개인의 사고 구조는 사회적 환경에 의존한다. 개인은 자기 자신을 위해서만 생각하고, 아동에게 전형적인 것은 자기중심적인 것이라고 생각한다면, 아동의 생각은 환상·욕구·개성의 영향력 아래 있는 것이다. 이때 아동은 합리적인 사고의 특징들과는 완전히 다른 일련의 특징들을 보인다. (예를 들면, 성인들의 권위에 영향을 받는 아동처럼) 개인은 일정한 사회적 환경에서 체계적으로 영향을 받는다면, 아동의 생각은 일정한 외적 규칙들에 따라 이루어진다. [……] 개인들이 서로 협력함에 따라, 사고의 이론적·실천적 두 측면에서 이성을 형성하는 사고의 규율을 전달하는 협력 규칙들도 발달한다.

아동의 발달된 사고는 자기중심성, 강제, 협력 같은 세 유형 사이에서 끊임없이 동요하고, 성인의 사고가 자폐적으로 남아 있는지 또는 어떤 유형의 사회조직으로 들어가는지에 따라서 그것은 어느 정도 이 세 경향과 관련이 있다."[54]

이것이 피아제의 지배적인 이념이다. 모든 책에서처럼 이 도식에는 사회적 요인을 아동 사고의 발달에서 결정적인 것으로 매우 분명하게 인정하는 것이 포함되어 있다. 하지만 우리는 저자가 설명을 위해서 사회적 언어를 선택했다는 것을 방금 인용한 문장에서 살펴보았다. 그러나 사실들을 생물학적으로 설명할 수도 있을 것이다. 그러므로 우리의 중요한 과제는 피아제 이론에서 아동의 사고발달의 사회적·생물학적 요인들을 연구하는 것이다.

생물학적인 것과 사회적인 것 사이의 불균형은 피아제 이론에서 본질적 의미를 지닌다. 생물학적인 것은 아동 자신에게 있고, 아동의 심리적 실체를 형성하는 원초적인 것, 본원적인 것으로 생각된다. 사회적인 것은 아동과 무관하고 외적인 힘으로서의 강제를 통해서 작용한다. 이 강제력은 독특한 아동의 내적 본성에 상응한 사고 방법들을 대신하고, 이들을 밖으로부터 강요되는, 아동과 무관한 생각의 도식들로 교체한다.

그러므로 피아제가 자신의 새로운 도식에서조차 두 개의 극점(자기중심성과 협력)을 세 번째 요소(강제)를 사용해서 결합했다는 것은 놀라운 일이 아니다. 사회적 환경은 아동의 사고가 발달하는 메커니즘에 대한 피아제의 관념을 표현하는 진실한 말이다.

본질적으로 이 관념은 피아제와 정신분석에서 공통적이다. 정신분석에서는 외적 환경도 개성과 관련해서 외적인 것으로 간주한다. 외적인 것은 개성을 억압한다. 그리고 개성이 자신의 욕망을 제한하고, 욕망을 변하게 하고, 욕망의 방향을 우회로를 따라 바꾼다. 사회적 환경이 아동의 발달에 영향을 주는 것을 표현해야 할 때, 피아제의 이 책에서 사

---

54 같은 책, 55~56쪽.

라지지 않는 두 단어가 바로 강제와 압력이다.

우리는 이미 피아제가 이 영향들의 과정을 동화와 비교하고, 이 영향들이 어떻게 동화되는지, 즉 어떻게 생명체에 의해 변형되고 생명체의 고유 실체 속에 정착하는지를 살펴보았다. 그러나 아동의 고유한 심리적 실체, 구조와 기능화는 아동 생각에 고유한 것으로, 성인의 사고와 비교해서 독특한 아동의 사고를 구성하고, 자폐성으로, 즉 아동 본성의 생물학적 특성으로 정의된다. 아동은 사회 전체의 부분으로서, 출생한 날부터 아동이 속한 전체 사회생활에 참여하는 사회적 관계들의 주체로서 연구되지 않는다. 사회적인 것은 아동 밖에 있는 것으로서, 아동에게 압력을 주고 아동의 독특한 사고 방법들을 대신하는 아동과 무관한 힘으로 연구된다.

클라파레드는 「서문」에서 피아제에게는 소중한 이 생각을 매우 잘 표현하고 있다. 클라파레드는 피아제의 연구는 아동의 지식을 완전히 새롭게 제시한다고 말한다.

"그는 아동의 지식은 위아래로 배치된 두 개의 다른 작업대에서 동시에 만들어진다고 지적한다. 인생 초창기에는 아랫면에서 생산하는 일이 훨씬 더 중요하다. 이것은 바로 아동의 일이다. 아동은 무질서하게 자신에게 애착을 느끼고, 자신의 욕구들에 대해 자신을 만족시킬 수 있는 모든 것을 결정한다. 이것은 주관성, 욕망, 놀이, 변덕, 프로이트가 말한 바와 같이 쾌락 원리(Lustprinzip)다.

반대로 윗면은 아동이 점점 더 압력을 느끼는 사회적 환경으로 조금씩 올라간다. 이것은 객관성, 언어, 논리적 개념들의 측면이다. 한마디로 말하면 현실성이다. 이 윗면은 처음에는 매우 미약하다. 윗면에 부담을 주자마자 윗면은 꺾이고 갈라지고 부서진다. 그리고 윗면을 구성하고 있는 요소들은 아랫면에 속하는 요소들과 혼합하면서 아랫면으로 떨어진다. 일부 조각은 하늘과 땅의 중간에 있다. 이 두 면을 보지 못하고, 놀이가 한 면에서 실시되었다고 생각하는 관찰자는 이 면들 모두 고유한 논리를 가지고 있고, 이 논리를 다른 면의 논리와 결합할 때 모두 다 흡수하기 때문에 분명히 극도의 혼란을 느꼈을 것이다."[55]

피아제의 이론에 따르면 아동의 사고는 두 개의 작업대에서 만들어진다는 특성을 지니고 있다. 주관성, 욕망, 변덕의 측면에서 만들어지는 첫 번째 작업대는 바로 아동 자신의 일이기 때문에 더 중요하다. 피아제와 클라파레드가 프로이트와 프로이트의 쾌락 원리를 언급하지 않았을지라도, 그들의 이론에는 아동 본성의 생물학적 특징들에서 아동 사고의 특성을 이끌어내려는 순수하게 생물학적인 개념이 있다는 것을 의심할 수 없을 것이다.

실제로 아동 발달에서 생물학적인 것과 사회적인 것이 피아제에게는 두 개의 외적이고, 서로에게 기계적으로 영향을 주는 힘으로 제시된다는 것을 그의 연구 결과에서 알 수 있다.

아동은 이중적 현실 속에 살고 있다는 것이 이후 두 권의 피아제 연구서에서 내려진 중심 결론이다. 하나의 세계는 아동에게 독자적이고, 아동의 본성에 고유한 사고를 기반으로 만들어지고, 다른 세계는 아동을 둘러싸고 있는 사람들이 아동에게 강요하는 논리적 사고를 기반으로 만들어진다.

피아제의 생각에 따르면 아동이 이분법적으로 사고하기 때문에 두 개로 분열된 현실이 나타난다는 결론은 논리적이고 필연적이다. 두 가

---

[55] 같은 책, 59~60쪽.

지 다른 작업대—두 가지 다른 직물, 즉 '두 가지 사고 방법—두 가지 현실. 이러한 분열은 아동의 생각을 구성하는 두 측면이 모두 고유한 논리를 가지고 있다는 것에 의해 더욱 날카롭고 강하게 나타날 것이다. 이 두 측면은 권위 있는 증인의 말에 따르면 하나가 다른 하나의 논리와 결합될 때 크게 저항한다. 분명 아동 생각은 영역이 두 개로 분열된 현실일 뿐만 아니라 결합될 수 없고 절대적으로 종류도 다르며 원칙적으로 적대적인 직물조각으로 구성된 현실이다. 적대적인 조각들은 서로 결합할 때 심하게 저항한다. 피아제에 따르면 자폐적 사고는 상상되는 현실이나 꿈의 현실을 그 자체에 만든다.

이런 논리적 필연성과 함께 다음과 같은 문제가 제기된다. 아동의 생각을 짜는 두 작업대 중에서 어떤 것이 더 중요한가? 아동 사고의 두 작업대 중에서 어떤 것이 더 우위에 있는가? 우리가 앞에서 살펴본 바와 같이 클라파레드는 첫 번째 질문에는 분명하게 대답했다. 인생 초기에는 아랫면에서 만들어진 결과가 훨씬 더 중요하다. 앞으로 살펴보겠지만 피아제는 이 현실이 우리보다는 아동에게 훨씬 덜 실제적이라는 주장으로 두 번째 질문에 단호하게 대답한다.

이후에 반박하기 어려울 정도로 일관성 있는 판단 논리에 따라서 아동의 생각은 신비주의적 시인의 언어로 말하면서 이중적 존재의 경계 속에서 싸우고 있다는 것, 그리고 아동의 정신은 두 세계의 주인이라는 것을 인정해야 한다.

그러므로 피아제는 아동의 자기중심성에 대해 질문한다. "아동에게는 모든 다른 것에 시금석인 독특한 현실이 존재하지 않는가? 또는 자기중심성 또는 사회화 상태에 따라서 아동은 어떤 세계가 다른 세계로 교체되지 않는 동일하게 현실적인 두 세계에 존재하는가? 분명 후자의 가설이 더 그럴듯하다."⁵⁶ 피아제는 아동이 현실 세계의 이런 양극성으로 괴로워하는지는 증명할 수 없다고 생각한다. 그리고 그는 아동에게는 두 개 또는 몇 개의 현실이 있으며, 이 현실은 우리에게 있는 것처럼 위계관계 속에 있는 것이 아니라 교대로 영향을 준다고 생각한다.

특히 2~3세까지 계속되는 초기 단계에서 "현실적인 것은 마음에 드는 것이다.""프로이트가 말한 '쾌락의 법칙'은 자기 방식으로 세계를 변형하고 가공한다. 두 번째 단계는 동일하게 현실적이고 이질적인 두 가지 현실, 즉 놀이의 세계와 관찰의 세계로 표현된다."⁵⁷ "이와 같이 자율적 현실과 대비되는 실제 현실이 우리보다는 아동에게 훨씬 덜 실제적이라는 것을 이해하면서, 자율적 현실의 의미를 아동 놀이로 인정해야 한다."⁵⁸

이 생각이 피아제에게만 나타나는 것은 아니다. 이 이념은 피아제의 이론처럼 원리적인 입장에서 출발하는 아동 심리학의 모든 이론에 스며들어 있다. 아동은 두 세계 속에서 살고 있다. 모든 사회적인 것은 아동과 관련이 없고, 밖에서부터 아동에게 강요되는 것이다. 최근 엘리아스베르그(V. Eliasberg)는 자율적인 아동의 언어에 대해 말하면서 이 이념을 가장 분명히 표현했다. 아동이 언어를 통해서 습득하는 세계에 대한 관념을 연구하면서, 그는 이 모두가 아동의 본성에 상응하지 않고, 아동의 놀이와 그림들에서 본 순수성과 대비된다고 결론 내린다. 그는 성인의 언어와 함께 아동은 범주적 형태들, 주관적인 것과 객관적인 것, 나와 너, 여기와 저기, 지금과 이후를 분리한다고 말한다. 이 모든

---

56 같은 책, 401쪽.
57 같은 책, 402쪽.
58 같은 책, 403쪽.

것은 아동과 완전히 상관없는 것이다. 그리고 괴테의 유명한 시를 인용하면서, 저자는 두 정신이 아동 속에 살고 있다고 말한다. 첫 번째 것은 연관들로 가득한 아동의 정신이고, 두 번째 것은 성인들의 영향으로 나타나고, 범주들 속에서 세계를 경험하는 정신이다. 두 가지 정신은 두 개의 세계이고, 두 개의 현실이다. 이 결론은 서로 관계상 외적이고 무관한 두 개의 출발점으로 기능하는 사회적인 것과 생물적인 것에 대한 기본 입장에서 도출된 필연적이고 논리적인 결과다.

8. 유물론인가, 관념론인가

결과적으로 피아제 이론에서 중심적인 위치를 차지하고 있는 사회화 과정은 매우 독특하게 이해된다. 우리는 이미 앞에서 이 관념은 발달 이론 측면에서 비평할 가치가 없다는 것을 증명하려고 했다. 그리고 실제로 무엇이 아동 생각의 사회화 과정이고, 어떻게 피아제가 이것을 묘사했는가? 우리는 이미 이것은 아동과는 관련 없는 외적인 것이라는 점을 살펴보았다. 지금 우리는 하나의 본질적 계기를 더 지적한다. 피아제는 논리적 사고가 발달하는 독특한 원천을 사회화 속에서 찾는다. 그러나 사회화 과정이 현실적으로 어디에 있는가? 알려진 바와 같이 이것은 아동이 자기중심성을 극복하는 과정이다. 이 과정은 아동이 자신을 위해 생각하는 것을 그만두고, 자신의 사고를 다른 사람의 사고에 적응하기 시작하는 것이다. 자기 의사에 따라 행동하는 아동은 필연적으로 결코 논리적 사고에 도달하지 못한다. 피아제의 견해로는, "사물들이 지식을 필연적으로 논리적으로 검증하는 것이 아니라, 사물들 자체가 지식으로 다듬어지기 때문에"[59] 아동은 환상을 통해서만 행동한다.

그렇게 말하는 것은 사물들, 즉 외적이고 객관적인 현실이 아동 사고 발달에서 결정적인 역할을 하지 못한다는 사실을 인정하는 것을 의미한다. 우리의 사고와 타인의 사고의 충돌만이 의심을 제기하고 논증할 필요를 제기한다. "다른 인식들이 존재하지 않는다면, 우리는 경험 부재로 환상이 더 많이 발달하고, 헛소리를 하게 된다. 우리의 머릿속에서는 항상 거짓 관념, 기묘한 것, 유토피아, 신비한 설명, 편견, '자아'의 힘에 대한 과장된 관념이 있다. 그러나 이 모든 것은 우리를 닮은 것과 접촉할 때 사라진다. 다른 사람들의 생각을 습득하기, 다른 사람들에게 우리 생각을 전달하기, 다른 사람들을 설득하기와 같은 사회적 필요 때문에 검증이 필요하다. 증명은 논쟁 속에서 나타난다. 이것이 현대 심리학에서는 보편적인 것이다."[60]

논리적 사고에 대한 욕구와 진리 인식은 아동의 의식과 다른 의식들이 교류하면서 나타난다는 생각을 더 이상 분명하게 표현할 수는 없다. 이것은 철학적인 본성상 공간도, 시간도, 전체적으로 모든 객관적 실제성도 인간의 사회생활에서 이끌어낸 뒤르켐(Émile Durkheim)과 여러 사회학자의 사회학 학설에 얼마나 가까운가! 이것은 "물질적 차원의 객관성은 모두에게 의미 있는 것이다. 우리가 경험하는 물질적 차원의 객관성은 결국 여러 사람의 진술들을 상호 검사하고 일치시키는 것을 기반으로 해서 확립된다. 일반적으로 물질계는 사회적으로 일치되고, 사회적으로 조화롭게 되고, 사회적으로 조직된 경험이다"라고 말하

---

59 같은 책, 373쪽.
60 같은 책, 373쪽.

는 보그다노프(Aleksandr Aleksandrovich Bogdanov)의 관점과 매우 가깝다.

피아제는 여기서 마흐(Ernst Mach)와 유사하다. 우리가 앞에서 언급했던 인과성에 대한 그의 개념을 상기한다면, 이것을 거의 의심할 수 없을 것이다. 아동에게서 인과성의 발달에 대해 말하면서, 피아제는 다음과 같은 매우 흥미로운 사실을 지적하고 있다. 피아제는 클라파레드가 설정한 의식의 법칙을 기반으로 해서 의식은 행위에 뒤따르고 자동적 적응이 어려움과 마주칠 때 발생한다는 것을 지적한다. 만약 우리가 자신에게 원인, 목표 등에 대한 관념이 어떻게 발생하는지를 질문한다면, "이 기원 문제는 개인이 원인, 목표, 공간에 어떻게 조금씩 관심을 가지는지를 아는 것으로 귀착된다. 이 범주들에 대한 관심은 이들 중 한 가지 범주 측면에서 행위를 실현할 수 없을 때만 나타났다고 우리가 생각하는 것은 정당하다. 필요가 의식을 만들어내지만, 원인의 의식은 인간이 원인과 관련하여 적응해야 하는 필요를 경험할 때 지식 속에서 나타난다"[61]고 피아제는 생각했다. 자동적이고 본능적으로 적응할 때 지식이 범주들을 분명하게 이해하지는 않는다. 행위를 자동적으로 하는 것이 우리의 지식에 어떤 과제를 부여하지는 않는다. 혼란이 없다는 것은 욕구가 없고, 그래서 의식도 없다는 것을 의미한다.

클라파레드의 이런 생각을 서술하면서, 피아제는 클라파레드가 범주를 의식한다는 사실은 범주의 본성을 변형한다고 서술하면서 기능 심리학에 따라서 이 측면에서 더 앞으로 진행했다고 말한다. "그래서 우리는 아동이 원인에 대한 개념을 획득하기 훨씬 이전에 아동 자신이 원

---

61 같은 책, 223쪽.

인이라는 공식을 받아들였다"[62]고 쓰고 있다.

아동의 활동에서 객관적 인과관계는 아동의 의식과 독립적으로, 그리고 아동의 활동에 대한 모든 개념에까지 존재한다는 생각을 더 분명하게 표현할 수는 없을 것 같다. 그러나 피아제 자신은 이 경우에 사실은 인과성을 관념론적으로 이해하는 것이 아니라 유물론적으로 이해하는 것을 지지한다고 하면서 다음과 같이 주석을 달고 있다.

"(만약 우리가 조심하지 않는다면, 우리를 현실적 인식론으로, 즉 심리학의 한계 밖으로 끌고 가는) 오직 표현의 편리함만이 우리가 인과성을 인식과 완전히 독립적인 관계로 말할 수 있게 한다. 실제 생활에는 인식 유형들이나 단계들만큼 인과성의 유형들이 있다. 만약 아동이 원인이라면, 또는 아동이 어떤 현상이 다른 것의 원인이라는 것을 마치 알고 있는 것처럼 행동한다면, 아동이 인과성을 명료하게 이해하지 못함에도 이것은 첫 번째 유형의 원인관계이고, 필요하다면 인과성과 기능적으로 등가다. 그다음에 만약 그 아동이 질문에 의식적으로 대답한다면, 이 의식은 계기의 욕구와 관심에 의존한다는 것 때문에 다양성을 수용할 수 있다. 예컨대 애니미즘적 인과성, (모든 것은 인간의 손으로 인위적으로 만들어졌다는 관념과 관련 있는) 인공적 인과성, 목적적 인과성, (접촉을 통한) 기계적 인과성, 역동적 인과성 등이 그것이다. 이 연속적인 인과성 유형들이 완전무결한 인과성으로 결코 연구될 수는 없고, 지금 성인과 학자들이 사용하는 관계의 종류들은 아동이나 원시인이 사용했던 모든 것처럼 아마도 일시적인 것일 뿐이다."[63]

심리주의의 관념론적 관점에서, 그리고 "유전학자는 아동이 이해하

---

62 같은 책, 224쪽.
63 같은 책, 224쪽.

는 모든 단계에서 이 범주들의 출현과 적용을 식별하고, 이 사실들을 생각의 기능적 법칙들로 인도하는 것이 중요하다"[64]라고 주장하면서, 피아제는 자신이 인과성에 대해 주장하는 것, 즉 인과성의 객관성을 부정하는 것을 모든 나머지 범주들로 확대한다.

논리 범주에 대한 학설에서 스콜라 철학의 실재론과 칸트의 선험론을 반박하면서 피아제 자신은 실용주의적 경험론의 관점에 따른다. "이 이론은 심리학에 관한 걱정을 과장 없이 특징지을 수 있다. 왜냐하면 이런 이론의 과제는 사고의 역사에서는 그들의 발생을, 과학사에서는 그들의 발전된 적용을 통해 범주를 규정하기 때문이다."[65]

우리는 피아제가 주관적 관념론의 태도를 취했다는 것뿐만 아니라 그 자신이 말한 바와 같이, 현실적 인식론으로 인도하는 사실들과 분명한 모순을 보인다는 것도 살펴보았다.

그러므로 연구의 결론을 내리면서 피아제는 아동에게는 세계에 대한 어떤 관념들이 존재하는지를 설명한 3권에서 다음과 같이 놀라운 결론을 내렸다. 사고의 실재론, 애니미즘, 인공주의는 아동의 세계관에서 지배적인 세 가지 특징이다. 그리고 이 결론은 내적 또는 심리적 세계와 외적 또는 물질 세계를 구별하는 것이 태생적인 것이 아니라는 것을 지적하고자 한 마흐의 주장을 출발점으로 채택한 연구자에게는 기본적인 것이다. "그러나 이 관점은 이미 순수하게 이론적인 것이었다. 마흐의 가설은 진정한 의미로 발생 심리학에 근거하고 있지는 않지만, 볼드윈의 '발생적 논리'는 실험의 산물보다도 더 주관적이다."[66] 그리고 피아

---

64 같은 책, 224쪽.
65 같은 책, 224쪽.
66 피아제, 『세계에 대한 아동의 관념』, 1926, 5쪽.

제는 아동 논리 발달의 관점에서 마흐의 기본 명제를 증명하려고 한 것 같다. 게다가 피아제 자신이 아동 생각의 최초의 성격을 현실적인 것으로 묘사하는 모순에 다시 빠졌다. 바꾸어 말하면, 아동에게 속한 소박한 실재론은 인식이 객관적 현실을 표현한다는 것은 시작부터 인식의 본성에 달려 있다는 것을 분명히 지적한다.

이 이념을 더 발달시키면서 피아제는 4권의 결론에서 논리와 실재의 관계 문제를 제기한다. "경험은 이성을 형성하고, 이성은 경험을 형성한다. 현실적인 것과 이성적인 것 사이에는 상호 의존성이 있다. 논리와 실재의 관계 문제는 무엇보다도 먼저 인식론에 속하지만, 발생적 관점에서는 이 문제가 심리학 내에도 존재하거나, 모든 경우에 다음과 같이 정식화할 수 있는 문제가 존재한다. 논리의 진화는 인과성 등의 현실적 범주들 또한 반대로 정의한다"[67]라고 그는 말하고 있다.

피아제는 현실적 범주들의 발달과 형식 논리의 발달 간에는 유사와 평행관계가 있다는 것을 지적하는 데 그친다. 그의 견해에 따르면 논리적인 자기중심성도, 존재론적인 자기중심성도 존재한다 — 아동의 논리적 범주들과 존재론적 범주들은 유사하게 발달한다.

우리는 비록 도식적인 차원에서도 이 평행관계를 연구하지 않을 것이다. 피아제의 최종 결론은 다음과 같다. "이 평행관계를 설정할 때, 우리는 평행관계를 결정하는 요인들의 기제가 어떠한지, 즉 현실적 생각의 내용이 논리적 형태를 결정하는지 또는 반대인지를 자신에게 질문해야 한다.

그런 형태의 질문은 어떤 의미도 없으나, 만약 논리 형태에 대한 질

---

67 피아제, 『물리적 인과성에 대한 아동의 관념』, 1927, 337쪽.

문을 심리 형태에 대한 질문으로 교체한다면, 질문은 긍정적인 해결 가능성을 획득한다. 그러나 우리는 이런 해결을 경계한다"[68]라고 피아제는 결론을 내린다.

이와 같이 피아제는 불가지론자의 관점을 유지하기를 바라면서, 그리고 실제로는 논리적 범주들의 객관적 의미를 부정하고, 마흐의 관점에 따르면서, 의식적으로 관념론과 유물론의 경계에 있다.

9. 결론

만약 결론적으로 피아제의 모든 개념을 규정하는 기초를 일반화한다면, 두 가지 계기를 언급해야 한다. 이 두 계기가 부재한다는 것은 자기중심적 언어에 관한 제한된 질문을 연구할 때 이미 감지한 바 있다. 현실의 부재와 아동과 현실의 관계, 즉 아동의 실제 활동의 부재, 바로 이것이 이 경우에 기본적인 것이다. 피아제는 아동 사고의 사회화를 실제 경험 없이, 현실과 분리해서 생각을 발달시키는 정신들의 순수한 교류로 연구한다. 진리 인식과 이 인식을 가능하게 하는 논리 형태들은 현실을 실제로 습득하는 과정에서가 아니라, 어떤 생각을 다른 생각에 적응하는 과정에서 발생한다. 피아제가 보그다노프의 입장을 반복한 바와 같이, 진리는 사회적으로 조직된 경험이다. 왜냐하면 사물, 현실이 아동의 지성을 발달시키지 않기 때문이다. 이들 자체가 지성으로 가공된다. 마음대로 하는 아동은 무의미한 언어가 발달할 것이다. 현실이

---

68 같은 책, 342쪽.

아동에게 논리를 결코 가르치지는 않는다.

현실을 습득하려는 아동의 사회적 실천을 고려하지 않고서 아동의 논리적 사고와 이 논리적 사고의 발달을 의식의 순수한 교류에서 이끌어내려는 시도는 피아제의 모든 체계의 중심점이다.

레닌은 헤겔의『논리학』에 대한 주해에서 관념 철학과 심리학에 널리 퍼져 있는 유사한 견해에 관해서 다음과 같이 말했다.

"만약 주체(인간)가 논리적 '형상'의 '구성요소' 역할을 한다고 주장하면서 헤겔이 인간의 독특한 활동을 논리의 범주에 종속시키고자 했다면, 결론은 다음과 같다. 이것은 단지 어떤 지점을 확장하는 것만은 아니다. 여기에는 순수하게 유물론적인 내용이 포함되어 있다. 우리는 이것을 역전시켜야 한다. 인간의 실제 활동은 이 형상과 같은 것들이 공리로 될 수 있도록 십억 번 반복하게 해야 한다. [……] 인간의 실제 활동은 십억 번 반복되면서 인간의 인식 속에서 확고하게 논리적 형상이 된다. 이 형상들은 십억 번의 반복 때문에 확고하게 공리적인 성격을 갖는다."[69]

그러므로 피아제가 추상적인 언어적 생각이 아동에게는 분명하지 않다는 사실을 확인한 것은 놀랍지 않다. 행위 없는 대화는 이해할 수 없다. 아동들은 서로 이해하지 못한다는 결론에 피아제는 도달한다. 이에 대해 그는 다음과 같이 말한다.

"물론 비록 이들의 언어가 생략될지라도, 언어는 행위의 시작을 나타내고 상대방에게는 명료한 본보기가 되는 표정·몸짓을 수반하기 때문에, 아동들이 놀거나 함께 어떤 재료를 손으로 만질 때, 이들은 서로 이

---

69 레닌,「헤겔『논리학』개요」,『철학 노트』, 1934, 183, 207쪽.

해한다. 그러나 다음과 같이 자문할 수 있다. 아동들이 언어적 생각과 서로의 언어를 이해하는가? 다르게 말하면 아동들이 행동하지 않으면서 말할 때, 아동들은 서로 이해하는가? 이것은 근본적인 문제다. 왜냐하면 바로 이 언어적 측면에서 아동은 성인의 사고에 적응하려는 노력을 하고, 논리적 사고를 획득하기 때문이다."[70]

피아제는 이 질문에 부정적으로 대답한다. 특별한 연구에 기초해서 아동들은 언어적 생각과 언어를 서로 이해하지 않는다고 피아제는 주장한다.

논리적 사고에 대한 교육이 행위와 동떨어진 순수한 언어적 생각에 대한 이해에서 발생한다는 이러한 생각은 피아제가 제기한 아동의 몰이해라는 사실에 기반을 두고 있다. 피아제는 자신의 책에서 행위의 논리는 사고의 논리에 선행한다는 것을 지적했던 것 같다. 피아제는 사고를 현실과 완전히 동떨어진 활동으로 본다. 그러나 사고의 중요한 기능은 현실의 인식과 반영이다. 결과적으로 사고가 구체적인 현실 밖에서 개념화될 때, 이것은 자연스럽게 환상의 운동, 무의미한 형상들의 퍼레이드, 환영들의 원무가 된다. 이것이 아동의 현실적이고 실질적인 사고는 아니다.

바로 이런 이유 때문에 인과성 법칙들을 발달 법칙으로 교체하려고 한 피아제 연구에서 바로 발달 개념이 사라졌다. 피아제는 아동 사고의 특징을 (아동이 나중에 하는) 논리적 사고와의 관계 속에서 제기하지 않는다. 아동의 생각 중에 논리적 생각이 어떻게 생기고 발달되는지가 이 관계에서 나타난다. 반대로 피아제는 어떻게 논리적 사고가 아동 사고

---

70 피아제, 『언어와 아동의 사고』, 376쪽.

의 특징들을 대체하는지, 어떻게 논리적 생각이 밖으로부터 아동의 심리적 실체에 정착되고, 심리적 실체에 따라 변형되는지를 지적한다. 그러므로 피아제가 아동 사고의 모든 특징이 무관한 전체 또는 독특한 논리를 형성하느냐는 질문에 다음과 같이 대답한 것은 놀라운 것이 아니다. "진리가 중간에 있는 것은 분명하다. 아동은 독창적인 지적 구조를 나타내지만, 이 조직의 발달은 우연한 상황들에 따른다."[71] 독창적인 지적 구조가 발달과정에서 발생하는 것이 아니라, 아동의 존재 속에 있다는 생각을 더 간단하고 직접적으로 표현할 수는 없다. 발달은 자기 운동이 아니라 우연한 상황들의 논리다. 자기 운동이 없는 곳에는 발달을 위한 자리도 없다. 심오하고 진실한 의미로는 어떤 것이 다른 것을 대체하지만, 이것에서 다른 것이 발생하지는 않는다.

우리는 이것을 간단한 예로 설명할 수 있다. 피아제는 아동 사고의 특징들에 관심을 가지고 이것을 성인의 사고와 비교해서 아동 사고의 빈약함, 근거 부족, 비합리성, 비논리성을 지적하려고 했다.

여기서 원시적 사고에 대한 이론에 대해서 레비-브륄에게 그 당시 제기했던 바로 그 문제가 발생한다. 만약 아동이 단지 혼동심성적으로만 생각한다면, 만약 혼동심성이 아동의 모든 사고에 들어 있다면, 아동의 현실적 적응이 가능한지는 분명하지 않다.

분명히 피아제는 모든 실제적인 입장에서 두 가지 본질적인 수정을 해야 한다. 첫 번째 수정은 피아제가 말한 특징들이 영향을 주는 영역을 제한해야 한다는 것이다. 우리의 고유한 경험에 따르면 아동이 조리에 맞고 논리적으로 이미 생각할 수 없는 곳에서 아동은 혼동심성적으

---

[71] 같은 책, 370쪽.

로 생각한다는 것이 증명되었다고 생각한다. 왜 태양이 떨어지지 않느냐고 아동에게 질문한다면, 말할 것도 없이 아동은 혼동심성적으로 대답할 것이다. 이 대답들은 아동이 경험과 무관한 영역에서 생각할 때 아동의 생각을 지배하는 경향들을 식별하는 데 중요한 징후 역할을 한다. 그러나 아동이 경험할 수 있고, 아동이 실제로 검사할 수 있는 대상들에 관해서 아동에게 질문한다면, 그리고 이 대상들의 영역이 교육에 의존한다면, 아동에게서 혼동심성적인 대답을 기대하는 것은 당연히 어려울 것이다. 예를 들면 돌에 걸려 넘어졌을 때 왜 넘어졌냐는 질문에 가장 어린 아동조차도 왜 달이 지구에 떨어지지 않느냐고 아동들에게 질문했을 때 아동들이 피아제에게 대답했던 것처럼 그렇게 대답하지는 않을 것이다.

이와 같이 아동의 혼동심성의 영역은 엄격히 아동의 경험으로 결정되고, 이에 따라서 바로 혼동심성에서 피아제 자신도 잠깐 말한 미래 인과적 결합들의 본보기, 원형, 맹아를 발견해야 한다.

실제로 모든 어려움에도 아동이 점진적으로 적응하는 혼동심성적 도식들 때문에 사고를 과소평가해서는 안 된다. 조만간에 혼동심성적 도식들은 철저히 제거되고 상호적으로 축소된다. 가설들이 유효한 영역들에서 훌륭한 연구 도구가 이러한 도식 중에서 만들어지고, 이들을 강조한다.

혼동심성이 영향을 주는 영역을 이렇게 제한하는 것과 함께 우리는 하나 더 본질적으로 수정해야 한다. 아동은 경험을 이해할 수 없다는 입장이 피아제에게도 기본적인 도그마였다. 경험은 원시인이 개별적이고, 매우 전문적인, 기술 분야들을 믿지 않게 만든다. 이런 드문 경우들로 피아제는 농업, 사냥, 생산을 언급한다. 피아제는 이들에 대해서 다음과 같이 말한다.

"그러나 현실과의 순간적이고 부분적인 이 접촉이 원시인 생각의 공통적인 경향에 결코 영향을 주지 않는다. 그리고 동일한 것이 아동들에게 일어나지 않을까?"[72]

그러나 생산, 사냥, 농업은 현실과 순간적으로 접촉하는 것이 아니라서 원시인이 존재하는 기반을 이루지 않는다. 그리고 아동에게 적용한 연구에서 피아제는 자신이 설정한 모든 특징의 근원과 원천을 아주 명료하게 파헤쳤다. 그는 "아동은 일하지 않기 때문에, 실제로 사물과 실제적인 접촉을 결코 하지 않는다"[73]라고 말한다. 실제로 여기서 우리는 모든 연구를 결론 내릴 수 있는, 피아제 이론의 요점을 발견한다.

피아제가 설정했던 법칙성, 발견한 사실들은 보편적 의미를 가지는 것이 아니라 제한된 의미를 가진다. 법칙성과 사실들은 지금과 여기, 이 사회 환경과 특정한 사회 환경에서 효과가 있다. 보편적으로 아동의 사고가 그렇게 발달하는 것이 아니라, 피아제가 연구했던 그 아동의 사고가 그렇게 발달한다. 피아제가 발견한 법칙성들은 영원한 자연법칙들이 아니라, 역사적이고 사회적인 법칙들이다. 이것은 스턴(William Stern)과 같은 피아제의 비판가들이 언급할 정도로 매우 분명하다. 스턴은 다음과 같이 말한다.

"피아제가 7세까지의 유년기에 아동은 사회적으로보다는 자기중심적으로 더 많이 말한다는 것과 이 연령 경계에서야 사회적 기능이 우세하기 시작한다는 것을 주장할 때, 피아제는 너무 도가 지나쳤다. 피아제는 사회적 상황의 의미를 적게 고려했기 때문에 이와 같은 실수를 했

---

[72] 같은 책, 373쪽.
[73] 같은 책, 373쪽.

다. 아동이 더 자기중심적으로 또는 더 사회적으로 말하는지는 아동의 연령과도, 아동을 둘러싸고 있는 조건들과도 관련 있다. 피아제의 관찰들은 유치원에서 놀고 있는 아동들과 연속적으로 관련 있다. 이 법칙들과 비율들은 피아제가 관찰했던 아동의 특별한 환경에서만 효과가 있다. 아동들이 단지 놀이 활동만 하는 곳에서 독백을 수반하는 놀이가 매우 폭넓게 확산되는 것은 자연스럽다. 함부르크에서 무호바는 유치원의 독특한 구조가 여기서 결정적인 의미를 가진다는 것을 발견했다. 몬테소리 유치원들에서처럼 아동들이 단순히 개별적으로 서로 열을 지어 놀이를 하는 제네바에서는 자기중심적 언어의 비율은 놀이하는 아동들 그룹에서 더 긴밀한 사회적 교류가 존재하는 독일 유치원들에서보다 더 높다.

이미 언어를 교육하는 과정이 시종일관 사회적인 가정 환경에서 아동의 행동은 더 독특하다. (스턴도 이미 언어를 습득하는 순간에 나타나는 언어의 사회적 기능의 본원성을 확립했다는 것을 지적하고 있다.) 이해하기 위해 노력하는 것, 그리고 이해되는 것을 지향하는 것, 즉 사회화된 언어를 지향하는 것이 이미 매우 이른 시기에 큰 역할을 시작한다는 것만큼 육체와 정신적 특징들이 여기 아동에게서 일어난다. 그리고 아동은 그와 같은 것에 대해서 요청하고 질문하고 끝까지 들어야 한다."[74]

이것을 확인하기 위해 스턴은 유년기 아동의 언어발달을 특징짓는 거대한 자료가 수집되어 있는 책에서 사실적인 부분을 소개하고 있다.

우리는 이 경우에 스턴이 설정한 사실 수정에만 관심이 있는 것은 아니다. 자기중심적 언어의 수량이 문제가 아니라 피아제가 설정한 법칙

---

[74] C. 스턴, W. 스턴, 『아동의 언어』, 1928, 148~149쪽.

성의 속성이 문제다. 이미 언급한 바와 같이, 이 법칙성은 피아제가 연구했던 사회적 환경에는 유효하다. 독일에서는 상대적으로 미미한 차이가 있지만, 이미 이 법칙성이 다른 모습을 보인다. 만약 우리가 우리나라의 아동을 둘러싸고 있는 완전히 다른 사회 환경에서 그런 현상과 과정을 연구한다면, 어쩌면 이 법칙성이 상당히 맞지 않을 것이다. 피아제는 러시아어판 「서문」에서 직접적으로 다음과 같이 말한다.

"제네바에 있는 아동들의 사회 환경과 같은 단지 하나의 사회 환경 내에서 내가 연구해야 했던 것처럼 그렇게 학자들이 연구한다면, 아동의 사고에서 개인적인 것과 사회적인 것의 역할을 정확히 설정하는 것은 불가능하다. 이것을 달성하기 위해서는 가장 다양하고 되도록 더 다양한 사회 환경에서 아동들을 완전히 연구해야 한다."[75]

피아제 자신이 연구하는 것과 매우 다른 사회 환경에서 아동들을 연구한 소비에트 심리학자들과의 협력을 피아제는 긍정적인 사실로 지적한다. 피아제는 "어떤 것도 러시아 심리학자들이 다른 나라들에서 만들어진 저작들에 접근하는 것보다 학문에 더 유용할 수는 없다"[76]라고 말한다.

완전히 다른 사회 환경 속에 있는 아동에게서, 특히 피아제의 아동들과 달리 일하고 있는 아동에게서 사고발달을 연구하는 것은 여기와 지금의 의미를 가지고 있는 법칙들을 설정하게 할 뿐만 아니라, 그것을 일반화하는 매우 중요한 법칙성들을 설정한다고 우리도 생각한다. 그러나 이것을 위해서는 아동 심리학이 기본적인 방법론적 경향을 근본적으로 수정해야 한다.

---

75 피아제, 『언어와 아동의 사고』, 56쪽.
76 같은 책, 56쪽.

알려진 바와 같이 괴테는 『파우스트』의 결말에서 우리를 위로 끌어 올리는 영원한 여성성을 합창단의 입으로 칭찬한다. 현재 아동 심리학은 "다른 인간 유형 중에서 규범적인 정신생활을 분리하는, 그리고 영원한 아동성의 본질과 가치를 구성하는 원시적인 통일성"[77]을 폴켈트 (Johannes Volkelt)의 입으로 칭찬했다. 폴켈트는 자신의 개별적인 생각도, 영원한 아동성을 밝히고자 하는 현대 아동 심리학의 기본적인 의도도 여기서 표현했다. 그러나 심리학의 과제는 영원한 아동성을 밝히는 것이 아니라, 역사적 아동성, 또는 괴테의 시적인 언어를 사용하면 일시적 아동성을 밝히는 것이다. 건축가들이 무시했던 돌이 매우 중요시되어야 한다.

---

[77] 폴켈트, 『아동의 심리학』, 1930, 138쪽.

제3장

스턴의 학설에서 언어발달 문제

스턴의 체계에서 가장 변하지 않고, 오히려 강화된 것은 아동 언어의 발달에 대한 순수한 주지주의적 관점이다. 스턴의 관점은 철학적·심리학적 인격주의의 제한성과 내적 모순, 과학적 근거 부족 그리고 관념론적 본질을 분명하게 보여준다.

스턴은 자신의 주된 관점을 인격주의적·발생적 관점이라고 불렀다. 우리는 뒤에 가서 인격주의적 원리를 다시 논할 것이다. 우선 이 이론에서 발생적 관점을 어떻게 다루는지를 설명할 것이다. 미리 말하면 모든 주지주의적 이론에서처럼 그의 이론도 본질적으로 반(反)발생적이다.

스턴은 언어의 세 가지 근원, 즉 표현적 경향, 보도를 위한 사회적 경향, 의도적 경향을 구별한다. 첫 번째와 두 번째 근원은 인간의 언어를 구별하는 특징이 아니고, 동물 '언어'의 맹아에도 존재하는 것이다. 그러나 세 번째 계기는 동물의 언어에는 전혀 존재하지 않고, 인간의 언어에만 있는 독특한 특징이다. 스턴은 의도적 경향을 특정 의미로의 방향성으로 정의한다. 그것이 명명된 대상, 내용, 사실, 문제 등이라면, "인간은 심리발달의 특정 단계에서 말을 할 때 '어떤 것을 생각하고',

'객관적 사물을 표시하는' 능력을 습득한다"[1]라고 그는 말한다. 이 의도적인 행위는 본질적으로 사고 행위이고, 이러한 의도의 출현은 말의 주지화와 객관화를 의미한다. 그러므로 뷜러(Karl Bühler)나 특히 후설(Edmund Husserl)의 학설에 기반하고 있는 라이무트(Reiche Reimut) 같은 사고 심리학의 새로운 대표 학자들이 아동의 언어에서 논리적 요인의 의미를 강조한다. 스턴은 이 학자들이 아동의 언어를 논리화하는 것과는 너무 거리가 멀지만, 이 견해 자체는 지지자를 갖고 있다고 생각한다. 스턴은 이 견해를 완전히 지지하면서 언어의 발달 속에서 "이 의도적인 요소가 분리되고, 특정한 인간적 성격이 말에 나타나는"[2] 시점을 정확히 지적한다.

우리는 발달된 형태의 인간의 언어가 의미화되어 있고 객관적 의미를 갖는다는 것, 그래서 어느 정도 사고발달을 필수적인 전제로 한다는 것, 마지막으로 언어와 논리적 사고 간에 존재하는 관계를 고려하는 것이 필수적이라는 것에 반대할 수 없을 것 같다. 그러나 스턴은 발생적 설명 대신에 주지주의적 설명을 하고 있다. 스턴은 발생적 설명(어떻게 이 특징들이 발달과정에 발생했는가?)이 요구되는 발달된 형태의 인간 언어의 특성인 의도성을 언어발달의 한 가지 뿌리로 간주하고, 언어발달의 초기에 나타나는 표현 경향이나 의사소통 경향과 발생적으로 동일한 원동력이며, 근원적 성향이라고 간주하고 결국은 자신이 언어 충동의 '의도적' 동기라는 단어를 사용한다.[3]

모든 주지주의적 이론의 결점은 여기에 있다. 특히 설명이 필요한 대

---

1 C. 스턴, W. 스턴, 『아동의 언어』, 126쪽.
2 같은 책, 127쪽.
3 같은 책, 126쪽.

상을 가지고 그 대상을 설명하려고 시도하는 점이 그렇다. 고도로 발달된 형태의 말의 특성이 애초부터 있었다는 견해는 스턴의 발생학에 반한 생각이다. 또 여기에 이론의 내적 근거 부족, 공허함 그리고 내용 부재가 있다. 왜냐하면 말이 의미를 획득하는 원인과 과정에 대해 물으면 의도적인 경향, 즉 의미에의 경향 때문이라고 대답함으로써 그의 이론이 본질적으로 어떤 것도 설명하지 못하고 논리적 순환론에 빠진다. 이와 같은 설명은 아편의 마취성 때문에 아편의 마취 효과가 생긴다는 몰리에르(Moliére)의 의사를 생각나게 한다. 스턴은 직접 다음과 같이 말하기도 했다. "특정한 정신적 성숙단계에서 인간은 소리를 내면서 어떤 것을 의미하고, 객관적인 어떤 것을 표시하는 능력을 획득한다."[4] 이것이 바로 몰리에르 의사의 설명이 아니고 무엇이겠는가! 설명이 필요한 그것을 다른 말로 설명할 때, 라틴어 용어를 독일어 용어로 대체하는 것이 유사한 설명의 어휘적 성격을 더욱 명료하게 만들겠는가.

이런 방식으로 아동 언어를 논리화하는 것이 어떤 결과를 가져오는지는 이미 고전이 되었고, 아동 심리학의 모든 분야에 영향을 미친 발생적 기술을 보면 쉽게 알 수 있다. 1년 6개월과 2세 사이에 아동은 평생 동안 위대한 발견 가운데 하나를 발견한다. 아동은 "모든 사물이 그 사물에 상응하는 지속적인 상징과 소리 패턴을 갖는다. 즉 모든 사물은 이름을 갖는다"[5]라는 것을 발견한다. 이와 같이 스턴은 2세 아동은 이런 식으로 "상징을 인식하고 상징의 필요성을 깨닫는다"[6]라고 서술한다. 스턴이 다른 책에서 이 생각을 발전시킨 아주 당연한 결과로 말의

---

4 같은 책, 126쪽.
5 같은 책, 190쪽.
6 같은 책, 190쪽.

상징적 기능의 발견은 아동의 사고 활동으로 간주된다. "아동에게서 나타나는 기호와 의미의 관계를 이해하는 능력은 소리 이미지, 사물 이미지 그리고 이 둘의 결합을 단순히 사용하는 것과는 근본적으로 다른 어떤 것이다. 어떤 종류의 사물이든 고유한 이름을 가져야 한다는 것은 아동들의 최초의 일반화된 이해로 간주할 수 있다."[7]

만약 우리가 스턴의 견해를 수용한다면, 우리는 1년 6개월 내지 2세 아동이 기호와 의미의 관계를 이해하고, 언어의 상징적 기능을 인식하고, "언어의 의미를 인식하고 언어를 습득하려는 의지가 있고,"[8] 마지막으로 '일반적 규칙의 이해와 일반적 생각의 존재', 즉 스턴 자신이 이전에 '일반적 생각'이라고 불렀던 일반적인 개념의 존재를 가정해야 한다. 그러나 이렇게 가정할 수 있는 사실적인 근거와 이론적인 근거가 있는가? 지난 20년간 진행된 이 문제에 대한 연구는 부정적인 답을 제시했다고 생각한다.

우리가 1년 6개월 내지 2세 아동의 지적 특성에 대해 알고 있는 모든 것은 이 아동이 그렇게 높은 수준의 복잡한 지적 조작(언어의 의미를 인식하는 것)을 할 수 있다는 가정과 일치하지 않는다. 더욱이 많은 실험 연구와 관찰들은 기호와 의미 간의 관계와 기호의 기능적 사용을 이해하는 것은 훨씬 뒤에 나타나고 이 연령의 아동이 도달할 수 없는 것이라는 것을 보여준다. 체계적인 실험 연구들이 지적한 바와 같이, 기호 사용의 발달과 기호 조작(지시적)으로의 전환은 아동이 결코 단번에 발견하거나 고안해서 이루어지는 것이 아니며, 결코 한 번에 완결되는 것

---

7 W. 스턴, 『유아 심리학』, 1922, 90쪽.
8 C. 스턴, W. 스턴, 『아동의 언어』, 150쪽.

이 아니다. 아동이 "기호의 근본적인 본질을 한 종류의 말에 한 번만"[9] 발견한다는 것을 입증하는 증거를 찾으면서 스턴이 가정한 바와 같이, 아동이 평생 한 번에 말의 의미를 발견하는 것은 아니다. 반대로 이것은 매우 복잡한 발생적 과정을 거친다. 이 발생적 과정에는 '기호의 자연적 역사', 즉 행위의 가장 원시적 층위에서 자연적인 근원과 전이적 형태(예를 들면, 놀이에서 대상의 환상적인 의미, 더 이전에는 지시하는 제스처)가 있고, 일련의 독자적인 국면과 단계, 자신의 양적·질적·기능적 변이와 성장 그리고 변형, 역동성과 법칙을 갖는 '기호들의 문화적역사'가 있다.[10]

사실상 스턴은 지시적 기능을 실제적으로 성숙하게 만드는 복잡한 방법은 무시하고, 언어발달 과정에 대한 개념을 매우 단순화했다. 그러나 매우 복잡한 실제적·발생적 고려를 논리적인 설명으로 대체하는 모든 주지주의적 이론은 이러한 운명을 갖게 된다. 아동 언어의 의미가 어떻게 발달하는가 하는 질문에 이러한 이론은 다음과 같이 답한다. 아동은 언어가 의미를 갖는다는 사실을 발견한다. 이런 설명은 주지주의 이론의 관점에서는 상당히 타당해 보이지만, 속성상 언어가 의도적으로 발명된 것이라는 주지주의적 이론, 사회계약에 대한 합리주의적 이론과 나란히 비교할 만하다. 가장 큰 문제는 이러한 이론은 이미 말한 바와 같이 본질적으로 아무것도 설명하지 못한다는 점이다.

그러나 이 이론은 순수하게 사실적으로 보아도 근거가 부족하다. 보통의 아동에 대한 왈롱(Henri Wallon), 코프카(Kurt Koffka), 피아제,

---

9 같은 책, 194쪽.
10 이것과 이후의 모든 것과 관련해서는 제4장 「사고와 언어의 발생적 근원」을 참조할 것 – 저자.

들라크루아(Ferdinand Victor Eugéne Delacroix) 등의 관찰, 그리고 농아들에 대한 뷜러의 전문적인 관찰(스턴이 인용하고 있음)은 다음과 같은 점을 지적한다. ① 아동이 말과 사물의 관계를 발견했다고 해도 고도로 발달된 언어적 사고에서 나타나고, 스턴이 발생적으로 가장 이른 단계에 나타난다고 본 상징적 기능 관계를 깨닫는 것은 아니다. 아동에게 말은 오랫동안 상징 또는 기호라기보다는 오히려 다른 특성들과 함께 사물의 속성(왈롱) 또는 특성(코프카)으로 존재한다. 아동은 이 기간에 기호와 지시물의 내적 관계보다는 사물과 말의 외적 구조를 이해한다. ② 정확히 말하자면 아동의 발견은 순간적으로 이루어지는 것이 아니고, 반대로 일련의 지속적이고 복잡한 분자적 변화의 결과로 언어발달의 전환점에 이르게 된다.

스턴의 관찰이 지니고 있는 사실적 측면은 그의 저술이 발간된 이래 20년간 의심의 여지 없이 받아들여졌다는 점을 언급할 필요가 있다. 아동의 언어적·문화적·지적 발달과정에서 스턴이 발견한 결정적 전환점이 존재한다는 것은 사실이다. 발견 자체는 사실이지만 주지주의적으로 설명한 것은 오류다. 스턴은 이 전환점의 존재를 확인하고 언어의 발달과정에서 매우 중요한 두 가지 객관적인 징후를 지적했다. ① 사물의 이름에 대한 질문이 이 시점에 쏟아진다는 것과 ② 아동의 어휘가 급격히 증가한다는 것이다.

어휘를 확장하는 과정에서 아동 스스로 말을 찾으며 사물의 이름을 묻는 과정은 동물의 언어발달 과정에서는 나타나지 않는데, 이는 아동이 언어발달 이전과는 구별되는 새로운 국면에 들어섰음을 보여준다. 아동은 언어의 신호 기능에서 지시적 기능으로, 소리 신호를 사용하는 것에서 소리의 창조와 적극적인 사용의 단계로 발전한다. 사실상 일부 연구자들(왈롱, 들라크루아 등)은 이 징후의 보편적 의미를 부정하려는 경향을 보였다. 한편으로는 이것을 다르게 해석하고, 다른 한편에서는 명칭에 대한 질문을 두 번째 '질문 연령'에서 분명하게 분리하려고 했다.

그러나 두 가지 명제는 확고부동하게 자리 잡았다. ① 이 시기에 (파블로프Ivan Petrovich Pavlov의 표현에 따르면) '언어의 거대한 신호체계'는 행위에서 완전히 독특한 기능(즉 기호의 기능)을 획득하고, 아동의 다른 나머지 신호 자극들로부터 분리된다. ② 완전히 객관적인 징후들이 이것을 명백히 증명한다. 이 두 가지 사실을 확립한 것은 스턴의 큰 공적이다.

그러나 이 사실들을 설명하면서 스턴의 설명이 지니고 있는 균열된 공백은 더 확연히 드러난다. '의도적 경향'을 언어의 원천적 근원과 능력으로 설명하는 이 이론의 주지주의적 속성을 궁극적으로 확인하기 위해서는 언어의 두 가지 근원에 대해 우리가 알고 있는 것과 비교해야 할 필요가 있다. 우리가 표현적 경향에 대해 말할 때, 본능과 무조건반사에 뿌리를 둔 분명하고 오래전에 발생한 '표현적 운동' 체계가 있고, 이것이 오랫동안 변화하고 개조되고 복잡해지는 발달과정을 거쳤다고 말해야 한다. 언어의 두 번째 근원, 즉 의사소통 기능도 그런 발생적 성격을 가지고 있다. 의사소통 기능의 발달은 하등동물에서 영장류와 인간에게까지 추적될 수 있다.

기능발달의 근원, 과정, 규정적 요인들은 분명히 알려져 있다. 실제적인 발달과정은 이 명칭 속에 있다. 그러나 그것은 의도적 경향과는 관련이 없다. 의도적 경향은 기원을 알 수 없고, 역사도 조건도 없다. 스턴에 따르면 이 경향은 기본적이고 원초적이며 자연발생적으로 '한 번 생기면 영원히' 발생한다. 이 경향 때문에 아동은 순전히 논리적 조작을 통해 언어의 의미를 발견한다.

스턴은 당연히 어디에서도 이렇게 직접적으로 말하지는 않는다. 반대로 우리가 이미 말했던 바와 같이, 그 자신은 라이무트가 지나치게 논리화한 것을 비난했다. 그의 연구가 아동 언어 연구에서 주지주의적 시기를 완성했다고 생각하면서, 아멘트(Wilhelm Karl Ament)를 비난한다.[11] 그러나 스턴 자신은 아동 언어의 시작을 감정적·의지적 과정과 연관시키고 아동 언어의 발생에 지적 요인의 참여를 부정하는 반주지주의적 언어 이론들(분트Wilhelm Wundt, 모이만Ernst Meumann, 이델베르거Henrich Anton Idelberger 등)과 논쟁하면서 아멘트, 라이무트 등이 지니고 있는 순수 논리적·반발생적 관점을 사실상 따른다. 스턴은 자신이 이 관점을 중도주의적 입장에서 표현했다고 생각하지만, 실제로는 아멘트보다 훨씬 더 멀리 나아갔다. 만약 아멘트의 경우에 주지주의가 경험주의적이고 실증주의적인 성격을 띠었다면 스턴은 이것을 형이상학적이고 관념론적인 개념으로 변화시켰다. 아멘트는 아동이 논리적으로 생각하는 능력을 단순히 순진하게 성인과 유추해 과장했다. 스턴은 이 실수를 반복하지는 않지만, 지적 계기를 원초성에서 찾고, 사고를 의미화된 언어의 본원적인 것, 원초적인 기원으로 간주하는 중대한 실수를 저질렀다.

주지주의가 사고에 대한 설명에서 가장 근거 없고 빈약한 학설이 된 것이 역설적으로 보일 수도 있지만 동시에 적절하게 응용될 수 있는 것처럼 보이기도 한다. 쾰러(Wolfgang Köhler)가 올바르게 지적한 것처

---

11 C. 스턴, W. 스턴, 앞의 책, 5쪽.

럼 주지주의는 지능에 대한 학설로는 근거가 부족한 것 같다. 쾰러는 이것을 자신의 연구를 통해 확실하게 증명했다. 우리는 스턴의 책에서 이를 뒷받침하는 증거를 발견한다. 가장 약하고 내적으로 모순되는 측면은 사고와 언어의 상호관계 문제다. 언어의 중심적 문제, 즉 언어의 의미성을 의도적 경향과 지적 조작과 관련시킬 때 언어와 사고의 연관과 상호 영향은 완전히 해명될 수 있어야 한다. 그러나 실제로는 문제에 대한 이러한 접근은 이미 형성된 지능을 미리 전제할지는 몰라도 지능과 언어의 가장 복잡한 변증법적 상호 영향을 설명하지는 못한다.

게다가 저자의 견해에 따르면 아동에 대한 당대의 최고 학문을 다뤄야 하는 이 책에는 내적 언어와 그 발생, 사고와의 관계 등과 같은 문제들이 거의 나타나지 않는다. 저자는 피아제가 수행한 자기중심적 언어에 대한 연구 결과를 진술하지만,[12] 아동 대화의 관점에서만 다루었으며 우리가 앞서 설명한 바와 같이, 외적 언어에서 내적 언어로 이행하는 과도기의 발생적 형태로서 연구될 수 있는 언어 기능, 구조, 발생적 의미도 다루지 않고 있다.

일반적으로 스턴은 언어의 발달과 관련해서 복잡한 기능적·구조적인 사고 변화들을 어디에서도 연구하지 않고 있다. 이 사실이 명백하게 드러나는 것은 아동의 최초의 말이 어떻게 성인의 언어로 '번역'되는지의 중요성을 인식하지 못한다는 것이다. 일반적으로 이 질문은 아동 언어의 모든 이론에서 시금석이다. 그러므로 이 문제는 아동 언어의 발달에 대한 현대 학설에서 기본적인 모든 경향이 교차했던 초점이고, 아동의 최초 말들의 번역이 아동 언어에 대한 모든 학설을 뒤바꿀 수 있다

---

12 같은 책, 146~149쪽.

는 것을 과장 없이 말할 수 있다.

스턴은 아동의 최초 말들을 이렇게 해석한다. 그는 최초 말들을 순수
하게 주지주의적으로도, 순수하게 감정적·의지적으로도 해석해서는
안 된다고 본다. 잘 알려진 바와 같이 모이만은 아동의 최초의 말이 대
상을 표시한 것이라는 주지주의적 해석에 반대했고 스턴이 이를 큰 공
적으로 인정한 것은 전적으로 근거가 있다. 모이만은 "처음에는 아동
의 적극적인 언어가 환경 속의 어떤 대상이나 과정을 이끌어내거나 지
시하는 것이 아니다. 이 말들의 의미는 정서적이고 의지적인 성격을 띤
다"[13]라고 주장한다. 그러나 스턴은 모이만과 반대로 아동들의 최초의
말을 분석하면서 그 말에는 "적절한 정서적 어조"[14]와 비교해서 자주
"대상을 지시하는" 것을 확실하게 지적한다. 이 적절한 정서적 어조를
언급하는 것은 매우 중요하다. 실증적 사실들이 분명히 보여주고, 스턴
자신이 인정하는 바와 같이, 대상을 지시하는 것은 의도, 발견 등이 모
두 출현하기 이전까지 아동 언어의 초기 '원시적 발달 단계'에서 나타
난다. 이 한 가지만으로도 의도적 경향의 원초성을 가정하는 것을 확실
하게 부정할 수 있다.

스턴 자신이 언급한 일련의 다른 사실들도 이것을 뒷받침한다고 볼
수 있다. 최초의 말의 의미를 설정할 때, 제스처의 역할, 특히 지시적 제
스처의 간접적인 역할[15]이 그 예가 된다. 한편으로는 최초의 말의 객관
적 의미가 감정적인 의미보다 우세하다는 점과, 다른 한편으로는 이것
이 초기 말의 지시적 기능(객관적인 어떤 것을 지적)보다 우세하다는 스

---

13 모이만, 『아동의 초기 언어행위의 형성』, 『철학연구』, 20권, 182쪽.
14 C. 스턴, W. 스턴, 『아동의 언어』, 183쪽.
15 같은 책, 166쪽.

턴과 다른 저자들의 관찰도 그 예로 들 수 있다.

그러나 스턴은 의도의 발달과정에서 언어의 의미가 어떻게 발생하는지, 어떻게 '일정한 의미로의 방향성'이 지시적 기호(제스처, 최초의 말)로부터 어떤 대상으로 변화하는지, 다시 말해 사물에 대한 감정적 방향성으로 전환되는지를 설명하는 과학적 관점에서 유일하게 가능한 발생적 가능성은 제외한다. 이미 언급한 바와 같이 그는 주지주의적 설명(의미 부여는 의미를 부여하는 경향에서 발생한다.)의 간단하고 짧은 방법을 발생적으로 설명하는 길고 복잡한 변증법적 방법보다 선호한다.

스턴은 아동 언어에서 최초의 말을 이렇게 해석한다. 그는 "아동의 '엄마'라는 말은 발달된 언어로 번역하면 단어 '엄마'가 아니라, 문장 '엄마, 이리로 오세요', '엄마, 주세요', '엄마, 의자에 앉혀주세요', '엄마, 도와주세요'를 의미한다"[16]라고 말한다. 다시 사실을 살펴보면 본질적으로 '엄마' 그 자체가 성인의 언어 — 예를 들면, "엄마, 의자에 앉혀주세요." — 로 번역되어야 하는 것이 아니라, 이 순간 아동의 모든 행동이 번역되어야 한다.(아동은 책상을 향하고, 손으로 책상을 잡으려고 애쓴다 등) 그와 같은 상황에서 사물에 대한 감정적·의지적 경향(만약 모이만의 말에 따르면)은 어떤 생각에 대한 언어의 '의도적 경향성'에서 절대적으로 분리될 수 없다. 이 두 가지는 분리되지 않은 통일체며, '엄마' 또는 다른 초기 말의 정확한 해석은 지시적 제스처다. 초기의 말은 이와 동일하며 조건적으로 대체될 수 있는 것이다.

우리는 스턴의 모든 방법론과 이론 체계에서 중요한 것을 상세히 기술했고, 단지 예를 들어 설명하기 위해서 아동의 언어발달의 각 단계들

---

[16] 같은 책, 180쪽.

을 스턴이 구체적으로 설명한 것 가운데 일부 계기들을 인용했다. 여기서 우리는 스턴 책의 풍부한 모든 내용 또는 책의 주요 문제들을 완전하고 상세히 다룰 수는 없다. 개념의 발달이나 언어와 사고의 기본적 발달 단계들의 문제 등과 같은 가장 중요한 문제들을 다루는 데도 주지주의적 성격과 반발생적 편향성을 나타낸다는 것만 말하고자 한다. 이 특징을 지적하고 나서 우리는 스턴의 모든 심리학적 이론의 근본과 그의 심리학적 체계의 근본을 지적했다.

결론으로 우리는 이 특징이 우연한 것이 아니고, 이 특징은 스턴의 인격주의, 즉 모든 방법론적 체계의 철학적 전제들에서 필연적으로 나오고, 완전히 이 전제들에 기인한다는 것을 지적했다.

일반적인 아동 발달 이론처럼, 스턴은 아동 언어에 대한 학설에서 극단적인 경험론과 천부설(nativism)을 극복하려고 노력했다. 스턴은 언어 발달에 대해 한편으로는 분트의 견해에 반대한다. 분트는 아동 언어는 '아동을 둘러싸고 있는 환경'의 산물이고, 이 환경과 관련해서 아동 자신은 본질적으로 소극적으로만 참여한다고 보았다. 다른 한편으로 스턴은 아동의 최초 언어(의성어와 소위 아기가 하는 말)는 몇천 년 동안 수많은 아동이 발명한 것이라고 본 아멘트의 견해에 반대했다. 스턴은 언어발달에서 모방의 역할이나 아동의 자연발생적 행위의 역할도 고려했다. 그는 "우리는 여기서 수렴(convergence) 개념을 사용해야 한다. 말하기를 원하는 내적 갈망과 이것을 실현하기 위한 자극과 자료를 제공해주는 외적 조건들의 끊임없는 상호작용 속에서 아동은 언어를 습득한다"[17]라고 말한다.

---

17 같은 책, 129쪽.

수렴이 스턴에게 언어발달만을 설명하는 방법은 아니었다. 이것은 인간의 행동을 인과적으로 설명하는 보편 원리다. 여기서 이 보편 원리는 아동의 언어 습득이라는 특수한 경우에 적용된 것이다. 하나의 예를 더 든다면, "본질은 과학의 언어에 감춰져 있다"라는 괴테의 말이 있다. 유기체와 환경의 상호작용을 표현하는 매우 확실한 방법론적 원리(즉 발달을 과정으로 연구해야 한다는)를 표현하는 '수렴'이라는 단어는 실제로는 언어발달에서 사회적·환경적 요인들을 분석해야 하는 과제로부터 저자를 해방시킨다. 스턴이 아동의 언어발달에서 사회 환경이 주요한 요인이라고 분명히 주장하는 것은 사실이다. 그러나 실제로 그는 이 요인의 역할을 내적이고, 자체적인 법칙에 따라 발달을 촉진하거나 지연하는 순수히 양적인 영향으로 제한한다. 언어의 의미를 설명하는 예에서 본 바와 같이 저자는 내적 요인을 지나치게 과대평가했다. 이러한 과대평가는 스턴의 근본 사상에서 도출된다.

스턴의 근본 사상은 인격주의 사상이다. 그는 인격을 정신적·육체적으로 중립적인 통일체로 본다. "우리는 아동의 언어를 무엇보다도 인격의 통일성에 뿌리를 둔 과정으로서 본다."[18] 스턴은 인격을 "다수의 부분이 있음에도 실질적이고 독특하고 독자적인 가치를 지닌 통일체를 형성하는 실재적인 존재, 그리고 부분적 기능이 다수임에도 단일한 목적지향적 자기활동을 나타내는 실재적인 존재로 생각한다.[19]

본질적으로 인격에 대한 이러한 형이상학적이고 관념론적인 개념(단자설)은 언어의 인격주의적 이론, 즉 언어와 그 기원 및 기능을 '목적지향적으로 발달된 완전한 인격'으로부터 이끌어내는 이론으로 저자를

---

18 같은 책, 121쪽.
19 W. 스턴, 『인간과 사건』, 1905, 16쪽.

이끌어가지 않을 수 없다. 여기에서 주지주의적이고 반발생적 이론이
나온다. 인격 — 단자 — 에 대한 형이상학적 접근 방법은 발달 문제를
취급할 때 가장 극명하게 나타난다. 인격의 사회적 본성을 무시하는 극
단적인 인격주의가 사회적인 행동 기제인 언어에 대한 이론에 적용되
면 완전히 난센스가 되고 만다. 모든 발달과정을 인격의 목적지향성으
로부터 유도해내는 인격에 대한 형이상학적 개념은 인격과 언어의 실
제적이고 발생적인 관계를 전도시킨다. 언어가 중요한 역할을 하는 인
격 자체의 발달사 대신에, 인격이 가지는 목표지향성으로부터 언어가
생성된다는 형이상학적 이론이 생겨날 뿐이다.

제4장

사고와 언어의 발생적 근원

1. 유인원의 사고와 언어

사고와 언어에 대한 발생적 분석에서 우리가 직면하는 기본적 사실은 이들 과정 사이의 관계가 발달의 전체 시기에서 늘 일정하고 고정되어 있는 것이 아니라 변화한다는 것이다. 사고와 언어 사이의 관계는 발달과정에서 양적·질적인 의미에서 변한다. 달리 말하면 언어와 사고의 발달은 평행적이지 않고 균일하지 않게 이루어진다. 그들의 발달 곡선은 여러 차례 모이기도 하고 흩어지기도 하며, 서로 가로지르기도 하고, 어느 특정한 시기에는 같아져서 나란히 가기도 하며, 심지어 자신의 특정한 부분에서 한데 합쳐지다가 그 뒤에 다시 갈라져 다르게 발달하기도 한다.

이것은 계통발생의 관계에서나 개체발생의 관계에서 모두 올바른 말이다. 앞으로 우리는 해체, 퇴행, 병리적 변화의 과정들에서 사고와 언어 사이의 관계가 지능과 언어의 침해, 지체, 퇴행, 병리적 변화의 모든 경우에서 한결같이 않지만, 병리 과정의 주어진 형태, 침해와 지체 상황에 특징적인 외형을 매번 채택한다는 사실을 확실히 하고자 노력할 것이다.

발달의 측면에서 무엇보다 먼저 사고와 언어는 발생적으로 뿌리부터 완전히 다르다는 사실을 말하지 않으면 안 된다. 동물 심리학 영역에서 확립된 일련의 연구들을 가지고 이러한 사실을 생각해볼 수 있다. 모든 기능의 발달은 단지 서로 다른 근원을 가지고 있을 뿐 아니라, 모든 동물 세계가 계속되는 동안에 다양한 행로로 진행된다.

유인원을 대상으로 하는 지능과 언어의 최신 연구들, 특히 쾰러와 여키스(Robert Yerkes)의 연구들은 무엇보다 중요한 사실을 확립하는 데 결정적인 의미를 갖는다.

쾰러의 실험에서 우리는 지능의 맹아, 즉 고유한 의미의 사고가 동물들에서 언어발달과 상관없이 그리고 언어의 진전과 아무런 관련 없이 나타난다는 명백한 증거를 가지게 된다. 도구의 제작과 사용 가운데 표현되는 원숭이들의 '발명', 여러 과제를 해결하는 데 이들 원숭이들의 '우회적인 방식'의 도구 활용은 의심할 바 없이 사고발달에서 언어 이전의, 어떤 본원적인 단계를 이루고 있다.

모든 자신의 연구에서 쾰러 스스로 중요한 결과로 간주하는 것은 사람이 행하는 그런 형태와 종류의 지능 행위의 맹아를 침팬지가 드러내고 있다는 확고한 사실이다.[1] 언어의 결여, 이른바 '표상'이라고 하는 '흔적을 남기는 자극들'의 한계는 유인원과 초기의 미개 인류 사이에 존재하는 엄청난 차이의 주된 원인으로 작용하고 있다. 쾰러는 "이 끝없이 중요한 기술적 보조 수단(언어)의 결여, 그리고 '표상'으로 불리는

---

1 쾰러, 『유인원의 지능실험』, 1921, 191쪽.

중요하기 이를 데 없는 지능 재료의 원칙적 한계는 침팬지로 하여금 문화발달의 조그마한 시작도 불가능하게 만드는 원인이 되고 있다"[2]라고 말했다.

우리를 흥미롭게 하는 퀼러의 연구들에서 우리가 내릴 수 있는 중요한 결론은 이렇게 정리할 수 있다. 유인원은 사람과 비슷한 언어를 갖지 못한 상태에서 사람과 유사한 지능을 갖고 있다. 그리고 그들의 지적 활동이 그들의 '언어'와는 아무런 상관없이 독자적으로 이뤄지고 있다.

이미 알려진 것처럼 퀼러의 연구는 많은 비판의 소리를 불러왔다. 이 문제를 다룬 문헌은 비판적 논문의 양에서나 그 논문들 속에 들어 있는 이론적 관점과 원칙적 시각의 다양성 면에서 현시점에서 볼 때 이미 지나칠 만큼 많이 쌓여 있다. 여러 방향과 학파에 속하는 심리학자들 사이에 어떤 이론적 설명을 퀼러가 공지한 사실들에 주어야 하는가 하는 문제에 대하여 일치된 의견은 없다.

퀼러 스스로도 자신이 할 일을 제한하고 있다. 여기서 그는 어떤 지적 행동에 관한 이론도 발전시키지 않았다.[3] 그는 사실 관찰의 분석에 한정하면서 우연한 시험, 과오 또는 성공적인 경우의 선택, 개별적 운동의 기계적 연합 방식으로 발생하는 반응들과 비교하여 지능적 반응의 특수한 고유 형태를 보여줄 필요가 있는 불가피한 경우에만 이론적 해명을 시도하고 있다.

침팬지의 지적 반응의 발생을 설명할 때 우연성의 이론을 부정하면서 퀼러는 순수하게 소극적인 이론적 입장으로 자신을 제한하고 있다. 그렇게 단호하게 그러나 또다시 완전히 부정적인 방식으로 퀼러는 하

---

2 같은 책, 192쪽.
3 같은 책, 134쪽.

르트만(Max Hartman)의 관념론적·생물학적 개념과 무의식 이론, 베르그송(Henri Louis Bergson)과 그의 '생의 충동'(elan vital) 개념, 신생기(生氣)론자와 심리 생기론자, 생명물질에 '목적지향력'을 인정하는 주장들과 일정한 거리를 유지하고 있다. 공개적으로든 암묵적으로든 설명을 위하여 초경험적 동인과 직접적인 기적에 의지하는 이런 모든 이론은 그에게는 과학과는 거리가 멀게 보였다고 할 수 있다.[4] 그는 "나는 아주 고집스럽게 강조하지 않을 수 없다. 우연성이냐 초경험적 동인이냐 둘 중에 하나를 선택한다는 것은 처음부터 존재할 수 없는 설정이다"[5]라고 말한다.

그리하여 우리는 심리학의 여러 전통과 쾰러의 저작에서도 과학적으로 설득력을 지니는 결정적인 지능 이론을 찾아낼 수 없다. 반대로 생물 심리학의 후속 연구자들(손다이크Edward Lee Thorndike, 바그너Vladimir Aleksandrovich Vagner, 보롭스키Vladimir Maksimovich Borovsky)과 주관주의적 심리학 계열의 학자들(뷜러, 린드보르스키L. Lindvorsky, 옌슈Erich Rudolf Jaensch)은 모두 한편으로는 이미 연구된 시행착오 방법을 침팬지 지능에 적용할 수 없다고 하는 쾰러의 명제들을, 다른 한편으로는 침팬지 지능과 사람 지능의 유사성, 유인원들의 사고와 사람 사고의 유사성에 관한 쾰러의 주요 명제들을 자신의 관점에서 그렇지 않다고 주장하는 데 급급한 형편이다.

또 그것만큼 주목받을 만한 사실은 많은 심리학자, 예컨대 침팬지의 행동에서 "습관의 형성 과정이라고 우리에게 알려져 있는 것 외의 그무엇"[6]이나 본능 및 '시행착오' 메커니즘에 이미 들어 있는 그 이상의

---

4 같은 책, 152~153쪽.
5 같은 책, 153쪽.

무엇을 보지 않는 심리학자들이나 지능의 뿌리를 유인원들의 고등 행위의 단계에조차 두는 것을 두려워하는 심리학자들이 첫째, 쾰러가 관찰한 것들의 사실적 측면을, 둘째, 우리에게 특별히 중요한 것으로 침팬지 행위의 언어로부터의 독립성이라는 것을 모두 같은 정도로 인정하고 있다는 상황일 것이다.

그리하여 뷜러는 정당하게 이렇게 말한다. "침팬지의 행위는 언어로부터 완전히 독립적이며, 인간의 만년 생활에서 나타나는 기술적·도구적 사고(Werkzeugdenken)는 다른 사고의 형태들보다 언어, 개념과 거의 관련이 없다."[7]

나중에 우리는 뷜러의 이 지적으로 반드시 다시 돌아와야 할 것이다. 이 문제에 관하여 실험적 연구와 임상 관찰 영역에서 우리가 갖고 있는 모든 자료를 통해 성인의 사고 속에서 지능과 언어의 관계가 모든 기능, 지능, 언어활동의 모든 형태와 항상 같거나 동일하지 않다는 것을 알게 될 것이다.

보롭스키는 동물들의 '실천적 판단'을 인정하는 홉하우스(Leonard Hobhouse)의 견해, 고등 유인원들에게서 '관념화' 과정을 발견했다고 하는 여키스의 견해를 반박하면서 이런 질문을 던진다.

"동물들에게 사람들의 언어 습관과 비슷한 그 무엇이 있단 말인가? 내 생각에는 현 단계 우리들 지식 수준에서 볼 때 사람을 제외하고 유인원들이나 그 어떤 다른 동물들에게 언어 습관을 인정할 만한 충분한 근거가 없다고 말하는 것이 가장 타당하리라고 본다."[8]

그러나 우리가 만약 원숭이들에게서 그 어떤 언어적 단초도 발견하

---

6 보롭스키, 『비교 심리학 입문』, 1927, 179쪽.
7 K. 뷜러, 『아동의 정신 발달』, 1924, 100쪽.

지 못했다면, 원숭이와의 유전적 친족 관계에서 있을 법한 그 무엇도 찾아내지 못했다면, 문제는 정말이지 단순하게 해결되었을지 모른다. 하지만 새로운 연구들이 밝혀주고 있듯이, 우리는 침팬지들에게서 상대적으로 높은 수준의 발달된 '언어'를 발견하게 된다. 그뿐만 아니라 침팬지 '언어'의 몇몇 측면에서는(특히 음성적 측면), 그리고 몇몇 단계에서는 사람과 유사한 언어를 발견하게 되었다. 그리고 한 가지 더 놀라운 사실은 침팬지의 언어와 지능이 아무런 상관없이 서로 독립적으로 기능한다는 점이다. 쾰러는 침팬지의 '언어'에 대하여 몇 년간 그들을 관찰한 테네리페섬의 유인원연구소의 경험을 토대로 이렇게 썼다.

"침팬지들의 발음상의 여러 발현 현상은 예외 없이 그들의 의도와 주관적 상태의 표현일 뿐이다. 따라서 침팬지의 '언어'는 감정의 표현일 뿐 그 어떤 '객관적인' 기호도 결코 아니다."[9]

그러나 침팬지의 발음에서 우리는 사람의 발음과 비슷한 음성적 요소들을 아주 많이 발견할 수 있으며, 이런 사실을 바탕으로 '사람과 비슷한' 언어 체계가 침팬지한테 없다는 것을 단순하게 표면적인 원인만으로 설명할 수 없다는 것을 확실히 상정할 수 있다. 침팬지의 언어에 대해서 쾰러가 내린 결론을 완벽하게 옳다고 간주한 들라크루아는 원숭이의 제스처와 흉내들이 ─ 물론 표면적인 원인들을 기준으로 살펴볼 때 ─ 그것들이 어떤 객관적인 것을 표현하고 있다(더 정확하게 말하면 지시하고 있다.)는, 다시 말해서 기호 기능을 수행하고 있다는 어떤 조그마한 흔적도 드러내지 못하고 있다는 것을 빈틈없이 조목조목 근거를 제시하면서 보여주고 있다.[10]

---

8 보룝스키, 앞의 책, 189쪽.
9 쾰러, 「침팬지의 심리학」, 『심리학 연구』 1권, 1921, 27쪽.

높은 수준의 사회적 동물인 침팬지와 그의 행동은 침팬지가 다른 침팬지들과 같이 있을 때만 그대로 잘 이해할 수 있다. 쾰러는 침팬지 사이의 '언어적 소통'의 매우 다양한 형태를 묘사했다. 맨 먼저 매우 명료하고 풍부한 침팬지의 감정적·표현적 움직임(제스처, 흉내, 음성적 반응)을 꼽을 수 있다. 그다음으로는 사회적 감정을 표현하는 행동(만나서 인사를 나눌 때의 제스처 등)을 꼽을 수 있다. 그러나 쾰러는 "그들의 표현성 강한 각종 소리들과 마찬가지로 그들의 제스처 또한 결코 어떤 객관적인 것을 지시하거나 묘사하지는 않는다고 말한다.

동물들은 서로 제스처와 흉내를 잘 이해한다. 쾰러는 그들이 제스처의 도움을 받아서 자신들의 감정 상태뿐 아니라 다른 원숭이들이나 다른 대상들을 향한 욕망, 의욕을 '표현'한다고 이야기한다. 그러한 경우 가장 널리 알려진 방법은 침팬지가 하고 싶거나 그런 행동을 하도록 다른 동물을 자극하고 싶은 어떤 움직임을 보이기 시작할 때다. (예를 들어 어디로 같이 가자고 '부르고' 싶을 때 옆의 침팬지를 툭 건드린다거나 스스로 발걸음을 옮기는 시늉을 하는 경우, 다른 원숭이한테서 바나나를 받고자 할 때 잡는 시늉을 한다거나 하는 등.) 이런 모든 제스처는 행위 자체와 직접 연결되어 있다.

요컨대 이 같은 관찰 결과들은 분트의 생각, 즉 인간 언어발달의 가장 원초적 단계를 이루는 지시적 제스처들을 아직 동물들에게서는 발견할 수 없으며, 원숭이들에게서 보이는 비슷한 제스처는 붙잡기 동작과 가리키는 동작 사이의 과도기적 단계에 놓여 있다는 그의 생각을 완전하게 뒷받침해준다.[11] 그러나 어떻든 간에 우리는 이 과도기적 제스

---

10 들라크루아, 『언어와 사고』, 1924, 77쪽.
11 『언어』, 1권, 1900, 219쪽.

처에서 유전적 관계에서 볼 때 아주 중요한 진전, 즉 감정적 언어에서 객관적 언어로 나아가는 매우 중요한 발걸음을 볼 수 있다.

쾰러는 다른 곳에서 말하길, 언어적 지시를 대신하는 원시적 설명을 실험에서 확립하는 것이 이 유사 제스처의 원조를 받아서 가능했다고 한다.[12] 이 제스처는 원숭이들이 에스파냐 감독자들의 언어적 명령을 직접적으로 이행하는 것보다 인간의 언어에 더 가까운 것이다. 실험 과정에서 에스파냐 사람들이 원숭이들에게 내린 언어적 명령을 원숭이들이 이행한 것은 개들이 같은 명령을 이행한 것과 조금도 차이가 나지 않았다고 한다.(come - 먹어, entra - 들어와 등)

쾰러가 관찰한 바에 따르면 침팬지들은 놀면서 색깔 있는 진흙으로 그림을 '그렸는데' 처음에는 입술과 혀를 붓처럼 사용하다가 나중에는 진짜 붓을 이용했다.[13] 그런데 실험 같은 진지한 상황에서는 그들이 채택한 어떤 행위 방식(도구의 사용 등)이 마치 처음부터 언제나 그래왔던 것처럼 감쪽같이 사용되지만, 놀이를 떠나서 실제 삶으로 돌아가면 이 놀이에서 익힌 기법들은 그림 그리는 동작에서 어떤 스케치 기호로도 조작하지 않는다는 것이다. 뷜러는 "우리가 아는 한 침팬지가 얼룩 속에서 서체 기호를 발견할 가능성은 전혀 없다"[14]라고 말했다.

이러한 상황은 뷜러가 다른 곳에서 말하고 있듯이, 침팬지 행위의 '인간 유사성'을 올바로 평가하는 데 일반적인 의미를 지니고 있다.

"침팬지의 행동을 과대평가하는 것을 막는 사실들이 있다. 아직 단한 번도 어떤 여행자도 고릴라나 침팬지를 사람으로 착각한 적은 없었

---

12 『원숭이에 대한 심리학 연구 방법론』, 119쪽.
13 쾰러, 『유인원의 지능실험』, 70쪽.
14 K. 뷜러, 『아동의 정신발달』, 320쪽.

으며, 여러 민족에게서 다양하게 나타날 뿐 아니라 한 번 발견한 것을 한 세대에서 다음 세대로 이어주는, 인간에게 고유한 도구나 방법을 유인원들에게서 찾아낸 사람도 없다. 모래판이나 진흙더미에서 뭔가를 표현하고 있다는 그림이라고 판단할 만한 긁음 현상을 발견하지도 못했으며, 유인원들의 유희에서 마구 긁혀진 어떤 문양이 발견된 적도 없다. 무엇을 표현하는 언어적 징후, 즉 음성이라고 할 만한 것도 찾아내지 못했다. 이 모든 것이 어우러져서 그 자신만의 내부적 근거를 가져야 한다."[15]

내 생각에는 여키스가 침팬지에게 인간과 유사한 언어가 없는 까닭을 '내부적 토대'에서 찾지 않는, 새로운 유인원 연구자 가운데 유일한 사람이 아닐까 싶다. 오랑우탄의 지능에 관한 그의 연구는 전반적으로 퀼러의 연구 결과와 비슷한 자료를 우리 앞에 내놓았다. 그러나 자료 해석에서 그는 퀼러보다 월등하게 앞으로 나아갔다. 그는 오랑우탄에게 '고도의 관념화' 능력이 있다고 판단했으며, 그 능력은 세 살짜리 아동의 사고를 능가하지 않는다고 주장한다.[16]

그렇지만 여키스 이론의 비판적 분석은 쉽게 그의 사고의 중요한 흠을 드러내 보인다. 오랑우탄이 표상이나 흔적을 남기는 동기 부여라고 하는, 이른바 '고도의 관념화' 과정의 도움을 받아 자기 앞에 놓인 과제를 해결한다고 하는 어떤 객관적인 증거도 없기 때문이다. 결론적으로, 오랑우탄과 사람의 행위의 외적 유사성에 근거한 유추 현상이 여키스에게는 행위에서 '관념화'를 정의하는 데 결정적인 의미를 지니게 된 것이다.

---

15 같은 책, 42~43쪽.
16 여키스, 『원숭이와 유인원의 정신적 삶』, 1916, 132쪽.

하지만 이것이 충분하게 확신할 만한 과학적 주장이 되지 못하는 것은 명백하다. 우리는 그 설정이 고등동물의 행위 연구를 할 때 결코 적용될 수 없는 설정이라고 말하고 싶지는 않다. 쾰러는 학문적 객관성의 경계 안에서 그 설정을 어떻게 이용할 수 있는지 훌륭하게 보여주었으며, 우리에게는 앞으로 이 설정으로 돌아올 수 있는 기회가 있을 것이다. 그러나 전체의 결론을 이와 같은 유추에 근거할 만한 학문적 자료는 하나도 없다.

그 반대로 쾰러는 정확한 실험적 분석을 가지고 실제적인 시각적 상황의 영향 그 자체가 침팬지의 행위에서 결정적으로 작용하고 있다는 것을 보여주고 있다. 일례로 창살 바깥에 먹이를 놓아두고 막대기를 사용하여 침팬지에게 그 먹이를 먹게 했다. 그러나 막대기(도구)와 먹이(목표물)를 동일한 시야에 놓아두지 않기 위해서 막대기를 약간 멀리 치우자마자 침팬지는 막대기로 먹이를 당겨서 먹어야 하는 과제를 매우 어려워했으며, 자주 과제 해결 자체가 불가능하게 보였다고 한다.

침팬지로 하여금 한쪽 막대기의 구멍에 다른 것을 끼워서 도구를 길게 늘어뜨린 다음에 늘어난 십자가 모양의 도구로 멀리 있는 먹이를 집게 했더니, 이미 이런 방법으로 여러 차례 먹이를 먹어보아 자신에게 익숙한데도 침팬지한테는 이 방식으로 먹이를 습득하는 것이 불가능해 보였다.

눈에 보이는 실제적인 시각적 상황이 침팬지의 행위를 결정한다는 것을 증명하기 위하여 이러한 실험적 사례를 수십 가지 더 들 수 있지만, 이 정도로도 충분할 것이다. 즉 쾰러는 ① 실제적인 시각적·원시적 상황의 존재를 침팬지 지능에 관한 모든 연구의 일반적이고 가장 중요하며 필수불가결의 방법적 조건, 그것 없이는 침팬지의 지능을 기능하

도록 강제하는 것이 아예 불가능한 그런 조건이라고 간주하고 있고, ②
바로 이 '표상'(관념화)의 원칙적 제한이 침팬지의 지능 행위를 특징짓
는 가장 기초적이고 일반적인 특징이라고 주장한다. 여키스의 결론에
의문을 제기하기 위해서는 이 두 가지 명제를 기억하는 것만으로도 충
분하다.

여기에 추가하여 말한다면 이 두 명제는 일반적인 판단이나 확신이
아니라 쾰러가 행한 많은 실험에서 유추되는 유일한 논리적 귀결이라
는 점이다.

유인원들의 '관념적 행위'를 허용하는 것과 관련하여 침팬지의 지능
과 언어에 대해 여키스가 최근에 행한 연구들이 있다. 지능과 관련한
새로운 연구들은 새로운 사실을 더 넓힌다거나 깊게 한다거나 구별짓
는다거나 하기보다는 오히려 실험자 자신이나 다른 심리학자들이 행한
앞서의 연구들에서 확립된 연구 결과를 우리에게 다시금 확인시켜주고
있다. 그러나 언어 연구에 관해서는 새로운 실험들과 관찰들이 새로운
자료를 제공할 뿐만 아니라, 침팬지한테 '인간의 언어와 유사한 언어'가
없다는 것을 설명해주는 새롭고도 매우 용기 있는 시도를 하고 있다.

여키스는 "젊은 침팬지들에게서 발견되는 음성적 반응은 매우 빈번
하고 다양한 형태를 띠지만, 사람들이 구사하는 언어라고 할 수 있는
언어는 존재하지 않는다"[17]라고 말한다. 그들의 발음 기관은 발달되어
있고 사람들의 그것보다 못하다고 할 수 없지만, 그들한테는 소리를 모
방하는 경향이 없다는 것이다. 그들의 모방 능력은 시각적 자극 영역에
몹시 제한되어 있다. 즉 그들은 행위를 모방하지, 소리 자체를 모방하

---

[17] 여키스, E.W. 러니드, 『침팬지의 지능과 음성 표현』, 1925, 53쪽.

지 않는다는 것이다. 앵무새가 하는 것을 침팬지들은 할 수 없다고 여키스는 말한다.

"만약 앵무새의 모방 능력과 침팬지에게 고유한 그 정도 수준의 지능이 서로 결합한다면, 침팬지는 의심할 바 없이 언어 능력을 갖게 될 것이다. 왜냐하면 침팬지는 사람의 발음 메커니즘과 비교할 수 있는 수준의 발음 구조를 가지고 있고, 온전한 언어를 위하여 소리를 이용할 수 있는 정도의 지능 형태와 단계를 가지고 있다고 할 수 있기 때문이다"[18]라고 그는 설명한다.

여키스는 침팬지에게 사람의 소리 사용법을, 그의 표현에 따르면, 사람의 언어를 가르치기 위하여 네 가지 방법을 실험적으로 이용했다. 그러나 이런 모든 실험은 부정적 결과를 낳았다. 물론 이 부정적 결과는 침팬지에게 언어를 접목하는 것이 가능한가, 불가능한가 하는 원칙적 문제에 대하여 그 자체가 결정적인 의미를 가지지는 않는다.

쾰러는 앞선 실험자들이 확인하지 못했던, 침팬지에게 지능이 존재하느냐에 대한 부정적 결과는 무엇보다도 실험 상황의 잘못된 설정, 그 경계에서 침팬지의 지능이 출현할지도 모르는 '어려운 영역'에 대한 무지, 지능의 중요한 속성에 대한 무지—지능과 시각적 실제 상황과의 관련 등—에 기인한다는 것을 보여주었다. 부정적 결과의 원인은 연구 대상보다는 연구자 자신 속에 있다고 할 수 있다. 동물이 주어진 조건들 아래서 주어진 과제를 해결하지 못했다는 것으로부터 그 동물이 어떤 조건들 아래서도 어떠한 과제를 해결할 능력이 아예 없다는 결론을 도출할 수 있는 것은 결코 아니다. 쾰러는 "지적인 천부 능력에 대한

---

18 같은 책, 53쪽.

연구는 실험 대상뿐만 아니라 실험자 자신을 어쩔 수 없이 실험하게 된다"[19]면서 이에 대해 신랄하게 지적한다.

그러나 여키스 실험의 부정적 결과에 어떠한 원칙적 의미도 부여하지 않으면서, 우리는 그 결과들을 원숭이 언어에 대한 다른 자료들에서 연유하는 모든 것과 관련 지을 수 있는 모든 근거를 가지고 있다. 한편 이와 관련하여 이 실험들은 침팬지한테 '사람의 언어와 유사한' 언어나 그 언어의 태동 단계에 해당되는 그 어떤 것도 없다는 것 그리고—그렇게 예단할 수도 있을 텐데—있을 수도 없다는 것을 한편에서 보여주고 있다. (물론 언어의 부재와 실험적으로 만들어진 조건들 속에서 이 언어를 인위적으로 접목하는 것의 불가능성을 구별해야 한다.)

이것의 원인으로는 어떤 것이 있을까? 발성 기관의 미발달과 빈약한 발성은, 여키스의 동료인 러니드(E.W. Learned)의 실험들과 관찰들이 보여주는 바와 같이 원인으로 지적될 수 없다. 여키스는 그 원인을 청각 모방의 부재와 약화로 보고 있다. 물론 여키스가 청각 모방의 부재를 그의 실험들을 실패하게 만든 결정적인 원인이 될 수 있다고 본 것은 옳다. 그렇지만 이것에서 언어 부재의 중요한 원인을 찾은 것은 틀렸다고 본다. 침팬지의 지능에 관하여 우리가 알고 있는 모든 것은 여키스가 객관적으로 확립된 가정이라고 자신 있게 단언하는 가정이 맞지 않다는 것을 스스로 말해주고 있다.

침팬지의 지능이 사람의 언어와 비슷한 언어를 구사하는 데 필요한 그런 형태, 그런 정도의 지능이라고 확언하는 데 필요한 (객관적인) 근거는 어디에 있을까? 여키스는 자신의 가정을 검토하고 증명할 굉장한

---

19 쾰러, 『유인원의 지능실험』, 191쪽.

실험적 방법을 가지고 있었는데, 무슨 까닭에서인지 그 방법을 사용하지 않았다. 만약 그에 이르는 방법을 외부에서 찾을 수 있었더라면 우리는 문제의 실험적 해결을 위하여 완벽하게 준비하고 그 방법을 원용했을 것이다.

이 방법은 다름이 아니라 침팬지에게 언어를 가르치는 실험에서 청각 모방의 영향을 배제하는 것을 말한다. 언어는 음성 형태로만 되어 있지는 않다. 농아자들도 시각 언어를 만들어 사용하고 있고, 농아 어린이들에게 입 모양을 보게 하면서 (즉, 입 근육의 움직임을 따라) 우리의 언어를 이해시킬 수 있다. 레비-브륄이 보여주듯이, 원시 부족의 언어에서는 음성 언어와 더불어 동작 언어가 중요한 역할을 한다. 결론적으로 말해서 언어는 물질적 재료(글자 언어)와 필요 불가결하게 연결되어 있는 것은 아니다. 여키스 스스로 지적했듯이 아마도 농아자들을 교육하는 것과 같이 침팬지에게 손가락을 사용하는 방법, 그러니까 그들에게 '기호 언어'를 가르치는 것이 가능할 수 있다.

만약 침팬지의 지능이 사람과 유사한 언어를 구사할 수 있는 능력이 있으나 불행하게도 앵무새와 같은 음성 모방 능력이 없어서 문제라면, 틀림없이 실험에서 침팬지는 심리적 기능에서 조건부 음성에 완전히 상응하는 조건부 동작을 획득하지 않을 수 없을 것이다. 여키스가 적용한 바—바 또는 파—파라는 음성 대신에 침팬지의 언어 반응이 흔한 손동작, 예를 들어, 농아자들의 수화에서 또는 다른 여러 움직임 속에서 바로 그 같은 음성들이 의미하는 그런 손동작으로 이루어질 수도 있었을 것이다. 왜냐하면 중요한 것은 음성이 아니라 인간 언어에 상응하는 기호의 기능적 사용이기 때문이다.

그러한 실험들은 행해진 적이 없으며, 우리는 그런 실험들이 어떤 결과를 가져올지 확신을 가지고 미리 말할 수 없다. 그러나 여키스의 실험까지를 포함하여 우리가 침팬지의 행동에 대하여 아는 한, 기능적 의미에서 침팬지가 정말로 언어 능력을 보유하고 있다는 것을 기대할 만한 어떤 근거도 없다. 우리가 그렇게 생각하는 까닭은 매우 단순하다. 침팬지가 기호를 사용한다는 어떠한 암시도 우리는 갖고 있지 않기 때문이다. 객관적인 신빙성을 견지하면서 우리가 침팬지의 지능에 대하여 유일하게 말할 수 있는 것은 '관념화'의 존재가 아니라, 일정한 조건 아래서 침팬지가 가장 단순한 계열의 도구들을 만들고 사용할 줄 알고, '우회로'를 적용할 줄 아는 능력이 있다는 사실이다.

우리는 이 사실을 가지고 '관념화'의 존재가 곧바로 언어 발생의 필수 조건이라고 말하고 싶지는 않다. 이것은 추후 문제다. 그러나 여키스에게는 유인원들의 지적 활동의 중요한 형식으로서 '관념화'의 허용, 그들도 인간의 언어에 도달할 수 있다는 확신 사이에 의심할 것 없이 어떤 관련성이 있다. 이 관련성은 '관념화' 이론이 무너질 만큼, 즉 침팬지의 지적 행동에 관해 다른 이론을 채택해야 할 만큼, 그래서 이 이론과 함께 인간 언어에 유사한 언어로 침팬지의 접근 가능성에 관한 명제 또한 무너져야 할 정도로 명백하고 중요하다. 정말 바로 그 '관념화'가 침팬지의 지적 활동의 토대라면, 침팬지가 도구를 사용하여 과제를 해결하듯이 사람과 비슷하게 언어, 기호 일반에 근거하여 제공하는 '과제를 해결'할 수 없는 것일까? (그렇다면 이는 확정할 수 있는 사실은 결코 아니고, 단순한 가정 이상의 의미는 없게 된다.)

우리는 도구 적용의 과제와 언어의 의도적 사용 사이의 심리적 분석이 얼마나 확실한지 비판적으로 검토할 필요는 없다. 언어의 계통적 발달을 살펴볼 때 우리는 이를 행할 계기를 가지게 될 것이다. 지금은 여키스가 전개하는 침팬지 언어 이론의 모든 불확실성, 비근거성, 사실상의 근거 미약을 해소하기 위해서 우리가 '관념화'에 관하여 이미 말한 것을 회상하는 것만으로 충분하다.

사실 비실제적이고 존재하지 않는 동기들의 흔적을 활용하는 '관념화'의 부재가 바로 침팬지 지능에 특징적인 것이다. 시각적이고 실제적이며 쉽게 관측되는 매우 명백한 상황의 존재는 원숭이가 도구를 올바로 사용하게 하기 위하여 필요 불가결한 조건이다. 침팬지가 기호를 기능적으로 사용하고, 언어를 활용해야만 하는 상황에서 이 같은 조건들이 존재하는가 존재하지 않는가? (우리는 아직은 단지 의도적으로 한 가지에 대하여, 그것도 순전히 심리적 조건에 대하여 말하고 있다. 왜냐하면 늘 여키스의 실험적 상황을 염두에 두고 있기 때문이다.)

이 문제에 부정적으로 대답하기 위하여 어떤 특별한 분석이 필요하지는 않다. 아니 그 이상이다. 언어의 사용은 어떠한 상황에서도 시야의 시각적 구조에서 연유하는 기능이 될 수 없기 때문이다. 언어의 사용은 침팬지한테 형성되어 있는 그런 형태나 정도가 아닌, 다른 종류의 지적 조작을 요구한다. 침팬지의 행동에서 우리에게 알려진 것 가운데 그 어느 것도 침팬지한테 그 비슷한 조작이 있다는 것을 증명하지는 않는다. 그 반대로 위에서 밝힌 대로 이러한 부재 자체가 많은 연구자에게 침팬지의 지능을 사람의 지능과 구별짓는 가장 본질적인 특징으로 받아들여지고 있다.

어쨌든 두 가지 명제는 확실한 것으로 보인다. 언어의 이성적 사용이 어떤 조건에서도 시각 구조에 따라 직접 규정되지 않는, 지적 기능이라는 것이 그 첫 번째다. 다른 하나는, 시각적·실제적 구조가 아니라 다른 종류의 구조들(예를 들면, 기계적 구조 등)이 취급하는 모든 과제에서 침팬지가 지적 형태의 행위로부터 단순한 시행착오법으로 옮겨왔다는 것이다. 사람의 관점에서 볼 때 그러한 행위는 하나의 상자를 다른 상자 위에 올려놓고 무게 중심의 균형을 맞추려 한다거나 반지를 못에서 떼어내는 것처럼, 침팬지의 '소박한 정태학'과 기술 가지고는 거의 접근이 불가능한 것으로 판명되고 있다.[20] 이것은 모든 비시각적 구조에도 적용된다.

이 두 가지 명제로부터 침팬지가 사람의 언어를 사용할 가능성에 대한 가정이 심리적 측면에서 대단히 가능성이 희박하다는 결론을 논리적으로 도출할 수 있다.

쾰러가 침팬지의 지적 조작을 지시하기 위하여 통찰(Einsicht: 글자 그대로의 의미는 '발견', 일반적으로는 '이성'을 의미)이라는 용어를 도입한 것은 흥미롭다. 코프카는 쾰러가 이 용어를 무엇보다도 글자 그대로의 의미로 사용하여 순수한 시각적 발견의 뜻으로 사용했으며, 그다음으로는 맹목적인 행위양식과 대조되는 일반적인 관계의 발견으로 사용했다고 올바르게 보았다. 사실을 말하면 쾰러 자신은 이 용어, 이 '발견' 이론에 어떠한 정의를 내리지는 않았다. 언급되고 있는 행위에서 이론이 없다는 것 덕분에 이 용어는 사실상의 서술에서 이중적 의미를 획득하고 있다는 것이 사실이다. 다시 말해서, '발견'이라는 용어는 침팬지가 만들어내는 조작 자체의 전형적 특성, 침팬지 행위의 구조를 의미하기도 하고, 내면적으로 이들 행위를 준비하며 '발견'에 선행하는 정신 생리학적 과정과 관련하여 볼 때 침팬지의 행위는 내면적 조작의 단순한 이행이다.

---

20 쾰러, 앞의 책, 106쪽, 177쪽.

뷜러는 특별히 이 과정의 내면적 성격에 고집스럽게 매달리고 있다.[21] 보롭스키 또한 원숭이가 '눈에 보이는 시도'를 하지 않는다면 (손을 뻗는다든지 하는) 무슨 근육이든지 간에 사용하여 '될 때까지 시도' 해볼 것이라고 예상하고 있다.[22]

우리는 지금 그 자체가 매우 중요한 이 문제를 한쪽으로 밀어놓고자 한다. 그 문제를 모두 살펴보는 것이 지금은 마땅하지 않으며, 사실 그 문제를 결론내기에 충분한 사실상의 자료가 현시점에서 볼 때 충분하게 확보되어 있지도 않다. 어떻든지 간에 이에 관하여 진술되고 있는 것은 사실상의 실험 자료보다는 일반 이론적 판단, 위나 아래에서 다루어질 행위 형태(동물들에게서 보이는 시행착오법, 사람의 사고 등)에 크게 의존하고 있다고 할 수 있다.

솔직하게 말하면 쾰러의 실험들은(그보다 덜 객관적인 그 이후의 다른 심리학자들의 다른 실험은 말할 것도 없고) 이 문제에 확실한 해답을 주고 있다고 보기 어렵다. 지적 조작의 구조가 어떠한지, 이것에 대하여 쾰러의 실험들은 어떠한 확실한 대답도, 가설적 성격의 해답조차 주지 못하고 있다. 그러나 이 메커니즘의 행위를 어떻게 정의하든지, 그리고 '지능'을 어디에 위치시키든 간에, 바로 침팬지의 행위들 자체 안에서나 아니면 내부의 준비 과정(심리생리학적 뇌 활동 과정이나 근육신경 분포적 과정)에 그냥 흔적만을 남기는 것이 아니라 이 반응의 사실상의 효력을 발휘하고 있다는 것은 의심할 바 없다. 왜냐하면 실제적인 시각적 상황 바깥에서는 침팬지의 지능이 기능하지 않기 때문이다. 현 단계에서 우리의 흥미를 끄는 것은 바로 이것이며, 정확하게 말하면 오직

---

[21] K. 뷜러, 『아동의 정신발달』, 33쪽.
[22] 보롭스키, 『비교 심리학 입문』, 1927, 184쪽.

이것이라고 할 수 있다.

이에 관하여 쾰러는 "아무리 좋은 도구라도 그것이 눈에 목표 영역과 동시에 또는 거의 동시에 감지되지 않는다면, 주어진 상황에서 그 도구가 가지고 있는 의미를 쉽게 잃어버릴 수 있다"[23]라고 말한다. 준(Quasi)동시적 지각은 쾰러에 따르면 개별적 요소들이나 상황들이 눈에 직접적으로 그리고 목표와 동시에 감지되지 않지만, 목표와 간접적인 시간적 근접 속에 감지되거나 이미 그 상황 속으로 이전에 여러 차례 제시되어서 심리적 기능 면에서 볼 때 마치 동시적인 것처럼 되어버린 경우들을 말한다.

그리하여 약간 지루한 이 분석은 우리를 또다시 여키스의 경우와는 달리, 침팬지에게 사람과 유사한 언어가 가능한가 아닌가에 관한 문제에서 완전히 상반된 결론으로 이끌고 있다. 다시 말하면 침팬지가 청각 모방 경향을 갖고 있고 앵무새의 능력을 보유한다고 하더라도 침팬지가 언어 능력을 가질 수 있다는 가정은 거의 가능성이 없다는 결론이 도출되기 때문이다.

그럼에도—이것이 아마 가장 중요한 대목이겠는데—침팬지에게는 풍부한, 몇몇 다른 관계에서 살펴보면 사람과 비슷하다고 할 수 있는 언어 능력이 있다. 하지만 비교적 고도로 발달된 언어가 역시 비교적 고도로 발달된 침팬지의 지능과 아직은 직접적으로 크게 연관이 있지는 않다.

러니드는 '언어'의 32개 요소나 '어휘'로 구성된 침팬지 언어 사전을 만들었는데, 이 언어 요소나 어휘들은 발음 측면에서 인간 언어를 떠올

---

23 쾰러, 『유인원의 지능실험』, 39쪽.

리게 할 뿐 아니라, 희망이나 만족, 불만이나 악의, 위험 경고나 공포 등을 불러일으키는, 예를 들면 상황이나 대상 같은 일정한 상태를 나타내는 성격을 지니고 있다는 뜻에서 나름대로 의미를 지니고 있다.[24] 이 '어휘들'은 먹이를 기다리는 시간에, 먹는 시간에, 사람이 같이 있을 때, 침팬지 두 마리가 있을 때 채집되고 기록되었다.

이것은 쉽게 감정적 의미의 사전이라고 말할 수 있다. 이것은 서로 약간씩 구별되는 먹이 등을 둘러싼 일련의 자극들과 약간의 조건반사적 관련이 있는 감각적·음향적 반응이다. 우리는 이 사전에서도 쾰러가 침팬지의 언어 일반에 관하여 진술한 바로 그것을 본질적으로 읽을 수 있다. 그것은 다름 아닌, 침팬지 언어는 감정적 언어라는 것이다.

침팬지 언어의 이러한 특성과 관련하여 세 가지 점을 분명히 하는 것에 우리는 흥미를 갖지 않을 수 없다. 첫 번째는 특히 격정적으로 강렬하게 흥분할 때 침팬지들에게 나타나는, 표현력 강한 감정적 운동과 언어의 관계가 유인원들만의 어떤 특별한 특징은 아니라는 것이다. 언어와 감정적 운동의 관련성은 목소리 기관을 가지고 있는 동물들에게서 공통적으로 나타나는 매우 일반적인 특성이다. 그리고 표현력 강한 이음성적 반응의 형태는 의심할 바 없이 인간 언어의 발생과 발달의 근저를 이루고 있다.

두 번째는 감정적 상태, 특히 격정적 상태가 침팬지에게 언어적 발현이 가능하고, 지능적 반응이 기능하는 데는 별로 유리하지 못한 행동 영역을 제공한다는 점이다. 쾰러는 침팬지의 감정적 반응, 특히 격정적 반응이 침팬지의 지능적 조작을 얼마나 파괴하는지 여러 차례에 걸쳐 언

---

24 여키스, 『침팬지의 지능과 음성표현』, 54쪽.

급했다.

세 번째는 감정적 측면만으로 침팬지의 언어 기능이 다 설명되는 것은 아니며, 유인원 언어의 예외적인 속성을 말해주는 것도 아니다. 감정적 측면은 유인원들의 언어를 다른 많은 동물의 언어와 근접하게 하고, 인간 언어의 상응하는 기능의 의심할 바 없는 유전적 뿌리를 이루고 있기도 하다. 언어는 표현적·감정적 반응일 뿐만 아니라 자신과 유사한 것들과의 심리적 접촉 수단이다.[25] 쾰러가 관찰한 원숭이들과 여키스와 러니드의 침팬지들 모두가 의심할 바 없이 언어의 이 기능을 드러내고 있다. 그러나 관계와 접촉 기능이 결코 지적 반응, 즉 동물의 사고와 연결되어 있지는 않다. 이것은 전체적으로 보면 모든 감정적 징후군의 분명하고 의심할 바 없는 부분을 이루지만 그러나 생물학적 관점이나 심리학적 관점에서 볼 때 기타 격정적 반응에 비해서 다른 기능을 수행하는, 바로 그 감정적 반응이다. 이 반응은 무엇의 의도적이고 고의적인 통고라든가 그 같은 영향을 덜 떠오르게 한다고 할 수 있다. 본질적으로 볼 때 이것은 본능적 반응이거나 최소한 본능적 반응에 너무나도 가까운 반응이다.

언어의 이 기능이 생물학적으로 오래된 행동 형태의 대열에 속한다거나 동물들 사회에서 우두머리가 발산하는 여러 시각·청각 신호와 유전적 친족 관계에 놓여 있다는 것을 부정할 수는 없다. 최근 프리슈(Karl Frisch)는 벌의 언어 연구에서 관계와 접촉 기능을 수행하는 매우 흥미롭고 이론적으로 상당히 중요한 행동 형태를 기술했다. 벌의 언어

---

[25] 헴펠만(F. Hempelmann)은 경고성 음성 신호 등이 객관적으로 의사소통 기능을 수행한다는 것을 부정하지는 않지만, 동물 언어의 표현적 기능만 인정하고 있다(헴펠만, 『생물학적 관점에서 본 동물 심리학』, 1926, 530쪽) – 저자.

형태의 모든 독특함 그리고 그것들의 확실한 본능적 연원에도 불구하고, 그 언어들 속에서 침팬지 언어와 친족 관계로 보이는 그 무엇이 자연적으로 주어져 있다는 것을 인정하지 않을 수 없는 것이다. 이를 보면 지능과 언어 관계가 완전히 독립되어 있다는 것을 의심하기 어렵다.

여기서 우리는 몇 가지 결론을 내릴 수 있다. 우리를 흥미롭게 한 것은 이런저런 기능의 계통적 발생 속에서 일어나는 사고와 언어 사이의 상관관계. 이것을 해명하기 위하여 우리는 유인원들의 언어와 지능에 관한 여러 실험적 연구와 관찰에 의지했다. 우리가 도달한 그리고 앞으로 문제를 분석하기 위하여 우리에게 필요한 몇 가지 중요한 결론을 우리는 아래와 같이 짧게 요약할 수 있다.

1. 사고와 언어는 상이한 발생적 근원을 가지고 있다.
2. 사고와 언어는 서로 다른 경로를 따라 독립적으로 발달한다.
3. 사고와 언어의 관계는 계통발생의 전 과정에서 늘 같은 거리를 유지하는 것은 아니다.
4. 유인원들은 한편에서는 사람과 유사한 지능을 나타내고(예: 기본 도구 사용 등), 완전히 다른 한편에서는 사람과 유사한 언어(발음, 감정적 언어, 언어의 사회적 기능의 초보 단계 등)를 보여준다.
5. 그러나 유인원들은 사람에게 특징적인 관계, 즉 사고와 언어 사이의 밀접한 관련을 보여주지 못한다. 사고와 언어는 침팬지의 경우에 결코 직접적으로 연결되어 있지 않다.
6. 사고와 언어의 계통발생에서 우리는 확신을 가지고 지능발달에서 언어 이전의 단계를, 언어발달에서 지능 이전의 단계를 설정할 수 있다.

2. 아동의 사고와 언어의 발달

개체발생에서 사고와 언어의 두 가지 발달 노선의 관계는 훨씬 더 복잡하게 얽혀 있다. 그러나 개체발생이나 계통발생의 평행선에 관한, 또는 그들 사이의 더 복잡한 관계에 관한 모든 문제를 한쪽으로 제쳐놓고서, 우리는 사고와 언어의 발생적 근원들과 사고와 언어발달의 다양한 경로를 확립할 수 있다.

단지 최근에 이르러서야 우리는 아동의 사고가 발달과정에서 언어 이전의 단계를 거친다고 하는 객관적이고 실험적인 증거를 가지게 되었다. 침팬지를 대상으로 한 쾰러의 실험들이 아직 말을 하지 못하는 아동에게 약간의 수정을 거쳐 적용되었다. 쾰러는 비교하기 위하여 아동을 실험실로 유도했다. 뷜러는 이 문제에 관해서 아동을 체계적으로 연구했다.

"이 단계의 아동이 보인 행위는 침팬지의 행위와 너무나 닮았기에 아동 생활의 이 단계를 **침팬지와 같은** 연령이라고 봐도 무방할 것이다. 피험자인 아동에게 이 기간은 10개월, 11개월, 12개월······ 식이었다. 침팬지 비슷한 나이에서 아동은 태어나서 처음으로 발명을 한다. 물론 이 발명이라는 것은 아주 원시적인 것이지만 정신적인 측면에서는 매우 중요하기 이를 데 없다"[26]라고 뷜러는 자신의 실험에 대해 이야기했다.

침팬지에 대한 이 실험에서 이론적으로 가장 중요한 의미를 가지고 있는 것은 지적 반응의 맹아와 언어 사이의 무관계다. 이 점을 지적하면서 뷜러는 다음과 같이 쓰고 있다.

---

26 K. 뷜러, 『아동의 정신발달』, 97쪽.

"사람들은 인간의 초기 형성단계에 언어가 있었다고 말한다. 인간이 형성되기 이전에 아마도 도구적 사고, 즉 기계적 결합의 이해와 기계적인 궁극 목적을 위한 기계적 수단들의 고안이 존재했을 것이다. 또는 간단히 말하면 언어 이전의 행동이 주관적으로 의미 있는 것, 즉 의식적이고 합목적인 것으로 기능했을 것이다."[27]

아동의 성장에서 언어적 근원이 지능 이전 단계에 연유한다는 것은 오래전에 확립된 사실이다. 아동의 고함, 혀짤배기소리, 처음으로 하는 말들은 언어발달에서 분명하게 지능 이전의 단계들에 해당한다. 이것들은 사고의 발달과는 아무런 공통점을 갖지 않는다.

일반적인 견해는 이 단계의 아동의 언어를 주로 행위의 감정적 형태로 보았다. 최근의 연구들(아동의 사회적 행위의 첫 번째 형태와 생활의 초기 단계에서 보이는 아동의 일련의 반응들에 대한 뷜러 등의 연구, 사람의 음성에 대한 아동들의 초기 반응에 관한 겟서Gettser나 투더-가르트 Tuder-Gart의 연구)은 아동의 초기 생활에서, 즉 언어발달의 지능 이전 단계에서 우리가 언어의 사회적 기능의 맹아를 충분히 찾을 수 있다는 것을 보여주었다.

비교적 복잡하고 풍부한 아동의 사회적 접촉은 '사회적 결합 수단'의 이른 발달로 아동을 이끈다. 사람의 음성에 다른 해석이 불가능한 특수한 반응을 태어난 지 3주밖에 되지 않은 아동(사회적 반응의 전 단계)이 보이고, 두 달 된 아동이 사람의 음성에 처음으로 사회적 반응을 보인다는 것이 명백하게 관찰되었다.[28] 웃음, 혀짤배기소리, 손가락으로 가리키는 행위, 몸동작 등도 태어난 지 몇 달 되지 않은 아동들의 사회적

---

27 같은 책, 100쪽.
28 Ch. 뷜러, 『유아기에 대한 사회학과 심리학 연구』, 1927, 124쪽.

접촉 수단 역할을 한다.

그리하여 우리는 개체발생상 우리에게 익숙한 언어의 두 가지 기능이 태어나서 첫해를 맞는 아동에게 이미 선명하게 표현되어 있는 것을 발견한다.

하지만 사고와 언어의 발달에서 우리가 알게 된 가장 중요한 것은, 어릴 때의 일정한 순간까지(대략 2세 무렵까지) 각각 따로 발달해왔던 사고와 언어의 발달이 이 시기에 이르면 서로 합쳐져서 인간에게 특징적인 완전히 새로운 행위 형태의 출발점을 가능하게 한다는 점이다.

스턴은 아동의 심리적 발달에서 가장 중요한 이 사건을 누구보다도 먼저 훌륭하게 서술했다. 그는 아동들이 "언어 의미의 불투명한 의식에 서서히 눈을 떠서 그 인식을 획득하기 위하여 어떤 의지를 보이는지" 제시했다. 스턴은 이 시기 아동들이 자기 삶에서 가장 위대한 발견을 한다고 말한다. 바로 '물건마다 이름이 있다'는 것을 발견한다는 것이다.[29]

언어가 지능적인 성격을 갖게 되고 사고가 언어적인 성격을 갖게 되는 이 과도기를 우리는 확실하고 객관적인 두 가지 징후로 특징지을 수 있는데, 이 징후들을 기준으로 우리는 언어발달에서 이 분기점이 과연 나타났는가 아닌가. 또는 언어발달의 지체나 비정상의 경우에 그 같은 계기가 정상적인 아동의 언어발달과 비교하여 시간적으로 얼마나 차이가 있는지를 확실하게 판단할 수 있다. 이 두 가지 징후는 서로 밀접하게 연결되어 있다.

첫 번째 징후는 이 같은 과도기적 현상이 나타난 아동의 경우, "이것

---

[29] 스턴, 『유아 심리학』, 1922, 89쪽.

은 뭐예요, 저것은 뭐예요?" 하면서 새로운 물건에 대하여 끊임없이 물으면서 자신의 어휘 사전, 어휘 창고를 적극적으로 확대해나간다는 점이다. 두 번째 징후는 아동의 어휘 사전이 적극적으로 확대되는 것에 기초하여 나타나는 현상으로 어휘 창고가 너무나 빠르고 비약적으로 늘어난다는 점이다.

잘 알려진 바와 같이 동물은 사람 언어의 개별적인 어휘들을 자신의 것으로 만들어 상응하는 상황에서 이를 적용할 수 있다. 아동도 위에서 언급한 그런 시기가 나타나기 전에는 동물과 마찬가지로 개별적인 어휘들을 습득하여 이용하는데, 이때 이 어휘들은 이 시기 아동에게는 임시적인 자극들이거나 구체적인 대상이나 사람, 행위, 상태, 희망 등의 대용물로 기능한다. 자연히 이 단계의 아동은 자기를 둘러싸고 있는 성인들이 제공하는 어휘만큼 알 수 있을 뿐이다.

이제 상황은 원칙적으로 완전히 다른 상황이 되고 있다. 새로운 사람을 대하면서 아동은 이것의 이름이 무엇이냐고 묻는다. 아동은 스스로 말을 필요로 하면서 대상에 귀속되는 기호들, 명명과 소통에 복무하는 기호들을 자기의 것으로 만들기 위하여 노력한다. 모이만이 잘 지적한 것처럼 아동 언어의 발달에서 첫 번째 단계를 자신의 심리적 의미를 기준으로 감정적·의지적이라고 할 수 있다면, 이 순간을 기점으로 하여 이제 언어는 자기발달의 지적 단계로 들어간다.

스턴은 "지금 막 서술을 마친 이런 과정을 말 그대로 아동의 사고 활동이라고 확실하게 정의할 수 있다. 이 시기에 아동에게 나타나는 기호와 의미의 관계에 대한 이해는 단순히 상상하고 연상하는 것 이상의 그 무엇이다. 그리하여 자신이 이름 붙인 것이 — 그 이름이 무엇이든지 간에 — 개별적인 대상에 귀속되어야 한다는 아동의 요구를 아마도 우리는 아동이 처음으로 이해한 사실상의 첫 번째 일반 개념이라고 간주할 수 있을 것이다"[30]라고 말한다.

우리는 여기서 논의를 멈추지 않을 수 없다. 왜냐하면 사고와 언어가 교차하는 발생적 지점인 여기에서 사고와 언어의 문제라고 명명되는 매듭이 처음으로 시작되기 때문이다. 이 계기는 도대체 그 정체가 무엇인가? 이것은 '아동의 삶에서 위대한 발견'인가? 그리고 스턴의 해석은 옳은 것인가 아닌가?

뷜러는 이 발견을 침팬지가 하는 발명 행위들과 비교했다. "이 상황을 얼마든지 해석하고 평가할 수 있지만, 항상 결정적인 지점에서 침팬지의 발명 행위들과의 심리적 평행선이 나타난다"[31]라고 그는 말한다. 코프카 또한 이 생각을 발달시키고 있다.

"명명 기능은 침팬지의 발명 행위와 평행선을 이루는 아동의 발견이고 발명이다. 침팬지의 발명은 구조적 행위다. 따라서 우리는 명명 안에서 구조적 행위를 볼 수 있다. 우리는 막대기가 열매를 따려는 희망을 품은 상황 속으로 들어가듯이, 언어가 사물의 구조 속으로 그렇게 들어간다고 말할 수 있다"[32]라고 코프카는 말한다.

그렇든 그렇지 않든 간에 아동에게 나타나는 언어의 신호적 기능의 발견과 침팬지에서 보이는 막대기 도구의 '기능적 의미'의 발견을 앞서 언급한 논의에 적용해서 얼마나, 어느 정도로 살펴볼 수 있으며, 이두 가지 작용의 차이점은 무엇인지에 대하여 우리는 특히 사고와 언어의 기능적·구조적 관계를 설명할 때 이야기하고자 한다. 현재 우리에

---

30 스턴, 같은 책, 90쪽.
31 K. 뷜러, 『아동 정신발달의 피난처』, 1923, 55쪽.
32 코프카, 『심리발달의 기초』, 1925, 243쪽.

게 중요한 것은 원칙적으로 중요한 하나의 계기를 지적해두는 것이다. 사고와 언어의 상대적으로 높은 일정한 발달 단계에서만 '아동의 삶에서 위대한 발견'이 가능하다고 하는 것이 바로 그것이다. 언어를 '발견'하기 위해서는 사고해야만 한다.

우리는 결론을 다음과 같이 짧게 정리할 수 있다.

1. 사고와 언어의 개체발달에서 사고와 언어 과정의 다양한 근원이 존재한다.
2. 아동의 언어발달에서 '지능 이전의 단계'를 확실히 주장할 수 있으며, 그와 마찬가지로 사고발달에서도 '언어 이전의 단계'를 주장할 수 있다.
3. 일정한 계기까지는 사고와 언어는 서로 독립적으로, 다른 경로를 따라 발달한다.
4. 일정한 지점에서 두 경로가 만나는데, 그 이후 사고는 언어적이 되고, 언어는 지능적이 된다.

3. 내적 언어의 발생

사고와 언어의 관계에 관하여 복잡하면서 아직 논쟁의 여지가 남아 있는 이 이론적 문제를 우리가 어떻게 결론 내든지 간에, 사고발달을 위하여 내적 언어의 과정들이 가지는 결정적이며 특별한 의미를 인정하지 않을 수 없다. 우리의 모든 사고에 대하여 가지는 내적 언어의 의미가 워낙 중요하기 때문에 다수의 심리학자는 내적 언어와 사고를 동일시하기도 한다. 그들의 시각에서 사고는 제동 걸린, 억제된, 소리 없는 언어와 다름없다. 그렇지만 심리학에서는 외적 언어가 어떤 방식으로 내적 언어로 전환되는지, 예를 들어 몇 살 때 이런 중요한 변화가 일어나는지, 그것이 어떻게 진행되는지, 그 전환이 무엇으로 야기되며 전환의 발생적 성격이 무엇인지 등이 해명되지 않고 있다.

사고를 내적 언어와 동일시하는 왓슨은 "자기 언어 조직상 어떤 점에서 아동들이 공개 언어에서 속삭임으로, 그 뒤에 내적 언어로 전환하는지"는 "이 문제가 아주 우연하게 연구되었기"[33] 때문에 모른다고 말한다. 그러나 우리에게는 (우리들의 실험들과 관찰, 아동의 언어발달에 관하여 우리가 아는 모든 것에서 볼 때) 왓슨의 문제 설정 자체가 근원적으로 맞지 않아 보인다.

내적 언어의 발달이 순전히 기계적인 경로를 통하여 이뤄진다거나, 말의 음성적인 외피가 점차 줄어드는 방식으로 이뤄진다거나, 외적(공개된) 언어에서 내적(감춰진) 언어로 전환하는 것이 속삭임, 다시 말해서 낮은 음성 언어를 통하여 이뤄진다는 것을 허용할 만한 어떠한 근거도 없다. 아동이 점차적으로 조용히 말하기 시작하다가 그런 과정의 결과로 결국 말 없는 언어에 도달하는 식으로 일이 진행된다고 보기는 어렵다. 다르게 말하면 우리는 큰 소리의 말 - 속삭임 - 내적 언어의 순서로 아동 언어의 발달이 이어진다는 것을 부정하는 것이다.

왓슨의 다른 주장도 문제 해결에 별 도움이 되지 못한다. 이 주장 또한 앞의 주장만큼 근거가 약한 가설이다. 그는 "아마도 맨 처음 시작 단계부터 이 세 종류의 언어가 같이 움직이는지 모른다"[34]라고 말한다.

---

33 왓슨, 『행동과학으로서의 심리학』, 1926, 293쪽.
34 같은 책, 293쪽.

그러나 이 '아마도'를 입증할 만한 결정적으로 객관적인 어떠한 자료도 없다. 오히려 왓슨을 포함하여 모두가 인정하는, 공개된 언어와 내적 언어 사이의 커다란 기능적·구조적 차이가 이 가설의 오류를 말해주고 있다.

어린 아동들에 관하여 왓슨은 "사실 아동들은 들으면서 생각한다"라고 말하면서, 그 이유가 "아동들을 둘러싸고 있는 환경이 외부에서 나타나는 언어를 감춰진 언어로 빠르게 전환하는 것을 요구하지 않기 때문"[35]이라고 자신 있게 단언한다. 왓슨의 생각은 이렇게 발달한다. "우리가 만약 모든 감춰진 과정들을 쭉 펼쳐서 감광판이 있는 레코드판이나 축음기 납관에 기록할 수 있다면, 그 속에서 너무나 많은 생략, 단축, 절약 현상 등을 발견할 수 있을 것이다. 그래서 그것들이 성격상 완결되고 사회화된 출발점에서 시작하여 사회적 적응이 아니라 개인적 적응이 되는 마지막 단계에 이르기까지 전체를 추적하지만 않는다면, 그것들이 도대체 무엇인지 알아볼 수도 없을 것이다."[36]

외적 언어와 내적 언어 과정처럼 기능적으로 (사회적·개인적 적응) 그리고 구조적으로 (언어 과정이 추후에 알아볼 수 없을 만큼 생략, 단축, 절약으로 변화하는 것) 전혀 상이한 이 두 과정이 발생적으로 동시에 움직이는 평행선 모양으로 나타날 것이라고 미리 판단할 만한 근거는 어디에 있는가. 다시 말해서 이 두 가지 상이한 과정이 동시적으로 나타나거나 매우 기계적이고 형식적이며 외면적인 양적 기준에서 볼 때 표면적인 제3의 과도적 과정(속삭임)을 통하여 서로 매우 밀접하게 연결되어 있는 것으로 판명될 것이라고 가설을 세울 만한 근거는 어디에 있

---

35 같은 책, 293쪽.
36 같은 책, 294쪽.

는가. 이 과도적인 과정은 이 두 가지 상이한 과정 사이에서 중간 위치를 차지하고 있지만 구조적·기능적 관계에서 볼 때, 즉 유전적으로 결코 전환적 성격은 가질 수 없다.

어린 아동들의 속삭임 언어를 연구하면서 우리는 위의 마지막 주장을 실험적으로 검증해볼 수 있었다. 우리들의 연구는 다음과 같은 사항을 보여주었다. ① 구조적 관계에서 볼 때 속삭임 언어는 큰 소리 언어로부터의 커다란 변화나 멀어짐을 보여주지 않는다. 경향상 내적 언어에 특징적인 변화를 보여주지 않는 것은 말할 것도 없다는 것이 중요하다. ② 기능적 관계에서 속삭임 언어는 내적 언어와는 아주 크게 차이가 나고, 경향에서 비슷한 특징들을 보여주지 않는다. ③ 마지막으로 발생적 관계에서는 속삭임 언어는 매우 일찍 태동하지만, 일정한 취학 연령까지 자연발생적으로 눈에 띄게 발달하지는 않는다. 왓슨의 명제가 확인해주는 유일한 것은 벌써 3세 무렵에 아동은 사회적 요구의 압력을 받아서 매우 어렵게, 그리고 짧은 순간에 낮은 음성의 언어와 속삭임으로 전환한다는 사실이다.

우리가 왓슨의 견해에 주목하는 것은 사고와 언어에 관한 그의 견해가 가장 널리 알려져 있고 전형적이기 때문만이 아니다. 또 그의 견해가 문제에 대한 유전적 고려를 표면적 고려와 뚜렷하게 대비시키도록 하기 때문만이 아니다. 그것은 바로 그의 연구가 긍정적 성격의 동기에 따르기 때문이다. 우리는 왓슨이 채택한 문제 설정 안에서 모든 문제를 해결하기 위하여 어떤 길로 가야만 하는지, 그 올바른 방법론적 이정표를 본다.

이 방법론적 경로는 외적 언어와 내적 언어 과정을 연결해주는 중간 고리, 하나의 과정과 다른 과정의 과도기로 작용하는 중간 고리를 찾아내는 것이 핵심이다. 우리는 위에서 이 중간 연결고리에 속삭임이 있다는 왓슨의 견해가 객관적인 확인을 받지 못했다는 것을 보여주기 위해서 노력했다. 우리가 아동의 속삭임에 대하여 알고 있는 모든 것은 속삭임이 마치 외적 언어와 내적 언어의 과도기적 과정인 것처럼 보는 왓슨의 가설과 정반대 사실을 말해준다. 그러나 많은 심리학적 연구가 간과하고 있는 이 중간 고리를 찾고자 하는 왓슨의 노력 자체는 올바른 방향임에 틀림없다.

우리는 외적 언어에서 내적 언어로 전환하는 과도기적 과정을 스위스 심리학자 피아제가 기술한 이른바 아동의 '자기중심적' 언어 속에서 살펴보려고 한다.(제2장 참조)

취학 연령기 아동의 내적 언어에 대한 르메트르와 다른 연구자들의 연구 관찰이 이러한 방법론의 정당성을 말해준다. 이들의 관찰은 취학 연령기 아동의 내적 언어의 형태가 아직은 고도로 불안정하고 불분명하다는 것을 보여주었는데, 이것은 물론 우리 앞에 아직 해결할 것이 많은, 아직은 불충분하게 형성되고 정의된 과정이 잔뜩 놓여 있다는 것을 말해준다.

우리는 아마도 자기중심적 언어가 순수한 표현적 기능과 방전(放電) 기능을 가진다는 것, 그리고 자기중심적 언어가 아동들의 활동성을 그냥 단순히 따라다닌다는 것 외에 말 그대로의 본래 의미에서 사고로 쉽게 변한다는 것, 다시 말하면 자기중심적 언어가 스스로 계획적인 조작 과정에서 나타나는 새로운 과제를 해결하는 기능을 가진다는 것을 말하지 않을 수 없다.

만약 이 가설이 앞으로의 연구 과정에서 옳다는 것이 판명된다면, 우리는 이론적으로 매우 중요한 결론을 도출할 수 있을 것이다. 우리는 언어가 생리적으로 내적인 것이 되기 이전에 심리적으로 먼저 내적인 것이 된다는 것을 볼 수 있을지 모른다. 자기중심적 언어 — 이것은 기능 면에서는 내적 언어며, 내면으로 향한 길에 위치한, 스스로를 위한 말이다. 그리고 이것은 주변 사람들에게는 절반가량 이해될 수 없는 언어며, 아동의 행동 속으로 내부적으로 깊이 들어가 있으면서도 동시에 생리적으로는 아직 속삭임이나 다른 어떠한 반무성적 언어로 바뀔 경향을 전혀 보이지 않는 외적 언어에 속하는 언어다.

사정이 이렇다면 왜 언어가 내적인 것이 되느냐 하는 다른 이론적 문제에 대하여 우리는 해답을 얻을 수 있을지 모른다. 이 대답은 아마도 언어는 기능이 바뀌기 때문에 그 결과로 내적인 것이 된다고 말할지 모른다. 그럴 경우에는 언어발달에서의 순차성이 왓슨이 말한 것과는 다르게 포착될 것이다. 큰 소리의 말 – 속삭임 – 비음성언어라는 세 단계 대신에 외적 언어 – 자기중심적 언어 – 내적 언어의 다른 세 단계 형태를 얻을 수 있을 것이기 때문이다. 그와 함께 우리는 내적 언어와 그 내적 언어의 구조적·기능적 특징들에 대한 연구에 관하여 방법론적으로 매우 중요한 방법 하나를 그것의 생성 과정에서 생생하게 획득할지 모르며, 그와 아울러 객관적인 방법도 획득할 수 있을 것이다. 왜냐하면 이 모든 특징은 실험 대상이 될 수 있고 측량이 가능한 외적 언어 속에 이미 명확하게 존재할지 모르기 때문이다.

우리의 연구는 기호의 이용에 근거한 모든 심리적 조작의 발달이 의지하고 있는 일반 원리를 기준으로 볼 때 언어 또한 이 일반 원리로부터 결코 예외를 이루고 있지 않다는 것을 보여주고 있다. 연상기호에 의한 기억, 계산 과정 또는 기호 사용의 어떤 다른 지적 조작이건 그것은 마찬가지다.

성격이 매우 상이한 비슷한 종류의 조작을 실험적으로 연구하면서 우리는 이 발달이 전체적으로 볼 때 네 가지 중요한 단계를 거쳐서 진행된다는 것을 주장할 수 있게 되었다. 이런저런 조작이 행동의 원시적 단계들에서 주어진 모습 그대로 나타나는 이른바 원시적·자연적 단계가 그 첫 번째 단계라고 할 것이다. 앞서 언급한 지능 이전의 언어, 언어 이전의 사고가 바로 이 발달의 단계에 상응할지 모른다.

두 번째 단계는 실제적 지능을 연구하는 연구자들이 흔히 '소박한 물리학'이라고 부르는 것에서 따와서 우리가 '소박한 심리학'이라고 부르는 그 단계다. '소박한 물리학'이란 자기 몸과 자기를 둘러싸고 있는 대상, 객체, 도구 등의 물리적 속성 영역에서 동물이나 아동을 대상으로 하는 간단한 실험, 주로 아동의 도구 사용과 실제적 지능의 초기 조작을 규정해주는 소박한 실험을 말한다.

무엇인가 비슷한 것을 우리는 아동의 행동발달 영역에서도 관찰한다. 여기에도 아동과 관련 있는 매우 중요한 심리적 조작들의 속성과 관련하여 주요하면서 소박한 심리적 실험이 이루어진다. 그러나 실제적 행위의 발달 영역에서와 마찬가지로 여기서도 아동을 대상으로 하는 이 소박한 실험은 불충분하고 불완전하고, 말 그대로 소박한 실험이어서 심리적 속성·동기·반응의 부적절한 이용으로 귀결되는 실험이 되고 만다.

언어발달 영역에서 이 단계는 아동의 모든 언어발달 과정에서 매우 분명하게 윤곽이 드러났으며, 아동에게 문법 구조와 형태들의 획득이 이런 형태들에 상응하는 논리 구조와 형태들의 획득보다 앞서간다는 것으로 표현되고 있다. 아동은 '왜냐하면 ……', '그 까닭은 …… 때문', '만약 …… 하면', '…… 할 때', '그 반대로 ……', '그렇지만 ……' 등의 형태들로 표현되는 부가 문장들을 원인관계, 시간 관계, 조건·대립 관계 등을 획득하기 훨씬 이전에 자기 것으로 만든다. 아동은 사고의 통사 구조를 획득하기 이전에 언어의 통사 구조를 먼저 획득한다. 피아제의 연구는 아동의 문법적 발달이 논리적 발달보다 먼저 진행되며, 이미 오래전에 스스로 획득한 문법적 구조들에 상응하는 논리적 조작은 비교적 늦게 획득한다는 것을 명백하게 보여주었다.

소박한 심리적 실험이 점차 증가하면서 이어서 그다음 단계, 즉 그것들의 도움을 받아 아동이 어떤 내부적·심리적 과제를 해결하는 외적 기호와 외적 조작의 단계가 이어진다. 아동의 산수 발달과정에서 손가락 셈 단계라든가, 기억 과정에서 외적 연상기호 단계라든가 하는, 우리에게 익숙한 단계가 이에 속한다. 언어발달에서 아동의 자기중심적 언어 단계가 여기에 해당한다고 하겠다.

이 세 번째 단계 뒤에 우리가 형상적으로 '내적 전환'이라고 하는 네 번째 단계가 따른다. 왜냐하면 이 단계에서는 무엇보다도 외적 조작이 속으로 들어가서 내적 조작이 되고, 이와 관련하여 외적 조작이 깊은 변화를 겪기 때문이다. 아동의 발달과정에서 머릿속으로 하는 계산, 암산 등이 이에 해당된다. 내적 기호들의 형태로 내적 상관관계들을 이용하는 이른바 '논리적 기억'이 이러한 단계에 속한다.

언어 영역에서 여기에 상응하는 것이 내적 언어 또는 비음성언어다. 이와 관련하여 무엇보다도 주목할 만한 점은 이 경우 외적·내적 조작들 사이에 늘 상호작용이 존재하며, 조작이 한 형태에서 다른 형태로 전환되어 이루어진다는 사실이다. 이것을 우리는, 들라크루아가 확립하였듯이, 행동에서 외적 언어와 더 밀접하게 연결되면 될수록 외적 언어에 가까이 다가가게 되는, 연설이나 강의를 앞두고 머릿속으로 이런저런 생각을 할 때처럼 외적 언어를 준비할 때는 외적 언어와 완전히 동일한 형태를 취하게 되는, 그러한 내적 언어의 영역에서 아주 확실하게 볼 수 있다. 이런 의미에서 행동에서는 외부와 내부 사이에 형이상학적인 경계는 정말 존재하지 않으며, 하나는 쉽게 다른 것으로 바뀌고, 하나는 다른 한 쪽의 영향 아래서 발달하고 있다.

우리가 지금 만약 내적 언어의 발생 문제를 떠나서 성인의 경우 내적 언어가 어떻게 기능하는가 하는 문제로 옮겨간다면, 우리는 무엇보다도 동물들이나 아동의 관계에서 우리가 설정했던 그 문제, 즉 사고와 언어는 성인의 행동에서 필요 불가결하게 연결되어 있는가 아닌가, 그리고 이 두 과정을 동일시할 수 있는가 없는가 하는 문제와 맞닥뜨리게 될 것이다. 이에 관하여 우리가 아는 모든 것은 부정적인 대답을 하게 만든다.

이 경우에 사고와 언어 과정의 일정한 부분이 일치한다는 것을 보여줄 수 있는, 서로 교차하는 두 원으로 사고와 언어의 관계를 도식적으로 나타낼 수 있을지 모른다. 이것은 이른바 '언어적 사고'라는 영역이다. 그렇지만 언어적 사고는 모든 사고의 형태, 모든 언어의 형태를 다 포괄할 수는 없다. 언어적 사고와 직접적인 관계를 맺지 않은 사고의 많은 영역이 있다. 다른 어느 것보다도 먼저 뷜러가 이미 지적한 도구적·기계적 사고, 최근 들어서 연구가 아주 활발한 대상인 이른바 실제적 지능의 모든 영역이 여기에 해당할 것이다.

그리고 잘 알려진 바와 같이 뷔르츠부르크학파의 연구자들이 자신의 연구에서 주장하듯이, 사고는 자기 관찰에 의하여 확인되는 그 모든 언어 과정과 운동의 참여 없이도 행해질 수 있다. 가장 최근의 실험적 연구들은 내적 언어의 활동성과 형태가 피실험자가 행하는 혀라든가 목

구멍의 운동과 직접적이면서 객관적으로 관련이 없다는 것을 보여주었다.

마찬가지로 인간의 모든 언어 활동의 종류를 사고와 연결할 어떤 심리적 근거도 없다. 예를 들어 만약에 내가 이미 외우고 있는 어떤 시를 내적 언어 과정에서 재생하거나 실험적으로 주어진 어떤 문장을 반복할 경우, 이 모든 경우에서 작업을 사고 영역에 상관시킬 만한 어떤 근거 자료도 아직 확보되어 있지 않다. 사고와 언어를 동일시하고 모든 언어 과정을 지능적이라고 불가피하게 인정해야만 하는 왓슨은 이 점에서 실수하고 있는 셈이다. 사고와 언어를 동일시한 결과, 그로서는 언어 텍스트의 기억 속에서 단순한 재생 과정을 사고와 연관시킬 수밖에 없다.

정서적·표현적 기능을 하는 언어, '서정적으로 치장된' 언어는 언어의 모든 속성을 지니면서도 문자 그대로의 의미에서 지적 활동과 연관시키기는 어렵다.

그리하여 우리는 성인에게 사고와 언어의 융합은 언어적 사고 영역에 부가될 때만 효력과 의미를 갖는 부분적인 현상이며, 한편 비언어적 사고와 비지능적 언어의 다른 영역들은 이 융합의 멀고도 간접적인 영향 밑에 남게 되어 그 융합과 어떠한 원인관계에 놓이게 되지 않는다는 결론에 이르게 된다.

4. 결론

우리는 지금까지 고찰한 것들을 요약하여 정리할 수 있다. 비교 심리학의 자료를 기준으로 우리는 무엇보다도 먼저 사고와 언어의 발생적 뿌리를 추적하려고 노력했다. 우리가 본 바와 같이 이 영역에서 학문의 현 상황에서는 인간 이전의 사고와 언어의 계통적 경로를 온전하게 추적하기란 불가능하다. 주요한 문제가 아직 논쟁거리로 남아 있다. 사람의 것과 형태와 종류가 같은 지능이 고등 원숭이들한테도 있다고 확언할 수 있는가 없는가 하는 것이 그것이다. 쾰러는 이 문제에 긍정적으로 대답하고 있고, 다른 연구자들은 부정적이다.

하지만 새롭고 아직은 부족한 자료들 속에서 이 논쟁을 어떻게 결론짓든지 간에 관계없이 한 가지는 이미 지금 단계에서도 분명하다. 인간의 지능에 도달하는 길과 인간의 언어에 도달하는 길이 동물들의 세계에서 일치하지 않는다는 것, 사고와 언어의 발생적 뿌리가 각기 다르다는 것이 그것이다.

사실 쾰러가 말하는 침팬지의 지능 존재를 부정하는 경향을 보이는 연구자들조차도 지능에 이르는 길과 그것의 뿌리, 다시 말해서 고차원적 형태의 기능 형성을 부정하지 않으며 부정할 수도 없다.[37] 쾰러보다 훨

---

[37] 손다이크는 긴꼬리원숭이 같은 하등 단계의 원숭이들을 대상으로 한 실험에서, 목적을 이루기 위해 적합한 새로운 운동을 원숭이들이 순식간에 획득하는 한편, 별로 도움이 되지 않는 것들은 종종 빠르고 순간적으로 버리는 여러 과정을 관찰했다. 이 과정의 신속함은 아마도 "사람의 상응하는 현상과 비교될 수 있을 만큼 빠르다"라고 그는 말한다. 이러한 결정 형태는 목적과 상관없는 운동들을 점차적으로 멀리하는 과정을 보여주는 고양이나 개, 닭들을 대상으로 한 실험에서 이들 동물들이 보이는 결정 형태와 차이를 보인다 – 저자.

썬 이전에 같은 문제에 매달렸고 부정적인 의미에서 이 문제를 결론지었던 손다이크조차도 행동 형태로 보건대 원숭이에게 동물 세계에서 아주 높은 자리를 내어줄 수 있다고 말한다.[38] 보롭스키 같은 다른 연구자들은 기능 위에 증축되는, 지능이라는 특별한 이름을 갖는 이 같은 고차원적 행동이 동물들에게서는 물론 사람들에게도 없다고 주장한다. 따라서 이들 연구자들은 원숭이들의 지능이 사람의 그것과 유사한가 하는 문제 자체를 전혀 다르게 설정한다.

우리에게 분명한 것은 침팬지의 고차원적 행동을 무엇이라고 간주하든지 간에, 행동 형태 그 자체가 인간의 그것의 뿌리가 된다는 점이고, 행동 형태가 도구 사용이라는 특성을 지닌다는 점이다. 마르크시즘 입장에서 쾰러의 발견은 결코 갑작스러운 것이 아니다. 마르크스가 이에 대해 언급한 대목이 있다.

"노동 수단의 제작과 사용은 비록 초기 형태에서 그것들이 동물들의 몇몇 도구 형태와 비슷한 속성을 보인다고 하더라도, 인간 노동 과정의 독자적인 특징을 보인다."[39]

바로 이런 의미에서 플레하노프(Georgii Valentinovich Plekhanov) 도 다음과 같이 말한다.

"어떻든 동물학은 최초의 원시적인 도구를 발명하고 사용하는 능력을 이미 갖춘 인간(homo)이 역사에 등장하는 것을 설명한다."[40]

---

38 손다이크, 『원숭이의 정신생활』, 1901.

39 마르크스, 『자본』, 제1권, 1820, 153쪽.

40 물론 우리가 침팬지로부터 발견하는 것은 직관적인 도구 사용이 아니라, 분별력 있는 적용 능력의 걸음마 단계다. "비록 원시적인 형태라 하더라도 (원숭이들의) 도구 사용은 지적 능력의 굉장한 발달을 상정하고 예상하게 한다"(플레하노프, 『유물론의 역사』, 1922, 138쪽)라고 플레하노프는 덧붙였다 – 저자.

그리하여 우리가 보기에 동물 심리학의 높은 수준의 새로운 장(章)은 마르크시즘에게는 이론적으로 전혀 새로운 것이 아니다. 플레하노프가 비버의 놀라운 건축술 같은 직관적인 활동에 대해서가 아니라 도구를 발명하고 사용하는 능력과 같은, 말하자면 지적 조작에 관하여 아주 분명하게 말하고 있다는 것은 흥미롭다.

동물 세계에 인간의 지능의 뿌리가 있다는 입장은 마르크시즘의 시각에서 보면 조금도 새로운 것이 아니다. 분별력과 이성의 차이를 설명하면서 엥겔스(Friedrich Engels)는 다음과 같이 쓰고 있다.

"우리는 동물들과 모든 종류의 분별 활동, 즉 연역, 귀납, 그 결과로서의 추상(네발짐승과 두발짐승의 종개념), 알려지지 않은 대상들에 대한 분석(호두 열매를 깨뜨리는 것은 분석의 시작), 종합(계책을 써서 물건에 구멍을 내는 경우), 분석과 종합을 연결하는 장치로서의 실험(새로운 방해물이 있는 경우나 독립적인 상황들에서) 등을 공유하고 있다. 형태로보건대 이 모든 방법은, 다시 말해서 일반 논리학에 잘 알려져 있는 학문 연구의 모든 수단은 사람에게나 고등동물에게나 완전히 동일하다. 차이가 있다면 다만 해당 방법의 발달 단계상 차이가 있을 뿐이다."[41]

동물의 언어적 뿌리에 대해서도 엥겔스는 위에 못지않게 단호하게 말한다. "상상력의 범주 한계 안에서 앵무새는 자기가 말하는 것을 이해할 수 있도록 배울 수 있다." 그리고 더 나아가서 엥겔스는 '이해'라

---

[41] 엥겔스는 또 다음과 같이 말한다. "동물들이 계획적이고 미리 의도된 행위(쾰러가 침팬지에게서 발견하는 그런 형태의 행위)로 나아가는 능력을 가지고 있다는 것을 우리가 부정한다고 생각하지 않는다는 것은 당연하다. 그 같은 행위의 시초는 원형질이 있는 곳이면, 활성 단백질이 존재하면서 반응하는 곳이면 어디서든지 존재"하지만, 그러나 이러한 능력은 "포유동물에게서 가장 높은 단계의 발달을 보인다"(엥겔스, 『자연변증법』, 1925, 101쪽) - 저자.

는 완전히 객관적인 범주를 거론하면서 이렇게 말한다.

"앵무새가 의미를 스스로 터득하는 방향으로 새에게 욕설을 가르치시오. (사실 이것은 열대 지방에서 돌아오는 선원들이 가장 즐기는 오락 가운데 하나다.) 그러고 나서 앵무새를 건드려 화나게 하면 당신은 베를린의 여자 장사꾼은 저리 가라고 할 만큼의 욕설을 앵무새로부터 듣게 될 것이다. 맛있는 먹이를 사정사정하여 얻어먹고 나서도 앵무새는 같은 욕설을 퍼부을 것이다."[42]

우리는 엥겔스에 대해 더 부언하고 싶지 않으며, 동물들에게서 인간의 사고와 언어, 인간의 것과 비슷한 사고와 언어를 발견한다는 생각을 방어할 생각도 없다. 우리는 아래에서 이런 엥겔스 주장의 한계와 그것들의 진정한 의미를 확실히 하려고 노력할 것이다. 현재 우리에게 중요한 것은 단 하나를 분명히 하는 것이다. 그것은 하여튼 동물의 세계에서 사고와 언어의 발생적 뿌리의 존재를 부정할 만한 근거는 없다는 것이며, 모든 자료가 보여주듯이 사고의 뿌리와 언어의 뿌리가 다르다는 것이다. 동물 세계에서 인간의 지능과 언어의 길에 이르는 발생적 경로가 존재한다는 것을 부정할 만한 근거는 없으며, 이러한 경로들은 위의 경우에서와 마찬가지로 우리를 흥미롭게 하는 행동의 두 형태에 각각

---

42 이에 관하여 엥겔스는 또 이렇게 말한다. "동물들, 특히 아주 발달된 고등동물들의 경우, 그들이 커뮤니케이션을 통하여 서로 소통하는 것의 일부는 분절음을 특징으로 하는 언어의 도움 없이도 소통될 수 있다." 엥겔스에 따르면 집에서 키우는 동물들은 언어에 대한 요구가 있을지 모른다. "그러나 유감스럽게도 그것들의 발음 기관이 이미 특정한 방향으로 특수화되어버렸기 때문에 그것들에게 어떠한 도움을 줄 수도 없는 상태다. 그렇지만 언어를 위한 발음 기관들의 조건들이 상대적으로 양호한 경우에는 언어 소통 능력의 부재가 일정한 경계 안에서는 사라질 수 있다." 예를 들어, 앵무새의 경우가 그러할 것이다(엥겔스, 같은 책, 93쪽) - 저자.

다르게 나타난다.

예를 들어 앵무새의 경우 언어를 배우는 탁월한 능력을 가지고 있지만, 이 능력이 사고의 태동과 같은 더 고차원의 발달과 직접 연결되어 있지는 않으며, 그 반대의 경우도 마찬가지다. 즉 동물 세계에서의 이 같은 태동의 발달은 언어의 진전이라는 것과는 뚜렷하게 관련을 맺고 있지 않다. 언어와 사고는 자신의 특별한 길로 걸어갈 뿐이며, 이 둘은 서로 다른 발달 노선을 가지고 있다.[43]

개체발생과 계통발생의 관계 문제를 어떻게 검토하는가 하는 것과 전혀 상관없이 우리는 새로운 실험적 연구들에 근거하여 아동 발달에서 지능과 언어의 발생적 뿌리와 경로가 서로 다르다는 것을 천명할 수 있었다. 일정한 지점까지 우리는 언어의 지능 이전 단계에서의 성숙과 그것과는 독립적인, 아동 지능의 언어 이전 단계에서의 성숙을 추적할 수 있다. 아동 언어발달을 깊이 천착한 슈테른이 주장하듯이 일정한 지점에서 사고와 언어의 발달 노선의 교차와 만남이 일어난다. 언어는 지능적으로 되고, 사고는 언어적으로 된다. 우리는 슈테른이 여기를 가리켜 아동의 위대한 발견이 이뤄지는 대목이라고 한 것을 보았다.

들라크루아 같은 몇몇 연구자는 이것을 부정하는 경향이 있다. 이들은 아동들이 4세 후에 "왜요?"라고 묻는 제2질문기와 구별하여, "이것의 이름이 뭐예요?" 같은 질문을 하는 아동들의 제1질문기에 대하여 별다른 일반적인 의미를 부여하지는 않는다. 들라크루아 등은 슈테른이 부여한 의미, "모든 물건이 자기 이름을 가지고 있다"[44]라고 아동

---

43 슈미트(Bastian Schmidt)는 언어발달이 동물 세계에서 곧바로 심리와 행동 발달의 지표가 되지는 않는다고 지적한다. 이런 맥락에서 코끼리와 말은 돼지와 암탉보다 뒤처진다(『언어와 동물의 다른 표현형식』, 1923, 46쪽) - 저자.

들이 발견한 것을 지시하는 그러한 징후의 의미를, 이 현상이 있는 자리 그 너머에 또 다른 의미가 있다는 것을 어떻든 부정한다. 왈롱은 아동에게 사물의 이름은 사물의 대용물이라기보다는 일정한 시간 효력을 갖는 사물의 속성이기 쉽다고 생각한다. "아동들이 1세 6개월 때 이런저런 사물의 이름을 물을 경우, 그는 자신이 이전에 발견했던 관계를 다시 외부로 드러내는 것이다. 이때 그 어떤 것도 아동이 하나에서 다른 것의 단순한 속성을 보지 않는다는 것을 지시하는 건 없다. 단지 문제들의 체계적인 일반화만이 우연하고 수동적인 관계에 관한 것이 아니라, 모든 실제 사물에게 맞는 상징적 기호들을 찾아내는 기능에 선행하는 어떤 경향들에 관한 것이라는 것을 증명해 보일 수 있다."[45]

우리가 살펴본 것처럼 코프카는 이 두 가지 견해 사이에서 중간 입장을 취하고 있다. 그는 한편으로는 뷜러의 뒤를 이어 아동에게 언어의 명명적 기능의 발명, 발견과 침팬지에게 도구의 발명 사이의 유사성을 강조한다. 그러나 다른 한편에서는 언어가 사물의 구조로 들어오지만 기호의 기능적 의미 속에서 반드시 고찰되어야 하는 것은 아니라면서 이 유사성에 제한을 가하고 있다. 언어는 사물의 다른 구성요소들처럼, 그리고 다른 구성요소들과 함께 사물의 구조 속으로 들어온다는 것이다. 언어는 아동에게 사물의 다른 속성들과 함께 또 하나의 속성이 된다고 그는 주장한다.

그러나 이 사물의 '속성' — 그러니까 사물의 이름 — 은 사물과는 구별된다. 사물의 이름을 듣지 않고서 사물을 눈으로 볼 수 있기 때문이다. 마치 눈이란 본래 확실하고 믿을 수 있지만, 어머니가 얼굴을 돌려

---

44 들라크루아, 『생각의 언어』, 1924, 286쪽.
45 같은 책, 287쪽.

버릴 때 보이지 않는, 별도의 속성일 수 있는 것과도 같다. "우리 같은 평범한 사람들에게 세상일이란 이럴 수밖에 없다. 남색 치마는 우리가 어둠 속에서 그 색깔을 보지 못한다고 해도 남색으로 남는다." 그러나 이름은 모든 사물의 속성이며, 아동은 이 규칙에 따라 모든 구조를 보완한다.[46]

뷜러도 이런저런 새로운 사물은 아동에게 과제 상황, 그 아동이 언어라고 불리는 일반 구조도식에 따라 풀어가는 과제 상황을 제공한다고 말한다. 새로운 사물을 지칭하는 어휘가 부족할 때 아동은 그 어휘를 성인에게 요구한다.[47]

우리 생각에는 이 견해가 진실에 훨씬 더 가깝고, 스턴과 들라크루아 논쟁에서 발생하는 여러 어려운 문제를 훌륭하게 제거한다고 본다. 주어진 민족 심리학, 아동 언어 심리학의 자료들(특히 피아제의 『아동의 언어와 사고』)은 어휘는 오랜 시간 아동에게 사물의 **상징**이라기보다는 **십중팔구** 속성이라는 것을 말해준다. 우리가 살펴본 바와 같이 아동은 내적 구조보다는 외적 구조를 먼저 갖는다. 그는 외적 구조를 체득한다. 언어는 추후에 상징 구조가 되는 사물이다.

그러나 우리는 쾰러의 실험들의 경우에서와 마찬가지로 또다시 사실상 과학적 해결이 아직 이뤄지지 않은 문제에 봉착하게 된다. 우리 앞에 일련의 가설들이 있다. 우리는 단지 그 가운데서 더욱 그럴듯한 가설을 선택할 수밖에 없다. 가장 그럴듯한 가설이 바로 '중간 견해'다.

무엇이 이 중간 견해의 정당성을 말해주는가? 첫째로, 1세 6개월 된 아동에게 언어의 상징적 기능의 발견, 높은 단계의 의식적인 지적 조

---

46 코프카, 『심리발달의 기초』, 1925, 244쪽.
47 K. 뷜러, 『아동 심리발달의 개요』, 1923, 54쪽.

작 능력이 있다는 것을 쉽게 인정하지 않으려 하는 점이다. 일반적으로 볼 때 그것은 1세 6개월 된 아동의 전반적인 지적 수준과 부합되지 않는다. 둘째로, 우리의 결론은 언어보다 더 소박한 기호의 기능적 사용이 매우 늦게, 그리고 또래 아동에게는 전혀 접근 불가능하게 나타난다는 다른 모든 실험자의 연구 결과와 완벽하게 일치한다. 셋째로, 우리의 결론이 이 시기 아동이 상징적 의미의 인식에 도달하려면 아직 많은 시간이 필요하며, 이 시기 아동은 언어를 사물의 속성으로 사용한다고 말하는 아동 언어 심리학의 일반적인 자료들과 일치한다. 넷째로, 스턴 (특히 헬렌 켈러)이 의지하는 비정상아를 대상으로 한 관찰 결과는 농아자들이 말을 배울 때 이 순간이 어떻게 진행되는지 스스로 추적한 빌러가 말하듯이, 짧은 순간에 정확하게 감지할 수 있는 '발견'이 아니라 반대로 이것으로 이끄는 일련의 '분자적' 변화가 일어난다는 것을 보여준다.[48]

마지막으로 다섯째로, 이것은 앞부분에서 실험 연구들에 기초하여 우리가 충분히 알 수 있었던 기호 습득의 일반적인 경로와 완전히 일치한다. 우리는 취학 연령기 아동들에게도 곧바로 기호의 기능적 사용으로 이끄는 직접적인 발견을 한순간도 관찰할 수 없었다. 언제나 이보다 선행하는 것은 '소박한 심리학' 단계, 기호의 순수한 외적 구조의 획득 단계, 추후에 기호 사용 과정에서 아동을 기호의 올바른 기능적 사용으로 이끄는 그런 단계들이다. 언어를 사물이 가진 다른 속성 가운데 하나의 속성으로 바라보는 아동은 언어발달의 바로 이 단계에 위치한다.

이 모든 것은 의심할 여지 없이 아동의 질문들에 대한 외적인, 표면

---

48 같은 책.

적인 유사성과 해석에 빠진 스턴의 명제가 유용하다는 것을 말해준다. 그러나 이와 함께 우리의 결론, 사고와 언어의 개체발생에 관하여 우리가 그린 그림에 기초하여 내릴 수 있었던 결론이 무너지는 걸까? 개체발생에서 사고와 언어가 일정한 지점까지는 서로 다른 발생 경로를 따라 발달하다가 일정한 지점에서 서로 교차한다는 바로 그 결론을 두고 하는 말이다.

결코 그렇지 않다. 스턴의 명제가 무너지든 그렇지 않든 또는 그 자리에 다른 어떤 명제가 들어서든 그렇지 않든지 간에 그것과 관계없이 이 결론은 올바르다. 쾰러의 실험 이후 쾰러와 다른 연구자들이 실험적으로 확립한 아동의 지적 반응의 최초 형태들 또한 침팬지의 행위가 그렇듯이 언어에서부터 독립적이라는 데 모두 동의하고 있다.[49] 그리고 더 나아가서 아동의 언어발달에서 초기 단계들은 다름 아닌 지능 이전의 단계들이라는 데도 모두 동의하고 있다.

만약 아동의 혀짤배기소리와 관련하여 이것이 명백하고 의심할 여지가 없다면, 아동의 최초의 말들과 관련해서도 이것을 확립된 것으로 간주할 수 있다는 것이 최근의 흐름이다. 아동이 내뱉는 첫 말들이 전체적으로 감정적·의지적 성격을 지니고 있으며, 이 기호들이 아직 객관적인 의미와 거리가 먼, 순수하게 주관적인 반응으로 충만한, 동물의 언어와 같은 '욕망과 감정'이라는 모이만의 명제[50]는 사실 최근에 이르러 일련의 연구자들에게 비판받고 있다. 스턴은 객관적인 것의 요소들이 아직 이 최초의 말들 속에서 구분되어 있지 않다고 생각하는 편이

---

49 들라크루아, 『언어와 사고』, 1924, 283쪽.
50 모이만, 「아동의 초기 언어행위의 형성」.

다.[51] 들라크루아는 최초의 말들과 객관적 상황을 직접 연결해서 보고 있다.[52] 하지만 두 저자 모두 이때 아동의 어휘가 어떤 항상적이고 영구적이고 객관적인 의미를 지니고 있는 것은 아니라는 점, 객관적인 성격을 기준으로 볼 때 이때 어휘가 말을 배운 앵무새의 욕설과 흡사하다는 점에서는 의견 일치를 보고 있다. 왜냐하면 욕망과 감정 그 자체, 감정적 반응 자체가 객관적인 상황과 연계 속에 묶여 있고, 어휘 또한 그 상황과 연결되어 있기 때문이다. 그렇지만 이것이 결코 근본적으로 모이만의 일반 명제를 부정하는 것은 아니다.[53]

사고와 언어의 개체발생에 대한 고찰이 우리에게 무엇을 주었을지 여기서 아래와 같이 요약할 수 있다. 사고와 언어의 발생적 뿌리와 발달 경로는 우리가 고찰한 바로는 일정한 지점까지는 서로 다르다. 새로운 사실은 이 두 가지 발달 경로의 교차며, 이는 누구도 다루지 않은 것이다. 그 교차가 하나의 지점에서 이루어지는지, 여러 지점에서 이루어지는지, 그 교차가 급작스럽게 곧바로 이뤄지는지, 천천히 점차적으로 이뤄지다가 시간이 지나서 다시 떨어지는지, 그 교차가 발견의 결과인지 또는 구조적 행위나 오랜 시간에 걸친 기능적 변화의 결과인지, 그 교차가 두어 살 먹은 아동에게 일어나는지 초등학생 수준에서 일어나는지 —이 모든 논쟁거리와 상관없이 중요한 것은 의심할 여지가 없이 남게 되는데, 그것은 바로 두 가지 발달 노선이 교차한다는 사실이다.

이와 덧붙여 내적 언어에 대한 고찰이 우리에게 무엇을 주었을지 정리하여 살펴볼 필요가 있다. 이와 관련하여 우리는 일련의 가설들과 다

---

51 C. 스턴, W. 스턴, 『아동의 언어』.

52 들라크루아, 같은 책, 1924.

53 모이만, 같은 글, 280쪽.

시 맞닥뜨리지 않을 수 없다. 내적 언어의 발달이 속삭임을 통하여 진행되는지 자기중심적 언어를 통하여 진행되는지, 내적 언어의 발달이 외적 언어의 발달과 동시에 일어나는지 비교적 높은 수준의 외적 언어 단계에서 일어나는지, 내적 언어와 그와 연결된 사고가 이런저런 모든 행동의 문화적 형태의 발달 속에서의 특정한 단계로 고찰될 수 있는지 —사실상의 연구 과정에서 그 자체가 매우 중요한 이 문제들이 어떤 결론을 맺든지 관계없이 주요한 결론은 그 자체로 남는다. 이 결론이란 다름 아닌, 내적 언어는 오랜 시간에 걸친 구조적·기능적 변화의 축적의 방식으로 발달하며, 내적 언어는 언어의 사회적·자기중심적 기능의 분화와 함께 외적 언어에서 떨어져 나온다는 것이며, 결론적으로 아동들이 획득하는 언어 구조가 아동 사고의 주된 구조로 역할한다는 것이다.

이와 더불어 본질적이고 의심할 여지 없는 결정적인 사실이 드러나고 있다. 사고발달의 언어로부터의, 사고 수단으로부터의, 아동의 사회·문화적 경험으로부터의 독립성이 바로 그것이다. 내적 언어의 발달은 주로 바깥에서 결정되며, 피아제의 연구들이 보여준 바와 같이 아동의 논리발달은 사회화된 언어의 직접적인 기능 그 자체다. 이 명제를 이렇게 공식화할 수 있을지 모른다. 아동의 사고는 사고의 사회적 수단들의 획득과 독립적으로, 다시 말해서 언어에서 독립적으로 발달한다.

우리는 모든 작업의 주된 명제, 문제 설정을 위하여 방법론적으로 중요한 의미를 가지는 그 명제를 정식화해보자. 이 결론은, 특별하고 상이한 경로들을 따라 동물의 세계와 초기 유아 단계에서 그것이 진행되었던 것처럼 내적 언어와 언어적 사고의 발달을 언어와 지능의 발달과 대비함으로써 명백해진다. 이 대비는 하나의 발달이 다른 발달의 단순히 직접적인 연속선상에 있지 않다는 것을 보여준다. 그리고 바로 그 발달의 유형 자체가 생물학적인 것에서 사회·역사적인 것으로 변했다는 것을 보여준다.

우리 생각에는 앞에서 언어적 사고는 천성적·자연적인 행동양식이 아니라 사회·역사적 양식이며, 따라서 사고와 언어의 자연적 양식 속에서는 결코 그 비밀을 알아챌 수 없는 그러한 일련의 특수한 속성들과 법칙성이 존재한다는 점이 충분히 분명하게 나타났다고 본다. 그러나 중요한 것은 바로 언어적 사고의 그 같은 역사적 성격을 인정하는 것과 함께 우리는 인류 사회의 모든 역사적 현상과 관련하여 역사적 유물론이 설정하는 모든 방법론적 명제를 이 행동양식으로 확산해야만 한다는 것이다. 결국 우리는 행동의 역사적 발달의 유형 자체가 전반적으로 볼 때 인류 사회 역사발달의 일반 법칙들과 뗄 수 없는 직접적인 관련 아래 놓이게 될 것이라는 것을 충분히 예상하게 된다.

그렇지만 바로 이 점 때문에 사고와 언어의 문제는 자연과학의 방법론적 경계들을 넘어 인간의 역사 심리학, 다시 말하면 사회 심리학의 중심적 문제로 전환된다. 그와 함께 문제의 방법론적인 설정도 달라지게 된다. 온전하게 이 문제를 전부 다 취급하지 못하는 상태에서 우리는 이 문제의 핵심들, 즉 방법론적인 면에서는 정말 난해하지만 변증법적 유물론과 사적 유물론의 토대에서 보면 인간 행동의 분석에 있어서 너무나도 중심적이고 중요한 핵심적인 면들에 대해 언급할 필요가 있다고 판단된다.

우리가 언급한 사고와 언어 두 과정의 관계의 기능적·구조적 분석의 여러 측면과 마찬가지로, 사고와 언어의 바로 이 두 번째 문제 자체는 특별한 연구 대상이 되어야 한다.

제5장

개념발달에 관한 실험적 연구

1. 과거의 개념연구 방법 비판

최근까지 개념의 연구 영역에서 가장 중요한 문제점은 개념의 형성 과정과 그것의 심리학적 본성을 심도 있게 연구할 수 있는 실험적 방법이 미비한 것이었다.

개념을 연구하는 모든 전통적 방법은 크게 두 가지로 구분할 수 있다. 첫 번째 방법의 대표적인 것은 정의법(定義法)과 그것의 변형이다. 이 방법의 근본을 이루는 것은 기존에 아동에게 형성된 개념들을 개념 내용의 언어적 정의를 통해서 연구하는 것이다. 텍스트 연구가 대부분 이러한 방법에 속한다.

이 방법은 널리 보급되어 있는데도 개념형성 과정을 깊이 있게 연구하는 데 장애가 되는 두 가지 본질적인 결점이 있다.

첫째, 이 방법은 과정의 역동성과 발달, 흐름, 시작과 끝을 간과한 채 이미 종결된 개념형성의 산물과 기존의 결과만 다룬다. 이것은 주어진 결과의 형성 과정보다는 결과 자체에 주목하는 것이다. 이러한 방법에 따라 기존의 개념들을 정의할 때 우리는 자주 아동의 사고보다는 아동에게 이미 형성된 기존의 지식과 정의들의 재생만을 수용하게 된다. 우리는 개념에 대한 아동의 정의들을 연구하면서 자주 본래적 의미의 사고보다는 아동의 지식과 경험, 언어발달 수준을 연구한다.

둘째, 정의법은 아동에게 개념이 그것의 감각적 재료와 밀접하게 결합되어 있으며, 감각적 재료의 지각과 가공에서 개념이 발생한다는 점을 간과한 채, 오직 말만 사용한다. 감각적 재료와 말은 모두 개념의 형성 과정에서 필연적인 계기며, 감각적 재료에서 분리된 말은 개념의 모든 정의 과정을 아동의 본성에 맞지 않는 순수한 언어적 차원으로 만든다. 그러므로 이 방법으로는 아동이 순수하게 언어적인 정의로 사용하는 말의 의미와 객관적 현실과의 살아 있는 상호관계 속에서 말에 부여되는 실제적 의미 사이의 관계를 확증해내기가 거의 불가능하다.

이 방법을 통해서는 가장 중요한 개념과 현실의 관계를 연구할 수 없다. 우리는 다른 말을 통해서 한 말의 의미를 이해하려고 하며, 이렇게 해서 우리가 밝힐 수 있는 것은 오직 아동이 사용하는 개념들을 진실하게 반영하는 것이라기보다 아동이 개별적으로 습득한 말들 간의 관계일 뿐이다.

두 번째 방법은 순수한 언어적 정의법의 결점을 극복하고, 시각적 경험(이로부터 개념이 발생하는)이 가공되거나 개념이 형성되는 과정에 존재하는 심리학적 기능과 과정을 연구하려는 추상화 방법이다. 이러한 방법에 따르면 아동은 일련의 구체적인 인상들 속에서 어떤 일반적인 특징을 도출하고, 지각과정 속에서 다른 것들로부터 이러한 특징을 추상화하며, 일련의 인상들이 지닌 공통된 특징을 일반화해야 하는 문제를 안게 된다.

이 방법의 결점은 복잡하고 종합적인 과정을 그것의 부분을 이루는 기초적 과정으로 대체하고, 개념형성 과정에서 말과 기호의 역할을 무시한다는 데 있다. 그럼으로써 이 방법은 개념을 그것이 형성되는 전체 과정에서 고유하고 핵심적인 역할을 하는 말과의 관계 속에서 다루지 않고, 추상화 과정 자체를 끊임없이 단순화한다. 요컨대 개념연구의 전통적 방법들은 모두 말을 객관적 재료에서 분리하는 특징을 지니고 있다. 즉 이 방법들은 객관적 재료가 없는 말과 말이 없는 객관적 재료만 조작할 뿐이다.

개념형성 과정을 완전하게 표현하는 실험적 방법의 발견은 개념연구의 획기적 발달로 이어졌다. 여기서 개념형성 과정은 개념형성의 토대가 되는 재료와 개념 발생에서 중요한 역할을 하는 말이라는 두 가지 계기를 포함한다.

우리는 지금 개념에 대한 새로운 연구 방법의 복잡한 역사를 상세히 기술할 수 없다. 여기서 우리는 다만 새로운 연구 방법에 대한 간단한 소개와 더불어 연구자에게 새로운 차원을 제시한 것을 언급하려고 한다. 그것은 이 연구 방법이 기존의 개념이 아니라 개념형성 과정 자체를 연구하기 시작했다는 점이다. 특히, 아흐가 사용한 바 있는 이 방법은 종합적·발생적 방법이라는 올바른 명칭을 얻게 되었다. 왜냐하면 그는 개념의 구성과정과 개념을 형성하는 일련의 특징의 종합과정, 개념의 발달과정을 연구했기 때문이다.

이 방법의 기본적인 원리는 인위적인 말과 개념들을 실험에 도입한 점이었다. 이 방법은 피험자(被驗者)가 처음 볼 때 무의미하고 아동의 기존 경험과 관계가 없는 인위적인 말들과 특별히 실험적 목표에서 일련의 특징들의 결합으로 구성되며, 언어의 도움으로 표시되는, 일상적 개념의 세계에서는 찾아볼 수 없는 개념들을 도입한다. 예컨대 아흐의 실험에서 피험자에게 처음에는 무의미한 단어인 'gatsun'은 실험 과정에서 의미를 부여받게 된다. 이 단어는 '크고, 무거운'이라는 의미를 지닌 개념이 된다. 그리고 단어 'fal'은 '작고, 가벼운'이라는 의미를 갖게 된다.

실험 과정에서 무의미한 말에 의미가 부여되고, 말이 의미를 획득하며, 개념이 만들어지는 전 과정이 연구자들에게 드러난다. 이러한 인위적 말과 개념을 도입한 덕분에 이 방법은 기존의 방법들이 지니고 있었던 가장 본질적인 결점으로부터 자유로워질 수 있다. 다시 말해서 이 방법은 피험자가 과제를 해결하는 데 기존의 어떤 경험과 지식도 전제하지 않으며, 이런 점에서 아동과 성인을 평등하게 다룰 수 있다.

아흐는 그들의 지식 모두를 평등하게 취급하면서 5세가 된 아동과 성인에게 일관적으로 자신의 방법을 적용했다. 요컨대 그의 방법은 개념형성 과정을 순수한 형태로 연구하는 것을 가능하게 했다.

정의법의 중요한 결점 가운데 하나는 개념을 자연적인 연관으로부터 분리하고, 사고의 현실적 과정(개념이 발생하고 살아 움직이며 개념을 접할 수 있는)과는 상관없는 고정되고 정적인 개념을 선택한다는 점이다. 실험하는 사람은 고립된 말을 선택하고, 아동은 그것을 정의해야만 한다. 그러나 이렇게 고정된 형태의 고립된 말을 정의하는 것은 이것이 실제로 어떤 개념이고, 아동이 과제를 해결하는 실제 과정에서 그것을 어떻게 조작하며, 새로운 요구가 발생할 때 그것을 어떻게 사용하는가 하는 문제에 대해서는 충분한 설명을 할 수 없다.

아흐가 이에 대해 언급한 것처럼 개념의 기능적 측면을 무시하는 것은 개념이 고립된 상태로 존재하지 않으며, 고정된 불변적 구조를 가지고 있지 않다는 점을 인정하지 않는 것이다. 반대로 개념은 항상 사고의 복잡하고 살아 있는 과정 속에서 만나게 되며, 소통과 의미 부여, 이해, 어떤 과제의 해결이라는 기능을 수행한다.

이른바 개념 발생의 기능적 조건을 연구의 중심으로 설정하는 새로운 방법은 이런 결점을 극복한다. 이 방법은 사고 과정에서 발생하는 이런저런 과제나 요구, 이해나 소통, 개념의 형성 없이는 실현하기 불가능한 과제와 훈령(訓令)들의 연관 속에서 개념을 선택한다. 이로써 새로운 연구 방법은 개념발달을 이해하는 데 특히 중요하고 가치 있는 수단이 된다. 그리고 아흐는 자신이 과도기 연령에 있는 사람의 개념형성에 대한 특수한 연구를 할 수 없었는데도 자신의 연구 결과에 근거하여, 소년의 지적 발달에서 일어나며 개념적 사고로 이행하면서 나타나는 이중적 대전환(사고의 내용과 형식을 포괄하는)을 지적하지 않을 수 없었다.

리마트(Franz Rimat)는 소년기의 개념형성 과정에 대한 특수하고 발달된 연구를 수행했다. 그는 아흐의 방법을 부분적으로 수정하여 이 과정을 연구했다. 이 연구의 기본적 결론은 개념형성이 과도기 단계에 이르러서야 시작되며, 아동은 이 시기에 도달하기 전까지 이것을 이해하지 못한다는 것이다.

이에 대해 리마트는 다음과 같이 적고 있다.

"우리가 확신할 수 있는 것은 12세가 끝날 무렵에서야 비로소 일반적이고 객관적인 표상을 스스로 형성하는 능력이 급격하게 향상되는 것을 발견할 수 있다는 것이다. 나는 이러한 사실에 주목하는 것이 매우 중요하다고 생각한다. 직관적인 계기들에서 벗어난 개념적 사고는 아동에게 12세 이전의 정신 능력 이상의 것을 요구한다."[1]

우리는 여기서 이 연구의 실행방법이나 저자의 다른 이론적 결론, 산물들에 대하여 상세히 기술하지는 않을 것이다. 우리는 일부의 심리학자들이 과도기 단계에서 어떤 새로운 지적 능력이 발생한다는 사실을 부정하고, 아동이 3세가 되면 이미 모든 지적 조작(이로부터 소년의 사유가 성립한다.)을 습득한다고 확신하고 있음에도 특별한 연구 결과들에 따르면 오직 12세가 지난 후에, 즉 초등학교 교육이 종료되고 과도기가 시작되는 것과 함께 아동의 개념형성과 추상적 사유의 과정이 시작된다는 기본적인 결론만을 강조하고자 한다.

아흐와 리마트가 실험한 중요한 연구 결과 가운데 하나는 개념형성 과정에 대한 연합적 관점을 부정한 점이었다. 아흐의 연구는 언어적 기호와 대상들 간의 연합적 관계들이 아무리 풍부하더라도 이것만으로는 개념형성 과정을 완전히 입증할 수 없다는 사실을 보여주었다. 요컨대 일련의 대상들이 공통적으로 지니고 있는 특징들에 상응하는 어떤 연합적 관계들을 강화하고, 이러한 대상들을 구별하는 특징들에 상응하는 다른 연합적 관계들을 약화시킨 덕분에 개념은 순수하게 연합적 방법을 통해서 발생한다는 결론에 도달한 과거의 견해는 아흐의 실험적 확증과 일치하지 않았다.

아흐의 실험은 개념형성 과정이 재생적인 것이 아니라 생산적인 성격을 지니고 있으며, 개념은 어떤 과제를 해결하는 복잡한 조작 과정에서 발생하고 형성되며, 말과 대상의 관계가 지니고 있는 어떤 외적 조건과 기계적인 설정도 개념 발생을 충분히 설명하지 못한다는 점을 증

---

1 리마트, 『아흐의 조사방법에 대한 지적 연구』, 1925, 112쪽.

명했다. 개념형성 과정이 지니고 있는 비연합적·생산적 성격의 확증과 더불어 이 실험은 그에 못지않은 다른 결론, 즉 이 과정의 전체 흐름을 규정하는 기본적인 요인을 제시했다. 아흐는 개념형성 과정에서 중요한 기본적 요인을 소위 결정 경향이라고 명명했다.

아흐는 이 용어로 우리의 표상과 행동의 흐름을 조정하고, 모든 흐름이 지향하는 목표에 관한 표상과 과제(주어진 모든 활동은 이 과제를 해결하려고 한다.)에서 유래하는 경향을 지적하고 있다. 아흐 이전의 심리학자들은 표상의 흐름을 두 가지 기본적인 경향으로 구분했다. 첫째는 재생적 또는 연합적 경향이고, 둘째는 연속적 경향이다.

표상의 흐름 속에서 전자는 기존의 경험 속에서 주어진 것과 연합적으로 연관되는 것들을 불러일으키는 경향이고, 후자는 표상들의 흐름 속으로 고양되고, 새롭게 침투하는 모든 표상의 경향이다.

아흐는 자신의 초기 연구에서 이 두 가지 경향이 어떤 과제를 해결하기 위한 목표지향적이고 의식적인 사고의 조정행위를 설명하는 데 불충분하다는 것과 이 사고행위들은 연합적 관계에 따른 표상들과 다시 의식 속으로 침투하는 모든 표상의 경향이 지니고 있는 재생행위가 아니라 목표에 관한 표상에서 유래한 특수한 결정 경향으로 조정된다는 것을 증명했다. 아흐는 개념연구에서 피험자에게 주어진 과제에서 유래하는 결정 경향의 조정작용이 새로운 개념의 발생에서 필수적인 중심적 계기라는 사실을 새롭게 증명했다.

요컨대 아흐의 도식에 따르면 개념형성은 하나의 고리가 연합적으로 연결된 다른 고리를 불러일으키는 연합적 연쇄 유형에 의해서가 아니라 기본적인 과제를 해결하는 데 수단으로 작용하는 일련의 조작에 따라 구성된 목표지향적 과정의 유형으로 이루어진다. 말들을 암기하고 말들과 대상들을 결합하는 훈련은 개념을 형성하는 것과는 상관이 없다. 피험자에게는 개념형성을 위해서 개념이 아닌 다른 방법으로는 해결할 수 없는 과제를 제시하는 것이 필요하다.

우리는 이미 아흐가 개념형성 과정을 일정한 과제의 해결구조 속에 포함시키고, 이러한 계기의 기능적 의미와 역할을 연구했다는 의미에서 과거의 연구를 획기적으로 발달시켰다는 점을 언급한 바 있다. 그러나 이것만으로는 불충분하다. 왜냐하면 목표와 자기 자신에게 부과된 과제는 과제 해결과 기능적으로 연관된 과정이 발생하기 위한 필수적인 계기이기 때문이다. 목표는 취학 전의 아동이나 유아도 가지고 있기는 하지만, 즉 유아나 취학 전의 아동, 우리가 언급한 바와 같이 12세 이전의 아동은 일반적으로 주어진 과제를 완전히 인식할 수 있는 능력을 가지고 있기는 하지만 아직 새로운 개념을 형성할 수 있는 능력은 가지고 있지 않다.

아흐 자신도 취학 전 아동들이 과제를 해결하는 방법은 그들이 목표를 잘못 이해했거나 불충분하게 인식했다는 점에서가 아니라 완전히 다른 방식으로 과제 해결의 전체 과정을 전개한다는 점에서 성인이나 소년과 다르다는 것을 증명했다. 우즈나드제(Dmitri Nikolaevich Uznadze)[2]는 우리가 앞으로 살펴볼 취학 전 아동들의 개념형성에 대한 복잡한 실험적 연구를 통해서 성인이 개념을 조작하는 것과 마찬가지로 취학 전 아동들도 소위 기능적 관계 속에서 과제를 받아들이며, 단

---

2 우즈나드제(1886~1950): 소비에트 심리학자. 그루지아 심리학파의 창시자. 그는 아흐의 작업, 특히 결정 경향 이론에 근거하여 자세의 문제를 연구했다. 비고츠키는 우즈나드제를 높이 평가했으며, 그를 소비에트 심리학의 리더 중의 하나로 생각했다 — 편집자.

지 성인과는 다른 방식으로 이 과제들을 해결한다는 사실을 증명했다. 아동은 성인과 마찬가지로 말을 수단으로 사용한다. 따라서 아동이나 성인에게 말은 소통과 의미부여, 이해 기능을 수행한다.

요컨대 과제나 목표 그리고 여기서 유래한 결정 경향이 아니라 연구자들이 주목하지 않은 다른 요인들이 성인의 개념적 사고와 유아의 사고를 특징짓는 다른 사고양식들 간에 본질적이고 발생적인 차이를 낳는다.

특히 우즈나드제는 아흐의 연구에서 최초로 제기된 기능적 계기 가운데 하나인 언어를 통해서 사람들이 상호 소통하고 이해하는 데 주목했다. 우즈나드제는 다음과 같이 적었다. "말은 사람들이 상호 이해하는 수단이다. 개념형성에서 이른바 이러한 상황은 결정적 역할을 한다. 상호 이해를 확립할 필요가 있을 때 일정한 음성적 복합체는 일정한 의미를 획득한다. 요컨대 이것은 말이나 개념이 된다. 이러한 상호 이해의 기능적 측면이 없다면 어떤 음성적 복합체도 의미를 전달하거나 개념을 만들어낼 수 없다."

주지하다시피 아동과 성인세계 간의 접촉은 매우 일찍 확립된다. 아동은 태어날 때부터 말을 사용하는 환경에서 성장하며, 이미 2세부터 스스로 언어의 메커니즘을 이용하기 시작한다.

"아동이 무의미한 음성적 복합체가 아니라 진짜 말을 사용하며, 발달 수준에 따라 좀더 분화된 모든 의미를 이 말과 연결한다는 사실은 의심할 여지가 없다."

이와 함께 아동은 충분히 발달된 개념들을 형성하기 위해 필요한 사고의 사회화 단계에 상대적으로 늦게 도달한다고 생각할 수도 있다.

"그러므로 우리는 한편에서 아동의 사고에서 높은 사회화 단계를 나타내는 충분히 가치 있는 개념들은 상대적으로 늦게 발달하며, 동시에 다른 한편에서 아동들은 상대적으로 일찍 말을 사용하기 시작하고, 그 것의 도움으로 성인들과 상호 이해를 확립한다.

요컨대 아직 완전히 발달된 개념의 수준에 도달하지 못한 말들은 후 자의 기능을 박탈당하며, 발화자들 사이에 소통과 이해의 수단이 된다 는 것은 명백하다. 여기에 상응하는 연령단계에 대한 특별한 연구는 개 념으로서가 아니라 기능적 등가물로 보아야만 하는 사고형식들이 어떻 게 발달하며, 그것이 완전히 발달된 사고 단계에 어떻게 도달하는지를 우리에게 설명한다."

우즈나드제의 모든 연구는 개념적 사고의 기능적 등가물인 이러한 사고형식들이 좀더 발달된 소년과 성인의 사고와 질적이고 구조적으로 큰 차이가 난다는 것을 보여주고 있다. 그와 동시에 이러한 차이는 아 흐가 주장하는 요인으로 증명될 수 있는 것은 아니다. 왜냐하면 이러한 형식들은 우즈나드제가 증명했듯이 이른바 기능적 관계 속에서, 즉 다 시 이야기하면 일정한 문제를 해결하거나 목적 표상에서 유래한 결정 경향이 존재한다는 의미에서 등가적 개념이기 때문이다.

이렇게 되면 우리는 다음과 같은 상황에 직면하게 된다. 즉 아동은 비교적 초기 발달 단계에서 과제와 거기에 기초한 목적 표상은 이해하 고 있다는 것이 판명된다. 아동들에게 개념들의 기능적 등가물들은 아 동과 성인에게 부여되는 이해와 소통이라는 과제의 원칙적 동일성에 의해 특히 일찍 발달한다. 그러나 과제의 동일성과 기능적 등가성에도 아동과 성인이 과제를 해결하는 과정에서 기능하는 사고형식들 자체는 구성, 구조, 활동방식에서 크게 차이가 난다.

과제와 그 속에 포함되어 있는 목적 표상이 아니라 아흐가 주목하지 않았던 어떤 새로운 요인이 모든 과정의 흐름을 결정하고 조정한다는 사실은 명백하다. 그리고 더 나아가 과제와 그것과 연관된 결정 경향은 아동과 성인의 기능적·등가적 사고형식 속에서 관찰한 바 있는 그것의 발생적·구조적 차이를 우리에게 설명할 수 없다는 것도 자명하다.

목표가 충분한 설명이 되지는 못한다. 물론 목표 없이 어떤 합목적적 행동도 불가능하지만 우리는 이러한 목표의 존재를 통해서 그것이 발달과 구조에서 도달하는 전체 과정을 이해할 수 있는 것은 결코 아니다. 아흐 자신이 더 낡은 방법에 근거해 언급하는 것처럼 목표와 그에 기초한 결정 경향은 과정의 시초가 되기는 하지만 그것을 조정하지는 않는다. 목표와 과제는 필요조건이긴 하지만 합목적적 활동의 발생을 위한 충분조건은 아니다. 과정의 시초가 되고 그것에 방향을 부여하는 목표와 과제 없이는 어떤 합목적적 활동도 발생할 수 없다.

그러나 목표와 과제는 합목적적 활동이 실제로 제기하는 것을 보장하지는 않으며, 어떤 경우에도 이러한 활동의 흐름과 구조를 결정하고 조정하는 마술적 힘이 될 수 없다. 아동의 경험과 성인의 경험은 많은 사례에서 보듯이 주어진 발달 단계에서 해결할 수 없는 또는 잘못 해결된 과제들과 도달될 수 없거나 도달할 수 없는 목표들이 인간에게 발생할 때(그것의 발생이 이미 성공을 보장한다는 것을 배제한 채) 완전히 일치한다. 우리는 일반적으로 문제의 해결로 인도되는 심리과정의 본성을 설명하는 데 이러한 목표에서 출발해야 하지만 또한 그것에 제한받을 수는 없다.

이미 언급한 바와 같이 목표가 곧 과정의 설명은 아니다. 개념의 형성 과정, 좀더 일반적으로는 목표지향적 활동과 연관되어 있는 중요하고 근본적인 문제는 이런저런 심리조작을 수행하고 합목적적 활동을 완결하는 데 도움이 되는 수단의 문제다.

우리는 노동이 인간에게 부과되는 목표와 과제들에 의해 발생한다고 언급하면서 노동을 인간의 합목적적 활동과 동일하게 설명하는 데 만족할 수는 없다. 우리는 도구의 사용이나 노동의 발생을 설명하는 독자적인 수단들을 적용해서 노동을 설명해야만 한다. 요컨대 행동의 모든 고차원적 형태들을 설명하는 데 중심적인 문제는 인간이 고유한 행동 과정을 습득하는 데 도움이 되는 수단의 문제다.

우리가 여기서 상세하게 언급하지 않은 연구들이 보여주는 것처럼 모든 고차원적 정신기능은 매개된 과정이다. 그 구조의 기본적이고도 핵심적인 측면은 기호를 사용하는 것인데, 기호는 정신 과정을 지시하고 숙달하는 과정이다.

우리가 흥미를 가지고 있는 개념형성 문제에서 기호는 바로 개념형성의 수단역할을 하고 나중에는 그것의 상징이 되는 말이다. 오직 말의 기능적 사용과 발달, 모든 성인에게 다양하고 질적으로 상이하지만 발생적으로 다른 적용형식들과 상호 연관되어 있는 문제에 대한 연구만이 개념형성 연구에 기본적인 해결책이 될 수 있다.

아흐의 방법론이 지닌 가장 중요한 결점은 우리가 그러한 방법으로 개념형성의 발생적 과정을 명료하게 확인할 수 없고, 이러한 과정이 존재하는지 아니면 존재하지 않는지를 확인할 뿐이라는 데 있다. 실험의 구성은 개념, 즉 기호 역할을 하는 등가적 말들의 형성수단들이 처음부터 주어진다는 것을 전제한다. 그리고 이러한 수단들은 모든 실험 과정에서 변하지 않으며, 게다가 그 실험들의 적용방법은 사전에 규정된다. 말은 처음부터 기호 역할을 하지 않는다. 말은 원칙적으로 실험에 사용되는 일련의 다른 자극들이나 연관된 대상들과 구분되지 않는다.

비판적이고 논쟁적인 목표에서 말과 대상 사이의 연합적 관계가 의미의 발생을 설명하는 데 불충분하고, 말의 의미나 개념이 음성적 복합체와 객체 사이의 연합적 관계와 동일하지 않다는 것을 증명하려고 하면서 아흐는 일정한 도식 속에 포함된 개념형성의 전 과정에 대한 전통적 경로, 즉 '아래에서 위로, 개별적인 구체적 대상들에서부터 그것을 포함하는 소수의 개념으로'라고 표현되는 도식을 줄곧 유지했다.

그러나 아흐 자신이 지적한 바와 같이 이러한 실험의 경로는 개념형성의 실제 과정과 첨예하게 대립되며, 우리가 살펴보겠지만 연합적 연결고리의 기초 위에 설 수 없다. 그는 이미 유명해진 포겔(H.K. Fogel)의 용어를 사용하면서 개념의 피라미드를 따라 상승하는 것을 이해하지 못하고, 구체적인 것에서 좀더 추상적인 것으로 이행하지 못했다.

이것이 바로 아흐와 리마트의 연구가 도달한 근본적인 결론 가운데 하나다. 그들의 연구는 개념형성 과정에 대한 연합적 관점의 부당성을 폭로했고, 개념의 생산적·창조적 성격을 지적했으며, 개념형성 과정에서 기능적 계기의 본질적 역할을 해명했다. 그리고 그들의 연구는 오직 개념의 필요성과 그에 대한 일정한 요구가 발생할 때만, 일정한 목표 달성과 일정한 과제 해결을 위한 합목적적 활동의 과정에서만 개념은 발생하고 형성된다는 사실을 강조했다.

개념형성에 관한 기계론적 관념들을 완전히 청산한 이러한 연구들은 그럼에도 이러한 과정의 실제적인 발생적·기능적·구조적 본성을 규명하지 못했으며, 본질적으로 목표 자체가 결정 경향의 도움으로 그에 상응하는 합목적적 활동을 창조하고 과제가 그것의 해결을 자체에 내포하고 있다고 확신하는, 다시 말해 고차원적 기능들에 대한 순수하게 목표론적인 설명과 유사하게 되었다.

우리는 이미 이러한 견해의 일반적인 철학적·방법론적 한계와는 별개로 설명이 순수하게 사실적인 측면에서 해결될 수 없는 모순에 빠지고, 아동의 단계에서 기능적으로 동일했던 과제나 사고형식의 목표들이 왜 성인의 단계에서는 그렇게 서로 크게 차이가 나는지를 설명할 수 없게 된다.

일반적으로 이런 관점에서는 사고형식들이 발달한다는 사실을 이해할 수 없다. 그러므로 아흐와 리마트의 연구는 의심할 여지 없이 개념 연구의 새로운 장을 열었지만 인과적·역동적 설명의 관점에서 완전히 해결되지 않은 문제를 남겨놓았으며, 개념형성 과정을 그것의 발달과 인과적·역동적 필연성 속에서 연구하는 과제를 실험 연구에 제기했다.

2. 실험의 개요

우리는 이러한 과제를 해결하기 위하여 이중자극의 기능적 방법이라고 명명했던 특수한 실험 연구 방법을 채택하려고 한다. 이 방법의 본질은 이중자극을 통해서 고차원적 정신기능의 발달과 활동을 연구하는데 있다. 이중자극은 피험자의 행동에 따라 상이한 역할을 수행한다. 이중자극 중 하나는 피험자의 활동이 작용하는 대상의 기능을 수행하고, 다른 하나는 이러한 활동이 조직되는 기호들의 기능을 수행한다.

우리는 여기서 개념형성 과정에 이러한 방법을 적용하는 것에 대해 구체적으로 서술하지는 않을 것이다. 왜냐하면 이 방법은 우리의 공동 연구자인 사하로프(Lev Solomonovich Sahkarov)가 연구한 바 있기 때문이다. 우리는 단지 전술한 바 있는 문제와 관련하여 원칙적인 의미를 지니고 있는, 상대적으로 기본적인 계기에 대해 일반적인 지적만을 하려고 한다. 주어진 연구가 개념형성 과정에서 말의 역할과 그것의 기능적 사용의 성격을 밝히는 것이라는 점에서 모든 실험은 일정한 의미에서 아흐의 실험과 대립되는 방향에서 구성된다.

아흐가 사용한 실험의 최초 단계는, 실험자에게서 어떤 과제도 받지 않지만 과제를 해결하는 데 필수적인 단어 같은 수단들을 부여받은 피험자가 모든 대상을 분별하면서 자기 앞에 제시된 사물들의 모든 명칭을 암기하는 것으로 시작된다.

요컨대 과제는 처음부터 주어지지 않으며 실험의 전 과정에서 반복되는 계기를 구성하면서 나중에 제시된다. 반대로 수단(단어)은 처음부터 주어지지만 자극대상과의 직접적인 연합적 관계 속에서 주어진다.

이중자극 방법에서 두 가지 계기는 정반대 방식으로 나타난다. 과제는 피험자에게 실험의 최초 단계에서부터 완전히 제시되고, 이것은 실험의 모든 단계에서 동일하다.

우리는 과제의 정립, 목표의 발생이 모든 과정의 발생에서 필연적인 전제이지만 사전에 주어진 말들이 불충분함에도 피험자가 새로운 시도로 과제를 해결하는 것처럼 수단은 점진적으로 과제가 된다는 입장에서 출발한다. 이 과정에서 암기는 완전히 배제되어 있다. 요컨대 과제 해결 수단, 즉 기호적 자극이나 말들을 변수로, 과제를 정수로 취급하면서 우리는 어떻게 피험자가 기호들을 자신의 지적 조작에 적용하는지 그리고 단어의 사용방법과 그것의 기능적 적용에 따라서 어떻게 모든 개념형성 과정이 발생하고 발달하는지를 연구할 수 있는 가능성을 얻게 되었다.

여기서 특히 본질적이고 원칙적으로 중요한 것은 우리가 계속 상세하게 언급하겠지만 실험에서 개념의 피라미드가 전복된다는 것이다. 실험에서 과제의 해결과정은 개념의 실제적인 형성에 상응한다. 이것은 우리가 보겠지만 골턴(Francis Galton)의 사진과 같이 기계적이고 산술적으로, 구체적인 것에서 추상적인 것으로 점진적으로 전이하는 것이 아니다. 여기서는 추상적 사고의 정상으로 향하는 상승과정과는 반대로 위에서 아래로, 일반적인 것에서 특수한 것으로, 피라미드의 정상에서 바닥으로 전이하는 운동이 고유한 것이다.

결국 아흐가 언급한 바 있는 기능적 계기가 본질적으로 중요하다. 개념은 정적이고 고립된 형태가 아니라 살아 있는 사고과정과 과제 해결 과정 속에서 존재한다. 그렇기 때문에 모든 연구는 모든 단계가 행동과 그것의 사고 과정에서의 기능적 적용 속에 존재하는 개념을 포함하는 일련의 개별적 단계들로 분리된다. 처음에는 개념형성 과정이, 그다음에는 새로운 대상으로의 개념전이 과정이, 또 그다음에는 자유로운 연합의 과정 속에서 개념의 사용이, 그리고 최종적으로는 판단의 형성 과정에서 개념의 적용과 새롭게 형성된 개념들에 대한 정의가 뒤따른다.

실험의 전 과정은 다음과 같이 진행된다. 경계가 나뉜 특수한 칠판에 무질서하게 색과 형태, 높이, 크기가 다른 일련의 도형들이 피험자에게 제시된다. 모든 도형은 〈그림 1〉에서 보는 것처럼 표시되어 있다. 그리고 이 도형 중에서 하나가 피험자에게 제시되며, 이 도형의 반대 면에는 의미가 부여되어 있지 않은 단어가 씌어져 있다.

피험자는 두 번째 칠판에서 실험자의 지시에 따라 동일한 단어가 적혀 있는 모든 도형을 표시해야만 한다. 과제를 해결하려는 피험자의 이러한 시도가 끝난 이후에 실험자는 그것을 검사하고, 이미 드러난 것과 동일한 단어가 적혀 있는 것이거나 아니면 다른 기호가 적혀 있는 새로

<〈그림 1〉 개념형성의 연구, 사하로프의 방법>

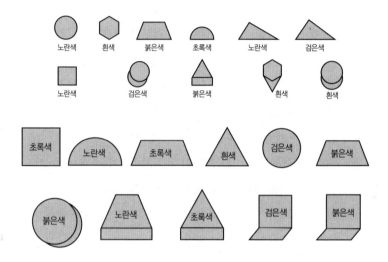

운 도형을 제시한다. 그러나 새로 제시되는 도형들은 각각 한 가지 특
성에서는 이미 드러난 도형과 흡사하고, 다른 특성에서는 그것과 다른
것이어야 한다.

요컨대 각각의 새로운 시도가 끝난 후에는 드러난 도형의 숫자가 증
가하며, 동시에 지시하는 기호의 숫자도 증가한다. 그리고 실험자는 이
러한 기초적 요인에 따라 어떻게 모든 실험단계에서 동일하게 관철되
는 과제 해결의 성격이 변화하는지를 연구할 수 있는 가능성을 얻게 된
다. 모든 단어는 동일한 실험적 개념에 관계되고 주어진 단어에 의해
형성되는 도형들에 배치된다.

3. 개념형성 과정의 본질적 계기

우리 실험실에서 사하로프가 시작해서 자신과 동료인 코텔로바(Iu. V. Kotelova), 파쉬콥스카야(E.I. Pashkovskyja)가 이어받아 마무리한 형성 과정에 대한 일련의 연구에는 지능과 언어 능력이 손상된 사람들을 포함하여 아동, 소년, 성인 300명 이상의 피험자가 참가했다.

연구의 기본적인 결론은 우리가 현재 관심을 가지고 있는 주제와 직접적인 관계를 가지고 있다. 다양한 연령단계에서 개념형성의 발생과정을 추적하고, 동일한 조건 아래 있는 아동과 소년, 성인에게서 진행되는 이 과정을 비교·평가하면서 우리는 실험적 연구에 기초하여 이과정의 발달을 지배하는 기본 법칙을 해명할 수 있는 가능성을 얻게된다.

발생적인 측면에서 우리 연구의 기본적인 결론은 다음과 같이 일반적으로 정식화할 수 있다. 궁극적으로 개념형성에 도달하는 과정의 발달은 이미 아동기에서 그 근원을 찾아볼 수 있지만, 독자적인 조합 속에서 개념형성 과정의 심리학적 기초를 형성하는 지적 능력은 오직 과도기의 연령에서 성숙하고 형성되고 발달한다. 다시 말하면 오직 아동이 소년으로 성장한 후에 개념적 사유 영역에서 결정적 이행의 가능성이 성립한다.

이 연령 이전에 이미 고유한 지적 조직이 형성된다. 이것은 외견상진정한 개념과 유사하며, 이러한 외적인 유사성의 결과로 피상적인 연구에서는 이미 어린 연령기에 진정한 개념이 존재하고 있다는 징후로받아들여진다. 이러한 지적 조직은 실제로 나중에 성숙한 진짜 개념과의 기능적 관계 속에서 등가물이 된다.

이것은 지적 조직들이 과제를 해결하는 데 개념과 유사한 기능을 수행한다는 것을 의미한다. 그러나 실험적 분석은 개념의 등가물과 진정한 개념 간의 관계가 심리학적 본성과 구성, 구조, 활동방법 측면에서 볼 때 태아와 완전히 성숙한 성인 간의 관계와 동일하다는 것을 보여준다. 이 양자를 동일시하는 것은 사고발달의 기나긴 과정을 무시하는 것이며, 처음과 끝의 단계가 동일하다는 것을 주장하는 것이다.

많은 심리학자가 증명하는 것처럼 과도기 연령에서 일어나는 지적 조작들을 세 살배기 아동의 사고와 동일시하는 것은 미래에 나타날 성적 욕구의 요소와 성욕을 구성하는 부분들이 이미 유아기에서 발견된다는 근거만으로 중등학교에 해당하는 연령기가 성적 성숙의 시기라는 사실을 부정하는 것만큼이나 근거가 희박하다.

앞으로 우리는 과도기 연령에서 발생하는 진정한 개념들과 취학 전 아동이나 초등학생의 사고영역에서 발견할 수 있는 진정한 개념들의 등가물들을 더욱 상세하게 비교할 수 있게 될 것이다. 우리는 이러한 비교를 통해서 무엇이 과도기 연령기의 사고에서 발생하는지, 무엇이 개념의 형성을 성숙기에 맞이하는 위기와 관련된 심리학적 변화의 중심으로 만드는지에 대한 새로운 사실을 확인하게 된다. 지금 우리는 개략적으로 개념형성 과정이 지닌 심리학적 본성을 해명하고, 왜 이러한 과정이 소년기에만 일어나는지를 밝히려고 한다.

개념형성 과정에 대한 실험적 연구는 주의의 능동적 방향과 특징의 분화, 분석, 그것의 추상과 종합의 수단으로 말과 다른 기호를 기능적으로 사용하는 것이 전체 과정의 기본적이고 필수적인 과정이라는 것을 증명한다. 개념형성이나 말에 의한 의미 획득은 기본적인 지적 기능들이 독자적인 조합으로 참여하는 복잡한 능동적 활동(말과 기호에 의한 조작)의 결과다.

우리는 이렇게 실험의 기본적 명제를 정식화할 수 있다. 이 연구는 개념의 형성이 사고의 특수하고 독자적인 방법이며, 새로운 사고방식의 발달을 규정짓는 가장 근접한 요인이 많은 학자가 가정하는 것처럼 연합도 아니고, 뮐러(George Elias Müller)가 주장하는 것처럼 주의도 아니며, 뷜러의 개념형성 이론에서 언급한 것처럼 상호 협력하는 판단과 표상도 아니고, 아흐가 지적한 것처럼 결정 경향도 아니라는 사실을 증명하고 있다. 이러한 모든 계기와 과정은 개념형성 과정에 관여하지만 이들 중에서 어느 것도 질적으로 독자적이며 여타의 기본적인 지적 조작으로 환원되지 않는, 새로운 사고형식의 발생을 적절하게 설명할 수 있는 결정적이고 본질적인 계기는 아니다.

이러한 과정 중에서 어느 것도 과도기 연령에서 어떤 현저한 변화를 보이지 않는다. 왜냐하면 반복하지만 기본적인 지적 기능 중에서 어느 것도 최초의 것이 아니며, 실제로 과도기 연령기에 속하는 아동의 새로운 획득물이 아니기 때문이다. 기본적인 기능과 관련해서 본다면 위에서 언급한 심리학자들의 견해는 완전히 정당하다. 다시 말하면, 소년의 지능에서는 이미 아동에게서 발견되는 것과 비교하여 원칙적으로 어떠한 새로운 점도 나타나지 않으며, 이미 이전에 확립되고 성숙된 기능 자체들의 균등한 발달은 지속되는 것이다.

연합, 주의, 표상, 판단, 결정 경향 같은 기능들이 실제 개념형성 과정의 복잡한 종합에 필수적인 계기들인데 개념형성 과정은 이러한 기능들로 환원되지 않는다. 우리의 연구가 증명하는 것처럼 이 과정의 중심은 기호나 말을 수단으로 기능적으로 사용하는 것이다. 이러한 도구의 도움을 빌려 소년은 자신의 고유한 심리적 조작을 자기 지배 아래 놓을 수 있고, 자신의 심리과정의 흐름을 점유할 수 있으며, 그 심리활동을 자신에게 주어진 과제를 해결하는 데 사용할 수 있다.

위에서 지적한 기본적인 심리기능들은 개념형성 과정에 관여한다. 그러나 이러한 기능들은 고유한 법칙성의 논리에 따른 독자적 발달이 아니라 기호나 말에 매개된 과정들에서 완전히 다른 형태로 관여한다. 이 과정은 일정한 과제를 해결하고, 각각의 과정들이 단지 자기의 진정한 기능적 의미를 획득하게 되는 새로운 결합과 종합을 이끌어내는 데 기여한다.

개념발달 문제와 관계해서 이것은 다음과 같은 것을 의미한다. 즉 연합의 집적, 주의력의 발달, 표상군들의 집적, 결정 경향이 아무리 자기 발달을 한다고 하더라도 스스로 개념형성에 도달할 수 없다. 따라서 이러한 과정 중에서 어느 것도 개념발달의 본질을 규정하는 발생적 요인으로 볼 수 없다. 개념은 말 없이는 불가능하며, 개념적 사고는 언어적 사고를 벗어나서는 불가능하다. 다시 말하면 개념성숙의 원인으로 볼 수 있는 이 과정의 새롭고 본질적이며 중심적인 계기는 말의 특수한 사용과 개념형성의 수단으로서 기호의 기능적 적용이다.

앞서 연구의 방법론을 검토할 때 우리는 이미 과제의 설정과 개념형성의 요구가 발생하는 것을 이 과정의 원인으로 볼 수 없다는 점을 지적했다. 왜냐하면 이것이 주어진 과제 해결 과정의 실현을 보증할 수 없기 때문이다. 개념형성 과정에서 결정적인 역할을 하는 작용력으로서 목표를 인용하는 것은 포탄이 날아가는 것을 그것이 떨어지는 궁극적인 목표로 설명하는 것과 마찬가지로 우리에게 복잡한 과정의 기초를 형성하는 실제적인 인과적·역학적·발생적 관계와 관련되는 것을 충분히 설명하지 못한다.

이러한 궁극적 목표는 대포를 조준하는 사람에 앞서 고려되기 때문에 당연히 실제 포탄을 결정하는 계기들의 일반적인 총체 속에 관여한다. 마찬가지로 소년에게 부과되고 그가 개념을 형성해서 달성해야 할 목표와 과제의 성격은 의심할 여지 없이 우리가 전체 개념형성 과정을 과학적으로 설명하는 데 필요한 기능적 계기 가운데 하나다. 이른바 제기된 과제들, 자극을 받아 촉발된 욕구, 소년에게 배열된 목표를 통해서 그를 둘러싼 사회적 환경은 그가 자신의 사고발달에서 결정적인 진보를 할 수 있도록 자극하고 강제한다.

본능과 천부적인 성향의 성숙과 달리 과정의 시작을 결정하고, 어떤 성숙한 행동의 메커니즘을 개시하며, 그것의 더 나은 발달을 촉구하는, 소년의 내부가 아니라 외부에 놓여 있는 자극의 힘, 즉 이런 의미에서 보면 사회적 환경에 의해 성숙단계의 소년에게 제기되고, 그를 성인들의 문화적·직업적·사회적 삶과 결합하는 과제들은 실제로 매우 본질적이고 기능적이며, 사고발달 속에서 내용과 형식의 계기들의 상호 제약, 유기적 연관, 내적 통일성을 재삼재사 지시하는 계기들이다.

우리는 계속해서 전체 소년의 문화적 발달요인들을 언급하면서 과학적 관찰에 의해 이미 오래전에 확인된 사실, 즉 환경이 그에 상응하는 과제를 만들어내지 못하는 곳에서는 새로운 요구를 제기하지 못하며, 새로운 목표를 빌려 지능발달을 불러일으키거나 자극할 수도 없고, 소년의 사고가 자신의 모든 실제적 가능성을 발달시키지 못하며, 지능의 최고 형식에 도달하지 못하거나 겨우 그 수준에 도달한다는 사실을 더욱 상세히 기술해야만 할 것이다.

그러므로 과도기 연령의 전체 지능발달 과정을 육성하는 실제적이고 강력한 요인 가운데 하나로 삶의 과제가 지니고 있는 기능적 계기의 의미를 전적으로 무시하거나 과소평가하는 것은 옳지 않다. 그리고 이와 더불어 이러한 기능적 계기 속에서 인과적·역동적 발달, 발달 메커니즘 자체의 해명, 개념발달 문제에 대한 발생적 열쇠를 찾는 것은 부당하고 잘못된 것이었다.

연구자들은 이러한 모든 계기의 내적 연관을 이해하고, 과도기 연령과 발생적으로 결합되어 있는 개념의 형성을 소년의 사고 내용과 방법을 포괄하는 사회·문화적 발달의 기능으로서 해명해야만 하는 과제를 가지고 있다. 말의 새로운 의미적 사용, 다시 말하면 개념형성 수단으로서 말을 사용하는 것은 아동기와 과도기 연령의 경계에서 일어나는 지적 전환의 가장 큰 심리학적인 원인이다.

만약 이 시기에 이전의 것과 원칙적으로 구분되는 어떤 새로운 기본적 기능이 나타나지 않는다는 이유로 이러한 기본적 기능들과 더불어 어떤 전환도 발생하지 않는다고 결론짓는 것은 잘못된 일이다. 이러한 전환은 새로운 구조에 속하는 것이고, 새로운 종합이 시작되는 것이며, 하위 재판소의 입장에서 보면 개별적인 법률의 운명을 결정짓는 새로운 복합적 총체 안으로 들어가는 것이다. 개념형성 과정은 자신의 기본적이고 중심적인 부분으로서 말과 기호를 기능적으로 사용해 자신의 고유한 심리학적 과정들의 흐름을 지배한다는 것을 전제한다. 이렇게 보조적 수단을 빌려 자기 자신의 행동 과정을 지배하는 것은 오직 소년기에 완전한 형태로 발달한다.

실험은 개념형성이 비록 매우 복잡하더라도 어떤 기능을 숙련하는 것과 동일하지 않다는 것을 보여준다. 우리는 성인에게 개념형성에 대한 실험적 연구, 아동에게 개념형성의 발달과정에 대한 해명, 지적 활동이 질병 때문에 파괴될 때의 개념 붕괴에 대한 연구를 통해서 다음과 같은 결론에 도달하게 된다. 즉 손다이크가 제기한 바 있지만 고차원적인 지적 과정의 심리학적 본성을 결합이나 숙련의 기본적이고 순수하게 연합적인 형성 과정들과 상대적으로 동일시하는 가설은 개념형성 과정의 구성, 기능적 구조, 발생의 사실적 재료들과 첨예하게 모순되는 것이다.

이러한 연구들은 일제히 개념형성 과정이 지적 활동의 모든 고차원적 형식과 마찬가지로 특별히 저차원적 형식의 양적 변형이 아니며, 그 과정은 양적인 결합은 아니지만 순수하게 연합적인 활동과 구별되는, 모든 양적인 연합적 결합으로 환원할 수 없는 원칙적으로 새롭고 질적으로 차이가 나는 활동유형이라는 사실을 보여준다. 이러한 활동유형의 기본적인 특징은 직접적인 지적 과정에서 기호를 사용한 매개적 조작으로 이행하는 데서 나타난다.

고차원적인 행동형식의 구조가 지닌 일반적 법칙인 의미적 구조(기호들의 능동적인 사용과 결합되어 있는)는 기본적인 과정들의 연합적 구조와 일치하지 않는다. 연합적 결합의 집적 자체는 지적 활동의 고차원적 형식을 출현시킬 수 없다. 결합의 양적인 변화를 가지고 사고의 고차원적 형식이 지닌 실제적인 특징을 설명하는 것은 불가능하다. 손다이크는 지능의 본성에 관한 자신의 학설에서 다음과 같이 주장했다. "지적 조작의 고차원적 형식은 순수하게 연합적인 활동이나 결합의 형성과 동일하며, 그것은 같은 종류의 생리학적 결합에 의존한다. 그러나 그것이 이루어지기 위해서는 다수의 결합이 요구된다."

이러한 관점에서 보면 소년의 지능과 아동의 지능의 차이는 양적인 결합에 의존하게 된다. 손다이크는 다음과 같이 지적하고 있다. "다른 사람보다 많은 고차원적이거나 월등한 지능을 가지고 있는 사람은 결국에 가서는 새로운 종류의 생리학적 과정을 습득하는 것으로서가 아니라 평범한 종류의 결합이 단순히 양적으로 많은 것에 의해 지능이 월등하지 못한 사람들과 구별된다."

이러한 가설은 이미 언급한 바와 같이 개념형성 과정에 대한 실험적 연구, 그것의 발달에 관한 연구 그리고 그것이 붕괴되는 상태에서도 어떤 확실한 확증을 발견할 수 없다. "지능의 계통발생과 개체발생은 명백하게 선택, 분석, 추상, 일반화, 사색이 결합의 양적인 증대에서 비롯된 직접적 결과에서 발생하고 있다는 것을 증명하고 있다"라는 손다이크의 명제는 아동과 소년에 대해 실험적으로 조직되고 조사된 개념의 개체발생에 대한 실험에서 확증을 발견하지 못했다. 개념의 개체발생에 대한 이러한 연구는 저차원에서 고차원으로 발달하는 것이 양적인 결합의 증대로 진행되는 것이 아니라 질적으로 새로이 형성되어 이루어진다는 것을 증명하고 있다. 특히 이 연구는 지적 활동의 고차원적인 형식이 지니고 있는 구조에서 기본적인 계기 가운데 하나인 언어는 평행적으로 진행되는 기능과 같이 연합적인 것이 아니라 이성적인 사용수단과 같이 기능적이라는 사실을 보여준다.

언어 자체는 순수하게 연합적인 결합에 기초한 것이 아니라 기호와 전체 지적 조작의 구조 사이에 존재하는, 원칙적으로 상이하며 이른바 고차원적인 지적 과정에 특징적인 관계를 요구한다. 미개인의 심리와 사고에 대한 연구에 기초해서 추정할 수 있는 한에서 우리는 연합의 양적인 증대를 통해 저차원적인 형식에서 고차원적인 형식으로 발달한다고 손다이크가 기대했던 것과 같은 식으로 지능의 계통발생을 어떤 역사적 경우에도 발견하지 못했다. 유명한 쾰러와 여키스의 실험 이후에 지능의 생물학적 진화가 사고와 연합의 동일성을 확증한다고 기대하는 어떤 근거도 없다.

4. 개념발달의 첫 번째 단계

만일 우리 연구의 발생적 함의를 도식적으로 표현하면, 개념발달에 도달하는 기본적인 과정은 세 가지 단계로 이루어져 있으며, 그 단계는 다시 개별적인 수준과 국면으로 나뉜다.

유아(幼兒)의 행동에서 가장 자주 발생하는 개념형성의 첫 번째 단계는 비조직적이고 비체계적인 집합을 만드는 것과 우리 같은 성인들이 보통 새로운 개념을 가지고 해결하는 과제에 유아들이 직면했을 때 사물들을 몇 개 군(群)으로 분리하는 것이다. 유아가 구분한 이러한 사물군(群), 즉 그것을 형성하는 부분들 사이의 충분한 내적 근거와 연관 없이 통합된 사물군은 유아 입장에서 보면 외적으로 연관이 있지만, 그 요소들 사이의 내적인 통합이 존재하지 않는 말과 기호의 애매하고 불명료한 의미를 전제한다.

이러한 발달 단계에서 말의 의미는 아동의 표상과 지각에서 하나의 결합된 형상으로 이렇게 저렇게 상호 연결되어 있는 개별적인 사물들의 불명료하고 비조직적이며 혼동심성적 연결이다. 이러한 형상의 형성에서 결정적 역할을 하는 것은 아동의 지각과 행동의 혼동심성이다. 그러므로 이러한 형상은 극도로 불안정하다.

주지하는 바와 같이 아동은 지각, 사고, 행동에서 일정한 인상에 기초하여 매우 다양하며 내적인 연관을 가지고 있지 않은 요소들을 미분화한 채 결합된 형상과 결부하려는 경향이 있다. 이러한 형상을 클라파레드는 아동의 지각의 혼동심성이라고 불렀으며, 블론스키(Pavel Petrovich Blonskii)는 아동의 사고의 무연관의 연관이라고 지칭했다. 우리는 아동들이 객관적인 연관이 부족한 것을 주관적인 연관의 과잉으로 대체하고, 인상과 사고들의 결합을 실제 사물들의 결합으로 착각하는 현상에 대해 기술한 바 있다. 이러한 주관적 결합의 생산과정은 물론 아동 사고의 발달요인으로서 중요한 의미를 지니고 있다. 왜냐하면 이 과정은 적당한 현실과 실천으로 확인할 수 있는 결합들을 선택하는 과정의 기초이기 때문이다. 외형적으로 개념발달의 이러한 단계에 있는 아동에게 어떤 말의 의미는 실제로 성인이 사용하는 말의 의미를 연상시킬 수도 있다.

아동은 의미를 지니고 있는 말을 사용함으로써 성인들과 의사소통을 한다. 이러한 다수의 혼동심성적 결합과 말의 사용으로 형성된 비체계적인 사물들의 혼동심성적 집합들 속에는 아동의 인상과 지각들의 결합과 일치하는 정도에 따라 객관적 결합이 상당한 정도로 반영되어 있다. 그러므로 많은 경우에 아동들이 사용하는 말들의 의미들은 부분적으로, 특히 그 의미들이 아동을 둘러싸고 있는 현실의 구체적인 사물들과 관계할 때, 성인들이 사용하는 말의 의미들과 일치한다.

그러므로 아동은 자주 자신들이 사용하는 말들 속에서 성인들과 만나거나 좀더 정확하게 이야기하면 아동과 성인들이 사용하는 이런저런 말의 의미는 자주 구체적인 하나의 사물에서 일치한다. 이것은 성인과 아동들의 상호 이해를 위해 충분하다. 그러나 성인과 아동의 사고가 교차점에 접근하는 심리학적 과정은 완전히 상이하며, 심지어 아동이 사용하는 말의 의미가 부분적으로 성인이 사용하는 언어의 의미와 일치하는 경우에도 그것은 심리학적으로 완전히 다른 독자적 조작에서 기인한 것이다. 그것은 아동이 사용하는 말 너머에 있는 형상의 혼동심성적 혼합의 산물이다.

이 단계는 다시 세 가지 수준으로 나뉘며, 우리는 이것을 아동의 개념형성 과정에서 상세하게 추적할 수 있다.

혼동심성적 형상이나 말의 의미에 적합한 사물들의 집합이 형성되는 첫 번째 수준은 아동의 사고에서 나타나는 시행착오 시기와 완전히 일치한다. 아동은 새로운 사물들의 그룹을 개별적인 시행착오를 통해서 임의대로 선택한다.

이 수준은 실험의 인위적 조건에서 도형의 공간적 배치, 다시 말하면 시각적 지각의 순수하게 혼동심성적 법칙과 아동의 지각의 혼동심성적 조직이 결정적인 역할을 하는 두 번째 수준으로 바뀐다. 혼동심성적 형상이나 사물들의 집합은 개별적인 요소들의 공간적 · 시간적 만남, 그리고 직접적인 지각과정에서 요소들 사이에서 발생하는 직접적인 접촉과 더 복잡한 관계를 통해서 형성된다. 이 시기에 본질적인 것은 아동이 사물들 속에서 발견하는 객관적인 결합이 아니라 자기 자신의 지각이 암시하는 주관적인 결합에 좌우된다는 것이다. 사물들은 아동이 분별한 일반적인 특징이 아니라 아동의 인상 속에 나타난 사물들 간의 유사관계에 따라 하나의 열로 엮이고 동일한 의미로 종속된다.

마지막으로, 세 번째는 첫 번째 단계를 완성하는 고차원적인 수준인 동시에 개념형성의 두 번째 단계로 이행하는 수준이다. 이것은 개념과 등가적인 혼동심성적 형상이 좀더 복잡한 토대 위에서 형성되며, 이미 아동의 지각 속에 통합되어 있는 다양한 그룹의 대표가 하나의 의미로 통합되는 수준이다.

요컨대 새로운 혼동심성적 계열이나 집합의 개별적인 요소들은 이미 아동의 지각 속에 통합된 어떤 대상들의 그룹의 대표이지만 이들 모두는 서로 내적인 어떤 연관도 가지고 있지 못하며, 두 번째 수준에서처럼 개념과 등가적인, 즉 집합의 무연관의 연관이다.

모든 차이와 복잡성은 오직 아동이 새로운 말의 의미의 기초로 삼는 결합이 통합적인 지각이 아니라 혼동심성적 결합의 이중적 가공에 따른 결과라는 데 있다. 다시 말하면 이것은 최초에는 혼동심성적 그룹이 형성되고, 다음에 개별적인 대표들이 그로부터 분리되어 다시 혼동심성적으로 통합되는 과정이다. 이제 아동이 사용하는 말의 의미 너머에는 이미 평면성이 아니라 새로운 전망과 결합의 이중적 계열, 그룹의 이중적 구조가 드러나고 있다. 그러나 이러한 이중적 계열이나 이중적 구조는 모두 비체계적인 집합 또는 비유적으로 말하면 어떤 집적 이상이 될 수는 없다.

이러한 세 번째 수준에 도달한 아동은 스스로 개념발달에서 첫 번째 단계의 모든 것을 수행하고, 말들의 의미가 지닌 기본적인 형식으로서의 집합과 결별하며, 우리가 복합의 형성단계라고 부르는 두 번째 단계로 올라선다.

5. 개념발달의 두 번째 단계

개념발달의 두 번째 단계는 사고방식의 본질에 따른 기능적·구조적·발생적 관계들 속에서 매우 다양한 관계를 포함한다. 이러한 사고방식은 다른 모든 사고방식과 마찬가지로 결합의 형성, 다양한 구체적 인상들 간의 관계 확립, 개별적인 사물들의 통합과 일반화, 아동의 모든 경험의 정리와 체계화를 의미한다.

그러나 다양하고 구체적인 사물들을 하나의 그룹으로 통합하는 방법, 여기서 확립된 결합의 성격, 그런 사고의 기초 위에서 발생한 통일체의 구조, 이런 그룹을 구성하는 개별적인 사물들의 전체 그룹과의 관계에 따라 특징 지어지는 구조들은 모두 자신의 유형과 활동방법에서 오직 성적 성숙의 시기에만 발달하는 개념적 사고와는 현격하게 구별된다.

우리는 이러한 사고방식의 특징을 복합적 사고라는 명칭으로밖에는 더 이상 잘 표현할 수 없다.

이것은 이러한 사고방식을 통해 만들어진 일반화가 그 구조상 개별적이고 구체적인 사물들 또는 오직 아동의 인상 속에 확립된 주관적인 결합이 아니라 실제로 이러한 사물들 사이에 존재하는 객관적인 결합의 기초 위에 이미 통합된 사물들의 복합들이라는 것을 의미한다.

우리가 이미 언급했듯이 사고발달의 첫 번째 단계가 아동에게는 성인이 사용하는 개념에 등가적인 혼동심성적 형상들의 구조였다면, 두 번째 단계는 동일한 기능적 의미를 지니고 있는 복합들의 구조다. 이것은 개념 습득과정에서 새로운 첫걸음이며, 이전의 상태를 뛰어넘는 아동의 사고발달의 새로운 단계다. 이것은 아동의 삶에서 의심할 여지없는 매우 의미심장한 진보다. 이러한 사고의 고차원적인 유형으로의 이전은 혼동심성적 형상에 근거를 둔 '무연관의 연관' 대신에 아동이 같은 종류의 사물들을 동일한 그룹으로 통합하고, 사물들 속에서 발견한 객관적인 결합 법칙에 따라 이미 그 사물들을 종합하기 시작했다는 점을 의미한다.

이러한 사고유형으로 전이한 아동은 이미 어느 정도 자기중심주의를 극복한다. 그는 자신의 인상의 결합을 사물의 결합으로 바꿀 줄 알며, 혼동심성에서 분리되어 객관적 사고를 달성하는 데 결정적인 진일보를 하는 것이다.

복합적 사고는 이미 연관적 사고며 동시에 객관적 사고다. 이것은 이전 단계와는 구별되는 두 가지 본질적인 특성을 지니고 있다. 그와 동시에 이러한 연관성과 객관성은 아직 소년 단계에서 가능한 개념적 사고에서 나타나는 연관성과 특성은 아니다.

개념의 모든 개체발생을 완성하는 세 번째 마지막 단계와는 구분되는 개념발달의 두 번째 단계의 특징은 이 단계에서 형성된 복합들이 개념과는 완전히 다른 사고 법칙에 따라 구성된다는 점이다. 이미 언급했듯이 이러한 사고 법칙에는 객관적인 결합이 반영되며, 이 결합들은 개념적인 방식과는 다른 방법으로 반영된다.

복합적 사고의 잔재는 성인의 언어에도 남아 있다. 우리 언어에서는 가족의 성이 사고 복합 구성의 기본적인 법칙을 드러내는 가장 대표적인 예일 것이다. 모든 가족의 성, 예를 들면 '페트로프'라는 성은 아동의 사고에서 나타나는 복합적 성격에 무엇보다도 근접한 개별적인 대상들의 복합과 유사하다. 이런 의미에서 우리는 이러한 발달 단계에 있는 아동이 가족의 성을 의미하는 방식으로 사고한다고 이야기할 수 있다. 이것은 다시 이야기하면 아동이 개별적인 사물들을 사물들의 성[3]에 따라 분류하면서 통합하고 조직한다는 것을 의미하는 것이다.

이런 생각은 다시 표현하자면 이런 발달 단계에서 말들의 의미는 복합이나 그룹으로 통합된 사물들의 성으로 유사하게 규정될 수 있다.

---

3 가족명 – 옮긴이.

복합의 구성에서 가장 본질적인 것은 그 복합의 토대에는 그것을 구성하고 있는 개별적인 요소들 사이의 추상적이고 논리적인 결합이 아니라 구체적이고 사실적인 결합이 놓여 있다는 점이다. 예컨대 우리는 이 사람이 페트로프 가족의 일원인지 또는 같은 성을 소유한 다른 사람들과 그의 논리적 연관만 가지고 그를 페트로프 가족이라고 할 수 있는지에 대해 결코 단언할 수 없다. 이 문제는 사람들 사이의 사실적인 친족관계에서만 결정된다.

  복합은 직접적인 경험 속에서 발견된 사실적 결합에 토대를 둔다. 그러므로 복합은 무엇보다도 사실적 상호 근접성에 기초한 사물들 그룹의 구체적인 통합이다. 바로 여기에서 이러한 사고방식의 다른 특성들이 유래한다. 특성 중에서 가장 중요한 것은 다음과 같다. 복합은 추상적·논리적 사고의 차원이 아니라 구체적·사실적 사고의 차원에 존재하기 때문에 그것의 토대를 이루고 그것의 도움으로 확립된 결합의 통일성으로 다른 것과 구분되지는 않는다.

  복합은 개념과 마찬가지로 구체적이고 다양한 사물의 일반화며 통합이다. 그러나 이러한 일반화를 구성하는 결합은 매우 다양한 유형을 띠고 있다. 각각의 결합은 주어진 요소를 복합에 포함시키며, 그것은 사실적으로 존재한다. 바로 이 점에 복합 구성의 가장 중요한 특성이 존재한다. 동시에 개념에는 논리적으로 상호 일치하는 통일된 유형의 결합이 기초를 이루지만, 복합에는 상호 어떤 공통점도 가지지 못한 가장 상이한 사실적 결합들이 토대를 이룬다. 개념 속에서 사물들은 하나의 특성에 따라 일반화되지만, 복합 속에서 사물들은 가장 상이한 사실적 토대에 따라 일반화된다. 그러므로 개념 속에는 사물들의 본질적이고 단일한 연관과 관계가 반영되고, 복합 속에는 사실적이고 우연적이며 구체적인 연관과 관계가 반영된다.

복합의 기초를 이루는 다양한 결합은 개념과 구분되는 복합의 가장 중요한 특성을 구성한다. 반면 개념의 특징은 그것의 토대를 구성하는 결합의 통일성에 있다. 이것은 일반화된 개념에 포괄된 모든 개별적 사물이 다른 모든 사물과 동일한 토대 위에서 이러한 일반화에 포함된다는 것을 의미한다. 모든 요소는 개념으로 표현되는 전체와 연관되어 있으며, 개념을 통해서 상호 같은 종류의 유형의 결합과 연관된다.

이와는 달리 복합의 각각의 요소는 아마도 복합 속에 표현된 전체와 그 복합을 구성하는 개별적인 요소들, 그것의 가장 다양한 결합과 연관되어 있을 것이다. 개념 속에서 이러한 결합들은 근본적으로 개별에 대한 보편의 관계, 보편을 매개로 한 개별에 대한 개별의 관계다. 복합 속에서 이러한 결합들은 모든 구체적 상호관계에서 발견되는 가장 상이한 사물들의 사실적 접촉과 혈연관계와 같이 다양할 수 있다.

우리는 이런 발달 단계를 이 단계에 있는 아동의 사고에서 발생하는 일반화에 기초해 다음과 같이 다섯 가지 복합 유형으로 설명할 수 있다.

우리는 첫 번째 유형의 복합을 연합적이라고 부른다. 왜냐하면 실험에서 생성될 복합의 핵심을 이루는 대상들 속에서 아동이 인식하는 모든 특징과의 연합적 관계들이 복합의 기초를 이루기 때문이다. 아동은 이러한 핵심 주변에 가장 다양한 대상을 포함시키면서 전체 복합을 구성할 수 있다. 여기에는 주어진 사물과 색이 같은 것이 포함될 수도 있고, 형식, 크기 그리고 아동이 보기에 또 다른 특징에 따라 다양한 사물이 포함될 수도 있다. 아동이 발견하는 구체적 관계와 복합의 핵심과 요소 사이의 연합적 결합은 아동이 선택한 그룹에 대한 사물의 소속과 그 사물과 공통으로 가족 이름이 지니고 있는 의미를 알기 위한 충분한 이유가 된다.

이러한 요소들은 서로 전혀 결합되지 않을 수 있다. 이러한 요소들의 일반화가 지닌 유일한 원칙은 복합의 기본적인 핵심과의 사실적 유사 관계다. 여기서 그 요소들을 복합과 통합하는 결합은 모든 연합적 결합이다. 어떤 요소는 색깔에서 미래 복합의 핵심을 구성할 수도 있고, 다른 요소는 형식에 따라 복합의 핵심이 될 수도 있다. 만일 이러한 결합이 그것의 기초를 이루는 특징뿐만 아니라 두 가지 사물의 관계 자체의 성격에서도 매우 다양할 수 있다는 점을 인정한다면, 우리는 항상 복합적 사고 너머에서 명백해지는 다수의 구체적인 특징의 교체가 객관적인 결합에 기초하고 있음에도 어느 정도까지 잡다하고 무질서하며 비체계적이고 통일성에 미치지 못한다는 사실을 명확하게 인식하게 된다. 이러한 다수의 특징의 기초를 이루는 것은 그들 사이의 직접적인 동일함뿐만 아니라 그들의 유사성 또는 대조적 관계, 인접성에 따른 연합적 결합 그리고 언제나 변함없는 **구체적 결합**이다.

이러한 발달 수준에 있는 아동에게 말들은 이미 개별적인 사물들의 명칭, 즉 고유명사가 된다. 이것은 아동에게 가족의 성과 같다. 이 시기에 아동이 말을 사용하는 것은 다양한 혈연의 선에 따라 혈연적으로 결합되어 있는 사물들의 성을 지칭하는 것이다. 주어진 대상을 그것에 상응하는 이름으로 호칭하는 것은 아동에게 대상을 그것과 결합되어 있는 이런저런 구체적 복합과 연결하는 것을 의미한다. 대상을 호칭하는 것은 이 시기 아동에게는 그것의 가족 이름을 호칭하는 것을 의미한다.

6. 수집적 복합(收集的 複合)

복합적 사고의 발달에서 두 번째 수준을 형성하는 것은 대상과 사물들의 구체적인 인상을 그것의 구조상 보통 수집이라고 부를 수 있는 것과 가장 유사한 특수한 그룹으로 통합하는 것이다. 여기서 다양한 구체적 대상은 어떤 하나의 특징에 따른 상호 보완의 기초 위에 통합되고, 다양하며 상호 보완적인 부분들로 구성되는 하나의 전체를 형성한다. 수집에 기초한 이른바 구성의 다양성, 상호 보완, 결합이 이러한 사고 발달 수준의 특징을 이룬다.

실험에서 아동은 색, 형태, 크기 또는 어떤 다른 특징에 따라 구별되는 다른 도형들을 주어진 견본에서 선택했다. 그러나 아동은 그것을 갈피를 잡을 수 없이 우연하게 선택한 것이 아니라 여러 가지 다양한 차이와 특징에 따라 선택했다. 이러한 특징은 견본의 특징이고 아동은 이것을 결합의 기초라고 생각한다. 이러한 구성의 기초 위에서 발생한 수집은 색이나 형태에 따라 상이한 사물들의 집합을 형성한다. 그리고 이것은 실험재료에서 기본적인 색이나 형태를 구성한다.

이러한 형태의 복합적 사고와 연합적 복합 사이의 본질적인 차이는 동일한 특징을 가지고 있는 사물들이 수집에 포함되지 않는다는 점에 있다. 사물들의 각 그룹으로부터 그룹 전체의 대표로 유일한 견본이 선택된다. 여기서는 유사성에 근거한 연합 대신에 대조에 따른 연합이 작용한다. 실제로 이러한 사고형식은 위에서 자주 언급한 연합적 형식과 결합된다. 바로 그때 상이한 특징에 기초해서 구성되는 수집이 형성된다. 수집의 형성 과정에서 아동은 복합 형성의 기초를 이루는 연속성의 원칙을 고수하는 것이 아니라 상이한 특징들을 연합적으로 결합한다.

그러나 각각의 특징은 복합의 기초를 이룬다.

아동의 사고발달에서 이러한 길고 안정된 국면은 아동의 구체적이고 직관적이며 실천적인 경험 속에 매우 깊은 근원을 가지고 있다. 자신의 직관적이고 실천적인 사고 속에서 아동은 항상 일정한 전체와 마찬가지로 상호 보완적인 사물들의 일정한 복합과 관계를 맺는다. 개별적인 사물이 복합이나 기능적 의미에서 실제적으로 중요한 상호 보완적인 사물들의 세트로 전이하는 것은 아동이 직관적 경험을 통해서 배우는 구체적인 인상들의 일반화의 가장 흔한 형식이다. 컵, 작은 접시, 숟가락, 포크, 나이프, 젓가락 그리고 접시로 구성된 식기, 아동의 의복, 이 모든 것은 아동이 일상생활에서 접할 수 있는 자연스러운 수집적 복합의 견본이다.

바로 이러한 이유 때문에 언어적 사고에서 아동이 기능적 보완이라는 특징에 따라 구체적인 그룹에서 사물들을 선택하면서 수집적 복합을 구성하는 것은 당연하다. 앞으로 우리는 성인의 사고, 특히 신경병과 정신질환자의 사고에서 수집 유형에 따라 구성되는 그러한 복합적 형식들이 매우 중요한 역할을 한다는 점을 살펴볼 것이다. 성인이 식기나 의복에 관해 언급하는 구체적인 언어 속에서 그는 매우 자주 거기에 대응하는 추상적 개념을 염두에 두는 것이 아니라 수집을 구성하는 구체적인 사물들의 세트를 염두에 둔다.

만약 주로 아동이 사물들의 결합이라고 받아들인 인상들 사이의 정서적·주관적 결합이 혼합심성적 형상들의 기초를 이루고 있고, 개별적인 사물들의 특징이 지닌 역행적·강박적 유사성이 연합적 복합의 기초를 이룬다면, 아동의 실제적인 행동과 직관적인 경험에서 확립된 사물들의 결합과 관계가 수집의 기초를 이룬다. 우리는 하나의 실제적 조작

속에서 이루어지는 사물들의 협력관계와 기능적 협력에 기초해서 수집적 복합이 사물들의 일반화라는 것을 말할 수 있다.

그러나 우리는 지금 이러한 세 가지 상이한 사고형식을 그 자체로가 아니라 하나의 결론, 즉 개념형성에 도달하는 상이한 발생적 경로로 이해하고 있다.

7. 연쇄적 복합

우리의 실험적 분석에 따르면 아동의 복합적 사고발달에서 세 번째 수준은 아동이 개념을 습득하는 과정에서 필수적 단계인 연쇄적 복합이다.

연쇄적 복합은 동적이고 일시적으로 개별적인 고리를 하나의 연쇄로 결합하거나 개별적인 고리를 통해서 이러한 연쇄의 의미를 전이하는 원칙에 따라 구성된다. 실험조건 속에서 복합의 이러한 유형은 일반적으로 다음과 같은 형태로 나타난다. 즉 아동이 어떤 일정한 관계에서 연상적으로 연결되어 있는 하나나 몇 개의 사물을 견본으로 선택한다. 그다음에 아동은 이미 선택한 사물들의 또 다른 특징, 즉 견본에서는 전혀 발견되지 않았던 특징을 가지고 구체적인 사물들을 하나의 복합으로 선택하는 것을 계속 반복한다.

예컨대 노란 삼각형을 견본으로 생각한 아동은 몇 개의 삼각형 모양을 더 선택한다. 그리고 나중에는 선택한 도형 중에서 마지막 것이 파란색이었다면 아동은 도형이 반구형이건 구형(球形)이건 간에 다시 파란색 도형을 선택한다. 그 후에 또다시 아동은 새로운 특징에 주목하게 되고, 구형의 특징에 따라 도형을 선택한다. 복합의 형성 과정은 하나의 특징이 다른 특징으로 전이되는 전체 과정과 같다.

말의 의미는 바로 그렇게 복합적 연쇄 고리에 따라 이동한다. 각각의 고리는 한편에서 이전의 것과 결합하며, 다른 한편에서 이후의 것과 결합한다. 게다가 이러한 유형의 복합이 지니고 있는 가장 중요한 차이는 각각의 고리가 이전과 이후의 것과 결합하는 방식과 성격이 완전히 상이하다는 데 있다.

개별적이고 구체적인 요소들 사이의 연합적 결합이 다시 복합의 기초를 형성한다. 그러나 이번에는 이러한 연합적 결합이 결코 각각의 개별적 고리들을 견본과 결합하지 않는다. 복합에 포함되어 있는 각각의 고리들은 견본 자체와 마찬가지로 이러한 복합의 동등한 일원이 되며, 다시 연합적 특징에 따라 구체적인 사물들의 중심이 될 수 있다.

여기서 우리는 어느 정도까지는 완전하고 명백하게 복합적 사고가 직관적·구체적·형상적 성격을 지니고 있다는 점을 알 수 있다. 연합적 원리에 따라 복합에 포함되어 있는 사물은 복합의 모든 특징을 지니고 있는 구체적 사물로서 복합에 포함된다. 이것은 하나의 사물을 복합으로 귀속하는 어떤 특징을 대변하는 것이 아니다. 아동은 이러한 특징을 다른 특징들로부터 추상화하지 않는다. 이러한 특징은 다른 특징들과 비교해서 어떤 특별한 역할도 하지 않는다. 이 특징은 자신의 기능적 의미에 따라 중시되며, 동등한 특징들 사이의 동등한 특징이고 다른 많은 특징 가운데 하나다.

우리는 여기서 모든 복합적 사고에서 개념적 사고와 구분되는 본질적인 특성을 매우 명백하게 감지할 수 있는 여지를 얻게 된다. 이러한 특성은 개념과 달리 복합 속에는 특징들의 위계적 관계가 존재하지 않는다는 점이다. 모든 특징은 원칙적으로 자신의 기능적 의미에서 동등하다. 일반과 개별의 관계, 즉 복합을 구성하는 개별적이고 구체적인 각각의 요소와 복합의 관계, 요소들 사이의 관계는 모든 일반화의 구성 원칙과 마찬가지로 본질적으로 개념구성의 모든 계기와는 차이가 있다.

연쇄적 복합에서 구조적 중심은 존재하지 않을 수도 있다. 부분적이고 구체적인 요소는 중심적 요소나 견본과 중복되지 않으면서 상호 결합할 수 있다. 그러므로 이러한 요소들은 다른 요소들과 어떤 공통점도 가지고 있지 않지만, 적어도 또 다른 요소들과 공통된 특징을 지니고 있기 때문에 하나의 복합에 속할 수 있다. 그리고 이러한 다른 요소는 또다시 세 번째, 네 번째 것과 결합한다. 첫 번째와 세 번째 요소는 각자가 자신의 특징에 따라 두 번째 요소와 관련이 있다는 점을 제외하고는 어떤 상호 연관도 없다.

그러므로 우리는 연쇄적 복합을 복합적 사고의 가장 순수한 형태로 고찰해야 할 이유가 있다. 왜냐하면 견본에 충실한 어떤 중심이 존재하는 연합적 복합과 달리 연쇄적 복합은 모든 중심을 필요로 하지 않는다. 이것은 연합적 복합에서 개별적인 요소들의 결합은 복합의 중심을 이루는 어떤 일반적 요소를 통해서 정해지지만, 이러한 중심이 연쇄적 복합에는 존재하지 않는다는 것을 의미한다. 연쇄적 복합에서는 이러한 결합이 존재하므로 개별적 요소들 사이의 실제적 접근이 가능하다. 연쇄의 끝은 최초의 것과 동일하지 않을 수도 있다. 그 연쇄들이 하나의 복합에 속하기 위해서는 그 연쇄들을 한곳에 모으거나 중간의 연결고리를 결합하는 것만으로 충분하다.

그러므로 우리는 전체 복합에 대한 개별적이고 구체적인 요소의 관계가 지니고 있는 특징을 서술하면서 구체적인 요소는 개념과 달리 자신의 모든 실제적 특징과 결합을 가지고 있는 현실적·직관적인 단위로서 복합에 포함된다는 점을 언급할 수 있다. 개념은 그 속에 포함된 구체적 사물들 위에서 성립하지만, 복합은 자신의 요소들 위에서 성립하지 않는다. 복합은 실제로 복합을 구성하며 서로 결합되어 있는 구체적인 사물들과 융합한다.

이런 일반과 개별, 복합과 요소의 융합, 즉 베르너(Alfred Werner)의 표현을 빌리면 이러한 정신적 혼합물은 일반적으로는 복합적 사고, 특수하게는 연쇄적 복합의 가장 본질적인 특징을 구성한다. 이 덕분에 복합과 결합되어 있는 사물들의 구체적인 그룹과 실제적으로 단절되어 있지 않으며 이러한 직관적 그룹과 직접적으로 융합되어 있는 복합은 극도로 무한정하며 규정할 수 없는 성격을 획득한다.

결합은 눈에 띄지 않게 하나의 결합에서 다른 결합으로 이동하며, 이러한 결합의 성격과 유형 자체도 눈에 띄지 않게 변한다. 사실적 결합의 형성을 위해서는 자주 특징들의 근소한 유사성이나 표면적 관련 자체만으로도 충분하다. 특징들이 서로 근접하는 것은 자주 실제적인 유사성에 기초하기보다는 오히려 특징들 사이의 어떤 공통점에 대한 모호한 인상에 기초해서 정해진다. 그리고 다음에는 우리의 실험적 분석에서 네 번째 수준으로서 복합적 사고의 발달인 확산적 복합이 발생한다.

8. 확산적 복합

네 번째 유형의 복합을 다른 것과 구분하는 본질적인 특징은 개별적이고 구체적인 요소들과 복합들을 연합적으로 결합하는 특징 자체가 확산되어 비규정적이고 무한정하며 불명료한 것이 된다는 것이다. 그리고 이러한 과정의 결과, 확산적이고 비규정적인 결합들의 도움으로 형상들이나 사물들의 직관적·구체적 그룹들을 결합하는 복합이 형성된다. 예컨대 노란 삼각형을 견본으로 생각한 아동은 삼각형뿐만 아니라 사다리꼴도 선택한다. 왜냐하면 그들은 사다리꼴을 선택하면서 윗부분이 잘려나간 삼각형을 생각하기 때문이다. 그리고 더 나아가 사다리꼴은 사각형과 연결되고, 사각형은 육각형으로, 육각형은 반원으로, 반원은 원으로 연결된다. 마찬가지로 여기서 기본 특징을 이루는 형식은 무한정한 것이 된다. 색이라는 확산적 특징이 복합의 기초가 될 때도 색은 이따금 융합된다. 아동은 노란 사물 다음에 녹색 사물을 선택하고, 녹색 다음에는 파란색, 파란색 다음에는 검은색 사물을 선택한다.

아동의 자연적 발달 조건에서 이러한 매우 견고하고 중요한 복합적 사고형식은 실험적 분석에 대한 다음과 같은 흥미를 유발한다. 즉 이러한 사고형식은 이른바 외형의 불명확성과 원칙적 무제한성이라는 복합적 사고의 가장 본질적인 하나의 특징을 명확히 드러내고 있다는 점이다.

하늘의 별이나 바다의 모래알같이 끝없이 이어지는 『구약성경』의 족보처럼 아동의 사고에서 확산적 복합은 사물들의 가족적 결합, 즉 끊임없이 확장하며, 새롭고 완전히 구체적인 사물들을 기본적인 족보에 포함하는 무한한 가능성을 가지고 있는 가족적 결합이다.

만약 수집적 복합이 아동의 자연적 생활에서 주로 개별적인 사물들의 기능적 연관성에 기초한 일반화라면, 아동의 사고발달에서 확산적 복합의 생활상의 원형, 자연적 유사물은 아동이 창조하는 이른바 비직관적이고 비실천적인 사고의 영역, 즉 실천적 검증을 수반하지 않는 사고의 영역에 기초한 일반화다. 우리는 아동이 자신의 직관적·대상적 세계와 실제적 경험의 영역을 초월해서 판단하거나 사고하기 시작할 때, 성인이 이해하기 어려운 의외의 접근과 사고의 비약, 모험적인 일반화, 확산적 이행을 보인다는 점을 알고 있다.

　여기서 아동은 눈에 안 띄게 하나의 특징이 다른 특징으로 이동하면서 동요하는 확산적 일반화의 세계로 진입한다. 여기서는 복합들에 의해 결합된 연관들의 보편성 때문에 자주 사람들이 깜짝 놀라는 무한한 복합이 지배한다.

　하지만 사실은 이렇게 무한한 복합의 구성원리가 제한되어 있는 구체적 복합의 구성원리와 다르지 않다는 점을 확인하기 위해서는 단지 구체적인 복합을 주의 깊게 분석하는 것만으로도 충분하다. 두 경우 모두에서 아동은 개별적인 사물들 사이의 구체적이고 실제적이며 직관적·형상적인 결합의 영역을 넘어서지 않는다. 모든 차이는 오직 복합이 아동의 실제적 인식의 외부에 존재하는 사물들을 결합하는 것만큼 이러한 결합은 부정확하고 무한정하며 유동적인 특징에 기초한다는 점에 있다.

9. 의사(擬似)개념적 복합

복합적 사고발달의 전모를 마무리 짓기 위해서 우리는 실험에서와 같이 아동의 실제적인 현실적 사고에서도 중요한 의미를 지니는 또 하나의 마지막 형식에 대해 설명할 필요가 있다. 이 형식은 비유하면 자신의 앞뒤로 빛을 투사한다. 왜냐하면 이 형식은 한편에서 아동이 경험한 복합적 사고의 모든 단계를 설명하며, 다른 한편에서 새롭고 고상한 단계, 즉 개념의 형성으로 이동하는 가교 역할을 하기 때문이다.

우리는 이러한 유형의 복합을 의사개념이라고 지칭한다. 그 이유는 아동의 사고에서 발생하는 일반화가 외견상 성인이 지적 활동에서 이용하는 개념을 연상시키기 때문이다. 이 개념은 그와 더불어 심리학적 본성상 진정한 의미의 개념과는 완전히 다른 어떤 것이다.

만약 우리가 주의 깊게 복합적 사고발달의 마지막 단계를 연구한다면 다음과 같은 사실을 발견하게 될 것이다. 구체적인 사물들의 복합적 결합은 표면적 성질상, 즉 외형이나 외적인 특성에서는 개념과 완전히 일치하지만, 그것의 발생적 성질이나 발생과 발달의 조건, 복합의 기초를 이루는 인과적·역학적 결합에서는 결코 개념이 아니다. 다시 말하면 이것은 외면적으로는 개념이지만 내면적으로는 복합이다. 그러므로 우리는 이것을 의사개념이라고 한다.

실험에서 아동은 어떤 추상적 개념에 기초하여 서로 선택하고 결합할 수 있는 일련의 대상들의 견본을 선택할 때 항상 의사개념을 만들어낸다. 이러한 일반화는 따라서 개념의 기초 위에서 발생할 수 있지만 실제로 아동은 이것을 복합적 사고의 기초 위에서 만들어낸다.

단지 최후의 결과만이 복합적 일반화가 개념에 기초한 일반화와 일치한다는 것이다. 예컨대 노란 삼각형을 견본으로 생각하는 아동은 실험에서 모든 삼각형을 선택한다. 이러한 그룹은 추상적 사고(삼각형이라는 개념이나 이념이 이러한 일반화의 기초다.)의 기초 위에서 발생할 수 있다. 그러나 실제로 연구 결과와 실험적 분석이 보여주듯이 아동은 사물들을 그것의 구체적·실제적·직관적 연관, 즉 단순한 연합의 기초 위에서 결합한다.

아동은 단지 제한된 연합적 복합을 구성할 뿐이다. 다시 말하면 아동은 같은 지점에 도달하지만 시종일관 전혀 다른 방식으로 그곳에 도달한다.

아동의 실제적인 사고에서 이러한 유형의 복합, 이러한 직관적 사고 형식은 발생적·기능적 관계에서 중요한 의의를 지닌다. 그러므로 우리는 아동의 개념발달에서 결절점(結節點)이며, 개념적 사고와 복합적 사고를 구분하고 동시에 개념형성의 발생적 단계인 양자를 결합하는 전환점을 상세하게 고찰해야만 한다.

10. 의사개념의 의의

무엇보다도 의사개념이 취학 전 아동의 복합적 사고에서 다른 어떤 것보다도 가장 일반적이고 우세하며 거의 유일한 형식이라는 사실을 지적할 필요가 있다. 복합적 사고의 이러한 형식이 지니는 보편성은 나름대로 심오한 기능적 근거와 의미를 지니고 있다. 이러한 형식의 보편성과 배타적인 지배성의 원인은 말의 의미에 상응하는 아동의 복합들이 아동 자신이 정한 선에 따라 자유롭고 자연발생적으로 발달하는 것이 아니라 복합의 발달에서 성인의 언어에서 확립된 말의 의미에 따라 이미 정해진 일정한 방향으로 발달하기 때문이다.

우리는 단지 실험에서 이미 만들어져 굳어진 의미를 가지고 있는 언어의 지도적 영향으로부터 아동을 자유롭게 하고, 아동이 자신의 자유로운 판단에 따라 말의 의미를 발달시키고, 복합적 일반화를 만들 수 있도록 허용했을 뿐이다. 바로 여기에 성인의 언어를 습득하는 과정에서 아동의 독자적인 적극성은 어디에 있을까를 밝혀낸 실험의 중요한 의미가 있다. 아동의 사고가 말의 의미가 확산된 구체적 사물들의 영역을 사전에 규정한 환경의 언어에 지배를 받지 않는다는 조건에서 우리는 실험을 통해 아동의 언어가 무엇이고, 아동은 자신의 사고를 어떻게 일반화하는지를 알게 되었다.

우리가 사용한 가정법이 실험을 지지하기보다는 반대한다는 지적을 반박할 수도 있다. 실제로 아동은 성인의 언어에서 습득한 의미의 발달과정에서 자유롭지 못하다. 그러나 우리는 이러한 반박에 대해 다음과 같이 대답할 수 있다. 즉 우리가 실험을 통해서 만약 아동이 성인에게서 지도받은 언어의 영향에서 벗어나서 독자적이고 자유롭게 자신의 일반화를 발달시켰다면, 그런 사실만을 알게 된 것은 아니라는 것이다.

실험을 통해서 우리는 일반화의 형성에서 피상적인 관찰로부터 벗어난 아동의 진정한 적극적 활동을 밝혀낼 수 있었다. 아동의 이러한 적극적 활동은 주변 언어의 지도적 영향으로 소멸되지 않으며, 단지 매우 복잡한 표현을 숨기고 받아들일 뿐이다. 말의 견고하고 고정된 의미에 규정받는 아동의 사고는 자기 활동의 기본 법칙을 변화시키지 않는다. 이러한 법칙은 단지 아동 사고의 현실적 발달이 일어나는 구체적 조건 속에서 독자적인 표현만 획득할 뿐이다.

일정한 불변의 의미를 지닌 주변의 언어는 아동의 일반화의 발달 경로를 규정한다. 이러한 언어는 아동 자신의 독자성을 일정하고 엄격한 선에 따라 지도하면서 구속한다. 그러나 이렇게 미리 정해진 일정한 선을 따라가면서 아동은 정신적 발달 수준에 맞게 사유한다. 성인은 아동과 언어적 소통을 통해서 일반화의 발달과정과 이러한 과정의 종착점, 즉 그것의 발달 결과 얻어지는 일반화를 규정할 수 있다. 그러나 성인은 아동에게 자신의 사고방식을 전달할 수 없다. 아동은 성인에게서 말의 기존 의미를 습득한다. 아동은 스스로 구체적인 사물과 복합을 선택할 필요가 없다.

말의 의미가 확산되고 전이되는 과정은 아동과의 언어적 소통과정에서 주위 사람들에 의해 이루어진다. 그러나 아동은 성인의 사고방식을 곧바로 습득할 수 없다. 아동은 매우 특수한 사고방식으로 형성된 완전히 다른 지적 조작을 통해서 성인의 것을 획득한다. 우리는 이것을 의사개념이라고 한다. 이것은 외형적으로 성인이 사용하는 말의 의미와 실제적으로 일치하지만, 내적으로는 이런 의미와 근본적으로 구분된다.

그러나 이러한 이중성 속에서 아동 사고의 불일치와 분열을 보려는 것은 중대한 오류일 수도 있다. 이러한 불일치와 분열은 이중적 관점을 가지고 이 과정을 연구하는 관찰자에게 존재한다. 아동 자신에게는 성인의 개념에 상응하는 복합, 즉 유사개념이 존재할 뿐이다. 우리는 이러한 경우, 즉 개념의 실험적 형성 과정에서 우리가 반복해서 관찰한 바 있는 경우를 분명하게 기억할 수 있다. 아동은 구조적·기능적·발생적 관계에서 복합적 사고의 가장 전형적인 특수성을 가지고 있는 복합을 구성한다. 그러나 이러한 복합적 사고의 산물은 개념적 사고의 기초 위에 구성될 수 있었던 일반화와 실제로 일치한다.

사고의 최종적 결과나 산물과의 일치로 연구자가 실제로 복합적 사고를 다루는지 아니면 개념적 사고를 다루는지를 섬세하게 구분하기는 어렵다. 의사개념과 진정한 개념의 외적인 유사성 때문에 발생한 복합적 사고의 가정적 형식은 사고의 발생적 분석에서 커다란 장애다.

이른바 이러한 상황 때문에 연구자들은 우리가 이 장의 서두에서 언급한 바 있는 잘못된 견해에 이르게 된다. 3세가 된 아동과 성인의 사고 사이에 존재하는 외적인 유사성, 언어적 소통이 가능한 아동과 성인이 사용하는 말의 의미 사이의 실제적인 일치, 아동들과 성인들 사이의 상호 이해, 복합과 개념의 기능적 등가성 때문에 연구자는 3세가 된 아동의 사고 속에는(실제로 미발달된 형태인) 성인의 지적 활동이 보여주는 모든 형식이 이미 주어져 있으며, 따라서 과도기 연령에서는 개념을 습득하기 위한 어떤 원리적 변화나 새로운 결정적 진보도 이루어지지 않는다는 잘못된 결론에 도달하게 된다. 이러한 오류의 발생을 이해하는 것은 매우 쉬운 일이다. 아동은 특히 일찍 성인이 사용하는 말의 의미와 일치하는 수많은 말을 습득한다. 이해 가능성 때문에 말의 의미가 발달하는 처음과 끝이 일치한다거나 처음부터 이미 기존의 개념이 주어져 있다거나 그래서 발달 여지는 존재하지 않는다는 인상을 받게 된다. 아흐가 그랬던 것처럼 개념을 말의 최초 의미와 동일시하는 사람은 필연적으로 착각에 기초한 잘못된 결론에 도달하게 된다.

의사개념을 진정한 개념으로부터 구분하는 경계를 찾는 것은 매우 어려운 일이며, 거의 불가능한 순수한 형식적·현상적 분석과 같은 것이다. 만약 외적인 유사성의 측면에서 판단한다면 의사개념은 고래가 어류와 유사한 것과 같이 개념과 유사할 것이다. 그러나 만일 지적 양식과 동물 형태의 '종의 기원'에 주목한다면 의사개념은 고래가 포유류에 속하는 것과 마찬가지로 의심할 여지 없이 복합적 사고에 속한다.

결과적으로 우리는 이러한 분석을 통해서 아동에게 가장 광범위한 복합적 사고의 구체적 형식으로서 의사개념에는 이미 명칭 자체에도 각인되어 있는 내적인 모순이 포함되어 있다는 결론에 도달하게 된다. 이러한 모순은 한편에서는 아동의 사고를 연구하는 데 가장 큰 장애며, 다른 한편에서는 아동 사고의 발달과정에서 가장 중요한 결정적 계기의 기능적·발생적 의미를 규정한다. 이러한 모순은 우리가 아동과의 언어적 소통과 상호 이해 과정에서 성인이 복합과 개념의 차이를 감지하지 못할 만큼 기능적 관점에서는 개념과 등가적인 복합을 의사개념 속에서 발견한다는 점에 있다.

따라서 우리 앞에 있는 복합은 실제로 개념과 일치하며, 사실상 개념과 같이 구체적인 사물들의 영역 자체를 포함한다. 이것은 개념의 그림자며 외형이다. 어떤 저자의 형상적 표현을 빌리면 이 형상은 "결코 개념의 단순한 기호라고 간주할 수 없다. 이것은 오히려 개념의 회화고지적인 삽화며, 개념에 관한 자그마한 이야기다." 다른 한편에서 복합은 진정한 개념과는 완전히 다른 법칙으로 구성된 일반화다.

우리는 이제까지 이러한 실제적 모순이 어떻게 발생하며, 또 그것이 무엇에 규정받는지에 대해 언급했다. 우리는 아동을 둘러싼 성인의 일정하고 고정된 의미의 언어가 아동의 복합 형성 영역과 일반화의 발달과정을 규정한다는 사실을 알고 있다. 아동은 말의 의미를 선택하지 않는다. 말의 의미는 아동에게 성인과의 언어적 소통과정에서 주어진다. 아동은 자유롭게 자신의 복합을 만들지 못한다. 아동은 복합을 타인의 언어를 이해하는 과정에서 이미 만들어진 것으로 발견한다. 아동은 개별적이고 구체적인 요소들을 이런저런 복합에 포함시키면서 그것들을 자유롭게 선택하지 못한다. 아동은 이미 준비된 형태로 말에 의해 일반화된 일련의 구체적 사물들을 받아들인다.

아동은 말을 구체적인 사물들의 그룹에 자연스럽게 관계시키거나 복합으로 포괄된 사물들의 영역을 확대하면서 말의 의미를 사물에서 사물로 자연발생적으로 전이하지 못한다. 아동은 자신에게 준비된 형태로 정해지고 주어진 말들의 구체적인 의미를 습득하면서 단지 성인의 언어를 따를 뿐이다. 단순하게 이야기하면 아동은 자신의 언어를 만들지는 못하지만 그를 둘러싼 성인들의 준비된 언어를 습득한다. 이것이 모든 것을 설명한다. 이것은 이미 아동이 스스로 말의 의미에 상응하는 복합을 만들지는 못하지만 일반적인 말과 명칭의 도움으로 복합을 준비되고 분류된 것으로 발견한다는 것을 의미한다. 이 덕분에 아동의 복합은 성인의 개념과 일치하며, 이로써 의사개념, 즉 복합적 개념이 발생한다.

그 밖에도 우리는 이미 외형적으로 사고의 결과와 그것의 궁극적 산물에서 개념과 일치하면서도 아동은 결코 사고방식과 지적 조작의 유형(이로써 아동이 의사개념에 도달하는)에서 성인과 일치할 수 없다는 것을 언급한 바 있다. 이른바 이러한 이유 때문에 아동의 사고에서 특수하고 이중적이며 내적으로 모순적인 형식으로서 의사개념의 중요한 기능적 의미가 발생한다. 의사개념이 아동의 사고를 지배하는 형식으로 존재하지 않는다면, 실험에서 아동이 말의 주어진 의미에 묶여 있지 않는 것처럼 아동의 복합은 성인의 개념들과 완전히 상이한 방향으로 분산되었을 것이다.

말을 통한 상호 이해나 성인과 아동의 언어적 소통은 불가능했을지도 모른다. 오직 이러한 소통은 실제로 아동의 복합이 성인의 개념과 일치하고 만나기 때문에 가능하다. 개념들과 그것의 지적인 삽화는 기능적으로 등가적이며, 이러한 이유 때문에 이미 언급한 바 있듯이 의사 개념의 기능적 의미를 규정하는 매우 중요한 상황이 발생한다. 복합으로 사고하는 아동과 개념으로 사고하는 성인은 상호 이해와 언어적 소통을 확립한다. 왜냐하면 그들의 사고는 실제로 양자가 일치된 복합적 개념들 속에서 만나기 때문이다.

이 장의 서두에서 우리는 이미 아동기 개념의 발생적 문제들을 연구하는 모든 어려움이 아동의 개념 속에 포함되어 있는 내적인 모순을 이해하는 것이라고 언급한 바 있다. 말은 그것이 발달하는 최초의 날부터 아동과 성인의 소통과 상호 이해의 수단이다. 아흐가 지적했듯이 바로 말을 통한 상호 이해의 기능적 계기 덕분에 말의 일정한 의미가 발생하며, 이것은 개념의 전달자가 된다. 우즈나드제가 언급한 것처럼 상호 이해의 기능적 계기가 없다면 어떤 음성적 복합도 의미의 전달자가 될 수 없었을 것이며, 어떤 개념도 발생하지 않았을 것이다.

하지만 주지하다시피, 성인과 아동의 언어적 이해, 언어적 접촉은 매우 일찍 발생하며, 이미 언급했듯이 이로써 많은 연구자는 개념이 그렇게 일찍 발달한다는 생각을 하게 된다. 하지만 사실은 우즈나드제를 인용하면서 우리가 언급했듯이 아동과 성인의 언어적 상호 이해는 매우 일찍 확립되지만 아동의 사고에서 완전한 가치가 있는 개념은 상대적으로 늦게 발달한다.

우즈나드제는 다음과 같이 언급하고 있다. "완전히 발달한 개념의 수준에 도달하지는 못했지만 말은 이러한 궁극적 기능을 자신 속에 받아들이며, 발화자들 사이의 이해수단이 될 수 있다는 것은 명백한 사실이다." 연구자들은 개념이 아니라 그것의 기능적 등가물로서 연구되어야만 하는 사고형식의 발달을 밝혀야 할 과제를 안고 있다. 개념의 후기 발달과 언어적 이해의 초기 발달 사이의 이러한 모순은 아동과 성인 사이의 사고와 이해의 일치를 가능하게 하는 복합적 사고형식으로서 의사개념 속에서 현실적인 해결책을 발견한다.

그러므로 우리는 아동의 복합적 사고의 특별히 중요한 형식이 지니고 있는 의미와 마찬가지로 그것의 원인을 밝혔다. 우리에게 남은 문제는 아동 사고의 발달에서 최종 단계의 발생적 의미를 서술하는 것이다. 전술했듯이 의사개념의 이중적인 기능적 본성 때문에 아동의 사고발달에서 이러한 단계는 완전히 특별한 발생적 의미를 획득한다.

이러한 단계는 복합적 사고와 개념적 사고 사이에서 연결고리 역할을 수행한다. 이것은 아동의 사고발달에서 두 가지 단계를 결합한다. 이것은 아동의 개념생성 과정을 설명한다. 이것은 내부에 모순을 지니고 있는 복합이기 때문에 내부에서 성장하는 개념의 싹을 포함한다. 그러므로 성인과의 언어적 소통은 아동의 개념발달에서 강력한 원동력이며 요인이다. 아동에게 복합적 사고에서 개념적 사고로 전이하는 것은 불명확하게 이루어진다. 왜냐하면 그것은 실제로 의사개념 속에서 성인의 개념과 일치하기 때문이다.

그러므로 아동의 모든 지적 발달에서 오히려 일반적 법칙이 예외가되는 특수한 발생적 명제가 만들어진다. 이러한 특수한 명제는 아동이 개념을 인식하기보다는 먼저 그것을 실제에 적용하고 조작하기 시작한다는 사실에 포함되어 있다. 아동에게는 '자신을 위한'이라는 개념보다 먼저 '그것 자체' '타인을 위한'이라는 개념이 발달한다. 이미 의사개념 속에 포함되어 있는 '그것 자체'와 '타인을 위한'이라는 개념은 진정한 개념이 발달하기 위한 기본적인 발생적 전제다.

그러므로 아동의 복합적 사고의 발달에서 특수한 국면으로 고찰된 의사개념은 아동 사고발달의 두 번째 단계를 완성하고 세 번째 단계를 연다. 의사개념은 이 두 단계를 연결하는 고리다. 이것은 아동의 구체적·직관적·형상적 사고와 추상적 사고 사이를 연결하는 다리다.

11. 실험적 분석의 총괄

우리는 아동의 복합적 사고가 도달하는 최종 완성단계를 묘사함으로써 개념발달의 전체 국면을 다 이야기하게 되었다. 그 전체 과정을 살피는 데서 우리는 복합적 사고의 개개 형식을 분석하면서 지적한 특징을 반복하지는 않을 것이다. 우리는 이 분석에서 복합적 사고를 아래에서 위까지, 다시 말하면 혼돈심성적 형상에서 개념에 이르기까지 각각의 특징들을 충분히 명확하게 구별할 수 있었다고 생각한다.

결합의 통일성 결여, 위계질서 결여, 그것의 기초 위에 놓여 있는 결합의 구체적이고 명료한 성격, 부분과 전체 사이의 독자적 관계, 개별적인 요소들 사이의 독자적 관계 그리고 전체 속에서의 일반화 구성법칙은 일반화의 저급한 유형과 고급 유형들과는 구분되는 독자적이고 심오한 형태로 우리 앞에 드러났다. 복합적 사고의 여러 형식은 실험으로 증명되었듯이 명료하게 논리적 본질을 드러냈다. 그러므로 우리는 위에서 언급한 것으로부터 잘못된 결론을 도출하는 것을 방지하기 위해 실험적 분석의 몇몇 특수성에 대해 언급해야만 한다.

실험적으로 조성된 개념형성 과정은 결코 현실에 존재하는 개념발달의 실제적 발생과정을 거울과 같이 반영하는 것은 아니다. 하지만 이것은 우리가 보기에 실험적 분석의 결함이 아니라 오히려 장점이다. 실험적 분석은 추상적 형식 속에서 개념형성의 발생적 과정이 지니고 있는 가장 중요한 본질을 밝혀준다. 그것은 우리에게 아동의 실제 생활에서 진행되는 개념발달의 현실적 과정을 실제로 이해하고 해석하기 위한 열쇠를 제공한다.

그러므로 변증법적 사고는 인식의 논리적·역사적 방법과 대립되는 것이 아니다. 엥겔스의 유명한 정의에 따르면, "연구의 논리적 방법은 사실상 그 역사적 형식과 역사적 우연성을 벗어버린 역사적 방법 이외에 아무것도 아니다. 이 역사가 시작되는 그곳에서 사유 과정도 시작되어야 하며, 이 사유 과정의 발달은 추상적이고 이론적으로 일관된 형태를 띤 역사적 과정의 반영이 될 것이다. 그것은 고쳐진 영상이기는 하지만 현실적인 역사적 과정 자체가 손에 쥐어주는 법칙에 의거하여 고쳐진 영상이다. 왜냐하면 각각의 모든 계기는 완전히 성숙하고 전형적 형태를 취하는 발달 시점에서 고찰될 수 있기 때문이다."[4]

이러한 일반적인 방법론적 명제를 우리의 구체적인 연구에 적용해본다면, 우리는 열거된 구체적 사고의 기본적 형식들이 가장 성숙한 단계에서 그리고 전형적 형식으로서, 논리적인 극단에까지 도달한 순수한 형태로서 발달의 가장 중요한 계기들이라고 말할 수 있다. 실제의 발달 과정에서 그 계기들은 복잡하고 혼합적인 형태로 나타나며, 실험적 분석이 말해주는 것과 같은 그러한 논리적 기술은 개념발달의 실제 과정을 추상적 형태로 반영한 것이다.

이런 이유로 우리는 실험적 분석에서 밝혀진 개념발달의 주요한 계

---

4 엥겔스, 『카를 마르크스, 「정치경제학 비판을 위하여」』.

기들을 역사적인 것이라고 생각하며, 아동 사고의 현실적 발달과정에서 진행되는 중요한 단계를 반영하는 것으로 이해한다. 여기서는 역사적 검토가 개념의 논리적 해석의 열쇠가 된다. 그리고 발달의 관점은 이 과정 전체와 개별적인 계기들을 설명하는 출발점이 된다.

현대 심리학자 가운데 한 사람[5]은 발생적 분석 없이 복잡한 심리학적 조직이나 현상을 형태적으로 분석하는 것은 불충분하다고 지적했다. "연구 대상이 되는 과정이 복잡할수록 그것들은 자신의 전제로서 과거의 체험을 더 많이 가지고 있으며, 그 과정들은 문제의 정확한 정립과 방법론적 비교, 발달의 불가피성이라는 관점과의 명확한 연관들을 더욱 필요로 한다. 그것은 심지어 단지 의식의 한 단면에 포함되는 활동의 요소에 관해 언급하는 경우에도 마찬가지다."

게젤이 말하듯이 순수하게 형태론적인 연구는 심리적 조직이 좀더 고도로 조직화되고 분화되면 될수록 점점 불가능하게 된다. "발생적 분석과 종합 없이는 그리고 이전에 하나의 전체를 이루었던 과거 존재에 대한 연구 없이, 구성 부분 전체의 일반적인 비교 없이 우리는 어떠한 것이 이전에 존재한 요소인지, 무엇이 본질적인 상호관계의 전달자인지 해결할 수 없다. 우리는 오직 다수의 발생적 단면에 대한 비교·연구를 통해서만 개별적인 심리적 구조 사이의 실제적 구성과 연관을 파악할 수 있다."

발달은 모든 고등형태를 이해하는 열쇠다. 이에 대해 게젤은 다음과 같이 언급했다.

"최고의 발생적 법칙은 명확하게 다음과 같은 것들이다. 즉 현재의

---

5 게젤(Arnold Lucius Gesell) - 옮긴이.

모든 발달은 과거의 발달에 기초를 두고 있다. 발달은 유전인자 X와 환경인자 Y에 따라 완전히 결정되는 단순한 함수가 아니다. 발달은 각각의 단계에서 그 안에 포함된 과거를 표현하는 역사적 복합이다. 다시 말하면 환경과 유전의 인위적인 이원론은 우리를 잘못된 길로 인도한다. 그것은 발달이 끊임없는 자기 제약적 과정이며, 두 줄의 실로 움직이는 꼭두각시가 아니라는 사실을 은폐한다."[6]

이와 같이 개념형성의 실험적 분석은 불가피하게 우리를 기능적·발생적 분석으로 인도한다. 우리는 형태론적 분석에 이어서 우리가 찾아낸 복합적 사고의 주요한 형식을 아동의 발달과정에서 실제로 볼 수 있는 사고형식에 근접시켜야 한다. 이를 위해 우리는 실험적 분석에 역사적 전망과 발생적 관점을 도입해야 한다. 한편 우리는 실험적 분석 과정에서 얻을 수 있었던 자료에 근거하여 아동의 실제적인 사고발달 과정을 해명해야 한다. 이렇게 실험적 분석과 발생적 분석, 실험과 현실의 접근은 필연적으로 우리를 복합적 사고의 형태론적 분석으로부터 실제의 기능적 의의와 발생적 구조 속에서 실제의 복합 연구로 인도하게 될 것이다.

요컨대 우리는 앞으로 형태론적 분석과 기능적 분석, 실험적 분석과 발생적 분석의 접근이라는 과제를 떠안게 되었다. 우리는 아동의 실제적 발달에 관한 자료에 기초하여 실험적 분석 자료를 검증하고, 개념발달의 실제 과정을 이러한 자료에 근거해 해명해야 한다.

---

6 게젤, 『유아 심리학』, 1932, 218쪽.

12. 아동이 사용하는 말의 의미 전이

개념발달의 제2단계에 대한 연구의 기본적 결론을 다음과 같이 정식화할 수 있다. 복합적 사고 단계에 있는 아동은 말의 의미 속에서 아동과 성인 사이의 이해가 가능해지는 대상을 생각하지만 그것은 단지 다른 지적 조작의 도움을 받아 성인과는 다른 방법으로 같은 대상을 생각하는 것이다.

만약 이 명제가 실제로 옳다면 그것을 기능적으로 검증할 수 있을 것이다. 이것은 만일 우리가 성인의 개념과 아동의 복합을 실제적으로 검토한다면, 그들의 심리학적 본성의 차이가 명료하게 드러나야만 한다는 것을 의미한다. 아동의 복합이 개념과 다르다면 복합적 사고활동이 개념적 사고활동과는 다르다는 것을 의미한다. 우리는 앞으로 검토한 결과를 아동의 사고 및 원시적인 사고의 발달이 지니고 있는 특수성에 관한 심리학적 자료와 간단하게 비교해봄으로써 우리가 발견한 복합적 사고의 특성을 기능적으로 검증하고, 실제로 실험해보려고 한다.

아동의 사고발달사에서 우리의 주의를 끄는 최초의 현상은 아동이 사용하는 말들의 의미가 순수하게 연합적 방법으로 전이된다는 사실이다. 만약 우리가 아동들이 사용하는 초기 말들의 의미 전이에서 어떤 종류의 사물들을 함께 연계시키고, 이 작업을 어떻게 착수하는지 관찰해보면 실험에서 연합적 복합과 혼동심성적 형상이라 부른 두 가지 형태의 혼합물을 찾아낼 수 있다.

이델베르거의 예를 인용해보자. 생후 251일째 되는 아동은 '어버버'라는 말로 자기가 가지고 놀기 좋아하는 찬장 위의 도자기로 만든 작은 소녀 인형을 지칭한다. 생후 307일째 되는 아동은 '어버버'라는 말을 마당에서 짖는 개, 할아버지와 할머니의 사진, 장난감 망아지 그리고 벽시계에 적용한다. 생후 331일째 되는 아동은 개의 머리가 있는 모피 목도리나 머리 없는 다른 모피 목도리에 적용한다. 여기서 아동은 유리알로 된 눈에 특별한 주의를 기울인다. 생후 334일째 되는 아동은 누르면 꽥꽥 소리가 나는 고무인형에 이 말을 적용하며, 396일째 되는 아동은 아버지 웃도리의 검은 단추에 적용한다. 생후 433일째 되는 아동은 옷의 진주 단추와 목욕탕 온도계를 보고는 같은 말을 적용한다.

베르너는 이 사례를 분석하면서 아동이 '어버버'라 부르는 다양한 사물을 다음과 같이 정리할 수 있다고 결론지었다. 첫째는 개와 장난감 강아지 그리고 예컨대 고무인형이나 목욕탕의 온도계 등과 같이 작고 약간 긴 장난감들이고, 둘째는 소매 단추나 진주 같은 작은 사물들이다. 이러한 사물들은 공통적으로 길고 홀쭉한 형태이거나 눈알을 닮은 반짝거리는 표면을 지니고 있다.

그러므로 우리는 아동에게 개개의 구체적 사물들의 결합은 복합적인 원리에 따라 진행되며, 이러한 자연스러운 복합이 아동의 말 발달사에서 첫 장을 장식한다는 것을 알 수 있다.

자주 인용되는 유명한 예에 따르면, 아동은 '크와'라는 말로 처음에는 연못을 헤엄치는 오리를 지칭하고 나중에는 젖병 안에 든 우유를 포함하여 모든 액체를 지칭하는 데 사용한다. 그다음에 어느 날 아동이 동전에 새겨져 있는 독수리를 보고 '크와'라고 하고, 그 후 동전을 연상시키는 모든 둥근 것도 같은 명칭을 부여받게 된다. 우리는 여기서 연쇄적 복합의 전형적인 예를 보게 된다. 여기서 모든 사물은 다른 요소들과의 공통된 특성에 기초하여 복합 속에 포함시킬 수 있으며, 게다가 이런 특징들의 성격 자체는 무한히 변할 수 있다.

256

아동의 사고가 지니는 이러한 복합적 성격 때문에 동일한 말이 다른 상황에서 다른 의미를 지니게 되는, 즉 다시 말하면 다른 여러 가지 사물을 동시에 지시할 수 있게 된다. 게다가 우리에게 특히 흥미로운 상황은 만약 나이프와 포크의 관계와 같이 상호 연관되어 있는 경우라면 아동들이 사용하는 같은 말이 자기 자신 속에 모순된 의미를 지닐 수 있다는 사실이다.

아동들은 '앞'이라는 단어로 '앞'과 '뒤'의 시간적 관계를 지시할 수도 있고, '내일'이라는 단어를 동시에 내일과 어제의 의미로 사용할 수 있다. 이렇게 아동들이 사용하는 말은 연구자들이 오래전부터 지적하듯이 히브리어, 고대 중국어, 라틴어 같은 고대언어 속에서 하나의 단어가 서로 모순되는 의미를 동시에 포함하는 것과 완전히 유사하다. 예를 들면 고대 로마인들은 하나의 단어로 '높은'과 '깊은'의 뜻을 동시에 사용했다. 하나의 단어 속에 모순적인 의미의 결합은 오직 복합적 사고의 기초 위에서만 가능하다. 즉 복합적 사고에서는 개개의 구체적 사물이 복합 속으로 들어가면서 이 복합의 다른 요소들과는 융합하지 않고, 자신의 모든 구체적 독자성을 유지한다.

13. 융즉과 복합적 사고

아동의 사고에는 또 하나 매우 흥미로운 특징이 있는데, 그것은 복합적 사고의 기능적 검증에서 뛰어난 수단이 될 수 있다. 방금 인용한 경우보다 높은 발달 단계에 있는 아동에게 복합적 사고는 보통 의사개념의 성격을 띤다. 그러나 의사개념의 본성은 복합적이기 때문에 외형적으로는 진정한 개념과 비슷해도 작용에서는 차이를 보여야만 한다.

많은 연구자가 이미 오래전에 매우 흥미로운 사고의 특성에 관해 언급한 바 있다. 레비-브륄은 최초로 이것을 원시인들의 예를 통해서 설명했고, 슈토르크(A. Shtorch)는 정신병자의 예를 통해서, 피아제는 아동들의 예를 통해서 설명했다. 발생적으로 초기 단계에 속하는 사고의 특성을 지닌 원시적 사고의 이러한 특수성을 보통 융즉(融卽, participation)이라고 한다. 이 용어는 부분적으로는 일치하고 상호 매우 밀접한 영향을 주지만 동시에 실제로는 어떤 공간적 접촉이나 사물들 간의 객관적인 연관도 없는 것으로 보이는 두 가지 사물이나 현상 사이에서 원시적 사고가 관여하는 관계를 지칭한다.

피아제는 이러한 정의를 사용하면서 아동의 사고에서 발견되는 융즉 현상의 풍부한 사례들을 제시했다. 피아제는 논리적인 관점에서 보면 전혀 이해가 되지 않으며 사물들 간에 어떤 객관적 연관도 없는 여러 가지 대상이나 행위 사이의 연관관계를 아동이 설정하는 경우를 예로 들고 있다.

레비-브륄은 원시인의 사고에서 이러한 융즉 현상의 가장 명료한 사례를 다음과 같이 제시했다. 슈타이넨(Karl von den Steinen)의 보고서에 따르면 북부 브라질의 보로로족은 자신들이 중남미에 사는 붉은 앵무새라고 자랑한다. 레비-브륄은 다음과 같이 지적한다. "이것은 그들이 죽은 후에 붉은 앵무새가 된다거나 그 앵무새가 보로로족으로 환생한다는 것만을 의미하는 것이 아니다. 문제는 다른 데 있다." 처음에는 이러한 사실을 인정하지 않았으나 나중에는 보로로족의 절대적인 확신을 믿을 수밖에 없었던 슈타이넨은 다음과 같이 적었다.

"보로로족은 마치 유충이 자신을 나비라고 말하는 것과 같이 자신들이 실제로 붉은 앵무새라고 태연하게 말한다. 이것은 그들이 자신에게 내린 이름이 아니고 친족관계를 의미하는 것도 아니다. 그것이 의미하는 것은 존재의 동일성 같은 것이다."[7]

정신분열증에서 나타나는 쇠퇴한 원시적 사고를 극히 면밀하게 분석한 슈토르크는 동일한 융즉 현상을 정신병자들의 경우에서 찾아낼 수 있었다.

그러나 우리는 지금까지 이러한 융즉 현상에 대한 충분히 설득력 있는 심리학적 설명이 부족했다고 생각한다. 그것은 두 가지 원인에서 연유한다.

첫째, 연구자들은 여러 가지 사물 사이에 설정된 특수한 관계들을 연구하면서 보통 독자적인 계기로서의 내용이라는 측면에서만 그러한 현상을 연구했다. 그러므로 연구자들은 여기서 그것과 유사한 관계들을 정착시키고 성립시키는 제 기능과 사고형식, 지적인 조작을 무시했다. 연구자들은 일반적으로 기존의 결과물을 연구했지만 그 결과물의 형성 과정은 연구하지 않았다. 이러한 이유 때문에 원시적 사고의 결과물 자체도 그들의 눈에는 수수께끼와 같이 이해할 수 없는 것으로 보였던 것이다.

이런 현상에 대한 올바른 심리학적 설명을 방해한 두 번째 장애는 연구자들이 융즉 현상을 원시적 사고가 제기하는 다른 결합이나 관계와 충분히 연관되는 것으로 생각하지 않았다는 사실이다. 이러한 결합들은 연구자들의 눈에 예외적인 것으로 간주되었다. 그리고 이것은 우리의 논리적 사고와 첨예하게 대립되었다. 보로로족이 자신들을 붉은 앵

---

7 레비-브륄, 『미개인의 사고』, 1930, 48~49쪽.

무새라고 믿는 것은 우리의 일반적인 관점에서 보면 어리석은 일이며, 그래서 제일 먼저 연구자들이 이러한 문제에 관심을 보이게 된 것이다.

하지만 우리는 원시적 사고가 제기하는, 외형적으로 우리의 논리적 사고와 모순되지 않는 결합들에 대한 주의 깊은 분석을 통해서 이러한 결합의 기초 위에는 본질적으로 복합적 사고의 메커니즘이 놓여 있다는 것을 확신하게 된다.

이 발달 단계에 있는 아동이 복합적 사고를 하고, 아동이 사용하는 말이 구체적인 사물들의 복합을 지칭하며, 아동들이 할 수 있는 일반화와 결합의 기본 형식이 의사개념이라는 사실에 주목한다면, 융즉 현상이 그러한 복합적 사고의 산물일 수밖에 없다는 사실은 논리적 필연성을 지닌다. 다시 말하면, 개념적 사고의 측면에서 보면 불가능하고 상상도 할 수 없는 사물들 사이의 결합과 관계가 복합적 사고에서는 가능한 것이 될 수밖에 없다.

실제로 동일한 사물이 여러 가지 구체적인 특징에 따라 다양한 복합 속에 포함될 수 있다. 따라서 그 복합의 종류에 따라 여러 가지 이름이나 명칭을 가질 수 있다.

우리는 이러한 종류의 융즉 현상, 즉 어떤 구체적 사물이 동시에 두 개 또는 몇 개의 복합과 관계가 있고, 이로부터 동일한 사물이 많은 명칭을 획득하게 되는 것을 실험적 연구에서 자주 관찰할 수 있었다. 여기서 융즉 현상은 예외적인 것이 아닐 뿐만 아니라 오히려 복합적 사고의 규칙을 이루는 것이며, 우리의 논리에서 보면 불가능한 결합들이 원시적 사고의 도처에서 발생하지 않는 것이 이상했다.

마찬가지로 원시 종족의 사고나 융즉 현상을 이해하는 열쇠는 이러한 원시적 사고가 개념적 사고에서는 일어나지 않으며, 복합적 성격을 띤다는 사실을 이해하는 데 있다. 따라서 이러한 단계에서 말은 각자의 언어 속에서 완전히 다른 기능적 의미를 부여받으며, 다른 수단으로 사용되고, 개념의 형성수단이나 매개체가 아니라 일정한 사실적 친족관계에 근거해 결합된 구체적 사물의 통합된 집단을 지칭하기 위한 가족 이름, 즉 성(性)으로 나타난다.

베르너가 올바로 지칭하듯이 이러한 복합적 사고는 필연적으로 아동의 경우에서와 같이 융즉 현상을 낳을 수밖에 없는 복합의 편집으로 귀결된다. 구체적인 사물들의 시각적 집단이 이러한 사고의 기초를 이룬다. 우리는 베르너가 해낸 원시적 사고에 대한 탁월한 분석을 통해서 융즉 현상을 이해하는 열쇠가 인간의 지적 능력의 역사적 발달에서 일정한 단계를 특징짓는 언어와 사고의 특수한 결합 속에 있다는 것을 확신하게 된다.

마지막으로, 슈토르크가 올바로 증명했듯이 정신이상자들의 사고 또한 그러한 복합적 성격을 갖는다. 정신이상자의 사고 속에서 우리는 복합적 사고와 유사한 다수의 독특한 동기부여와 경향을 만나게 된다. 쉬톨크는 이에 대해서 다음과 같이 지적했다.

"그것들 모두에게 고유한 일반적인 특징은 그것들이 사고의 원시적 단계에 속한다는 것이다. 환자에게 발생하는 개개의 표상은 복합적 전체 속에서 통합된다." 정신이상자는 개념적 사고로부터 좀더 원시적인 사고의 단계로 이행한다. 이러한 단계의 특징은 블로일러가 지적한 것처럼 형상이나 상징의 풍부한 적용이다. 슈토르크는 다음과 같이 적고 있다. "아마도 원시적 사고의 가장 큰 특징은 추상적 개념 대신에 완전히 구체적인 형상을 사용한다는 데 있는지도 모른다."

투른발트(Richard Thurnwald)는 바로 여기에 원시인의 사고가 지닌 특징이 있다고 보았다. 그는 다음과 같이 언급했다. "원시인의 사고는 현상으로부터 전체적이고 미분화된 인상을 이용한다. 그들은 현실이 부여하는 완전히 구체적인 형상으로 사고한다." 정신이상자의 사고에서 개념 대신에 처음으로 등장하는 이러한 시각적·집단적 조직은 우리의 논리적·범주적 구조의 원시적 단계라고 볼 수 있는 개념과 유사한 형상들이다.(슈토르크)

이와 같이 우리는 환자와 원시인, 아동의 경우, 융즉 현상이 세 가지 유형의 사고를 구분하는 각각의 심오한 독자성에도 불구하고 사고발달의 원시적 단계를 나타내는 일반적인 형식적 증후, 즉 이른바 복합적 사고의 증후라는 사실을 알고 있다. 그리고 이러한 현상의 기초에는 복합적 사고의 메커니즘과 말을 성이나 이름과 같이 기능적으로 사용하는 메커니즘이 자리한다는 사실을 알고 있다.

그러므로 레비-브륄이 융즉에 대해 내리는 해석은 우리가 보기에 옳지 않다. 왜냐하면 레비-브륄은 자신들이 붉은 앵무새라는 보로로족의 확신이 지니고 있는 의미를 분석하면서, 시종일관 논리적 관점에서 그러한 확신이 원시적 사고에서 존재들의 동등성과 동일함을 의미하는 것이라고 가정했기 때문이다. 우리가 보기에 이러한 현상의 해석에서 더 이상 심각한 오류는 없을 것이다. 만약 보로로족이 실제로 논리적 개념으로 사고했다면, 그들의 확신은 이러한 의미로밖에 이해할 수 없을 것이다.

그러나 보로로족에게 말은 개념의 매개체가 아니라 단지 구체적 사물들을 지시하는 형식적 표시에 불과하기 때문에 이러한 확신은 그들에게 완전히 별개의 의미를 지니게 된다. 보로로족이 자신들의 분신이라고 주장하는 붉은 앵무새를 지칭하는 '아라라'라는 단어는 새와 사람들이 속하는 일정한 복합의 공통 명칭이다. 이러한 확신은 앵무새와 사람의 동일성을 의미하는 것이 아니다. 마찬가지로 두 사람이 성이 같으며, 서로 친족관계라는 것은 두 사람의 동일성을 의미하는 것이 아니다.

14. 언어학적 자료와의 비교

만약 우리가 인간의 언어발달사에 주목한다면, 복합적 사고의 메커니즘이 그 고유한 특징과 함께 언어발달의 기초를 이룬다는 사실을 발견하게 될 것이다. 우리가 현대 언어학에서 배우는 가장 기본적인 것은 피터슨(Mixail Nikolaevich Peterson)이 지적하듯이 말과 표현의 의미를 지시 대상, 즉 어떤 단어나 표현이 지시하는 대상들과 구분할 필요가 있다는 것이다.

의미는 하나여도 대상이 다양할 수 있으며, 반대로 의미는 다양해도 대상이 하나인 경우가 있다. 예컨대, '예나의 승리자'나 '워털루의 패배자'라고 할 때, 우리가 지시하는 인물(나폴레옹)은 양자의 경우가 동일하다. 그러나 표현의 의미는 차이가 있다. 어떤 대상을 지시하는 기능을 하는 고유명사라는 것이 있다. 그러므로 현대 언어학은 말의 의미와 대상을 구분한다.

이것을 우리가 문제 삼고 있는 아동의 복합적 사고에 적용해본다면, 아동이 사용하는 말은 지시 대상의 측면에서 동일한 대상과 현상의 범위를 지시하는 성인의 말과 일치한다고 말할 수 있다. 그러나 이 양자가 의미 측면에서는 일치하지 않는다.

우리가 아동의 복합적 사고의 가장 중요한 특징으로 발견한 지시 대상의 일치와 의미의 불일치는 언어발달에서 결코 예외가 아니라 규칙이다. 우리는 연구의 중요한 결과들을 총괄하면서 앞서 다음과 같이 지적한 바 있다. 아동은 말의 의미라는 측면에서 이해가 가능하기 때문에 성인과 같은 것, 즉 같은 대상을 사고한다. 그러나 아동들은 같은 내용을 상이한 지적 조작의 도움을 받아 다른 방식으로 사고한다.

이러한 공식은 언어 전체의 발달사와 심리학에 완벽하게 적용할 수 있다. 우리는 여기서 이러한 명제가 올바르다는 것을 증명할 수 있는 사실적인 확증과 증거를 도처에서 찾을 수 있다. 말이 지시 대상과 일치하기 위해서는 그것이 동일한 대상을 지시할 필요가 있다. 그러나 말이 동일한 대상을 지시하더라도 그 방식은 다양할 수 있다.

말의 의미형성에 기초를 이루는 사고 작업의 불일치에도 지시 대상의 일치를 나타내는 전형적인 예는 모든 언어에 존재하는 동의어다. 러시아어에서 'luna'와 'mesiats'라는 단어는 동일하게 달을 지시하지만, 이 단어의 발달사에서 표현된 것처럼 서로 다른 방식으로 대상을 지시했다. 'luna'라는 단어는 '변덕스러운' '항구적이지 않은' '변화가 많은'을 의미하는 라틴어에서 유래했다. 달을 이런 이름으로 지칭한 인간은 다른 천체들과는 본질적으로 구분되는 달의 형태 변화, 즉 한 단계에서 다른 단계로 이행하는 변이성이라는 특징을 강조하고 싶었던 것이 분명하다.

'mesiats'라는 단어는 의미상 '측정하다'라는 의미와 연관이 있다. 'mesiats'는 '측정기'를 의미한다. 달을 이런 이름으로 지칭한 인간은 달의 변화에서 시간을 측정할 수 있다는 또 다른 특징을 강조하고 싶었을 것이다.

이런 의미에서 아동과 성인이 사용하는 말에 대해서도 각자가 동일한 대상을 지시한다는 점에서 의미상 동의어라고 할 수 있다. 이 말들은 동일한 사물을 지시하며, 명칭이라는 기능에서는 일치한다. 그러나 그 기초에 놓여 있는 사고 작업은 차이가 있다. 아동과 성인이 이러한 명칭에 도달하는 방법과 그들이 주어진 사물을 사고하는 작업 그리고 이 작업과 등가적인 말의 의미는 양자 사이에 본질적으로 차이가 있다.

다른 언어 사이에서 같은 사물이 명칭상 일치하기도 하고 완전히 다른 명칭이 되기도 한다. 러시아어에서 재봉사를 의미하는 'portnoi'라는 단어는 '천 조각', '덮개'를 의미하는 고대 러시아어 'port'에서 유래했다. 그러나 프랑스어와 독일어에서는 같은 사물이 '재단하다', '자르다'라는 다른 특징에 따라 명칭이 부여되고 있다.

그러므로 다음과 같이 정식화할 수 있다. "말의 의미를 지칭하기 위해서는 두 가지 계기, 즉 본래적인 표현의 의미와 그것의 기능을 식별하는 것이 필요하다. 이것은 이런저런 사물에 대한 **명칭**과 그것의 지시 대상을 구별하는 것을 의미한다." 이런 이유로 말의 의미를 언급할 때, 본래적인 말의 의미와 그 말에 포함되어 있는 지시 대상을 구별할 필요가 있다는 것은 명백하다.(소르)

우리는 말의 의미와 지시 대상 간의 차이, 말 속의 의미와 명칭의 차이를 통해서 초기 단계에 있는 아동의 사고발달을 이해하는 실마리를 얻을 수 있다. 소르는 충분한 근거를 가지고 이러한 두 가지 계기 사이의 차이, 즉 의미(또는 표현 내용)와 말의 의미 속에서 지시된 대상 사이의 차이가 아동들의 어휘발달에서 명료하게 나타난다고 지적했다. 아동의 말은 지시 대상에서 성인의 말과 일치하지만, 의미에서는 일치하지 않는다.

만약 우리가 각국의 언어에서 말의 발달사와 의미 전이에 대해 주목한다면, 처음에는 생경하겠지만 마치 아동들의 경우처럼 말의 발달 과정에서 의미가 변화하는 것을 발견하게 될 것이다. 이미 언급한 예에서 보듯이 우리 관점에서 보면 서로 연관이 없는 다양한 일련의 사물을 아동들은 '어버버'라고 지칭한다. 마찬가지로 말의 발달사에서 우리는 복합적 사고에 기초해 있으며 말이 개념적 사고와는 다른 방식으로 사용되고 적용되는 의미의 전이를 발견하게 된다.

'Sutki'라는 러시아어 단어의 역사를 예로 들어보자. 이 단어는 처음에 '맞붙여 재봉질된 곳(이음매)', '두 천을 이은 자리', '같이 짜 이은 곳'이라는 의미였다. 그 후에 이 단어는 모든 접합점, 농가의 구석, 두 벽이 만나는 곳을 의미하게 되었다. 그리고 더 한층 의미가 변하여 이 단어는 황혼, 낮과 밤이 만나는 곳을 의미하더니, 나중에는 황혼녘에서 다음 황혼녘까지의 시간 또는 아침과 저녁을 포함하는 시간으로 의미가 바뀌고, 결국에는 현재 이 단어가 의미하는 바대로 '낮과 밤'으로 바뀌었다.

이와 같이 우리는 아동이 여러 가지 사물을 하나의 복합과 결합하는 것과 같이 이음매, 농가의 구석, 황혼, 하루 등과 같이 다양한 현상이 말의 발달사에서 하나의 복합에 결합되는 경우를 알게 되었다.

소르는 다음과 같이 지적했다. "어원 문제에 처음 접하는 사람이면 누구나 사물의 명칭에 포함된 무내용성에 놀라고 만다." 왜 '돼지'와 '여자'가 다같이 '임산부'를 의미하는지, 왜 '곰'과 '해달'이 '밤색 털'이라고 불리는지, 왜 '측정하는'이 '달'이 되어야 하는지, '울부짖는'이 '소'가 되고, '찌르는'이 '침엽수림'을 의미하는지. 우리가 이러한 단어의 역사를 추적한다면, 그것의 기초에는 논리적 필연성이라든가 개념으로 정립할 수 있는 결합이 아니라 순수하게 형상적인 구체적 복합과 아동의 사고 속에서 연구할 수 있는 것과 똑같은 성격의 결합이 있다는 것을 알게 될 것이다. 그리고 사물이 그 명칭을 얻게 되는 무엇인가 구체적인 특징을 구분하게 될 것이다.

'암소'는 '뿔이 난'을 의미한다. 그러나 다른 언어에서 같은 어원이 염소나 사슴과 같이 뿔이 난 동물을 의미하는 유사어를 만들어낸다. '쥐'는 '도둑'을 의미하고, '소'는 '울부짖는'을, '딸'은 '젖짜는 여자'를, '아동'과 '처녀'는 '젖을 짜다'라는 동사와 결합하여 젖먹이와 유모를 의미한다.

만약 우리가 어떤 법칙에 따라 결합하는 어족(語族)을 추적한다면, 새로운 현상이나 사물이 보통 논리적 관점에서 본질적인 것이 아니며 그 현상의 본질을 논리적으로 표현하는 것도 아닌 어떤 특징에 따라 이름 붙여진다는 것을 알 수 있다. 명칭은 그 발생에서 결코 개념과 일치하지 않는다. 그러므로 논리적 관점에서 보면 명칭은 한편으로는 너무 협소하기 때문에 불충분하고, 다른 한편으로는 너무 광범위하다. 예를 들면, 암소의 명칭으로서 '뿔이 난'이나 쥐의 명칭으로서 '도둑'은 암소나 쥐가 그러한 명칭으로 표현된 특징에 따라 모두 설명되지 않는다는 점에서 너무 협소하다.

한편 이러한 명칭은 다수의 다른 대상에도 적용된다는 점에서 너무 광범위하다. 그러므로 우리는 언어의 역사에서 개념적 사고와 고대의 복합적 사고 사이에 하루도 중단 없는 끊임없는 투쟁을 관찰한다. 일정한 특징에 근거를 둔 복합적 명칭은 그것이 의미하는 개념과 모순되며, 결과적으로 말의 기초를 이루는 개념과 형상 사이에 투쟁이 발생한다. 형상은 발화자의 의식으로부터 표백되고 잊혀지고 추방되며, 소리와 말의 의미로서 개념 사이의 결합은 이미 이해할 수 없는 것이 된다.

예를 들어 현재 러시아어를 사용하는 사람들은 'okno'라는 단어가 어디를 보는가, 빛이 어디로 비추는가라는 의미를 지니고 있다는 사실을 모른다. 그리고 이 단어가 틀이나 심지어 구멍이라는 개념의 암시도 포함하고 있지 않다는 사실을 모른다. 하지만 실제로 우리는 보통 유리로 된 틀을 '창'이라고 부르며, 이 단어가 'okno'라는 단어의 어원과 연결되어 있다는 것을 잊고 있다.

마찬가지로 'chernila'는 그것의 외형적 특징인 검은색을 나타내면서도 처음에는 글자를 쓰기 위한 액체를 의미했다. 이러한 대상을 잉크라고 부른 사람은 그것을 순수하게 연합적 방법으로 검은색 사물들의 복합에 포함시켰다. 하지만 이것은 오늘날 우리가 형태적인 관점에서 그러한 단어조합이 불합리하다는 것을 잊어버리고 붉은 잉크, 초록 잉크, 파란 잉크라는 말을 사용하는 데 전혀 장해물이 되지 않는다.

만약 우리가 명칭의 전이에 주목한다면, 이러한 명칭들이 형상들의 연합이나 근접성이나 유사성에 따라 전이된다는 것을 발견하게 될 것이다. 다시 말해 명칭들의 전이는 논리적 사고의 법칙이 아니라 복합적 사고의 법칙에 따라 진행된다. 우리는 지금 새로운 말의 형성 과정에서 다양한 사물이 동일한 집단으로 연결되는 복합적 관계에 대한 가장 흥미로운 일련의 과정들을 관찰한다. 예컨대 우리가 유리병의 병목이나 탁자의 다리, 문의 손잡이, 강의 지류에 관해 말할 때, 대상을 일반적 집단으로 묶는 이른바 복합적 관계를 실행하는 것이다.

이러한 명칭 전이의 본질은 여기서 말의 기능이 의미론적 기능이나 의미를 부여하는 기능이 아니라는 데 있다. 말은 여기서 명칭을 가리키는 지시적 기능을 수행한다. 말은 사물을 지시하고 명명한다. 다시 말하면 말은 여기서 사고 행위와 연관된 어떤 의미를 나타내는 기호가 아니라 감성적으로 지각된 다른 사물과의 연합적 관계에 있는 또 다른 사물에 대한 감성적 기호다. 명칭은 이렇게 그것이 지시하는 사물과 연합적으로 결합된 것이므로 명칭의 전이는 일반적으로 다양한 연합에 따라 발생한다. 그리고 명칭이 전이되는 역사적 상황에 대한 정확한 지식 없이는 그 과정을 복구하는 것이 불가능하다.

이것은 아동의 사고에서 형성되는 복합과 마찬가지로 완전히 구체적인 사실적 결합이 전이의 기초를 이룬다는 것을 의미한다. 이것을 아동의 언어에 적용해본다면, 아동이 성인의 언어를 이해하는 데 우리가 위에서 언급한 예와 유사한 어떤 것이 발생한다고 이야기할 수 있다. 같은 단어를 발음하면서 아동과 성인은 그것을 같은 사물이나 인물, 예컨대 나폴레옹과 연관할 수 있다. 그러나 한 사람은 나폴레옹을 예나의 승리자로 생각하고, 다른 사람은 워털루의 패배자로 생각하는 것이다.

포테브냐(Aleksandr Potebnya)의 표현에 따르면 언어는 자기 자신을 이해하는 수단이다. 그러므로 우리는 언어나 말이 아동의 고유한 사고에서 수행하는 기능을 연구해야만 한다. 여기서 우리는 아동이 성인과는 다른 방식으로 언어를 통해 자기 자신을 이해한다는 것을 확인해야만 한다. 이것은 언어를 통해 아동이 수행하는 사고 행위가 같은 말의 전이에도 불구하고 성인의 사고에서 발생하는 조작과 일치하지 않는다는 것을 의미한다.

우리는 이미 최초의 말이 개념의 단순한 기호가 될 수 없다고 언급한 저자의 견해를 인용한 바 있다. 그것은 오히려 형상·그림·개념의 지적인 회화, 개념에 대한 작은 이야기다. 그것은 이른바 예술작품이다. 그러므로 그것은 구체적인 복합적 성격을 지니며, 동시에 동일한 복합체와 연결되는 몇몇 대상을 의미할 수 있다.

좀더 정확하게 말하면, 인간은 회화적 개념의 도움을 빌려 대상을 명명할 때, 주어진 대상을 다른 대상들과 함께 하나의 집단으로 연결하면서 일정한 복합과 연결한다. 포고딘(Aleksandr Pogodin)은 충분한 근거를 가지고 'veslo'(노)라는 단어가 'vesti'(인도하다)에서 나왔다고 지적했다. 다시 말하면 '노'는 운송 수단으로서의 보트를 명명할 수도 있고 운송하는 말이나 수레를 의미할 수도 있다는 것이다. 우리는 이러한 대상들이 모두 아동의 사고에서 발견할 수 있듯이 하나의 복합과 연결되어 있다는 사실을 알게 된다.

15. 농아 아동의 언어와 사고

순수한 복합적 사고의 가장 흥미로운 예는 아동의 의사개념 형성의 기본적 원인이 결여되어 있는 농아(聾啞) 아동의 언어다. 우리는 앞서 의사개념의 형성에는 아동이 대상들을 완전한 집단으로 통합하면서 자유롭게 복합을 형성하는 것이 아니라 대상들의 일정한 집단과 연결되어 있는 성인들의 언어 속에서 그것을 발견한다는 사실을 지적한 바 있다. 바로 이러한 이유 때문에 아동의 복합은 자신의 지시 대상이라는 기준에서 보면 성인이 사용하는 개념과 일치한다. 'Sobaka'라는 단어를 발음하면서 서로 이해하는 아동과 성인은 동일한 구체적 내용을 염두에 두고 이 말로 동일한 대상을 지시한다. 그러나 아동은 이 말로 개들의 구체적인 복합을 생각하고, 성인은 개에 관한 추상적인 개념을 생각한다.

농아 아동의 언어에서 이러한 상황은 사뭇 달라진다. 왜냐하면 농아 아동들은 성인들과 언어적 소통을 하지 않으며, 동일한 말로 표시하는 복합을 자유롭게 형성할 수 있도록 방임되어 있기 때문이다. 이러한 복합적 사고의 특수성 때문에 농아 아동의 경우에는 우선 복합적 사고가 특히 명료하고 명확하게 나타난다.

예컨대 농아 아동의 언어에서 이는 세 가지 의미일 수 있다. 그것은 흰색과 돌 그리고 이다. 이렇게 서로 다른 명칭들이 나중에는 주어진 의미의 지시 대상을 규정하기 위해서 지시되거나 묘사된 제스처의 병합이 필요한 하나의 복합과 결합되어 있다. 말하자면 농아 아동의 언어에서 이러한 말의 두 가지 기능은 물리적으로 구분되어 있다. 농아 아동은 이를 보여주고, 다음에는 이의 표면을 지시하거나 손으로 던지는 흉내를 내면서 그 말이 어떤 대상과 연결되어야만 하는지를 나타낸다.

우리는 성인의 사고에서도 매우 흥미로운 현상을 도처에서 발견한다. 그것은 성인의 사고가 개념형성이나 그것을 조작하는 데 충분함에도 모든 사고가 이러한 조작만으로 채워져 있는 것은 아니라는 사실이다.

만약 인간 사고의 가장 원시적인 형태를 꿈에 나타나는 형식과 같은 것이라고 가정한다면, 우리는 거기서 복합적 사고의 고대적인 원시적 메커니즘과 형상들의 시각적 융합, 응축, 이동을 발견하게 될 것이다. 꿈에서 관찰되는 일반화에 대한 연구는 크레치머(Ernst Kretschmer)가 올바로 지적했듯이 원시적 사고를 올바로 이해하기 위한 열쇠며, 이것은 또한 사고의 일반화는 오직 가장 발달된 형태, 즉 개념의 형식에서만 가능하다는 가설을 무력화한다.

옌슈의 연구에 따르면 순수하게 직관적인 사고의 영역에는 개념의 구체적인 유사물 또는 직관적 개념들이라고 할 수 있는 형상들의 특수한 일반화와 결합이 존재한다. 옌슈는 이것을 의미를 부여하는 구조 또는 지도라고 불렀다. 우리는 성인의 사고에서 개념적 사고에서부터 구체적이고 복합적인 사고로, 과도기적 사고로 전이하는 것을 도처에서 관찰하게 된다.

의사개념은 아동만의 독점물이 아니다. 의사개념에서는 우리의 일상적 생활의 사고에서도 매우 자주 발생한다.

변증법적 논리학의 관점에서 보면 우리의 일상 언어에서 발견하게 되는 개념들은 진정한 의미의 개념이 아니다. 이 개념들은 오히려 사물에 대한 일반적인 표상들이다. 그러나 이 표상들이 복합과 의사개념에서 변증법적 의미에서의 진정한 개념으로 발달하는 과도기적 단계라는 것에는 의심의 여지가 없다.

16. 제3단계의 첫 번째 수준

우리가 기술한 아동의 복합적 사고는 아동의 개념발달에서 두 가지 근원 가운데 첫 번째 근원을 이루는 것에 지나지 않는다. 아동의 개념발달에는 두 번째 근원이 있다. 이 두 번째 근원은 아동의 사고발달에서 세 번째 단계를 구성한다. 이 단계는 두 번째 단계와 유사하게 일련의 개별적 수준과 국면으로 나뉜다. 이런 점에서 우리가 위에서 살펴본 의사개념은 복합적 사고와 아동의 개념발달에서 또 다른 근원이나 원천 사이에 있는 과도기적 단계다.

우리는 이미 지금까지의 서술에서 아동의 개념발달 과정은 인위적인 실험적 분석의 조건에서 나타난 것과 같다고 지적한 바 있다. 이러한 인위적인 조건들은 논리적 일관성 속에서 개념의 발달과정을 나타내며, 개념발달의 현실적 과정과는 아무래도 괴리가 있다. 따라서 아동의 사고발달의 현실적 과정과 우리의 서술은 각각의 단계와 내적 수준에서 서로 일치하지 않는다.

우리는 이 문제를 연구하면서 시종일관 발생적 방법을 견지했지만, 개개의 발생적 계기들을 그것의 가장 성숙하고 전형적인 형태로 제시하려고 노력했다. 그러므로 우리의 연구는 실제로 아동의 개념발달을 완성하는 복잡하고 구불구불한 지그재그형의 과정에서 멀어질 수밖에 없었다.

아동의 사고발달의 세 번째, 마지막 단계를 서술하면서 우리는 세 번째 단계의 첫 번째 국면이 실제로 복합적 사고가 완전히 끝난 다음에 나타나는 것이 아니라는 사실을 지적해야만 한다. 반대로 우리는 의사개념의 형태와 같은 복합적 사고의 최고 형식이 과도기적 형식이라는 것을 발견했다. 바로 이 과도기적 형식 속에서 일상 언어에 의존하는 일상적 사고가 머물고 있다.

하지만 우리가 지금 서술해야만 하는 사고형식의 최초의 맹아는 시간적으로 의사개념의 형식에 선행하지만, 논리적 본질에서는 이미 앞서 언급한 것처럼 개념발달 과정에서 두 번째의 독자적인 근원을 이룬다. 그리고 우리는 이제 이러한 맹아적 형식들이 완전히 다른 발생적 기능을 수행하고, 아동의 사고발달 과정에서 다른 역할을 하는 것을 보게 될 것이다.

우리가 앞에서 기술한 복합적 사고의 가장 큰 특징은 그러한 사고 유형의 기초를 이루는 결합과 관계들이 확립되는 계기다. 이 단계 아동의 사고는 개별적인 지각 대상들을 종합하고, 그러한 대상들을 일정한 집단으로 결합하며, 다양한 인상을 결합하는 실마리가 되고, 다양한 경험 요소를 일반화하는 첫걸음이 된다.

그러나 자연스러운 발달 형태에서 개념은 경험의 개별적이고 구체적인 요소들의 결합과 일반화만을 전제하는 것은 아니다. 개념은 그 밖에도 개별적인 요소들의 분리, 추상화, 격리 그리고 이렇게 분리된 추상적 요소들을 구체적·사실적 연관 밖에서 볼 수 있는 능력을 전제로 한다.

이런 점에서 복합적 사고는 고립무원의 상태다. 복합적 사고는 결합의 과잉 또는 생산과잉, 추상성의 부족이라는 특징을 지닌다. 복합적 사고에서는 특징들의 분리과정이 극히 빈약하다. 하지만 앞서 언급한 대로 진정한 개념은 어느 정도 분석과 종합과정에 근거한다. 분해와 결합은 마찬가지로 개념형성에서 필수불가결한 내적 계기들이다. 괴테의 유명한 표현에 따르면, 분석과 종합은 숨을 들이마시고 내쉬는 것과 같이 서로 전제한다. 이 모든 것은 사고 전체에 대해서뿐만 아니라 개별적인 개념규성에 대해서도 똑같이 적용된다.

만약 우리가 아동의 사고발달의 현실적 과정을 추적한다면, 당연히 복합의 형성기능이 발달하는 독립된 경로나 전체를 개별적 요소로 분해하는 개별적 경로를 분리된 형태로 찾아낼 수 없을 것이다.

실제로 개별적인 것들은 결합되고 융합된 형태로 나타나며, 우리는 과학적 분석이라는 목표를 위해서 가능한 한 가장 명확하게 각각의 경로를 추적하려고 노력하면서 이 두 경로를 분리된 형태로 제시하는 것이다. 그러나 이렇게 경로를 분해하는 것은 단순히 자의적으로 검토하기 위해 다른 방법으로 변경할 수도 있는 그런 편의적 방법이 아니다. 반대로 그것은 사물의 본성 자체에 근거한다. 왜냐하면 각각의 기능이 지니고 있는 심리학적 본성은 본질적으로 다르기 때문이다.

이와 같이 우리는 분리와 분석, 추상화의 발달이 아동의 사고발달에서 세 번째 단계의 발생적 기능이라는 사실을 알게 되었다. 이런 점에서 세 번째 단계의 첫 번째 수준은 의사개념과 매우 흡사하다. 다양하고 구체적인 대상들의 이러한 결합은 대상들의 요소들이 지닌 최대한의 유사성에 근거해 창조된다. 이런 유사성은 결코 완전하지 않기 때문에 여기서 우리는 심리학적 측면에서 매우 흥미로운 상태, 즉 아동이 주의 깊게 대상의 다양한 특징을 다양한 조건 속에 놓는 경우를 경험하게 된다.

전체적으로 주어진 견본과 최대한 유사성을 반영하는 특징들은 주된 관심의 대상이 되며, 이로써 주된 관심의 대상이 되지 못하는 다른 특징에서 분리되고 추상화된다. 여기서 처음으로 극히 명료하게 추상화 과정이 나타난다. 그것은 개개의 특징들을 명확하게 분리하는 것에 기초를 둔 것이 아니라 내적으로 충분히 분해되지 못한 특징들의 전체 집단이 추상화되기 때문에 단순히 공통성에 대한 막연한 인상에 따라 매우 모호한 성격을 띠게 된다.

그러나 아동의 전체 지각과정이 완전한 것은 결코 아니다. 여기서 나타나는 특징들은 크게 두 가지 동일하지 않은 부분으로 나뉜다. 그리고 퀼페(Oswald Külpe)와 그의 추종자들이 긍정적 추상화와 부정적 추상화로 명명한 바 있는 두 가지 과정이 발생한다. 구체적 대상은 자신의 특징이나 사실적 완벽함에서 복합이 되거나 일반화에 포함되기에는 충분치 않다. 그러나 구체적 대상은 복합이 되면서 특징들의 일부분을 복합 외부에 남겨놓는다. 구체적 대상은 빈약하지만, 그 대신에 복합이 되는 과정의 근거가 되는 특징들은 특히 아동의 사고에서 선명하게 나타난다. 최대한 유사성에 기초하여 아동이 창조해낸 이러한 일반화는 의사개념보다 빈약하기도 하고 동시에 풍부하기도 한 과정이다.

이 일반화는 지각된 특징들의 전체 집단에서 중요하고 본질적인 것을 분리해놓은 것 위에 구축한 것이기 때문에 의사개념보다 풍부하다. 그리고 이 일반화는 이러한 구조를 지탱하고 있는 결합들이 특히 빈약하며, 또 그 결합은 단지 공통성에 대한 모호한 인상이나 최대한의 유사성에 근거한다는 점에서 의사개념보다 빈약하다.

17. 잠재적 개념

개념발달 과정에서 두 번째 수준은 잠재적 개념이라고 할 수 있는 단계다. 실험에서 이러한 발달 수준에 있는 아동은 보통 하나의 공통된 특징에 따라 일반화된 대상들의 집단을 구분한다.

우리는 일견 의사개념과 매우 유사하고, 외형상 의사개념과 똑같아 보이는 것을 진정한 의미의 완성된 개념으로 생각할 수도 있다. 그와 똑같은 산물은 개념을 사용하는 성인의 사고 결과에서도 얻을 수 있다.

이렇게 변덕스러운 외형과 진정한 개념과의 외형적 유사성은 잠재적 개념을 의사개념과 동일한 범주로 간주하게 한다. 그러나 양자의 본성은 본질적으로 차이가 있다.

진정한 개념과 잠재적 개념의 차이를 심리학에서 다룬 사람은 그루스(Karl Groos)다. 그는 이러한 차이를 개념 분석의 출발점으로 삼았다. 그루스는 다음과 같이 언급했다. "잠재적 개념은 습관적 행위와 다르지 않다. 이 경우에 잠재적 개념은 가장 초보적인 형식에서 우리가 유사한 동기는 유사하고 공통된 인상을 불러일으킨다는 사실을 기대하거나

더 정확하게 말해서 설정하는 것 속에 존재한다."＂만약 '잠재적 개념'
이 실제로 우리가 방금 기술한 대로 습관적인 것에 대한 지향과 같다
면, 그것은 대부분 아동에게 극히 초기 단계에 나타난다."＂나는 잠재적
개념이 지적인 평가의 출현에 선행하는 필요조건이라고 생각한다. 그
러나 그것 자체가 지적인 것은 아니다."[8] 그러므로 그것은 지적 활동 이
전의 형성물이며, 사고발달 과정에서 매우 초기에 발생하는 것이다.

이런 점에서 현대 심리학자들은 대부분 우리가 지금 기술했듯이 잠
재적 개념이 동물의 사고에도 고유한 것이라는 사실에 동의한다. 우리
는 이런 의미에서 크로(Oswald Kroh)가 완전히 올바르다고 생각한다.
그는 과도기 연령에서 최초로 나타나는 것이 추상화라는 일반적인 확
신에 반대했다. 그는 다음과 같이 언급했다. "고립적 추상화는 이미 동
물에게서도 나타난다."

실제로 닭이 형태와 색을 추상화하는 과정을 연구한 특별한 실험은
다음과 같은 사실을 보여준다. 진정한 의미의 잠재적 개념이 아니라면,
다시 말해 개별적인 특징들의 고립이나 분리에 가까운 것은 동물들의
행동발달에서 매우 초기 단계에 속한다.

이런 관점에서 잠재적 개념을 일상적 반응에 대한 지향으로 보았던
그루스는 전적으로 옳다. 그는 잠재적 개념 속에 아동의 사고발달의 특
징이 있다고 보는 것에 반대했으며, 잠재적 개념을 발생적 관점에서 지
적 활동의 이전 과정에 속하는 것으로 보았다. 그는 다음과 같이 언급
했다. "우리의 최초의 잠재적 개념은 지적 활동의 이전 단계에 속한다.
이 잠재적 개념들의 활동은 논리적 과정들의 가정 없이도 분명히 할 수

---

[8] 그루스, 『아동의 정신생활』, 1916, 196쪽.

있다." 이 경우에 말과 우리가 부여한 의미의 관계는 이따금 말의 진정한 의미를 포함하지 않는 단순한 연합이 되기도 한다.[9]

만약 우리가 아동이 사용하는 최초의 말에 관심을 갖는다면, 그 말들이 실제로 의미상으로는 잠재적 개념에 가깝다는 것을 알게 될 것이다. 이 개념들은 첫째, 그것이 실제로 일정한 대상의 집합을 지시한다는 점에서, 둘째, 고립된 추상화가 그것의 기초를 이룬다는 점에서 잠재적이다. 그것들은 아직 실현되지 않은 가능성의 개념들이다. 하지만 이것은 개념이 아니며 그러한 것이 될 수 있는 어떤 것이다.

이런 점에서 뷜러는 아동이 새로운 대상을 보면서 익숙해진 말 중에서 하나를 사용하여 그것을 지시하는 것과 지팡이가 원숭이에게 필요한 상황에서 원숭이가 예전에 전혀 지팡이를 연상시키지 않았던 사물들 속에서 지팡이를 닮은 것을 인지하는 것 사이에 완전한 유사성이 존재한다는 사실을 제시했다. 침팬지의 도구 사용을 연구한 쾰러의 실험은 목표물을 손에 넣기 위한 도구로 지팡이를 사용한 경험이 있는 원숭이가 그다음에 이미 이 도구의 의미를 지팡이와 어떤 공통점을 가지고 있으며, 지팡이의 기능을 수행할 수 있는 다른 모든 대상으로까지 확대하고 있다는 사실을 보여주고 있다.

잠재적 개념과 우리가 사용하는 개념 사이의 외형적 유사성은 놀라운 것이다. 그리고 이러한 현상은 실제로 잠재적 개념이라는 명칭을 가능하게 한다. 쾰러는 침팬지에 대한 자신의 관찰 결과를 다음과 같이 정식화했다. "만약 눈에 들어온 지팡이가 일정한 상황에서 어떤 기능적 의미를 갖는다면, 그리고 이 의미가 보통 지팡이와 형태나 밀도에서 객

---

9 같은 책, 201쪽.

관적으로 일정한 공통점을 지니고 있는 다른 모든 대상에도 확대 적용된다면, 우리는 곧바로 관찰된 동물의 행동과 일치하는 하나의 견해에 도달하게 될 것이다."

이 실험은 원숭이가 밀짚모자의 가장자리, 짧은 장화, 철사, 지푸라기, 수건 등 길쭉한 형태로서 외형상 지팡이를 대신할 수 있는 다양한 대상에 지팡이를 적용하기 시작했다는 것을 보여준다. 이와 같이 우리는 여기서 일정한 관계 속에서 일련의 구체적인 대상들의 일반화가 발생하는 것을 본다.

그루스의 잠재적 개념과의 차이는 단지 거기서는 외형적 유사성이 문제가 되지만, 여기서는 기능적 의미의 유사성이 문제가 된다는 데 있다. 그루스의 잠재적 개념은 직관적 사고의 영역에서 형성되지만 여기서는 실천적이고 행동적인 사고의 영역에서 형성된다. 이러한 운동적 개념 또는 베르너의 표현에 따르면 동적 개념 그리고 쾰러의 표현에 따르면 그런 종류의 기능적 의미는 이미 알려진 대로 아동의 사고 속에 아주 오랫동안, 즉 학교에 입학할 무렵까지 존재한다. 주지하다시피 아동의 개념규정은 기능적 성격을 지닌다. 아동에게 대상 또는 개념을 규정하는 것은 이 대상이 무엇을 하는지, 더 빈번하게는 이 대상으로 무엇을 할 수 있는지를 말하는 것과 동일하다.

추상적 개념을 정의하는 경우에도 역시 가장 중요한 것은 아동이 사용하는 말의 의미에 상응하는 구체적이고 행동적인 상황이다. 메서(A. Messer)는 사고와 언어에 대한 자신의 연구에서 1학년 학생이 추상적 개념에 대해 내린 매우 전형적인 정의를 제시했다. 한 아동은 이성이라는 개념을 다음과 같이 정의했다. "이성이라는 것은 내가 더울 때 물을 마시지 않는 것입니다." 이러한 종류의 구체적이고 기능적인 의미는 잠재적 개념의 유일한 심리학적 기초를 구성한다.

우리는 이미 복합적 사고에서 그러한 종류의 잠재적 개념이 매우 중요한 역할을 했고, 자주 복합의 구조와 결합되었다는 것을 기억할 수 있을 것이다. 예를 들면 우리가 앞서 지적한 바 있듯이 연합적 복합과 다른 많은 유형의 복합에서 복합의 구조는 여러 가지 요소에 공통되는 일정한 특징의 분리를 전제한다.

순수한 복합적 사고에서 이러한 특징은 극도로 불안정하고, 다른 특징에게 자신의 자리를 양보하며, 어떤 경우라도 다른 모든 것과 비교하여 우선적인 것이 아니라는 사실은 분명하다. 그러나 그것은 잠재적 개념의 경우와는 다르다. 잠재적 개념에서는 대상을 일정한 보편 집단에 포함시키는 데 기초가 되는 특징이, 대상이 실제로 결합되어 있는 특징들의 구체적인 집단으로부터 추상화되어 있는 우선적 특징이다.

인간의 말의 발달 과정에서 이러한 잠재적 개념들이 매우 중요한 역할을 한다는 것을 우리는 기억하고 있다. 우리는 위에서 모든 새로운 말이 어떤 하나의 특징을 분리하는 기초 위에서 발생한다는 사실에 대한 많은 예를 열거한 바 있다. 그 특징은 눈에 쉽게 띄는 것이고, 동일한 말로 불리거나 지시되는 대상들을 일반화하는 데 기초가 되는 것이다. 이 잠재적 개념들은 자주 진정한 개념으로 이행하지 않으면서 자신의 발달 단계에 머문다.

여하튼 잠재적 개념들은 아동의 개념발달에서 매우 중요한 역할을 담당한다. 그 역할은 처음에 아동이 개별적 특징들을 추상화하는 것을 통해서 구체적 상황과 특징들의 구체적 결합을 파괴하고, 그럼으로써 이러한 특징들을 새로운 기초 위에서 새롭게 결합할 수 있는 필요한 전제를 만드는 데 있다. 아동은 복합적 사고의 발달과 더불어 추상화 과정을 습득해서만 진정한 개념을 형성할 수 있다. 진정한 개념의 형성은 아동의 사고발달에서 네 번째 마지막 단계를 구성한다.

개념은 추상화된 일련의 특징들이 다시 종합되고, 그렇게 해서 만들어진 추상적 종합이 사고형식의 기초가 되었을 때 발생한다. 아동은 이것을 통해서 자신을 둘러싼 현실을 이해하고 파악한다. 우리가 이미 앞서 지적했듯이 여기서 우리는 실험을 통해서 말이 진정한 개념형성에서 가장 결정적인 역할을 수행한다는 사실을 알 수 있다. 다시 말해 아동은 말을 통해서 자의적으로 자신의 주의를 하나의 특징에 고정하고, 말을 통해서 그것들을 종합하며, 말을 통해서 추상적 개념을 상징화한다. 그리고 아동은 말을 통해서 인간의 사고가 만들어내는 가장 고차원의 기호를 조작한다.

이미 복합적 사고에서 말의 역할이 명료하게 나타난다는 것은 분명한 사실이다. 우리가 이미 언급했듯이 복합적 사고는 가족 이름의 역할을 하고 인상적으로 닮은 대상들의 집단을 결합해주는 말 없이는 불가능하다. 이런 점에서 우리는 다른 저자들과는 달리 언어적 사고의 발달에서 일정한 단계를 차지하는 복합적 사고를 동물들의 표상을 규정하는 비언어적인 직관적 사고와 구별한다. 개별적인 인상을 융합하는 경향이 있다고 해서 베르너는 이러한 사고를 복합적이라고 규정한다.

이러한 의미에서 이들 저자들은 꿈속에서 나타나는 압축, 이동 과정과 언어적 사고의 최고 형식 가운데 하나며, 인간의 지적 능력의 장구한 역사적 진화의 산물이고, 개념적 사고의 필수적인 이전 단계인 원시인의 복합적 사고를 완전히 같은 것으로 간주하는 경향이 있다.[10] 폴켈트

---

10 크레치머(Ernst Kretschmer)는 이에 대해 다음과 같이 지적했다. "원시적 형태의 사고는 복합적 사고(프레이스Preis) 같은 것을 의미한다. 왜냐하면 자주 혼합물로 서로

(H. Folkelt) 같은 저자들은 한층 더 나아가 정서적으로 유사한 거미들의 복합적 사고를 아동의 원시적인 언어적 사고와 동일시하려고 한다.

우리의 관점에 따르면 이 양자 사이에는 생물학적 진화의 산물과 사고의 자연적 형식을 역사적으로 나타나는 인간의 지적 능력의 형식으로부터 구별하는 원칙적인 차이가 존재한다. 그러나 말이 복합적 사고에서 결정적인 역할을 한다는 사실을 인정하는 것이 결코 복합적 사고와 개념적 사고에서 말의 역할을 동등한 것으로 간주하는 것은 아니다.

반대로 우리는 어떤 일반화는 말의 기능적 사용의 결과며, 다른 일반화는 이 말의 완전히 다른 기능적 적용의 결과로 발생한다는 사실에서 가장 먼저 복합과 개념의 차이를 이해했다. 말은 기호다. 이 기호는 다양하게 사용될 수 있으며, 다양한 방법으로 적용할 수 있다. 말은 다양한 지적 작업의 도구가 될 수 있으며, 말을 빌려 행해지는 이른바 다양한 지적 작업은 복합과 개념 사이의 근본적인 차이를 만들어낸다.

18. 개념의 발생

우리 연구의 가장 중요한 발생적 결론은 아동이 개념적 사고에 도달한다는 것과 아동이 오직 과도적 연령기에 자신의 지적 발달의 세 번째 단계를 완성한다는 기본 명제 속에 담겨 있다.

우리는 소년의 사고를 연구하는 실험에서 소년의 지적인 성장과 함

변하고 섞이는 형상들의 복합들은 매우 분화되고 추상화된 개념들의 위치를 대신하기 때문이다."(크레치머, 『의학 심리학』, 1927, 83쪽) 모든 저자는 이러한 유형의 사고가 "개념형성 과정에서 형상적 전 단계"를 이룬다는 점에 동의한다 – 저자.

께 어떻게 나중에는 점점 더 혼합적·복합적 사고의 원시적 형태들이 줄어드는지, 어떻게 그의 사고에서 잠재적 개념들이 점점 드물게 나타나는지, 그리고 사고 과정에서 처음에는 드물었지만 나중에는 빈번하게 진정한 개념들을 사용하는지를 관찰하게 되었다.

그러나 모든 사고형식과 발달 수준들의 변천 과정이 이전 단계가 완전히 종결되고 완성될 때 각각의 새로운 수준들이 나타나는 순수한 기계적 과정으로 파악되어서는 안 된다. 발달의 전체 과정은 매우 복잡하다. 다양한 발생적 형식은 지각 속에 여러 가지 지질학적 시대의 성층들과 마찬가지로 공존한다. 이러한 명제는 예외적인 것이 아니고 오히려 모든 행동발달의 법칙이다. 우리는 인간의 행동이 항상 최상이거나 최고의 수준에만 머물러 있는 것이 아니라는 것을 알고 있다. 인류 역사에서 가장 새롭고 젊고 최근에 발생한 형식들은 인간의 행동에서 가장 오래된 것과 나란히 공생한다. 블론스키가 탁월하게 증명한 바와 같이 일주간의 여러 가지 행동 형식들의 변화는 본질적으로 수천 년에 걸친 행동발달의 역사를 반복한다.

똑같은 상황이 아동들의 사고발달에도 나타난다. 여기서 사고의 최고 형식, 즉 개념을 습득한 아동은 결코 좀더 기초적인 형식들을 배제하지 않는다. 오히려 더욱 긴 시기에 걸쳐 아동들은 경험 영역에서 양적으로 우세하고 지배적인 사고형식을 유지한다. 우리가 앞서 언급했듯이 심지어 성인들도 항상 개념적 사고를 하는 것은 아니다. 극히 자주 성인의 사고는 복합적 사고 수준에서 진행되며, 이따금 아주 초보적이고 원시적인 형식으로 전락한다.

그러나 소년과 성인이 사용하는 개념들도 그것의 적용이 순수하게 일상적인 경험의 영역에 국한되는 한, 자주 의사개념의 수준 이상이 되지 못하는 경우가 있다. 형식논리학적 관점에서 개념의 모든 특징을 가진다고 해도 그것이 변증법적 논리학에서 말하는 개념과 동일한 것은 아니다. 전자는 일반적인 표상이나 복합 이상은 아니다.

이와 같이 과도기 연령은 사고 완성의 시기가 아니라 사고의 위기와 성숙의 시기다. 인간의 이성이 도달할 수 있는 최고 형식이라는 점에서도 이 연령기는 다른 모든 점에서와 마찬가지로 과도기다. 소년의 사고에서 이러한 과도기적 성격은 특히 우리가 소년의 개념을 기성의 형태가 아니라 그것의 활동 속에서 선택하고, 기능적 실험을 시도해보면 분명하게 나타난다. 왜냐하면 우리는 개념의 활동과 적용 과정에서 이러한 형식의 진정한 심리학적 본성을 관찰할 수 있기 때문이다. 게다가 우리는 활동 중에 있는 개념을 연구하면서 매우 중요한 심리학적 법칙을 발견했다. 이 법칙은 새로운 사고형식의 기초를 이루며, 소년의 전체 지적 활동의 성격, 즉 우리가 이후에 보게 될 소년의 개성과 세계관의 발달을 조명하는 것이다.

이 영역에서 지적되어야 할 첫 번째 것은 실험에서 밝혀진 개념형성과 그것의 언어적 정의 사이의 심한 차이다. 이런 차이는 소년뿐만 아니라 매우 발달된 성인의 사고에서도 나타난다. 개념의 존재와 그 개념의 인식은 출현 시기나 각자의 기능이라는 측면에서 일치하지 않는다. 전자는 후자보다 일찍 나타나며, 후자와는 독립적으로 활동할 수 있다. 개념을 사용한 현실 분석은 개념 그 자체의 분석보다 훨씬 먼저 일어난다.

이것은 소년을 대상으로 한 실험에서 분명하게 나타났다. 그들은 사고의 과도기적 성격을 증명하는 연령기의 특징으로서 말과 개념형성의 차이를 끊임없이 보여주었다. 소년은 개념을 형성하고 그것을 구체적 상황에 올바로 적용하지만, 이 개념의 언어적 규정에서 그의 사고는 심각한 난관에 부딪히며, 개념규정은 이미 이 개념이 실제 사용되는 것보다 협소해진다. 이러한 사실에서 우리는 개념이 단순히 이런저런 경험적 요소들을 논리적으로 가공한 결과에서 발생하는 것이 아니고, 아동은 자신의 개념으로까지 도달하지 못하며, 아동에게 개념은 완전히 다른 형식으로 발생하고 나중에 가서 그것이 인식되고 논리화된다는 사실에 대한 직접적인 확증을 얻게 되었다.

우리는 여기서 과도기 연령에 속한 아동들이 개념을 적용하는 데 있어 특징적인 또 다른 계기를 발견하게 된다. 이 계기는 소년이 개념을 명료한 상황에서 사용한다는 사실에 존재한다. 이때 이 개념은 아직 구체적이고 명료하게 지각된 상황에서 분리되지 않았으며, 소년의 사고를 가장 용이하고 올바르게 안내한다. 분리되었다가 개념 속에서 종합된 특징들이 다른 특징들의 완전히 다른 구체적 환경과 만나거나 개념들이 완전히 다른 구체적 비율 속에서 주어질 때, 개념의 전이 과정, 즉 경험을 완전히 다른 여러 가지 사물에 적용하는 것에는 많은 어려움이 따른다. 명료하거나 구체적인 상황의 변화에도 다른 상황에서 형성된 개념의 적용은 특히 어려움에 봉착하게 된다. 그러나 이러한 전이는 이미 소년의 사고가 성숙하는 첫 번째 단계에서 가능하다.

개념이 형성되었던 구체적 상황으로부터 분리되거나 일반적으로 구체적인 인상에 근거하지 않고 완전히 추상적인 차원으로 이동할 때, 그러한 개념을 확인하는 것은 매우 어렵다. 여기서 이러한 개념에 대한 언어적 정의나 그것을 정확하게 인식하고 정의하는 것은 극히 어려운 것이다. 우리는 실험을 통해서 실제로 개념형성 과제를 올바로 해결한 아동과 소년이 이미 형성된 개념을 규정하는 데 어떻게 초보적인 수준에 머물고, 구체적인 대상들을 하나하나 열거하기 시작하는지를 관찰하게 되었다. 심지어 이 대상들은 구체적 상황에서 이 개념이 포함하고 있는 내용이다.

이와 같이 소년은 말을 개념에 적용하지만 말을 복합으로서 정의한다. 이것은 과도기의 사고에서 복합적 사고와 개념적 사고 사이에 존재하는 가장 특징적인 형식이다.

그러나 소년이 보통 과도기 연령을 마치는 데 극복해야 할 가장 어려운 점은 이미 형성된 개념의 의미를 소년이 추상적 차원에서 사고하는 새로운 구체적 상황으로 전이하는 것이다.

여기서 추상에서 구체로 가는 길은 구체에서 추상으로 상승하는 것만큼이나 어렵다.

여기서 실험은 의심할 여지 없이 전통적 심리학에 근거한 개념형성 과정에 대한 형식논리학적 서술을 맹목적으로 따르는 도식이 현실과는 완전히 다르다는 것을 증명하고 있다. 전통적 심리학에서 개념형성 과정은 다음과 같이 서술되어 있다. 개념의 기초에는 일련의 구체적 표상들이 존재한다.

예를 들면 나무라는 개념에 대해 어느 심리학자는 다음과 같이 언급한다. 이 개념은 나무에 대한 유사한 표상들에서 얻어진다. "개념은 개개의 유사한 대상들의 표상들에서 발생한다." 그다음에는 개념형성 과정을 설명하는 도식이 따르며, 그것에 따르면 이 과정은 다음과 같다. 내가 세 가지 다른 나무를 관찰할 수 있는 기회를 얻었다고 가정하자. 나무에 대한 세 개의 표상은 몇 가지 구성 부분으로 나눌 수 있다. 그 각각은 개별적인 나무들의 형태, 색, 크기를 나타낸다. 이러한 표상들의 나머지 구성 부분은 유사하다.

이러한 표상들의 유사한 부분들 사이에서 동화작용이 일어나서, 결과적으로 그 특징의 일반적 표상이 된다. 그 후에 이러한 표상들의 종합에 근거하여 나무에 대한 하나의 일반적 표상이나 개념을 얻는다.

이러한 관점에 따르면 개념형성은 다음과 같은 방식, 즉 골턴의 집단 사진에서 한 가족에 속한 다양한 얼굴의 가계 초상화를 얻는 방식으로 이루어진다. 주지하다시피 이 사진의 원리는 동일한 감광판에 그 가족의 개별적인 구성원들의 형상을 새기는 것이다. 이 형상들은 서로 겹칠 수 있다. 그렇게 해서 그 가족의 많은 성원에게 공통적이고 유사하며 자주 반복되는 특징들은 선명하게 강조되고, 우연적이고 개인적이며 개인에 따른 다른 특징들은 서로 겹치면서 지우고 눈에 띄지 않게 된다.

이와 같이 유사한 특징들은 분리된다. 그리고 전통적인 관점에서 보면 유사한 일련의 대상들과 특징에서 분리된 공통의 특징들의 총체가 바로 진정한 의미의 개념이다. 그러나 개념발달의 실제 과정이라는 관점에서 보면 위에서 언급한 도식에 따라 그려진 논리적 과정보다 더 거짓된 것은 없다.

실제로 이미 오래전에 심리학자들이 지적했고 우리의 실험이 명확하게 증명하듯이, 소년의 개념형성은 전통적인 도식이 개념형성 과정을 묘사하듯이 그런 논리적 방식으로 결코 진행되지 않는다. 포겔의 연구는 다음과 같은 사실을 증명한다. 아동은 "분명히 특수한 형태에서 출발하여 더 고차원적인 것으로 상승하면서 추상적 개념의 영역으로 들어가지 않는다. 반대로 처음에 아동은 가장 일반적인 개념들을 사용한다. 중간에 위치한 것에도 아동은 아래에서 위로, 즉 추상화의 방식으로 접근하는 것이 아니라 고차원적인 것에서 저차원적인 것으로 이동하면서 정의를 내린다. 아동에게 표상의 발달은 미분화된 것에서 분화된 것으로 진행되며, 그 반대는 아니다. 사고는 유(類)에서 종(種)이나 변종으로 이동하면서 발달하며, 그 반대는 아니다."

포겔의 형상적 표현에 따르면 사고는 거의 항상 개념의 피라미드에서 상하로 운동하며, 수평으로 운동하는 것은 거의 없다. 이러한 명제는 개념형성에 관한 전통적인 심리학적 학설에 대한 진정한 혁명을 의미했다. 과거에는 개념이 구체적인 대상들에서 유사한 특징들을 단순히 분리하는 방법으로 발생한다고 생각했지만, 이제 많은 연구자는 실제적인 복잡성 속에서 개념형성 과정이 끊임없이 보편에서 특수로, 특수에서 보편으로 이동하는 사고의 복잡한 운동과정이라고 생각하게 되었다.

최근에 개념의 발생이론을 제기한 뷜러는 포겔과 마찬가지로 개념발달에 관한 전통적인 생각, 즉 유사한 특징을 분리해서 개념이 형성된다는 견해를 부정했다. 그는 개념형성에서 두 가지 발생적 근원을 구분했다. 첫째는 아동의 표상을 분리된 집단으로 결합하는 것과 이러한 집단들이 상호 복잡한 연합적 결합으로 융합되는 것이다. 이 연합적 결합은 표상들의 개별적인 집단과 각각의 집단에 포함된 개별적 요소들 사이에서 형성된다.

개념의 두 번째 발생적 근원은 뷜러에 따르면 판단의 기능이다. 사고와 이미 형성된 판단 결과로 아동은 개념을 만들어낸다. 우리가 아동에 대한 연합적 실험에서 특히 자주 관찰한 것과 같이 뷜러는 이것의 유력한 논거로서 아동이 개념적 단어를 통해서 이 개념과 관계된 기성의 판단을 재생하는 경우가 매우 드물다는 사실을 들고 있다.

분명히 판단은 무엇인가 가장 단순한 것이며, 개념의 자연스러운 논리적 위치는 뷜러가 언급하는 것과 같이 판단이다. 표상과 판단은 개념 형성 과정에서 상호작용한다.

이와 같이 개념형성 과정은 두 가지 측면, 즉 보편과 특수의 측면에서 거의 동시에 진행된다.

이것에 대한 매우 중요한 확증으로 우리는 다음과 같은 사실, 즉 아동이 사용하는 최초의 말이 실제로 일반적 기호며, 비교적 나중에 특수하고 구체적인 기호가 발생한다는 사실을 들 수 있다. 물론 아동은 개개의 꽃 이름보다 먼저 '꽃'이라는 단어를 습득한다. 심지어 만약 아동의 언어발달 조건에서 어떤 개별적인 명칭을 먼저 습득하는 경우, 예컨대 '꽃'보다 먼저 '장미'라는 단어를 알았다고 해도, 아동은 이 단어를 장미뿐만 아니라 모든 꽃에 적용하고, 이 특수한 기호를 일반적 기호로 사용한다.

이런 의미에서 뷜러의 다음과 같은 생각은 완전히 정당하다. 개념형성은 개념의 피라미드에서 밑에서 위로 상승하는 과정을 거쳐 진행되는 것이 아니라 터널의 굴착 과정과 같이 두 가지 측면에서 이루어진다. 이것은 분명히 심리학에서 매우 중요하고 쉽지 않은 문제와 연관이 있다. 이 문제는 아동이 구체적인 것보다 먼저 일반적이고 가장 추상적인 명칭을 알게 된다는 것을 인정하는 것과 함께 많은 심리학자가 추상적인 사고는 상대적으로 늦게, 즉 성적인 성장의 시기에 발달한다는 전통적인 견해를 재검토하려고 한다는 점이다.

이 심리학자들은 아동이 일반적 명칭과 구체적인 명칭을 습득하는 과정에서 관찰되는 순차성에서 올바로 출발하여 아동의 언어에서 일반적 명칭이 나타나는 것과 동시에 매우 일찍 아동의 추상적 개념이 발생한다는 잘못된 결론에 도달하고 있다.

예컨대 뷜러의 이론이 그러하다. 그의 이론이 도달한 잘못된 견해에 따르면 과도기 연령에서 사고는 어떤 특별한 변화도 경험하지 못하며, 이 시기에는 어떤 의미심장한 성취도 일어나지 않는다. 이 이론에 따르면 소년의 사고에는 우리가 이미 3세가 된 아동의 지적 활동에서 본 것과 비교해서 원칙적으로 새로운 어떤 것도 나타나지 않는다.

우리는 다음 장에서 더 상세하게 이 과정을 살펴볼 것이다. 여기서는 다만 일반적인 말들의 사용이 사전에 추상적 사고의 습득을 전제로 하는 것은 아니라는 사실을 지적하고자 한다. 왜냐하면 우리가 이미 이 장에서 길게 언급했듯이 아동은 성인이 쓰는 말을 성인이 적용하는 대상의 범위와 동일하게 사용하지만, 성인과는 완전히 다른 방식으로 그 대상을 사고한다.

그러므로 성인의 언어에서 가장 추상적인 형식의 추상적 사고를 대신하는 말을 아동이 매우 일찍 사용하는 것은 결코 아동의 사고에 동일한 것을 의미하는 것은 아니다.

아동의 언어에서 말은 성인의 그것과 비교하여 지시 대상에서는 일치하지만, 의미에서는 일치하지 않는다는 사실을 기억해보자. 그러므로 추상적 말을 사용하는 아동이 추상적 사고를 할 수 있다는 근거는 어디에도 없다. 우리가 다음 장에서 증명하려는 것처럼 추상적인 말을 사용하는 아동은 그에 상응하는 대상을 매우 구체적으로 사유한다. 그러나 어쨌든 다음과 같은 사실에는 의심의 여지가 없다. 개념이 집단 사진과 같이 형성된다고 믿는 과거의 견해는 실험적 분석에 제공하는 실제적인 심리학적 자료와 전적으로 일치하지 않는다.

실험을 통해서 완전한 확증을 얻고 있는 뷜러의 두 번째 결론도 의심의 여지가 없다. 개념들은 실제로 판단과 결론에서 그것의 구성 부분으로서 고유한 위치를 점하고 있다. '집'이라는 단어에 대해 '크다'라고 반응하거나 '나무'라는 단어에 대해 '거기에 사과가 열려 있는'으로 반응하는 아동은 실제로 개념이 항상 불가분의 부분으로 판단의 일반적 구조 속에서만 존재한다는 것을 증명하고 있다.

말이 문장 속에서만 존재하는 것과 같이, 심리학적으로 문장이 아동의 발달에서 개개의 고립된 말보다 먼저 나타나는 것과 같이, 판단은 아동의 사고에서 개개의 분리된 개념보다 먼저 발생한다. 그러므로 뷜러가 지적하는 것처럼 개념은 연합의 순수한 산물이 될 수 없다. 개별적인 요소들의 연합적 결합은 개념형성의 필요조건이기는 하지만 충분조건은 아니다. 뷜러의 견해에 따르면 표상과 판단 과정에서 개념의 두 가지 근원은 개념형성 과정을 올바로 이해하는 발생적 열쇠다.

우리는 실제로 실험을 통해서 뷜러가 지적한 두 가지 계기를 관찰할 수 있었다. 그러나 우리가 보기에 그가 개념의 두 가지 근원에 대해 내린 결론은 옳지 않다. 벌써 린트너(Gustav Adolf Lindner)는 아동이 가장 일반적인 개념을 비교적 일찍 습득한다는 사실에 주목한 바 있다. 이런 의미에서 아동이 이미 이른 시기에 가장 일반적인 명칭들을 올바로 사용한다는 사실은 의심할 여지가 없다. 아동의 개념발달이 피라미드에서 규칙적인 상승 운동의 형태로 이루어지지 않는다는 것은 올바르다. 우리는 실험을 통해서 어떻게 아동이 주어진 견본에 대해 그와 같은 명칭을 가진 도형들을 가려 모으고, 구체적이고 분화된 명칭이 아니라 가장 추상적인 명칭을 사용하면서 말의 가정적(假定的) 의미를 확대하는지 관찰할 수 있었다.

우리는 그 밖에도 어떻게 개념이 사고의 결과로서 발생하고, 판단의 내부에서 유기적이고 자연스러운 위치를 점하는지를 알게 되었다. 이런 점에서 실험은 개념이 구체적인 사물들의 집단 사진처럼 기계적으로 발생하지 않는다는 이론적 명제를 확실하게 실증했다. 여기서 뇌는 집단 사진을 찍는 사진기 방식대로 작용하지 않는다. 사고는 이런 사진들의 단순한 연합이 아니다. 반대로 직관적이고 실제적인 사고 과정은 개념형성보다 훨씬 전에 발생하며, 개념 자체는 아동의 사고발달의 길고 복잡한 과정의 산물이다.

우리가 앞서 언급했듯이 개념은 지적 작용 과정에서 발생한다. 연합의 유희가 개념구성을 만드는 것이 아니다. 개념형성에는 모든 지적 요소의 기능이 독특하게 결합하여 작용한다. 게다가 이러한 작용의 중심적 계기는 자유분방한 주의(注意), 개별적인 특징들의 추상화, 분리, 기호를 통한 종합과 상징화의 수단으로서 말의 기능적 사용이다.

우리는 실험 과정을 통해서 말의 일차적 기능, 즉 말이 일정한 특징을 지시하기 때문에 지시적 기능이라고 말할 수 있는 것이 일련의 명료한 인상들을 대신하고 그것을 의미하는 의미적 기능보다 발생적으로 빨리 나타나는 것을 자주 관찰할 수 있었다. 우리의 실험조건에서는 처음에 무의미한 말의 의미가 명료한 상황과 관계되어 있었기 때문에 말의 의미가 확실히 주어졌을 때 그 의미가 최초에 어떻게 발생하는지를 관찰할 수 있었다. 우리는 지각된 것이 어떻게 분리되고 종합되어 의미를 형성하고 말의 의미가 되고 개념이 되고 나중에는 이러한 개념이 어떻게 다른 구체적 상황으로 확산되고 전이되는지, 그리고 이후에는 그것이 어떻게 지각되는지를 관찰하면서 말과 일정한 특징과의 관련을 살아 있는 형태로 연구할 수 있다.

개념형성은 항상 소년의 사고에 부과된 어떤 과제를 해결하는 과정에서 발생한다. 개념은 오직 이러한 과제를 해결하는 결과로 발생한다.

이와 같이 뷜러가 제기한 개념형성의 두 가지 근원에 관한 문제는 우리의 실험적 분석의 자료에 따르면 전적으로 정확한 것은 아니다.

실제로 개념은 두 가지 기본적인 경로를 통해서 발달한다.

우리는 개별적인 사물들의 복합이나 결합의 기능이 대상들의 전체집단에 공통적인 가족 이름을 통해 발달하면서 어떻게 아동의 복합적 사고의 기본 형식을 구성하는지, 그리고 이와 병행하여 몇몇 일반적인 특징들이 분리되어 있는 잠재적 개념이 어떻게 개념발달의 두 번째 경로를 형성하는지를 증명하려고 노력했다.

이 두 가지 형식이 개념형성의 실제적인 두 가지 근원이다. 이러한 이유로 뷜러가 언급한 것은 진정한 개념형성의 근원이 아니고 외형상의 근원일 뿐이다. 실제로 연합적 집단의 형태에서 개념의 준비나 기억 속에서 개념의 사전 준비는 물론 말과는 결합되지 않은 자연스러운 과정이며, 우리가 위에서 언급한 말과는 전혀 결합되지 않은 직관적 사고에서 나타나는 복합적 사고와 관련이 있다. 우리는 인간의 꿈이나 동물들의 사고에서 개별적인 표상들의 연합적 복합들과 세세하게 유사한 것들을 발견한다. 그러나 우리가 이미 앞서 증명했듯이 개념의 기초에는 표상들의 결합이 아니라 말의 적용에 기초해서 만들어진 복합들이 있다.

이와 같이 우리가 보기에 뷜러의 가장 기본적인 오류는 개념의 선행 단계인 복합적 결합에서 말의 역할을 무시한 것, 개념을 인상의 순수하고 자연적인 가공 형식에서 이끌어내려고 시도한 것, 개념의 역사적 본성을 무시한 것, 말의 역할을 무시한 것, 기억 속에서 발생하며 옌슈의 직관적 개념에서 나타나는 자연스러운 복합과 고도로 발달한 언어적 사고에 기초해서 발생하는 복합의 차이를 인정하지 않으려고 한 것이다.

뷜러는 판단과 사고 과정에서 발견한 개념의 두 번째 근원에 대한 정립에서도 동일한 오류를 범했다.

뷜러의 이러한 주장은 한편에서 개념이 심사숙고에서 발생하며, 논리적 판단의 산물이라고 보는 논리적 관점으로 우리를 인도한다. 그러나 우리는 이미 일상 언어에서 개념의 역사와 아동의 개념의 역사가 일정하게 그가 결론 지은 논리의 방식과 차이가 있다는 것을 알고 있다. 다른 한편에서 뷜러는 개념의 근원으로서 사고를 언급하면서 또다시 사고의 여러 가지 형식 사이의 차이, 특히 생물학적 사고와 역사적 사고의 차이, 자연적 요소와 문화적 요소의 차이, 저급한 형식과 고차원적 형식의 차이, 비언어적 사고형식과 언어적 사고형식의 차이를 무시했다.

실제로 만약 개념이 판단, 즉 사고 행위에서 발생한다면, 개념을 직관적·실천적이고 실제적인 사고의 산물에서 구별할 수 있는 것은 무엇인가 하는 문제가 생긴다. 뷜러는 다시 개념형성에서 중요한 역할을 하는 말의 기능을 망각했으며, 개념형성에 관여하는 요인들의 분석에서 그 결과를 도외시하고, 판단과 표상들의 복합과 같이 두 가지 상이한 과정이 어떤 방식으로 개념형성을 초래하는지에 대해서는 아무런 설명도 못하고 있다.

뷜러는 이러한 잘못된 전제로부터 필연적으로 다음과 같은 잘못된 결론, 즉 개념적 사고는 이미 세 살배기 아동에게도 존재하며, 개념발달에서 소년의 사고에서는 세 살배기와 비교하여 어떤 새로운 진전도 없다는 결론을 도출하고 있다. 외형적 유사성에 속은 이 연구자는 발생적·기능적·구조적 측면에서 완전히 다른 두 가지 사고 유형의 유사한 외형 너머에 있는 인과적·역동적 결합과 관계의 심오한 차이를 고려하지 않았다.

우리의 실험은 본질적으로 다른 결론에 도달했다. 실험은 우리가 진정한 의미의 개념이라고 부르는 독자적인 의미적 구조가 혼합적 형상과 결합들로부터, 복합적 사고로부터, 개념형성 수단으로서 말의 사용에 기초를 둔 잠재적 개념으로부터 발생한다는 사실을 증명했다.

제6장

아동기의 과학적 개념발달 연구: 작업가설의 구성

1. 일상적 개념과 과학적 개념

취학 연령기 아동의 과학적 개념발달 문제는 과학 지식을 아동에게 가르치는 학교에서는 매우 중요한 문제다. 하지만 이 문제에 대해 우리가 알고 있는 것은 놀라울 정도로 미약하다. 이 문제의 이론적 중요성 또한 이에 못지않게 크다. 왜냐하면 과학적 개념의 발달, 즉 확실하고 진정한 개념의 발달과정은 일반적인 개념형성 과정의 가장 본질적이고, 가장 기본적인 법칙성을 연구할 때 밝혀질 수 있기 때문이다. 아동의 지능발달 과정의 핵심이고 아동 사고 연구의 출발점이 되어야 하는 이 문제가 현재까지 완전히 연구되지 않고 있다는 것은 놀라운 일이다. 그래서 우리가 이 장에서 여러 번 인용하고, 「서론」에서 언급한 실제적인 실험 연구는, 아마도 이 문제를 체계적으로 연구한 최초의 시도라고 할 수 있다.

쉬프(Zhozefina Il'inichna Shif)가 시도한 연구는 취학 연령기 아동의 일상적 개념과 과학적 개념이 발달하는 것을 비교하려고 했다. 연구의 기본 과제는 일상적 개념과 비교해서 과학적 개념이 형성되는 독특한 발달과정에 대한 우리의 작업가설을 실험으로 검증하는 것이었다. 이 과정에서 교육과 발달의 일반적 문제를 구체적 영역에서 해결하는 문제가 제기된다. 학교 교육 과정에서 아동 사고발달의 실질적 과정을 연구하려는 이 시도에는, 개념(말들의 의미)은 발달하는 것이라는 전제, 과학적 개념도 완성된 형태로 습득되는 것이 아니라 발달하는 것이라는 전제, 일상적 개념에서 얻어지는 결론이 과학적 개념으로 전환된다는 것은 옳지 않다는 전제, 이러한 문제가 전체적으로 실험으로 검증되지 않으면 안 된다는 전제가 깔려 있다. 이 비교 연구를 위해서 우리는 특별한 실험 방법을 고안했다. 이 방법의 핵심은 피험자에게 구조적으로 동일한 문제를 제시하고, 일상적 자료와 과학적 자료를 이용하여 병렬적 연구를 수행하는 것이다. 우리는 여러 장의 그림을 놓고 이야기를 하는 실험 방법과 '~때문에', '~일지라도' 같은 단어로 중단된 문장을 완성하는 방법을 사용했다. 그리고 인과관계와 연속성 관계를 자각하는 수준을 파악하기 위해 일상 자료와 과학적 자료를 이용한 임상적 대화를 이용했다.

시리즈로 된 그림들은 연속성(시작, 계속, 종결)을 반영하고 있었다. 학교에서 사회과목 수업시간에 행해진 내용을 담고 있는 그림들은 일상생활을 담고 있는 그림들과 비교, 대조되었다. '~때문에 콜랴는 영화관에 갔다', '~때문에 열차가 탈선했다', '~일지라도, 콜랴는 아직 책을 잘 읽을 수 없다' 등의 일상생활과 관련된 질문과 2학년·4학년 교재의 내용을 반영한 과학적 질문에 대한 대답으로 문장들을 만들었다. 이 두 경우 모두 피험자의 과제는 문장을 완성하는 것이다.

보조적 수단으로서 이 실험을 위해 구성된 특별 학급의 수업을 관찰한 뒤 지식 수준을 측정했고, 연구 대상은 취학 연령기 아동들이었다.

수집된 전체 자료를 검토해서 넓게는 취학 연령기 아동의 사고발달 과정에 대해서, 좁게는 과학적 개념의 발달과정에 대해서 몇 가지 결론에 도달했다. 연령별 자료를 분석한 결과, 교육 과정에 적당한 프로그램이 존재하면, 과학적 개념의 발달이 자연발생적 개념의 발달을 추월한다는 것을 알 수 있었다. 여기에 인용된 표가 이것을 증명한다.

과학적 문제와 일상 문제 해결 비교표(%)

(숫자는 해답률)

	2학년	4학년
'때문에'		
과학적	79.7	81.8
일상적	59.0	81.3
'일지라도'		
과학적	21.3	79.5
일상적	16.2	65.5

이 표는 과학적 개념의 영역이 일상적 개념보다 더 높은 수준의 의식적 자각을 요구한다는 것을 보여준다. 과학적 사고에서 이런 높은 수준의 진척과 이에 따른 일상적 사고의 진보는 지식의 축적이 부단히 과학적 사고를 향상시키고, 자연발생적 사고발달에도 영향을 미치며, 교육이 취학 연령기 아동의 발달과정에서 결정적 역할을 한다는 것을 증명한다.

인과관계의 범주보다 발생적으로 좀더 늦게 발달하는 반대관계의 범주를 보면, 4학년 지표가 2학년의 인과관계 지표와 유사하다는 것을 보여준다. 이것들은 교육 프로그램 교재의 특징과도 관련이 있다.

우리는 이러한 자료를 바탕으로 과학적 개념의 독특한 발달과정에 대한 가설을 세울 수 있다. 과학적 개념의 발달에서는 1차적인 언어적 정의가 결정적인 전환점 역할을 한다. 이것은 조직화된 체계의 일부로서 구체적인 현상으로 하향하지만, 일상적 개념의 발달과정은 일정한 체계 없이 진행되어 일반화로 상승한다.

사회과학적 개념은 교사와 아동이 체계적으로 협력하는 교육 조건에서 발달하고, 이 과정에서 아동의 고등 정신기능은 성인의 도움과 관여로 성장한다. 우리가 관심을 갖고 있는 연구 분야에서 이것은 인과적 사고의 상대적 발달, 과학적 사고의 자연발생적 조정의 정도로 표현되며, 자발적 조건의 정도는 학습 조건에 따라 만들어진다.

과학적 개념이 비교적 이른 시기에 발달되는 것은 교육 과정의 중심적인 요소인 아동과 성인의 협력에 힘입은 것으로 설명할 수 있고, 이 과정에서 지식은 일정한 체계에 따라 전달된다는 것이 설명된다. 그리고 과학적 개념의 발달 수준은 일상적 개념에서 가장 근접한 범위를 형성하고 예비적 교육의 역할을 한다는 점도 아동과 성인의 협력으로 설명된다.

그래서 우리는 한 아동의 일정한 발달 단계에서 일상적 개념과 과학적 개념의 장점과 약점을 볼 수 있다.

우리의 자료에 따르면 일상적 개념의 약점은 아동이 추상화를 할 수 없다는 것과 자의적으로 이것을 조작할 수 없다는 것이다. 아동이 일상적 개념을 잘못 사용하는 것은 당연한 일이다. 과학적 개념의 약점은 구체성과 충분히 연관되지 않은 채 언어적으로 표현된다는 데 있다. 과학적 개념의 장점은 '행위 준비'가 되어 있고, 자연발생적으로 사용할 수 있다는 것이다. 4학년에서는 상황이 변한다. 4학년에서는 언어표현이 구체화되고, 이것은 자연발생적 개념의 발달에도 영향을 미쳐서 궁극적으로 두 발달 곡선이 합쳐지게 된다.[1]

학교 교육을 받고 있는 아동에게 과학적 개념은 어떻게 발달하는가? 아동의 의식 속에서 교육과 지식 습득 과정과 과학적 개념의 내적 발달 과정은 어떻게 연관되어 있는가? 이것은 본질적으로 동일한 과정의 두 측면이므로 서로 일치하는가? 아니면 개념의 내면적 발달과정이 학습 과정과 일치하지는 않지만, 사물의 그림자처럼 학습 과정을 재생하고 반복하기 때문에 이 과정에 뒤따르는 것인가? 또는 이 두 과정 사이에는 특별한 연구로만 밝혀질 수 있는 더 복잡하고 섬세한 관계가 존재하는가?

이 모든 질문에 대해 현대 아동 심리학은 두 가지 답만 제시한다. 한 가지 답은 과학적 개념에는 고유한 내면적 역사가 없다는 것이다. 왜냐하면 과학적 개념은 진정한 의미에서 발달하는 것이 아니라, 단순히 이해, 습득, 사고 과정을 거쳐 완성된 형태로 배우거나 습득하는 것이라는 것이다. 과학적 개념은 성인의 사고 영역으로부터 아동에게 전달되는 것이고, 과학적 개념의 발달 문제는 본질적으로는 아동에게 과학적 지식을 가르치고, 아동은 이 개념을 습득하는 문제 이상의 것이 아닌 것이다. 이것은 최근까지 확산되고 있는 일반적인 견해며, 이 견해에 따라 교육학의 이론과 개별 분야의 교수법이 만들어졌다.

이 견해는 과학적 분석을 하면 바로 이론적 측면에서나 실제적 측면

---

1 쉬프, 『과학적 개념과 일상적 개념의 발전』, 학위논문.

에서 근거가 없는 것으로 드러난다. 개념형성 과정을 연구해보면 개념은 기억으로 습득되는 단순한 연합적 결합의 총화가 아니고, 자동적인 지적 기능도 아니며, 단순한 암기로 습득할 수 없는 복잡하고 진정한 사고 활동이라는 것을 알 수 있다. 개념이 의식 속에서 발생하기 위해서는 아동의 사고가 고도의 내적 발달 단계에 도달해야 한다. 심리학적 측면에서 보면 모든 발달 단계에서 개념은 일반화에 대한 연구를 통해 알게 된다. 심리학적으로 말들의 의미로 나타나는 개념은 발달하는 것이라는 확고한 명제가 이 분야 모든 연구의 가장 중요한 발견이다. 개념발달의 1차적 본질은 하나의 일반화 구조로부터 다른 구조로 이행한다는 것이다. 어떤 연령에서든 말의 의미는 일반화된다. 그러나 말의 의미는 발달한다. 아동이 특정 의미와 관련 있는 새로운 말을 처음 습득하면, 말의 발달은 끝나는 것이 아니라 시작되는 것이다. 말은 처음에 가장 초보적인 유형으로 일반화된다. 아동은 단지 자신의 발달 정도에 따라 초보적인 일반화로부터 더 고차원적인 유형의 일반화로 이행하고, 진정한 개념을 완성해간다.

개념 또는 말의 의미의 발달과정은 의도적인 주의집중, 논리적 기억, 추상화, 비교하고 변별할 수 있는 능력과 같은 일련의 기능발달을 전제로 한다. 이러한 복잡한 심리적 과정은 단순한 기억만으로 얻을 수 있는 것도 아니고, 단순히 암기되거나 습득될 수 있는 것도 아니다. 그러므로 아동은 학교 교육 과정에서 개념을 기존 형태 그대로 물려받고, 정신적 습관처럼 지식을 습득한다는 견해는 이론적 측면에서 근거가 없음이 분명하다.

실제적 측면에서도 이 견해가 근거가 없다는 것이 드러난다. 이론적 연구뿐만 아니라 교육 경험을 통해서도 개념을 직접 가르치는 것은 사실상 불가능하고, 교육적으로도 무익하다는 것을 알게 된다. 이러한 방법을 시도하는 교사는 존재하는 유사한 개념을 모방하는 공허한 단어 암기와 빈껍데기인 언어표현 이외에는 아무것도 얻지 못한다. 이러한 경우 아동은 개념이 아니라 말을 습득하고, 사고하기보다는 기억에 의존하므로 습득한 지식을 의미 있게 응용해야 하는 상황에서는 전혀 쓸모가 없다. 본질적으로 개념을 이렇게 교육하는 것은 살아 있는 지식 습득을 공허한 언어 도식의 습득으로 대체함으로써 순수하게 스콜라적이고 언어 중심적인 교육 방법의 결함을 보여준다.

단어와 말의 의미의 본성을 잘 알고 있던 톨스토이는 교사가 취학 연령기 아동에게 개념을 직접적이고 단순한 방법으로 전달할 수 없다는 것과 말의 의미를 다른 말들을 통해서 기계적으로 머리에서 머리로 전달할 수 없다는 것을 누구보다도 명료하고 날카롭게 인식했다. 그는 자신의 교육 활동에서 이러한 문제점과 직접 부딪쳤다.

아동의 말을 동화의 언어로, 그리고 동화의 언어에서 더 고차원의 언어로 번역해서 표준어를 가르친 자신의 경험에 대해 말하면서, 톨스토이는 아동의 의지에 반해 프랑스어를 가르치듯이 강제적인 설명, 암기나 반복으로 취학 연령기 아동에게 표준어를 가르칠 수 없다고 결론 내린다. 그는 다음과 같이 적었다.

"우리는 최근 2개월 동안 여러 번 시도했지만 항상 아동들의 직접적인 거부 반응을 불러일으킨 우리의 방법이 틀렸다는 것을 인정해야 한다. 나는 이러한 경험을 통해 재능 없는 교사들이 즐겨 쓰는 설명 방식은 차치하고, 아무리 재능 있는 교사일지라도 말과 언어의 의미를 설명할 수 없다는 것을 확신했다. 어떤 말, 예를 들어 '인상'이라는 단어를 설명할 때, 그 단어 대신에 똑같이 이해할 수 없는 다른 단어나 그 단어 자체와 같이 이해하기 어려운 관계를 갖는 일련의 단어들로 교체하게 될 것이다."[2]

톨스토이의 단정적 결론에는 진실과 오류가 동일하게 혼합되어 있다. 여기서 진실은 말을 아동에게 열심히 설명했지만 아동이 이해하지 못한다는 것이 결론이다. 이 결론의 내용을 톨스토이의 말을 빌려 표현하면 다음과 같다.

"거의 모든 경우 말 자체가 이해되지 않는 것이 아니라, 말이 표현하는 개념을 취학 연령기 아동이 갖고 있지 못하다는 것이 문제다. 개념이 준비되어 있을 때는 거의 항상 말도 준비되어 있다. 게다가 말과 사고의 관계, 새로운 개념의 형성은 복잡하고 신비롭고 섬세한 정신 과정이라서 약간의 간섭도 발달과정을 지연하는 큰 영향력을 발휘한다."[3]

이 입장의 진리는 말의 개념이나 의미는 발달하는 것이고, 발달과정 자체는 복잡하고 섬세한 과정이라는 것이다.

교육에 대한 톨스토이의 일반적 견해와 직접 관련 있는 이 명제의 잘못된 측면은 그가 이 신비로운 과정에 개입이 있을 수 있다는 것을 배제한 것과 개념발달 과정을 고유한 내적 과정으로 규정함으로써 개념의 발달을 교육과 분리하여 교육을 과학적 개념의 발달 문제에서 완전히 수동적인 것으로 다룬 데 있다. 이 오류는 "모든 개입은 발달과정을 지연하는 조악한 힘으로 작용한다"라는 그의 단정적 공식에 명백하게 나타난다.

그러나 톨스토이는 모든 개입이 개념발달 과정을 지연시키는 것이 아니라는 점을 이해했다. 아동의 머릿속에서 개념이 형성될 때 두 점

---

2 톨스토이, 『교육학 논문』, 1903, 143쪽.
3 같은 책, 143쪽.

사이의 최단 거리를 직선으로 연결하려는 거칠고 직접적인 개입만이 해를 끼치는 것으로 이해했다. 더 세밀하고 더 복합적이며 간접적인 교수법은 아동의 개념형성 과정을 높은 단계로 상승시키는 작용을 한다고 보았다. 톨스토이는 다음과 같이 말했다.

"취학 연령기 아동에게 언어의 일반적 의미로부터 새로운 개념과 말을 습득하는 기회를 주어야 한다. 취학 연령기 아동은 때로는 자신이 이해하는 구절에서 불분명한 단어를 듣거나 읽고, 다른 시간에 다른 문장에서 이 단어를 만나면 새로운 개념에 대해 희미한 생각을 하기 시작한다. 그러고는 이 말을 사용할 필요성을 느낀다. 한 번 사용하면 말과 개념은 자신의 것이 된다. 그리고 이 과정에 도달하는 많은 다른 방법도 있다. 그러나 취학 연령기 아동에게 말의 새로운 개념과 형식을 의식적으로 전달하는 것은 아동에게 평형 법칙에 따라 걷기를 가르치는 것과 같이 불가능하고 쓸데없는 것이다. 이러한 모든 시도는 꽃을 피우게 하기 위해 사람이 손으로 꽃잎을 벌리는 것처럼 취학 연령기 아동을 목표에 가깝게 데려가는 것이 아니라 오히려 멀어지게 한다."[4]

이와 같이 톨스토이는 아동에게 새로운 개념을 교육하는 방법에는 스콜라적 방법 외에도 많은 방법이 있다는 것을 알고 있었다. 그는 단지 하나의 방법, 즉 꽃잎을 억지로 벌리는 것처럼 새로운 개념을 직접적이고 거칠고 기계적으로 전개하는 방법만은 거부했다. 이것은 맞는 것이다. 이것은 모든 이론과 실제 경험으로 확인되는 논쟁의 여지가 없는 사실이다. 하지만 톨스토이는 자연발생적 성격, 우연성, 모호한 표상이나 감정, 개념형성 그 자체의 내적 측면에 너무 큰 의미를 부여했다.

---

4 같은 책, 146쪽.

반면 이 과정에 미치는 직접적 영향의 가능성을 과소평가했고, 교육을 발달과 너무 분리해놓았다. 여기서 우리가 관심을 갖는 것은 톨스토이의 생각에서 잘못된 두 번째 측면을 드러내는 것이 아니고, 꽃잎을 넓히거나 평형 법칙에 따라서 아동에게 걷기를 가르칠 수는 없는 것처럼 새로운 개념을 확장할 수 없다는 결론이다. 우리는 아동이 새로운 개념을 접하고, 이것을 자신의 것으로 만들 때까지의 과정이 복잡한 내적 정신 과정이라는 생각에 관심이 있다. 새로운 말의 의미에 대한 희미한 생각에서 점차 발전하여 말을 스스로 사용할 수 있게 되고, 최종적 단계로 이 말을 완전히 숙달하게 되는 과정이 관심의 대상인 것이다. 우리는 아동이 새로운 말의 의미를 알기 시작할 때, 개념발달 과정은 끝난 것이 아니라 시작일 뿐이라는 앞에 언급된 생각을 표현하고자 했다.

우리가 이 장의 서두에 제시한 가설의 신뢰성과 유효성을 검증하기 위해 행한 실험은 취학 연령기 아동에게 말의 새로운 개념과 형식을 교육하는 데 톨스토이가 말한 수많은 방법이 존재할 뿐만 아니라, 의식적인 교육을 통해 학교 교육 과정에서 개념을 직접 가르칠 수 있다는 것과, 교육은 아동에게 이미 형성된 개념이 고차원으로 발달하는 원천이 될 수도 있다는 것을 보여준다. 그러나 이 작업은 과학적 개념이 발달하는 마지막 단계가 아니라 시작이고, 고유한 발달과정을 배제하는 것이 아니라 새로운 방향을 제시하는 것이다. 학교 교육의 궁극적 목표라는 관점에서 보면 교육과 발달과정 사이에 새롭고도 최적의 관계를 설정해주는 것이다.

이 문제를 다루기 전에 먼저 한 가지 상황을 분명히 설명해야 한다. 톨스토이는 항상 개념을 아동에게 표준어를 가르치는 것과 연관해 말한다. 따라서 그는 과학적 지식 체계를 학습하면서 획득하는 개념이 아니라, 이전에 형성된 아동의 개념에 짜깁기되는 새로운 말과 개념을 고려한다. 이것은 톨스토이가 인용하는 예들에서 분명히 나타난다. 그는 '인상', '도구' 같은 단어들의 개념을 설명하고 해석하는 것에 대해 언급했는데, 이러한 단어들은 엄격하고 일정한 체계 속에서 의무적으로 습득되는 것은 아니다. 그러나 우리의 연구 대상은 아동에게 과학적 지식을 교육하는 과정에서 형성되는 과학적 개념의 발달에 대한 문제다. 앞에서 검토한 결론이 마찬가지로 과학적 개념의 형성 과정으로 확대되는가 하는 문제가 여기서 자연스럽게 제기된다. 이를 위해서는 톨스토이가 관심을 가졌고, 아동의 생활에서 발생하기 때문에 일상적 개념이라고 부를 수 있는 개념의 형성 과정과 과학적 개념의 형성 과정이 일반적으로 어떻게 관련되어 있는지를 설명해야 한다.

일상적 개념과 과학적 개념을 구별할 때, 객관적인 관점에서 이러한 구별이 얼마나 정당한가 하는 문제를 우리가 해결한 것은 아니다. 우리 연구의 기본적 과제 중 하나는 두 가지 개념이 발달하는 과정에서 객관적인 차이가 존재하는지를 설명하는 것이다. 만약 차이가 실제로 존재한다면, 과학적 개념과 일상적 개념의 발달과정 사이에 존재하는 어떠한 객관적·사실적 차이 때문에 비교 연구가 필요한지를 설명해야 한다. 이러한 구별이 경험적으로 정당하고, 이론적으로 근거가 있고, 계발 교수법상(heuritically) 유익하다는 것을 증명하는 것이 작업가설을 설정하는 이 장의 과제다. 과학적 개념은 일상적 개념처럼 발달하지는 않는다는 것, 과학적 개념의 발달과정은 일상적 개념의 발달 노선을 반복하는 것이 아니라는 것을 증명할 필요가 있다. 이 관점을 실제로 확인하고, 이 두 과정 사이에 차이가 어디에 있는지를 설명하는 것이 실험을 통해 작업가설을 실제로 검증하는 이 연구의 과제다.

우리가 출발점으로 생각하고, 작업가설과 연구과제 설정에서 발전시킨 일상적 개념과 과학적 개념의 구별은 현대 심리학에서 보편적으로 수용하지 않을 뿐만 아니라, 오히려 이 문제에 대한 일반적인 견해와 대립된다는 것을 미리 언급해야 한다. 그러므로 이것은 적절한 증거로 설명되고 증명되어야 한다.

우리는 학교 교육을 받는 아동에게 과학적 개념이 어떻게 발달하는가 하는 질문에 대한 답이 두 가지 존재한다고 말했다. 이미 언급한 바와 같이 첫 번째 답은 학교에서 습득되는 과학적 개념의 내적 발달과정의 존재를 완전히 부정하는 것이다. 우리는 이 답이 근거가 없다는 것을 앞에서 언급했다. 아직 두 번째 답이 남아 있다. 두 번째 답이 현재는 가장 확산되어 있는 견해다. 이 답에는 학교 교육을 받고 있는 아동에게 과학적 개념의 발달은 일반적으로 아동 자신의 경험으로 형성된 다른 모든 개념의 발달과 본질적으로 차이가 없으므로 이 두 과정을 구별하는 데는 근거는 없다는 것이다. 이 관점에서 보면 과학적 개념의 발달과정은 일상적 개념의 발달과정에 나타나는 기본적이고 본질적인 특징을 단순히 반복하는 것에 지나지 않는다. 그러나 지금 이런 확신이 무엇에 기초를 두는지를 질문해야 한다.

만약 우리가 이 문제를 다룬 모든 문헌에 관심을 갖는다면 아동의 개념형성 문제를 다룬 거의 모든 연구에서 연구 대상이 되는 것은 일상적 개념이라는 것을 알게 된다. 이미 언급한 바와 같이 우리의 연구가 최초로 과학적 개념의 발달과정을 체계적으로 연구한 것이다. 아동의 개념발달에 대한 모든 기본 법칙은 아동의 일상적 개념을 기반으로 설정되었다. 게다가 이 법칙들은 아무런 검증 없이 아동의 과학적 사고의 영역에도 적용되었고, 완전히 다른 내적 조건들에서 발생하는 다른 개넘 영역에도 적용되었다. 이렇게 된 이유는 연구자가 아동의 개념의 한 영역에 제한된 연구 결과들을 확대 해석하는 것의 정당성과 합법성에 대해 질문조차 하지 않았기 때문이다.

피아제 같은 일부 현명한 학자들은 이 문제와 마주칠 수밖에 없었다. 이 문제가 제기되자 이 학자들은 아동 스스로의 사고 작용에서 발달한 관념과 주변 사람들에게서 습득한 지식으로부터 결정적인 영향을 받은 관념을 구별해야 했다. 피아제는 첫 번째 그룹을 두 번째 그룹과 구별하여 아동의 자연발생적 관념이라고 불렀다.

피아제는 아동의 두 관념이나 개념 사이에는 공통점이 많다고 했다. 두 관념이나 개념 모두 ① 외부적 제시에 저항한다. ② 아동의 사고 속에 깊은 뿌리를 갖고 있다. ③ 동일 연령의 아동에게서 일정한 공통성을 나타낸다. ④ 아동의 의식 속에서 몇 년 동안 유지되면서 순간적으로 사라지지 않고 점차적으로 새로운 개념에 자리를 내어준다. ⑤ 아동의 최초의 올바른 대답들 속에 나타난다. 이러한 특징 때문에 이 두 그룹의 개념은 제시된 관념과 구별되고, 유도 질문에 대한 답과도 구별된다.

우리가 기본적이고 올바른 명제로 받아들이는 이 명제에는 아동의 과학적 개념은 자연발생적으로 일어나기보다는 진정한 발달과정을 따른다는 내용이 포함되어 있다. 이것은 앞에서 열거한 다섯 가지 특징으로 명백해진다. 피아제는 이 그룹에 속하는 개념연구는 특별히 연구할 만한 독자적인 연구 대상이 될 수 있다고 말했다. 이런 면에서 피아제는 우리가 관심을 갖고 있는 이 문제에 대해 다른 어떤 학자들보다도 더 깊게, 더 앞서 나아갔다.

이와 동시에 피아제는 자신의 올바른 견해의 가치를 떨어뜨리는 실수를 했다. 먼저 피아제의 생각에 상호 관련된 세 가지 오류에 대해 우리는 관심을 가지고 있다. 첫 번째 오류는 피아제가 아동의 비자연발생적 개념을 독립적으로 연구할 수 있고, 이러한 개념은 아동의 생각에 깊이 뿌리내리고 있다는 것을 지적하면서도, 아동의 자연발생적 개념과 관념만이 아동 사고의 특수성에 대한 지식의 직접적인 원천이 될 수 있다는 모순된 주장을 하고 있다는 점이다. 피아제에 따르면 주변 성인들의 영향으로 형성된 비자연발생적 개념은 아동 사고의 특징이라기보다는 아동이 성인의 생각을 습득하는 수준과 성격을 반영하는 것이다. 이렇게 말함으로써 아동은 개념을 습득하면서 가공하고, 가공 과정에서 자기 자신의 특징적인 생각을 개념에 투영한다는 자신의 올바른 생각과 모순되는 주장을 하는 것이다. 그는 이 추론을 오직 자연발생적 개념에만 적용하면서 비자연발생적 개념에도 똑같이 적용될 수 있다는 사실을 거부한다. 이렇게 전혀 근거가 없는 결론에 피아제 이론의 첫 번째 오류가 있다.

피아제 이론의 두 번째 오류는 첫 번째 오류에서 직접 도출된다. 아동의 비자연발생적 개념이 아동 사고의 진정한 특징을 반영하지 않고, 오직 자연발생적 개념에만 그것이 내재되어 있다면, 자연발생적 개념과 비자연발생적 개념 사이에는 서로 교류할 수 없는 확고한 경계가 존재하여 두 그룹의 개념이 서로 영향을 줄 수 없다고 보는 것이 피아제의 견해다. 피아제는 자연발생적 개념과 비자연발생적 개념을 구분하는 데는 성공했지만, 아동 지능의 발달과정에서 이 두 개념이 단일한 체계 속에서 통합되는 것을 보지 못했다. 그는 연관을 보지 못하고 단절만 보았던 것이다. 그러므로 그는 두 개념의 발달과정을 서로 공통점이 아무것도 없고, 둘로 완전히 분리된 노선을 따라 나아가는 별개 과정의 기계적인 결합으로 보았다.

이 두 오류는 불가피하게 피아제의 이론을 내부적 모순에 빠지게 하고, 세 번째 오류를 낳게 된다. 한편으로 피아제는 아동의 비자연발생적 개념이 아동 사고의 특징을 반영하지 못하고, 단지 자연발생적 개념만이 이 특권을 가진다고 주장한다. 그 결과 피아제는 아동 사고의 특징에 대해 안다는 것이 실제로 아무 의미가 없다는 것에 동의해야 했다. 왜냐하면 비자연발생적 개념은 이러한 특징과 무관하게 획득되기 때문이다. 다른 한편으로, 그의 이론에서 기본적인 명제 가운데 하나는 아동의 지적 발달의 본질은 아동의 사고가 점진적으로 사회화한다는 것이다. 비자연발생적 개념형성 과정의 기본적이고 핵심적인 맥락은 학교 교육이다. 결과적으로 아동 발달과정의 가장 중요한 요소인 사회화 과정에서 교육은 아동의 지적 발달의 내면적 과정과 완전히 무관하게 된다. 한편으로는 아동 사고의 내면적 발달과정에 대한 지식은 교육을 통한 사회화 과정을 설명하는 데 어떤 의미도 가지지 않게 된다. 다른 한편으로는 교육 과정에서 처음 나타나는 아동 사고의 사회화는 아동의 관념과 개념의 내면적 발달과는 어떤 관계도 가지지 않게 된다.

피아제의 이론에서 최대 약점이자 이 연구에서 그의 이론을 비판하는 출발점이 되는 이 모순은 더 자세히 다룰 가치가 있다. 이 모순에는 이론적 측면과 실제적 측면이 있다.

이 모순의 이론적 측면은 교육과 발달 문제에 대한 피아제의 생각에 포함되어 있다. 피아제는 이 견해를 어디에서도 명시적으로 발전시키지 않았고, 부수적인 주석에서도 거의 언급하지 않았다. 그러나 이 문제에 대한 분명한 견해가 가장 중요한 가정으로 그의 이론 체계에 포함되어 있다. 그의 이론의 성공과 실패는 이 가정에 포함되어 있다. 우리

의 과제는 가설과 대비하기 위해 피아제 이론의 가정을 분리하여 발전
시키는 것이다.

피아제는 아동 지능의 발달을 과정이 진행됨에 따라 아동 사고의 고
유 특징이 점차 소멸해가는 것으로 보았다. 피아제에게 아동 지능의 발
달은 아동 사고의 고유한 성질과 특성이 좀더 강한 성인의 생각으로 대
체되는 과정이었다. 피아제는 발달의 출발점을 유아 의식의 유아주의
로 보았다. 그리고 아동이 성인의 생각에 적응해감에 따라 이 유아주의
는 아동의 자기중심성으로 대체된다. 자기중심성은 아동 의식의 특성
과 성인 의식의 특성의 타협이다. 그래서 자기중심성은 연령이 어릴수
록 더 강하게 나타난다. 연령의 증가와 더불어 아동 사고의 특성은 줄
어들고, 한 영역씩 대체되다가 완전히 사라지게 된다. 발달과정은 기본
적이고 초보적인 사고형식에서 더 고차원적이고 복잡하고 발달된 사
고에 근접한 새로운 특징이 끊임없이 발생하는 것이 아니라, 한 형태의
사고가 다른 형태의 사고로 단계적이고 끊임없이 대체되는 것으로 생
각된다. 그리고 사고의 사회화는 아동 사고의 개별적인 특성이 외적으
로, 기계적으로 대체되는 것으로 생각된다. 이 관점에서 발달과정은 그
릇 속에 있는 어떤 액체가 밖에서부터 그릇 속으로 첨가되는 액체로 대
체되는 과정과 거의 비슷하다. 만약 용기 속에 원래 하얀 액체가 있고
붉은 액체가 끊임없이 용기에 첨가된다면, 시작 단계에서 아동의 고유
한 특징을 상징하는 하얀 액체는 결국 용기를 완전히 가득 채울 붉은
액체로 대체되면서 줄어든다. 발달은 본질적으로 소멸을 초래한다. 발
달과정에서 새로운 것은 밖에서 들어온다. 아동 자신의 특징은 아동의
지적 발달과정에서 구성적이고 적극적이고 진보적인 역할을 할 수는
없다. 아동에게서 고차원적 사고 형태는 나타나지 않는다. 이런 고차원

적 형태의 사고가 이전의 사고 형태를 단순히 대체한다.

이것이 아동의 지적 발달에서 유일한 법칙이라는 것이 피아제의 생각이다.

발달과정과 관련된 더 특수한 문제를 연구하기 위해 피아제의 생각을 확장한다면, 이 확장으로 아동 개념의 형성 과정에서 교육과 발달은 서로 적대적 관계에 있다는 것이 적절한 명명법일 것이다. 처음부터 아동의 사고 형태는 성인의 사고 형태와 대립된다. 한 형태가 다른 형태에서 나오는 것이 아니라 서로 배제하는 것이다. 아동이 성인에게서 습득하는 모든 비자연발생적 개념은 아동 자신의 적극적인 사고 활동으로 얻은 자연발생적 개념과 아무런 공통점을 가지지 않을 뿐만 아니라, 여러 면에서 본질적 관계에서 자연발생적 개념과 대립 관계에 있다. 이 두 개념 사이에는 계속적인 적대·충돌이 존재하며, 서로 대체하는 것 이외에는 다른 어떤 관계도 불가능하다. 하나가 자리를 잡기 위해서는 다른 것은 정리되어야 한다. 그래서 아동 발달의 모든 기간에 걸쳐 두 개의 적대적인 개념인 자연발생적 개념과 비자연발생적 개념이 공존한다. 연령이 늘면서 이 두 개념은 상대적으로 비율이 변할 뿐이다. 처음에는 자연발생적 개념이 우세하지만, 한 연령에서 다른 연령으로 이행하면서 점차 비자연발생적 개념의 양이 증가한다. 학교에서 교육을 받으면서 비자연발생적 개념들이 자연발생적 개념들을 대체하다가 11~12세에는 완전히 대체한다. 피아제에 따르면 아동의 지적 발달은 이 연령까지는 완성된다. 그리고 전체 발달 드라마를 완성하는 지적 발달의 최고 성숙단계에서 일어나는 가장 중요한 행위, 즉 진정하고 성숙한 개념의 형성은 지적 발달의 장으로부터 쓸모없는 것이 되어 사라지게 된다. 아동의 관념이 발달하는 각 단계에서 아동의 생각과 주변 사람의 생각이 실제 충돌하는 것을 볼 수 있고, 이것이 아동의 사고에서 성인에게서 얻은 것을 체계적으로 변형하는 역할을 한다고 피아제는 말한다. 이 이론에 따르면 발달과정은 적대적 사고 형태가 끊임없는 충돌로 귀착되고, 각 연령단계에서 두 개념 사이에 나름대로 타협하다가 결국 아동의 자기중심성이 사라지는 것으로 종결된다.

실제적인 측면에서 피아제 연구의 모순은 아동의 자연발생적 개념에 대한 연구 결과를 비자연발생적 개념의 발달과정에 적용할 수 없다는 것이다. 한편으로는 아동의 비자연발생적 개념, 특히 학교 교육 과정에서 형성되는 개념은 아동 사고의 고유한 발달과정과 아무런 관련이 없다. 다른 한편으로는 심리학의 관점에서 교육 문제를 해결할 때 자연발생적 개념의 발달 법칙을 학교 교육에 적용하려는 시도를 하는 것이다. 피아제의 논문 「아동 심리학과 역사 교육」에서 나타나는 바와 같이 우리는 결과적으로 순환논법에 빠지게 된다. 피아제는 다음과 같이 말한다.

"만약 아동에게 역사를 교육하는 것이 비판적이고 객관적인 방법을 전제로 하고, 상호관계를 이해하고 관계와 안정성을 이해하는 것을 전제로 한다면, 아무리 순진하고 무시할 만하더라도 아동의 자연발생적인 개념을 심리학적으로 연구하는 것보다 더 나은 역사 교육 방법은 없다."[5]

그러나 이 말을 결론으로 내세운 논문에서 저자는 비판적이고 객관적인 방법, 상호관계 이해, 관계와 안정성 이해와 같은 역사 교육의 기본을 이루는 것은 아동 사고에 나타나지 않는다는 것을 아동의 자연발

---

5 피아제, 「아동 심리학과 역사 교육」, 『역사교육을 위한 국제회의 계간 보고서』, 파리, 1933.

생적 개념에 대한 연구가 보여주고 있다고 말했다. 이와 같이 한편으로 자연발생적 개념의 발달은 과학적 지식의 습득 문제를 설명할 수 없다고 말하면서, 다른 한편으로 아동의 자연발생적 개념을 연구하는 것보다 더 중요한 것은 아무것도 없다고 말하는 것이다. 피아제는 이 실제적 모순을 교육과 발달 사이에 존재하는 적대적 관계의 원리로 해결하려고 했다. 자연발생적 상태의 지식들은 교육을 통해 대체해야 하기 때문에 중요하다. 학교 교육의 기초가 되는 성인의 사고와 아동의 사고 사이의 끊임없는 충돌도 교수법에 필요한 유익한 교훈을 도출해내기 위해서 규명되어야 한다.

우리 연구의 과제는 작업가설을 설정할 뿐 아니라 실험적 검증을 위해서도 앞에서 열거한 세 가지 오류를 극복하는 것이다.

첫 번째 잘못된 명제에 반대해서 우리는 정반대의 가정을 제기할 수 있다. 이 가정에서는 비자연발생적 개념의 고차원적 형태며, 가장 순수하고 이론적 측면과 실제적 측면 모두에서 중요한 유형으로 분류한 과학적 개념의 발달은 각 연령단계에서 아동 사고의 모든 기본적이고 독특한 특징을 밝혀준다는 것을 기대할 수 있다. 이 가정은 과학적 개념은 아동에게 습득되거나 기억되는 것이 아니라 아동 자신의 비범한 사고 활동에 따라 형성된다는 앞에 언급한 견해를 근거로 삼는다. 이 견해는 과학적 개념의 발달은 아동 사고 작용의 특징을 분명히 제시해야 한다는 것을 필수적으로 전제한다. 만약 실험 결과가 보여주는 것을 부정하지 않는다면, 실험 연구는 이 가정을 완전히 증명하는 것이다.

우리는 피아제의 두 번째 오류에 대해 반대 가정을 다시 제기할 수 있다. 이에 따르면 아동의 비자연발생적 개념의 가장 순수한 유형으로서 과학적 개념은 자연발생적 개념과 반대되는 특징을 나타낼 뿐 아니라 자연발생적 개념과 동일한 특징도 보여준다. 두 개념을 분리하는 경계는 매우 유동적이고 수없이 변한다. 우리는 자연발생적 개념과 과학적 개념의 발달을 끊임없이 서로 영향을 주고 긴밀히 결합된 과정으로 미리 가정할 수 있다. 한편으로는 과학적 개념의 발달은 자연발생적 개념이 일정 수준 성숙한 바탕 위에 이루어진다고 가정해야 한다. 우리는 직접적인 경험을 통해서 아동의 자연발생적 개념이 어느 정도 발달한 후에야 과학적 개념의 발달이 가능하다는 것을 알고 있다. 이러한 자연발생적 개념의 발달은 학교 교육 초기에 이루어진다. 다른 한편으로는 과학적 개념과 같은 고차원적인 유형의 개념이 발달하게 되면 이전에 만들어진 자연발생적 개념 수준에 영향을 줄 수밖에 없다는 것을 가정한다. 그 이유는 두 개념이 아동의 의식 속에 압축되어 있거나, 서로 칸막이로 분리되어 있거나, 별개의 수맥을 따라 흐르는 것이 아니기 때문이다. 이 둘은 끊임없이 상호작용을 하기 때문에 과학적 개념같이 상대적으로 높은 수준의 개념이 일반화될수록 자연발생적 개념의 구조를 변화시키게 된다. 이 가정을 더 발전시키면 자연발생적 개념이나 과학적 개념에 상관없이 우리는 개념 일반의 발달에 대해 언급하게 된다. 이 발달과정은 다양한 외부적·내부적 환경의 영향을 받으나, 서로 다른 사고의 형태 간의 투쟁·충돌·적대 관계가 아니고, 근본적으로 하나의 통합된 과정이다. 실험 결과가 보여주는 것을 적극 활용한다면 이 가정도 실험적 연구에 따라 완전히 입증된다.

마지막으로, 우리가 앞에서 오류와 모순을 제시한 피아제의 세 번째 견해에 대해서도 반대 가정을 제시한다. 이 가정에 따르면 개념형성에서 교육 과정과 발달과정 사이에는 적대 관계가 아니라 훨씬 더 복잡하고 긍정적인 관계가 존재한다. 우리는 교육이 아동의 개념발달의 기본적인 원천이며, 이 과정의 방향을 결정짓는 데 큰 역할을 하는 것을 특별 연구가 보여줄 것이라고 기대할 수 있다. 이 가정은 교육이 개념발달을 포함해서 취학 연령기 아동의 모든 지적 발달의 전체적 운명을 결정하는 결정적 역할을 한다는 일반적 사실에 기초했다. 또 고차원적인 유형의 과학적 개념은 아동의 머릿속에 이전에 존재했던 더 낮고 초보적인 유형의 일반화에서 발달하는 것이고, 외부로부터 아동의 의식 속에 주입될 수 없는 것이라는 견해에도 기초하고 있다. 실험의 최종적 결과를 미리 알 수 있다면 이 세 번째 가정도 우리의 실험 연구를 통해 입증될 것이고, 피아제와 완전히 다른 관점에서 아동 개념에 대한 심리학적 연구를 진행하는 것이 얼마나 유용한지를 평가할 수 있다.

우리는 이러한 명제들을 뒤에 가서 더욱 자세하게 다룰 것이다. 그러나 그 이전에 일상적 또는 자연발생적 개념과 비자연발생적 개념, 특히 과학적 개념을 구별하기 위한 근거를 제시해야 한다. 우리는 발달의 여러 단계에서 이들 간에 차이가 존재한다는 것을 단순하게 경험적으로 검증할 수 있다. 특히 이 책에 제시한 실험 결과를 이용하여 두 개념이 동일한 논리적 적용을 필요로 하는 과제에서 다른 결과를 가져오는 것을 증명할 수 있다. 그리고 이 두 개념이 같은 순간에 같은 아동에게서 다른 수준의 발달 단계를 보여준다는 것을 제시할 수 있다. 두 개념의 차이를 보여주기 위해서는 이것만으로 충분할 수도 있지만, 작업가설을 구성하고 이 차이를 이론적으로 설명하기 위해서는 이 두 개념의 차이가 실제 존재하는 것을 보여주는 자료들을 검토해야 한다. 이 자료들은 네 그룹으로 나뉜다.

첫 번째 그룹—직접적인 경험으로 알 수 있는 순수한 경험적인 자료들이 이 그룹에 속한다. 첫째, 개념발달이 일어나는 모든 내적·외적 조건은 이 두 개념 분야에서 다르다는 상황을 간과할 수 없다. 과학적 개념은 자연발생적 개념과는 다르게 아동의 개인적 경험과 연관되어 있다. 학교 교육 과정에서 과학적 개념은 아동이 개인적으로 경험하는 과정과는 완전히 다르게 발생하고 형성된다. 아동의 과학적 개념을 형성하게 하는 내적 동기도 아동의 생각을 자연발생적 개념으로 인도하는 동기와는 완전히 다르다. 학교에서 개념을 습득할 때와 스스로 생각할 때 아동의 사고는 완전히 다른 임무를 부여받는다. 요약하면 교육 과정에서 형성되는 과학적 개념은 아동의 경험과 관계되는 방식, 표상하는 대상, 발생 순간에서부터 최종 형성단계까지 자연발생적 개념과는 구별된다.

둘째, 경험적 판단에 따르면 취학 연령기 아동에게서 자연발생적 개념과 과학적 개념의 장점과 단점은 완전히 다르게 나타난다. 과학적 개념의 장점은 일상적 개념의 단점이고, 반대로 일상적 개념의 장점은 과학적 개념의 단점이 된다. 우리는 취학 연령기 아동이 학과 수업 중에 복잡한 일상적 개념을 정의하기 위해 전형적인 과학적 개념을 이용할 때, 후자가 훨씬 더 복잡하게 나타나는 것을 안다. 이런 경우 두 개념의 장점과 약점의 차이점이 분명히 드러난다. 아동이 형제 개념보다는 아르키메데스의 원리를 더 잘 공식화한다는 것은 잘 알려진 사실이다. 이것은 두 개념이 다른 발달과정을 가지고 있다는 사실을 반영한다. 아동은 '형제' 개념과는 다르게 아르키메데스의 원리를 습득한다. 아동은 형제란 무엇인가를 잘 알고 있다. 그러나 이 단어를 정의하는 법을 배우기까지 많은 단계를 통과해야 한다. '형제' 개념은 교사의 설명이나 개념에 대한 과학적인 공식으로 시작되지는 않는다. 그 대신에 이 개념 속에는 아동의 풍부한 개인적 경험이 포함되어 있다. 이것은 이미 발달

과정의 중요한 부분을 관통하고, 이 개념에 포함되어 있는 순수하게 사실적이고 경험적인 내용 대부분이 소모되어야 한다는 것을 의미한다. 그러나 '아르키메데스 원리'의 개념은 이런 식으로 설명되지 않는다.

두 번째 그룹—이론적 성격의 자료가 이 그룹에 속한다. 우선 피아제도 동의하는 견해부터 언급해야 한다. 아동의 개념이 독특하다는 논거로서 피아제는 슈테른을 인용한다. 슈테른은 아동이 언어를 단순히 모방하고, 완성된 형식을 차용함으로써 습득하지는 않는다고 했다. 아동 언어의 독창성, 독자성, 법칙성은 주위 사람들의 언어를 단순히 습득해서 얻어질 수는 없다는 것이 그의 기본 원칙이었다. 피아제는 다음과 같이 말했다.

"아동 사고의 독창성으로 이 의미를 확장하면, 이 원리도 우리에게 유용한 것이 될 수 있다. 실제로 아동의 사고는 언어보다 훨씬 더 독창적이다. 슈테른이 언어에 대해 말한 모든 것을 사고에도 적용할 수 있다. 사고 과정에서 모방은 언어발달 과정에서보다 훨씬 미미한 작용을 하는 형성 요인이다."

아동의 사고가 언어보다 더 독창적이라는 것이 맞다면(피아제의 이 테제는 의문의 여지가 없는 것 같다.), 과학적 개념의 형성에 관련된 고차원적인 사고형식은 자연발생적 개념형성에 특징적인 사고형식보다 더 독창적이어야 하고, 자연발생적 개념에 관해서 피아제가 언급한 것들은 과학적 개념에도 적용되어야 한다는 것을 인정하는 것이 당연하다. 아동은 과학적 개념을 습득하지만 스스로 개조하지는 못한다는 생각, 그리고 과학적 개념이 음식을 입에 넣어주는 것처럼 아동에게 주어진다는 생각을 할 수는 없다. 자연발생적 개념의 형성과 마찬가지로 과학적 개념의 형성도 아동이 이 개념을 담고 있는 의미나 용어를 처음 습득할 때 완결되는 것이 아니라 시작된다는 것을 이해하는 것이 중요하다. 이것은 말의 의미가 발달하는 일반적인 법칙이다. 자연발생적 개념의 발달과정과 과학적 개념의 발달과정도 동일하게 이 법칙을 따른다. 다만 문제는 두 경우에 출발점이 본질적으로 서로 다르다는 것뿐이다. 이 생각을 설명하기 위해서 유추를 도입하는 것이 매우 유익할 것이다. 가설과 연구 과정이 진행되면서 보여주는 바와 같이 심리학적 속성상 과학적 개념과 일상적 개념의 차이는 단순한 유추 이상의 것이다.

이미 알려진 바와 같이 아동은 모국어를 습득하는 것과는 완전히 다른 방법으로 학교에서 외국어를 습득한다. 모국어 발달에서 습득한 법칙 중에 어떤 것도 외국어를 습득할 때 유사하게 반복되지 않는다. 피아제가 다음과 같이 말한 것은 옳다. 즉 아동에게 성인의 언어는 우리가 공부한 외국어와는 다르게 나타난다. 다시 말해 이미 이전에 습득한 개념과 일대일로 대응하는 체계와는 다르게 나타나는 것이다. 단지 외국어로만 번역되는 말의 의미들이 존재하거나, 모국어는 상대적으로 성숙한 언어라는 사실 때문에, 또는 외국어가 완전히 다른 내적 조건과 외적 조건 아래서 습득된다는 것 때문에, 외국어의 습득 과정이 모국어 습득 과정과 크게 다른 것을 알 수 있다. 다른 조건에서 다른 과정을 밟고 발달하는 것이 완전히 동일한 결과를 도출할 수는 없다. 학교 교육과정에서 외국어를 습득하는 것이 완전히 다른 조건 아래 진행된 모국어 습득 과정을 반복하거나 재현한다고 하면, 이것은 기적이다. 그러나 차이가 아무리 클지라도 모국어와 외국어를 습득하는 과정에는 서로 공통점이 많고, 본질적으로 이들은 언어발달 과정이라는 동일한 과정에 속한다는 사실을 숨길 수 없다. 언어발달 과정에는 앞의 두 과정의 어떤 것도 반복하지 않는 매우 독특한 문어발달 과정이 있다. 그러나 이것은 새로운 변종이기는 하지만 언어발달의 전체적인 단일 과정의 일부다. 게다가 모국어 발달, 외국어 발달, 문어발달의 세 과정은 서로 복잡하게 상호작용한다. 이 점은 이것들이 발생 과정에서 같은 종류에 속하고, 내적으로 단일체를 이루는 것을 보여준다. 앞에서 언급한 바와 같이 외국어의 습득은 오랜 발달과정을 거친 모국어의 모든 의미적 측면을 이용하는 독자적인 과정이다. 이와 같이 취학 연령기 아동에게 외국어를 교육하는 것은 모국어의 지식을 기초로 한다. 반대로 외국어가 아동의 모국어에 영향을 미치는 반대의 의존관계는 덜 알려져 있다. 그러나 괴테는 하나의 외국어도 모르는 사람이 자신의 국어도 모른다고 말하면서 이러한 관계를 매우 잘 이해했다. 괴테의 이러한 견해는 연구로 완전하게 증명하고 있다. 즉 외국어 습득은 언어형식의 자각, 언어현상의 일반화, 그리고 사고 도구와 개념의 표현으로서 말을 더 자의적으로 사용한다는 점에서 아동의 모국어도 더 높은 수준으로 상승시킨다는 것을 보여준다. 대수의 습득이 모든 산술적 연산을 대수적 연산의 특수한 예로 이해하게 하고, 구체적 수의 연산으로 더 자유롭고 추상적이고 일반적인 시각을 주는 것처럼 외국어의 습득은 아동의 모국어를 한층 더 높은 수준으로 만든다고 말할 수 있다. 대수가 아동의 사고를 구체적인 수 의존관계에서 해방시켜주고, 가장 일반적인 사고 수준으로까지 향상시켜주는 것처럼 완전히 다른 방법으로 외국어를 습득하는 것은 아동의 언어적 사고를 구체적인 언어 형태와 현상으로부터 해방시켜준다.

그러나 외국어 습득은 아동의 모국어에 바탕을 두지만, 반대로 모국어에 영향을 줄 수 있다는 점과 그 발달과정은 모국어 발달과정을 반복하지 않는다는 점, 그리고 모국어와 외국어의 장점과 약점은 다르다는 것을 연구는 보여준다.

일상적 개념의 발달과 과학적 개념의 발달 사이에는 완전히 유사한 관계가 존재한다고 가정하는 것에는 충분한 근거가 있다. 다음 두 견해가 이것을 인정하고 있다. 첫째, 자연발생적 개념발달과 과학적 개념발달 모두 본질적으로 언어발달의 일부분이다. 즉 언어발달의 의미적 측면, 심리학적으로 판단하면, 말의 개념발달과 의미발달은 명칭이 다른 것을 제외하고는 동일한 과정을 밟는다. 그러므로 언어발달의 전체 과정의 일부분으로서 말의 의미의 발달은 전체에 고유한 법칙성을 보여준다는 것을 예측할 만한 근거가 있다. 둘째, 외국어 학습과 과학적 개념형성의 내적 조건과 외적 조건들은 본질적인 특징이 서로 일치한다. 그리고 중요한 것은 모국어 발달 조건과 자연발생적 개념의 발달 조건과 같은 방법으로 구별된다는 것이다. 이 두 경우 모두 교육이 발달과정의 새로운 원인으로 등장한다. 우리가 자연발생적 개념과 비자연발생적 개념을 구별하는 것처럼 모국어를 자연발생적 언어발달로, 외국어를 비자연발생적 언어발달로 말할 수 있다.

이 책에서 논의되는 연구 결과를 외국어 학습에 관한 심리학적 연구 결과와 비교해보면 우리가 제시한 유추의 정당성을 완전히 증명할 수 있다.

두 번째로는 과학적 개념과 일상적 개념은 대상에 대한 다른 관계와 사고 속에서 대상을 포착하는 다른 행위가 포함되어 있다는 이론적인 설정도 이에 못지않게 중요하다. 그러므로 이러한 개념의 발달은 그 근간을 이루는 지적 과정이 다르다는 것을 전제로 한다. 지식 체계 속에서 교육받게 되면 아동은 눈앞에 보이지 않는 것, 현실의 한계와 직접 경험이 가능한 선을 뛰어넘는 것을 배우게 된다. 외국어 학습이 모국어의 의미에 기반하는 것처럼, 과학적 개념의 습득은 아동이 경험하는 과정에서 형성된 개념에 기반한다고 말할 수 있다. 외국어 습득이 이미 발달한 말의 의미 체계의 존재를 전제하는 것처럼, 과학적 개념 체계를 습득하는 것은 아동 사고의 자연발생적 활동으로 발달된 개념 조직을 전제로 한다. 그리고 새로운 언어를 습득하는 것은 대상 세계를 새롭게 인식하거나, 이미 형성된 발달과정을 반복하는 것을 통해서가 아니라, 새로 습득된 언어와 사물들의 세계 사이에 있는 이전에 습득된 언어 체계에서 시작된다. 이와 같이 과학적 개념 체계를 습득하는 것도 개념 체계와 대상 세계의 중재나 이전에 형성된 다른 개념을 통해서 가능하다. 이러한 개념형성은 개념 체계 내에서 자유로운 활동, 이전에 형성된 일반화를 다시 한번 일반화하고, 기존 개념을 더 의식적이고 자연발생적으로 활용하는 것을 필요로 한다. 이 연구는 이러한 이론적 견해를 증명한다.

세 번째 그룹 — 이 그룹은 주로 계발 교수법적 성격과 관련이 있다. 현대의 심리학 연구에는 두 종류의 개념연구만 있다. 하나는 피상적인 방법에 의존하지만, 아동의 현실적 개념을 조작한다. 다른 하나는 더 정치한 분석 방법과 실험 방법을 사용하지만, 처음에는 무의미한 말로 표현된, 인위적으로 형성된 실험적 개념이다. 이 분야에서 당면한 방법론적 문제는 실제 개념을 피상적으로 연구하는 것으로부터, 아니면 실험적 개념을 심도 있게 연구하는 기존의 두 연구 방법에서 얻은 모든 기본적 결과를 활용하여 실제적 개념을 심도 있게 연구하는 방향으로 전환해야 한다는 점이다. 이러한 면에서 한편으로는 현실적 개념이면서 또 한편으로는 실험적으로 형성된 과학적 개념의 발달을 연구하는 것은 당면한 방법론적 과제를 해결하는 필수 수단이 된다. 과학적 개념은 이후 평생 유지되는 아동의 현실적 개념의 독특한 그룹을 형성한다. 그러나 과학적 개념은 발달과정 자체로는 실험적인 개념형성에 지극히 가깝다. 아동의 개념 의식 속에 실제로 존재하는 과학적 개념의 발달과 발생을 실험적으로 분석하면 현재 존재하는 두 실험 방법의 장점을 결합할 수 있다.

네 번째 그룹—마지막 그룹에는 실제적인 성격이 속한다. 우리는 앞에서 과학적 개념이 단순히 습득되고 기억된다는 생각을 반박했다. 그러나 과학적 개념의 발생에서 교육의 역할과 그 중요성을 결코 무시할 수 없다. 개념은 단순히 지적 습관처럼 습득되는 것은 아니라고 말하면서 우리는 교육과 습관 형성 사이보다 더 복잡한 관계가 교육과 과학적 개념의 발달 사이에 존재한다는 생각만을 제시했다. 더 복잡한 이 관계를 설명하는 것도 우리 연구의 직접적이고 실제적으로 중요한 과제다. 우리가 발전시키는 작업가설은 이 문제의 해결을 위한 길을 열어놓을 것이다.

교육과 과학적 개념의 발달 사이에 존재하는 복잡한 관계를 밝히는 것만이 피아제가 빠졌던 모순에서 탈출할 수 있는 방법이다. 그는 불행히도 이 관계에 충돌과 대립 이외의 다양한 요소가 있음을 보지 못했다.

우리는 과학적 개념과 일상적 개념을 구별하는 것과 관련된 중요한 견해들을 지금까지 모두 살펴보았다. 이미 분명히 언급한 바와 같이 우리 연구가 해결하려고 한 기본적인 문제는 다음과 같이 제시할 수 있다. 피아제가 아동 사고의 여러 특징을 제시하고, 관계를 인식할 수 없다는 예로 제시한 전형적인 일상적 개념인 '형제'라는 개념과 사회과학 지식 체계를 교육하는 과정에서 습득하는 '착취'라는 개념은 같은 방법으로 발달하는가 아니면 다른 방법으로 발달하는가? 후자는 전자의 발달 노선을 단순히 반복하며 동일한 특징을 보이는가? 아니면 심리학적 속성상 특별한 유형에 속하는 개념으로 연구되어야 하는가? 우리는 실증적 연구로 완전히 입증되는 가정을 미리 세워두어야 한다. 두 개념은 발달 노선과 기능의 양상 모두에서 서로 다르다. 이러한 발견은 아동의 개념형성의 두 측면의 상호 영향을 연구하는 데 새롭고 풍부한 가능성을 제시해준다.

만약 우리가 과학적 개념이 발달한다고 본다면 두 가지 과제가 남게 된다. 첫째는 실험에서 얻은 자료를 바탕으로 과학적 개념은 일상적 개념의 발달 노선을 반복한다는 견해의 타당성을 검토하는 일이다. 두 번째는 과학적 개념은 자연발생적 개념의 발달과 어떤 공통점도 없으므로 아동 사고의 특성에 대해서 말할 수 없다는 견해의 타당성을 검토하는 일이다. 우리는 두 문제 모두에 부정적 대답을 할 것이라고 미리 가정해야 한다. 연구 결과는 실제로 첫 번째 가정과 두 번째 가정 모두가 사실적 측면에서 실증적으로 증명되지 않고, 과학적 개념과 일상적 개념 사이의 진정하고 복잡한 관계를 규정하는 세 번째 가정이 존재한다는 것을 나타내고 있다.

현실적으로 세 번째 가정을 발견하기 위해서는 과학적 개념과 일상적 개념을 비교하는 것 이외에 다른 방법은 없다. 즉 광범위하게 연구된 개념과 이제 막 체계적으로 연구되기 시작한 개념을 비교하는 것이다. 잘 알려진 사실에서부터 잘 알려지지 않은 사실로 옮겨가야 한다. 그러나 과학적 개념과 일상적 개념을 구별하는 것이 이 개념을 비교·연구하고 이들의 진정한 관계를 규명하기 위한 선결조건이다. 일반적으로 관계들은 또는 우리가 생각하는 가장 복잡한 관계들은 서로 일치하지 않는 사물들 사이에만 존재한다. 왜냐하면 한 사물은 자기 스스로와 어떤 관계도 가질 수 없기 때문이다.

2. 자각성의 발달

과학적 개념과 일상적 개념의 발달 사이의 복잡한 관계를 연구할 때, 이것을 비교하기 위해 사용하는 척도를 고려해야 한다. 우리는 취학 연령기 아동의 일상적 개념의 특징을 설명해야 한다.

피아제는 이 연령 아동의 사고와 개념의 본질적인 특징은 자각이 필요하지 않을 때, 즉 자연발생적이고 자동적으로 행동할 때 아동 자신이 올바르게 사용할 수 있는 관계를 자각할 수 없다는 것을 증명했다. 자기중심성은 아동 자신이 자각하는 것을 방해한다. 피아제는 아동의 개념발달이 어떻게 나타나는지를 설명하기 위해 간단한 예를 제시했다. 피아제는 7~8세 아동에게 "나는 아프기 때문에 내일은 학교에 가지 않을 거야"라는 문장에서 '때문에'의 의미를 질문했다. 많은 아동은 "이것은 그가 아프다는 것을 의미한다"라고 대답했다. 일부 아동은 "이것은 그가 학교에 가지 않는다는 것을 의미한다"라고 대답했다. 요약하면 아동들은 자연발생적으로 말을 사용할 수 있을지라도, 아동들은 단어 '때문에'의 정의를 완전히 알고 있지는 않다.

아동이 자신의 생각을 자각할 수 없는 시기, 그리고 아동이 논리적 관계를 자각할 수 없는 시기는 11~12세까지 계속된다. 아동은 관계 논리의 부족을 보여주고, 자기중심적인 논리를 교체한다. 이 논리의 원천은 7~8세까지 아동의 자기중심적 생각에 그리고 자기중심성을 모방하는 무의식성에 있다. 7~8세와 11~12세의 이 어려움은 언어 측면으로 이동한다. 그리고 이 단계까지 존재했던 힘이 아동의 논리에 영향을 준다.

기능적 측면에서 자신의 사고를 의식하지 못하는 것은 아동의 기본적인 사고 논리다. 아동은 자연발생적 사고 과정에서는 논리적 조작을 할 수 있지만, 자연발생적이 아니라 자의적이고 의도적인 사고 과정에서는 논리적 조작을 할 수 없다. 무의식적인 사고의 다른 측면을 밝히기 위해서 하나의 예만 들 것이다. 다음 문장을 어떻게 완성할 수 있는지를 아동들에게 질문했다. '~때문에 이 사람이 자전거에서 넘어졌다.' 7세 아동들은 이 문장을 일반적으로 완성할 수 없었다. 이 연령의 아동은 이 문장을 자주 다음과 같이 완성했다. "그는 떨어졌기 때문에 자전거에서 떨어졌다. 그래서 큰 상처를 입었다." 또는 "그 사람은 아팠기 때문에 자전거에서 떨어졌다. 그래서 사람들이 거리에서 그를 데려갔다." 또는 "그는 그의 팔과 다리가 부러졌기 때문이다." 이와 같이 이 연령의 아동은 인과관계를 의도적이고 자의적으로 설정할 수는 없지만, 자연발생적이고 무의식적인 언어 속에서 '~때문에'를 완전히 올바르게 사용한다는 것을 알았다. 아동이 이 문장의 의미를 이해할지라도 인용된 문장이 결석이나 질병이 아니라 결석한 이유를 의미한다는 것을 자각할 수 없는 것 같다. 아동은 간단한 원인과 관계를 이해하지만 자신의 이해를 자각하지 못한다. 아동은 접속사 '~때문에'를 자연발생적으로 올바르게 사용하지만, 이것을 의도적으로, 자의적으로 사용할 줄은 모른다. 이와 같이 아동 생각의 두 현상, 즉 아동 생각의 무자각성과 비자의성, 무자각적인 이해와 자연발생적 사용 간에 내적 의존성 또는 관계는 순수하게 경험적으로 설정된다.

이 두 특징은 아동 사고의 자기중심성과 밀접한 관련이 있다. 또한 이 두 특징은 관계의 논리에 대한 아동의 무능력 속에 나타나는 아동 논리의 특징이다. 이 두 특징은 초등학교 시기의 아동 사고를 지배한다. 사고가 사회화되는 발달과정에서 이 두 현상은 점차적으로 소멸하고, 아동 사고는 자기중심성과 구별된다.

어떻게 이런 현상이 일어날까? 어떻게 아동은 자기 자신의 사고를 자각하고 소유하게 될까? 이것을 설명하기 위해서 피아제는 자신의 것은 아니지만, 자신의 이론의 근거로 사용한 두 가지 심리학적 법칙을 제시했다.

첫 번째 법칙은 클라파레드가 제시한 자각의 법칙이다. 클라파레드는 흥미로운 실험을 통해서 아동에게는 유사성의 자각이 차이의 자각보다 나중에 나타난다고 했다.

실제로 자기 행동의 통일을 자각할 필요를 느끼지 못하기 때문에, 아동은 서로 비교할 수 있는 대상들처럼 행동한다. 아동은 충분히 생각하기 전에 유사성에 따라 행동한다. 반대로 대상들 사이의 차이는 부적응 상태를 유발하고, 아동은 이것을 자각한다. 클라파레드는 이 사실에서 자각의 법칙을 도출했다. 즉 우리가 어떤 관계를 사용하면 할수록, 우리는 이것을 더 적게 자각한다. 다르게 말하면 우리는 우리가 적응할 수 없는 만큼만 자각한다. 어떤 관계가 더 자동적으로 사용되면 될수록 이것을 자각하는 것은 더 어렵다.

그러나 이 법칙은 어떻게 자각이 실현되는지에 대해서는 우리에게 아무것도 말해주지 않는다. 자각의 법칙은 기능적 법칙이다. 즉 자각의 법칙은 언제 개인이 자각을 필요로 하는지, 또는 필요로 하지 않는지를 지적할 뿐이다. 구조적인 문제는 설명되지 않고 남아 있다. 자각의 수단은 무엇인가? 어떤 장애들이 있는가? 이 질문에 대답하기 위해서는 하나의 법칙, 즉 혼합 또는 전위의 법칙이 필요하다. 실제로 어떤 조작을 자각한다는 것은 행동 측면에서 언어의 측면으로 이행시키는 것, 즉 그것을 말로 표현할 수 있도록 상상 속에서 재현하는 것을 의미한다. 행동 측면에서 사고 측면으로 조작이 전위하는 것은 행동 측면에서 이 조작을 습득할 때 경험했던 어려움을 반복하는 것이다. 템포만 변하고, 리듬은 변하지 않을 것이다. 자각의 두 번째 구조적 법칙의 본질은 행동 측면에서 조작을 습득할 때 어려움을 언어 측면에서도 반복한다는 것이다.

우리는 이 두 법칙을 간단하게 재검토하고자 한다. 우리는 진정한 의미는 무엇이고, 초등학교 시절에 무의식적이고 비자의적으로 개념을 조작하는 것이 어떻게 발생하고, 그리고 아동이 어떻게 개념을 자각하고, 어떻게 개념을 의도적이고 자의적으로 사용하는지를 설명하고자 한다.

이러한 법칙에 대한 우리의 비판적 분석은 매우 간단하다. 피아제는 클라파레드가 주장한 자각의 법칙의 단점을 지적했다. 자각의 발생을 오로지 자각 욕구의 발생으로만 설명하는 것은, 새가 날기 위해서 날개를 필요로 했기 때문에 새에게 날개가 생겼다고 설명하는 것과 본질적으로 같다. 과학적 사고의 초기 발달 단계에서는 이와 같이 설명한다. 이것은 과학적 사고를 만족시키는 데 필요한 기관을 창조적으로 만들어내는 능력이 필요하다는 가정에 기반한다. 자각에 대한 이러한 개념화는 어떤 발달의 부재를 가정한다.

우리가 다음과 같이 질문하는 것은 자연스럽다. 아동은 유사성보다 먼저 차이를 자각한다. 왜냐하면 차이가 부적응을 초래하기 때문이 아니라, 유사성의 자각이 차이의 자각에 비해 더 복잡하고 나중에 발달하는 일반화와 개념 구조를 필요로 하기 때문이다. 우리는 이 질문을 설명하는 특별한 연구로 이 질문에 긍정적으로 대답할 수 있다. 유사성 개념과 차이 개념의 발달에 관한 실험적 분석은 유사성 자각은 관계가 존재하는 대상들을 포함하는 초보적 일반화 또는 개념을 필요로 한다는 것을 지적하고 있다. 반대로 차이의 자각은 개념을 필수적으로 형성한다는 생각을 필요로 하지 않고, 완전히 다른 방식으로 발생할 수 있다고 본다. 이것은 클라파레드가 설정한 사실, 즉 유사성 자각이 더 나중에 발달한다는 사실을 설명한다. 이 두 개념의 발달에서 순차성은 행위 측면에서 발달의 순차성과 관련해서 역방향이라는 상황은 더 폭넓은 다른 현상에서 특수한 예일 뿐이다. 우리는 실험으로 이러한 역순차성은 대상의 의미 지각과 행동발달에 고유하다는 것을 밝힐 수 있었다.[6] 아동은 분석된 대상보다 먼저 행동에 반응하지만, 아동은 행동보다 먼저 대상에 의미를 부여한다. 또는 아동에게서 행동은 자율적인 지각보다 먼저 발달한다. 그러나 의미를 지각하는 것은 행동하는 것보다 항상 선행한다. 이것의 기반에는 아동의 개념과 이 개념이 발달하는 속성과 관련 있는 내적 원인이 있다는 것을 분석은 지적하고 있다.

하지만 이 법칙으로 만족할 수도 있을 것이다. 클라파레드의 법칙은 단지 기능적 법칙일 뿐이고, 문제의 구조적 측면을 설명할 수는 없다.

---

6 같은 연령, 같은 발달 수준에 있는 두 그룹의 유치원생들에게 제시했다. 첫 번째 그룹에게는 그림의 내용을 실연해보게 했다. 이것은 아동이 그림의 내용을 즉각적으로 이해하는 정도를 나타낸다. 두 번째 그룹에게는 말로 이야기해보게 했다. 이것은 개념적으로 매개된 이해 정도를 측정하는 것이다. 행위는 표현된 행위 상황을 이해한 것을 묘사한 반면, 구술은 개별적인 사물을 나열했다 – 저자.

그리고 핵심은 피아제가 취학 연령기에서 개념을 자각하는 문제의 기능적 측면을 만족스럽게 설명하는가다. 이 테마를 오래 연구한 피아제의 업적은 7세에서 12세까지 개념발달을 밝혔다는 것이다. 이 기간에 아동의 사고는 끊임없이 성인의 사고와 부적응하고, 끊임없이 자신의 논리가 실패하는 것을 경험하고, 끊임없이 벽에 이마를 부딪힌다. 루소의 표현에 따르면 이마에 난 혹이 최고의 교사들이다. 이것들은 끊임없이 자각하려는 욕구를 부여하고, 이 욕구는 마법처럼 아동 앞에서 자각적이고 자의적인 개념을 열어준다.

실제로 그러한 자각과 관련 있고, 개념발달에서 고차원적인 단계는 실패와 모방에서 발생하는가? 실제로 벽에 끊임없이 이마를 부딪혀 만들어진 혹들이 아동의 유일한 교사인가? 실제로 자동으로 행해지는 자연발생적인 사고 활동의 부적응과 실패가 개념이라고 불리는 고차원적 형식의 일반화의 원천인가? 이러한 질문이 부정적 해답만 얻을 수 있다는 것을 알기 위해서는 이 질문만으로도 충분하다. 자각 발생을 욕구로 설명할 수 없는 것처럼, 취학 연령기에서 끊임없이 일어나는 아동 사고의 파탄과 파산으로 아동의 지적 발달의 원동력을 설명할 수는 없다.

피아제가 자각을 설명하기 위해서 사용한 두 번째 법칙은 특별한 검토가 필요하다. 왜냐하면 이 법칙은 발달과정의 더 초기 단계에서 일어난 사건과 법칙보다 고차원적인 단계에서 반복되거나 재생 원리로 사용되고, 매우 확산되어 있는 발생적 설명 유형에 속한다고 생각되기 때문이다. 이것은 유아기의 구어발달 노선을 반복하는 아동의 문어 특징을 설명하는 데 보통 사용되는 원리다. 이 설명 원리를 사용할 때 두 발달과정의 심리학적 본성을 구별하지 않았다는 점에서 이 설명 원리는 의심스럽다. 이 원리에 따르면 한 가지 발달과정은 다른 발달과정을 반복하고 재생해야 한다. 이 때문에 더 나중의 과정이 더 높은 수준에서 나타난다는 점을 고려하지 않는다. 나선형 발달 대신에 원으로 회전한다. 그러나 우리는 본질적으로 이 원리를 재검토하지는 않는다. 우리는 자각의 발현 문제를 설명하는 수단으로서 이 이론의 가치에 관심이 있다. 실제로 피아제 자신이 클라파레드 법칙으로 자각을 설명할 수 있다는 것을 완전히 인정했으므로, 피아제가 설명 원리로 사용하고 있는 전위의 법칙이 이 측면에서 더 큰 설명력을 가지고 있는지를 살펴보아야 한다.

그러나 앞에서 진술된 이 법칙의 내용에서 알 수 있듯이, 이 설명의 가치는 첫 번째 법칙의 가치보다 크지는 않다. 본질적으로 이것은 새로운 발달 영역에서 반복되거나 재생되는 원리다. 비록 이 법칙이 올바르다고 할지라도 이 법칙은 피아제가 해결하기 위해 사용한 질문에 대답할 수 없다. 피아제는 왜 취학 연령기 아동의 개념이 단지 비자각적이고 비자의적인지를 설명할 수 있다. 왜냐하면 지금 생각 속에서 재생되는 행위의 논리가 취학 이전의 연령에서 비자각적이고 비자의적이기 때문이다.

그러나 이 법칙은 피아제가 제기한 '어떻게 자각이 실현되는가?', 즉 '어떻게 비자각적 개념에서 자각적 개념으로 이행하는가?'라는 질문에 대답할 수 없다. 본질적으로 이 법칙은 이 측면에서는 첫 번째 법칙과 완전히 동일하다. 어떻게 욕구의 결여가 자각의 결여를 초래하는지를 설명할 수는 있지만, 어떻게 욕구의 출현이 마법처럼 자각의 실현을 야기하는지를 설명할 수는 없다. 이것으로 개념이 취학 연령기에서 비자각적인 이유와 개념을 자각하는 방법을 설명할 수는 없다. 개념과 사고의 조작은 발달하면서 순차적으로 자각된다는 것이 문제다.

우리가 살펴본 바와 같이 두 법칙은 문제를 해결하는 것이 아니라 문제를 야기한다. 이 법칙들은 어떻게 자각이 발달되는지를 불확실하고 불충분하게 설명하는 것이 아니라 결코 설명하지 못한다. 그러므로 우리는 취학 연령기 아동의 지적 발달에서 기본적인 사실, 즉 뒤에서 살펴보겠지만 우리의 실험적 연구에서 기본적 문제와 직접적으로 관련 있는 사실을 독자적·가설적으로 설명해야 한다.

그러나 이것을 위해서는 피아제가 두 법칙의 관점에서 제기한 다른 질문, 즉 '왜 취학 연령기 아동의 개념은 비자각적인가?'에 대한 설명이 올바른 것인지를 미리 분명히 해두어야 한다. 엄밀히 말하면 이 질문은 우리가 직접적으로 관심을 가지고 있는 질문인 '어떻게 자각이 실현되는가?'와 밀접히 관련되어 있다. 더 확실히 말하면 이것은 두 가지 개별 질문이 아니라 '어떻게 취학 연령기 때 비자각적 개념에서 자각적 개념으로 이행하는가?'라는 질문의 두 측면일 뿐이다. 그러므로 우리는 '자각이 어떻게 실현되는가?' 하는 문제를 해결하기 위해서도, 이 문제를 올바르게 정립하기 위해서도, 어떻게 비자각적 개념의 원인에 대한 질문이 해결되는가 하는 것에도 관심을 가져야 한다. 만약 우리가 피아제처럼 두 법칙으로 이 문제를 해결한다면, 피아제가 해결한 것처럼 두 번째 문제도 동일한 측면에서, 동일한 이론적 측면에서 해결될 것이다. 그러나 우리가 첫 번째 질문에 대해 제안한 해결을 거부할지라도, 그리고 가설적으로 다른 해결을 생각할 수 있을지라도, 두 번째 문제를 해결하려는 우리의 탐구는 완전히 다른 방향으로 나아가야 할 것이다.

피아제는 초등학교 시절의 이전 단계에서 비자각적 개념을 이끌어내고 있다. 이전 단계에서 비자각성은 아동의 사고 속에 광범위하게 퍼져 있었다고 그는 말한다. 하지만 초등학교 시절 아동의 정신은 일부분 비자각성에서 해방되었지만 다른 부분은 비자각성의 영향 아래 있다. 발달 단계를 따라 아래로 내려갈수록, 더 넓은 영역의 정신이 비자각적이라는 것을 인정해야 한다. 유아의 세계는 완전히 비자각적이다. 피아제는 유아의 자각을 순수한 유아주의라고 했다. 아동이 발달함에 따라 유아주의는 의식적인 사회화된 사고에 저항 없이 자리를 양보한다. 유아주의는 아동 자각의 자기중심성으로 대체된다. 이 자기중심성은 아동의 사고와 아동이 습득한 성인의 사고 사이의 어떤 발달 단계에서 획득되는 타협의 산물이다.

이와 같이 피아제에 따르면 초등학교 시절에 나타나는 비자각적인 개념은 소멸된 자기중심성의 잔재다. 이 자기중심성은 새롭게 형성된 언어로 생각하는 영역에서 아직도 영향력을 유지하고 있다. 그러므로 피아제는 비자각적 개념을 설명하기 위해서 아동에게 남아 있는 자폐성과 아동의 사고 속에서 불충분한 사회화에 관심을 가졌다. 아동의 비자각적인 개념은 사고의 자기중심성에서 직접적으로 도출된다. 여기서 자기중심성은 취학 연령기 아동이 필연적으로 자각할 수 없다는 것을 의미한다. 이 견해는 취학 연령기 아동의 지적 발달에 대해서 우리가 알고 있는 것에 비추어 매우 의심스럽다. 이 견해는 이론적으로도 의심스러운데, 우리의 연구는 이 견해를 직접적으로 부정한다.

그러나 이것을 비판적으로 분석하기 전에 우리는 '어떻게 아동이 개념을 자각하는가?'라는 두 번째 질문을 설명해야 한다. 비자각적인 개념의 원인에 대한 설명으로부터 자각 과정을 설명하는 단지 한 가지 방법이 도출된다. 피아제는 이것이 그에게는 문제가 아니었기 때문에 이것에 대해서 어디에서도 직접 언급하지 않았다. 그러나 피아제가 이 과정을 어떻게 생각했는지는 아동이 지닌 비자각적 개념에 대한 설명, 그리고 그의 이론에 아주 분명히 표현되어 있다. 그러므로 피아제는 이 문제에 집착할 필요가 없었다. 그에게는 자각 과정에 대한 질문이 전혀 문제되지 않았다.

피아제에 따르면 자각은 자기중심적 언어 잔재를 사회적으로 성숙된 사고로 대체하는 방법으로 실현된다. 자각은 비자각적 개념에서부터 최고의 발달 단계로 발생하는 것이 아니라 밖으로부터 부여된다. 단순히 어느 행위 방법을 다른 행위 방법으로 대체할 뿐이다. 뱀이 새로운 가죽을 얻기 위해서 탈피하는 것처럼 아동은 새로운 사고 방법을 습득하기 위해서 이전의 사고 방법을 버린다. 자각이 어떻게 실현되는지에 대한 기본적 요점은 이 말 속에 있다. 우리가 살펴본 바와 같이 이 문제를 설명하는 데 어떤 법칙도 필요하지 않다. 비자각적 개념이 설명되어야 한다. 왜냐하면 비자각적인 개념은 아동 사고의 본성으로 규정되고, 자각적 개념은 외부에, 즉 아동을 둘러싸고 있는 사회적 사상의 환경 속에 존재하고, 아동 사고의 적대적 경향이 방해하지 않을 때 단순히 아동에 의해서 기존 형태로 습득되기 때문이다.

지금 우리는 서로 밀접히 관련되어 있는 두 문제, 즉 비자각적인 개념과 이 개념의 자각을 연구할 수 있다. 피아제가 이 두 문제에 대해서 설명한 것은 이론적으로도, 실제적으로도 근거가 부족하다. 비자각적인 개념과 이 개념을 자의적으로 사용할 수 없다는 것을 이 연령의 아동에게는 일반적으로 자각 능력이 없다는 것과 아동은 자기중심적이라는 것으로 설명하는 것은 지성화와 숙달, 즉 자각과 자의성이 고등 정신기능의 기본 특징으로서 취학 연령기 아동의 발달에서 핵심적인 면이라는 사실에 의해 부인된다.

초등학교 시절에 발달의 중심은 주의와 기억이 낮은 기능으로부터 자의적 주의와 논리적 기억이라는 고등 정신기능으로 이행한다. 우리가 자의적 주의에 대해서 말한 것처럼 자의적 기억에 대해서 말할 수 있고, 동등하게 논리적 기억에 대해서 말한 것처럼 논리적 주의에 대해서 말할 수 있다는 것을 매우 상세히 설명했다. 이것은 이 기능들의 지능화와 기능들의 지배가 동일한 과정, 즉 더 고차원적인 심리적 기능들로 이행하는 과정의 두 측면이라는 것에서 도출된다. 우리는 기능이 지능화됨에 따라 그 기능을 자유롭게 지배한다. 활동에서 어떤 기능의 자의성은 항상 자각의 이면이다. 기억이 취학 연령에서 지능화된다는 것은 자의적인 기억이 일어난다는 것과 완전히 동일하다. 주의가 취학 연령에서 자의적이라는 것은, 블론스키가 올바르게 지적하는 바와 같이, 주의는 점점 더 생각, 즉 지능에 의존한다는 것과 동일하다.

이와 같이 우리는 주의나 기억의 영역에서는 취학 연령기 아동이 자각 능력과 자의성을 나타낼 뿐만 아니라, 이 능력의 발달이 초등학교 시절에 핵심이라는 것을 살펴보았다. 이미 이 하나만으로도 취학 연령기 아동의 비자각성과 비자의성을 자각과 숙달의 무능, 즉 자기중심성으로 설명할 수는 없다.

그러나 피아제가 분명히 제시한 사실 자체는 부정할 수 없다. 즉 취학 연령기 아동은 자신의 개념을 자각하지 않는다. 만약 우리가 이것에 반대하는 다른 사실과 이것을 비교한다면 문제는 훨씬 더 어려워진다. 어떻게 아동이 초등학교 시절에 기억과 주의 영역에서 자각하는 능력, 즉 기억과 주의를 지배하는 능력을 보이는 것, 그리고 이와 함께 사고와 자각하는 과정을 지배할 수 없다는 것을 설명해야 하는가? 취학 연령기에 본래 의미로서 지능을 제외한 모든 지적 기능은 지능화되고 자의적으로 된다.

역설적인 현상을 설명하기 위해서는 이 연령에서 정신발달의 기본 법칙에 관심을 가져야 한다. 우리는 아동의 정신발달 과정에서 기능 간의 관계 변화에 대해서 자세히 살펴보았다. 우리는 여기서 사실적 증거를 가지고 아동의 정신발달은 여러 기능발달과 완성이라기보다는 오히려 기능 간의 결합이나 관계의 변화라는 견해를 마련하고 강화할 수 있었다. 의식은 여러 기능발달에서 일어나는 부분적 변화들의 총체로서가 아니라, 모든 새로운 단계에서 내적 구조와 부분들의 연관을 변화시키면서 전체로 발달한다. 의식의 발달에서 여러 기능은 전체의 변화에 의존하는 것이지, 그 역은 아니다.

의식은 서로 불가분의 관계에 있는 기능들과 하나의 전체를 이룬다는 생각은 심리학에서는 새로운 것이 아니다. 실제로 이것은 심리학의 역사만큼이나 오래되었다. 거의 모든 심리학자는 기능들 간에는 서로 불가분의 관계가 있다는 것을 지적하고 있다. 기억은 항상 주의, 지각, 이해 활동을 전제로 한다. 지각은 주의, 인지나 기억, 이해를 필요로 한다. 그러나 전통 심리학과 현대 심리학에서 의식의 기능적 통일에 대한 생각과 여러 의식 활동이 불가분의 관계에 있다는 생각은 항상 주변부에 있다. 여기서 올바른 결론이 도출될 수는 없다. 심리학은 틀림없다고 생각되는 결론과 정반대 결론을 내리고 있다. 의식 활동에서 기능의 상호관계와 통일을 설정할 때, 심리학은 기능의 관계를 무시하면서도 변함없이 여러 기능 활동을 계속 연구했고, 의식을 부분적 기능의 총체로서 연구했다. 일반 심리학의 이 경향은 발생 심리학에도 적용되었다. 결과적으로 아동 의식의 발달은 여러 기능에서 일어나는 변화의 총체로 표현된다. 여기서도 기능의 부분들이 전체로서의 의식에 우선하는 것은 최고의 도그마다. 이와 같이 전제와는 분명하게 반대되는 결론이 어떻게 생겨났는지를 이해하기 위해서는 전통 심리학에서 의식의 기능과 통일의 상관관계에 대해 가정한 것들을 고려해야 한다.

전통 심리학에서 기능들은 항상 서로(지각과 기억, 주의 등) 결합되어 사용되고, 이 측면에서만 의식은 통일된다고 가르쳤다. 그러나 이때 전통 심리학은 세 가지 가정과 함께 이 생각을 제시했다. ① 기능들 간의 관계는 불변적이고 영구적이고 발달되지 않는다. ② 그러므로 기능들 간의 관계는 각 기능 활동에 동일하게 참여하고, 분석틀에서 배제될 수 있다. 즉 기능들 간의 관계는 개별 기능들을 연구할 때 고려할 필요가 없다. ③ 마지막으로, 이러한 관계들은 본질적인 것이 아니고, 의식의 발달은 기능 부분들의 발달로 이해해야 한다. 기능들이 서로 결합되어 있을지라도, 이 관계들은 불변적이기 때문에 발달과 변화 속에서 완전히 자율성과 자주성을 유지한다.

세 가지 가정은 완전히 틀렸다. 기능 간의 관계들은 영구적이지도, 비본질적이지도 않다. 기능 간의 관계들은 심리학적 연구의 분석틀로 연구된다. 기능 간의 관계 변화, 즉 의식의 기능 구조 변화는 전체 정신 발달과정에서 중심적인 내용이다. 전통 심리학에서 가정했던 것이 심리학의 주요 과제가 되어야 한다. 전통 심리학은 정신기능들은 서로 관련 있다는 가정에서 출발했지만 앞으로 나아가지는 않았다. 기능 간의 관계들의 본질도, 이 관계들의 발달도 연구 대상이 아니었다. 새로운 심리학에서는 기능 간의 관계들의 변화가 주요 연구과제다. 이 과제를 해결해야만 부분적 기능들의 변화를 이해할 수 있다. 우리는 발달과정에서 의식 구조의 변화에 대한 관념을 '왜 주의와 기억이 초등학교 시절에는 자각적이고 자의적이고, 지능 그 자체는 비자각적이고 비자의

적인가?'라는 질문에서 이끌어내야 한다. 의식과 지배가 어떤 기능발달
에서 최고 단계에만 적용된다는 것은 일반적인 발달 법칙이다. 의식과
지배는 비교적 늦게 발생한다. 의식과 지배는 의식 활동의 비자각적이
고 비자의적인 기능화 단계에 선행해야 한다. 의식하기 위해서는 의식
되어야 하는 것이 있어야 한다. 우리가 지배하기 위해서는 우리 의지에
종속되는 것을 가지고 있어야 한다.

유아기 의식발달에서 첫 번째 단계는 개별적인 기능의 미분화와 관
련이 있다. 이 단계 다음에 다른 두 단계, 즉 유아 단계와 유치원생 단
계가 나타난다. 유아기는 지각이 발달하고, 지각을 구별하는 단계다. 이
단계에서 지각은 활동을 지배하는 기능이고, 의식발달을 지배하는 기
능이다. 유치원생 연령에서는 기억의 발달이 지배적이다. 취학 연령일
때 지각과 기억은 발달하고, 모든 정신발달의 기본적 전제가 된다.

만약 주의가 기억으로 지각되고 표현되는 것을 구조화하는 기능이라
고 한다면, 아동은 취학 연령일 때 비교적 완전한 주의와 기억을 가지
고 있다는 것은 분명하다. 아동은 의식해야 하는 것, 소유해야 하는 것
을 이미 가지고 있다. 이 때문에 기억과 주의의 자각적이고 자의적인
기능들이 이 연령에서 중심적으로 나타난다.

취학 연령기 아동의 개념이 비자각적이고, 비자의적인 이유가 분명
해진다. 무엇인가를 자각하고 숙달하기 위해서는 우리가 앞에서 언급
했던 것보다 먼저 이것을 가지고 있어야 한다. 그러나 개념들 또는 더
정확히 말하면, 전(前)개념들(비자각적이고 최고 단계의 발달에 도달하
지 않은 개념들)은 처음에는 취학 연령기에서 발생하고, 취학 연령기 동
안에만 성숙해나간다. 이때까지 아동은 일반적 표상이나 복합 속에서
생각한다. 우리는 다른 곳에서 더 초기, 취학 연령 이전에 지배적인 일

반화 구조를 이미 언급했다. 만약 전개념이 취학 연령에서 발생한다면, 만약 아동이 전개념을 의식하고 소유할 수 있다면, 이것은 정말로 놀라운 일이다. 왜냐하면 이것은 의식이 기능을 자각하고 숙달할 수도 있고, 무에서 유를 창조하고, 발달하기 오래전에 새롭게 창조할 수 있다는 것도 의미하기 때문이다.

이것은 피아제가 비자각적 개념을 설명한 것을 우리가 거부하는 이론적 근거다. 그러나 우리는 연구 자료들에 관심을 가져야 하고, 어떻게 주의나 기억의 자각이 발생하고, 어디에서 비자각적 개념이 생기고, 어떤 방법으로 아동이 나중에 자각하고, 왜 자각과 숙달이 동일한 것의 두 측면인지를 설명하기 위해서 심리학적 본성상 자각 과정 자체를 알아야 한다.

우리의 연구는 자각은 완전히 특별한 종류의 과정이라고 말하고 있다. 우리는 지금 이 과정에서 가장 일반적인 특징을 설명하려고 한다. '자각한다는 것은 무슨 의미인가?' 하는 기본적인 질문을 먼저 해야 한다. 여기에는 두 가지 의미가 있다. 클라파레드와 피아제가 이 두 의미를 구분하지 못했기 때문에 혼동이 발생했다. 특히 클라파레드와 피아제는 프로이트와 일반 심리학의 용어를 혼동했다. 피아제가 아동 사고의 비자각성에 대해서 말할 때, 피아제는 아동이 그의 의식 속에서 일어나는 것을 의식하지 않는다는 것, 아동의 사고는 비자각적이라는 것을 암시하는 것이 아니었다. 피아제는 의식이 아동의 사고에서 역할을 하지만, 마지막까지 역할하지는 않는다고 가정했다. 처음에는 유아의 유아주의에 무의식적 사고가 있고, 마지막에는 의식적이고 사회화된 사고가 있고, 중간에는 피아제가 자기중심성은 줄어들고 사회적 사고는 증가한다고 한 단계가 있다. 이 중간 단계는 유아의 비자각적이고 자폐적인 사고와 성인의 사회적이고 의식적인 사고 사이의 일정한 타협이다. 취학 연령기 아동의 사고는 비자각적이라는 것이 무엇을 의미하는가? 이것은 아동의 자기중심성은 무의식성을 수반한다는 것을 의미하고, 사고가 마지막까지 의식적이지 않다는 것을 의미하고, 사고가 의식적 요소와 무의식적 요소를 포함하고 있다는 것을 의미한다. 그러므로 피아제는 '무의식적 사고'란 개념은 매우 유동적이라고 말했다. 만약 우리가 의식의 발달을 프로이트의 의미에서 무의식적인 것으로부터 완전한 의식으로 단계적인 이행으로 본다면, 이것은 맞는 것이다. 그러나 프로이트식의 억압에 따른 '무의식'을 구별하기 위해 무자각이란 용어를 사용하며, 무자각은 비교적 나중에 발생한다. 이것은 어떤 의미로는 의식 자체의 발달과 분화의 산물이다. 그러므로 무의식적인 것과 무자각적인 것 사이에는 큰 차이가 있다. 무자각에는 무의식적인 것의 일부가 아니라 의식적인 것의 일부가 있다. 이것은 의식의 단계를 의미하는 것이 아니라 의식 활동에서 다른 과정을 의미하는 것이다. 나는 매듭을 묶는다. 나는 이것을 의식적으로 한다. 그러나 나는 내가 이것을 어떻게 했는지를 이야기할 수 없다. 나의 의식적 행동은 무의식적이다. 왜냐하면 나의 관심은 묶는 행위 자체를 지향할 수는 있지만, 내가 어떻게 하는지를 지향하지는 않기 때문이다. 의식은 항상 현실의 어떤 부분을 표현한다. 매듭을 묶는 것, 매듭, 이와 함께 발생하는 것은 나의 의식의 대상이지만, 내가 묶으면서 하는 행위와 내가 이것을 어떻게 하는가는 나의 의식의 대상이 아니다. 그러나 의식하면, 의식의 대상이 될 수 있다. 의식 행위는 자각이다. 의식 행위의 대상은 의식 활동 자체다.[7]

피아제의 연구는 자기 관찰이 취학 연령기에서만 현저히 발달하기 시작한다는 것을 지적하고 있다. 이후 연구에서는 취학 연령기에서 자기 관찰은 유아에서 어린 아동으로 이행할 때 외부 지각과 관찰의 발달 속에서 발생하는 것과 유사하게 발달한다는 것을 지적했다. 이미 지적한 바와 같이 이 기간에 외부 지각에서 가장 중요한 변화는 아동이 무언어적이고, 무의미적인 지각으로부터 의미적이고 언어적이고 대상적인 지각으로 이행하는 것이다. 취학 연령이 될 때 자기 관찰에 대해서도 동일하게 말할 수 있다. 아동은 이때 무언어적 자기 관찰에서 언어적 자기 관찰로 이행한다. 아동의 정신 과정에서 내부 지각, 의미적 지각이 발달한다. 그러나 의미적 지각은 외부 지각이든, 내부 지각이든 일반화된 지각을 의미한다. 따라서 언어적 자기 관찰로의 이행은 내부 정신 활동의 일반화를 표현한다. 새로운 유형의 내부 지각으로 이행하는 것은 고차원적인 유형의 내적 정신 활동으로 이행하는 것을 의미한다. 물건을 다른 식으로 지각한다는 것은 이때 다른 행위 가능성을 획득한다는 것을 의미한다. 장기판에서처럼 나는 다르게 보고, 다르게 역할한다. 활동 과정을 일반화하면 다른 관계도 가능하게 된다.

대략적으로 말하면 이 과정은 일반적인 의식 활동과 분리된다. 나는 내가 기억한 것을 의식한다. 즉 나는 내 기억이 의식의 대상이라는 것을 의식한다. 모든 일반화는 일정한 방법으로 대상을 선택한다. 그러므로 일반화로 이해되는 자각은 직접적으로 지배를 초래한다.

이와 같이 자각의 기반에는 지배를 초래하는 정신 과정의 일반화가

---

7 유치원생에게 "네 이름이 무엇인지 너는 알고 있니?"라고 질문했다. 아동은 "콜랴"라고 대답한다. 아동은 질문의 요점이 그의 이름이 아니라, 그의 이름이 무엇인지를 아는지 모르는지를 의식할 수 없다. 그는 자신의 이름을 알고 있지만, 자기 이름의 명칭을 인식하지 못한다 ─ 저자.

있다. 이 과정에서 결정적인 역할을 하는 것이 교육이다. 대상과는 완전히 다른 관계를 가지고 있는 과학적 개념은 서로 위계적으로 관련 있는 다른 개념으로 매개된다. 이런 과학적 개념은 개념의 자각, 즉 개념의 일반화와 지배가 아마도 우선적으로 발생하는 영역일 것이다. 그리고 어떤 사고 영역에서 한 번 발생한 새로운 일반화 구조는 활동 원리로서 훈련 없이 나머지 사고와 개념 영역으로도 전달된다. 이와 같이 자각은 과학적 개념으로 열린 문을 지나서 나타난다.

피아제의 이론에 있는 두 측면에 주목해야 한다. 자연발생적 개념의 본성은 이 개념이 비자각적이라는 것이다. 아동들은 자연발생적 개념을 자연발생적으로 조작할 수 있지만, 이것을 자각하지는 않는다. 우리는 이것을 '때문에'라는 개념의 예에서 살펴보았다. 자연발생적 개념은 필연적으로 비자각적이어야 한다. 왜냐하면 자연발생적 개념에 포함되는 주의는 자연발생적 개념을 포착하는 사고 활동이 아니라, 항상 자연발생적 개념 속에 표현되는 대상을 지향하기 때문이다. 기본적으로 피아제는 직접적으로 진술하지는 않았지만, 개념의 측면에서 자연발생적이라는 것을 비자각적이라는 것과 동의어로 보았다. 피아제는 이 때문에 아동의 사고의 역사를 자연발생적 개념의 발달로만 제한했고, 밖에서부터가 아니라면 어떻게 아동에게서 자연발생적 생각을 지배하는 자각적 개념이 다르게 발생할 수 있는지를 이해할 수 없었다.

자연발생적 개념은 필연적으로 비자각적이라는 것이 올바르다면, 과학적 개념도 똑같이 필연적으로 속성상 자각을 전제로 해야 한다. 우리가 앞에서 지적한 피아제의 이론에서 두 가지 측면 중에 두 번째 측면은 이와 관련이 있다. 이것은 우리의 분석 대상과 가장 밀접하고, 가장 직접적이고, 가장 중요한 관계를 가지고 있다. 피아제는 자연발생적 개넘이 체계 밖에 있기 때문에 비자연발생적 개념, 특히 과학적 개념과 결정적으로 구별된다고 생각했다. 만약 우리가 실험 속에서 아동이 표현하는 비자연발생적 개념에서부터 자연발생적 표상으로 진행하는 노선을 원한다면, 우리는 피아제의 규칙에 따라서 이 개념을 체계성의 모든 흔적에서 해방시켜야 한다. 개념을 포함하고 있고 체계로부터 개념을 제거하는 것과 다른 나머지 개념들과 관련 있는 개념을 제거하는 것은 피아제가 아동의 지능을 비자연발생적 개념으로부터 해방시키기 위해서 추천한 가장 확실한 방법론적 수단이다. 피아제는 아동 개념의 탈체계화가 아동에게서 그의 책에 기록되어 있는 대답을 얻기 위한 가장 확실한 방법이라는 것을 증명했다. 개념 체계의 존재가 모든 개념 구조에서 중요하다. 개념은 다른 어떤 것이고, 심리학적 속성을 변화시킨다. 개념 체계에서 이탈되고, 대상과 더 단순하고 직접적인 관계에 있으면 개념의 본질은 변화한다.

우리는 이미 이것 하나만으로도 가설의 핵심이고, 실험 결과를 일반화하면서 뒤에서 고찰할 것, 즉 개념은 체계 속에서만 자각성과 자의성을 획득할 수 있다는 것을 예상할 수 있다. 자연발생성, 비자각성, 비체계성이 아동의 개념 속성에서 동일한 것을 나타내기 위한 세 개의 다른 단어인 것처럼, 자각성과 체계성은 개념의 측면에서 완전한 동의어다.

이것은 본질적으로 앞에서 언급한 것에서 직접 도출된다. 자각이 일반화를 의미한다면 일반화는 상위 개념을 형성한다는 것을 의미한다. 그러나 상위 개념이 일반화 뒤에 발생한다면, 상위 개념은 하나의 개념이 아니라 최상위 개념 체계로 결정되는 관계들 속에 있는 일련의 종속 개념들의 존재를 전제로 해야 한다. 이것이 없다면 상위 개념은 상위일 수 없다. 이 상위 개념은 동시에 이 개념에 종속되는 하위 개념들의 위계 체계도 전제로 한다. 상위 개념은 다시 완전히 일정한 관계들의 체계로 결합된다. 이와 같이 개념의 일반화는 개념들 간에 가장 기본적이고, 가장 자연스럽고, 가장 중요한 공통적인 관계들의 일정한 체계 속에 이 개념의 위치를 설정한다. 이와 같이 일반화는 동시에 개념의 자각과 체계화를 의미한다.

체계가 아동 개념의 내적 본성과 관련해서 구별된다는 것은 피아제의 말에서 분명하게 드러난다. "아동의 사고는 체계성이 적고, 연관성이 적고, 연역적 사고가 적다. 아동은 일반적으로 모순을 회피하려는 욕구에는 관심이 없다. 아동은 이들을 종합하는 대신에 주장을 병렬하고, 분석하는 대신에 종합적 도식에 만족한다. 바꾸어 말하면 아동의 사고는 자기 자신을 의식하고 체계를 가지고 있는 성인의 사고보다 행위와 공상에서 동시에 발생하는 총합에 더 가깝다."

뒤에서 우리는 피아제가 아동의 논리 측면에서 설정한 모든 경험 법칙이 체계화되지 않은 사고 내에서만 타당하다는 것을 지적할 것이다. 이 법칙들은 체계 밖에서 나타나는 개념에만 타당하다. 피아제가 기술한 현상은 개념의 무체계성을 공통 원인으로 가지고 있다. 왜냐하면 모순에 민감하고, 판단들을 병렬시키지는 않지만 논리적으로 종합할 수 있고, 개념들 사이에 공통적인 일정한 관계 체계에서만 연역할 수 있기 때문이다. 이것이 없을 때 모든 현상은 장탄된 소총에서 방아쇠를 당긴 후에 발사되는 것처럼 필수적으로 발생해야 한다.

그러나 우리는 지금 단지 한 가지 증거에만 관심이 있다. 즉 체계와 이 체계와 관련이 있는 자각성은 아동이 개념을 형성하고 사용하는 방법을 대체하면서 외부로부터 아동의 개념 영역 속으로 들어오는 것이 아니라, 이들 자체가 매우 풍부하고 성숙한 아동에게 개념의 존재를 전제로 한다는 증거에만 관심이 있다. 이런 개념의 형태는 자각하고 체계화할 대상이 되는 데 필수적이다. 우리는 과학적 개념의 영역에서 발생하는 최초의 체계가 일상적 개념의 구조를 개조하면서 구조적으로 일상적 개념의 영역으로 전이된다는 것에 관심이 있다. 이러한 것(과학적 개념은 자연발생적 개념에 의존한다는 것과 과학적 개념이 자연발생적 개념에 반대로 영향을 준다는 것)은 다른 개념으로 매개된다는 것이 특징이다. 결과적으로 과학적 개념은 대상과의 관계, 즉 개념 체계의 일차적 요소를 포함하고 있다.

이와 같이 과학적 개념은 속성상 과학적이라는 것 때문에 다른 개념과의 관계를 결정하는 개념 체계 속에서 어떤 일정한 위치를 전제로 한다. 마르크스는 모든 과학적 개념의 본질을 다음과 같이 정의했다. "만약 어떤 사물이 나타내는 현상과 그 본질이 직접적으로 일치한다면 모든 과학은 불필요하게 될 것이다."[8]

여기에 과학적 개념의 본질이 있다. 만약 과학적 개념이 경험적 개념처럼 외부로 보이는 대상을 표현한다면 과학적 개념은 잉여적인 것이다. 그러므로 과학적 개념은 개념 속에서만 가능한 대상과의 관계를 필연적으로 전제한다. 그리고 우리가 앞에서 설명한 바와 같이 과학적 개념에 포함되는 대상과의 다른 관계는 개념 상호관계의 존재, 즉 개념 체계의 존재를 필연적으로 전제로 한다. 이 관점에서 모든 개념은 고유한 일반성의 정도를 결정하는 그 개념의 일반성의 관계들 체계와 함께 파악되어야 한다. 이와 함께 논리적 관점에서 아동의 자연발생적 개념과 비자연발생적 개념의 차이가 경험적 개념과 과학적 개념의 차이와

---

8 마르크스, 『자본』.

일치한다는 것은 분명하다.

우리는 나중에 이 문제를 다시 살펴볼 것이므로, 지금은 우리의 생각을 설명하는 하나의 구체적인 예만 살펴보겠다. 아동에게서는 더 일반적인 개념이 더 특수한 개념보다 먼저 발생한다. 아동은 보통 '장미'보다는 먼저 '꽃'이라는 단어를 습득한다. 그러나 이때 아동에게서 '꽃'의 개념은 '장미'라는 단어보다 더 일반적인 개념이 아니라, 단지 더 넓은 개념일 뿐이다. 아동이 단지 하나의 개념만 가지고 있을 때, 개념과 대상의 관계는 두 번째 개념이 발생할 때와 다르다는 것은 분명하다. 이후에도 오랫동안 '꽃'이란 개념은 '장미'란 개념과 함께 사용되지만, 상위에 위치하지는 않는다. 이 개념은 더 특수한 개념을 포함하지 않고, 대체하고 함께 사용될 뿐이다. '꽃'이라는 개념이 일반화될 때는 다른 종속되는 개념들처럼 이 개념과 '장미'라는 개념 사이의 관계도 변화한다. 개념 속에서 체계가 발생하는 것이다.

피아제가 한 '어떻게 자각이 일어나는가?'라는 최초의 질문으로 되돌아가 보자. 우리는 왜 취학 연령기 아동의 개념이 비자각적이고, 어떻게 개념이 자각성과 자의성을 획득하는지를 설명하려고 했다. 우리는 개념이 비자각적인 원인은 자기중심성에 있는 것이 아니라, 자연발생적 개념의 비체계성 속에 있고, 이 때문에 비자각적이고 비자의적으로 될 수밖에 없다는 것을 발견했다. 우리는 개념의 자각이 개념들 사이의 일반성 관계에 기반을 두고 있는 체계의 형성을 통해서 실현되고, 개념의 자각이 이러한 자의성을 초래한다는 것을 발견했다. 그러나 과학적 개념은 본질적으로 체계를 전제로 한다. 과학적 개념은 자각성이 아동의 개념 영역 속에 들어가는 문이다. 피아제의 이론이 어떻게 자각이 실현되는가라는 질문에 대답할 수 없었던 이유가 분명해진다. 피아제의 이론은 과학적 개념을 배제했고, 체계 밖에서 개념의 운동 법칙성만을 반영하고 있었다. 피아제는 아동의 개념을 심리학의 연구 대상으로 만들기 위해서는 체계성의 모든 흔적을 제거해야 한다고 했다. 그러나 그 자신은 어떻게 자각이 실현되는지를 설명하는 길을 막아버렸고, 앞으로 설명하는 모든 가능성도 제거했다. 왜냐하면 자각은 체계를 통해서 실현되고, 체계성의 모든 흔적을 제거하는 것은 피아제 이론의 전부였기 때문이다. 앞에서 언급한 바와 같이 피아제의 이론은 비체계적인 개념들에서만 의미가 있었다. 피아제가 제기한 '어떻게 자각이 실현되는가'라는 문제를 해결하기 위해서는 그가 배제한 체계를 주요 연구 대상으로 설정해야만 한다.

3. 발달과 교육의 관계

지금까지 우리는 아동의 사고발달에서 과학적 개념의 의의에 대해 살펴보았다. 바로 이 과학적 개념이라는 영역에서 사고는 개념 이전의 것을 진정한 개념으로부터 구분하게 한다. 우리는 아동의 개념발달 단계에서 가장 민감한 부분을 다루었고, 앞으로도 다루게 될 것이다. 그러나 이와 함께 우리는 좁은 영역의 문제를 좀더 넓은 문제의 맥락에 포함시켰는데, 이에 대해서는 대략이라도 언급해두어야 할 것이다.

본질적으로 비자연발생적 개념, 그중에서도 과학적 개념의 문제는 교육과 발달의 문제다. 왜냐하면 자연발생적 개념이 그 발달의 원천인 교육으로부터 형성되기 때문이다. 자연발생적·비자연발생적 개념연구는 교육과 발달이라는 좀더 일반적인 문제 연구의 일부분이다. 따라서 우리가 연구하는 부분적인 문제는 일반적인 문제 밖에서는 올바르게 연구될 수 없다. 이 연구에서 행해지는 과학적 개념과 일상적 개념의 발달을 비교·분석하는 것은 두 개념이 우리가 가설을 설정하는 과정에서 어떻게 작용하는지에 대한 일반적인 모습을 실제로 확인하게 해주며, 이는 또한 일반적인 문제 해결도 가능하게 할 것이다. 바로 이것이 작업가설과 그로부터 야기된 실험 연구의 의미가 단순한 개념연구를 벗어나 교육과 발달의 문제까지 확장된 이유다.

우리는 교육과 발달의 문제와 또 이에 대한 가설적 해답을 여기에서 상세하게 기술하지는 않을 것이고, 다른 부분에서 시도할 것이다. 그러나 이 문제는 어느 정도 이 연구의 배경이 되고 연구 대상 자체가 되기 때문에 주요한 점들을 언급하지 않을 수는 없다. 교육과 발달에 대해 지금까지 연구된 모든 것을 다루지는 않겠지만, 그중에서 현재 소비에트 심리학에서 중요한 의미를 갖는 중요한 세 가지 시도에 대해서만 언급하려 한다.

교육과 발달의 관계에 대한 가장 보편적인 관점은 그 두 가지가 상호 독립적인 과정이라는 것이다. 아동의 발달은 자연의 법칙에 종속된 과정으로, 교육은 발달과정에서 발생하는 가능성들을 단지 외적으로 이용하는 것으로 이해되었다. 이러한 시각에서는 아동의 지적 발달을 분석하는 데 발달과 교육의 산물을 면밀하게 분리하며, 두 과정의 결과를 서로 상관없는 것으로 받아들인다. 이러한 시도는 아직 단 한 명의 연구자도 성공하지 못했는데, 이에 대해 사람들은 이 목적을 위해 적용된 방법적 요소들이 불완전하기 때문이라고 보고 있으며, 이러한 부족한 부분들을 추상화하는 것으로 보충하려 하고 있다. 이것을 추상화시킬 때, 아동의 지적 특성의 발달은 발달에 의한 것과 교육에 의한 것으로 구분된다. 정리해서 말하면 성장은 일반적으로 그 나름대로 보편적인 순서에 따라 이루어지고, 교육 없이 높은 수준에 이를 수 있다. 따라서 학교 교육을 받지 않은 아동들도 인간에게 부여된 사고 수준에 이를 수 있고, 학교 교육을 받은 아동들과 같은 지적 수준에 이를 가능성이 있다.

하지만 자주 이 이론은 조금 다른 모습을 갖기도 하는데, 왜냐하면 두 과정 사이에 존재하는 의심할 수 없는 필연성 때문이다. 발달은 가능성을 제공하고, 교육은 이를 실현시킨다. 이러한 경우 이 두 과정의 관계는 전성설(前成說)이 소질과 발달을 연결시키고 있는 것과 비슷하다. 즉, 소질이 발달과정에서 나타날 수 있는 잠재력을 가지고 있다. 여기에서는 발달 자체가 교육 과정에서 실현될 수 있는 가능성들을 완전히 실현시키는 것처럼 간주된다. 따라서 교육은 발달한 후에 이루어질 수 있는 것처럼 보인다. 교육과 발달의 관계는 소비와 생산의 관계다. 교육은 발달의 산물이며, 그 산물들을 이용하며 삶에 적용시킨다. 교육이 발달에 종속되어 있다는 것은 분명하지만, 발달은 교육의 영향을 받지 않는다. 이 이론의 기저에는 매우 단순한 논리가 깔려 있다. 모든 교육이 이루어지기 위해서는 어느 정도 특정한 심리적 기능이 필연적으로 전제되어야 한다.

한 살짜리 어린이에게 읽기를 가르칠 수는 없다. 세 살짜리 아동에게 쓰기를 가르칠 수 없다. 따라서 교육의 심리학적 과정을 분석하는 것은 교육이 이루어지기 위해서 어떤 기능이 필요한지, 어느 정도 성숙해야 하는지를 밝히는 것이다. 쓰기 교육이 시작되려면 아동들은 어느 정도 기능을 가지고 있어야만 한다. 아동이 알파벳을 기억할 수 있을 정도의 기억력을 가져야 하고, 아동은 본인에게 흥미 없는 일에도 어느 정도

집중할 수 있어야 하고, 소리와 또 그 소리가 상징화된 문자 기호의 관계를 이해할 수 있을 정도로 사고할 수 있어야 한다.

비록 여기에서 교육이 발달에 일방적으로 의존되어 있는 것처럼 보이지만, 이 관계는 순수한 외적인 관계일 뿐이다. 왜 우리는 두 과정의 내적 상호관계를 제외하며, 이 이론을 두 과정이 독립적이라는 이론의 변형으로 보는가? 이는 이 변형 이론에 내재되어 있는 진실의 씨앗이 이론의 거짓된 기반에 놓여 있기 때문이다.

발달과정과 교육 과정이 독립적이라는 견해에서 볼 때, 우리가 생각하기에 중요한데도 지금까지 거의 관심이 기울여지지 않았던 것이 있다. 이것은 발달과 교육 사이에 존재하는 순차성 문제다. 다시 말해서 발달의 종결 단계에서 교육이 일어나는 것처럼 두 과정이 순차적으로 연관되어 있다는 것이다. 발달은 일정한 주기를 통과해야 한다. 교육이 가능하려면 발달이 일정한 단계에 도달해야 하며 성숙해야 한다.

이 이론에서 아동의 발달이라는 전제가 교육을 위해 반드시 필요하다는 것을 언급할 필요가 있다. 새로운 교육은 이미 이루어진 발달 주기와 관련되어 있다. 교육이 이루어질 수 없는 교육의 하한선이 존재한다는 것은 옳다. 그러나 오늘날 보는 것처럼 이러한 의존관계는 주된 것이 아니라 부차적인 것이다. 의존관계를 주된 것으로 보는 시도는 많은 오해와 오류를 유발한다. 교육이 아동 발달에 중요한 역할을 하지 못하면서 발달의 과실을 거두는 것으로 생각되어왔다. 아동이 읽기, 쓰기, 산수를 할 수 있을 정도로 기억력, 주의력, 사고력이 발달한 것이다. 그러나 만약 우리가 아동에게 읽기, 쓰기, 산수를 가르친다면, 아동의 기억력, 주의력, 사고력은 변화하는가 변화하지 않는가? 과거 심리학은 이 질문에 다음과 같이 대답했다. 우리의 기억력, 주의력, 사고력은 연습한 만큼 변한다. 즉 연습 결과로 변한 것이지, 발달로 변한 것은 아니다. 우리가 읽기, 쓰기를 아동에게 가르쳤다고 해서 아동의 지적 발달에 어떤 새로운 것이 발생하지는 않을 것이다.

모이만의 연구를 포함하는 전통적인 교육 심리학은 피아제 이론까지 이르고 있다. 피아제의 견해는 다음과 같다. 아동의 사고는 아동이 교육을 받았는지 받지 않았는지와는 상관없이 일정한 단계를 반드시 거친다. 아동이 교육을 받았다는 것은 순전히 외적인 사실일 뿐, 그 교육이 아직 아동 자신의 사고 과정에 통합된 것은 아니다. 그러므로 교육학은 교육 가능성을 결정하는 하한선으로서 아동 사고의 자립적인 특성들도 고려해야 한다. 아동에게서 새로운 사고의 가능성이 발달할 때 또 다른 단계의 교육도 가능해진다. 피아제에게 아동 사고 수준의 지표가 되는 것은 아동이 알고 있는 것이나 아동이 습득할 수 있는 것이 아니라, 아동이 어떤 지식도 갖지 않는 분야에서 어떻게 생각하는가 하는 것이다. 여기에서 교육과 발달, 지식과 사고가 날카롭게 대립된다. 따라서 피아제는 아동이 질문 대상에 대해 어떤 지식을 갖지 않는 것을 질문한다. 만약 아동에게 지식이 있을 수 있는 것에 대해 질문한다면, 우리는 사고의 결과가 아니라 지식의 결과를 얻게 될 것이다. 교육과 발달이 서로 대립된다면 우리는 필연적으로 피아제의 기본 명제에 도달하게 된다. 과학적 개념은 자연발생적 개념에서 발생하기보다는 오히려 자연발생적 개념을 대체한다.

두 번째 관점은 지금까지 위에서 기술한 관점과는 정반대다. 이 이론은 교육과 발달을 동일시한다. 이 관점은 교육 심리학자 윌리엄 제임스(William James)가 발전시켰는데, 그는 연합과 습관을 형성하는 과정이 교육뿐 아니라 인지발달 기저에 동일하게 놓여 있다는 것을 보여주려 했다. 그러나 두 과정의 본질이 완전히 동일하다면 앞으로 이 두 과정을 구분할 근거는 없다. 교육은 발달이라는 공식을 선언하기 위해 일보 전진하는 일만 남았을 뿐이다. 교육은 발달의 동의어다.

이 이론의 기반에는 과거 모든 심리학의 기본적 개념인 연합주의가 있다. 교육 심리학에서 연합주의는 손다이크 그리고 연합주의라는 말을 생리학 용어로 사용한 반사학자들(reflexologist)이 만들었다. 교육과 발달이 일치한다는 이론은 아동의 인지발달 과정에 대한 물음에 다음과 같이 대답한다. 지적 발달은 조건반사의 지속적이고 점진적인 축적이다. 이와 동일한 대답은 교육은 무엇인가라는 물음에서도 돌아온다. 이 이론은 손다이크와 같은 결론에 도달한다. 교육과 발달은 동의어다. 아동은 교육받은 만큼 발달한다. 발달은 교육이고, 교육은 발달이다.

만약 첫 번째 이론에서 교육과 발달이 어떤 관계도 갖지 않기 때문에 그 관계에 대한 질문의 매듭이 풀리는 것이 아니라 단절되었다면, 두 번째 이론에서는 교육과 발달이 동일하기 때문에 그사이에 어떤 관계가 존재하는가라는 질문의 매듭은 사라진다.

마지막으로, 유럽 아동 심리학에 많은 영향을 미친 세 번째 이론 그룹이 존재한다. 이 이론은 위에 기술된 두 이론의 극단성을 극복하려 한다. 그들은 시실리와 카리브디스 사이를 지나가려 하는 셈이다. 이 과정에서 두 가지 극단적인 견해 사이의 중간 입장을 택하려는 이론이 생기기 마련이다. 그들은 두 가지 이론 위가 아닌 사이에 서 있으려 하는데, 그러다 보면 하나의 결점은 해결하겠지만 또 다른 결점을 가지게 된다. 그들은 하나의 잘못된 이론을 수정하려 하며 부분적으로 다른 이론을 수용한다. 이 이론은 이중적이다. 대립되는 두 견해 가운데 위치하며, 그 견해들을 어느 정도 결합시키려 한다.

처음부터 발달은 항상 이중적 성격을 갖는다고 주장한 코프카의 견해는 다음과 같다. 성숙으로서 발달을 구별해야 하며, 교육으로서 발달을 구별해야만 한다. 그러나 이는 이전의 두 극단적인 개념을 인정하고, 그 견해들을 통합한다는 것을 의미한다. 첫 번째 관점은 발달과 교육 과정을 상호 독립적으로 본다. 코프카는 이 관점을 반복하며, 발달은 그 내부 법칙에 있어 교육에 의존되어 있지 않은 성숙이라고 주장한다. 두 번째 견해는 교육은 발달이라고 말하는데, 코프카는 이 관점을 문자 그대로 반복하고 있다.

비교를 조금 더 해보면 다음과 같이 말할 수 있다. 첫 번째 이론이 교육과 발달의 관계에 대한 질문의 매듭을 푸는 것이 아니라 단절하고 있고, 두 번째 이론이 이 매듭을 없애버렸다면, 코프카의 이론은 이 매듭을 더 단단히 묶고 있다. 결과적으로 대립되는 두 견해에서 코프카의 입장은 문제를 해결하는 것이 아니라 더 복잡하게 만들고 있다. 왜냐하면 코프카는 처음 두 이론 그룹의 문제 설정에 근본적인 실수가 있다는 것을 기반으로 했기 때문이다. 코프카의 이론은 발달 자체를 이중적으로 이해하는 것에서 시작된다. 발달은 하나의 과정이 아니라 성숙의 발달과 교육의 발달로 구분된다. 그러나 어쨌든 간에 이 새로운 이론이 앞선 두 이론에 비해 우리를 앞으로 나아갈 수 있게 해준다.

1. 두 개의 대립되는 관점을 통합하기 위해서는 두 종류의 발달—성숙과 교육—사이에 상호 의존관계가 있다고 가정해야 한다. 코프카도 이 가정을 자신의 이론에 포함시키고 있다. 그는 일련의 사실들을 기반으로 해서 성숙 자체는 신체 기관의 기능에 의존되어 있고, 따라서 교

육 과정에서 일어나는 신체 기능의 완성에 의존되어 있다고 주장한다. 반대로 성숙 과정 자체는 교육 앞에 새로운 가능성을 열어주며, 교육이 앞으로 나아가게 한다. 교육은 어떻게든 성숙에 영향을 미치고, 성숙은 어떻게든 교육에 영향을 미친다. 그러나 이후 이 이론은 일반적으로 받아들여지지 못했고, '어떻게든'은 완전히 해석되지 못했다. 이 이론은 '어떻게'를 연구 대상으로 하는 대신에, 두 과정 사이에 상호관계가 존재한다는 가정에만 만족하고 있다.

2. 세 번째 이론은 교육에 대한 새로운 이해로 나아간다. 손다이크에게 교육은 시행착오를 통해서 성공적인 결과에 도달하는 무의미하고 기계적인 과정이지만, 구조주의 심리학에서 교육 과정은 새로운 구조의 발생이고, 낡은 구조의 개선이다. 구조 형성 과정은 가르침의 결과로 인한 것이 아니라 모든 교육의 전제라고 생각되기 때문에, 새로운 이론에서 교육은 의미가 부여된 구조적 특성을 지닌다. 모든 구조의 기본적 특성은 구조가 구조를 형성하는 요소와 독립적이라는 것, 구조가 형성되는 구체적인 재료와 독립적이라는 것, 그리고 구조가 모든 다른 재료로 전이될 수 있다는 것이다. 만약 아동이 교육 과정에서 어떤 구조를 형성하고 어떤 조작을 습득한다면, 이로써 아동은 발달하면서 이 구조를 재생할 수 있는 가능성도, 다른 구조 영역에서도 적용할 수 있는 가능성도 갖게 된다. 우리가 아동을 조금만 교육해도 아동은 크게 발달한다. 교육에서 일보는 발달에서 백보를 의미할 수 있다. 새로운 이 이론의 긍정적인 면은 교육에서 교육한 만큼 주는 교육과 교육한 것 이상을 주는 교육 사이에 존재하는 차이를 보여주는 것이다. 우리가 타자기 치는 방법을 배운다면 의식 전체 구조에는 어떤 변화도 일어나지 않을 수 있다. 그러나 우리가 새로운 사고 방법이나 새로운 유형의 구

조 같은 것을 배운다면, 우리는 직접적인 교육 대상인 그 활동도 수행할 수 있고, 교육의 직접적인 결과를 훨씬 넘어설 수도 있다.

3. 세 번째 말하고자 하는 것은 바로 위에서 지적한 것과 직접적으로 관련되어 있고, 또한 그로부터 직접적으로 도출되는 것이다. 이것은 교육과 발달을 결합하는 순차성의 문제다. 교육과 발달 간에 시간적 관계에 대한 문제는 앞의 두 이론과 세 번째 이론을 본질적으로 구분하게 한다.

이미 살펴본 바와 같이 교육과 발달의 시간적 관계에 대한 문제에서 첫 번째 이론은 교육은 발달 뒤에 온다는 견해를 취했다. 먼저 발달하고 그다음에 교육이 있다. 두 번째 이론에서 두 과정의 순차성에 대한 문제는 제기될 수 없다. 왜냐하면 두 과정은 동일시되며, 서로 결합되기 때문이다. 그러나 실제로 이 이론은 교육과 발달이 두 개의 평행적 과정으로서 시간상 동시에 진행된다는 가정에서 출발했다. 그림자가 사물을 따라가듯이 발달은 교육을 따라간다. 세 번째 이론은 이 두 관점을 결합하며 성숙과 교육을 구분하기 때문에, 교육과 발달의 시간적 관계에 대한 두 개념을 모두 포함하고 있다. 그러나 이 이론은 교육과 발달의 시간적 관계를 새로운 그 무엇으로 보충하고 있다. 본질적으로 새로운 이것은 우리가 앞에서 말한 것, 즉 교육을 구조적이며, 의미 부여 과정으로 이해하는 것에서 도출된다. 우리가 살펴본 바와 같이 교육은 직접적인 결과에 포함되어 있는 것 이상을 발달에 부여할 수 있다. 아동의 사고 영역에서 어떤 지점에 적용된 교육은 다른 모양을 지닐 수도 있고 많은 다른 부분을 변화시킬 수도 있다. 교육은 발달에서 단지 가까운 결과들만이 아니라, 멀리 떨어진 결과들을 가질 수 있다. 결과적으로 교육은 발달에 뒤따를 수도, 발달과 보조를 같이할 수도, 새로운 발달의 형성을 초래하면서 발달에 선행할 수도 있다. 이는 매우 중요한 문제다. 바로 이 점이 교육과 발달과정을 결합시키는 세 가지 순차성 이론을 모두 가능하다고 보는 절충 이론의 많은 단점을 보완한다.

첫 번째 이론은 교육과 발달을 구분하고, 두 번째 이론은 이들을 동일시한다. 이러한 대립에도 불구하고, 두 이론 모두 동일한 결론에 도달한다. 교육은 발달에 어떤 변화도 일으키지 않는다는 것이다. 세 번째 이론은 완전히 새로운 문제를 제기하는데, 이는 우리가 전개한 가설 측면에서 볼 때 매우 중요하다.

이 문제는 새로운 문제인 것 같지만 본질적으로는 현재는 거의 잊힌, 매우 낡은 문제로 복귀한 것에 지나지 않는다. 물론 이 복귀가 결함이 이미 증명된 낡은 학설로 복귀한다는 것을 의미하는 것은 아니다. 변증법적으로 발달하는 과학의 역사에서 자주 반복되는 것처럼, 최고의 과학적 기술로 재검토한다는 것은 재검토 이전 이론들에 포함되어 있는 일부 올바른 것들을 복귀시킨다.

우리는 헤르바르트(Johann Friedrich Herbart)라는 이름과 일반적으로 연관되는 과거의 형식도야 이론(theory of formal discipline)을 염두에 두고 있다. 형식도야는 교과목 자체에 포함되어 있는 지식뿐만 아니라 아동의 일반적인 지적 능력도 발달시키는 교과목들이 존재한다는 것을 포함한다. 이 관점에서 볼 때 형식도야에 중요한 과목들이 존재한다. 이 진보적인 생각은 독일과 러시아의 고전 김나지움에서 실행되었으며, 교육학에 매우 반동적인 교육 양식들을 만들었다. 만약 이 학교들에서 라틴어, 그리스어 학습에 관심을 많이 가졌다면, 이는 이 과목들이 실생활에 중요하다는 것을 인정했기 때문이 아니라 아동의 일반적인 지적 발달을 촉진시킨다고 생각했기 때문이다. 실제 학교에서 이런 의미는 수학에도 부여되었다. 고대 언어들이 인문과학 분야에서 하는 것처럼 수학이 실제 교육 분야에 필요한 지적 능력의 발달을 가져온다고 여겨졌다.

형식도야 이론 자체가 부분적으로 불완전하기도 하지만, 기본적으로는 최근의 부르주아 교육학의 과제와 형식도야 이론의 실제가 불일치한다는 점이 형식도야의 이론과 실제의 파멸을 초래했다. 이 이론의 학자로는 손다이크가 있다. 그는 일련의 연구에서 형식도야는 신화며 전설이라는 것, 교육은 발달에 어떤 영향도 주지 않는다는 것을 보여주려했다. 이러한 연구 결과 손다이크는 교육과 발달 사이에 의존관계가 존재한다는 것을 완전히 부정했다. 형식도야 이론은 의존관계가 존재한다는 것을 예측하기는 했지만, 이를 다르게 표현했다. 그러나 손다이크의 견해가 형식도야 이론을 과장하고 왜곡한다는 것은 확실하다. 손다이크의 이론은 형식도야 이론의 핵심을 건드리지도 않았다. 손다이크의 논거들이 불확실하다는 것은 그가 헤르바르트학파의 학설에 포함되어 있는 잘못된 문제 제기를 극복할 수 없었다는 것에 있다. 손다이크는 헤르바르트학파를 이기려고만 했기 때문에, 학설의 핵심에 있는 문제가 아닌 이 핵심을 감싸고 있는 껍질만 반박했다.

실제로 손다이크는 전체 교육에 대한 영향이라는 관점에서 형식도야 문제를 이론적으로 제시하고 있다. 그는 구구단 학습이 결혼할 때 올바른 선택을 하게 하는지, 재미있는 이야기를 이해하는 능력이 발달에 영향을 주는지에 대해 질문을 던진다. 손다이크는 이 질문에 부정적으로 대답하면서 다음과 같은 사실만을 증명했다. 교육과 발달에서 모든 것이 모든 것에게 영향을 줄 수 없다는 것, 영향은 보편적일 수 없으며,

공통적인 심리학적 특성을 지니지 않는 모든 교육과 발달을 연결시킬 수 없다. 따라서 손다이크가 모든 것이 모든 것에 영향을 줄 수 없다는 올바른 명제에서 출발하여 그 어떤 것도 그 어떤 것에 영향을 줄 수 없다는 결론을 내린 것은 옳지 않다. 그는 어떤 유형의 활동과 사고에 관심 있는 기능들과는 어떤 공통점도, 어떤 의미 관계도 없는 다른 기능들을 다루는 교육이 완전히 다양한 종류의 기능들과 관련 있는 다른 유형의 활동들에 어떤 영향도 줄 수 없다는 것만을 증명했다. 이것은 의심의 여지가 없다. 그러나 아직 해결되지 않은 부분들이 있다. 다양한 교과목이 어느 정도 동일한 또는 심리학적 속성상 가까운 기능에 영향을 미치는가? 어떤 한 과목이 교육 기능 체계발달에 영향을 미치고, 이로써 비슷한 심리학적 과정에 기반을 두고 있는 다른 과목을 익히는 데 영향을 미치는가? 이와 같이 형식도야 이념 자체를 부정하는 손다이크의 명제는 모든 기능, 즉 구구단 학습, 배우자 선택, 재미있는 이야기 이해에 참여하는 기능들이 서로 무의미하게 결합되어 있는 경우에만 타당성을 지닌다.

그러나 무의미한 결합에만 적용되는 손다이크의 결론이 아동들의 교육과 발달 전체 영역으로 확산된 것은 무슨 이유인가? 왜 그는 모든 것이 모든 것에 영향을 미칠 수 없다는 사실로부터 그 어떤 것도 그 어떤 것에 영향을 미칠 수 없다는 결론을 내렸는가? 이는 손다이크의 이론 때문인데, 이에 따르면 무의미한 것들 외에 의식 활동들의 결합은 존재하지 않는다. 손다이크는 모든 교육을 발달처럼 연합적 결합의 기계적 형성과 관련시키고 있다. 결과적으로 모든 인식 활동은 한 가지 방법으로만 연관되어 있다. 재미있는 이야기를 이해하면서 구구단을 습득하는 것은 물리 개념을 이해하면서 대수 개념을 형성하는 것과 마찬가지다. 그러나 우리는 의식 활동에서 구조적·의미적 연결 관계가 주된 역할을 하지 않는다는 것을 알고 있으며, 의미 없는 결합이 존재하는 것은 원칙이라기보다는 예외라는 것을 알고 있다. 현대 심리학에서 논란의 여지가 없는 이러한 견해를 받아들일 필요가 있었고, 손다이크는 형식도야 이론에 대한 혹독한 비판을 수용해서 그 자신의 이론을 만들었다. 따라서 코프카는 자신이 아동의 교육과 지적 발달이 연합적으로 이루어진다는 것을 부정하는 구조 심리학자의 대표자라는 것을 알지 못하고, 형식도야 이념을 인정하는 방향으로 회귀해야만 했다.

형식도야 이론 비판의 두 번째 실수는 코프카를 언급하지 않았다는 것이다. 이는 손다이크가 헤르바르트의 사상을 반박하기 위해서 극도로 좁고 전문적이고 기본적인 기능 실험에 의존했다는 것이다. 그는 피험자에게 선의 길이를 구별하는 연습을 시켰고, 이 교육이 모퉁이의 크기를 구별하는 능력에 어떻게 영향을 주었는지를 연구했다. 당연히 아무런 관계도 발견되지 않았는데, 이는 두 가지 이유에 기인한다. 첫째, 손다이크는 피험자들에게 학교 교육에서 전형적이지 않은 것을 가르쳤다. 산수, 모국어 등과 같은 정신기능 전체를 다루는 복잡한 과목들이 지능발달에 분명한 영향을 준다는 것에 대해서는 일반적으로 받아들여지고 있었지만, 모퉁이의 크기를 구별하는 것과 비교해 매우 복잡한 활동인 자전거 타기, 수영, 골프 교육은 아동 지능의 일반적 발달에 어느 정도 분명히 영향을 줄 수 있다는 것을 확신하는 사람은 아무도 없었다. 만약 선의 길이를 구별하는 것이 모퉁이를 구별하는 것에 어떤 영향도 미치지 않는다면, 모국어 학습과 그와 관련된 언어 의미적 측면과 이해의 일반적 발달이 산수 학습과 분명하게 관련되어 있다고 가정하는 것은 쉽다. 손다이크는 두 종류의 교육이 있다는 것을 증명했을 뿐이다. 한 가지 방법은 성인의 직업 교육에서 자주 볼 수 있는 전문적이고 특수한 기능훈련과 같은 교육이고, 또 다른 한 가지 방법은 복잡한 심리적 기능을 갖는 아동에게 전형적으로 나타나는 교육이다. 이러한 교육은 아동 사고의 전 영역에서 이루어지며, 필요에 따라서는 동일한 심리 과정을 다양한 측면에서 다룬다. 첫 번째 교육에서 형식도야는 규칙이라기보다는 오히려 예외이고, 두 번째 교육에서 형식도야는 기본적인 법칙 중 하나여야 하는 것이 분명하다.

손다이크는 앞에서 설명한 바와 같이, 교과목으로서 구조가 가장 기본적이고 단순한 기능들과 관련 있는 활동을 채택했지만, 이와 달리 학교 교육은 더 복잡한 구조를 지닐 뿐만 아니라 완전히 새로운 구조들, 즉 복잡한 기능 체계를 대상으로 한다. 우리가 고등 정신기능의 본질에 대해 알고 있는 것에 기반하여 아동의 문화적 발달과정에서 발생하는 고등 정신 과정에서 형식도야의 가능성은 초등 정신 과정 영역에서와는 원칙적으로 달라야 한다는 것을 예측할 수 있다. 여러 번의 실험에서 우리는 고등 정신기능이 단일한 방법으로 발생하고, 그 구조들은 동질적이라는 것을 알 수 있다. 우리는 모든 고등 정신기능에는 동질적인 기반이 있다는 것과 이 기능들은 자각되고 사용되기 때문에 고등하다는 것을 앞에서 언급했다. 자의적으로 주의를 기울이는 것을 논리적 주의라고 부를 수 있는 것처럼, 논리적 기억을 자의적 기억이라고 부를 수 있다. 이 밖에도 우리는 추상적 사고와 구체적 사고를 구별하는 것처럼, 논리적인 기억과 주의를 구체적인 기억과 주의와는 달리 추상적이라고 부를 수 있다. 그러나 손다이크의 개념들은 구조성의 개념보다 훨씬 더 멀리 고등 정신 과정과 초등 정신 과정을 질적으로 구별하는 개념과 떨어져 있다. 그는 고등 과정과 초등 과정 모두를 속성상 동일한 것으로 생각했다. 그러므로 그는 고등 정신기능들의 활동과 밀접히 관련되어 있는 학교 교육 분야에서의 형식도야 문제를 초등 정신 과정에 기반을 둔 교육을 예로 들어 해결할 수 있다고 생각했다.

우리는 필요한 모든 이론적 재료를 준비했기 때문에 지금까지 주로 비판적 측면에서 살펴보았던 문제의 해답을 간단한 도식으로 공식화하는 절차로 넘어갈 수 있다. 이 부분에서 우리 가설을 전개하며, 교육과 발달 문제에 대한 단일한 개념을 형성할 수 있게 하는 네 가지 연구를 기반으로 할 것이다. 우리는 교육과 발달이 두 가지 독립적이거나 동일한 과정이 아니라, 그사이에는 복잡한 관계가 존재한다는 것에서 출발한다. 이 복잡한 관계를 특별 연구 대상으로 했고, 이 결과들은 우리 가설의 사실적 근거를 제시하기 위해 언급되어야만 한다.

이 모든 연구는 이미 위에서 언급한 것처럼 교육과 발달이라는 하나의 문제로 통합된다. 이 연구의 과제는 구체적인 학교 활동—읽기, 쓰기, 문법, 산수, 자연, 사회 교육—에서 교육과 발달의 복잡한 관계를 밝히는 것이다. 여기에는 다음과 같은 문제들이 포함된다. 즉 수 개념의 발달과 관련해서 십진법을 습득하는 문제, 과제를 해결하는 과정에서 수학적 연산을 자각하는 문제, 취학 연령기 아동들이 과제를 작성하고 해결하는 과정에서 나타나는 특성에 관한 문제가 있다. 이것들은 저학년에서 구어와 문어의 발달에서 나타나는 일련의 특징들을 보여주었고, 전이된 의미들을 이해하는 발달 단계들을 지적했고, 문법 구조 습득이 정신발달 과정에 영향을 주는 문제에 대한 자료를 제공했으며, 학교에서 사회과학과 자연과학의 관계를 이해하는 문제를 밝혀냈다. 이러한 연구과제는 교육과 발달의 문제를 다양한 측면에서 설명하는 것이고, 이 각각의 연구는 단일한 문제의 다양한 측면을 해결했다.

중심 문제로는 다음과 같은 것들이 있다. 교육이 시작될 때까지 이루어지는 여러 가지 정신기능의 성숙에 대한 문제, 교육이 발달에 영향을 미치는지의 문제, 교육과 발달이 일시적으로 일치하는 문제, 근접 발달 영역의 본질과 의미에 대한 문제, 형식도야 이론을 분석하는 측면에서 일련의 과목들을 교육하는 것의 의미 문제 등.(레닌그라드 게르첸 사범대학 학생들의 작업)

1. 첫 번째 부류의 연구는 읽기, 쓰기, 산수, 자연과학 같은 기본적인 학교 과목 교육이 기반하고 있는 정신기능의 성숙단계에 대한 문제를 해결하려 했다. 이 모든 연구는 교육 초반에 성적이 좋은 아동에게서 심리적 성숙은 발견되지 않는다는 것을 보여준다. (첫 번째 이론에 따르면 성적이 좋은 아동은 다른 아동보다 심리적으로 성숙해야만 한다.) 우리는 이를 글쓰기를 예로 들어 설명할 것이다.

왜 문어는 취학 연령기 아동들에게 어려우며 구어보다 늦게 발달하는가? 두 종류의 언어 연령의 차이는 6~8세 아동 교육의 어느 단계에서 일어나는가? 일반적으로 이것은 새로운 기능으로서 문어는 발달하면서 구어가 밟았던 기본적인 단계를 반복한다는 것, 따라서 8세 아동의 문어는 2세 아동의 구어를 생각나게 한다는 것으로 설명되었다. 그뿐만 아니라 교육을 시작한 순간부터 문어의 나이를 측정하는 것과 문어를 그에 상응하는 구어 연령과 유사하게 일치시키는 것도 제안되었다.

그러나 이러한 설명은 부족하다. 우리는 왜 두 살짜리 아동이 적은 수의 어휘와 원시적인 통사 구조를 사용하는지를 알고 있다. 아동에게는 아직 어휘가 매우 부족하고, 복잡한 문장 구조를 습득하지 못했기 때문이다. 그러나 문어에서 취학 연령기 아동들이 쓸 수 있는 어휘는 구어 어휘보다 적지 않은데, 이는 구어 어휘나 문어 어휘가 모두 한 가지이기 때문이다. 구어와 문어에서 통사론과 문법은 한 가지다. 아동은 이미 통사론과 문법을 익혔다. 결과적으로 두 살짜리 아동의 구어가 원시적인 이유는 취학 연령기 아동의 문어에서는 통용되지 않고, 구어로부터의 유추는 우리가 관심 갖고 있는, 문어가 구어에 크게 뒤처진다는 것을 설명하는 원리로는 부족하다.

연구는 문어발달의 본질적인 특징에서 구어의 역사를 반복하지 않는다는 것, 두 과정의 유사함은 본질적으로 유사하다기보다는 외면적 징후일 뿐이라는 것을 지적하고 있다. 문어는 구어를 문어 기호로 단순히 번역한 것이 아니고 문어 습득이 단순히 글자를 습득한 것은 아니다. 이때 우리는 문자 메커니즘의 습득과 함께 문어는 구어처럼 풍부하고 발달된다는 것과 원본 번역처럼 구어와 유사해지는 것을 기대한다. 그러나 이것은 문어발달에서 일어나지 않는다.

내적 언어가 외적 언어와 구조와 기능에서 구별되는 것처럼, 문어에도 구어와 구별되는 독특한 언어적 기능이 있다. 문어는 고차원적 추상화를 필요로 한다. 이것은 음악적·억양적·표현적 측면이 없는, 즉 음성이 없는 모든 언어다. 이것은 구어의 본질적인 특징인 소리를 상실한, 관념 속의 언어다.

이것만으로도 구어일 때 형성되는 심리학적 조건들 전체가 완전히 변화될 수 있다. 6~8세 연령의 아동은 음성언어를 통해서 사물 세계를 꽤 높은 단계로 추상화시켰다. 지금 아동에게는 새로운 과제가 있다. 아동은 자신의 언어에서 감정적인 측면을 추상화해야 하고, 추상적인 언어, 즉 말이 아니라 말의 관념을 사용하는 언어로 옮겨가야만 한다.

이 측면에서 문어는 추상적인 사고가 직관적인 사고와 구별되는 것처럼 구어와 구별된다. 이 한 가지 이유 때문에 문어는 구어발달 단계를 반복할 수 없고, 구어의 발단 단계와 일치할 수 없다. 연구에서 볼 수 있듯이 이 추상적인 문어가 발음되는 것이 아니라 단지 생각된다는 것은 아동이 글자를 습득하는 과정에서 마주치는 어려운 문제 가운데 하나다. 일부 사람은 글자 습득의 어려움 가운데 하나로 쓰기 기술과 관련 있는 것들과 발달되지 않은 근육 조직을 들기도 하는데, 이는 실제로 존재하지 않는 곳에서 어려움의 근원을 찾는 것이고, 의미상 세 번째 단계인 것을 중심적이고 기본적으로 생각하는 것이다.

문어는 다른 측면에서도 구어보다 추상적이다. 문어는 대화 상대자가 없는 언어인데, 아동에게 대화 상대자가 없다는 것은 익숙하지 않은 상황이다. 문어일 때 언어가 지향하는 사람이 존재하지 않거나 쓰는 사람과 접촉이 없다. 이것은 독백이고, 흰 종이와의 대화이고, 단순히 상상되는 대화자와의 대화이지만, 구어에서는 아동의 어떤 노력이 없이도 대화가 이루어진다. 문어는 아동에게 이중적인 추상, 즉 언어의 음성적 측면과 대화자에 대한 추상을 필요로 한다. 이것이 취학 연령기 아동이 문어를 습득할 때 부딪치는 기본적인 어려움 중 두 번째 것이다. 실제적인 소리가 없고, 단순히 사고되는 언어가 아동에게 구어보다 어려운 것은 당연하다. 이는 대수가 산수보다 더 어려운 것과 마찬가지다. 대수 습득은 산수 학습을 반복하는 것이 아니라, 이전에 형성된 산수적 사고를 개조하여 좀더 높은 단계를 격상시키는, 추상적인 수학적 생각의 새롭고 고차원적인 발달 측면이다. 문어는 이전에 형성된 구어의 심리학적 체계를 개조하면서 아동에게 언어의 가장 추상적인 면들을 알게 해준다.

우리는 연구를 통해서 문어를 사용하려는 동기가 글자를 공부하기 시작하는 아동에게 적다는 결론을 내렸다. 모든 새로운 종류의 활동에 대한 욕구처럼, 언어에 대한 욕구·동기는 항상 언어활동 초기에 생긴다. 우리는 구어발달 역사에서 언어에 의한 의사소통 욕구가 유년시대에 발달하고, 바로 이것이 의미 있는 말이 출현하기 위한 가장 중요한 전제라는 것을 알고 있다. 만약 이 욕구가 성숙하지 않으면 언어발달이 지체되는 것도 발견된다. 그러나 학교 교육의 시작 무렵에 문어에 대한 취학 연령기 아동의 욕구가 완전히 성숙되는 것은 아니다. 글자를 배우기 시작한 취학 연령기 아동은 새로운 언어 기능에 대한 욕구를 느끼지 않을 뿐만 아니라, 왜 이 기능이 자신에게 필요한지에 대해서도 잘 알지 못한다고까지 말할 수 있다.

동기가 활동에 선행한다는 것은 개체발생에서뿐 아니라, 모든 구어, 모든 구문에도 적용된다. 언어 동기의 발생은 모든 구문, 모든 회화에 선행한다. 구어는 매 순간 언어, 회화, 대화가 굴절하는 동기를 만들어낸다. 무엇인가의 필요성과 요구, 질문과 대답, 진술과 반박, 이해 못함과 설명 등과 같은 동기와 언어의 관계들은 현실적으로 소리 내는 언어를 사용하게 한다. 구어일 때는 언어의 동기를 만들어낼 필요가 없다. 구어는 역동적 상황에 따라 조절된다는 의미다. 구어는 동적 상황에서 출발하고, 상황적으로 동기지어지고, 조건지어지는 과정을 따른다. 문어일 때 우리는 스스로 이 상황을 만들어내야 한다. 문어 사용은 구어와 원칙적으로 다르고, 동기에 대해 더 독립적이고, 더 자의적이고, 더 자유로운 관계가 필요하다.

연구는 문어일 때 아동에게 요구되는 상황에 대한 다른 관계가 무엇인지 밝혀준다. 문어는 구어보다 자의적이기 때문에 문어에서 아동은 자의적으로 행동해야 한다. 이것은 문어를 처음부터 끝까지 일관되게 연결한다. 구어에서 개별 소리로 끊이지 않고 발음되는 말의 소리 형식이 문자에서는 분리되어야 한다. 아동은 말을 발음할 때 자신이 어떤 의도적인 조작도 하지 않는다. 반대로 아동이 문어에서는 단어의 소리 구조를 자각해야 하고, 분리해야 하고, 문자 기호들에서 단어를 자의적으로 재생해야 한다. 이와 같은 방법으로 아동은 문자로 구문을 형성한다. 아동은 각각의 문자에서 소리 나는 말을 의도적으로 재생하는 것처럼, 의도적으로 구문을 형성한다. 구어에서 아동의 통사론은 음성학처럼 자의적이다. 결국 문어의 의미 조직도 통사론과 음성학처럼, 단어 의미와 그것의 표현에 자의적인 작업을 요구한다. 이는 문어가 내적 언어에 구어와는 다르게 연결되어 있기 때문이다. 만약 외적 언어가 내적 언어로까지 발달한다면 문어는 그 발달을 전제로 하여 내적 언어 다음에 나타난다. 잭슨(Jackson)과 헤드(Henry Head)에 따르면 문어는 내적 언어의 열쇠가 된다. 내적 언어에서 문어로 전환하려면 우리가 '자의적 의미론'이라 불렀던 것이 필요하고, 이를 문어의 자의적 음성학과 연결지을 것을 요구한다. 내적 언어와 문어에서 사고의 문법은 일치하지 않는다. 내적 언어의 의미적 통사론은 구어와 문어의 통사론과는 전혀 다르다. 구어와 문어의 통사론에서는 의미 단위를 형성하는 전혀 다른 법칙이 작용한다. 내적 언어의 통사론은 문어의 통사론과 정반대라고 말할 수 있다. 이 둘 사이에 구어의 통사론이 위치한다.

내적 언어는 최대한 생략되고 압축된 속기의 언어다. 문어는 최대한 확대된 언어이고, 구어보다도 형식적으로 완성된 언어다. 문어에는 생략이 없다. 내적 언어는 생략으로 가득 차 있다. 내적 언어는 통사 구조상 술어만 있다고 볼 수 있다. 구어에서 주어와 술어가 청자에게 알려져 있는 경우 거의 술어만 표현되는 것과 마찬가지로 대화 상황이 생각하는 사람 자신에게 알려져 있는 내적 언어는 술어들로만 구성된다고 할 수 있다. 우리가 자신에게 무엇을 얘기하는지 알릴 필요는 없기 때문이다. 내적 언어는 늘 이해되며, 의식을 형성한다. 이로부터 내적 언어의 술어성이 나온다고 말할 수 있다. 만약 내적 언어가 옆에 있는 사람에게 들린다고 할지라도 그 언어는 화자를 제외한 그 누구에게도 이해되지 못할 것이다. 왜냐하면 내적 언어가 형성되는 심리학적 영역을 그 누구도 알 수 없기 때문이다. 내적 언어는 관용구로 가득 차 있다. 반면 독자의 이해를 위해 상황이 자세하게 언급되어야만 하는 문어는 최대한 확대되어 있다. 그렇기 때문에 구어에서 생략될 수 있는 말조차도 반드시 문자로 표시되어야 한다. 문어는 타인을 최대한 이해시키는 것을 목적으로 하는 언어다. 문어에서는 모든 것이 표현되어야 한다. 압축된 내적 언어에서 확대된 문어로 가는 과정은 의미 조직을 자의적 구성으로 만드는 복잡한 조작을 아동에게 요구한다.

문어의 두 번째 특성은 그 언어의 자의성과 밀접히 관련되어 있다. 구어와 비교해 문어는 자의성이 크기 때문이다. 이미 분트는 문어의 의식성을 구어와 구분되는 중요한 특징으로 보았다. 분트는 다음과 같이 말했다.

"언어와 문자의 발전에서 본질적인 차이는 의식과 의도가 거의 처음부터 문자의 발달을 지배한다는 것뿐이다. 그렇기 때문에 문자에서는 쐐기형 문자에서처럼 완전히 자의적인 체계가 쉽게 나타날 수 있지만, 언어와 그 요소들을 변화시키는 과정은 항상 무의식적으로 나타난다."

우리는 연구에서 분트가 문자의 계통발생의 본질적 특징으로 보았던 것을 문어의 개체발생 측면에서 볼 수 있었다. 의식과 의도는 처음부터 아동의 문어를 지배한다. 문어의 기호들과 이 기호들의 사용은 언어의 소리를 습득하여 무의식적으로 사용하는 것과 달리 의식적이고 자의적으로 습득된다. 문어는 아동으로 하여금 좀더 인지적으로 행동하게 한다. 문어는 말하기 과정 자체를 좀더 인식하게 한다. 문어의 동기는 욕구로부터 분리되어 좀더 추상적이고 지적이다.

심리학에서 문어를 연구한 결과들을 간략히 진술하면, 문어는 그것을 형성하는 기능의 심리학적 속성이 구어와는 완전히 다른 과정이다. 문어는 가장 어렵고 복잡한 의도적·의지적 언어 행위의 형태다. 이러한 점들은 흥미로운 결론을 내릴 수 있게 해준다. ① 우리는 여기에서 왜 취학 연령기 아동의 문어와 구어가 차이를 보이는지를 설명할 수 있다. 이러한 차이는 자연발생적·비자의적·무의식적 활동의 발달 수준과 추상적·자의적·의식적 활동 수준의 차이에 따른다. ② 문어와 관련된 기능들의 성숙을 살펴보면, 문어의 기반을 이루는 모든 기본적인 정신기능들은 문어의 교육이 시작될 때까지 진정한 발달과정을 끝내지 못했고 시작하지도 않았다. 교육은 미성숙한 심리학적 과정을 기반으로 시작된다.

이러한 사실들은 다른 연구에서도 확인된다. 산수, 문법, 자연과학 등의 교육은 그에 상응하는 기능들이 성숙했을 때 시작되는 것은 아니다. 반대로 교육이 시작되는 시점에서 기능들이 미성숙했다는 것은 일반적이고 기본적인 법칙이다. 학교 교육의 모든 분야가 이 법칙에서 이루어진다. 미성숙의 가장 순수한 형태는 문법 교육의 심리학 분석에서 나타난다. 그러므로 우리는 이 문제에 대한 결론만 내릴 것이다. 그리고 산수 등과 같은 다른 과목들은 다루지 않고, 이 연구의 직접적인 대상이 되는 과학적 개념을 획득하는 것과 관련 있는 교육에 대해서는 다음 연구에서 살펴볼 것이다.

문법 교육 문제는 교수법이나 심리학에서 복잡한 문제 가운데 하나다. 왜냐하면 문법은 아동에게 별로 필요하지도, 별로 유용하지도 않은 것처럼 보이는 과목이기 때문이다. 산수는 아동에게 새로운 능력을 갖게 해준다. 더하기나 나누기를 할 수 없었던 아동은 산수의 지식 덕에 더하기나 나누기를 할 수 있게 된다. 그러나 문법은 아동에게 어떤 새로운 지식도 주는 것 같지 않아 보인다. 아동은 학교에 입학하기 전에 이미 명사를 변화시킬 수 있고, 동사를 활용시킬 수 있다. 문법이 아동에게 어떤 새로운 것을 가르쳐주는가? 이러한 점들에 착안해 무문법 운동이 생겨났다. 문법은 아동의 언어 영역에 새로운 지식을 주지 않는 불필요한 것이므로, 학교 교육 과정에서 제외되어야 한다. 그러나 문법 교육을 분석한 결과 이는 구어 분석처럼 아동 사고의 발달에서 커다란 의미를 지닌다는 것을 알 수 있었다.

중요한 것은 아동이 학교 입학 전에 격(格)변화와 동사활용을 할 줄 안다는 것이다. 학교 가기 오래전부터 아동은 실제적으로 모국어의 문법을 사용한다. 아동은 격변화를 시키고 동사활용을 하지만, 자신이 격변화를 시키고 동사활용을 한다는 것을 모른다. 이러한 언어활동은 말의 소리 성분을 익히는 것처럼 순전히 구조적으로 이루어진다. 만약 유아기의 아동에게 'sk'와 같은 소리 결합을 발음하라고 한다면, 그는 이 발음을 내지 않을 것이다. 왜냐하면 이런 자의적 조음이 아동에게는 어렵기 때문이다. 그러나 단어 'Moskva'에서는 그 소리를 비자의적이고 자유롭게 발음한다. 일정한 구조 내에서 아동들은 이 소리를 발음한다. 그러나 동일한 소리도 그 구조 밖에서는 발음되지 않는다. 이와 같이 아동은 어떠한 소리는 낼 수는 있지만, 그 소리를 자의적으로 발음하지는 못한다. 이것이 아동의 모든 언어 조작에서 중심적인 사실이며, 취학 연령에 있는 아동에게서 나타나는 기본적인 사실이다.

아동은 언어 영역에서 일정한 능력을 가지고 있지만, 자신이 이를 소유하고 있다는 것을 알지 못한다. 이 조작들은 비자각적인 것이다. 아동은 특정한 상황에서 언어를 비자연발생적이고 자동적으로 사용한다. 다시 말해서 어떤 큰 구조 속에서 상황이 능력을 발휘하게 할 때 이 능력을 사용한다. 그러나 일정한 구조 밖에서 아동은 비자의적으로 할 수 있었던 일을 자의적으로, 의식적으로, 의도적으로 할 수 없다. 따라서 아동의 능력은 제한된다.

비자각성과 비자의성은 동일한 것의 두 측면이다. 이것은 아동의 문법 능력에도 격변화, 동사활용에서 적용된다. 아동은 특정한 구문에서 격변화를 옳게 할 수 있고, 동사를 바르게 활용할 수 있지만, 단어만을 격변화하거나 동사만을 활용할 줄은 모른다. 취학 전 아동은 이미 기본적인 모든 문법적·통사적 형태를 알고 있다. 아동은 학교 모국어 시간에 완전히 새로운 문법적·통사적 형태와 구조를 배우는 것은 아니다. 이러한 관점에서 볼 때 문법 교육은 무의미하다. 그러나 아동은 학교에서 구어와 문법을 배움으로써 자신이 무엇을 하는지를 알 수 있게 되고, 결과적으로는 자신의 능력을 자의적으로 조작할 수 있게 된다. 무의식적이고 자동적인 능력이 자의적이고 의도적인 능력으로 전환되는 것이다.

문어의 의식적이고 자의적인 성격을 이미 알아보았으므로 별다른 설명 없이 언어의 자각과 소유가 문어 습득에서 중요한 의미를 지닌다고 결론을 내릴 수 있다. 이 두 과정의 발달 없이 문어는 불가능하다. 문어에서 아동은 처음으로 단어 'Moskva' 속에는 소리 m-o-s-k-v-a가 포함되어 있다는 것을 인식하게 된다. 다시 말해서 소리를 인식하게 되고, 소리 구조의 각 요소를 자의적으로 발음하게 된다. 이는 아동이 쓰는 것을 배울 때 구어에서 비자의적으로 말하던 것을 자의적으로 말할 수 있게 되는 것과 비슷하다. 이와 같이 문법과 문자는 아동을 고차원적인 언어 발달 단계에 다다르게 한다.

우리는 단 두 과목, 즉 문자와 문법만을 살펴보았다. 그러나 우리는 나머지 모든 기본 교육 과목에 대해서도 교육 초기까지 생각은 미성숙한 상태라는 동일한 결론을 내릴 수 있을 것이다. 그리고 이보다 좀더 의미 있는 결론도 내릴 수 있다. 심리학적 측면에서 볼 때, 모든 학교 교육은 취학 연령에 새롭게 형성된 기본적인 축—자각과 습득—을 중심으로 회전한다는 것을 알 수 있다. 우리는 다양한 교육 과목이 아동의 심리 속에서 공통된 기반을 갖고 있다고 볼 수 있다. 그리고 이 공통된 기반은 교육이 시작될 때까지 성장 사이클을 마치는 것이 아니라, 교육 과정에서 발달하여 취학 연령의 새롭고 기초적인 형성물이 된다. 교육의 심리학적 기초의 발달은 교육 시작에 선행하는 것이 아니라, 교육의 단계적 이동 과정에서 교육과 불가분의 내적 관계를 지니게 된다.

2. 우리의 두 번째 연구는 교육과 발달과정의 시간적 관련성을 밝히는 것이다. 연구 결과 교육은 항상 그것의 심리학적 기반의 발달에 선행한다는 것을 알 수 있다. 아동은 어떤 과목을 의식적으로, 자의적으로 배우기 전에 그에 대한 지식을 가지고 있다. 연구는 학교 교육 과정과 이에 상응하는 기능들의 발달 사이에는 항상 차이가 존재하고, 동일함은 전혀 발견되지 않음을 보여준다.

교육 과정은 본연의 순차성, 논리, 복잡한 조직을 갖는다. 교육은 수업이나 견학 같은 형태로 이루어진다. 오늘 교실에서 한 과목 수업이 진행되고, 내일은 또 다른 과목 수업이 진행될 것이다. 1학기에 한 과목이 진행됐다면, 2학기에는 다른 과목이 진행될 것이다. 이는 교육 과정과 시간표에 따라 조정된다. 교육 과정을 구성하는 외적 법칙들이 교육에서 야기되는 발달과정들을 구성하는 내적 법칙들과 완전히 일치한다고 전제하는 것은 매우 큰 실수가 될 것이다. 만약 이 학기에 취학 연령기 아동이 산수를 했기 때문에 발달에서도 완전히 동일한 결과가 있다고 생각하는 것은 잘못된 것이다. 만약 우리가 실험에서 시도한 것처럼 교육 과정의 순차성을 곡선으로 상징적으로 표현하고, 교육에 직접적으로 참여한 정신기능의 발달 곡선을 표현하려고 한다면, 이 두 곡선은 결코 일치하지 않을 것이다.

보통 덧셈을 나눗셈보다 먼저 가르친다. 모든 산수 지식에 대한 설명 속에는 내적 순차성이 있다. 그러나 발달이라는 관점에서 볼 때 이 과정의 각각의 고리들은 완전히 다른 가치를 지닌다. 산수적 사고발달을 위한 산수 교육 과정에서 첫 번째, 두 번째, 세 번째, 네 번째 고리는 본질적인 것이 아니고, 다섯 번째 고리만이 발달을 위해 결정적일 수 있다. 발달 곡선은 여기서 급상승하게 되며, 후행하는 교육 과정 고리들과 비교해서도 앞설 수 있다. 그리고 여기에서 후행하는 교육 과정 고리들은 선행하는 고리들과는 다른 방법으로 얻어질 것이다. 이 지점에서 발달은 분기점을 맞는다. 아동은 무엇인가를 마침내 이해했고, 본질적인 무엇인가를 습득했다. 아동의 '아하-체험'에서 일반적 원리가 밝혀졌다. 물론 아동은 과정의 후행 고리들도 습득해야 하지만, 그것들은 이미 아동이 습득한 것에 존재하는 것들이다. 모든 과목에는 본질적인 지점과 개념이 있다. 만약 발달이 완전히 교육과 일치한다면 교육의 매 순간은 발달과 동일한 의미를 가질 것이고, 두 곡선은 일치할 것이다.

교육 곡선의 매 지점은 성장 곡선에 그대로 반영될 것이다. 그러나 연구는 그 반대임을 보여준다. 교육과 발달에는 일련의 선행하는 것과 후행하는 것을 지배하는 근본적인 계기들이 있다. 이러한 전환점들은 두 곡선에서 일치하지 않지만 복잡한 내적 관계를 갖는다. 만약 두 곡선이 하나로 합쳐진다면 교육과 발달 사이에 어떤 관계도 있을 수 없을 것이다.

발달은 교육과는 다른 속도로 이루어진다. 이는 각각의 고유한 척도를 갖지만, 서로 관련 있는 두 과정의 관계를 연구할 때 늘 발견되는 것이다. 자각과 자의성의 발달은 문법 프로그램의 속도와는 일치할 수 없다. 대략적으로도 그 기간은 일치하지 않는다. 명사의 격변화를 학습하는 기간이 언어를 자각하는 내면적 발달, 그리고 이 과정의 어떤 특정한 부분에서 언어 습득에 필요한 기간과 일치한다고 가정하는 것조차 불가능하다. 발달은 학교 과정에 종속되지 않고, 자신의 내적인 논리를 지닌다. 비록 전반적인 산수 교육에서 낮은 정신기능이 주의력이 높은 정신기능의 주의력으로 전환되는 데 본질적인 영향을 주는 것은 분명하지만, 그 누구도 산수 시간마다 자의적 집중력이 점차 발달한다고 말할 수는 없다. 만약 두 과정이 완전히 일치한다면 이는 기적일 것이다. 연구는 두 과정이 동시에 변화하지 않는다는 것을 보여준다. 학교에서 아동에게 수를 쓰는 법, 더하기, 곱하기, 문제 푸는 법을 가르치듯이 십진법을 가르칠 수는 없다. 그러나 수를 쓰는 법, 더하기, 곱하기, 문제 푸는 법을 배운 결과 아동에게는 십진법에 대한 어떠한 개념이 발달되기 시작한다.

두 번째 연구 결과는 다음과 같이 정리할 수 있다. 어떤 수학적 조작, 과학적 개념을 습득하게 된 순간에 이 조작과 개념의 발달이 끝나는 것이 아니라 시작되는 것이다. 발달 곡선은 학교 교육 곡선과 일치하지 않는데, 이때 교육은 발달에 선행한다.

3. 우리의 세 번째 연구는 손다이크가 형식도야 이론을 반박하기 위해 했던 실험들에서 나타난 문제들을 설명하는 것이다. 그러나 우리는 학교 교육의 기본적인 기능이나 끈의 길이, 모퉁이의 크기 차이 구별과 같은 교육이 아닌, 고차원적인 영역에서 실험을 했다. 간단히 말해서, 우리는 교육 대상들 간에 그리고 교육에 참여하는 기능들 사이에서 의미적 관계를 찾을 수 있는 영역으로 실험 영역을 바꿨다.

연구 결과 학교 교육의 다양한 대상은 아동의 발달에서 상호 영향을 준다는 것을 알 수 있었다. 발달은 손다이크의 실험에서 예상할 수 있는 것보다 훨씬 결합되어 있다. 손다이크의 실험은 부분적인 지식의 발달은 다른 연합 고리가 쉽게 발생하는 것을 막는 연합의 독립적인 고리 형성에서 이루어진다고 보았다. 모든 발달은 상호 무관하며, 고립적이고 자립적이고 연합 법칙에 따라 동일하게 형성된다. 그러나 우리의 연구는 아동의 지적 발달이 분리되지 않으며, 과목 체계에 따라 형성되지 않는다는 것을 보여주었다. 산수가 고립적이고 독립적으로 한 기능을 발달시키고, 문어가 다른 기능을 발달시키는 것이 아니다. 다양한 과목에는 어느 정도 공통적인 심리학적 기반이 있다. 자각과 습득은 문법과 문어를 교육할 때 동일하게 발달의 전면에 나타난다. 자각과 습득은 수학 교육에도 나타날 수 있으므로, 우리는 과학적 기념 분석을 하는 데 주의를 기울여야만 한다. 아동의 추상적인 사고는 모든 수업 중에 발달하며, 그 발달은 분리되어 있는 모든 학교 과목에 상응해 분리되지는 않는다.

우리는 교육 과정이 존재한다고 말할 수 있을지도 모른다. 교육 과정은 내적인 구조, 순차성, 논리를 갖는다. 교육을 받는 각 취학 연령기 아동의 머릿속에는 학교 교육 중에 움직이고, 자신의 발달 논리를 갖는 과정의 지하망이 있다. 심리학의 기본적인 과제 가운데 하나는 교육으로 야기되는 발달과정의 내적 논리를 밝히는 것이다. 실험은 다음과 같은 세 가지 사실을 밝혀준다. ① 여러 과목의 교육 심리학적 기반에는 현저한 공통점이 있다. 이 공통점은 한 과목이 다른 과목에 영향을 미치며, 결과적으로는 모든 과목의 형태적인 면에 영향을 미친다. ② 교육이 고등 정신 능력의 발달에 영향을 미친다. 이 발달은 주어진 과목의 특정한 내용과 재료의 범위를 넘어서고, 결과적으로 다양한 과목에 다양하지만 모든 과목에 본질적인 형식적 교육이 존재한다는 것을 의미한다. 격을 인식한 아동은 격 또는 문법과 직접적으로 관련 없는 사고도 할 수 있는 구조를 습득한 것이다. ③ 임의의 과목을 교육할 때 주로 사용되는 개별적인 심리적 기능은 상호 연관되어 있다. 예를 들어, 자의적 주의와 논리적 기억의 발달, 추상적인 사고와 과학적 상상력의 발달. 고차원적인 모든 심리적 기능의 공통적인 기반 때문에 하나의 복잡한 과정이 수행된다. 모든 고차원적 심리 기능의 공통적인 기반은 자각과 습득이다.

4. 네 번째 부류의 연구는 현대 심리학에서는 새로운 문제다. 우리 생각으로 이 새로운 문제는 취학 연령에서 이루어지는 교육과 성장의 모든 문제에서 중심적인 위치를 차지한다.

교육과 관련된 심리학적인 연구는 일반적으로 아동의 지적 발달 수준을 설명하는 데 머물렀다. 그러나 하나의 척도로만 아동의 발달 정도를 측정하는 것은 불충분하다. 보통 이 수준이라는 것은 어떻게 정해지는가? 이를 위해 아동이 독자적으로 해결한 과제들을 사용했다. 해결된 과제들을 사용함으로써 우리는 아동이 오늘 무엇을 할 수 있고, 알고 있는지를 측정할 수 있다. 왜냐하면 아동이 독립적으로 푼 문제에만 주의가 기울어졌기 때문이다. 이러한 방법으로 아동에게서 이미 성숙이 완료된 부분만 알 수 있다. 우리는 아동의 실제적인 발달 정도만 알 수 있다. 그러나 발달 정도는 이미 성숙한 부분만으로는 알 수 없다. 자신의 정원 상태를 알려는 정원사가 만약 성숙해서 열매를 맺은 사과나무만 고려한다면 옳지 않다. 정원사는 성숙하고 있는 나무도 고려해야 한다. 이와 마찬가지로 심리학자는 발달 상태를 정할 때 이미 성숙한 기능뿐 아니라 성숙하고 있는 기능도 고려해야 하며, 실제적인 발달 정도뿐 아니라 근접 발달 영역까지 고려해야 한다. 어떻게 이것을 할 수 있는가?

실제적인 발달 수준을 정할 때 독립적인 해결을 요구하는, 이미 복잡하고 성숙된 기능이 표현될 수 있는 과제들을 사용했다. 그러나 새로운 교육학적 방법을 적용해보자. 8세 된 두 아동의 정신연령을 측정한다고 가정해보자. 이 아동들에게 독자적으로 해결할 능력을 지니지 못한, 8세 이상의 아동들이 풀 수 있는 과제를 주며, 그 아동들에게 지시, 유도 질문, 힌트 등으로 도움을 준다면 그 아동 가운데 한 명은 12세 아동을 위한 과제까지 통과할 것이고, 다른 한 아동은 9세 아동을 위한 과제까지 통과할 것이다. 이는 독립적으로 과제를 해결하는 정도와 무엇의 도움을 받아 과제를 해결하는 수준의 차이며, 이러한 차이가 근접 발달 영역을 정한다. 우리의 예에서 한 아동의 영역은 숫자 4로 표시되었고, 다른 아동의 영역은 1로 표시되었다. 이 두 아동의 지적 능력이 동일하다고 볼 수 있는가? 그들의 발달 상태가 일치한다고 볼 수 있는가? 분명히 그렇지 않다. 연구는 학교에서 이 두 아동은 그들의 동일한 발달에 따른 유사성보다는 그들의 근접 발달 영역의 차이에 따른 차이를 훨씬 많이 나타낸다는 것을 보여준다. 이는 무엇보다도 교육에서 그들의 지적 발달의 움직임과 성적에서 나타난다. 연구에 따르면 근접 발달 영역이 실제적인 발달 정도보다 인지발달과 성적에 더욱 직접적인 영향을 미친다.

연구에서 나타난 사실을 설명하기 위해 우리는 아동이 도움을 받을 때 혼자일 때보다 더 어려운 문제를 풀 수 있고 더 많은 것을 할 수 있다는 보편적이고 확실한 견해를 인용할 수 있다. 여기에서 우리는 일반적인 견해의 일부를 살펴볼 것이다. 그러나 이를 위해 더 많은 설명이 필요하며, 그 설명은 일반적인 현상의 기저에 놓여 있는 이유를 밝혀야만 한다. 오래된 심리학과 일상의 인식에서는 모방을 순수한 기계적인 활동으로 보는 견해가 확고하다. 이러한 관점에서 독자적이지 않은 해결은 보통 아동의 고유한 지능발달의 지표, 징후로 생각되지 않는다. 그 누구나 모방할 수 있다고 여겨졌기 때문이다. 내가 모방으로 할 수 있는 것은 나 자신의 지능에 대해 어떤 것도 알려주지 않으며, 따라서 나의 성장 상태를 결코 특징지을 수 없다. 그러나 이 견해는 완전히 거짓이다.

모방은 현대 심리학에서 많이 논의되었다고 볼 수 있다. 아동은 자신의 고유한 인지적 가능성 안에 있는 것을 모방할 수 있다. 예를 들어 만약 내가 장기를 둘 수 없다면, 가장 훌륭한 장기 기사가 내게 어떻게 게임을 이길 수 있는지를 알려줄지라도 나는 이길 수 없다. 만약 내가 산수를 알지만 어떤 복잡한 과제를 해결할 때 곤란함을 느낀다면, 해법 지도가 해결에 도움이 될 것이다. 그러나 만약 내가 고등 수학을 모른다면, 미분 방정식을 푸는 해법 지도가 나에게는 어떤 도움도 되지 않

을 것이다. 모방하기 위해서는 내가 할 줄 아는 것에서 할 줄 모르는 것
으로 이행할 수 있는 어떤 가능성이 있어야 한다.

 이와 같은 방법으로 우리는 이전에 언급되었던 협력 작업과 모방 작
업에 새롭고 본질적인 것을 보충할 수 있다. 우리는 아동이 혼자보다
협력하여 학습할 때 더 많은 것을 할 수 있다고 말했다. 그러나 우리는
여기에 덧붙여야 한다. 아동은 무한히 더 많은 것을 할 수 있는 것이 아
니라, 발달 상태와 지적 가능성으로 엄격히 결정되는 일정한 범위 안에
서만 더 많은 것을 할 수 있다. 협력 속에서 아동은 독자적인 작업에서
보다 더 강하고 더 현명하다. 아동은 자신이 해결한 지적 어려움 수준
에 따라서 더 나아진다. 그러나 독자적으로 작업할 때와 협력으로 작업
할 때 나타나는 아동의 지능 차이는 항상 존재한다. 우리는 연구를 통
해서 모방으로 아동이 해결되지 않은 모든 문제를 모방으로 해결하지
는 못한다는 것을 알았다. 각각의 아동은 일정한 경계까지 도달한다.
우리 예에서 한 아동의 경계는 매우 낮았고, 발달 수준과 1년이 차이가
났으며, 다른 아동은 4년이 차이 났다. 만약 발달 상태와 상관없이 모든
것을 모방할 수 있다면, 두 아동은 제시된 모든 과제를 해결할 수 있었
을 것이다. 실제로 이러한 일은 일어나지 않지만, 협력 속에서 아동이
발달 수준에 가장 가까운 과제들을 더 쉽게 해결하고, 해결하기가 더
어려워지면 결국 협력으로도 해결할 수 없게 된다. 아동이 독자적으로
할 줄 아는 것으로부터 협력으로 할 줄 아는 것으로 이행할 가능성은
아동의 발달과 성적의 역동성을 특징짓는 매우 민감한 징후다. 이 가능
성은 아동의 최근접 발달 영역과 완전히 일치한다.

 이미 쾰러는 침팬지에 대한 유명한 실험에서 이 문제와 부딪혔다. 동
물은 지적 능력을 이용하여 다른 동물을 모방할 수 있을까? 동물의 지

능으로는 도저히 풀 수 없는 문제를 원숭이가 이성적이고 합목적인 조작으로 해결하는 것은 모방으로 습득한 것은 아닌가? 실험은 동물의 모방이 동물의 지적 능력에 제한된다는 것을 보여주었다. 다시 말하면 원숭이(침팬지)는 모방에 따라서 독자적으로 수행할 수 있는 것만 수행할 수 있다. 모방이 원숭이의 지적 능력을 향상시키지는 않는다. 분명히 원숭이는 조련으로 자신의 지능으로는 결코 도달할 수 없는 더 복잡한 조작도 학습할 수 있다. 그러나 이 경우에 조작은 합리적이고 의미 있는 해결이 아니라 무의미한 습관으로서 단순히 자동적이고 기계적으로 수행될 뿐이다. 동물 심리학은 지적이고 의미 있는 모방을 자동적인 모사와 구별해주는 일련의 징후를 설정했다. 첫 번째 경우에 문제 해결은 즉시, 한 번에 습득되고 반복이 필요하지 않다. 오답 곡선은 급격하게 한 번에 100퍼센트에서 0퍼센트까지 떨어진다. 그리고 이것은 원숭이의 독립적이고 지적인 해결에 고유한 모든 기본적인 특징을 분명히 나타낸다. 그것은 활동 무대의 구조와 대상들 간의 관계를 파악해서 행해진다. 조련할 때 습득은 시행착오로 이루어진다. 오답 곡선은 천천히 점차적으로 떨어지고, 습득은 많은 반복을 필요로 하며 습득 과정은 어떠한 의미도, 구조적 관계에 대한 어떠한 이해도 보이지 않는다. 그것은 맹목적이고 비구조적으로 완성된다.

　이 사실은 동물과 인간 학습의 모든 심리학에서 근본적인 의미를 지닌다. 우리가 이 장에서 검토한 세 학습 이론 모두에는 동물의 학습과 인간의 학습 사이에는 어떤 원칙적인 차이도 없다는 것에 주목해야 한다. 세 학습 이론 모두 조련과 교육에 대해 동일한 설명 원리를 사용하고 있다. 그러나 이미 앞에서 인용한 사실로부터 이들 사이에 근본적이고 원칙적인 차이가 어디에 존재하는지는 분명해진다. 아무리 영리한 동물일지라도 동물은 모방이나 학습으로 자신의 지적 재능을 발달시킬 수 없다. 동물은 자신이 이미 가지고 있는 것과 비교해서 원칙적으로 새로운 어떤 것을 습득할 수 없다. 동물은 단순히 조련으로 습득할 수 있을 뿐이다. 만약 교육을 인간에게 특별한 것으로 이해한다면, 일반적으로 동물은 교육될 수 없다고 말할 수 있다.

반대로 아동에게 협력에 의한 발달, 모방에 의한 발달은 인간 의식의 특별한 특성이 발생하는 원천이고, 학습에 의한 발달은 기본적 사실이다. 이와 같이 모든 교육 심리학에서 중심적인 것은 협력으로 고도의 지적 단계로 상승할 가능성, 모방을 통해서 아동이 할 줄 아는 것에서 할 줄 모르는 것으로 이행할 가능성이다. 발달에서 모든 교육의 의미는 이것에 기반을 두고 있다. 그리고 이것은 최근접 발달 영역이라는 개념의 내용을 이룬다. 만약 넓은 의미에서 모방을 이해한다면, 모방은 교육이 발달에 영향을 주게 되는 주요한 형식이다. 언어 교육, 학교 교육은 많은 부분 모방에 근거한다. 아동은 학교에서 독자적으로 할 줄 아는 것이 아니라, 스스로 아직 할 줄은 모르지만 교사의 협력, 교사의 지도 아래 할 수 있는 것을 배운다. 아동이 새로운 것을 배운다는 것은 교육에서 기본적인 것이다. 그러므로 아동에게 가능한 이행 영역을 결정하는 근접 발달 영역은 교육과 발달 측면에서도 가장 결정적인 것이다.

우리는 연구에서 일련의 어떤 단계에서 근접 발달 영역에 있는 것이 실현되고, 다음 단계의 실제 발달 수준으로 이행된다는 것을 분명히 보았다. 다시 말해서 아동이 오늘 협력으로 할 줄 아는 것을 내일은 독자적으로 할 줄 알게 될 것이다. 그러므로 근접 발달 영역과 실제 발달 수준처럼 학교에서 학습과 발달이 서로 관련 있다는 것은 사실인 것 같다. 발달 이전에 시작하고 발달이 뒤따르게 하는 교육만이 아동 연령에서는 옳다. 그러나 아동이 이미 교육받을 수 있는 것만 아동에게 교육할 수 있다. 교육은 모방이 가능한 곳에서 가능하다. 즉 교육은 이미 지나온 발달 사이클, 교육의 하한선을 기반으로 해야만 한다. 그러나 교육은 성숙한 기능보다는 오히려 성숙하고 있는 기능에 기반을 둔다. 교육은 항상 아동에게 아직 성숙되지 않은 것으로 시작된다. 교육의 가능성은 주로 아동의 근접 발달 영역으로 결정된다. 우리의 예로 돌아가서 비록 지적 능력이 동일할지라도, 우리는 피험자인 두 아동의 교육 가능성이 다를 수 있다고 말할 수 있다. 왜냐하면 이들의 근접 발달 영역이 분명히 다르기 때문이다. 우리는 이미 앞에서 언급한 연구들에서 모든 학교 교육 과목은 항상 아직 완성되지 않은 기초 위에 만들어진다는 것을 지적했다.

이것으로부터 어떤 결론을 내려야 하는가? 다음과 같이 판단할 수 있다. 만약 문어가 자의성, 추상화, 아동에게 아직 성숙되지 않은 기능들을 필요로 한다면, 이 기능이 성숙할 때까지 문어 교육을 연기해야 한다. 그러나 경험은 문자 교육이 초등학교 저학년에게 중요한 과목의 하나이고, 문자 교육이 아동에게 아직 성숙되지 않은 기능들의 발달을 불러일으킨다는 것을 보여준다. 그래서 교육은 근접 발달 영역, 아직 성숙되지 않은 기능에 기반해야 한다고 말할 때, 우리는 학교에 새로운 처방전을 써주는 것이 아니라, 발달은 다 이루어져야 하고, 교육이 시작될 수 있는 초석이 되어야 한다는 오해를 풀어주어야 한다. 여기에서 심리학적 연구에서 교육학적 결론들에 대한 원칙적 문제도 변한다. 이전에는 '아동이 읽기, 산수 등을 교육받을 수 있을 정도로 이미 성숙했는가?'라고 질문했다. 성숙한 기능에 대한 질문은 유효하다. 우리는 항상 교육의 하한선을 규정해야 한다. 그러나 이것으로 일이 해결되지는 않는다. 우리는 교육의 상한선도 결정할 수 있어야 한다. 이 두 한계 사이에서만 교육이 효과적일 수 있다. 이 두 한계 사이에서만 어떤 과목 교육을 위한 최적의 시기를 정할 수 있다. 교육학은 아동의 발달에서 어제가 아니라 내일에 관심을 가져야 한다. 그럴 때 교육학이 지금 근접 발달 영역에 있는 발달과정을 교육 과정에서 발현할 수 있다.

이것을 간단한 예로 설명해보자. 우리나라[9]에서 학교 교육 종합 시스템이 지배하고 있었을 때는 '교육학적 근거'가 이 체계에 부여되어 있었다. 종합 시스템은 아동 사고의 특징에 부합한다고 주장되었다. 이 주장의 기본적 오류는 원칙적으로 문제 설정이 잘못되었다는 데 있다. 오류는 다음과 같은 견해에서 나왔다. 교육은 어제의 발달, 즉 오늘은 이미 성숙되어 있는 아동 사고의 특징에 기반해야만 한다는 것이다. 교육학자들은 종합 시스템의 도움으로 이미 발달된 것만 발달로 보려고 했다. 이들은 아동이 자신의 사고로 독자적으로 할 줄 아는 것에 기반했고, 아동이 할 줄 모르는 것에서 할 줄 아는 것으로 이행할 가능성을 고려하지는 않았다. 이들은 단지 이미 성숙된 과일로만 판단하려는 어리석은 정원사처럼 발달 상태를 평가했다. 이들은 교육이 발달을 진전시켜야 한다는 것을 고려하지 않았다. 이들은 근접 발달 영역을 고려하지도 않았다. 이들은 아동의 능력이 아니라 아동이 할 수 없는 것, 최소 저항선을 보았다.

지금까지는 기본적인 연구 내용들이 기술되었고, 앞으로는 이 연구에서 밝혀진 교육과 발달의 문제들을 짧게 기술할 것이다.

우리는 교육과 발달이 직접적으로 일치하지는 않는 매우 복잡한 상

---

9 러시아 - 옮긴이.

호 관련성을 갖는 두 과정이라는 점을 보았다. 교육은 그것이 발달에 선행할 때 좋다고 할 수 있다. 이때 교육은 성숙단계에 있고, 최근접 발달 영역에 있는 일련의 기능들을 작동할 수 있게 해준다. 여기에 발달에서 교육의 중요한 역할이 있다. 이로써 아동의 교육이 동물의 조련과 구별되는 것이고, 전인적 발달을 목표로 하는 아동의 교육이 특수하고 기술적인 능력을 교육하는 것(예: 발달에 아무런 영향도 미치지 않는 타자 치기, 자전거 타기)과 구별되는 것이다. 각 학교 교과의 형식도야는 교육이 발달에 영향을 미치는 영역이다. 만약 교육이 이미 성숙한 발달만 사용하고, 발달의 원천이 되지 않는다면, 교육은 전혀 불필요한 것이었을 것이다.

그러므로 교육이 가장 큰 열매를 맺으려면 근접 발달 영역 내의 어떤 시점에서 이뤄져야 한다. 포춘(A.B. Drooglever Fortune), 몬테소리(Maria Montessori) 같은 많은 교육학자는 이 시기를 민감기라고 부른다. 이 명칭은 이미 잘 알려진 것처럼, 저명한 생물학자 드 브리스(Hugo de Vries)가 개체발생이 있는 시기, 즉 생명체가 특정한 종류의 영향에 특히 민감한 시기를 지칭해 사용했다. 이 시기에 특정한 영향이 모든 성장에 민감한 영향을 미치는데, 이 발달과정에서 많은 변화가 일어난다. 다른 시기에 동일한 조건은 발달에 어떤 영향도 주지 않거나, 오히려 발달에 역작용을 일으키기도 한다. 민감기는 우리가 앞에서 교육의 최적기라고 부른 시기와 완전히 일치한다. 두 시기의 차이점은 다음 두 가지에 있다. ① 우리는 경험적·실험적·이론적으로 이 시기의 특성을 규정하려 했고, 근접 발달 영역에서 특정한 종류의 교육을 하는 기간의 특수한 민감성을 발견했다. 그리고 이것은 이 시기를 규정하는 방법을 연구할 수 있게 했다. ② 몬테소리와 또 다른 학자들은 드

브리스가 발견한 하등동물의 발달에서의 민감기에 대한 자료들과 문어의 발달 같은 복잡한 발달과정들을 직접적으로 유추하여 민감기에 대한 학설을 제시했다.

우리는 협력과 교육을 원천으로 하는 아동의 문화발달에서 발생하는 고차적인 정신기능의 발달과정 시기를 다루었다. 그러나 몬테소리가 발견한 사실들은 확실하다. 그녀는 네 살 반에서 다섯 살 아동에게 글자를 가르쳤을 때, 아동이 문어를 자연발생적으로 풍부하게 사용한다는 사실을 밝혔다. 그 나이 이후에 그러한 문어 사용은 발견되지 않으며, 이는 네 살 반에서 다섯 살이 글자를 가르치기에 가장 적당한 시기며, 바로 민감기라고 결론내릴 수 있게 해준다. 몬테소리는 이 연령에서 아동이 풍부하게 문어를 사용하는 것을 '폭발적 쓰기'라고 이름 붙였다.

동일한 현상이 민감기를 갖는 모든 과목 교육에서도 나타난다. 우리는 이 민감기의 특성을 밝히기만 하면 된다. 민감기에 특정한 과목의 교육 같은 조건은 상응하는 발달 사이클이 완성되지 못했을 때만 발달에 영향을 준다는 것은 분명하다. 발달 사이클이 멈췄을 때 동일한 조건은 이미 영향을 미치지 못한다. 만약 발달이 이 영역에서 멈추었다면 주어진 조건에 대한 최적기도 이미 끝났다. 특정한 발달과정이 완성되지 않은 것은 주어진 기간이 특정한 조건에 민감기이기 위한 필수적인 조건이다. 이것은 우리 연구에서 나타난 사실과 완전히 일치한다.

취학 연령기 아동들의 발달과 교육을 관찰하며 모든 교육 과목은 아동들에게 그들이 지금 할 수 있는 것보다 더 많은 것을 요구한다는 것을 알 수 있었다. 즉 학교에서 아동들은 자신을 한 단계 높이기 위한 활동을 한다. 이는 모든 건전한 학교 교육에서 발견된다. 아동들은 아직 문어를 위한 기능을 갖지 못했을 때 쓰기를 배우기 시작한다. 따라서 문어 교육이 그를 위한 기능의 발달을 가져오는 것이다. 이러한 상황은 교육이 생산적일 때 항상 나타난다. 읽기를 할 수 있는 아동들 그룹에서 읽을 줄 모르는 아동이 발달과 지적 활동에서 뒤떨어지는 것처럼, 읽기를 할 수 없는 아동들 그룹에서 읽을 줄 아는 아동의 발달과 지적 활동은 뒤떨어진다. 물론 여기에서 한쪽에서 발달이 어려운 것은 그들을 위한 교육이 너무 어렵기 때문이고, 또 다른 한쪽에서의 발달이 어려운 것은 그들을 위한 교육이 너무 쉽다는 데 있기는 하다. 이와 같이 정반대 조건이 같은 결과를 가져온다. 모든 경우에 교육은 근접 발달 영역 밖에서 이루어진다. (한 경우는 교육이 근접 발달 영역 아래서 이루어지고, 또 다른 경우는 교육이 그 영역 위에서 이루어진다.) 아동에게 그가 배울 수 없는 것을 교육하는 것은 그가 이미 독립적으로 할 수 있는 것을 교육하는 것처럼 성과 없는 일이다.

우리는 앞으로 취학 연령에서 이루어지는 교육과 발달의 특성이 무엇인지를 말할 수도 있는데, 이는 아동이 학교에 입학하면 바로 발달과 교육이 일어나는 것이 아니기 때문이다. 교육은 아동 발달의 모든 단계에서 이루어진다. 그러나 다음 부분에서 살펴보겠지만, 각 연령대에서 교육은 특수한 형태를 지닐 뿐만 아니라, 발달과 독자적인 관계를 갖는다. 우리는 지금까지 연구된 것만 일반화할 것이다. 지금까지 살펴본 문어와 문법의 예에서, 그리고 앞으로 살펴볼 과학적 개념의 예에서, 기본적인 학교 교과목을 교육하는 데 필요한 심리학적 측면은 모든 교과목과 공통된 기반을 갖는다는 것을 보았고, 또 보게 될 것이다. 학교 교육에 필요하고 또한 적극적으로 참여하는 모든 기본적인 기능은 취학 연령의 새롭고 기본적인 산물인 자각성과 자의성을 축으로 하여 회전한다. 이 두 가지는 위에서 우리가 본 것처럼, 이 연령에서 형성되는 모든 고등 정신기능의 기본적 특징이다. 이와 같이 취학 연령기는 자각성과 자의성에 기반한 과목들을 교육하기에 적당한 시기, 민감기다. 이러한 방법으로 교육하는 것은 고차원적 기능의 근접 발달 영역에 있는 발달을 위한 최상의 조건이다. 이 기능들이 취학 연령기 초기까지 아직 성숙되지 않았기 때문에, 그리고 교육이 이후 이 기능들의 발달을 조직하고 기능들의 운명을 결정할 수 있기 때문에, 교육은 발달과정에 간섭하고 결정적인 영향을 줄 수 있다.

이것은 우리의 기본적 과제, 즉 취학 연령에서 과학적 개념의 발달에 대한 문제에도 딱 들어맞는다. 우리가 이미 살펴본 바와 같이 이러한 발달의 특징은 학교 교육 발달의 원천이 된다. 그러므로 교육과 발달 문제는 과학적 개념의 기원과 형성을 분석할 때 중요하다.

4. 과학적 개념과 일상적 개념의 비교 연구

취학 연령기 아동의 과학적 개념과 일상적 개념의 비교 연구로 밝혀진 기본적 사실을 분석하는 것부터 시작하자. 과학적 개념의 특수성을 설명하기 위해서 학교에서 아동이 습득한 개념을 아동의 일상적 개념과 비교 연구하는 방법, 그리고 알고 있는 것에서부터 모르는 것으로 연구하는 방법을 선택하는 것은 새로운 영역을 처음 연구할 때 나타나는 자연스러운 방법이다. 우리는 취학 연령기 아동의 자연발생적 개념을 연구할 때 여러 특징을 알게 되었다. 과학적 개념 측면에서 이 특징들이 어떻게 나타나는지를 살펴보는 것은 당연하다. 이것을 위해서 한 번은 과학적 개념 영역에서 실현되고, 한 번은 일상적 개념 영역에서 실현되는 구조상 동일한 실험 과제를 제시해야 한다. 우리가 예측한 바와 같이 이 두 개념이 동일한 발달 수준을 보이지 않는다는 것이 연구로 밝혀진 기본 사실이다. 인과관계와 의존성은 과학적 개념과 일상적 개념의 조작에서 아동에게 다르게 설정된다. 같은 연령에서 일상적 개념과 과학적 개념의 비교 분석은 교육 과정에 적절한 프로그램이 존재할 때 과학적 개념의 발달이 자연발생적 개념의 발달에 선행한다는 것을 나타냈다. 우리는 과학적 개념의 분야에서 일상적 개념에서보다 더 높은 사고 수준에 도달한다. 과학적 개념에 대한 과제들('때문에'와 '일지라도'로 단절된 문장을 완성하는 과제들)의 해결 곡선은 일상적 개념에 대한 과제들의 해결 곡선보다 항상 위에 있다.(〈그림 2〉) 이것은 설명이 필요한 첫 번째 사실이다.

과제가 과학적 개념 영역으로 이동하자마자 동일한 과제를 해결하는 수준이 향상되는 것을 무엇으로 설명할 수 있는가? 우리는 첫 번째 설명을 즉시 배제해야 한다. 아동은 과학적 개념의 영역에서 인과관계를 더 쉽게 이해한다. 학교에서 습득한 지식이 아동을 도와주지만 일상적 개념에서 유사한 과제가 허용되지 않는 원인은 지식이 부족하기 때문이다. 그러나 만약 이러한 원인이 영향을 줄 가능성을 완전히 배제한다면 이 가정은 처음부터 가치를 상실한다. 이미 피아제는 지식의 부족이 아동이 과제를 올바르게 해결하는 것을 결코 방해할 수 없다는 증거를 과제에서 발견했다. 우리는 피아제의 실험에 대해서도, 아동이 잘 알고 있는 관계들에 대한 우리의 실험에 대해서도 언급했다. 아동은 일상 언어에서 선택되었으나 중간이 비어 있어 보충이 필요한 문장을 완성해

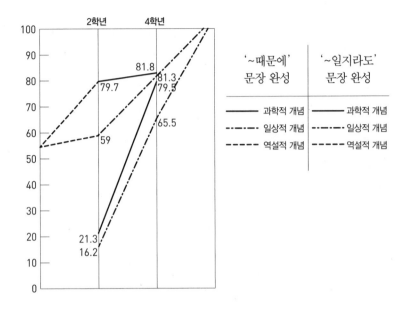

〈그림 2〉 일상적 개념과 과학적 개념의 발달 곡선

야 했다. 아동의 자연적 회화에서는 올바르게 구성된 완전한 문장들이 모든 곳에서 관찰된다. 과학적 개념이 더 높은 해결 곡선을 보인다는 것에 관심을 가진다면 이 설명은 특히 근거가 부족하다. 아동이 사회과학 분야에서 사실과 개념 사이에 인과관계의 수립을 필요로 하는 과학적 개념에 대한 과제보다는 자연발생적 개념들에 대한 과제('자전거 타던 사람이 자전거에서 떨어졌다. 왜냐하면 ~때문이다.' 또는 '화물선이 바다에서 침몰했다. 왜냐하면 ~ 때문이다.')를 더 해결하지 못한다고 가정하기 어렵다. 왜냐하면 아동은 자전거에서 떨어지는 것이나 배가 가라앉는 것을 '계급투쟁', '착취', '파리 코뮌'보다 잘 알지 못하기 때문이다. 일상적 개념 측면에서 경험과 지식이 우수하다는 것은 확실하다.

그렇지만 아동은 이 조작이 더 서투르다. 이 설명이 우리를 만족시킬 수는 없다.

이 문제를 올바르게 설명하기 위해서는 왜 아동에게는 앞에서 인용한 과제를 마무리하는 것이 어려운지를 설명할 필요가 있다. 이 질문에는 하나의 대답만 가능한 것 같다. 이 과제는 아동이 자연발생적이고 비자의적이며 반복적으로 하는 것을 의식적이고 자의적으로 하기를 아동에게 요구하기 때문에 어려운 것이다. 일정한 상황에서 아동은 '때문에'라는 단어를 올바르게 사용한다. 만약 8~9세 아동이 자전거를 타고 있던 사람이 넘어진 것을 거리에서 보았다면, 아동은 "그가 넘어졌고, 병원으로 그를 옮겼기 때문에 다리가 부러졌다"라고는 결코 말하지 않을 것이다. 과제를 해결할 때 아동들은 이것을 말하거나, 이와 유사한 것을 말한다. 우리는 이미 앞에서 어떤 자의적 조작과 비자의적 조작 사이에 실제로 존재하는 차이에 대해 설명했다. 그러나 자신의 자연발생적 언어에서 완전히 올바르게 '때문에'라는 단어를 사용하는 아동이 '때문에'의 개념 자체를 아직 자각하지는 못했으므로, 아동은 개념을 자각하기 이전의 관계로 사용한다. 아동이 적당한 상황에서 습득한 구조를 자의적으로 사용하는 것이 허용되지 않는다. 그래서 우리는 이 과제를 올바르게 해결하는 데 아동에게 무엇이 부족한지를 알고 있다. 부족한 것은 개념의 사용에서 자각성과 자의성이다.

다음으로 사회과학 분야의 과제들을 살펴보자. 이 과제들은 아동에게 어떠한 조작을 요구하는가? 아동은 그에게 제시된 완성되지 않은 문장을 다음과 같이 완성했다. "소비에트에서는 계획경제가 가능하다. 왜냐하면 소비에트에는 사유재산이 없고, 모든 토지, 공장, 발전소는 노동자와 농민의 것이기 때문이다." 만약 아동이 학교에서 공부를 잘한다면, 만약 이 문제가 프로그램에 따라서 연구된다면, 아동은 원인을 알고 있다. 그러나 아동은 배가 침몰하고, 자전거 타던 사람이 넘어진 원인을 실제로 알고 있다. 이 질문에 대답할 때 아동은 무엇을 하는가? 이 문제에 대답할 때 취학 연령기 아동이 하는 조작은 다음과 같이 설명할 수 있다. 이 조작에는 자신의 역사가 있고, 이 조작은 실험이 일어날 때 형성되지 않는다. 실험은 선행하는 고리와 관련해서만 이해될 수 있는 최종적인 고리다. 이 주제에 대해 취학 연령기 아동과 함께 작업하면서 교사는 설명하고 지식을 전달하고 질문하고 수정하고, 취학 연령기 아동 스스로 설명하게 했다. 아동은 개념에 대한 이러한 모든 작업, 개념을 형성하는 모든 과정을 검토했다. 그리고 아동이 지금 과제를 해결할 때, 과제가 아동에게 요구하는 것은 무엇인가? 해결할 때 실제 협력 상황이 없을지라도 모방에 따라서, 교사의 도움으로 문제를 해결하는 것이다. 실제 상황은 과거 속에 있다. 아동은 과거의 협력 결과를 독자적으로 이번에 사용해야 한다.

아동이 교사의 도움으로 과제를 해결해야 한다는 것이 일상적 개념에 대한 첫 번째 과제와 사회적 개념에 대한 두 번째 과제 사이에 본질적인 차이라고 생각한다. 아동이 모방한다고 말하는 것은 아동이 다른 사람을 보고 모방한다는 것을 의미하는 것은 아니다. 만약 내가 오늘 무엇인가를 보았고, 내일 동일한 것을 한다면, 나는 이것을 모방하는 것이다. 집에서 과제를 해결할 때, 비록 이때 교사가 곁에 없을지라도 취학 연령기 아동은 교사와 계속 협력 상태에 있다. 우리가 심리학적인 관점에서 교사의 도움으로 해결하는 것처럼 집에서 과제 해결과 유사하게 두 번째 과제 해결을 연구하는 것은 정당하다. 도움, 협력은 눈에 보이지 않게 존재하고, 외형상 아동의 독자적인 해결에 포함되어 있다.

만약 우리가 일상적 개념에 대한 첫 번째 과제와 과학적 개념에 대한 두 번째 과제에서 본질적으로 다른 두 조작이 아동에게 요구된다는 것을 수용한다면, 즉 만약 전자에서 아동이 자연발생적으로 쉽게 하는 것을 자의적으로 해야 하고, 후자에서 아동 자신이 자연발생적으로 한 적이 없는 것을 교사의 도움으로 해야 한다는 것을 수용한다면, 두 문제 해결에서 나타난 차이가 우리가 지금 제시한 것 이외에 다르게 설명할 수 없다는 것은 분명해진다. 아동은 독자적으로 하는 것보다 협력했을 때 더 많은 것을 할 수 있다. 만약 사회과학적 과제의 해결이 숨어 있는 형태의 협력에 따른 해결이라는 것이 틀림없다면, 왜 이 해결이 일상 과제에 선행하는지 분명해진다.

이제는 두 번째 사실을 살펴보자. 이 사실은 접속사 '일지라도'가 있는 과제를 해결할 때 같은 학년에서 완전히 다르게 나타난다. 일상적 개념과 과학적 개념에 대한 과제의 해결 곡선은 하나로 합쳐진다. 과학적 개념이 일상적 개념보다 우월하지는 않다. 인과관계의 범주보다 더 나중에 성숙하는 대립관계의 범주가 아동의 자연발생적 사고에서도 더 늦게 나타난다는 것을 제외하면, 이것을 설명할 수 있는 방법이 없다. 이 영역에서 자연발생적 개념들은 과학적 개념들이 이 영역 위에 있을 정도로 아직 성숙하지 않았기 때문이다. 존재하는 것만 자각할 수 있다. 이미 활동하는 기능만을 자신에게 종속시킬 수 있다. 만약 아동이 이 연령까지 '때문에'를 자연적으로 사용할 수 있게 된다면, 아동은 협력으로 이것을 자각하고, 자연적으로 사용할 수 있다. 만약 아동이 자연발생적 사고에서 접속사 '일지라도'로 표현되는 관계를 아직 습득하지 못했다면, 과학적 개념에서도 존재하지 않는 것을 자각할 수 없고, 부재하는 기능을 지배할 수 없다는 것은 자연스럽다. 그러므로 이 경우에 과학적 개념의 곡선은 일상적 개념에 대한 과제 곡선처럼 그렇게 낮아야 하고, 심지어 하나로 합쳐져야 한다.

세 번째 사실은 일상적 개념에 대한 과제 해결이 급속히 증가하고, 이 과제 해결 곡선은 끊임없이 상승되고, 점점 과학적 개념에 대한 과제 해결 곡선에 접근하고, 결국 하나로 합쳐진다는 것이다. 일상적 개념은 과학적 개념에 접근하고 동일한 수준으로 상승한다. 과학적 개념 영역에서 더 높은 수준을 습득하는 것이 이전에 형성된 아동의 자연발생적 개념에도 영향을 준다는 가정이 이 사실을 가장 그럴듯하게 설명한다. 이것은 일상적 개념의 수준도 향상시킨다. 일상적 개념은 아동이 과학적 개념을 습득했다는 사실의 영향으로 다시 만들어질 수 있다. 이것은 개념형성과 발달과정을 구조적이지 않게 생각할 수 없다면 더 그럴듯하다. 이것은 만약 아동이 어떤 개념 분야에서 자각과 습득에 상응하는 고차원적 구조를 습득했다면, 아동은 이전에 형성된 모든 자연발생적 개념 측면에서 동일한 작업을 다시 할 필요가 없다는 것, 그리고 기본적인 구조 법칙에 따라서 한 번 형성된 구조를 이전에 만들어진 개념으로 전이한다는 것을 의미한다.

우리는 이 설명의 증거를 대립 관계 범주에 속하는 일상적 개념과 과학적 개념의 관계가 2학년에서 인과관계 범주가 주어지는 것과 비슷하게 4학년에서 나타난다는 네 번째 사실에서 발견한다. 여기에서는 이전에 하나로 합쳐진 두 종류의 해결 곡선이 분명하게 분리되고, 과학적 개념의 곡선은 다시 일상적 개념에 대한 과제의 해결 곡선을 추월하게 된다. 이후 이 일상적 개념에 대한 해결 곡선은 급속히 성장하고, 과학적 개념에 대한 해결 곡선에 접근하고, 마지막에는 일치한다. 이와 같이 '일지라도'를 가지고 조작할 때 과학적 개념과 일상적 개념의 곡선

392

들은 '때문에'를 가지고 조작할 때 과학적 개념과 일상적 개념의 곡선과 동일한 법칙성, 동일한 상호관계의 역학을 나타내지만, 2년 후에야 나타난다고 말할 수 있다. 이것은 임의의 개념발달에서 앞에서 기술한 법칙성이 어떤 연령에서 나타나고 어떤 조작과 관련 있는지와는 무관한 일반적인 법칙이라는 우리 생각을 증명한다.

우리는 이 모든 사실이 어떤 과목에 대한 지식 체계 발달의 가장 초기 단계에서 과학적 개념과 일상적 개념의 상호관계를 가장 그럴듯하게 설명한다고 생각한다. 우리는 이 사실들로 임의의 개념발달에서 중심점을 매우 분명히 설명할 수 있다. 그래서 이 중심점에서 출발해서, 임의의 개념들의 속성에 대해서 우리에게 알려진 사실들에 근거해서 자연발생적 개념과 비자연발생적 개념의 발달 곡선을 가설적으로 제시할 수 있다.

우리는 이미 인용한 사실들을 분석한 결과 첫 번째 중심점에서 과학적 개념의 발달은 아동의 자연발생적 개념이 발달하는 방향과는 상반된 경로를 거친다고 결론을 내릴 수 있다. 이 노선들은 어떤 의미로는 서로 정반대의 관계다. '형제'와 '착취' 같은 개념이 발달에서 어떤 관계가 있는가라고 이전 질문을 근거로 해서, 우리는 지금 이 개념이 서로 정반대 방향으로 발달한다고 말할 수 있다.

이것이 우리 가설의 핵심이다.

실제로 자연발생적 개념들에서 아동은 상대적으로 늦게 개념을 인식하고, 개념에 대한 언어적 정의에 도달한다. 또한 아동은 상대적으로 더디게 다른 말들로 개념을 언어적으로 정식화를 할 수 있으며, 개념들 사이의 복잡한 논리적 관계를 정립하는 데 있어서도 나중에야 이 개념을 자의적으로 사용하게 된다. 아동은 이미 이 대상을 알고 있고, 대상의 개념을 가지고 있다. 그러나 아동에게 개념 자체는 아직 확실하지 않다. 아동은 대상에 대한 개념을 가지고 있고, 이 개념으로 나타나는 대상 자체를 자각하고 있지만, 개념 자체를 자각하고 있지는 않다. 아동은 개념으로 이 대상을 표현한다. 그러나 과학적 개념은 자연발생적 개념이 취학 연령기 전체에 걸쳐 가장 발달되지 않고 남아 있는 것부터 발달하기 시작한다. 과학적 개념은 개념 자체에 대한 작업부터, 개념을 말로 정의하는 것부터, 이 개념의 비자연발생적 적용을 전제로 하는 조작들부터 발달하기 시작한다.

그래서 과학적 개념은 아동의 자연발생적 개념이 아직 발달하지 않은 수준부터 시작된다.

새로운 과학적 개념에 대한 연구는 교육 과정에서 '형제' 같은 개념이 11~12세까지도 불충분함을 나타내는 조작과 상관관계를 필요로 한다.

우리는 취학 연령기 아동들의 개념 수준은 차이가 있기 때문에 일상적 개념과 과학적 개념의 강점과 약점이 다양하다는 것을 살펴보았다. '형제'라는 개념의 강점은 과학적 개념의 약점이고, 반대로 아르키메데스의 법칙이나 착취 같은 과학적 개념의 강점은 일상적 개념의 약점이다. 아동은 형제가 무엇인가를 잘 알고 있다. 이 지식은 많은 경험으로 채워지지만, 피아제의 실험에서처럼 아동이 형제의 형제에 대한 추상적인 과제를 해결해야 할 때 아동은 당황한다. 아동에게 이러한 개념을 추상적인 상황에서 추상적 개념과 같이 순수한 의미처럼 조작하는 것은 힘들다. 이것은 우리가 이 질문에 대한 피아제의 연구를 인용할 수 있을 만큼 피아제의 저서에 상세히 설명되어 있다.

그러나 아동이 과학적 개념을 습득할 때, 아동은 비교적 빨리 일상적 개념인 '형제'의 약점이 나타나는 조작들을 지배하기 시작한다. 아동은 개념을 쉽게 정의하고, 다양한 논리적 조작에 적용하고, 다른 개념들과의 관계를 발견한다. 그러나 '형제' 개념이 강한 영역에서, 즉 개념이 자연발생적으로 사용되고, 개념이 풍부한 경험, 개인 경험과 관계 있는 많은 구체적 상황에 적용되는 영역에서 취학 연령기 아동의 과학적 개념은 약점을 나타낸다. 우리는 아동의 자연발생적 개념의 분석으로 아동이 개념 그 자체보다는 대상을 훨씬 더 잘 자각한다는 것을 확신했다. 우리는 과학적 개념 분석으로 아동은 처음부터 개념 속에 제시된 대상보다 개념 자체를 훨씬 잘 자각한다는 것을 확신했다.

그러므로 일상적 개념과 과학적 개념의 순조로운 발달을 위협하는 위험은 이 두 경우에 완전히 다르다.

인용된 예들이 이것을 증명한다. '혁명이란 무엇인가?'라는 질문에 대해, 3학년 2학기 아동들은 1905년과 1917년의 혁명을 학습한 후에 다음과 같이 대답했다. "혁명은 피지배 계급이 지배 계급과 싸우는 전쟁입니다." "이것은 내전입니다. 어떤 국가의 국민이 서로 싸웁니다."

이 대답에는 아동 의식의 발달이 표현되어 있다. 이 대답에는 계급적 관점이 있다. 그러나 이 문제의 자각은 이해의 깊이와 충실함에서 성인과 질적으로 구별된다.

다음의 예는 우리가 제기한 견해를 더 분명히 나타낸다.

아동: "농노는 지주의 소유였던 농민을 지칭합니다."

성인: "농노제도 시대에 지주는 어떻게 살았습니까?"

아동: "매우 잘살았습니다. 모든 지주는 매우 부유했습니다. 집은 10층이었고, 방은 많았고 아름다웠습니다. 샹들리에가 빛나고 있었습니다." 등이다.

우리는 이 예에서도 아동이 농노제도의 본질을 단순하지만 독특하게 이해한다는 것을 발견한다. 이것은 고유한 의미의 과학적 개념보다는 더 형상적인 표상이다. '형제' 같은 개념과는 문제가 완전히 다르다. 대신에 이 단어의 상황적 의미를 넘어서지 못하는 것, 추상적 개념처럼 '형제' 개념으로 접근할 수 없다는 것, 이 개념을 조작할 때 논리적 모순을 회피할 수 없다는 것들은 일상적 개념의 발달과정에서 가장 현실적이고 가장 자주 나타나는 위험이다.

우리는 아동의 자연발생적 개념과 과학적 개념의 발달과정을 알기 쉽게 반대 방향으로 움직이는 두 개 노선으로 도식적으로 표현할 수 있다. 하나의 선은 위에서 아래로 향하고 일정한 수준에 도달하지만, 다른 선은 아래에서 위로 향하면서 가까워진다. 만약 더 일찍 성숙하고, 더 단순하고, 더 기본적인 개념의 특성은 낮은 특성이고, 더 늦게 발달하고, 더 복잡하고, 자각성과 자의성과 관련 있는 개념 특성은 높은 특성이라고 표현할 수 있다면, 아동의 자연발생적 개념은 아래에서 위로, 더 기본적이고 낮은 특성에서 높은 특성으로 발달하고, 과학적 개념은 위에서 아래로, 더 복잡하고 높은 특성에서 더 기본적이고 낮은 특성으로 발달한다고 말할 수 있다. 이 차이는 과학적 개념과 일상적 개념이 대상과 앞에서 언급한 다양한 관계와 관련 있다.

자연발생적 개념은 아동이 사물들, 즉 성인이 설명하지만 생활 현실의 사물들과 직접적으로 마주치면서 보통 처음 발생한다. 아동은 오랜 발달과정을 통해서만 대상을 자각하고, 개념을 자각하고, 개념을 추상적으로 조작할 수 있게 된다. 반대로 과학적 개념은 대상과의 직접적인 만남에서가 아니라, 대상과의 간접적인 관계에서 발생한다. 만약 아동이 자연발생적 개념에서 대상으로부터 개념으로 진행한다면, 과학적 개념에서 아동은 자주 반대 방향, 즉 개념으로부터 대상으로 진행해야 한다. 그러므로 어떤 개념의 장점이 나타나는 곳이 다른 개념의 약점이라는 것은 놀라운 일이 아니다. 아동은 최초의 수업들에서 개념 간에 논리적 관계를 설정하는 것을 배운다. 그러나 그 개념은 내부로 성장하면서, 대상에 길을 개척하면서, 이 측면에서 이미 아동에게 있는 경험과 관련을 지으면서, 경험을 흡수하면서 이동한다. 일상적 개념과 과학적 개념은 아동의 생각 속에서 아동이 학교에서 획득한 개념과 아동이 집에서 획득한 개념을 분리할 수 없다는 의미에서 동일한 수준에 있는 아동들에게서 발견된다. 그러나 이들의 움직임은 역사가 완전히 다르다. 어떤 개념은 위에서 어떤 발달을 거쳐서 이 수준에 도달하고, 어떤 개념은 발달의 낮은 부분을 거쳐서 그 수준에 도달했다.

이와 같이 만약 과학적 개념과 일상적 개념이 반대 방향으로 발달된다면, 이 두 과정은 서로 내면적으로 깊이 관련 있다. 아동이 일반적으로 과학적 개념을 습득하고 자각할 수 있기 위해서는 아동의 일상적 개념이 일정한 수준까지 발달되어야 한다. 아동은 자각이 일반적으로 가능한 정도까지 자연발생적 개념에 도달해야 한다.

그래서 아동의 역사적 개념은 과거에 대한 아동의 일상적 개념이 완전히 분리될 때, 아동의 생활과 주변 사람들의 생활이 그의 의식 속에 '과거와 현재'라는 초보적 일반화를 심어주었을 때 발달하기 시작한다.

그러나 한편으로는, 위에서 인용한 실험이 지적하는 바와 같이 일상적 개념도 그 발달에서 과학적 개념에 의존한다. 만약 과학적 개념이 아동의 일상적 개념이 아직 지나가야 하는 발달 영역을 통과했다는 것이 확실하다면, 즉 만약 과학적 개념이 '형제' 같은 개념에 아직 있는 일련의 조작들을 아동에게 처음으로 가능하게 한다면, 이것은 아동의 과학적 개념이 이 노선을 통과했다는 사실이 일상적 개념의 발달에 남아 있는 부분과 관계가 있다는 것을 의미한다. 아래에서 위로 발달하는 일상적 개념은 과학적 개념이 아래로 발달할 수 있게 만들었다. 왜냐하면 일상적 개념은 개념의 저차원적 기본적 특성들이 발생하는 데 필수적인 일련의 구조를 만들었기 때문이다. 이와 마찬가지로 위에서 아래로 어떤 과정을 지난 과학적 개념은 개념의 고차원적 특성을 습득하는 데 필수적인 일련의 구조를 준비하면서 일상적 개념이 발달하기 위한 노선을 만들었다. 과학적 개념은 일상적 개념을 통해서 아래로 성장한다. 일상적 개념은 과학적 개념을 통해서 위로 성장한다. 이것을 증명하기 위해서 우리는 단지 실험에서 발견된 법칙성만 일반화한다. 다음 사실을 상기해보자. 일상적 개념은 과학적 개념이 일상적 개념보다 우월하다는 것을 증명하기 위해서 자연발생적 발달의 일정한 수준에 도달해야 한다. 우리는 이미 2학년에서 '때문에'라는 개념이 이 조건을 만들어내고 있지만, '일지라도'라는 개념은 4학년이 되어야 2학년이 도달한 수준에 갈 수 있다는 것에서 이것을 발견한다. 그러나 일상적 개념은 과학적 개념이 만든 노선의 높은 부분을 급속히 통과하고, 과학적 개념이 사전에 준비한 구조에 따라서 변형된다. 우리는 일상적 개념의 곡선은 이전에는 과학적 개념의 곡선보다 현저히 낮은 곳에 있고, 갑자기 상승하며, 아동의 과학적 개념이 도달한 수준까지 상승한다는 사실에서 이것을 확인한다.

우리는 발견한 것을 다음과 같이 일반화할 수 있다. 우리는 과학적 개념의 장점이 개념의 고차원적 특성, 즉 자각성과 자의성으로 완전히 결정되는 영역 속에 있다고 말할 수 있다. 이 영역에서 아동의 일상적 개념의 약점이 나타나고, 자연발생적·구체적 적용 영역에서, 경험의 영역에서 강점이 나타난다. 과학적 개념은 자각성과 자의성 영역에서 발달하기 시작하고, 개인 경험과 구체성 영역 아래로 성장한다. 자연발생적 개념은 구체성과 경험 영역에서 발달하기 시작하고, 개념의 고차원적 특성, 즉 자각성과 자의성의 방향으로 이동한다. 이 두 대립 노선의 발달 사이에서 관계는 진정한 본성을 확실히 나타낸다. 이것은 최근접 발달 영역과 발달의 현재 수준의 관계다.

개념의 자각성과 자의성, 취학 연령기 아동의 자연발생적 개념에서 적게 발달한 특성들이 최근접 발달 영역 속에 있다는 것, 즉 성인의 생각과 함께 나타난다는 것은 완전히 반박의 여지가 없는 사실이다. 이것은 과학적 개념의 발달은 자연발생적 개념의 일정한 높이의 수준—이 수준일 때 자각성과 자의성이 최근접 발달 영역에서 나타난다—을 전제로 한다는 것도, 과학적 개념은 자연발생적 개념을 변형하고 높은 수준으로 상승시킨다는 것도 설명한다. 아동이 현재 협력으로 할 수 있는 것을 내일은 독자적으로 할 수 있게 된다.

이와 같이 우리는 과학적 개념의 발달 곡선은 자연발생적 개념의 발달 곡선과 일치하지 않지만, 이 때문에 자연발생적 개념과 매우 복잡한 상호관계를 나타낸다는 것을 발견한다. 만약 과학적 개념이 자연발생적 개념의 발달과정을 단순히 반복한다면, 이러한 관계는 불가능하다. 이 두 과정 사이에 관계와 영향은 두 과정이 다른 방향으로 발달하기 때문에 가능하다.

우리는 다음과 같이 질문할 수 있다. 만약 과학적 개념의 발달 노선이 기본적으로 자연발생적 개념의 발달 노선을 반복한다면, 아동이 지적 발달에서 과학적 개념의 체계를 획득한다는 것이 어떤 새로운 것을 부여하는가? 이것은 단지 개념 영역의 증대와 확장일 뿐이고, 어휘를 풍부하게 할 뿐이다.

그러나 실험과 이론이 지적하는 바와 같이 만약 과학적 개념이 아동이 경험하지 않은 부분을 발달시킨다면, 만약 과학적 개념의 습득이 발달에 앞선다면, 우리는 과학적 개념의 교육이 아동의 모든 지적 발달에서 실제로 결정적인 역할을 한다는 것을 이해하게 될 것이다.

5. 외국어의 학습과 모국어의 발달

과학적 개념들이 아동의 지적 발달의 일반적 과정에 영향을 준다는 것을 설명하기 전에, 앞에서 언급한 이 과정과 외국어 습득 과정들과 유사하다는 것을 더 살펴보고자 한다. 왜냐하면 이 유사함은 우리가 주장하는 과학적 개념의 가설적인 발달 노선이 발달과 관련 있는 더 폭넓은 그룹의 발달과정에서 단지 특수한 경우라는 것을 확실히 지적하고 있기 때문이다. 체계적 교육이 발달의 원천이다.

일련의 비슷한 발달사에 주목한다면 문제는 더 분명해지고 설득력이 있을 것이다. 발달은 하나의 설계도를 따라 모든 영역에서 이루어지는 법이 없으며, 발달에 이르는 길은 매우 다양하다. 그리고 지금 우리가 여기서 다루는 바는 모국어 발달과 비교해볼 때 아동들에게 나타나는 외국어 발달과정과 흡사하다. 아동들은 모국어하고는 완전히 다르게 학교에서 외국어를 습득한다. 외국어 습득은 모국어 습득과 정반대 방식으로 습득된다고 말할 수 있다. 아동들은 모국어 습득을 알파벳 공부나 읽기와 쓰기 교육, 의도적이거나 계획적인 문장의 나열, 단어 의미의 언어적 규정, 문법 연구 등으로 시작하는 법이 없다. 그러나 외국어의 경우에는 이 모든 것이 외국어 습득 초기 단계에서 매우 가치가 있다. 아동은 모국어를 자연스럽게, 의도 없이 받아들이지만 외국어 습득은 의도와 계획으로 시작된다. 그래서 모국어 발달은 아래에서부터 위로 진행되고, 외국어 발달은 위에서부터 아래쪽으로 진행된다고 말할 수 있다. 모국어의 경우는 발화의 기본적이고 낮은 차원의 속성들이 먼저 발생하고, 나중에 언어의 발성 구조의 인식과 관계있는 발화의 복잡한 형태들, 그것의 문법적 형태와 자의적인 발화 구성이 일어난다. 반면 외국어의 경우는 인식과 의도와 관련 있는 발화의 고차원적인, 복잡한 속성들이 먼저 발달하고, 나중에 낯선 언어를 자연스럽고 자유롭게 사용할 수 있게 하는 것과 관련 있는 좀더 기본적인 속성들이 나타나는 것이다.

이런 점에서 슈테른의 이론에서와 같은 아동 언어발달에 관한 지적 이론들, 아동에게 최초의 언어발달이 언어 원칙의 획득에서부터 비롯된다거나 아동 언어의 발달에서 기호와 의미 사이의 관계를 먼저 상정하지 않을 수 없다고 하는 이론은 오직 외국어 습득과 그와 관련된 어떤 경우에만 옳다고 할 수 있을 것이다. 하지만 외국어 습득과 위로부터 아래로의 발달은 개념 관계에서 발견했던 것을 다시 보여준다. 외국어의 위세가 강하게 나타나는 바로 그곳에 모국어의 취약성이 있고, 반대로 모국어가 자신의 위력을 드러내는 그 영역에서 외국어가 자신의 나약함을 보인다는 사실이다. 그렇게 아동은 모국어에서 모든 문법적 형태를 훌륭하고 자유자재로 사용하지만, 그것을 의식하지는 않는다. 러시아의 아동은 명사와 동사 등을 자유롭게 변화시키지만, 자신이 그렇게 하고 있다는 것을 의식하지 못한다. 그는 성(性), 격변화, 상응하는 문장에서 스스로 바르게 사용하는 문법적 형태를 때때로 명확하게 밝힐 줄 모른다. 그렇지만 외국어의 경우는 사정이 달라서 처음부터 아동은 남성 명사와 여성 명사를 구별하고, 명사와 수사 등의 변화나 문법적 변형을 일부러 인식한다.

발음에서도 사정은 똑같다. 모국어의 음성적 측면을 실수 없이 잘 활용하면서 아동은 이런저런 단어 속에서 자기가 어떤 발음을 하는지 명확하게 느끼지 못한다. 그래서 글을 쓸 때 아동은 어렵사리 겨우겨우 철자를 바르게 적고, 단어를 개별 음성으로 어렵게 분절한다. 반면 외국어에서 아동은 이를 쉽게 처리한다. 모국어로 쓰는 것은 모국어로 말하는 것보다 훨씬 뒤떨어지지만, 반대로 외국어의 경우에는 이런 불일치를 발견하지 못하며, 그래서 외국어로 말하는 것과 비교해볼 때 외국어로 쓰는 것을 훨씬 잘하는 아동들이 흔하다. 정리하여 말하면 모국어의 약한 측면은 외국어의 강한 측면이 된다. 음성의 자연스러운 활용, 이른바 발음이라고 하는 것은 외국어를 배우는 아동들에게는 너무나도 어려운 과제다. 문법 구조를 빠르고 정확하게 활용하면서 자유롭고 살아 있는, 물 흐르듯이 매끄럽게 외국어를 구사하는 것은 그 때문에 매우 어려운 과정을 거쳐 발달의 마지막 단계에 이르러서야 획득된다. 만약 모국어 발달이 자유롭고 매끄러운 발화의 활용에서 시작되어 복잡한 발화 형태의 인식과 그것의 습득에서 끝난다면, 외국어의 발달은 반대로 언어의 의식적이고 의도적인 인식에서 시작되어 자유롭고 매끄러운 회화로 완성된다. 이 두 길은 서로 반대 방향으로 나 있다.

하지만 발달의 이 같은 완전히 정반대로 보이는 두 노선 사이에도, 마치 과학적 개념과 자연발생적 개념 사이의 발달에서 그런 것처럼 일반적인 상호 의존성이 존재한다. 그렇게 의도적이고 계획적으로 보이는 외국어 습득 과정이 사실은 일정 부분에서 모국어 발달 단계에 의지하고 있는 것을 부정할 수 없다. 외국어를 습득할 때 아동은 이미 모국어의 의미 체계를 획득한 상태이고, 이 체계를 다른 외국어 영역에 적용한다. 그리고 반대로 외국어 습득 과정에서 아동은 모국어의 고급 형태를 획득하는 데 필요한 길을 다지고 있는지 모른다. 외국어 습득은 아동에게 언어 체계의 개별 경우로서 모국어를 이해하게 하고, 그 결과 아동에게 모국어의 현상을 일반화할 수 있는 가능성을 준다. 이는 아동에게 자신에게 고유한 언어적 활동을 인식하고 이를 획득하게 하는 것을 의미한다. 대수학도 일반화 이론이고 따라서 수학적 활동의 인식과 그것의 획득인 것처럼, 모국어를 배경으로 하는 외국어 습득은 언어적 현상의 알반화와 발화적 활동들의 인식, 즉 그것들의 의도적이고 자의적인 발화의 고급 단계로의 전환을 의미한다. 바로 이런 의미에서 괴테의 표현을 이해할 수 있다. 그는 이렇게 말했다. "하나의 외국어도 모르는 사람은 모국어를 끝까지 안다고 할 수 없다." 우리는 이 같은 유사한 언급을 세 가지 차원에서 생각할 수 있다. 첫째로, 이 같은 대비, 유사한 경우의 언급은 우리에게 다양한 연령과 상이한 발달 조건에서 마치 동일한 구조로 보이는 것 같은 두 구조의 발달 경로가 기능주의 심리학의 시각에서 볼 때 완전히 다른 길일 수 있거나 다른 길이어야 한다는 그런 생각을 해명하고 다시 한번 확인할 수 있게 도와준다. 본질적으로 말해서 나이가 든 단계에서 유사한 구조적 체계의 발달이 다른 영역에서 좀더 이른 나이에 발달한 체계와 비교해서 어떻게 진행되는지를 설명하는, 서로 배척하는 오직 두 가지 가능성이 있다. 이 같은 경로는 위에서 언급한 모든 구체적인 문제를 해결하기 위해서 심리학에서 여러 차례 적용된 바 있다. 피아제가 최근에 그 경로를 복원해서 마지막 카드로 그것을 카드 게임에 던져넣었다.

두 번째 유형의 설명은 근접 발달 영역의 법칙, 상위나 하위 영역에서의 유사 체계 발달의 역방향성의 법칙, 발달에서 하위·상위 체계의 상호 관련성 법칙, 자연발생적 개념과 과학적 개념의 발달, 모국어와 외국어의 발달, 읽기와 쓰기 능력의 발달 사실 등을 토대로 찾아내고 확인한 법칙, 시각적 논리와 언어적 논리의 발달과정의 비교 분석에서 피아제가 얻어낸 사실들, 피아제의 언어적 혼합 이론에 보충하고자 하는 그런 법칙을 말한다. 이런 면에서 과학적 개념과 자연발생적 개념의 발달과 관련한 실험은 서로 배척하는 두 가지 가능한 설명들 사이의 논쟁을 종국적으로 그리고 논쟁의 여지 없이 분명하게 해결할 수 있게 하는, 완전한 의미의 결정적인 실험(experimentum crucis)이다. 이런 관계에서 볼 때 우리한테는, 마치 학교에서의 외국어 습득이 모국어 습득과 구별되는 것과 비슷하게, 과학적 개념의 습득이 일상적 개념의 습득과 구별된다는 것을 보여주는 것이 중요했다. 아울러 다른 한편에서 볼 때 외국어와 모국어의 발달과정이 상호 관련되어 있는 것과 마찬가지로 일련의 개념발달은 다른 일련의 개념발달과 연결되어 있다는 것을 보여주는 것이 중요했다. 우리한테 중요했던 것은 일상적 개념이 학문적 상황에서 별 의미가 없는 것처럼 과학적 개념 또한 다른 상황에서는 의미가 없다는 것을 보여주는 것이었는데, 이는 외국어가 모국어의 힘이 나타나는 상황에서는 별 힘을 쓰지 못하고 약한 반면, 모국어가 자신의 나약함을 드러내는 곳에서는 강한 것과 완전하게 일치한다.

우리를 이 유추에 머물게 한 두 번째 생각은, 내면적 측면에서 어떠한 공통점도 가지고 있지 않으면서 겉으로 보기엔 유사한 발달과정을 보이는 두 과정이 사실은 우연히 그렇게 일치하는 것이 아니라는 것이다. 그 반대로 우리가 유추하는 발달과정이 사실은 내부적으로 굉장한

친족 관계를 보인다는 것인데, 이는 우리가 앞에서 확립한 논리 전개의 정당성을 아주 역동적으로 확인해주고 있다. 본질적으로 말해서 우리의 유추에서는 언제나 과정의 심리적 속성을 기준으로 볼 때 두 가지 동일한 측면의 발달에 관해 이야기가 진행되고 있다. 언어적 사고가 그것이다. 외국어의 경우에 맨 처음 나타나는 것은 언어적 사고의 외부적·음성적·물리적 측면이다. 과학적 개념발달의 경우에는 이 과정의 의미적 측면이 가장 돋보인다. 이 경우에 외국어의 습득은, 물론 비록 적은 정도이긴 하지만, 낯선 언어의 의미적 측면의 획득을 요구한다. 그와 마찬가지로 과학적 개념의 발달도 비록 적은 정도이긴 하지만, 학문적 언어와 학문적 상징 등을 획득하기 위한 노력을 요구하는데, 이때 상징은 특히 수학적 개념 같은 상징체계나 용어를 습득할 때 중요하다. 그런 연유로 앞서 우리가 전개한 유추를 여기서 언급하는 것이 처음부터 자연스러웠다. 그러나 언어의 물리적·언어적 측면이 서로 재현하지 않고 독특한 경로를 거쳐 진행된다는 것을 알기 때문에, 모든 유추가 완전하지 않은 것처럼 모국어와 외국어의 발달 관계를 일상적 개념의 발달과 비교해볼 때 과학적 개념의 발달과 비슷하게 유추하는 것은 오직 특정한 관계에서만 가능할 뿐 다른 관계에서는 독특한 개성으로 인하여 유추 대상이 될 수 없다는 것을 자연스럽게 예상해볼 수 있다. 이런 생각은 우리에게 이 유추에 머물게 한 세 번째 생각으로 향하게 한다. 잘 알려진 것처럼 학교에서의 외국어 습득은 모국어에서 이미 확립된 의미 체계를 전제로 진행된다. 외국어를 습득할 때 아동은 발화의 의미 체계를 처음부터 새로 발달시키거나, 개별 단어들의 의미를 새로 형성하거나, 사물들에 대한 개념을 처음부터 새롭게 배우지 않아도 된다. 아동은 자기 속에 이미 확립된 개념 체계에 상응하는 새로운 단어를 하나씩 습득하기만 하면 된다. 이 덕택에 모국어와는 판이하게 다른, 사물에 대한 단어의 새로운 관계가 발생한다. 아동이 습득하게 되는 외국어 단어는 사물과 곧바로 관련되거나 직접적으로 관련되는 것이 아니라 모국어 단어를 통하여 간접적으로 관계를 맺는다. 우리가 유추한 것들은 바로 이 점까지 효력을 보존한다. 이와 유사한 것을 우리는 과학적 개념의 발달에서도 관찰할 수 있는데, 과학적 개념 또한 자신의 대상과 곧바로 관련되거나 직접적으로 관련되는 것이 아니라 이미 형성된 다른 개념을 통하여 간접적으로 대상과 관계를 맺는다. 이같은 유추는 아래 사항에도 계속되어 적용될 수 있다. 모국어 단어들이 외국어 단어들과 대상들 사이의 관계 확립 과정에서 작용하는 그 같은 매개 역할 덕택에 모국어 단어들은 단어적 측면에서 현저한 발달을 보인다. 단어나 개념의 의미는, 그 의미가 모국어와 외국어의 상이한 단어들로 이미 표현될 수 있기 때문에, 모국어에서 단어의 음성적 형태와 맺고 있는 자신의 직접적 관계로부터 마치 분리되어 나오는 것처럼 되고, 상대적인 독립성을 획득한다. 그리고 발화의 음성적 측면과 구별되고, 따라서 그 자체로 따로 인식된다. 새로운 과학적 개념과 그것들과 관련을 맺고 있는 대상 사이에서 관계를 매개하는 아동의 일상적 개념들 속에서도 우리는 이와 같은 것을 발견할 수 있다. 아래에서 우리가 살펴보겠지만 일상적 개념은 과학적 개념과 그것의 대상 사이에 놓이면서 다른 개념들과의 온전한 일련의 새로운 관계를 획득하고, 자기 자신도 대상과의 고유한 관계 속에서 변화한다. 유추는 여기서도 자기의 효력을 보존하는 것이다. 그러나 이후로 유추는 모순에 자신의 자리를 양보하여 내놓게 된다.

외국어 습득의 경우에 준비된 의미 체계가 미리 모국어에 주어져 있어서 새로운 체계를 발달시키는 데 전제로 작용한다면, 과학적 개념의 발달에서는 체계가 과학적 개념의 발달과 동시에 일어나고, 자신의 형성적 작용을 일상적 개념에 미치게 된다. 이 같은 모순성이 다른 모든 영역에서의 유사성보다 훨씬 더 본질적이다. 왜냐하면 이 모순성은 외국어나 글자 언어 같은 새로운 형태의 언어발달과 달리, 과학적 개념의 발달 속에 들어 있는 어떤 특수성을 반영하기 때문이다. 체계의 문제는 아동에게 나타나는 실제 개념의 전체 발달사에서 가장 중심적인 항목이며, 실험을 통한 인위적인 개념연구만으로는 그 체계를 결코 파악할 수 없었다.

6. 개념의 일반성과 일반화의 구조

모든 우리 연구의 최종적이고 중심적인 부분이라고 할 수 있는 이 문제를 이 장의 결론 부분에서 다루려고 한다.

모든 개념은 곧 일반화다. 이는 틀림없는 사실이다. 그러나 우리는 지금까지 연구에서 개별적이고 고립된 개념에 의지해왔다. 그렇지만 개념이 서로 어떤 관련 속에 놓여 있는가 하는 문제는 자연스럽게 발생하지 않을 수 없다. 우리가 살아 있는 온전한 조직에서 떼어낸 이 같은 개별 개념으로서의 세포는 아동 개념들의 체계 속에 엮여 들어가 관계를 맺고 있는 걸까, 그 체계 내부에서 세포는 단지 태어나고 살고 발달하는 걸까? 자루 속에 들어 있는 콩들처럼 개념이 아동의 지능에서 발생하는 것은 아니다. 개념이란 서로 나란히 놓여 있거나 관련이나 어떤 관계없이 하나의 개념이 다른 개념 위에 위치하지 않는다. 그렇지 않다면 개념의 상호관계를 요구하는 어떠한 사고 활동도 불가능할 수밖에 없고, 아동들의 세계 인식, 짧게 말해서 아동들의 사고가 갖는 모든 형태의 복잡한 삶도 불가능할 것이다. 그 밖에도 다른 개념에 대한 어떠한 일정한 관계없이는 각각의 개별적인 개념의 존재가 아예 가능하지 않다. 왜냐하면 형식 논리학의 이론에도 불구하고 개념의 본질이나 일반화 자체는 개념 안에 투사된 현실의 빈곤이 아니라 그 현실의 풍요를 예정하기 때문이다. 이는 현실의 감성적이고 직접적인 지각이나 직관과 비교된다. 그러나 일반화가 현실의 직접적인 지각을 풍부하게 한다고 하면, 복잡한 관계들의 확립, 개념 속에 들어 있는 대상과 그 밖의 다른 현실 사이의 종속성과 관계들의 확립이라는 방법을 택하지 않고는 그 어떤 다른 심리적 경로로도 일반화가 일어날 수 없는 것이 명백해진다. 그리하여 모든 개별적인 개념 자체의 속성이 이미 일정한 개념의 체계, 그것 없이는 개념 자체가 존재할 수 없는 어떤 체계를 이미 상정하고 있다고 하겠다.

각각의 일정한 단계에서 아동 개념 체계의 연구는 일반성(일반성의 구별과 관계 — 식물, 꽃, 장미)이 의미들(개념들) 사이에 가장 기본적이고 가장 자연스럽고 가장 다양한 관계라는 것, 그 의미들 속에서 그들의 속성이 가장 충실하게 드러나고 개방된다는 것을 보여준다. 만약 개별 개념이 곧 일반화라면 다른 개념에 대한 한 개념의 관계는 일반성의 관계가 된다는 것이 명백해진다. 개념들 사이의 이러한 일반성의 관계들에 대한 연구는 이미 오래전에 논리학의 중심 문제 가운데 하나였다. 이 문제의 논리적 측면은 이미 충분하게 연구되고 탐구되었다고 말할 수 있다. 그렇다고 하여 이 문제와 연결된 발생적이고 심리적인 문제들까지 충분하게 연구되고 탐구되었다고 말할 수는 없다. 일반적으로 연구자들은 개념 속에서의 일반적이고 개별적인 논리적 관계를 연구했다. 이 개념 형태의 발생적·심리적 관계를 탐구해야만 한다. 이리하여 우리 연구의 가장 광범위한 마지막 문제가 우리 앞에 지금 펼쳐지는 것이다.

좀더 개별적인 것으로부터 일반적인 것으로 논리적 경로를 따라 아동의 개념발달이 이뤄지는 것은 결코 아니라는 것은 잘 알려진 사실이다. 아동은 단어 '장미'보다는 단어 '꽃'을, 그러니까 좀더 개별적인 것보다는 일반적인 것을 먼저 습득한다. 그러나 아동의 생생하고 실제적인 사고 속에서 일어나는 아동 개념의 발달과 기능 과정, 즉 일반적인 데서 개별적인 데로, 또 개별적인 데서 일반적인 데로 아동들의 개념이 이동하는 데 어떠한 법칙성이 있는 것일까? 이 문제는 최근까지 분명하지 않은 채 남아 있었다. 우리는 아동의 실제적인 개념의 연구 속에서 바로 이 영역에서 존재하는 가장 중요한 법칙성을 확립하는 데 가까이 가보려고 노력했다.

먼저 우리는 일반성(일반성의 구별)이 일반화 구조나 그 구조의 다양한 단계들, 우리가 개념형성의 실험적 연구들에서 밝힌 그 단계들(혼합, 복합, 전개념, 개념)과는 일치하지 않는다는 것을 분명히 하는 데 성공했다.

첫 번째로, 다양한 일반성의 개념은 일반화의 동일한 구조 속에서 가능하다. 예를 들어 복합 개념의 구조 속에서 '꽃'과 '장미'라는 다양한 일반성 개념의 존재가 가능하다. 사실 우리는 이 경우에 '꽃-장미'라는 일반성의 관계가 각각의 일반화의 구조, 예를 들면 복합 구조나 전개념 구조에서는 다를 수 있다는 것을 곧바로 가정하지 않으면 안 된다.

두 번째로, 하나의 일반성 개념이 일반화의 다양한 구조 속에 있을 수 있다는 것이다. 예를 들어 복합·전개념 구조 속에서 '꽃'은 모든 종류를 위한 공통의 의미가 동일하게 될 수 있고, 모든 꽃과 상관이 있을 수 있다. 사실 우리는 다양한 일반화의 구조 속에서 이 일반성이 결코 심리적 의미에서가 아니라 단지 논리적·대상적 의미에서 동일하게 나타날 수 있다는 것을, 다시 말해서 일반성 '꽃-장미'는 복합·개념 구조 속에서는 다르게 나타날 것이라는 점을 다시 가정하지 않을 수 없다. 두 살짜리 아동에게 이 관계는 좀더 구체적이다. 이 나이에 좀더 일반적인 개념이 개별적인 개념과 나란히 서 있는 듯할 것이고 공통 개념이 개별 개념을 대체한다면, 여덟 살짜리 아동에게는 하나의 개념이 다른 개념의 위에 서 있고 공통 개념이 개별 개념을 포함할 것이다.

그리하여 우리는 일반성의 관계가 일반화의 구조와 바로 그리고 직접적으로 일치하는 것이 아니라는 것, 그것들이 서로에게 낯선 존재이거나 아무런 관련이 없는 것은 아니라는 것을 분명히 할 수 있다. 그들 사이에는 복잡한 상호 종속성이 존재한다. 우리가 일반화의 구조 속에서 일반성과 차별의 관계가 상호 직접적으로 일치하는 것은 아니라는 것을 앞서 분명하게 하지 않았다면 이 같은 상호 종속성은 우리가 연구해도 밝히거나 알아내지 못했을 것이라고 차제에 언급해둔다. 만약 그것들이 일치한다면 그들 사이에는 그 어떤 관계도 있을 수 없다. 이미 우리들의 대화에서 밝혀진 것처럼 일반성과 일반화의 구조 사이의 관계는 서로 일치하지 않지만, 그렇다고 하여 완전하게 일치하지 않는 것은 아니고 일정한 영역에서 그렇다는 것이다. 비록 일반화의 다양한 구조 속에서 동일한 일반성의 개념이 존재할 수 있고, 그 반대로 일반화의 동일한 구조 속에서 다양한 일반성의 개념이 존재할 수 있지만, 그럼에도 이 일반성의 관계는 각각의 일반화의 일정한 구조 속에서 다양한 관계가 될 것이다. 그 관계가 그냥 보기에 논리적인 측면에서 동일하게 될 곳에서도 그렇고, 그 관계들이 다양하게 될 곳에서도 그러하다.

연구는 기본적이고 중요한 결과물로서 아래 사항을 보여준다. 개념들 사이의 일반성의 관계는 일반화의 구조와 관련되어 있다. 즉 개념형성 과정에 관한 실험적 연구에서 규명된 것처럼, 개념발달 단계와 관련이 있다는 것이다. 그리고 이 관련은 아주 긴밀한 형태로 이뤄져 있다. 자신만의 특수한 일반성 체계 그리고 공통 및 개별 개념의 일반성 관계, 이런저런 말의 의미의 발달 단계에서의 해당 사고 활동이나 해당 개념 이동의 구체적인 형태를 결정해주는, 그런 추상적이고 구체적인 자신의 통일성 정도 등이 일반화의 각각의 구조(혼합, 복합, 전개념, 개념)에 상응한다.

예를 들면서 이를 분명히 해보자. 우리의 실험에서 말할 능력을 상실한 아동은 큰 어려움 없이 의자, 책상, 장롱, 소파, 선반 등 일련 단어를 습득한다. 이 아동은 이 일련의 단어들말고도 더 많은 단어를 어려움 없이 습득할 수 있다. 각각의 새로운 단어는 이 농아 아동에게 별다른 어려움을 제공하지 않는다. 그러나 앞에서 예로 든 다섯 가지 단어와 관련하여 볼 때 좀더 일반적인 단어라고 할 수 있는 '가구'라는 여섯 번째 단어를 농아는 습득하기 어렵다. 비록 동일한 일반성의 개념에 종속되는 일련의 단어 가운데 어떤 임의의 단어도 그 농아 아동은 어렵지 않게 습득할 수 있지만 말이다. 그러나 새 단어 '가구'를 습득한다는 것은 아동에게는 단지 위의 다섯 단어에 이어 여섯 번째 단어를 추가로 보탠다는 것을 의미하지만은 않고, 뭔가 완전히 새로운 무엇이 있다는 것을 의미한다. 일반성의 관계를 획득한다는 것, 좀더 개별적인 일련의 개념을 자신 속에 포함하는, 더 상위의 새로운 고차원적 개념을 획득한다는 것, 개념 이동의 새로운 형태를 수평적으로뿐만 아니라 수직적으로 갖게 된다는 것, 그런 무엇인가 새로운 것을 의미한다.

이 농아 아동은 와이셔츠, 털모자, 외투, 구두, 바지 같은 새로운 단어들을 습득할 수 있다. 그러나 '옷'이라는 단어를 획득하고서 일련의 단어 바깥으로 아주 멀리 나아갈 수 있는 능력을 가지고 있지는 못하다. 아동 단어의 의미발달의 일정한 단계에서 이 같은 수직 이동, 개념들 사이의 이 일반성 관계가 아동에게는 전혀 접근이 불가능하다는 사실이 연구 결과 밝혀지고 있다. 모든 개념은 자신에게 종속된, 상하위 관계가 상실된, 대상과 직접 관련이 있으면서 상호 형태에 따라 완전히 구별되는, 개념 속에 제시된 사물들 상호만큼이나 구별되는 한 줄의 개념들만 제공할 수 있을 뿐이다. 이것은 지능 이전의, 아동의 옹알거림 언어 단계에서 성인의 언어 능력 획득으로 나아가는 과도기 단계라고 볼 수 있는, 이른바 아동의 자율 언어 단계에서 관찰된다.

오직 개념 속에 직접 투영된 사물들의 관계들 사이에 존재하는 그러한 관계들만이 이런 방식으로 구성된 개념의 체계에서 유일하게 가능한 것이라면, 아동의 언어적 사고에서 시각적 사고 논리가 우세해야만 한다. 이 경우에는 사물들의 관계 외에는 개념이라고 하는 것이 서로 관련되어 어떤 관계 속에 전혀 들어갈 여지가 없기 때문에 어떤 언어적 사고도 불가능하다고 말해야 더 정확할 것이다. 이 단계에서는 언어적 사고가 대상과 직접 관련된 시각적 사고의 비독자적 측면으로만 가능할 것이다. 왜 이러한 완전히 특수한 개념의 구축, 그에 상응하는 사고 활동의 제한 영역이 이 단계를 아동이 사용하는 말의 의미의 발달과정에서 특수한 혼합 이전 단계로 구별할 근거를 제공하는지 우리는 여기서 분명히 알 수 있다. 그리고 이미 형성된 일련의 개념 위에 위치하는,

412

예컨대 '가구'라든가 '옷'이라든가 하는 단어들 같은 고차원적 개념의 출현이 아동 언어의 사고적 측면의 진보 면에서 추상적 말의 출현만큼 중요한 것인지 그 까닭이 여기서 또한 명백해진다. 더 나아가서, 개념 발달의 다음 단계에서는 일반성의 관계가 형성되기 시작하지만, 연구 결과들이 보여주는 바와 같이 이 단계의 각 국면에서는 이 일반성 관계들이 완전히 독특하고 특수한 관계 체계를 형성한다.

이것은 공통의 법칙이다. 이것 속에 아동의 개념 속에 들어 있는 공통적·개별적 관계들, 발생적·심리적 관계들을 연구하는 열쇠가 들어 있다. 여기에 일반화의 각 단계를 위한, 자신만의 관계나 일반성 체계가 존재한다. 이 체계의 구조에 따라 발생적 순서의 측면에서 공통적·개별적 개념이 자리 잡고 있다. 그래서 개념발달에서 공통에서 개별로, 개별에서 공통으로 이동하는 것은, 해당 단계에서 우위를 점하고 있는 일반화 구조에 종속되어, 의미발달의 각 단계에서 다르게 나타난다. 한 단계에서 다음 단계로 이동할 때마다 일반성 체계, 상위·하위 개념의 발달의 발생적 순서가 변한다.

오직 말의 의미발달의 고급 단계에서, 그리고 일반성 관계 발달의 고급 단계에서만 우리들의 모든 사고에 첫 번째로 중요한 의미를 갖는 개념의 등가성 법칙에 따라 규정되는 그러한 현상이 출현한다.

이 법칙은 모든 개념은 다른 개념들의 도움을 받아 셀 수 없이 많은 방법으로 표기할 수 있다고 말한다. 이 법칙은 해명이 필요하다.

연구 과정에서 우리는 발견된 현상을 일반화하고 이해하기 위해 개념을 도입할 필요성이 생겼다. 그것들 없이는 서로 개념들의 상호 의존성 측면에서 가장 본질적인 어떤 것을 이해하지 못하고 말았을 것이다.

만약 모든 개념이 북극과 남극 사이의 지표면상의 지점들처럼 지구의 특정 경도에 놓여 있다면, 직접적이고 감각적이며 시각적인 사물에 대한 이해와 최대한 일반적이고 추상적인 개념 사이에 놓여 있다면, 그렇게 임시로 상상하여 본다면, 해당 개념의 경도를 표시하는 것처럼, 사물에 대한 극도의 시각적인, 그리고 극도의 추상적인 의미의 극 지점들 사이에서 그 개념이 차지하는 자리를 표시할 수 있을 것이다. 그럴 경우 개념들은 각각의 주어진 개념 속에서 구체적이고 추상적인 어떤 통합체로 제공된 정도에 따라 자신의 경도상에서 구별될 것이다. 더 나아가서 만약 지구라는 영역이 우리에게 개념 속에 제공된 실제의 모든 충만함과 다양함을 상징하고 있다고 상상해본다면, 그 경도상의 다른 개념 사이에서 그것이 차지하는 개념의 너비를 표시할 수 있는 것처럼 그것을 표시할 수 있을 것이다. 그러나 그것은 마치 지리적 위도가 평행의 정도로 지표 지점을 표시하는 것처럼 실제상의 모든 지점과 상관 있는 위치를 차지하고 있다.

개념의 경도는 그리하여 개념 속에 들어 있는 구체적이고 추상적인 통합체의 관점에서 볼 때 해당 개념 안에 들어 있는 사물들에 대한 본질적인 사고 행위, 본질적인 이해의 속성을 최우선적으로 특징짓는다는 것이다. 한편 개념의 위도는 개념과 대상의 관계, 부가 개념 지점과 실제의 특정한 지점을 무엇보다도 우선적으로 성격지을 것이다. 개념의 경도와 위도는 두 계기의 관점에서—개념 속에 포함된 사고 행위와 그 개념 속에 제공된 사물—개념의 속성에 대한 완전한 표상을 같이 제공해야만 한다. 그것을 통하여 경도와 위도는 수직·수평상으로 해당 개념의 모든 영역에서 존재하는, 다시 말해서, 예속된 개념들과의 관계에서, 일반성의 정도에 따른 상위이거나 낮은 개념들과의 관계에서 존재하는, 모든 일반성 관계의 매듭을 자신 속에 포함해야만 한다.

모든 개념 체계 속에서 이 같은 개념의 위상, 그 개념의 경도와 위도에 따라 결정되는 위상, 다른 개념들과의 관계의 이해 속에서 내용이 정해지는 매듭을 우리는 해당 개념의 일반성 정도라고 명명한다.

지리학에서 빌려온 어쩔 수 없는 은유적 사용은 주석이 필요하다. 왜냐하면 그에 대한 주석 없이는 이 표시 방법이 상당히 본질적인 오해를 불러올 수 있기 때문이다. 지리학에서 위도와 경도의 선들 사이에, 자오선과 평행선 사이에 선형 관계가 존재한다면, 그리하여 이 두 선이 그것들의 위치를 자오선상과 평행선상에서 동시에 규정해주는 어떤 한 지점에서만 교차한다면, 개념 체계 속에서는 이 관계가 좀더 복잡해지는 것은 물론이고 선형 관계의 언어를 빌려 표현할 수 없다. 경도상의 상위 개념은 그와 함께 자신의 내용물을 기준해서 볼 때 그 폭도 좀더 넓다. 상위 개념은 자신에게 종속된 개념들이 갖는 위도선상의 모든 조각을 포함하고 있고, 표시를 위하여 일련의 지점들을 필요로 하는 그 모든 조각을 아우르고 있다.

일반성 정도에 따라 각각의 개념들에게는 다른 모든 개념과의 관계가 발생하고, 한 개념에서 다른 개념으로 전환될 가능성이 발생하고, 그것들 사이에 한없고 끝없는 다양한 경로를 통한 관계의 수립과 개념의 등가성의 가능성이 발생한다.

이러한 생각을 분명히 하기 위하여 두 가지 극단적인 경우를 사용하기로 하자. 한편에서는 아동의 자율 언어, 우리가 살펴본 것처럼 그 언어 속에서는 개념 사이의 일반성 관계가 아예 존재할 수 없는 그 언어를, 다른 한편에서는, 예를 들면 산수 공부 결과 발달하는 숫자 개념 같은 발달된 과학적 개념을 가져오도록 하자. 첫 번째 경우에서 개념의 등가성이 아예 존재할 수 없다는 것은 분명하다. 개념은 오직 자기 자신을 통하여 표현될 수 있을 뿐, 이 경우에는 다른 개념을 통하여 표현될 수 없다. 두 번째 경우에는, 이미 알려진 것처럼, 임의의 산술 체계에서 그 어떤 임의의 개념도 무한한 양적 방법으로 표현될 수 있다. 숫자 계열의 무한성이 자신을 드러내 보이고, 각각의 숫자 개념과 함께 수 체계 속에 들어 있는 다른 모든 숫자와 관련한 그것의 모든 가능한 관계가 동시에 나타난다. 숫자 1은 1,000,000에서 999,999를 빼는 방법으로 표현할 수 있고, 임의의 두 근사치로, 임의 수의 자신과의 관계로, 그 밖의 끝없는 방법으로 다양하게 표현할 수 있다. 이것이 바로 개념의 등가성 법칙의 분명한 사례다.

그렇지만 아동의 자율 언어에서는 개념이 하나의 유일한 방법으로 표현될 수 있다. 개념은 다른 개념들과의 관계에서 일반성 관계를 갖지 않는다는 것을 말해주기라도 하듯이 이때 개념은 등가물을 갖지 않는다. 개념의 등가물은, 일반성 관계는 오직 개념의 경도와 위도가 존재할 때, 한 개념에서 다른 개념으로 전환을 허용하는 다양한 개념 일반성 정도가 존재할 때만 가능하다.

이 개념의 등가성 법칙은 일반화 발달의 각 단계에서 다양하고 특수하게 발견된다. 왜냐하면 개념의 등가성은 개념들 사이의 일반성 관계에 직접적으로 매여 있고, 일반성 관계는, 우리가 이미 위에서 분명히 한 것처럼, 일반화의 구조마다 특수하며, 각각의 일반화 구조는 그것의 영역 안에서 가능한 개념의 등가성을 규정한다는 것이 너무나도 명백하기 때문이다.

연구에서 밝혀진 바와 같이 일반성의 정도는 개념의 기능상에 있어서의 첫 번째, 그리고 그것의 발단이 되는 계기로 작용한다. 이것은 현상적 분석이 보여주는 바와 같이 개념의 다양한 체험에서도 중요한 시발점이 되고 있다. 우리에게 예컨대 '포유류'라는 어떤 개념을 불러줄 때, 우리는 아래의 과정을 겪는다. 즉 위도와 경도의 일정한 지점에 위치하고, 우리의 사고를 위하여 필요한 특정한 위치를 차지하며, 출발점을 부여받고 이 지점에서 임의의 방향으로 나아갈 준비가 되어 있음을 경험한다. 이것은 인식 속에서 격리되어 나타나는 모든 개념이 마치 일련의 준비성, 사고의 특정한 움직임을 향하여 미리 배치된 어떤 그룹이 있을 수 있음을 말해준다. 그렇기 때문에 인식 속에서 모든 개념은 그것에 상응하는 일반성 관계를 배경으로 서 있는 형상으로서 표상되어 있다. 우리는 이 배경으로부터 우리의 사고에 필요한 이동 경로를 선택한다. 그런 연유로 일반성 정도는 기능적 측면에서 주어진 개념과의 가능한 사고 활동의 모든 총합을 규정한다. 개념의 아동적 정의에 관한 연구가 보여주듯이, 이 정의들은 말의 의미발달의 주어진 단계에서 우세한, 개념의 상응성 법칙의 직접적 표현으로 간주할 수 있다. 그런 식으로 모든 사고 활동, 예컨대 비유라든가, 두 사고의 차별성과 동질성 구분, 모든 추론과 논법은 개념의 위도와 경도에 따른 특정한 구조적 이동을 미리 상정하고 있다. 개념이 병적으로 붕괴하는 경우에는 이 일반성 정도가 파괴되고, 말의 의미에서의 구체적이고 추상적인 어떤 통합체의 붕괴가 일어난다. 개념은 자신의 일반성 정도를 상실하고, 다른 개념(상위, 하위 또는 동위의 개념)과 자신의 관계를 잃는다. 또 사고의 이동은 부서진, 옳지 않은, 얼토당토않게 뛰어오르는 선들을 따라 이뤄지기 시작하며, 사고는 논리를 잃고 현실성을 상실한다. 왜냐하면 개념의 대상 이해 행위, 개념과 대상의 관계 이해 행위가 통합체를 형성하는 것을 그만두기 때문이다. 발달과정에서 각각의 새로운 일반화 구조와 함께 변화하는 일반성 관계는 주어진 단계에서 아동에게 접근

가능한 사고 활동의 모든 영역에서 변화를 불러일으킨다. 특히 말로부터의 사고 기억의 독립성, 사고의 주요한 특수성 가운데 하나로서 오래전부터 많은 실험이 이뤄져 그 결과 확립된 사고 기억의 독립성이 일반성 관계와 개념의 상응성 발달 정도에 따라 성장한다. 유아기의 아동은 자신이 습득한 사고의 문자 그대로의 표현에 전적으로 묶여 있다고 할 수 있다. 반면 학교에 다니는 초등학교 아동은 현저하게 복잡한 의미의 내용을 자신이 획득한 언어적 표현과 관계없이 전달할 수 있다. 일반성 관계의 발달 정도에 따라 언어와 사고, 그것의 표현으로부터 개념의 독립성이 확대되는 것이며, 점점 더 많은 사고 활동의 자유가 활동의 측면에서 그리고 그것의 언어적 표현에서 일어나는 것이다.

우리는 아동 언어의 실제적인 의미 속에서 일반화 구조를 분명히 하는 데 필요한 바람직한 어떤 징후를 오랫동안 그리고 헛되이 찾아왔다. 또 그 징후를 통해 실험적 개념들에서부터 실제 개념으로 향하는 통로나 다리의 존재를 찾을 수 있지 않을까 하여 헛되이 노력해왔다. 그렇지만 오직 일반화 구조와 일반성 관계들 사이의 관계 설정만이 우리 손에 이 문제를 해결할 열쇠를 넘겨주었다. 어떤 개념의 일반성 관계와 그것의 일반성 정도를 연구한다면, 우리는 실제 개념의 일반화 구조의 가장 바람직한 범주를 찾을 수 있게 된다. 의미가 된다는 것 ― 그것은 다른 의미들과의 일정한 일반성 관계들 속에 서 있다는 것과는 무관하다. 다시 말하면, 그것은 특수한 일반성을 뜻한다. 그리하여 개념의 속성은 ― 혼합적이고 복합적이며 전개념적인 속성 ― 해당 개념의 다른 개념들과의 특수한 관계들 속에서 점점 더 완전한 형태로 스스로 열어 보이게 되는 것이다. 요컨대, 실제적인 아동 개념의 연구, 예를 들어 '부르주아'라든가 '자본가', '지주', '봉건 영주' 등의 개념연구는 우리에게 혼합에서 진정한 개념에 이르기까지 개념의 각 단계에서 우세한, 특수한 일반성 관계의 설정으로 우리를 이끌었다. 그리고 우리에게 실험적 개념연구에서 실제 개념으로 넘어가는 다리를 던지게 했을 뿐 아니라, 인위적 실험에서는 결코 연구될 수 없었던 주요한 일반화 구조의 본질적 측면을 우리가 크게 밝혀내도록 허용해주었다.

인위적 실험이 개념발달의 주요 단계를 모두 설명하는, 공동의 발생적 도식을 줄 수 있었다는 것이 가장 큰 소득이라고 할 수 있다. 아동의 실제 개념을 분석하여 우리는 그동안 덜 알려졌던 혼합, 복합, 전개념들의 속성을 연구할 수 있었으며, 이러한 사고 영역들 속에 대상에 대한 다른 관계, 사고 속에서의 대상의 다른 이해 행위가 존재한다는 것, 다시 말해서, 개념의 성격을 특징짓는 두 가지 주요한 계기가 한 단계에서 다음 단계로 옮겨갈 때마다 자신의 차별성을 드러낸다는 사실을 분명히 할 수 있었다. 이로부터 이 같은 개념들의 본성과 그것들의 속성이 같지 않다는 사실이 도출된다. 대상에 대한 다른 관계로부터 다른 가능한 관계들, 사고 속에서 확립되는 대상 사이의 다른 관계들이 각각의 영역에서 도출되기 때문이다. 다른 이해 행위로부터 사고의 다른 관계들, 심리 활동의 다른 형태들이 도출되기 때문이다. 이러한 각각의 영역 내부에서 개념의 본성에 따라 규정되는, 자신들의 속성이 밝혀지고 있다. ① 대상이나 말의 의미에 대한 다른 관계, ② 다른 일반성 관계들, ③ 다른 가능한 활동 범위가 그 속성들이다.

그러나 우리는 더 나아가서 아동의 실제 개념연구가 뭔가 큰 무엇, 실험으로부터 말의 실제 의미 쪽으로 옮겨갈 가능성과 그를 통해 다른 속성들을 발견할 가능성, 인위적으로 형성된 개념에서는 결코 정체를 밝히기가 불가능했던 그런 새로운 속성을 발견할 가능성을 해결해준

것을 고맙게 여긴다. 이 새로운 연구는 우리에게 이전 연구의 가장 중요한 공백을 채우도록 이끌었고, 그것을 통하여 이전 연구의 이론적 의미를 다시금 돌아볼 수 있게 했다는 것을 인정하지 않을 수 없다.

이전 연구에서 우리는 개념발달의 각 단계(혼합, 복합, 전개념들의 단계)마다 새로운 말과 대상과의 관계를 분석했다. 이때 일반화 발달에서 모든 새로운 단계가 선행 단계들의 일반화에 의지한다는 것은 무시했다. 일반화의 새로운 단계는 이전 단계의 토대 위에서 발생하지 않을 수 없다. 새로운 일반화 구조는 사고에 따라 새로 만들어진, 대상들의 직접적인 일반화에서 생겨나는 것이 아니라, 이전 구조 속에서 이미 일반화된 대상의 일반화로부터 발생한다. 새로운 구조는 말하자면 일반화의 일반화로서 생겨나는 것이지, 단순히 개별 대상들의 새로운 일반화 방식이 아닌 것이다. 앞선 단계들에서 우세했던 사고 활동, 일반화 속에서 표현되었던 이전의 그 사고 활동은 없어지거나 그냥 의미 없이 사라지고 마는 것이 아니라, 새로운 사고 활동의 없어서는 안 될 전제로서 새롭게 들어오고 새롭게 포함된다.[10]

그렇기 때문에 우리의 첫 번째 연구는 개념발달에 내재된 실제적인 자기 이동도, 발달의 각 단계 사이의 내부적인 연계도 확실하게 할 수 없었다. 그 반대로 개념의 각각의 새로운 단계를 외부로부터, 즉 매번 새로운 원인으로부터 끌어내야만 하는데도 개념의 자기 발달을 우리가 제공하고 있다고 비난받았다. 이전의 연구는 실제적인 자기 이동, 발달의 각 단계 사이의 연계가 빠져 있는 약점을 보이고 있다. 이런 결

---

10 '이전 그리고 지금'이라는 최초의 일반화 체계로부터 점차적으로 역사적 개념이 발달하는 것, '우리의 경우, 그들의 경우'라는 일반화 체계로부터 사회적 개념이 점차적으로 발달하는 것이 이 명제를 알기 쉽게 설명해준다 – 저자.

함이 발생한 이유는 실험 자체의 속성, 스스로의 구조상 아래의 가능성을 배제할 수밖에 없는 그 속성 때문이다. ① 개념발달의 각 단계 사이의 연계와 한 단계에서 다음 단계로의 이동 해명, ② 일반성 관계의 발견이 그 가능성이다. 왜냐하면 채택된 실험의 자체적인 방법론상 실험 대상은 우선, 부정확한 결론이 난 후에는 이미 행해진 작업을 무효화하고, 이전에 형성된 일반화를 무너뜨리고 개별 대상의 일반화부터 다시 작업을 시작해야만 했기 때문이다. 두 번째로는, 실험을 위하여 선택된 개념들이 아동의 자율 언어의 발달 단계와 같은 발달 단계에 위치했기 때문인데, 이를 달리 말하면, 그 개념은 단지 수평적으로만 상관관계의 가능성을 가졌을 뿐, 위도에 따라 구별될 수 없었다는 말이 된다. 그렇기 때문에 우리는 부득이 각 단계들을 서로 연계되어 위로 마구 올라가는 회오리바람처럼 배치하는 대신에, 각 단계를 한 평면상에서 앞쪽으로 달아나는 원들처럼 배치할 수밖에 없었다.

그렇지만 실제 개념의 발달 속에서 그것들의 연구에 착수하자마자 우리는 이 공백을 메울 가능성을 발견했다. 실험적 개념 속에서 우리가 복합이라고 불렀던 것에 상응하는 취학 전 아동의 공통의 표상들에 대한 분석은 말의 발달과 말의 의미의 측면에서 고급 단계로서 공통의 표상들이 일반화되는 개별적 표상들로부터 나오는 것이 아니라, 이미 일반화된 지각들, 그러니까 앞 단계에서 우세했던 그 일반화들로부터 나온다는 것을 우리에게 보여주었다. 우리가 실험적 연구에서 도출해낼 수 있었던 이 기본적으로 중요한 결론은 모든 문제를 본질적으로 해결해준다. 이전의 일반화에 대한 새로운 일반화의 상호관계와 관련된 유사한 관계들은 산술적·대수적 개념에 대한 우리들의 연구에서도 확인된 바 있다. 초등학교 아동의 전개념으로부터 소년의 개념으로의 이동과 관련하여, 이전의 연구에서 일반화된 지각에서 공동의 표상들로의 이동, 다시 말해서 혼합에서 복합으로의 이동과 관련하여 확인된 것과 똑같은 것이 여기서도 확인되었다.

거기서 일반화 발달에서 새로운 단계가 변화하거나 새로운 형성 방법으로 이뤄지는 것이지 결코 이전의 것을 전부 무시하고 완전히 새롭게 만들어지는 것이 아니듯이, 말하자면 이전 체계에서 이미 일반화된 대상들의 재일반화 방식으로 일반화가 새로운 단계에 도달하듯이, 여기서도 전개념(초등학교 아동의 산술적 개념이 전개념의 전형적인 예가 될 수 있을 것이다.)으로부터 소년의 진정한 개념으로 이동하는 것(대수적 개념이 전개념의 전형적인 예가 될 수 있을 것이다.)이 이전에 이미 일반화된 대상의 일반화 방식으로 이뤄진다는 것을 연구는 보여주었다.

전개념은 대상에 근거를 둔 숫자의 추상화이고 또한 그 추상화에 기반을 둔 대상의 숫자적 속성의 일반화다. 개념은 숫자로부터의 추상화이고 또한 그 추상화에 기반을 둔 숫자들 사이의 임의적 관계의 일반화다. 사고의 추상화와 일반화는 원칙적으로 사물의 일반화와 추상화와는 구별된다. 이는 그 방향에서 괄목할 만한 무슨 진전이나 그것의 완성이 아니라 새로운 방향의 시작이며, 새로운 그리고 고차원적 단계로 사고를 이동하는 것이다. 고유한 산술적 행위나 사고의 일반화는 산술적 개념에서의 대상의 숫자적 속성과 비교해볼 때 뭔가 새롭고 상위의 그 무엇임에 틀림없지만, 이 새로운 개념과 새로운 일반화는 이전의 개념과 이전의 일반화의 토대 위에서 발생한다. 이것은 대수적 일반화의 진전과 평행하게 사고 활동의 자유가 성장한다는 바로 그 상황에서도 분명하게 알 수 있다. 숫자적 범위의 속박으로부터 해방되는 것은 시각적 범위의 속박으로부터 해방되는 것과는 다르게 진행된다. 대수적 일

반화의 성장이 이뤄지는 만큼 자유가 성장한다는 설명을 통하여 우리
는 상위 단계로부터 상위 단계에 포함되어 있는 하위 단계로의 역이동
의 가능성이 그 설명에 들어 있는 것을 알 수 있다. 하위의 조작은 상위
의 조작의 특수한 경우로 이미 받아들여지고 있다.

우리가 대수를 배울 때 산술적 개념이 보존되기 때문에 자연적으로
이런 문제가 생긴다. 대수를 아는 소년의 산술적 개념은 무엇을 기준으
로 취학 연령기 아동의 개념과 구별되는 것일까? 연구 결과 그것은 그
아동 뒤에 대수적 개념이 서 있기 때문이며, 산술적 개념이 더 일반적
인 개념의 특수한 경우로 받아들여지기 때문이라고 말한다. 또 공통의
공식, 그것 때문에 사고 활동이 특정한 산술적 표현으로부터, 독립적인
공통 공식으로부터 진행되기 때문에 산술적 개념과 관련한 사고 활동
이 자유롭기 때문이라고 말한다.

초등학교 아동에게 이 산술적 개념은 마지막 단계다. 그 너머에는 아
무것도 없다. 그렇기 때문에 이러한 개념의 관점에서 보면 아동은 전적
으로 산술적 상황의 조건들에 속박되어 있다. 취학 연령기 아동은 상황
위에 설 수 없지만, 소년은 설 수 있다. 이 가능성을 소년에게 보장하는
것은 고도의 대수적 개념이다. 우리는 이것을 십진법에서 다른 진법으
로 이동한 것을 대상으로 한 실험들에서 확인할 수 있었다. 아동은 십
진법을 인지하기 훨씬 이전에 십진법을 가지고 놀 수 있다. 아동은 체
계를 획득하는 것이 아니라 체계에 속박된다고 할 수 있다.

십진법의 자각, 다시 말해서 십진법을 진법의 모든 체계의 특수한 경
우로 이해하도록 이끄는 일반화의 인지는 이 체계나 임의의 다른 체계
에서 자의적인 행위가 가능하다는 것을 우리에게 보여준다. 인지의 범
주는 임의의 다른 체계로 이동할 가능성 속에 내포되어 있다. 왜냐하면

이것은 십진법의 일반화, 진법의 체계에 대한 공통의 개념형성을 의미하기 때문이다. 그렇기 때문에 다른 체계로 이동하는 것은 십진법 체계의 일반화의 직접적인 지표다. 아동은 십진법에서 5의 배수로 다르게, 즉 공통의 공식을 습득하기 이전에, 그리고 습득한 후에 다르게 환산한다. 요약하면 상위의 일반화와 하위의 일반화의 연계가 존재한다는 것, 그리고 그 일반화를 통하여 대상과 연계되어 있다는 것을 연구 결과는 보여주었다.

한 가지 더 말하고 싶은 것은, 실제 개념연구가 한 단계에서 다음 단계로 이동하는 관계라고 하는, 우리를 흥미롭게 하는 이 관계의 모든 사슬망의 마지막 고리를 찾도록 우리를 이끌었다는 것이다. 우리는 앞에서 유아기로부터 유치원생 나이로 옮겨갈 때 복합과 혼합 사이에 나타나는 연계에 대하여, 그리고 초등학교 학생으로부터 소년으로 이동할 때 전개념과 개념 사이에 나타나는 연계에 대하여 언급한 적이 있다. 과학적 개념과 일상적 개념에 대한 현재 연구는 그 고리 가운데 빠져 있는 중간 고리를 발견하고 있다. 우리가 앞으로 살펴볼 바와 같이 이 중간 고리는 취학 이전 아동의 공통의 표상들로부터 초등학교 아동의 전개념으로 옮겨갈 때 바로 그 비독립성, 예속성을 분명히 하는 데 도움을 준다. 그리하여 개념발달의 개별적인 단계들 사이의 연계와 이동 문제는, 다시 말하면, 우리가 첫 연구에서 밝혀낼 수 없었던 발달 단계에 있는 개념의 자기 이동 문제는 완전하게 풀렸다고 말할 수 있다.

그러나 아동의 실제 개념에 관한 연구는 우리에게 뭔가 큰 것을 하나 더 던져주었다. 그것은 우리들로 하여금 단순히 개념발달에서 단계들 간의 이동을 분명하게 했을 뿐만 아니라 단일 단계 내에서 이동에 토대를 둔, 말하자면 내부 단계적 움직임 또한 분명히 하도록 했다. 예를 들면 하나의 복합적 일반화의 형태로부터 다른 상위의 형태로 이동할 때의 경우가 그 사례가 될 것이다. 앞서 밝힌 이른바 일반화의 일반화 원칙은 여기서도 그 효력을 잃지 않는다. 다만 그 표현은 다를 수밖에 없다. 상위 단계에서 하나의 단계 내부로 이동할 때는, 이전 단계에 좀더 가까운 대상에 대한 관계는 보존되며, 모든 일반성 관계의 체계가 그렇게 급격하게 마구 달라지는 것은 아니다. 그러나 단계에서 단계로 이동할 때는 이와는 달리 대상에 대한 개념 관계, 개념 사이의 일반성 관계가 껑충 뛰거나 급격하게 재배치된다.

이 연구는 우리들로 하여금 의미발달에서 한 단계로부터 다음 단계로 이동하는 것 자체가 어떻게 이뤄지는가에 관한 문제를 다시 검토해보게 만든다. 만약 우리가, 이 문제를 첫 번째로 행했던 연구에서 상정할 수 있었던 것처럼, 새로운 일반화 구조가 앞서의 구조를 단순히 부정하고 새로운 구조로서 이전의 구조를 대체한다고 간주하면서 사고의 이전 활동을 현재는 아무것도 아닌 것처럼 치부해버리고 만다면, 새로운 단계로 이동하는 것은 말의 의미의 다른 구조에서 이미 존재했던 그 모든 것의 부정과 완전한 새로운 구조의 생성 외에 그 어떤 다른 것도 의미할 수가 없다. 헛수고한 꼴이 되고 만 것이다!

그렇지만 새로운 연구는 이 이동이 다른 경로로 이뤄지고 있다는 것을 보여준다. 아동은 학습 과정에서 자주 나타나는 것처럼 처음에는 몇 안 되지만 보통의 경우 새로 획득하는 그런 개념들에 의지하여 새로운 일반화 구조를 만든다. 그리고 아동이 새로운 구조를 습득했을 때 새로운 현상이 일어나는데, 그는 이 하나의 새로운 일반화 구조의 영향권 안으로 이전의 모든 개념의 구조를 변형시키고 재배치한다. 그런 방식으로 이전의 사고 활동은 그 어디로도 사라지지 않으며, 각각의 새로운 단계에서 완전히 새로운 개념이 탄생하지도 않는다. 각각의 개별 의미는 구조의 재배치에 따라 모든 작업을 반드시 스스로 행할 필요는 없는 것이다. 사고의 모든 구조적 활동에서와 마찬가지로 여기서도 또한 소수의 개념에 기초하여 새로운 원칙이 습득되고, 이러한 경로를 통하여 추후에 그 원칙이 구조적 법칙 개념의 모든 영역 속으로 전체적으로 확산되고 옮겨간다.

우리는 아동이 교육 과정에서 다가가는 새로운 일반화 구조가 아동의 사고를 위하여 새롭고 좀더 상위 단계의 논리적 활동으로 옮겨갈 가능성을 아동의 사고를 위하여 만들어낸다는 사실을 확인했다. 옛 개념들은 이전의 형태와 비교해볼 때 상위 형태의 사고 활동인 이 활동들에 끌려들어 가면서 스스로 자기를 그 구조 속에서 변화시키고 있다.

드디어 아동의 실제 개념에 관한 우리들의 연구는 앞선 문제들과 비교해서 결코 중요성이 떨어지지 않는 또 하나의 문제, 사고의 이론 앞에 이미 오래전에 해결 과제로 남아 있던 하나의 문제를 해결하도록 우리를 이끌었다. 이미 뷔르츠부르크학파 시절부터 비연상적 관계가 개념의 이동과 흐름, 사고의 연계와 관념 연합을 결정한다고 알려져 있다. 예를 들어 뷜러는 기억과 사고의 재생이 연상의 법칙에 따라 이뤄지는 것이 아니라 사고의 연계에 따라 이뤄진다는 것을 보여주었다. 그러나 아직까지 풀리지 않고 남아 있는 문제는 과연 어떠한 연계들이 사고의 흐름을 결정하는가 하는 것이다. 이 연계에 관해서는 현상적으로 그리고 심리학 바깥에서 설명이 시도되었는데, 그것의 획득을 위한 목적과 수단의 관계론 등이 그것이다. 구조 심리학에서는 구조 관계로서 이 연계를 설명하려는 시도가 있었다. 그러나 이 시도 또한 두 가지 미비점을 보여주었다.

1. 사고의 연계는 이때 지각의 연계나 기억과 다른 기능의 연계와 완전히 유사해지는데, 이들 지각과 기억, 기타 기능들은 사고와 똑같은 정도로 구조적 법칙에 예속된다. 따라서 사고의 연계는 지각이나 기억과 비교해서 자신 속에 새롭거나 상위의 또는 특수한 그 무엇을 내포하지 않는다. 그리고 지각이나 기억 형상들의 구조적 관념 연합보다 다른 종류, 다른 형태의 개념의 관념 연합과 이동이 사고 속에서 어떤 방식으로 이뤄지는지 이해할 수 없게 되어버린다. 본질적으로 말해서 구조 심리학은 전체적으로 그리고 완전하게 연합 심리학의 실수들을 반복하고 있다. 왜냐하면 구조 심리학은 지각과 기억, 사고의 관계를 동일시하는 데서 출발하며, 이러한 일련의 과정들 속에서 사고의 특수성을 보지 못하기 때문이다. 이는 마치 옛 심리학이 이 두 가지 원칙에서 출발하는 것과 마찬가지다. 새로운 것이라고는 단지 연상의 원칙이 구조의 원칙으로 대체되는 것이지만, 설명 방법은 달라지지 않고 옛 방식 그대로 남았다. 이러한 관계에서 살펴볼 때 구조 심리학은 사고 문제를 앞으로 진전시킨 것이 아니고, 뷔르츠부르크학파와 비교해볼 때 이 문제에서 오히려 후퇴한 점이 있다. 뷔르츠부르크학파는 사고의 법칙들은 기억의 법칙들과 동일시될 수 없으며, 따라서 사고는 특수한 종류의 활동, 자신의 고유한 법칙들에 복종하는 특수한 종류의 활동이라고 분명히 했다. 구조 심리학의 경우에는 사고는 자신만의 특수한 법칙들을 가지고 있지 않으며, 지각과 기억의 영역에서 강세를 보이는 여러 법칙의 관점에서 볼 때 설명이 필요하다고 보고 있다.

2. 사고에서 구조적 관계들과의 연계 지식, 지각·기억 관계들과 그것들과의 동일성은 사고발달의 모든 가능성, 사고를 지각과 기억과 비교해서 어떤 상위의, 독특한 종류의 활동이나 인식으로 이해하려는 가능

성을 완전히 배제하고 있다. 이러한 사고 이동 법칙과 기억 형상의 관념 연합 법칙과의 동일성은 우리가 이미 확인한 사실, 사고들 사이의 관계 형태에 따라 새로운 발달 단계에서 새로운 그리고 상위의 개념이 생겨난다는 사실과 화해할 수 없는 모순 관계에 놓이게 된다.

우리는 아동의 자율 언어의 초기 단계에서는 개념들 사이의 일반성 관계가 아직 존재하지 않으며, 따라서 개념들 사이에는 오직 지각 속에 설정될 수 있을지 모르는 그런 관계들만 가능할 뿐이라는 것, 다시 말하면 이 단계에서는 지각과 독립된 활동으로서 사고는 불가능하다는 것을 살펴본 바 있다. 일반화 구조가 발달하고 더욱 복잡한 일반성 관계가 개념 사이에서 생겨남에 따라 사고의 연계와 관계를 형성하는 사고다운 사고가 가능해지고, 새롭고 상위의 형태로 연계 이동, 개념 사이에서 이전에 불가능하던 이동이 일어나는 것처럼 사고의 점차적인 확장이 일어난다. 구조 이론의 관점에서 볼 때 이러한 사실은 설명이 불가능하며, 그 사실 자체가 바로 구조 이론을 부정하기에 충분한 근거가 된다.

그렇다면 도대체 사고를 위한 어떠한 연계들이 개념의 이동과 관념 연합을 결정하는가? 이런 질문이 있을 수 있다. 의미상 관계의 정체는 무엇인가? 이 질문에 대답하기 위해서는 각각의 격자무늬 칸처럼 고립된 개념의 연구에서 한 필의 직물로서 사고 연구로 전환할 필요가 있다. 그럴 때 개념은 연상적인 올들로 이뤄진 집합체의 형태에 따라, 그리고 지각되거나 표상되는 형상의 구조들의 원칙에 따라 관련을 맺는 것이 아니라 스스로 자연적 속성에 따라, 그리고 일반성 관계의 원칙에 따라 서로 관련을 맺는 것이라는 사실이 밝혀지게 된다.

모든 사고 활동은 ─ 그것이 개념 정의든 비유든, 개념의 차별화든 개념 사이의 논리 관계의 설정이든 그 무엇이든 간에 ─ 연구 결과가 보여주듯이, 개념들을 상호 간에 연결해주는 일반성 관계의 선들을 따라, 그리고 개념으로부터 개념으로 가능한 이동 경로를 규정해주는 선들을 따라 이뤄진다. 개념 정의는 개념의 등가성 법칙에 기초하며, 한 개념에서 다른 개념으로의 그 같은 이동 가능성을 예정하고 있다. 이때 특정한 개념에 고유한 위도와 경도, 개념 속에 들어 있는 사고 행위를 규정해주는 그것의 일반성 정도, 대상에 대한 그것의 관계는 다른 위도와 경도, 다른 사고 행위와 대상에 대한 다른 이해 형태를 내포하는 다른 일반성 정도, 전체적으로 볼 때 위도와 경도를 기준해서 특정한 개념에 상응하는 그 개념의 관념 연합으로 표현될 수 있다. 그와 마찬가지로 개념의 비교와 차별은 그것들의 일반화, 비교되는 두 가지 개념을 밑에 거느리며 자신에게 복종시키는 상위 개념으로의 일반성 관계에 따른 이동을 불가피하게 상정하고 있다. 그런 방식으로 추론이나 논법에서 개념들 사이에서의 논리적 관계의 설정 또한 모든 개념 체계의 수직과 수평에 따른 일반성 관계의 그 같은 이동을 불가피하게 요구한다.

이것을 생산적 사고의 사례를 들어 설명해보자. 베르트하이머 (Wertheimer)는 자신의 형식 논리학 교과서에서 피력하기를, 일반적인 삼단논법은 생산적 사고의 형태에 속하지 않는다고 주장한다. 우리는 처음부터 우리가 알았던 그것의 마지막에 이르게 된다는 것이다. 근거와 비교해볼 때 결론은 새로운 아무것도 자신 속에 포함하고 있지 않다는 것이다. 사고를 완전히 새로운 지점으로, 새로운 발견으로, '놀라운 체험'으로 인도하는, 참된 생산적인 사고 행위로 들어가기 위해선 우리가 숙고하는 문제를 이루고 있으면서 구조 A에 속하는 X가 갑작스럽게 구조 B 속으로 들어가는 것이 불가피하게 필요해진다. 따라서 애초에 문제 지점인 X가 내부에서 발생하는 어떤 구조의 붕괴 그리고 그 지점의 완전히 다른 지점으로의 이동은 생산적 사고의 주요한 조건들이라고 할 수 있다. 그렇지만 어떻게 이것이 가능할까? 구조 A에 들어가는 X가 동시에 B 속으로 들어간다는 것이 어떻게 가능할까? 이를 위해서는 구조적 종속성의 경계 바깥으로 나가는 것이 불가피하다. 문제 지점을 그 지점 속에 주어져 있는 구조로부터 떼어내야 한다. 그리고 그 문제 지점을 새로운 구조 속으로 밀어넣어야 한다. 연구 결과는 우리에게 이것이 일반성 관계의 선들에 따른 이동의 방식으로, 상위의 일반성 정도를 통하여, 그리고 A구조와 B구조 위에 있으면서 자신에게 그 A와 B를 복종시키는 상위 개념을 통하여 이뤄지고 있다는 것을 보여준다. 마치 우리가 A개념 위로 올라가서 그 후에 B개념 쪽으로 내려가는 것과 마찬가지라고 할 수 있다. 이 같은 구조적 종속성의 독특한 극복 방식은 오직 개념들 사이에 일정한 일반성 관계가 존재할 때만 가능하게 된다.

그러나 우리는 각각의 일반화 구조마다 자신만의 특수한 일반성 관계 체계가 상응하고 있다는 것을 알고 있다. 그것은 상이한 구조의 일반화는 그들 사이에 일반성 관계 체계가 다를 때 그 다른 일반성 관계 속에 존재할 수 없기 때문이다. 그렇기 때문에 각각의 일반화 구조마다 주어진 해당 구조에서 가능한, 특수한 체계를 갖는 논리적 사고 활동이 상응하고 있다. 모든 개념 심리학을 통틀어 중요한 법칙 가운데 하나라고 할 수 있는 이것이 본질적으로 의미하는 것은 사고의 구조와 기능이 통합되어 있다는 것, 개념과 그 개념을 위한 모든 가능한 활동과 작용이 통합되어 있다는 것이다.

7. 과학적 개념의 체계성과 일상적 개념의 비체계성

우리는 연구의 주요한 결과들을 여기서 일단 마무리 지으면서 이 결과물에 기초하여 일상적 개념과 과학적 개념의 다양한 속성이 어떻게 비밀을 드러내는지 그것을 분명히 하는 방향으로 초점을 옮겨갈 필요가 있다. 이제까지 언급한 것들을 토대로 우리는 주저 없이 곧장 그리고 미리 앞질러서 중심점을 공식화할 수 있을지 모르겠다. 그 중심점은 이런저런 개념의 심리적 속성에서의 차이점을 전적으로 그리고 완전하게 규정하고 있다. 이 중심점은 체계의 부재(不在)와 존재를 말한다. 개념들은 일정한 체계 속으로 들어갈 때와 달리 체계 바깥에서는 대상과 다른 관계를 이루고 있다. '장미', '제비꽃', '은방울꽃' 같은 단어를 모르는 아동과 이런 단어를 알고 있는 아동은 '꽃'이라는 단어가 사물과 맺고 있는 관계를 완전히 다르게 파악한다. 개념의 체계 바깥에서 오직 가능한 것이 있다면 그것은 사물들 사이에서 형성되는 이른바 경험적 관계들뿐이다. 이 대목에서도 유아기의 인상에 따른 혼합적 관계와 행위 논리의 강세를 이해할 수 있다. 체계와 더불어 개념들에 대한 개념의 관계, 다른 개념들에 대한 개념의 관계를 통한 개념과 사물의 간접 관계가 생겨나고, 대상에 대한 개념의 다른 관계가 일반적으로 생겨난다. 다시 말하면 개념에 있어 경험 초월적인 관계가 가능해지는 것이다.

피아제가 설정하는 혼동심성이라든가, 모순에 대한 무감각, 행렬적 배치 등, 말하자면 아동 언어의 모든 특수성이 아동의 자연스러운 개념들의 비체계성에 전적으로 기인한다는 것을 어떤 특별한 실험을 통하여 보여줄 수 있을지도 모른다. 우리가 살펴본 바와 같이 피아제 스스로는 아동의 자연발생적 개념과 성인의 개념 사이를 구분하는 중심점을 아동 개념의 비체계성과 성인 개념의 체계성에 두고 있다. 그렇기 때문에 그는 아동의 진술 속에 내포된 아동의 자연발생적 개념을 드러내 보일 목적으로 체계의 모든 흔적으로부터 아동의 진술을 해방하는 원칙을 내세우고 있다. 이 원칙은 의심할 나위 없이 믿을 만하다. 스스로의 자연발생적인 속성상 아동의 자연발생적 개념은 비체계적이다. 피아제는 말한다. 아동은 체계성이 약하고, 아동의 사고는 연계성이 불충분하며 연역적이고, 일반적으로 모순을 피할 필요성을 별로 느끼지 않으며, 종합 대신에 단정의 행렬적 배치로 기우는 경향을 보이고, 분석 대신에 혼동심성적 도식을 더 선호한다는 것이다. 다르게 말하면 아동의 사고는 실제적인 행위와 공상에서 동시에 흘러나오는 어떤 통합적인 장치에 성인의 사고보다 더 가까이 있다. 성인의 사고는 이에 비해 체계적이고 의도적이다. 이러한 연유로 피아제는 체계의 부재 속에서 자연발생적 개념의 가장 본질적인 징후들을 발견하려고 스스로 애쓴다. 피아제는 단지 비체계성이 아동 사고가 보이는 다른 징후 가운데 하나의 징후뿐이라는 것, 이 비체계성이 그것으로부터 위에서 언급한 모든 아동 사고의 특수성이 흘러나오는, 마치 어떠한 나무뿌리와 비슷하다는 사실을 미처 발견하지 못하고 있을 뿐이다.

이 모든 특수성이 자연발생적 개념의 비체계성에서 직접적으로 그리고 어떠한 매개도 없이 흘러나온다는 것을 증명해보일 수도 있을 것이다. 또는 위에서 언급된 특수성을 개별적으로 아니면 모두 같이 일반성 관계를 가지고, 자연발생적 개념의 복합 체계 속에서 강세를 보이는 그 일반성 관계들을 가지고 설명할 수도 있을지 모른다. 취학 이전 아동의 복합적 개념 구조에 고유한 이 특수한 일반성 관계 체계 속에 피아제가 설명하고 연구한 모든 현상의 열쇠가 들어 있다.

비록 이것이 우리가 시도한 특수한 연구의 주제를 이루고 있다고 하더라도 위에서 언급한 부분에 피아제가 예를 들면서 열거한 아동 사고의 제반 특수성에 적용하여 이 명제를 그림 보듯이 설명해보도록 노력해보자. 아동 사고의 불충분한 연계성은 개념 사이의 일반성 관계의 불충분한 발달의 다른 표현이다. 특히 연역적 사고의 불충분성은 일반성 관계의 수직 그리고 수평선들을 따라 개념 사이의 관계가 불충분하게 발달되어 있다는 사실의 직접적인 결과물이다. 간단한 예를 들어 쉽게 증명할 수 있는 것처럼 모순을 제거할 필요성의 부재는 개념이 그 개념 위에 위치하는 하나의 통일된 상위 개념에 복종하지 않는다는 사고 안에서 불가피하게 생겨나야만 한다.

모순을 사고를 위한 방해물로 감각적으로 받아들이기 위해서는 서로 모순되는 두 가지 판단을 하나의 공통된 개념의 개별적인 경우로 살펴볼 필요가 있다. 그러나 이것은 체계 바깥의 개념 속에서는 있을 수 없는 일이고 가능하지도 않다.

피아제의 실험에서 아동은 한 번은 공이 작기 때문에 물속에서 녹았다고 하고, 또 한 번은 공이 크기 때문에 물속에서 녹았다고 주장한다. 우리가 두 판단 사이에서 분명한 모순을 느낄 때 우리의 사고에서 무엇이 진행되고 있는지 분명히 하려면, 이 모순을 파악하기 위해서 아동의 사고에 무엇이 부족한지를 이해하게 될 것이다. 연구 결과가 보여주는 것처럼 모순은 모순적 판단이 진술되는 두 개념이 그 개념 위에 위치하는 하나의 통일된 상위 개념의 구조 속으로 들어갈 때 감지된다. 그때 우리는 두 개의 모순된 판단이 사실은 하나이고 두 개인 것처럼 보이는 것에 대하여 우리가 진술했다는 사실을 느끼게 된다. 그러나 아동에게는 이 두 개념이 없는데, 그 까닭은 통일된 하나의 상위 개념 구조로 통합될 가능성을 지닌 일반성 관계가 이 나이의 아동에게 덜 발달되어 있기 때문이다. 그 결과 그 아동은 자신의 고유한 사고의 시각에서 볼 때 동일한 하나가 아닌 두 개의 각각의 사안에 대하여, 즉 서로 배제하는 두 판단에 대하여 진술하게 되는 것이다. 아동의 사고 논리 속에는 오직 물건들 자체 사이에 가능한 그러한 관계만이 개념 사이에도 가능할 뿐이다. 그 아동의 판단은 문자 그대로 깨끗한 경험적 확언의 성격을 지니고 있다. 지각의 논리는 모순이라는 것 자체를 모른다. 아동은 이 지각의 논리 관점에서 두 개의 동일하게 올바른 판단을 진술하고 있을 따름이다. 성인 관점에서는 그 두 진술이 모순되지만 아동 관점에서는 그렇지 않다. 사고의 논리에는 이 모순이 존재하지만 지각의 논리에는 모순이라는 것이 없다. 아동은 자신의 진술이 절대적으로 옳다는 것을 뒷받침하기 위해서 사실들의 명백성과 무오류성에 기댈지도 모른다. 이러한 모순에 노출시켜보려고 우리가 실험에서 시도했던 아동들은 자주 이렇게 대답하곤 했다. "내가 직접 봤어요." 하고 말이다. 그는 물론 한 번은 작은 공이 물속에서 녹고, 또 한 번은 큰 공이 물속에서 녹는 것을 보았을 것이다. 그의 판단 속에 들어가 있는 사고는 본질적으로 아래와 같은 의미를 가질 것이다. "나는 작은 공이 녹은 것을 보았어요." "나는 큰 공이 녹은 것을 보았어요." 실험 제공자의 질문에 대한 대답에 나타나는 그 아동의 '왜냐하면……' 은 이때 본질적으로 아동에게 이해되지 않는 어떤 원인적 종속성을 의미하는 것이 아니라, 이 '왜냐하면……' 이하의 대답은 자의적인 '왜냐하면'을 사용하기 위해서 인식되지 않은 그리고 그 표현을 사용하는 데 별 도움이 되지 않는, 우리가 중단된 문장을 끝맺음할 과제를 해결할 때 자주 맞닥뜨리게 되는,

그런 부류와 관련이 있다.

행렬적 배열은 일반성의 정도에 따라 사고의 이동이 상위의 개념들에서 하위의 개념들로 이뤄지는 것이 없는 곳에서 분명히 그리고 반드시 출현해야만 한다. 혼동심성적 도식들 또한 아동의 사고에서의 경험적 관계 그리고 지각의 논리의 우위를 전형적으로 표현하고 있는 도식들이다. 그렇기 때문에 아동은 자신의 인상 관계를 물건들 사이의 관계로 받아들인다.

연구 결과가 보여주는 것처럼 아동의 과학적 개념은 이러한 현상들을 드러내 보여주거나 이러한 법칙에 복종하거나 하지 않는다. 그 대신에 그 현상과 법칙을 재배치한다. 개념발달의 각 단계에서 우위를 점하게 되는 일반화 구조는 개념들 사이에 상응하는 일반성 관계 체계를 규정해주고, 그에 따라 각 단계에 맞도록 가능한 한 전형적 사고 활동들의 범주 전체를 결정한다. 그렇기 때문에 피아제가 설명하는 아동 사고의 현상들이 흘러나오는 공동의 원천들에 대한 규명 작업은 피아제가 이 모든 현상에게 부여하는 설명에 대하여 우리에게 그것을 근본적으로 재검토해보도록 유도하고 있다. 이러한 특수성의 원천으로 판명되는 것은 아동 사고의 자기중심성, 공상의 논리와 행위의 논리의 어떤 타협이 아니라, 바로 개념들 사이의 독특한 일반성 관계들, 자연발생적 개념으로 짜인 사고 속에 존재하는 그 독특한 일반성 관계들이다. 이는 아동의 개념들이 성인의 개념들보다 실제적인 대상들로부터 멀리 떨어져 있기 때문이거나 아동의 개념들에 자폐적 사고의 자율적 논리가 침투되어 있기 때문이 아니라, 아동의 개념들이 성인의 개념들보다 대상에 좀더 가깝게, 좀더 다르게, 좀더 직접적으로 관계를 맺고 있기 때문이며, 아동들에게 피아제가 말한 자신만의 독특한 사고 이동이라는 현상이 나타나기 때문이다.

그렇기 때문에 이러한 독특한 사고 이동을 제어하는 법칙성들은 오직 자연발생적 개념의 영역에서만 효력이 있는 것으로 판명되고 있다. 동일한 아동의 과학적 개념은 자기 출현의 초기 단계에서부터 이와는 다른 특징들, 과학적 개념의 다른 속성을 증명해주는 다른 특징들을 드러내보인다. 위로부터, 다른 개념의 내부로부터 발생하면서 과학적 개념들은 개념들 사이의 일반성 관계의 교육 과정 속에서 설정되는 것들의 도움을 받아서 태어난다. 자신의 속성상 이 과학적 개념들은 이러한 관계들과 체계로부터 그 무엇을 자기 속에 집어넣게 된다. 이 같은 과학적 개념들의 형식적 규율은 아동의 자연발생적 개념의 모든 영역의 재배치에 영향을 준다. 바로 이 점에 아동의 지적 발달사에서 과학적 개념이 갖는 커다란 의미가 있는 것이다.

본질적으로 말하자면 모든 이러한 사실은 피아제 이론 자체에 드러나지 않은 형태로 포함되어 있으므로, 이러한 명제의 수용은 우리에게 피아제가 발견한 사실 앞에서 주저하지 않게 할 뿐만 아니라, 더 나아가서 처음으로 이러한 모든 사실에게 적합하고 거짓 없는 설명을 제공할 수 있게 허용해준다. 달리 말하면 피아제의 모든 체계는 그 체계 안에 묶인 사실들에 관한 잘못된 생각의 굴레 때문에 내부에서 터지고 만다고 말할 수 있다. 피아제는 개념이 자연적 적용에 능력을 보이면 보일수록 그 개념들은 인지된다고 말하는 클라파레드의 인지 법칙에 스스로 따르고 있다. 자연발생적 개념은 따라서 자신의 속성상, 자연발생적 개념을 자연적으로 만드는 그 힘으로 비인지적이며, 자의적 적용에 유용하지 않다. 자각의 부족은 우리가 살펴보았듯이 일반화의 부재, 다시 말하면 일반성 관계 체계의 미발달을 의미한다. 그리하여 개념의 자연발생성과 비자각성, 자연발생성과 비체계성은 동의어가 되는 셈이다. 반대 논리도 물론 가능하다. 비자연발생적인 과학적 개념은 자신의 속성상 그 개념들을 비자연발생적으로 만드는 힘 때문에 맨 처음부터 자각적이 될 수밖에 없으며, 맨 처음부터 체계를 가지지 않을 수 없다.

이 문제에서 피아제와 우리의 논쟁은 한 가지로 모아진다. 체계적 개념들이 비체계적 개념들을 몰아내고 자리를 교체하느냐 그렇지 않으냐, 또는 비체계적 개념의 기초 위에서 발달하고 아동의 개념 영역에서 처음으로 특정한 체계를 만들면서 체계적 개념들이 후에 자신의 형태에 따라 개념들을 형성하는가 그렇지 않은가 하는 문제다. 요컨대 체계는 마치 어떤 중심점처럼 그 주변에 초등학교 연령 아동의 모든 개념발달사를 순환시키는 핵심 지점이라고 할 수 있다. 체계는 아동의 사고에 그 아동의 과학적 개념의 발달과 함께 나타난다는 점에서, 그리고 아동의 모든 지적 발달을 상위 단계로 끌어올린다는 점에서 새롭다.

과학적 개념의 발달로 아동의 사고에 심어지는 체계의 중심적인 의미의 관점에서 살펴보면 사고발달과 지식습득 그리고 교육과 발달 사이의 관계에 관한 일반적인 이론 문제가 선명해진다. 알려진 바와 같이 피아제는 이것과 저것을 모두 분리시킨다. 즉 아동이 학교에서 습득한 개념들은 아동 사고의 특수성 연구의 관점에서 그에게 아무런 흥미도 제공하지 못한다. 아동 사고의 특수성은 여기서 시각적 사고의 특수성 속에서 녹아버렸다. 그렇기 때문에 사고 연구는 피아제에게는 교육 과정 바깥에서 이뤄진다. 교육 과정에서 아동에게 일어나는 모든 것은 사고발달 연구를 위하여 흥밋거리를 주지 못한다는 것에 근거하고 있다. 교육과 발달은 그에게서는 서로 잴 수 없는 과정들이다. 서로 독립적인 두 개의 별도 과정인 것이다. 아동이 배우는 것과 아동이 발달하는 것은 서로에게 아무런 관계가 없다.

이것의 토대에는 구조 연구와 사고의 기능 사이에 역사적으로 형성된 심리적 간극이 놓여 있다. 심리학에서 사고 연구의 초기에 이 연구는 사고 내용의 분석으로 모아졌다. 지적 관계에서 더 발달된 인간은 그 측면에서 덜 발달된 동물들과 인간이 가지고 있는 그 모든 표상의 질과 양, 이 표상들 사이에 존재하는 모든 관계의 숫자를 기준으로 할 때 크게 다르지만, 사고 활동은 사고의 가장 낮은 단계에서나 가장 높은 단계에서나 마찬가지라고 간주되었다. 최근 나온 손다이크의 지능의 측량에 대한 저서는 사고발달은 주로 개별적 표상들 사이의 새로운 관계 요소들의 형성 속에서 이뤄진다는 명제를 방어할 굉장한 시도며, 그리하여 비가 오면 나타나는 벌레로부터 미국의 대학생까지를 포괄하는 모든 생물의 지적 발달의 단계를 상징하게 될 하나의 뗄 수 없는 곡선을 만들 수 있을지 모른다. 그러나 어쨌거나 현 단계에서는 이 시각을 견지할 사람이 적은 것이 사실이다.

자주 그렇듯이 이러한 시각에 대한 반응은 문제가 다소 과장되어 반대 방향으로 뒤집혀 진행되었다. 사고의 재료로서의 표상은 사고에 있어서 일체의 어떤 역할을 수행하지 않는다는 것에 주의를 기울이게 되었고, 사고 활동 그 자체와 그것의 기능들, 사람이 사고할 때 사람의 지능 속에서 수행되는 과정 등에 주의를 집중하게 되었다. 뷔르츠부르크 학파는 극단적으로 이 시각을 밀고나가서 결국 이런 결론에 이르게 되었는데, 사고는 그 속에서 외부적 실재를 표상하는 대상(여기에는 언어도 포함된다.)이 어떠한 역할도 수행하지 않는 과정이며, 이러한 이유로 사고는 추상적 관계의 감성적 이해가 아닌, 순수한 추상적 이해가 그것의 핵심인 순수하기 이를 데 없는 정신 행위라는 것이다. 알려진 바와 같이 이 연구의 긍정적 측면은 그것을 수행한 연구자들이 실험적 분석에 기초하여 일련의 실제적인 명제들을 내놓았으며, 지적 활동의 실제적인 독자성에 대한 우리들의 생각을 더 풍부하게 했다는 점에 있다. 그렇지만 사고 속에서 실재가 어떻게 표상되어 있고, 어떻게 투영되어 있으며, 어떻게 일반화되어 있는가 하는 문제는 심리학에서 전반적으로 버림받은 영역이다.

만약 현재의 상황을 말한다면 우리가 아래와 같은 상황에 놓여 있다고 말해야겠다. 즉 이 같은 시각이 처음부터 끝까지 자신을 훼손했으며, 자신의 일방성과 비창조성을 스스로 드러냈고, 이전에 유일한 연구 대상이었던 것에 새로운 흥미가 생기고 있다고 말이다. 사고의 기능은 사고들의 구조에 종속된다는 것이 분명해지고 있다. 모든 사고는 의식 속에 표상된 어떤 형태 사이의 관계를 현실의 부분들로 위치 짓기 때문이다. 따라서 어떠한 형태로 이 현실이 의식 속에 표상되어 있는가 하는 것이 사고의 가능한 여러 활동 차원에서 결코 의미가 없을 수는 없다. 다르게 말하면 사고의 다양한 기능은 기능하는 것, 움직이는 것, 이 과정의 토대로 작용하는 것으로부터 독립적일 수는 없다.

더 간단하게 말한다면 사고의 기능은 사고 자체의 구조와 연관되어 있고, 기능하는 사고가 어떻게 구성되어 있다거나 해당 지능에 접근 가능한 활동의 성격 등과도 무관하지 않다. 피아제의 작업은 사고 자체의 구조에 대한 이러한 흥미의 극단적인 표현에 해당한다. 그는 발달에서 기능들은 결코 변화하지 않으며 변하는 것은 구성이고, 이것에 종속되어 기능은 새로운 성격을 획득한다고 주장하면서, 마치 현대의 구조 심리학에서처럼 구조에 대한 이 같은 일방적인 흥미를 극단적으로 몰고 갔다. 아동 사고의 구조 자체의 분석, 그리고 그 사고의 내적 구조, 그 사고의 내용상의 양과 질이 피아제 작업의 주요한 방향을 이루고 있다.

그러나 피아제는 사고의 구조와 기능 사이의 간격이 전적으로 그의 작업들에서 제거되어 있다는 의미에서 과제를 해결하지 못하고 있다. 이것은 교육이 발달과 분리되어 있는 원인으로 작용한다. 하나의 양상을 다른 양상 때문에 제외시킨다는 것은 초등학교 교육의 문제가 심리적 연구를 위해 불가능하다는 결론으로 불가피하게 우리를 이끈다. 만약 지식이 사고와 같이 잴 수 없는 그 무엇으로 미리 고려된다면, 교육과 발달 사이에 관계를 찾으려는 모든 노력을 향한 길이 미리 차단될 것이다. 만약 우리가 현재 작업에서 행한 것처럼 사고의 두 가지 양상—구조적 양상과 기능적 양상—을 하나로 묶으려고 노력한다면, 그리고 만약 기능하는 그 무엇인가가 특정한 단계까지 기능 과정에 영향을 미친다는 입장을 견지한다면 이 문제는 접근이 가능하지 않게 될 것은 물론이고 결코 풀 수 없는 문제가 될 것이다.

만약 말의 의미 자체가 특정한 구조 형태에 속한다면, 일정한 활동 영역만이 주어진 구조의 한계 안에서 가능하게 된다. 한편 다른 활동 영역은 다른 구조의 한계 안에서 가능하게 된다. 사고발달에서 우리는 사고라는 직물 자체의 내부 구조를 바꾸는, 내부적 성격을 갖는 몇몇의 매우 복잡한 과정을 가지게 된다. 우리가 사고에 대해 구체적으로 연구할 때 늘 부딪치는 두 가지 측면이 존재하는데, 이 두 측면은 매우 중요한 의미를 갖는다.

첫 번째의 측면은 아동 개념 또는 말의 의미의 성장과 발달을 말한다. 말의 의미란 일반화를 지칭한다. 이러한 일반화의 다양한 구조는 사고 속에서 실재의 반영 방식의 다양함을 의미한다. 이것은 이미 개념들 사이의 다양한 일반성 관계를 의미하지는 않는다. 마침내 일반성의 다양한 관계는 주어진 사고에 가능한 활동의 다양한 형태를 규정한다. 무엇이 기능하며, 기능하는 것이 어떻게 구성되어 있는가에 따라 기능성 자체의 방식과 성격이 결정된다. 이것이 모든 사고 연구의 두 번째 측면을 구성하고 있다. 이러한 내부적 측면은 서로 연결되어 있고, 다른 것을 위하여 한 측면의 예외를 우리가 갖는 경우에 연구의 완전함에 손해를 끼치면서 이를 행하게 되는 것이다.

이러한 두 측면을 하나의 연구에서 결합하는 것은, 오직 하나의 측면의 예외적이고 일방적인 연구가 형이상학적인 모순과 대립, 그리고 영원한 갈등을 본 그곳에서 관계와 종속성, 통합을 볼 가능성으로 우리를 이끌 경우다. 일이 뜻대로 진행된다면 어쩌면 화해할 수 없는 두 극단성 사이에서 타협 가능성을 찾을 수도 있다. 자연발생적 개념과 과학적 개념들은 우리의 연구 관점에서는 서로 연결된, 복잡한 내부 관련성을 가진 것으로 판명되었다. 더 나아가 아동의 자연발생적 개념들은 우리가 끝까지 그것들을 분석한다면, 일정한 정도에서 과학적 개념과 유사한 것으로 표상되고 있다. 그렇기 때문에 앞으로 이런저런 연구를 하나로 통합할 수 있는 가능성이 열리고 있다. 학습은 취학 연령기 아동 단계에서만 시작되는 것이 아니라, 취학 이전의 아동들에게도 이미 존재한다. 미래의 연구는 과학적 개념이 학교 교육의 산물인 것과 마찬가지로 아마도 아동의 자연발생적 개념들이 취학 이전 학습의 산물이라는 것을 우리에게 보여줄 것이다. 우리는 이미 각 연령이 교육과 발달 사이에서 자신만의 특별한 관계 형태를 가지고 있다는 것을 알고 있다. 발달이 각각의 나이 단계에서 자신의 성격을 바꾸기만 하는 것이 아니라, 교육이 각각의 단계에서 완전히 특별한 조직이나 독특한 내용만을 갖는 것이 아니다. 가장 중요한 것은 교육과 발달 사이의 관계가 각각의 나이마다 특별하게 독특하다는 것이다. 다른 작업에서 우리는 이러한 생각을 더 자세하게 발달시킬 가능성을 가졌다. 앞으로의 연구가 아동의 자연발생적 개념의 독자적인 속성이 취학 이전의 나이에 우세하고 교육의 전환기적·자연발생적·반응적 형태라고 일컫는, 즉 유아 시절의 자연발생적 교육 형태로부터 취학 연령기의 반응적인 교육 형태로 전환기를 형성하는 교육과 발달 사이의 관계에 전적으로 매어 있다는 것을 밝혀내야 한다는 것만 여기서 말해두기로 하자.

미래 연구가 무엇을 밝혀내야만 하는가는 여기서 추측하지 않을 것이다. 지금 우리는 새로운 방향에서 한 발을 움직였을 뿐이며, 이러한 발걸음을 변호하면서 말하고자 한다. 그 발걸음이 어떻든지 간에, 그것이 교육과 발달 그리고 자연발생적 개념과 과학적 개념 사이의 단순한 문제들—단순한 것처럼 보인다고 하자—에 대한 우리들의 표상을 매우 어렵게 하더라도, 그 발걸음은 실제 상황의 진실되고 거대한 복잡함과 비교할 때, 그리고 사안의 실제 상황이 이 미래 연구에서 밝혀질 것처럼, 조잡하고 단순한 것으로 보일 수는 없을 것이다.

8. 결론

쉬프가 수행한 취학 연령기 아동의 일상적·과학적(사회학적인) 개념들과 그 발달에 관한 비교·연구는 위에서 말한 관점에서 볼 때 이중적 의미를 지닌다. 쉬프의 첫 번째 직접적인 과제는 일상적 개념과 비교하여 과학적 개념이 만들어내는 독특한 발달 경로에 대하여 우리가 가진 잠정적 가설의 시험적 부분을 실험적으로 검토하는 일이었다. 연구의 두 번째 과제는 교육과 발달 관계의 일반적인 문제의 개별적 사례에서 수반되는 해결 과제였다. 이 두 과제가 연구에서 어떻게 결론이 났는지 지금 우리가 반복할 것까지는 없다. 이것에 대해서는 위에서 잠깐 언급되었으며, 이 문제들과 관련하여 중요한 것은 이미 연구 자체에 들어 있다고 하겠다. 오직 우리가 지금 말할 수 있는 것은 이러한 두 가지 문제가 실험에서 처음부터 대단히 만족스럽게 해결된 것으로 보인다는 점이다.

이러한 문제들과 병행하여 또한 두 가지 새로운 문제, 즉 위에서 언급한 문제들의 배경으로 연구 계획에 설정될 수 있는 두 가지 문제가 발생하지 않을 수 없다.

첫 번째 문제는, 아직까지도 유일하며 예외적으로 탐구 가치가 있는 심리학 연구 대상으로 간주되어온 아동의 자연발생적 개념의 속성에 관한 것이다. 두 번째는 취학 아동의 심리발달이라는 틀을 벗어나서는 어떤 아동 개념에 관한 개별 연구가 불가능하다고 판단되는 일반적인 문제다. 이 문제들이 물론 앞에서 말한 두 가지 문제처럼 우리 연구에서 비중을 차지할 수는 없다. 이 문제들은 중심적인 문제들이라고 할 수 있지만 연구자들의 관심 바깥으로 밀려나 있다. 그래서 우리는 이 문제들을 결론짓는 데 필요한 연구를 우리의 통제 아래 두게 하는 간접적 자료들에 대해서만 말할 수 있을지 모른다. 그러나 이러한 간접 자료들은 우리가 가설에서 발달시킨 추론, 즉 이러한 두 가지 문제에 대한 우리들의 가정을 부정하기보다는 오히려 그것들을 지지해준다고 생각한다.

그러나 이 연구의 가장 중요한 의미는 우리 눈에는 이렇게 비친다. 즉 그것은 취학 연령기 아동의 개념발달 문제를 새롭게 설정하도록 우리를 이끈다. 그리고 이전 연구들에서 발견된 사실들과 해당 연구에서 실험적으로 주어진 새로운 사실들을 스스로에게 확인해주는 그러한 잠정적 가설을 우리에게 제공한다. 또 그것은 아동의 실제 개념연구의 방법론, 특히 과학적 개념연구의 방법론을 찾아내는 데 도움이 되었으며, 그러한 방법론을 탐색하여 실험적 개념의 연구로부터 아동의 실제적이고 일상적인 개념 분석으로 통하는 다리가 놓였을 뿐 아니라, 새롭고 실제로 매우 중요하며 이론적으로 생산적인 연구 영역, 아마도 자신의 의미상 취학 아동의 지적 발달의 전반적인 발달사에서 중심적인 위치를 차지하고 있다고 할 수 있는 생산적인 연구 영역을 열어젖혔다. 이 연구는 과학적 개념의 발달에 관한 연구가 어떻게 과학적으로 가능한지를 보여주었다.

요컨대 이 연구의 실제적인 의미는 아동 심리학의 영역에서 실제로 심리 분석의 가능성, 다시 말해서 학문적 지식 체계의 학습 영역에서 언제나 원칙과 발달 차원의 시각을 견지했던 심리 분석 가능성을 열어 보였다는 것이다. 이와 함께 이 연구는 당장은 단지 사회학 수업 과정에서 개별 학생들의 머릿속에서 벌어지는 것을 매우 초보적이고 일반적이며 도식적인 특징들을 통해 우리에게 보여주는 수준이지만 사회학 수업과 관련하여 일련의 직접적인 교육학적 결론을 도출하기도 한다.

우리는 스스로 이 연구에서 본질적으로 부족하다고 느끼는 세 가지 단점을 말하지 않을 수 없다. 그것은 유감스럽게도 새로운 방향에서 새롭게 시도한 최초의 연구가 우리들이 뛰어넘을 수 없는 한계였다는 점이다. 그 첫 번째 단점이란 다름 아닌 아동의 사회학적 개념들이 좀더 특수한 측면이 아니라 너무나 평범하고 일반적인 측면에서 실험에 채택되었다는 점이다. 실험에서 채택된 사회학 개념들은 그런 연유로 과학적 개념의 특정하고 개성 있는 하나의 특수한 형태로 작용한 것이 아니라 이런저런 과학적 개념의 두루뭉술한 개념으로서만 우리에게 쓰임새가 있었다. 이런 일이 일어난 까닭은 새로운 영역에서 실험 초기에 과학적 개념을 일상적 개념과 구분 지을 필요성이 제기되었고, 과학적 개념의 개별적인 경우로서 사회학적인 개념에 본질적으로 내재하는 그 무엇을 규명할 필요성이 당시에 제기되었기 때문이다. 그것은 오직 상황이 그러했기 때문이다. 과학적 개념(산술적·자연과학적·사회학적 개념 등)의 개별적인 종류들 내부에 존재하는 차별성은 과학적 개념과 일상적 개념을 가르는 경계선이 설정되기 이전보다 더 일찍 연구 대상이 될 수 없었다. 그런 것이 학문 연구의 논리다. 처음에는 주어진 현상 범주를 위한 일반적이고 매우 광범위한 특징들이 주어지고, 그 이후에 그 범주 내부의 특수한 차별성이 찾아지는 것이다.

이러한 상황으로 설명할 수 있는 것은 연구에 도입된 개념의 범주가 주요한 개념의 대상 자체의 논리를 확증해주는 어떠한 체계가 아니라 개별적인 프로그램 자료들과 자기 내부에서 서로 관련성이 없는 개념에 근거한, 경험적으로 선택된 일련의 것들로부터 그 개념이 형성되었다는 점이다. 이러한 상황으로 또한 설명할 수 있는 것은 이 연구가 일상적 개념과 비교해볼 때 사회학적 개념의 특수한 법칙성보다 과학적 개념발달의 일반적인 법칙성에서 훨씬 더 많은 것을 제공한다는 점이다. 그리고 아울러 여기서 사회학적 개념들은 사회생활의 영역에서 가져온 것이 아니라 다른 영역들에서 가져온 일상적 개념들과의 비교된 것이다.

우리에게 분명하게 보이고 그 작업에 포함되어 있기도 한 두 번째 단점은 개념 구조의 연구, 그 해당 구조에 내재하는 일반성의 관계, 그리고 해당 구조와 일반성의 관계에 따라 규정되는 기능들에 대한 연구가 지나치게 일반적이고 전체적이고 차별성이 약하고 구별성이 부족하다는 점이라고 할 수 있다. 첫 번째 단점에서 사회학적 개념의 내부 관련성—이것은 발달과정에 있는 개념 체계에서 가장 중요한 문제다—이 합당한 조명을 받지 못하고 만 것과 마찬가지로, 두 번째 단점 때문에 개념 체계의 문제, 일반성의 관계의 문제, 즉 모든 취학 아동에게 중심적인 문제이면서 실험적 개념들과 그것들의 구조 연구로부터 사고 활동의 일반화 구조와 기능의 통합을 다루는 실제 개념의 연구에서 중요한 문제가 충분하게 다루어지지 못하고 말았다는 점을 지적하지 않을 수 없다. 연구의 초기 단계에서 피할 수 없었던 단순화, 실험 연구의 설정 자체에서 간과했으며 문제를 좀더 좁혀서 설정할 필요성 때문에 결과물로 나타났던 단순화는 우리가 실험에 끌어들였던 그러한 지적 활동의 분석에서 해서는 안 되는 단순화를 다른 조건들에서 야기하고 말았다. 예를 들면 우리가 적용한 과제들에서는 다양한 종류의 인과 관계적 의존관계, 다시 말하면 경험적이고 심리적이며 논리적인 '왜냐하면'의 문제가—피아제는 그렇게 했고, 이 경우에는 피아제의 위대한 업적을 인정하지 않을 수 없다—두루뭉술하게 채택된 취학 연령이 경계의 혼선을 스스로 불러오는 결과를 빚고 말았다. 우리는 의도적으로 심리 분석의 면밀성과 구분을 강조하지 않았는데, 그것은 과학적 개념발달의 독특한 성격이라고 하는 중요한 질문에 대한 정확하고 확실한 대답을 얻을 조그마한 기회라도 포착하기 위해서였다.

마지막으로, 우리 작업의 세 번째 단점은 일상적 개념의 속성, 취학 연령의 심리발달의 구조라고 하는 위에서 언급한 두 문제, 우리들의 연구 앞에 나란히 서 있었던 그 두 문제에 대한 실험 진행이 충분하지 못한 점이라고 여기고 있다. 아동 사고의 구조와 피아제가 상술하고 있는 바와 같이 일상적 개념의 속성 자체의 성격을 규정짓는 주요한 특징들 (비체계성·비자의성) 사이의 관련성 문제, 그리고 개념의 성장 체계에서 나오는 인식과 자의성의 발달 문제, 모든 취학 아동의 지적 발달과정의 중심을 이루는 다른 한편의 문제—이 두 가지 문제가 실험적으로 해결되지 않은 채 남은 것뿐만 아니라 해결을 위한 과제로서 실험에서 설정되지도 못했다는 데 아쉬움이 있다. 이런 일은 이 두 가지 문제를 어떤 식으로 완전하게 해결하기 위해서는 특별한 연구가 필요했던 상황에서 일어났다고 볼 수 있다. 하지만 이 연구는 현재 작업에서 진행된 피아제의 주요 명제들에 대한 비판이 충분한 실험 논리로 뒷받침되지 못했으며, 그래서 결정적이지 못했다는 지적을 불가피하게 받을 수밖에 없다.

그런 이유로 우리는 분명해진 작업의 단점을 결론 부분에서 상세하게 다루게 되었는데, 이러한 자기반성은 우리 연구의 마지막 장 너머에서 전개되는 중요한 전망을 볼 수 있게 해주고, 아울러 아동의 사고에 관한 심리학의 이론적, 실제적 측면들에 대한 새롭고 중단 없는 창조적인 첫발을 내딛었던 것처럼, 남은 작업에 대해서도 올바른 관계를 유지하고 설정하게 도움을 줄 것이다.

우리에게 남은 결론은 연구가 진행되는 처음부터 마지막에 이르기까지 잠정적 가설과 실험적 연구들이 여기에 제공된 것과는 다르게 전개되었다는 사실뿐이다. 연구 작업이라는 살아 있는 과정에서는 일이 결코 완결된 문헌적 형태와는 다르게 진행되는 법이다. 잠정적 가설의 구축이 실험적 연구에 앞서 선행된 것도 아니며, 연구가 이미 준비되고 마지막까지 완성된 가설에 의지할 수도 없는 노릇이다. 가설과 실험은,

레빈(K. Levine)의 표현에 따르면, 하나의 동적이고 온전한 무엇의 양극이라는 것이다. 그리고 이 양극은 같이 형성되고 발달하고 성장하며, 서로 영향을 주고 움직여 나간다.

가설의 진실성과 유익함의 중요한 증표 가운데 하나는 같이 만들어지고 이뤄진 이론적 가설과 실험적 연구가 단순히 동의 차원에 머물게 하지 않고 완전히 통일된 하나의 결과물을 갖도록 유도했다는 점이다. 우리들의 실험 연구와 이론 가설은 모든 작업의 중심점, 주축, 주요 사상이 무엇인지 보여주었고, 새로운 말을 획득하는 순간에 상응하는 개념의 발달과정이 끝나는 것이 아니라 시작할 뿐이라는 것을 보여주었다. 초기의 습득 순간에 새로운 말은 종착지에 서 있는 것이 아니라 자기 발달의 시발점에 서 있으며, 새 말은 이 기간에 항상 미성숙한 말로 남아 있다고 할 수 있다. 그 말의 의미의 점차적인 내적인 발달은 말 자체의 농밀한 성장으로 이어진다. 언어의 의미적 측면의 발달은 어디에서나 마찬가지로 여기에서도 아동의 사고와 언어의 발달 가운데서 주요하고 결정적인 과정으로 작용한다. 보통은 말이 준비될 때 개념이 거의 완전히 준비된다고 생각했지만, 톨스토이는 이렇게 말했다.

"개념이 준비될 때 말은 거의 완전하게 준비된다."

제7장

생각과 말

나는 하려고 했던 말을 잊어버렸네,
실체가 없는 생각은 음지의 방으로 들어가 버리네.[1]

1. 사고와 언어에 관한 여러 학설의 방법론 비판

우리는 계통과 개체발달의 가장 극단적인 단계에 있는 생각과 말 사이의 내적 관계를 해명하는 연구를 시작했다. 우리는 사고와 언어의 선사시대에 해당하는 생각과 말의 초기 발달 단계에는 생각과 말의 발생적 근원 사이에 어떤 특정한 관계나 종속관계도 나타나지 않는다는 사실을 발견했다. 이와 같이 우리가 찾아낸 말과 생각 사이의 내적 관계는 이전부터 이미 주어져 있고, 이후의 모든 발달의 전제, 기초, 출발점이 되는 것이 아니라 인간 인식의 역사적 발달과정에서만 발생하고 형

---

1 만델시탐(O.E. Mandelshtam)의 시 「제비」의 한 구절 ─ 옮긴이.

성되는 것이다. 그것은 인간 생성의 전제가 아니라 산물이다.

심지어 가장 발달한 동물인 유인원의 경우에도 음성학적 측면에서 인간과 가장 유사한 언어는 지능(또는 인간과 유사한 지능)과는 아무런 관련이 없다. 그리고 아동의 발달 초기 단계에서 우리는 언어형성 과정의 전(前)지능적 단계와 사고발달의 전(前)언어적 단계를 확인할 수 있었다. 생각과 말은 시작부터 서로 결합되어 있는 것이 아니다. 양자의 결합은 생각과 말의 발달과정 자체에서 발생하고 변화하며 확대된다.

그러나 그와 함께 우리가 연구의 출발점에서 분명히 하려고 했던 것처럼 사고와 언어를 별개의 지점에서 교차하고, 기계적인 상호작용을 하면서 서로 평행선을 유지하는 두 가지 외적인 관계의 과정이나 두 가지 독립된 작용으로 보는 것은 올바르지 않다. 생각과 말 사이에 태초의 결합이 없다는 것은 이 결합이 오직 본질적으로 다른 우리 의식 활동의 두 가지 형태가 지니고 있는 외형적 결합으로서만 발생할 수 있다는 것을 의미하는 것은 아니다. 이와 반대로 우리가 처음부터 증명하려고 했듯이 사고와 언어에 대한 대부분의 연구가 지니고 있는 기본적인 방법론적 결함, 즉 아무런 성과도 내지 못한 결함은 바로 생각과 말의 관계를 두 가지 독립적이고 자주적이며 고립적인 요소로서 이해하고, 이 두 가지 요소로부터 양자의 모든 특성을 지니고 있는 언어적 사고가 발생한다고 보는 데서 비롯된 것이다.

우리는 이러한 이해에서 비롯된 분석 방법이 애초부터 실패할 수밖에 없다는 것을 증명할 것이다. 왜냐하면 이러한 방법은 언어적 사고 전체의 특징을 설명하는데 그것을 형성하는 요소들, 즉 전체의 고유한 특성을 포함하지 않은 언어와 사고로 각각 분해하고, 이러한 특성을 설명할 수 있는 길을 스스로 막아버리기 때문이다. 우리는 이러한 방법을 사용하는 연구자를 물로 불을 끌 수 있는 이유를 설명하기 위해 물을 산소와 수소로 분해하고, 산소는 연소를 유지하고 수소는 스스로 불탄다는 사실을 알고 경이로워하는 사람에 비유했다. 우리는 앞으로 모든 것을 요소로 분해하는 분석 방법이 일정한 현상의 영역에서 구체적인 문제 해결이라는 관점에서 보면 본질적으로 진정한 의미의 분석이 아니라는 것을 밝히려고 노력할 것이다. 오히려 이것은 마땅히 설명해야만 하는 현상을 포함하고 있는 특정한 것을 내적으로 분해하고 분리하기보다는 그것을 일반화한다. 본질적으로 이러한 방법은 우리를 분석보다는 오히려 일반화로 인도한다. 실제로 물이 수소와 산소로 구성되어 있다고 말하는 것은 마치 물 일반이나 물의 모든 특성이 똑같다고 언급하는 것을 의미하는 것이다. 그리고 그것은 대양(大洋)이나 빗방울, 불을 끌 수 있는 물의 특성, 아르키메데스의 법칙을 동등한 것으로 취급하는 것과 같다. 마찬가지로 언어적 사고가 지적인 과정과 본래적인 언어적 기능을 포함하고 있다고 말하는 것은 모든 언어적 사고와 그것의 개별적인 특성을 동일한 수준으로 이해하고 있다는 것을 의미하는 것이다. 그리고 그것은 언어적 사고를 연구하는 과정에서 제기되는 각각의 구체적 문제들에 대해 아무 말도 하지 않는다는 것을 의미한다.

그러므로 우리는 처음부터 다른 관점에 서서 모든 것에 대해 다른 문제를 제기하고, 연구에서 다른 분석 방법을 적용하려고 노력했다. 우리는 개별적인 요소로 분해하는 방법에 근거한 분석을 언어적 사고라는 복잡한 통일체를 단위로 나누는 분석으로 대체하려고 했다. 우리는 단위들을 분석 결과로 이해했다. 이 단위들은 요소와는 달리 연구 중인 모든 현상이 아니라 오직 그것의 개별적이고 구체적인 측면과 특성의 관계 속에서만 근본적인 계기를 형성하며, 더 나아가 설명해야 마땅한 전체 특성을 놓치지 않고 분석의 대상이 되는 전체 특성을 가장 단순하고 기본적인 형태로 포함한다. 우리가 분석하려는 단위는 통일체로서의 언어적 사고에 고유한 특성을 가장 단순한 형태로 포함하고 있다.

우리는 사고와 언어의 통일체를 가장 단순한 형태로 반영하는 이 단위를 말의 의미 속에서 찾아냈다. 우리가 위에서 설명하려고 했던 것처럼 말의 의미는 결코 언어 현상이나 사고 현상이라고 말할 수 없는, 두 과정이 더 이상 분해될 수 없는 통일체다. 의미가 없는 말은 말이 아니다. 그것은 공허한 기호일 뿐이다. 따라서 의미는 말 자체의 필수적이고 기본적인 특성이다. 의미는 내적인 측면에서 바라본 말 그 자체다. 이와 같이 우리가 충분한 근거를 가지고 의미를 언어 현상이라고 보는 것은 정당하다. 그러나 우리가 모든 연구 과정에서 여러 번 확인한 것처럼 심리학적 측면에서 말의 의미는 일반화 또는 개념과 같다. 일반화와 말의 의미는 동의어다. 모든 일반화와 모든 개념의 형성은 가장 특수하고 진정하며 의심의 여지가 없는 생각 활동이다. 따라서 우리가 말의 의미를 사고의 현상으로 보는 것은 정당하다.

이와 같이 말의 의미는 동시에 언어적 현상이기도 하고 지적 현상이기도 하다. 하지만 말의 의미가 정신생활의 두 가지 상이한 영역에 대해 순수하게 외적인 관계에 있다는 것을 의미하는 것은 아니다. 말의 의미는 생각이 말과 결합되어 있고 말 속에서 구현된다는 점에서 사유의 현상이다. 그리고 반대로 말의 의미는 언어가 생각과 결합되어 있고 생각의 빛에 조명된다는 점에서 언어의 현상이다. 말의 의미는 언어적 사고나 의미가 부여된 말의 현상이며, 말과 생각의 **통일체**다.

우리는 연구 전체의 이러한 기본적인 명제를 재차 확증할 필요는 없다고 생각한다. 우리가 말의 의미를 언어적 사고의 단위로 사용하면서 언어적 사고의 발달과 여러 가지 단계에서 나타나는 중요한 특징을 설명하는 것에 대한 구체적 연구의 현실적 가능성을 실제로 발견하는 것으로 우리의 실험적 연구는 전적으로 이러한 명제를 확증하고 정당화했다. 그러나 전체 연구의 주요한 결과는 명제 그 자체가 아니라 우리가 연구 결과 속에서 발견한 중심적인 결론 이후의 문제다. 사고와 언어에 관한 학설에서 이러한 연구가 제기한 새롭고 본질적인 점은 말들의 의미가 발전하는가 하는 문제를 해명하는 것이다. 말의 의미변화와 그것의 발달을 해명한 것이 우리의 중요한 발견이며, 이로써 우리는 사고와 언어에 관한 이전의 모든 학설의 기초 위에 놓여져 있던, 말의 의미의 항상성과 불변성에 관한 가정을 결정적으로 극복할 수 있게 되었다. 낡은 심리학의 관점에서 보면 말과 의미의 결합은 의식 속에서 말의 인상과 그것이 지시하는 사물의 인상이 무수히 일치하는 것으로 확립되는 단순한 연합적 결합이다. 아는 사람의 외투가 그 사람을 생각나게 하거나 집의 외관이 거기에 사는 사람을 생각나게 하는 것과 마찬가지로 말은 그것의 의미를 상기시킨다. 이러한 관점에서는 한 번 확립된 말의 의미는 발달할 수도 없고, 일반적으로 변화할 수도 없다. 말과 의미를 연결하는 연합은 강화되거나 약화될 수 있다. 그리고 이러한 연합은 동종의 다른 대상들과의 결합으로 풍부해질 수도 있고, 유사성과 인접성에 따라 좀더 넓은 범위의 대상으로 확산될 수도 있다. 또는 반대로 다른 말 때문에 범위가 좁혀지거나 한정될 수도 있다. 말과 의미의 연합은 일련의 양적·외적인 변화를 겪을 수도 있지만, 자신의 내적·심리학적 본성은 변할 수 없다. 왜냐하면 이를 위해 연합은 그것이 존재하는 것과 같이 연합되는 것을 멈추지 않으면 안 되기 때문이다.

이러한 관점에서 보면 언어의 의미적 측면의 발달이나 말의 의미발달은 일반적으로 설명할 수 없는 것이 당연하다. 이것은 언어학과 마찬가지로 아동과 성인의 언어 심리학에서도 나타난다. 언어의 의미적 측면을 연구하는 언어학의 한 분야, 즉 의미론은 말의 연합적 개념을 받아들이기 때문에 오늘날까지 말의 의미를 말의 음성적 형식과 그 대상적 내용의 연합이라고 보고 있다. 그러므로 말과 의미를 연결하는 연합적 결합이 마치 외투를 보고 그 사람을 기억하는 것과 같은 정도로 의미가 부여된 언어의 심리학적 기초를 구성하는 한, 가장 구체적인 것이든 가장 추상적인 것이든 모든 말은 동일하게 의미적 측면으로 구성되며, 언어 그 자체를 위한 특별한 어떤 것도 포함하지 않는다. 일반적인 각각의 물건들이 다른 물건을 연상시키듯이 우리는 말의 의미를 생각해낸다. 그러므로 말과 의미의 결합에서 어떤 특수한 것도 발견하지 못했던 의미론이 언어의 의미적 측면의 발달, 말의 의미의 발달에 관한 문제를 제기할 수 없었던 것은 놀라운 일이 아니다. 모든 발전은 오직 개별적인 말과 대상들 사이에서 발생하는 연합적 결합의 변화로 귀착된다. 즉 말은 처음에 하나의 대상을 지시할 수 있지만, 나중에는 다른 대상과 연합적으로 연결된다는 것이다. 예컨대 외투의 주인이 바뀌면서 그 외투를 통해 처음에는 첫 번째 주인을 연상하고, 나중에는 두 번째 주인을 연상할 수 있다. 언어학은 언어가 지니고 있는 의미적 측면의 발달을 말의 대상적 내용의 변화로 파악한다. 그러나 이러한 언어학적 관점은 언어의 역사적 발달과정에서 말의 의미구조와 의미의 심리학적 본성이 변화하고, 언어적 생각이 저급하고 원시적인 일반화 형태에서 고차원적이고 가장 복잡한 형태, 즉 추상적 개념으로 전이하며, 마침내는 말의 대상적 내용뿐만 아니라 말에 표현된 실재의 반영과 일반화의 성격 자체가 언어의 역사적 발달과정에서 변화한다는 생각을 이해하지 못한다.

마찬가지로 이러한 연합적 관점은 아동에게 언어가 지니고 있는 의미적 측면의 발달을 설명할 수 없다. 아동의 경우, 말의 의미발달은 말과 의미를 결합하는 연합적 연관의 순수한 외적·양적 변화나 이러한 연관들의 증가와 강화로만 귀착될 수 있다. 말과 의미 사이의 연관이 지니고 있는 구조와 본성 자체는 변화할 수 있으며, 실제로 아동의 언어발달 과정에서 변화하고 있다는 사실은 연합적 관점으로는 설명할 수 없다.

마지막으로 우리가 이러한 관점에 선다면 성인의 발달한 언어적 사고 기능에서 말과 의미의 상호관계를 연합적 경로라는 단선적인 연속 운동으로밖에는 파악할 수 없게 된다. 언어를 이해하는 것은 기존 말들의 형상에서 영향을 받아 두뇌에서 발생하는 연쇄적인 연합이다. 말로 표현된 생각은 연합적 경로를 따라 생각에 표상된 대상들로부터 그것의 언어적 표시로 전이하는 반대 방향의 운동이다. 연합은 항상 두 가지 표상의 이중적 연관을 보장한다. 다시 말하자면 한 번은 외투를 통해서 그것을 입고 있는 사람을 연상하게 되고, 또 한 번은 그 사람의 외관이 그의 외투를 연상시킨다. 따라서 언어의 이해와 말로 표현된 생각은 상기(想起)나 연합적 연관과 같은 활동과 비교하여 어떤 새로운 것이나 특수한 것도 포함하지 않는다.

연합이론의 불충분성이 비교적 오래전에 실험적·이론적으로 증명되었음에도 말과 그것의 의미에 대한 연합적 이해에는 별반 영향을 주지 못했다. 뷔르츠부르크학파는 사고를 표상들의 연합적 흐름으로 되돌릴 수 없으며, 생각의 운동, 연결, 상기를 연합법칙의 관점에서 설명할 수 없고, 생각의 흐름을 지배하는 특별한 법칙성이 존재한다는 것을 증명하려고 했다. 그러나 이 학파는 말과 의미의 관계가 지니고 있는 본성에 대한 연합적 견해를 재검토하는 측면에서도 아무런 공헌을 하지 못했을 뿐만 아니라 이런 재검토 필요성에 대해서도 언급하지 못했다. 뷔르츠부르크학파는 언어와 사고를 분리해 신에게는 신의 것을, 황제에게는 황제의 것을 돌려주었다. 그들은 생각을 모든 형상적인 것, 감각적인 것의 족쇄로부터 해방시켜 연합법칙의 지배 아래 두고, 그것을 아우구스티누스(Aurelius Augustinus)와 데카르트(René Descartes)의 전(前)과학적인 유심론적 개념으로 복귀하는 순수한 정신활동으로 바꾸었다. 그리고 마침내는 사고에 관한 학설에서 데카르트보다 더 나아가 극도의 주관적 관념론에 도달했다. 이와 관련하여 퀼페는 다음과 같이 주장했다. "우리는 사유한다. 고로 존재한다고 말할 뿐만 아니라 세계는 우리가 확정하고 규정하는 것처럼 존재한다고도 말한다."[2] 이와 같이 신적인 사고는 신에게 인도되게 되었다. 사고의 심리학은 퀼페가 인정하듯이 공개적으로 플라톤의 이념으로 향한 길을 걷게 되었다.

이와 동시에 생각을 모든 감각적인 것의 족쇄에서 해방시키고 그것을 순수하고 영적인 정신활동으로 바꾼 다음에 뷔르츠부르크학파의 심리학자들은 생각을 언어에서 분리하여 후자를 완전히 연합법칙의 지배 아래 두었다. 뷔르츠부르크학파의 작업 이후에 학자들은 계속해서 말과 의미 사이의 연관을 순수한 연합으로 간주했다. 결국 말은 사상의 외적 표현으로 여겨지고 생각의 내적 삶에는 전혀 참여할 수 없는 의상과 같은 것이 되었다. 뷔르츠부르크학파 시대의 심리학자들은 사고와 언어를 결코 분리된 것으로 여기지 않았다. 사고의 영역에서 연합주의

---

2 퀼페, 「현대의 사고 심리학」, 『철학의 새로운 이념들』, 제16호, 1914, 81쪽.

를 극복하려는 시도는 언어에 대한 연합주의적 이해를 강화하는 결과를 초래했다. 그것은 황제의 소유인 양 황제에게 인도되었다.

이러한 노선의 후계자들인 몇몇 심리학자는 이 노선을 변화시킬 수 없었을 뿐만 아니라 오히려 그것을 심화하고 확대했다. 예컨대 생산적 사고의 배열이론, 즉 결국 연합이론의 완전한 파산을 증명한 셀츠(Seltz)는 그 대신에 애초부터 생각과 말의 분열을 심화하고 강화하는 새로운 이론을 제기했다. 셀츠는 언어로부터 분리된 사고 자체를 연구했고, 인간의 생산적 사고와 침팬지의 지적 조작 사이에 원리적 동일성이 존재한다는 결론에 도달했다. 말이 생각의 본성에 어떤 변화도 일으킬 수 없었던 만큼 사고의 언어로부터 독립은 그만큼 더 컸다.

말의 의미를 자신의 특별한 연구 대상으로 설정하고 개념에 관한 학설에서 최초로 연합주의를 극복한 아흐조차도 개념형성 과정에서 연합적 경향과 더불어 결정 경향을 승인하는 것 이상으로 나아갈 수 없었다. 그러므로 자신의 결론에서 아흐는 말의 의미에 대한 이전의 이해에서 벗어날 수 없었다. 그는 개념과 말의 의미를 동일시하고, 개념의 변화와 발달의 모든 가능성을 배제한다. 한 번 발생한 말의 의미는 변하지 않고 영구적으로 남는다. 말의 의미가 형성되는 순간에 그것의 발달 과정은 완료된다. 그러나 이것은 아흐와 반대되는 의견을 가지고 있는 심리학자들의 주장이기도 했다. 그들 사이의 차이점은 오직 말의 의미가 형성되는 최초의 순간을 달리 보고 있다는 데 있다. 그러나 그들은 동일하게 이러한 최초의 순간을 개념발달의 최종점으로 보고 있다.

사고와 언어의 학설에 관한 현대 구조 심리학도 이와 동일한 견해를 창안한 바 있다. 다른 학설보다 더 심오하고 철저하며 원칙적인 구조 심리학은 연합주의 심리학 전체를 극복하려고 시도했다. 그러므로 구조 심리학은 선행자들이 한 것처럼 이 문제를 어중간하게 해결하려고 하지 않았다. 구조 심리학은 사고뿐만 아니라 언어도 연합법칙의 지배에서 끄집어내어 동일하게 구조형성의 법칙에 편입시켰다. 그러나 놀랍게도 현대 심리학의 가장 진보적인 경향의 하나인 구조 심리학도 사고와 언어에 관한 학설에서 한 걸음도 진전하지 못했을 뿐만 아니라 선행자들과 비교해서도 상당히 퇴보했다.

무엇보다도 구조 심리학은 사고와 언어 사이의 깊은 단절을 완전히 인정했다. 구조 심리학은 생각과 말의 관계를 단순한 유사관계나 공통의 구조로 통분하는 것으로 간주했다. 구조 심리학자들은 아동에게 최초로 의미가 부여된 말의 발생을 쾰러가 실험한 침팬지의 지적 조작과 유사한 것으로 파악했다. 막대기가 원숭이에게 과일을 손에 넣는 도구로서 기능적 의미를 획득하듯이 말은 사물의 구조 속으로 들어가 그것을 설명하고 일정한 기능적 의미를 획득한다. 이와 같이 말과 의미의 연관은 이미 단순한 연합적 연관이 아니라 구조적 연관이라고 생각할 수 있다. 이러한 발견은 대단한 진보다. 그러나 만약 우리가 도달한 사물에 대한 새로운 이해를 주의 깊게 검토해본다면, 이러한 진전이 단순한 환상이며, 본질적으로 연합주의 심리학이라는 기본 입장에 안주하고 있다는 것을 쉽게 납득할 수 있을 것이다.

실제로 말과 그것이 지시하는 사물은 하나의 구조를 형성한다. 그러나 이 구조는 두 사물의 일반적인 모든 구조적 연관과 완전히 유사하다. 이러한 구조는 말 자체의 어떤 특수한 것도 포함하지 않는다. 두 가지 사물, 예컨대 막대기와 과일이나 말과 그것이 지시하는 대상은 동일한 법칙에 따라 완전히 동일하게 하나의 구조로 접합된다. 말은 다시 다른 일련의 사물 가운데 한 사물에 지나지 않는다. 말은 사물이며, 사물을 결합하는 일반적인 구조의 법칙에 따라 다른 사물과 묶일 수 있다. 그러나 말을 다른 모든 사물로부터 구분하고 말의 구조를 다른 모든 구조로부터 구분하는 문제, 말이 어떻게 의식 속에서 사물을 대표하는가 하는 문제, 말의 형성 과정에 관한 문제 등 모든 것은 연구자들의 관심 밖에 있었다. 새로운 심리학은 말과 그것의 의미와의 관계가 지니고 있는 특수성을 부정하고 이러한 관계들을 모든 구조적 연관의 대해(大海) 속에 용해시키고 있다는 점에서 낡은 심리학 못지않다.

우리는 본질적으로 말의 본성에 관한 구조 심리학의 이념을 이해하기 위해 말과 의미의 연관이 지니고 있는 본성에 관한 연합주의 심리학의 이념을 설명하기 위해 사용했던 예들을 완전히 재현할 수 있다. 예컨대 우리는 외투를 통해 항상 그것을 입고 있는 사람을 연상하듯이 말을 통해 그 의미를 연상한다. 이러한 명제는 구조 심리학에서도 완전히 적용된다. 왜냐하면 구조 심리학은 외투와 그것을 입고 있는 사람이 말과 그것이 표시하는 사물과 마찬가지로 동일한 구조를 형성하고 있다고 생각하기 때문이다. 새로운 심리학은 사람의 외관을 통해 그 사람의 외투를 연상하듯이 외투를 통해 그 주인을 연상하는 것을 구조법칙으로 설명한다.

이와 같이 구조의 원칙이 연합의 원칙을 대신했지만, 이 새로운 원칙은 낡은 원칙과 마찬가지로 사물 간의 일반적인 관계로 보편화되고 미분화되어 확산되었다. 낡은 심리학의 대표자들은 말과 의미의 연관이 막대기와 바나나의 연관과 같이 형성된다고 주장한다. 그러나 이것은 우리가 예로 들고 있는 것과 동일한 연관이 아닌가? 문제의 핵심은 새로운 심리학자들이 낡은 심리학자들과 마찬가지로 말과 의미의 특수한 관계를 설명할 수 있는 모든 가능성을 배제하고 있다는 점이다. 이 관계는 우선 사물들 간의 모든 가능한 관계에서 원칙적으로 구분되는 어떤 것이 아니다. 모든 고양이가 이전에는 보편적인 연합의 어둠 속에서 구별될 수 없었듯이 지금은 보편적인 구조의 어둠 속에서 회색으로만 보이는 것이다.

아흐는 결정 경향으로 연합이론을 극복하고 새로운 심리학은 구조의 원칙으로 그것을 극복하려고 했지만 두 이론 모두 낡은 학설의 기초를 답습하고 있다. 첫 번째 오류는 말과 의미의 연관을 다른 두 사물 간의 연관과 원칙적으로 동일시하는 것이다. 두 번째는 말의 의미가 발달하는 것을 인정하지 않는 것이다. 낡은 심리학과 마찬가지로 새로운 심리학도 말의 의미발달이 그것이 발생하는 순간 완료된다는 입장에 서 있다. 이것이 바로 사고와 언어의 문제를 언급할 때 지각과 기억에 관한 학설 같은 다양한 분야를 강력하게 제기한 바 있는 심리학의 다양한 유파의 교체가 마치 지루하고 단순하게 한 장소를 뭉개고 있거나 원 주의를 맴돌고 있다는 인상을 주는 이유다. 하나의 원칙이 다른 원칙에 대체된다. 새로운 것은 이전의 것과 근본적으로 모순된다. 그러나 사고와 언어에 관한 학설은 마치 일란성 쌍둥이처럼 서로 비슷하다. 프랑스 속담에서 말하듯이 그것은 변한 만큼 같은 것이 된다.

만약 언어에 관한 학설에서 새로운 심리학이 낡은 견해에 머물러 말로부터 생각의 독립성을 완전히 인정한다면, 그것은 사고에 관한 학설을 현저하게 후퇴시키는 것이다. 이것은 무엇보다도 새로운 심리학이 사고 자체의 특수한 합법칙성을 부정하고, 그것들을 보편적인 구조법칙 속에 용해하려고 하는 것이다. 뷔르츠부르크학파는 생각을 순수한 정신적 활동의 수준으로 밀어올리고, 말을 저열하고 감각적인 연합의 지배 아래 두었다. 이 학파의 기본적인 단점은 여기에 있었다. 그러나 이 학파는 생각의 연결, 운동, 흐름의 특수한 법칙을 표상과 지각의 연결, 흐름이라는 좀더 기초적인 법칙으로부터 구별할 수 있었다. 이런 점에서 이 학파는 새로운 심리학보다 우위에 있다. 새로운 심리학은 닭의 지각구조라는 공통분모로 침팬지의 지적 조작과 아동이 최초로 의미를 부여한 말, 인간의 발달한 생산적 사고를 통분함으로써 의미를 부여할 수 있는 말의 구조와 막대기, 바나나 사이의 경계뿐만 아니라 가장 발달된 형태의 사고와 가장 간단한 지각 사이의 경계도 지워버렸다.

사고와 언어에 관한 현대의 기본적인 학설들에 대한 개략적·비판적 개관을 정리해본다면 심리학 생각에 공통적인 두 가지 기본 명제가 작용하고 있다는 것을 지적할 수 있을 것이다. 첫째는, 이 유파 가운데 하나는 말의 심리학적 본성에서 가장 중요하고 기본적이며 중심적인 것으로 말을 말이 되게 하는 것, 다시 말하면 그것이 없으면 말이 그 자체로서 존재할 수 없는 것, 즉 의식 속에서 실재를 반영하는 완전히 독자적인 양식으로서 말 속에 포함되어 있는 일반화를 파악하지 못한다는 것이다. 둘째는, 모든 학설이 말과 그것의 의미를 발달이라는 시각에서 보지 못하고 있다는 점이다. 이 두 가지 계기는 내적으로 연관되어 있다. 왜냐하면 말의 심리학적 본성에 관한 올바른 견해만이 말과 그것의 의미의 발달 가능성을 이해할 수 있기 때문이다. 두 가지 계기가 상호 교체되는 한, 이것들은 기본적으로 서로 반복한다. 그러므로 사고와 언어에 관한 현대 심리학의 학설에서 개별적인 학파들의 투쟁과 교체는 하이네(Heinrich Heine)의 유머러스한 시를 연상시킨다. 이 시는 죽을 때까지 자신에게 충실했던 존경스러운 늙은 샤블론의 치세에 관해 이야기한다. 그러나 그는 어느 날 갑자기 그에게 반기를 든 단검에 살해되어버린다.

우쭐거리는 후계자들이

제국과 왕위를 나눠가질 때

사람들은 말했노라, 젊은 샤블론이

늙은 샤블론을 닮았다고.

2. 언어의 의미적 측면과 음성적 측면의 모순적 통일

말의 불안정성, 비항상성, 가변성과 그것의 변화에 대한 발견은 사고
와 언어에 관한 모든 학설을 막다른 골목에서 탈출시킬 수 있는 중요하
고 기본적인 발견이며 유일한 방법이기도 하다. 말의 의미는 불변적인
것이 아니다. 그것은 아동의 발달과정에서 변화한다. 그것은 생각의 기
능화의 다양한 방법에 따라 변화한다. 그것은 정적인 것이라기보다는
오히려 동적인 형성물이다. 의미들의 가변성을 확인할 수 있는 것은 오
직 의미 자체의 본성이 올바로 규정되었을 때만 가능하다. 의미의 본성
은 무엇보다도 모든 말에서 기본적이고 중심적인 것으로서 포함되어
있는 일반화 속에서 드러난다. 왜냐하면 모든 말은 이미 일반화를 포함
하고 있기 때문이다.

그러나 만약 말의 의미가 지니고 있는 내적 본성이 변할 수 있다면,
그것은 말과 생각의 관계가 변한다는 것을 의미한다. 생각과 말의 관계
가 지니고 있는 가변성과 동적인 구조를 이해하기 위해서는 우리가 발
전시킨 기초 연구에서 하나의 단면이기는 하지만 의미변화의 발생적
도식을 소개할 필요가 있다. 그리고 사고 활동에서 언어의 의미가 지니

고 있는 기능적 역할을 해명할 필요가 있다. 우리는 아직 한 번도 전체 작업에서 언어적 사고의 전 과정을 설명할 기회를 갖지 못했다. 그러나 우리는 이것이 진행되는 과정에서 나타나는 기본적인 특징을 설명하는 데 필요한 자료들을 이미 가지고 있다. 그러면 지금부터 실제 사고 과정의 복잡한 구조와 생각 발생의 최초의 모호한 순간에서부터 언어적 공식화를 통해서 최종적으로 완성되는 복잡한 흐름을 설명해보자. 이를 위해 우리는 발생적 차원에서 기능적 차원으로 이동해야 하며, 의미의 발달과정이나 그 구조의 변화 과정이 아니라 생생한 언어적 사고의 과정에서 의미의 기능화 과정을 묘사해야 한다. 만일 이것을 해낼 수 있다면, 우리는 각각의 발달 단계에 언어적 의미의 특수한 구조뿐만 아니라 이러한 구조에 따라 규정된 사고와 언어의 특수한 관계도 존재한다는 것을 증명할 수 있을 것이다. 그러나 주지하다시피 기능적 문제들은 기능적 구조의 모든 거대한 복잡성이 분절되고 성숙한 형태로 드러나는 어떤 활동의 최고로 발달한 형태를 연구해야만 용이하게 해명할 수 있다. 그러므로 잠시 발달 문제를 제쳐두고, 발달한 의식 속에서 생각과 말의 관계에 관한 연구에 주목해보자.

우리가 이 작업을 시작하자마자 구조의 정밀함에서 연구자들의 가장 풍부한 상상력이 동원된 도식을 훨씬 뛰어넘는 거대하고 복잡하며 정교한 그림이 나타난다. 이 문제에 대해 톨스토이는 다음과 같이 언급한 바 있다. "말과 생각의 관계라든지, 새로운 개념의 형성은 이와 같이 복잡하고 신비스러우며 섬세한 영혼의 과정이다."[3]

이 과정에 대해 도식적 서술을 하기 전에 우리는 이후 서술의 결과를

---

3 톨스토이, 『교육에 관한 논문들』, 1903, 143쪽.

예상하면서 기본적이고 중심적인 관념들에 대해 언급할 것이다. 이후의 모든 연구는 바로 이러한 관념이 발전하고 해명되는 것이어야만 한다. 이 중심적 관념은 다음과 같은 일반적 공식으로 표현할 수 있을 것이다. 생각과 말의 관계는 무엇보다도 물건이 아니라 과정이다. 이 관계는 생각에서 말로 그리고 반대로 말에서 생각으로 움직이는 운동이다. 이 관계는 심리학적 분석의 측면에서 보면 자신의 본질적인 특징에 따라 본래적인 의미의 발달이라고 할 수 있는 모든 변화를 겪으면서 일련의 국면과 단계를 거치는 발달과정이다. 물론 이것은 연령적 발달이 아니라 기능적 발달이지만, 생각에서 말로 진행되는 사고 과정 자체의 운동은 발달이다. 생각은 말로 표현되는 것이 아니라 말로 완성되는 것이다. 그러므로 우리는 말에서 생각의 형성(존재와 비존재의 통일)에 관해 언급할 수 있다. 모든 생각은 무엇과 무엇을 결합하려고 하며, 무엇과 무엇의 관계를 설정하려고 한다. 모든 생각은 운동, 흐름, 전개라는 계기를 지닌다. 다시 말하자면, 생각은 어떤 기능과 작업을 수행하고 어떤 문제를 해결한다. 이러한 생각의 흐름은 생각이 말로 전이되고 말이 생각으로 전이되는 것과 마찬가지로 일련의 차원들을 통과하는 내적 운동으로서 진행된다. 그러므로 생각에서 말로 진행되는 운동으로서 말에 대한 생각의 관계를 연구하려는 분석의 첫 번째 과제는 이러한 운동이 진행되는 국면을 연구하고, 말에 체현된 생각이 경과하는 다양한 차원을 구별하는 것이다. 여기서 우리 연구자들은 '지혜로운 사람이 꿈에서도 보지 못했던' 많은 것을 발견하게 된다.

우리의 첫 번째 분석은 언어 자체의 두 가지 층위를 구별하는 것이다. 우리는 이 연구에서 언어의 내적·의미적 측면과 외적·음성적·형태적 측면이 진정한 통일을 이룬다 하더라도 각자 특수한 운동법칙을 가지고 있다는 점을 증명했다. 언어의 통일체는 동질적인 것이 아니라 복잡한 통일체다. 무엇보다도 언어의 의미적·형태적 측면에서 운동의 존재는 아동의 언어발달 영역과 관련된 일련의 사실을 통해서 확인할 수 있다. 가장 중요한 두 가지 사실만을 지적해보자.

주지하다시피 아동에게 언어의 외적 측면은 하나의 말에서 두세 가지 말의 결합으로 발달하며, 그 후에 간단한 구절과 몇 가지 구절의 결합으로 그리고 나중에 복잡한 문장과 자세한 일련의 문장들로 구성된 일관된 언어로 발달한다. 이와 같이 아동은 부분에서 전체로 이동하는 언어의 형태적 측면을 습득한다. 그리고 자신의 의미에 따라 아동이 사용하는 최초의 말은 완전한 구절이거나 한 음절 문장이다. 언어의 의미적 측면의 발달에서 아동은 하나의 말로 된 문장에 결합되고 표현된 생각을 서로 연관된 개별적 의미들로 분절하면서 전체적인 것에서, 문장에서 시작해서 나중에 개별적인 말들의 부분적인 의미상의 단위들, 의미를 습득하는 것으로 옮겨간다. 이와 같이 언어의 의미적 측면과 형태적 측면의 발달에서 처음과 마지막 계기를 파악한다면, 이 발달이 대립되는 방향 속에서 진행되고 있다는 점을 쉽게 확인할 수 있다. 언어의 의미적 측면은 전체에서 부분으로, 문장에서 말로 발달하며, 언어의 외적인 측면은 부분에서 전체로, 말에서 문장으로 발달한다.

이 한 가지 사실만으로도 이미 언어의 의미와 음성의 운동을 구별하는 것이 필요하다는 것을 확인하기에 충분하다. 각각의 운동은 하나의 선으로 합류하는 것이 아니라 위에서 설명한 바와 같이 모순적인 방향으로 진행된다. 이것은 결코 언어의 두 가지 차원의 단절이나 각각의 측면들의 자율성과 독립성을 의미하는 것이 아니다. 반대로 이러한 구별은 언어의 두 가지 차원의 내적 통일성을 확립하기 위해 필요한 제일보다. 두 가지 차원의 통일은 언어의 각각의 측면들이 지니고 있는 자기 운동과 각각의 운동의 복잡한 관계를 전제로 한다. 그러나 언어의 통일체의 기초를 이루는 관계들을 연구하는 것은 이러한 복잡한 관계들이 존재할 수 있는 언어의 여러 측면을 구별하고 분석한 이후에나 가능하다. 만일 언어의 두 가지 측면이 동일하고 서로 일치해서 하나의 선으로 합류한다면, 일반적으로 언어의 내적 구조에서 어떤 관계를 언급하는 것은 불가능하다. 왜냐하면 사물은 그 자신과 어떤 관계도 가질 수 없기 때문이다. 우리의 예에서 아동의 발달과정에서 모순적인 방향을 띠고 있는 언어의 두 가지 측면의 내적 통일성은 그것의 불일치보다 훨씬 더 명료하게 나타난다. 처음에 아동의 생각은 모호하고 미분화된 전체로 발생한다. 그러므로 아동은 개별적인 말이나 부분적인 언어표현에서 자신의 생각을 표현할 수밖에 없다. 아동은 자신의 생각을 표현하기 위해 치수에 맞게 언어적 의상을 선택하는 것 같다. 생각이 분절되고 개별적인 부분들의 구성으로 이전함에 따라 아동은 언어에서도 부분에서 분절된 전체로 이행한다. 그리고 반대로 언어에서 부분에서 문장의 분절된 전체로 이전함에 따라 아동은 생각에서 미분화된 전체에서 부분으로 이행할 수 있다. 이와 같이 생각과 말은 최초부터 하나의 표본에 따라 재단되는 것이 아니다. 어떤 의미에서는 생각과 말이 조화롭다기보다 모순적이라고 말할 수 있다. 언어는 구성상 사상의 구조를 단순하게 반영하는 거울이 아니다. 그러므로 언어는 이미 만들어진 옷과 같이 생각을 입을 수 없다. 언어는 이미 존재하는 생각의 표현 수단이 아니다. 생각은 언어로 바뀔 때 개조되고 변형된다. 생각은 표현되는 것이 아니라 말로 완성되는 것이다. 그러므로 언어의 의미적 측면과 음성적 측면이라는 대립된 방향의 발달과정은 모순적인 방향 때문에 진정한 통일을 형성한다.

중요한 또 하나의 사실은 좀더 후기 발달 단계에 속한다. 우리가 언급했듯이 피아제는 아동들이 '왜냐하면' '그럼에도' '~이기 때문에' '비록 ~일지라도'와 같이 접속사를 동반하는 종속문의 복잡한 구조를 이러한 문장형식에 대응하는 의미구조보다 먼저 습득한다고 했다. 아동의 발달에서 문법은 논리보다 선행한다. 자연발생적 언어로 적당한 상황에서 인과관계, 시간관계, 모순관계, 가정적 관계 등을 나타내는 접속사를 완전히 올바르고 적합하게 사용하는 아동은 초등학교 전 교육 과정을 통해서 이러한 접속사들의 의미적 측면을 인식하지 못하며, 그것을 자유자재로 사용하지 못한다. 이것은 복잡한 문장구조의 습득에서 말의 의미적·형태적 측면이 다른 발달 수준과 일치하지 않는다는 것을 의미한다. 말의 분석은 아동의 언어발달에서 문법과 논리의 불일치가 앞의 예에서와 같이 그들 사이의 통일성을 배제하지 않을 뿐만 아니라 반대로 복잡한 논리적 관계를 표현하는 의미와 말의 내적 통일성을 가능하게 한다는 점을 보여준다.

발달한 생각의 기능이라는 측면에서 보면 언어의 의미적 측면과 형태적 측면의 불일치가 앞선 예보다 더 직접적인 것은 아니지만 한층 명확하기는 하다. 이것을 발견하기 위해서 우리는 발생적 차원에서 기능적 차원으로 시선을 돌려야만 한다. 그러나 그전에 우리는 언어 발생에서 강조한 사실들이 이미 기능적 관계의 몇몇 본질적 결론을 암시하고 있다는 점을 지적할 필요가 있다. 우리가 이미 보았듯이 만약 유아기의 전 기간에 언어의 의미적 측면과 음성적 측면의 발달이 모순적인 방향에서 진행된다면, 우리가 어느 순간, 어느 지점에서 결코 완전히 일치할 수 없는 언어의 두 가지 차원의 상호관계를 조사할 수 있다는 것은 당연한 사실이다. 그러나 언어의 기능적 분석에서 직접 얻을 수 있는 사실들이 훨씬 더 모범적인 사례들이 될 수 있다. 이것은 심리학과 밀접한 연관을 맺고 있는 현대 언어학에서는 잘 알려진 사실이다. 이것과 연관된 일련의 사실 중에서 제일 중요한 것은 문법적인 주술(主述)관계와 심리적 주술관계의 불일치다.

이에 대해 포슬러(Karl Vossler)는 다음과 같이 말했다.

"어떤 언어 현상의 정신적 의미를 해석하는 데 그에 대한 문법적 설명보다 더 잘못된 것이 있을까. 여기에는 필연적으로 언어의 심리학적 성분과 문법적 성분의 불일치에서 기인하는 오해가 발생한다. 울란트(Johann Ludwig Uhland)는 『에른스트 슈바프스키 공작』의 에필로그를 다음과 같은 말로 시작했다. "무서운 광경이 여러분 앞에 펼쳐져 있다." 문법적 구조의 관점에서 보면 '무서운 광경'은 주어이고, '펼쳐져 있다'는 술어다. 그러나 심리학적 구조의 관점, 즉 시인이 무엇을 말하려고 하는가 하는 관점에서 보면 '펼쳐져 있다'가 주어이고, '무서운 광경'이 술어다. 시인이 말하고자 하는 것은 관객들 앞에 비극적인 것이 일어나고 있다는 것이다. 청중의 의식 속에 최초로 떠오르는 것은 그 앞에 나타난 어떤 광경에 대한 표상이다. 이것은 위의 구절에서 언급되는 것, 즉 심리학적 주어다. 이 주어에 관해 언급되는 새로운 것은 심리학적 술어인 비극에 관한 표상이다."

문법적인 주술관계와 심리적 주술관계의 불일치는 다음과 같은 예에서 좀더 명확하게 드러날 것이다. '시계가 떨어졌다'는 구절을 보자. 여기서 '시계'는 주어이고 '떨어졌다'는 술어다. 그리고 이 구절을 동일한 형식에서 서로 다른 생각이 표현되는 두 가지 상황에서 상상해보자. 첫 번째, 나는 시계가 벽에 걸려 있는 것에 주목하고, 어떻게 이런 상황이

벌어졌는지 묻는다. 사람들이 나에게 '시계가 떨어졌다'고 대답한다. 이 경우에 나에게는 이미 시계에 대한 과거의 표상이 자리 잡고 있다. 여기서 시계는 무엇인가를 말하는 심리적 주어다. 두 번째로는 시계가 떨어졌다는 것에 관한 표상이 발생한다. 이 경우에는 '떨어졌다'는 것이 주어에 관해 언급하는 심리적 술어다. 여기서 이 구절의 문법적 성분과 심리학적 성분은 일치한다. 그러나 그것은 일치하지 않을 수도 있다.

책상에서 공부하면서 나는 물건이 떨어지는 소리를 듣고, 무엇이 떨어졌냐고 묻는다. 사람들은 나에게 '시계가 떨어졌다'고 대답한다. 이 경우 나의 의식 속에는 떨어진 것에 관한 표상이 자리 잡고 있다. 이 구절에서 무엇인가를 언급하는 '떨어졌다'는 심리적 주어다. 이 주어에 관해 언급하는 것, 즉 내 의식 속에서 이차적으로 발생하는 것은 여기 심리적 술어인 시계에 관한 표상이다. 본질적으로 이러한 생각은 다음과 같이 표현할 수 있다. '떨어진 것은 시계다.' 이 경우에 심리적 술어와 문법적 술어는 일치했지만 우리의 예에서 그들은 일치하지 않는다. 복잡한 구절에서 문장의 모든 성분은 심리적 술어가 될 수 있다. 그리고 그것이 논리적 강세를 띠게 될 때, 그 구절의 의미적 기능은 분리된 심리적 술어에 바로 포함된다. 이에 대해 폴(Herman Paul)은 다음과 같이 언급했다. "문법적 범주는 어느 정도까지 심리학적 범주를 화석화한 것이다. 그러므로 문법적 범주는 논리적 강세를 가해, 즉 의미적 구조를 분명히 하여 숨을 불어넣을 필요가 있다." 폴은 어떻게 다양한 정신적 견해가 동일한 문법적 구조 속에 잠복할 수 있는지를 증명했다. 아마도 언어의 문법적 구조와 심리적 구조의 일치는 우리가 생각하는 것만큼 많은 것 같지는 않다. 오히려 그것은 단지 우리의 가정에 지나지 않고, 실제로는 보기 드물게 또는 전혀 실현되지 않는 것이다. 도처에, 예를 들면, 음성론이나 형태론, 어휘론, 의미론, 심지어 리듬, 운율, 음악에서조차도 심리적인 것이 문법적·형식적 범주 뒤에 모습을 감추고 있다. 어떤 경우에는 이러한 범주가 서로 명백하게 드러나 있는 반면, 또 다른 경우에는 다시 분산되어 있다. 형식의 심리학적 요소와 의미, 심리적 주어와 술어에 관해 언급할 수 있을 뿐만 아니라 똑같이 심리적인 숫자, 성(性), 격(格), 대명사, 최상급, 미래 시제에 관해서도 언급할 수 있다. 주어와 술어, 성의 문법적·형식적 개념과 함께 그것의 심리적 이중성이나 표본의 존재를 인정해야만 한다. 언어적 관점에서 잘못된 것이 특수한 현실에서 발생하였을 경우 예술적 가치를 획득할 수도 있다. 푸시킨(Aleksandr Sergeevich Pushkin)의 시에 다음과 같은 구절이 있다.

미소를 잃어버린 붉은 입술처럼,
문법적 잘못이 없는 러시아어를
나는 별로 좋아하지 않는다.

푸시킨의 이 시는 보통 생각하는 것보다 더 심오한 의미를 담고 있다. 일반적이고, 말할 것도 없이 올바른 표현을 위하여 이러한 불일치를 완전히 제거하는 것은 오직 언어와 그것의 숙련, 즉 수학적인 세계에서만 가능하다. 수학 속에서 언어로부터 발생하고, 또 그것을 극복하는 사고를 발견한 사람은 물론 데카르트다. 우리가 여기서 할 수 있는 말은 우리의 일상적 언어가 고유한 문법적·심리적 성격의 동요와 불일치 때문에 수학적 조화와 환상적 조화의 이상 사이의 유동적인 균형 상태나 우리가 진화라고 부르는 끊임없는 운동 속에 존재한다는 것이다.

언어의 형태적·의미적 측면의 불일치를 증명하기 위해 우리가 인용한 모든 예는 또한 말의 이러한 불일치가 양 측면의 통일성을 배제하지 않을 뿐만 아니라 반대로 이러한 통일성을 필연적으로 전제한다는 것을 나타내고 있다. 정말 이러한 불일치는 생각이 말 속에서 실현되는 것을 방해하지 않을 뿐만 아니라 생각에서 말로 현실화되는 운동을 위한 필수적인 조건이다. 언어의 두 가지 층위 사이의 내적 연관성을 밝히기 위해 우리는 두 가지 예를 통해서 형식적·문법적 구조의 변화가 어떻게 언어의 의미를 심각하게 변화시키는지를 설명할 것이다. 「잠자리와 개미」라는 우화에서 크릴로프(Ivan Andreevich Krylov)는 잠자리에게는 본래 적용할 수 없는 '깡총깡총 뛰는 사람'이라는 형용어를 붙여서 라퐁텐(Jean de la Fontaine)의 귀뚜라미를 잠자리로 대체했다. 프랑스어에서 귀뚜라미는 여성이며, 그런 이유 때문에 이 형상 속에 여성적인 경솔함과 무관심을 구현하기에 적합하다. 그러나 러시아어 번역인 『귀뚜라미와 개미』에서 여성의 경박성을 묘사한 이러한 의미상의 뉘앙스가 사라져버린다.[4] 그러므로 크릴로프의 우화에서는 문법적 성이 실제의 의미를 억압해서 잠자리는 뛰거나 울지 않음에도 뛰고 우는 귀뚜라미의 특징을 간직한 채 그것을 대체하는 것이다. 의미의 풍부함을 적합하게 전달하기 위해서는 이 우화의 여주인공에게 여성이라는 문법적 범주의 보존이 필수적으로 요청된다.

이와 반대되는 경우가 하이네의 시 「소나무와 종려나무」의 번역에서 발생했다. 독일어에서 '소나무'는 남성이다. 이런 이유 때문에 모든 역사는 여성에 대한 사랑을 상징적으로 의미하는 것이 된다. 독일어

---

4 러시아어 명사에는 남성, 여성, 중성이 있는데 귀뚜라미는 남성 명사이다ー옮긴이.

의 이러한 의미상의 뉘앙스를 보존하기 위해 추체프(Fjodor Ivanovich Tjutchev)는 소나무를 시베리아 삼나무로 바꾸었다. "삼나무가 외로이 서 있다."

레르몬토프(Mikhail Yuryevich Lermontov)는 이 시를 정확하게 번역하면서 의미상의 뉘앙스를 제거하고, 그 대신 본질적으로 다른 의미, 즉 좀더 추상적이고 일반적인 의미를 부여했다. 이렇게 문법상의 사소한 일부분의 변화는 적당한 조건에서라면 언어의 의미 전체를 변화시킨다.

언어의 두 가지 층위에 대한 분석에서 우리가 알게 된 결론을 총괄하면 다음과 같다. 언어의 두 가지 층위의 불일치, 말 뒤에 있는 언어의 두 번째 내적 층위의 존재, 생각의 문법과 언어적 의미의 구문법의 독자성을 통해서 우리는 가장 단순한 언어적 발화들 속에서도 언어의 의미적 측면과 음성적 측면 사이에 항상 주어져 있는 고정불변의 관계가 아니라 의미의 구문법에서 말의 구문법으로의 이행과 운동, 생각의 문법에서 말의 문법으로의 전화, 말로 체현된 생각의 의미적 구조의 변형을 발견하게 되었다.

만약 언어의 형태적 측면과 의미적 측면이 일치하지 않는다면 언어적 발화가 한 번에 완전하게 발생했다고 말할 수 없을 것이다. 왜냐하면 의미적 구문법과 말의 구문법은 우리가 보았듯이 동시에 함께 발생하는 것이 아니라 전자에서 후자로의 이행과 운동을 전제하기 때문이다. 그러나 의미에서 음성으로의 이러한 복잡한 이행과정은 언어적 사고의 완성에서 기초적인 하나의 노선으로 발달한다. 언어를 의미론과 음운론으로 구분하는 것은 처음부터 한 번에 주어지는 것이 아니라 오직 발달과정에서 발생하는 것이다. 다시 말하면 아동은 의미가 부여된 언어의 살아 있는 과정에서 당연한 전제로 여겨지는 단계적 하강을 가능한 것으로 만들기 위해서 언어의 두 가지 측면을 분화하고, 그들의 차이와 각각의 본성을 인식해야만 한다. 처음에 우리는 아동에게서 언어적 형식과 의미의 무(無)인식과 미분화를 발견하게 된다. 아동은 말과 그것의 음성적 구조를 사물의 일부나 서로 분리될 수 없는 특성으로서 지각한다. 이것은 명백히 모든 원시적 언어 의식에 고유한 것이다.

홈볼트는 다음과 같은 일화를 소개하고 있다. 천문학을 공부하는 학생들이 별에 관해 이야기하는 것을 듣던 농부가 그들에게 다음과 같이 물었다. "사람들이 여러 가지 도구를 이용하여 지구에서 멀리 떨어져 있는 별까지의 거리와 그들의 위치, 운동을 알 수 있다는 것을 이해한다. 그러나 어떻게 그 별의 이름을 알아내는 것인가?" 그는 별의 이름을 오직 그 별 자체로부터만 알 수 있다고 가정하고 있다. 아동들에 대한 간단한 실험은 취학 전 연령의 아동들이 대상의 이름을 그것의 특성으로 설명한다는 사실을 증명한다. "암소는 뿔이 있기 때문에 암소라고 하고, 송아지는 뿔이 아직 작기 때문에 송아지라고 한다. 말은 뿔이 없기 때문에 말이라고 하고, 개는 뿔도 없고 작기 때문에 개라고 하고, 자동차는 동물이 아니기 때문에 자동차라고 한다."

한 사물의 이름을 다른 사물의 이름으로 바꾸는 것이 가능한지, 예컨대, 암소를 잉크로, 잉크를 암소로 바꾸는 것이 가능한가 하는 질문에 대해 아동들은 잉크는 쓰는 것이고, 암소는 우유를 주니까 이것은 절대 불가능하다고 대답했다. 이름의 변경은 사물의 성질 변경을 의미한다. 그만큼 사물의 특성과 이름은 서로 긴밀하고 분리할 수 없는 것이다. 아동들에게 물건의 이름을 변경하는 것이 얼마나 어려운 일인가 하는 것은 지시에 따라 사실이 아닌 이름들을 사용하게 한 실험에서 분명하게 드러난다. 실험에서는 '암소와 개' '창문과 잉크'를 바꿔 부르게 했다. "만일 개가 뿔이 있다면, 개가 우유를 줄 수 있나요?" 하고 아동들에게 물었다. "줄 수 있어요." "암소는 뿔을 가지고 있나요?" "가지고 있어요." "암소를 개라고 합니다. 개는 뿔이 있나요?" "물론, 암소를 개로 부른다면, 개는 뿔이 있어야만 합니다. 암소라는 이름을 쓴다는 것은 뿔이 있어야만 한다는 것을 의미합니다. 암소라고 불리는 개는 반드시 작은 뿔이라도 있어야만 해요."

우리는 이러한 예에서 물건의 특성은 이름과 함께, 재산은 소유자와 함께 따라가는 것과 마찬가지로 아동들에게 물건의 이름과 특성을 분리하는 것이 얼마나 어려운 일인지를 알 수 있다. 우리는 잉크와 창문의 특성에 관한 질문에서도 같은 결과를 얻을 수 있었다. 처음에는 매우 어렵게 올바로 대답했지만, 잉크가 투명한가라는 질문에 대해 '아니오'라는 부정적인 대답을 했다. "그러나 잉크는 창문이고, 창문은 잉크예요." "그러니까 잉크는 역시 잉크니까 불투명해요."

우리는 이러한 예를 통해서 아동들에게 말의 음성적·청각적 측면은 직접적으로 통일되어 있으며, 인식되지 않은 것, 미분화된 것이라는 사실을 보여주려고 했다. 아동의 언어발달에서 중요한 경로의 하나는 이러한 통일체가 바로 분화되고 인식되기 시작하는 지점이다. 이와 같이 발달의 초기 단계에서는 언어의 양 측면의 융합과 그것의 점차적인 분리가 나타난다. 그래서 양자 사이의 간격은 나이가 들수록 커지고, 언어적 의미와 그것에 대한 인식의 발달에서 언어의 의미적·형태적 측면의 특수한 관계, 의미에서 음성으로의 이행경로는 각각의 단계에 상응한다. 언어의 양 측면에 대한 불충분한 구분은 유아기에 생각의 표현과 이해 가능성의 한계와 연관되어 있다.

만약 우리의 연구가 애초부터 의미의 소통적 기능에 관한 것이었다는 사실에 주목한다면, 언어를 통한 아동들의 소통이 언어와 언어에 대한 인식에서 언어적 의미의 분화와 직접적으로 연관되어 있다는 것이 분명해진다.

우리는 이러한 생각을 해명하기 위하여 우리의 실험 결과들을 분석하면서 이미 지적한 바 있는 말의 의미구조가 지니고 있는 매우 본질적인 특수성에 주목해야만 한다. 예컨대 우리는 말의 의미적 구조 속에서 말이 지시하는 대상과 그것의 의미를 구분하고, 이 양자는 서로 일치하지 않는다는 사실을 증명하려고 했다. 기능적인 측면에서 우리는 이것을 통해 말의 지시적 기능과 명명적 기능뿐만 아니라 상징적 기능을 구분한다. 만약 우리가 발달의 전 단계에서 이러한 구조적·기능적 관계들을 비교한다면, 다음과 같은 발생적 합법칙성의 존재를 확신하게 될 것이다. 말의 구조적 발달의 초기 단계에는 그것의 대상적 지시성만이 존재하고, 기능적으로는 지시적·명명적 기능만이 존재한다. 대상적 지시성으로부터 독립된 의미, 대상의 지시와 명명으로부터 독립된 상징은 나중에 발생하고, 우리가 이미 설명한 것과 같은 방식으로 발달한다.

그러나 우리는 여기서 말의 구조적·기능적 특수성이 발생하는 초기 단계부터 성인과 다른 아동의 특수성이 두 가지 모순적인 방향으로 기운다는 것을 알 수 있다. 한편에서, 아동에게 말의 대상적 지시성은 성인보다 더 명확하고 강하게 표현된다. 아동에게 말은 물건의 일부이며, 그 물건의 특성 가운데 하나다. 아동에게 말은 성인보다 훨씬 더 대상과 밀접하게 연관되어 있다. 이것은 아동의 말에서 대상적 지시성의 비중이 매우 크다는 것을 보여준다. 다른 한편에서, 아동의 말이 성인보다 대상에 밀접하게 연관되어 있으며, 그것이 물건의 일부라는 이유 때문에 아동의 말이 성인의 말보다 용이하게 대상으로부터 멀어질 수 있으며, 생각 속에서 대상을 대신하고 독자적인 삶을 영위할 수 있다. 이와 같이 대상적 지시성과 의미의 불충분한 분화는 아동의 말이 성인의 말보다 현실에 더 가까워지면서 동시에 그로부터 멀어진다는 사실로 이어진다. 이와 같이 아동은 처음에 언어적 의미와 대상, 말의 의미와 음성적 형식을 구분하지 않는다. 발달과정에서 이러한 분화는 일반화의 발달 정도에 따라 진행되며, 우리가 이미 진정한 개념을 만나게 되는 최종적인 발달 단계에서는 우리가 언급한 바 있는 언어의 분화된 층위들 사이의 복잡한 관계가 발생한다.

연령이 쌓일 때마다 성장하는 두 가지 언어적 층위들의 분화는 의미의 구문법으로부터 말의 구문법으로 전화하는 과정에서 생각이 경험하는 발전 경로를 수반한다. 생각은 문장 중의 한 단어에 논리적 강세를 부여하고, 이렇게 함으로써 모든 문장을 이해 가능한 것으로 만드는 심리적 술어를 도드라지게 한다. 말하는 것은 언어의 내적 국면으로부터 외적 국면으로 이동할 것을 요구하고, 이해하는 것은 반대의 운동, 즉 언어의 외적인 국면에서 내적인 국면으로 운동할 것을 요구한다.

3. 내적 언어와 자기중심적 언어

그러나 우리는 설정한 목표를 향해 일보 전진해야 하며, 언어의 내적인 측면을 향해 좀더 깊이 있게 접근해야만 한다. 언어의 의미적 층위는 단지 언어의 모든 내적 층위 중에서 최초 단계에 지나지 않는다. 언어의 의미적 층위 너머에 내적 언어라는 층위가 연구자를 기다리고 있다. 내적 언어의 심리학적 본성에 대한 올바른 이해 없이 생각과 말의 관계를 실제적인 복잡성 속에서 해명하기는 불가능하다. 그러나 이것은 사고와 언어의 학설과 연관된 모든 문제 중에서 가장 어려운 문제다. 그러므로 이 문제를 위해서는 완전히 특별한 연구가 필요하다. 우리는 내적 언어에 대한 특수한 연구의 기초 자료들을 인용하지 않으면 안 된다. 왜냐하면 그것 없이 우리는 생각과 말의 관계를 생각할 수 없기 때문이다.

혼란은 용어상의 불명료함에서 발생한다. '내적 언어' '내면 언어'라는 용어는 문학에서 매우 다양한 현상을 일컫는다. 여기서 다양한 오해가 생긴다. 왜냐하면 연구자들은 자주 동일한 용어를 사용하여 서로 다른 것에 관해 논쟁하기 때문이다. 만약 이 문제에 대한 용어를 명확하게 하지 않는다면, 내적 언어의 본성에 관한 우리의 지식을 체계화하는 것은 불가능하다. 이 작업은 아직 누구도 하지 않았기 때문에 심지어 내적 언어의 본성에 관한 간단한 사실적 자료의 서술도 아직 정리되지 않은 상태로 있다. 이 용어의 최초의 의미는 내적 언어를 언어적 기억으로 이해한 것이었음이 분명하다. 나는 예전에 배웠던 시 한 편을 외울 수 있지만, 그것은 기억 속에서만 재생할 수 있다. 이와 같이 말은 다른 모든 대상과 마찬가지로 표상이나 기억의 형상으로 바꿀 수 있을 것이다. 이 경우에 내적 언어는 대상에 대한 표상이 실제 대상과 구별되는 것과 똑같이 외적 언어와 구별된다. 말의 이러한 회상이 어떤 기억의 형상들(예컨대 음향적·시각적·동적·혼합적 형상들) 속에서 구현되는지를 연구하면서 프랑스 학자들은 바로 위와 같은 의미로 내적 언어를 이해한다. 우리가 앞으로 살펴보겠지만 언어적 기억은 내적 언어의 본성을 규정하는 계기 가운데 하나다. 그러나 이 개념은 물론 내적 언어라는 개념을 배제하지도 않을 뿐만 아니라 그것과 직접적으로 일치하지도 않는다. 우리는 과거의 학자들이 기억에 따른 말의 재현과 내적 언어를 동일시하려는 경향이 있다는 사실을 항상 발견한다. 그러나 실제로 이것은 두 가지 상이한 과정이며, 서로 구분되는 것이다.

내적 언어의 두 번째 의미는 일상적인 언어행위의 생략과 연관되어 있다. 이 경우에 발음되지 않는 무음(無音), 무언(無言)의 언어, 즉 밀러의 유명한 정의에 따르면 음성이 없는 언어를 내적 언어라고 한다. 왓슨의 생각에 따르면 내적 언어는 외적 언어와 같은 것이고, 내적 언어는 단지 끝까지 행해지지 않을 뿐이다. 베흐체레프(Vladimir Mikhailovich Bekhterev)는 내적 언어를 움직이는 부분에서 나타나지 않는 언어적 반사라고 규정했다. 세체노프(Ivan Mikhailovich Sechenov)는 내적 언어를 과정의 3분의 2에서 중단된 언어적 반사로 규정했다. 내적 언어의 이러한 이해는 내적 언어의 과학적 개념에 속하는 하나의 견해로 볼 수 있다. 그러나 이것도 첫 번째와 마찬가지로 내적 언어라는 개념을 배제하지 않을 뿐만 아니라 그것과 직접적으로 일치하지도 않는다. 어떤 말들을 소리 내지 않고 발음한다는 것이 내적 언어의 과정을 의미하는 것은 아니다. 최근에 실링(Schilling)은 위에서 언급한 학자들이 내적 언어의 개념에 포함시키려 했던 내용을 내적인 발성으로 표시하면서 내적 언어와 내적인 말을 용어상 구분할 것을 제안했다. 양적인 측면에서 내적인 말은 언어활동의 수동적 과정이 아니라 능동적 과정이라는 점에서, 질적인 측면에서는 언어적 기능에서 최초의 운동적 활동을 고려하고 있다는 점에서 내적 언어와 구분된다. 이러한 관점에서 내적인 발성은 내적 언어의 부분적 기능이고, 창시적 성격을 지닌 언어활동이다. 이 활동은 분절된 운동 속에서는 결코 나타나지 않거나 애매하게 표현된 무음의 운동 속에서 나타난다. 이 운동은 사고 기능을 수반하고, 강화하거나 제지한다.

세 번째로, 이 용어에 대한 가장 애매한 이해는 내적 언어를 가장 확대 해석하는 것이다. 우리는 이 해석의 역사에까지 깊이 들어가지 않을 것이다. 그러나 우리가 많은 저서에서 보는 바와 같은 이러한 견해에 대해 간단하게 언급하려고 한다.

골트슈타인(Kurt Goldstein)은 말하는 행위에 선행하는 모든 것과 언어의 일반적인 모든 내적 측면을 내적 언어라고 지칭한다. 그는 언어를 두 가지 계기로 구분한다. 첫째는, 언어학자가 말하는 언어의 내적 형식 또는 분트가 말하는 언어의 모티프들이다. 둘째는, 명료하게 정의하기 어렵고 비감각적이거나 비활동적인 특수한 언어적 경험이다. 이러한 경험은 정확한 설명을 하지 않아도 될 만큼 누구에게나 잘 알려졌다. 이와 같이 내적 언어의 개념 속에 모든 언어활동의 내적 측면을 통합하고, 프랑스 학자가 말하는 내적 언어와 독일 학자가 말하는 개념을 하나로 혼합하면서 골트슈타인은 내적 언어를 모든 언어의 중심으로 보았다. 여기서 이러한 정의의 소극적 측면, 즉 내적 언어에서 감각적·운동적 과정은 종속적 의미를 지닌다는 지적은 올바르다. 그러나 이 정의의 적극적 측면은 혼란스럽고 옳지 않다. 모든 언어의 중심을 어떤 기능적·구조적·객관적 분석도 제공하지 못하는 직관적으로 포착된 경험과 동일시하는 것에는 동의할 수 없는 것이다. 이것은 이러한 경험을 심리적 분석을 통해 잘 분리된 개별적인 구조적 층위들이 흔적도 없이 용해되는 내적 언어와 동일시하는 것과 마찬가지다. 이 중심적 언어 체험은 모든 언어활동에 공통된 것이며, 오직 내적 언어라고 지칭되는 특수하고 고유한 언어적 기능의 분리에는 완전히 적합하지 않은 것이다.

본질적으로 말해서 만약 골트슈타인의 입장을 충실하게 끝까지 고수한다면, 그가 말하는 내적 언어는 언어가 아니라 사고 활동이나 적극적인 의지 활동이라는 사실을 인정하지 않으면 안 된다. 왜냐하면 그것은 언어의 모티프와 말에 표현된 생각을 포함하기 때문이다. 최선의 경우에 내적 언어는 미분화된 형태로 발화하는 순간까지 진행되는 모든 내적 과정, 즉 외적 언어의 모든 내적 측면을 포괄한다.

내적 언어에 대한 올바른 이해는 내적 언어가 심리학적 본성상 특수한 구조물이며, 다른 형태의 언어활동과 복잡한 관계에 있는 특수한 형태의 언어활동이라는 견해에서 출발해야만 한다. 내적 언어와 생각, 말과의 관계를 연구하기 위해서는 무엇보다도 전자와 후자의 차이를 분명히 하고, 그것의 독자적인 기능을 해명해야만 한다. 내가 나에게 말하는 것과 타인에게 말하는 것은 상당한 차이가 있다고 생각한다. 내적 언어는 자기 자신을 위한 언어이고, 외적 언어는 타인을 위한 언어다. 언어의 기능에서 이러한 근본적이고 기본적인 차이가 두 가지 언어적 기능의 구조적 본성에 영향을 미치지 않는다고는 생각할 수 없다. 그러므로 우리는 잭슨(Jackson)과 헤드(Head)처럼 내적 언어와 외적 언어의 차이가 본질이 아니라 정도의 차이일 뿐이라고 보는 것은 잘못된 견해라고 생각한다. 여기서 문제는 발성의 유무에 있는 것이 아니다. 발성의 유무 자체는 내적 언어의 본성을 설명하는 원인이 아니라 그 본성에서 나온 결과다. 어떤 의미에서 내적 언어는 외적 언어에 선행하거나 기억 속에서 그것을 재생하는 것이 아닐 뿐만 아니라 외적 언어와는 대립되는 것이라고 말할 수 있다. 외적 언어는 생각이 말로 전화되는 과정이며, 생각의 물질화·객관화다. 여기서 반대의 과정, 즉 밖에서 안으로 진행되는 과정은 언어가 생각으로 기화되는 과정이다.[5] 바로 여기에서 내적 언어의 구조는 외적 언어의 구조와 구분된다.

　내적 언어는 심리학에서 가장 연구하기 어려운 영역이다. 그러므로 우리는 내적 언어에 관한 학설에서 다수의 독단적인 구성과 사변적 체계를 발견한다. 우리는 사용할 수 있는 사실적 자료들을 거의 가지고 있지 않다. 이 문제에 대한 실험은 단지 무엇을 표시하기 위한 것에 지나지 않는다. 연구자들은 겨우 눈에 띄는 보잘것없는 의미와 모든 경우에 내적 언어의 핵심을 벗어나 있는 조음(調音)과 호흡에서 운동 변화의 존재를 포착하려고 했다. 이 문제는 발생적 방법을 적용하여 성공하기 전까지 거의 알려지지 않았다. 여기서 발달은 인간 인식의 가장 복잡한 내적 기능 중의 하나를 이해하는 열쇠였다. 그러므로 내적 언어를 연구하는 적절한 방법의 발견은 사실 모든 문제에 대한 새로운 시각을 제공했다. 그러므로 우리는 무엇보다도 방법론에 주목할 것이다.

　피아제는 아동의 자기중심적 언어가 지니고 있는 특수한 기능에 처음으로 주목하고, 그것의 이론적 의미를 평가했다. 그의 공로는 일상적으로 반복해서 나타나는, 아동을 보는 사람이면 누구나 알고 있는 사실을 포착한 것이 아니라 그것을 연구하고 이론적으로 의미를 부여했다는 점에 있다. 그러나 그도 자기중심적 언어 속에 포함된 가장 중요한 문제, 즉 그것의 발생적 관계와 내적 언어와의 연관에 대해서는 완전히 무지했다. 이러한 이유 때문에 그는 기능적·구조적·발생적 측면에서 내적 언어의 고유한 본성을 잘못 해석했다. 우리는 피아제와는 달리 실험에서 내적 언어를 중심에 놓고, 그것과 자기중심적 언어의 관계를 연

5　비고츠키가 '언어가 생각으로 기화되는 과정'이라고 표현한 것은 문맥상 말이 사라지는 것이 아니라 생각의 행위와 함께 언어 과정에서 질적인 변화가 발생한다는 것을 언급한 것이다 – 영어본 편집자.

구했다. 이로써 우리는 과거에 없었던 실험을 통해서 최초로 내적 언어의 본성을 연구할 가능성에 도달했다고 생각한다.

우리는 이미 앞에서 자기중심적 언어가 내적 언어의 발달에 선행하는 일련의 단계라는 결론에 대해 서술한 바 있다. 이러한 판단은 세 가지 특성을 지닌다. 첫째는 기능적 성격(우리는 자기중심적 언어가 내적 언어와 같이 지적 기능을 수행한다는 사실을 발견했다.), 둘째는 구조적 성격(우리는 자기중심적 언어가 구조상 내적 언어와 비슷하다는 것을 발견했다.), 셋째는 발생적 성격(우리는 취학 연령기에 자기중심적 언어가 사라진다고 주장한 피아제의 이론과 이 시기에 내적 언어의 발달이 시작된다는 새로운 사실을 비교하여, 취학할 때 자기중심적 언어가 사라지는 것이 아니라 그것이 내적 언어로 이행하고 진화한다는 결론에 도달했다.)이다. 자기중심적 언어의 구조와 기능, 운명에 관한 이러한 새로운 작업가설은 자기중심적 언어에 관한 모든 학설을 근본적으로 뜯어고칠 수 있는 가능성을 부여할 뿐만 아니라 내적 언어의 본성을 깊이 있게 이해할 수 있는 가능성도 제공한다. 만약 자기중심적 언어가 내적 언어의 초기 형태라는 우리의 가정이 신뢰성이 있는 것이라면, 내적 언어의 연구 방법에 관한 문제는 이런 방법으로 해결될 것이다.

자기중심적 언어는 내적 언어를 연구하는 열쇠다. 무엇보다도 우선 자기중심적 언어는 발성되어 소리를 가진 언어, 즉 발현 방법상으로는 외적 언어이고 동시에 기능과 구조상으로는 내적 언어라는 점이다. 복잡한 내적 과정의 연구에서 그것을 실험하고 객관화하기 위해서는 한편에서 내적 과정을 어떤 외적 활동과 연관지으면서 내적 과정의 외적 측면을 실험적으로 관찰할 수 있도록 만들고, 다른 한편에서 내적 과정의 외적 측면을 관찰하는 데 필요한 객관적·기능적 분석을 위해 내적 과정의 표면화가 필요하다. 그러나 자기중심적 언어의 경우에 우리는 마치 이러한 유형의 자연적 실험을 경험한 것 같다. 즉 이 실험은 본성으로는 내적 언어이지만 발현 과정상으로는 외적 언어인 내적 언어에 대한 직접적 관찰과 실험을 가능하게 했다. 바로 여기에 자기중심적 언어에 대한 연구가 내적 언어에 대한 연구에서 기본적인 방법이 되는 이유가 있다.

이 방법의 두 번째 장점은 자기중심적 언어를 정적이 아니라 동적으로, 즉 기존의 특징이 점차적으로 소멸하고 다른 특징들이 서서히 증대하는 발달과정에서 연구할 수 있다는 점이다. 이러한 이유 때문에 내적 언어의 발달 경향을 판단하고, 발달과정에서 비본질적인 것이 이탈하고 본질적인 것이 강화되고 성장하는 것을 분석할 가능성이 발생한다. 그리고 마지막으로, 내적 언어의 발생적 경향을 연구하면서 삽입법을 사용하여 자기중심적 언어에서 내적 언어로의 운동, 즉 내적 언어의 본성을 추론할 수 있는 가능성이 생긴다.

이러한 방법으로 우리가 얻은 기본적인 결과를 서술하기 전에 우리는 방법론의 이론적 기초를 분명하게 설명하기 위해서 자기중심적 언어의 본성에 대한 일반적 이해를 도모하려고 한다. 이 문제를 서술하기 위해 우리는 자기중심적 언어에 관한 두 가지 대립되는 이론, 즉 피아제와 우리의 이론을 비교하고자 한다. 피아제에 따르면 아동의 자기중심적 언어는 아동의 생각에서 자기중심성의 직접적 표현이다. 여기서 자기중심성은 아동의 사고에서 최초의 자폐증과 그것의 점차적인 사회화 사이의 타협이다. 이것은 각각의 연령단계마다 특수한 동적 타협이다. 아동의 발달 정도에 따라 자폐증 요소는 감소하고 사회화된 생각은 증가한다. 이러한 과정을 통해 언어와 마찬가지로 사고의 자기중심성은 점차 사라진다.

　이러한 형태의 언어 구조와 기능, 운명에 대한 피아제의 견해는 자기중심적 언어의 본성에 대한 자신의 이해에 근거한 것이다. 자기중심적 언어에서 아동은 성인의 생각에 적응해서는 안 된다. 그러므로 아동의 생각은 최대한 자기중심적 언어에 머물게 되며, 타인에게 모호한 자기중심적 언어나 그것의 생략, 그 밖의 구조적 특징들 속에서 표현된다. 이러한 경우에 자기중심적 언어는 기능상 아동의 활동의 기본적인 멜로디를 따르며, 그것은 이 멜로디 자체를 바꿀 수 없는 단순한 반주 이외의 것이 될 수 없다. 이것은 독자적인 기능적 의미를 지니고 있는 현상이라기보다는 오히려 동반현상이다. 이 언어는 아동의 행동과 사고에서 어떠한 기능도 수행하지 않는다. 그리고 마지막으로 자기중심적 언어는 아동의 자기중심성의 표현이고, 자기중심성은 아동의 발달과정에서 소멸되는 것인 한, 이 언어의 발생적 운명이 또한 아동의 사고에서 자기중심성의 소멸과 일치한다는 것은 분명하다. 그러므로 자기중심적 언어의 발달은 감소곡선에 따라 진행되고, 그것의 정점은 발달의 초기 단계며, 취학 연령기에는 제로로 떨어진다. 이와 같이 자기중심적 언어의 운명에 대해서는 신동(神童)들에 관한 리스트(Franz Liszt)의 말, 즉 그의 미래는 과거 속에 있다는 것으로 대신할 수 있다. 자기중심적 언어는 미래가 없다. 자기중심적 언어는 발생하는 것도 아니며, 아동과 함께 발달하지도 않는다. 자기중심적 언어는 진화 과정이라기보다는 오히려 퇴행 과정으로서 소멸하고 사멸한다. 이와 같이 만약 자기중심적 언어의 발달이 감멸곡선(減滅曲線)에 따라 진행되는 것이라면, 이 언어가 아동의 모든 발달 단계에서 처음에는 개인적인 것일 수밖에 없는 아동 언어의 불충분한 사회화에서 발생하며, 이러한 사회화의 불충분성과 불안전함의 직접적 표현이라는 것은 자명하다.

반대의 이론에 따르면, 자기중심적 언어는 간심리적 기능에서 심리 내적 기능으로, 즉 아동의 사회적인 집단 활동의 형식에서 개인적 기능으로 이행하는 현상 가운데 하나다. 이 이행은 우리가 앞선 연구에서 지적한 것처럼 모든 고차원적인 심리기능 발달의 일반법칙이다.[6] 고차원적인 심리기능은 처음에 공동 활동의 형식으로 발생하여 나중에는 자기 자신의 심리활동 형식으로 전화된다. 자기 자신을 위한 언어는 처음에 타인을 위한 언어의 사회적 기능의 분화에 따라 발생한다. 외부로부터 아동에게 강요되는 점진적인 사회화가 아니라 아동의 내적 사회성에 기초하여 발생하는 점진적인 개인화가 아동 발달에서 가장 중요한 요소다. 이로부터 자기중심적 언어의 구조, 기능, 운명 문제에 대한 우리의 견해가 변화한다. 우리 관점에서 보면 자기중심적 언어의 구조는 그 기능의 독립성과 병행하여 발달하고, 그 기능들과 상응하여 발달한다. 다시 말하자면 언어는 새로운 명칭을 획득하면서 자연스럽게 새로운 기능에 입각해서 자신의 구조를 개조하는 것이다. 우리는 앞으로 이러한 구조적 특성에 대해 상세히 살펴볼 것이다. 여기서 언급해두고 싶은 것은 이러한 특성들이 소멸하거나 사라지거나 없어지거나 퇴행되는 것이 아니라 아동의 성장과 함께 강화되고 성장하고 진화하고 발달한다는 것이다. 자기중심적 언어와 마찬가지로 이러한 발달은 감멸곡선이 아니라 상승곡선을 따라 진행된다.

우리의 실험에 비추어 생각해본다면 자기중심적 언어의 기능은 내적 언어의 기능과 유사하다. 이것은 반주와는 전혀 다른 것이다. 이것은

---

6 비고츠키, 『아동학』, 1931, 438쪽.

독립적인 멜로디이고, 지적인 적응, 인식, 곤란과 장애의 극복, 판단이나 사고의 목적에 봉사하는 독립적인 기능이다. 그리고 이것은 자기 자신을 위한 언어며, 가장 친밀하게 아동의 사고에 봉사한다. 마지막으로 자기중심적 언어의 발생적 운명은 무엇보다도 피아제가 서술하는 것과는 거리가 먼 것이다. 자기중심적 언어는 감소곡선이 아니라 상승곡선에 따라 발달한다. 자기중심적 언어의 발달은 퇴행이 아니라 진정한 진화다. 이것은 무엇보다도 생물학과 소아과에서 잘 알려진 퇴화과정, 즉 배꼽의 상처가 소생하는 과정이나 탯줄이 떨어져나가는 과정 또는 유아기에 보타로프관과 배꼽 정맥의 폐쇄과정과 전혀 상관이 없다. 자기중심적 언어는 오히려 그 본성상 건설적이고 창조적이며 적극적 의미의 발달과정, 즉 아동의 발달과정 전체와 관련이 있다. 우리가 제기한 가설의 관점에서 자기중심적 언어는 심리학적 기능의 관점에서 보면 내적 언어이고, 구조의 관점에서 보면 외적 언어다. 자기중심적 언어는 내적 언어로 성장, 전화한다.

이 가설은 피아제의 이론과 비교해서 장점이 많다. 그것은 이론적 관점에서 자기중심적 언어의 구조와 기능, 운명을 더 적합하게 설명할 수 있다. 이 가설은 우리가 실험에서 발견한 사실들, 즉 인식과 고찰이 필요한 활동에서 자기중심적 언어의 계수가 증가한다는 사실과 일치한다. 이 사실은 피아제의 관점에서는 설명하기 어려운 것이다. 그러나 이 가설의 결정적 장점은 피아제 자신이 기술하고 있는 관점에서는 설명하기 어려운 이율배반적 사실에 대해 만족할 만한 설명을 제공하고 있다는 데 있다. 실제로 피아제의 이론에 따르면 자기중심적 언어는 아동의 발달 정도에 따라 양적으로 감소하면서 성장과 함께 소멸한다. 그리고 우리는 자기중심적 언어의 구조적 특성이 그것의 소멸과 함께 증대하는 것이 아니라 감소해야만 한다는 것을 예상할 수밖에 없다. 왜냐하면 이 소멸이 과정의 내적 측면을 반영하는 것이 아니라 오직 양적 측면과 관계한다는 것을 생각하기는 어렵기 때문이다. 자기중심적 언어가 정점에서 최하점으로 이동하는 3세에서 7세 사이에 아동의 사고의 중심성은 현저하게 감소한다. 만약 자기중심적 언어의 구조적 특성들이 이른바 자기중심성에 근거한 것이라면, 타인에게는 이해되기 어려운 자기중심적 언어의 구조적 특성들이 이 언어의 출현과 마찬가지로 점차 사라져간다는 사실을 예상하는 것은 자연스러운 일이다. 요컨대 자기중심적 언어의 소멸과정이 그것의 내적인 구조적 특성의 소멸로 나타나고, 이 언어가 내적 구조상 점점 사회화된 언어에 가까워지고, 결국 더 이해하기 쉬워진다는 사실이 예상되었다. 이러한 사실은 결국 무엇을 이야기하는 것인가? 즉 3세와 7세 아동의 언어 중에서 누구의 언어가 더 이해하기 어려운가? 그 의미상 우리 연구의 가장 중요하고 결정적인 사실은 사회적 언어에서 멀리 떨어져 있고 타인에게 이해되기 어려운 자기중심적 언어의 구조적 특성이 아동의 성장과 함께 사라지는 것이 아니라 성장한다는 것이다. 자기중심적 언어의 구조적 특성은 3세 때 최소화되고, 7세 때 최대화된다. 따라서 그 특성들은 소멸하는 것이 아니라 진화하는 것이며, 자기중심적 언어의 계수와는 반대되는 발전법칙으로 나타난다. 자기중심적 언어의 계수는 발달과정에서 끊임없이 떨어져 취학 연령기에 제로에 가까워지고, 자기중심적 언어의 구조적 특성은 반대 방향으로 발달해서 3세에는 거의 제로 상태에 있다가 독자적 구조에 따라 구조적 특성의 총합이 거의 100퍼센트까지 상승한다.

어떻게 아동의 자기중심성과 자기중심적 언어 그리고 그것의 내적 특성의 소멸과정이 급속하게 진행되는지 전혀 이해하지 못하기 때문에 이러한 사실은 피아제의 관점에서는 설명할 수 없다. 그리고 이것은 자기중심적 언어에 대한 피아제의 모든 이론의 기초가 되었던 유일한 사실, 즉 아동의 성장에 따라 자기중심적 언어의 계수가 감소한다는 사실을 해명할 수 있는 가능성을 제공한다.

자기중심적 언어의 계수가 감소한다는 사실은 본질적으로 무엇을 의미하는가? 내적 언어의 구조적 특성과 외적 언어의 기능적 분화는 성장과 함께 증대한다. 그러면 무엇이 감소하는가? 자기중심적 언어의 쇠퇴는 오직 이 언어의 한 가지 특성, 즉 그것의 발성과 음성만이 감소한다는 것 이외에 어떤 것도 의미하지 않는다. 이러한 이유에 근거하여 발성과 음성의 소멸이 자기중심적 언어 전체의 소멸과 동일하다고 결론지을 수 있을까? 우리는 그렇지 않다고 생각한다. 왜냐하면 여기서는 자기중심적 언어의 구조적·기능적 특성의 발달이 완전히 설명되지 않기 때문이다. 반대로 이 요인으로부터 완전히 설명하고 이해할 수 있는 것은 자기중심적 언어의 계수가 감소한다는 사실이다. 자기중심적 언어의 한 가지 징후, 즉 음성화의 급속한 감소와 또 다른 징후인 구조적·기능적 분화의 증가 사이에 존재하는 모순은 오직 외형적·환상적·외관상의 모순에 지나지 않는다.

우리가 실험으로 확인한 의심할 여지 없는 사실에 근거해서 논해보자. 자기중심적 언어의 구조적·기능적 특성은 아동의 성장과 함께 증대한다. 3세 때 자기중심적 언어와 아동의 소통적 언어의 차이는 거의 제로에 가깝다. 7세가 되면 거의 모든 기능적·구조적 특성에서 3세의 사회적 언어와 구별되는 언어가 발생한다. 이러한 사실에서 우리는 성장에 따른 두 가지 언어적 기능의 발전적 분화와 유아기에 이러한 두 가지 사명이 거의 동일한 방법으로 수행되는 일반적이고 미분화된 언어적 기능들로부터 자기 자신을 위한 언어와 타인을 위한 언어의 독립을 확인할 수 있다. 이것은 의심할 여지가 없다. 이것은 사실이며, 주지하다시피 사실은 논쟁거리가 되지 않는다.

그런데 만약 사실이 이렇다면 나머지 문제들은 저절로 자명해진다. 만약 자기중심적 언어의 구조적·기능적 특성들, 즉 그것의 내적 구조와 활동방식이 점점 더 발달하고 외적 언어에서 독립한다면, 자기중심적 언어의 이러한 특성의 증대에 따라 그것의 외적·음성적 측면은 소멸되어야만 하고, 그것의 발성은 사라져 없어져야만 하며, 그것의 외적 발현은 제로로 떨어져야만 한다. 그리고 이것이 3세에서 7세까지의 기간에 자기중심적 언어의 계수 감소로 나타난다. 자기중심적 언어, 즉 자기 자신을 위한 언어의 기능이 어느 정도 독립하느냐에 따라 그것의 음성화는 마찬가지로 기능적으로 불필요하고 무의미한 것이 되고 만다. (우리는 발음하기 전에 자신이 생각한 문구를 알게 된다.) 그리고 자기중심적 언어의 구조적 특성의 증대에 따라 그것의 음성화는 불가능한 것이 된다. 구조상 완전히 다른 자기 자신을 위한 언어는 본성상 완전히 다른 외적 언어의 구조 속에 결코 표현될 수 없다. 이 시기에 발생하는 구조상 완전히 특수한 언어의 형식은 자신의 특수한 표현형식을 가지고 있어야만 한다. 왜냐하면 그것의 형태적 측면은 외적 언어의 형태적 측면과 일치하지 않기 때문이다. 자기중심적 언어의 구조적 특성의 증대, 독립된 언어 기능으로서 자기중심적 언어의 특수화, 자기중심적 언어의 특이한 내적 본성의 점진적인 성립과 형성은 불가피하게 이 언어가 외적으로 발현되는 데 빈약해지고, 외적 언어에서 점점 멀어지며, 더욱더 자기 음성화를 상실해간다는 결론에 도달하게 된다. 그리고 자기중심적 언어의 특수화가 일정한 한계에 도달하고, 자기 자신을 위한 언어가 타인을 위한 언어로부터 최종적으로 분리되는 일정한 발달 단계에서 자기중심적 언어는 필연적으로 음성언어로서의 역할을 중지하고 자기소멸과 완전한 쇠퇴의 환상을 창조하게 된다.

그러나 이것은 이른바 환상일 뿐이다. 자기중심적 언어의 계수가 제로까지 떨어지는 것을 자기중심적 언어가 사멸하는 징후로 생각하는 것은 아동이 수를 셀 때 손가락을 사용하지 않고, 소리 셈에서 암산으로 이행하는 것을 셈의 소멸이라고 생각하는 것과 완전히 동일한 것이다. 본질적으로 이 소멸의 징후, 즉 부정적이고 퇴행적인 징후 뒤에는 완전히 긍정적인 내용이 숨어 있다. 자기중심적 언어의 계수가 감소하는 것, 위에서 설명한 바와 같이 아동에게 새로운 형태의 언어가 내적으로 성장하고 그것이 자립하는 것과 긴밀하게 연관되어 있는 자기중심적 언어의 음성의 소멸은 단지 외관상으로 부정적이고 퇴행적인 징후일 뿐이다. 실제로 이러한 것들은 발전하는 진화적 징후다. 그 뒤에는 소멸이 아니라 새로운 형식의 언어의 탄생이 숨어 있다.

자기중심적 언어의 외적 표현의 소멸은 내적 언어의 기본적인 구조적 특성의 하나다. 그것은 마땅히 언어의 음성적 측면의 발전적 추상화로서, 자기중심적 언어의 소통적 언어로부터의 진보적 분화로서, 말을 발음하는 대신에 말을 사유하고 표상하는 능력으로서, 말 자체가 아니라 말의 형상을 조작하는 능력으로 보아야 한다. 바로 여기에 자기중심적 언어의 계수 감소라는 징후가 지니고 있는 긍정적 의미가 있다. 실제로 이 감소현상은 아주 특정한 의미를 지니고 있다. 그것은 일정한 방향, 즉 자기중심적 언어의 기능적·구조적 특성의 발달이 이루어지는 방향, 내적 언어의 방향으로 진행된다. 내적 언어와 외적 언어의 근본적인 차이는 음성화의 유무다.

내적 언어는 무언의 언어다. 이것이 내적 언어의 기본적인 특성이다. 그러나 확실히 이 방향에서, 즉 이러한 특성의 점진적 증대라는 의미에서 자기중심적 언어의 진화가 이루어진다. 자기중심적 언어의 음성화는 제로로 떨어지고, 자기중심적 언어는 무언의 언어가 된다. 만약 자기중심적 언어가 발생적으로 내적 언어의 초기 발달 단계라면 필연적으로 이렇게 되어야만 한다. 이런 특징이 점진적으로 발달하고, 자기중심적 언어가 발성적 측면보다 기능적·구조적 측면에서 먼저 자립한다는 사실은 내적 언어에 관한 우리의 가설, 즉 내적 언어는 말에서 속삭임으로, 속삭임에서 무언으로 이행하면서 자신의 음성적 측면의 외형적 약화라는 경로가 아니라 외적 언어의 기능적·구조적 자립화, 즉 외적 언어에서 자기중심적 언어로, 자기중심적 언어에서 내적 언어로 이행하는 경로를 따라 발달한다는 사실을 증명하고 있을 뿐이다.

이와 같이 자기중심적 언어의 외적 표현의 소멸과 내적 특성의 증대 사이의 모순은 외관상의 모순이다. 실제로 자기중심적 언어의 계수 감소 뒤에는 내적 언어의 한 가지 중심적 특성의 긍정적 발달, 즉 언어의 음성적 측면의 추상화와 내적·외적 언어의 최종적 분화가 숨어 있다. 이와 같이 자기중심적 언어의 발달에서 우리가 알게 된 사실인(피아제가 발견한 사실까지 포함하여) 세 가지 기본적인 특징, 즉 기능적·구조적·발생적 특징들은 모두 다음과 같은 하나의 사실을 말하고 있다. 즉, 자기중심적 언어는 내적 언어로 발달하며, 발달의 전 과정은 내적 언어의 모든 기본적 특성의 점진적인 증대과정으로밖에는 이해할 수 없다.

여기서 우리는 자기중심적 언어의 발생과 본성에 관한 우리의 가설에 대해 반박하기 어려운 확증과 자기중심적 언어의 연구는 내적 언어의 본성을 인식하는 기본 방법이라는 확실한 증거를 발견한다. 그러나 우리의 가설적 추론이 확실한 이론으로 바뀌기 위해서는 자기중심적 언어의 발달과정에 대해 대립된 두 가지 이해 중에서 어느 것이 현실에 상응하는지 명확하게 결정할 수 있는 비판적 실험이 필요하다. 그러면 비판적 실험의 자료를 검토해보자.

우리가 실험을 통해서 해결해야만 했던 이론적 상황을 기억해보자. 피아제의 견해에 따르면 자기중심적 언어는 애초에 개인적 언어의 불충분한 사회화에서 발생한다. 그리고 우리의 이론에 따르면 자기중심적 언어는 사회적 언어의 불충분한 개인화, 그것의 불충분한 특수화와 분화, 즉 미분화에서 발생한다. 첫 번째 경우에 자기중심적 언어는 하강곡선상의 한 지점이며, 그 정점은 과거에 있다. 그리고 자기중심적 언어는 소멸한다. 거기에 자기중심적 언어의 발달이 있다. 자기중심적 언어에는 오직 과거만 있다. 두 번째 경우에 자기중심적 언어는 상승곡선의 한 지점이며, 그것의 정점은 미래에 있다. 자기중심적 언어는 내적 언어로 발달한다. 자기중심적 언어는 미래가 있다. 전자의 경우에 자기 자신을 위한 언어, 즉 내적 언어는 사회화와 함께 외부로부터 들어온다. 그것은 우리가 앞에서 언급한 원리에 따라 흰색의 물이 붉은색 물을 밀어내는 것과 같다. 후자의 경우에 자기 자신을 위한 언어는 자기중심적 언어에서 발생하며, 내부에서 발달한다.

이 두 가지 견해 중에서 어느 것이 옳은가 하는 문제를 최종적으로 결정하기 위해서는 두 가지 상황 변화, 즉 사회적 언어의 발생을 재촉하는 상황의 사회적 계기의 약화와 그것의 강화가 아동의 자기중심적 언어에 어떤 영향을 주는지에 대해 실험적으로 해명하는 것이 필요하다. 우리가 이제까지 피아제의 이론에 반대하여 중요한 의미를 가지는 것으로 자기중심적 언어를 이해한 모든 자료는 간접적인 의미만을 지니고 있는 것이고 일반적 해석에 의존한 것이다. 그러나 이 실험은 우리가 흥미를 가지고 있는 문제에 직접적인 해답을 제공한다. 그러므로 이것을 결정적 실험으로서 검토해보자.

실제로 만약 아동의 자기중심적 언어가 사고의 자기중심성과 불충분한 사회화에서 나온 것이라면, 상황의 사회적 계기의 약화, 집단적 관계로부터 아동의 고립과 해방, 아동의 정신적 격리와 타인과의 정신적 접촉의 상실, 타인의 생각에 적응하고 사회화된 언어를 사용해야 하는 필요성에서 아동을 해방시키는 이 모든 것은 필연적으로 사회화된 언어 대신에 자기중심적 언어 계수의 급격한 상승을 초래한다. 왜냐하면 이 모든 것은 아동의 생각과 언어의 불충분한 사회화를 자유롭고 완전하게 드러내기 위한 지극히 최적의 조건을 만들어야 하기 때문이다. 만약 자기중심적 언어가 자기 자신을 위한 언어와 타인을 위한 언어의 불충분한 분화, 사회적 언어의 불충분한 개인화, 자기 자신을 위한 언어와 타인을 위한 언어의 미분리와 미분화에서 발생하는 것이라면, 이러한 모든 상황 변화는 자기중심적 언어의 급격한 감소를 가져오는 것이 틀림없다.

우리의 실험이 직면한 문제는 바로 이런 것이었다. 이 실험의 구성을 위한 출발점으로 우리가 선택한 것은 피아제 자신이 자기중심적 언어에 대해 지적한 계기로 우리의 연구 대상에 실제로 속하는지에 대해 추호의 의심도 없는 것들이다.

피아제는 이러한 계기에 어떤 이론적 의미도 부여하지 않고, 그것을 자기중심적 언어의 외적 특징으로 서술했지만 우리는 처음부터 이 언어의 세 가지 특성에 대해 놀라지 않을 수 없었다. ① 자기중심적 언어가 집단적 독백이라는 점이다. 즉 그것은 아동이 혼자 있을 때가 아니라 같은 활동을 하는 다른 아동들의 집단 속에서 나타난다. ② 이 집단적 독백은 피아제 자신이 지적하듯이 이해의 환상을 동반한다. 즉 아동은 누구에게 말한 것인지가 불분명한 자기중심적 발화가 마치 주위 사람들이 이해하고 있다는 것처럼 믿고 가정한다. ③ 마지막으로, 자기 자신을 위한 이 언어는 완전히 사회화된 언어를 연상시키는 외적 언어의 성격을 지니며, 자신에게 모호하게 속삭이지 않는다. 이 세 가지 본질적 특성은 우연적인 것이 아니다. 아동 자신의 관점에서 자기중심적 언어는 주관적으로 사회적 언어(이해의 환상)로부터 분리되어 있지 않다. 또 객관적으로 상황(집단적 독백)이나 형태(음성화)의 측면에서 사회적 언어로부터 분리되거나 독립되어 있지 않다. 이미 이것만으로도 우리의 생각이 자기중심적 언어의 기원으로서 불충분한 사회화에 관한 학설과 거리가 멀다는 것을 알 수 있다. 이러한 특징은 오히려 지나친 사회화와 타인을 위한 언어로부터 자기 자신을 위한 언어의 불충분한 독립을 이야기하고 있다. 확실히 이 특징들은 자기중심적 언어, 자기 자신을 위한 언어가 타인을 위한 사회적 언어에 고유한 객관적·주관적 조건을 관통하고 있다는 사실을 말하고 있다.

이 세 가지 계기에 대한 우리의 평가가 선입견의 결과가 아니라는 사실은 피아제 자신이 제시한 자료의 해석에 근거해 그륀바움(Grunebaum)이 실험 없이 도달한 유사한 평가에서 명백하게 드러난다. 우리는 여기서 그의 견해를 인용하지 않을 수 없다. 그는 아동이 완전히 자신에게 몰두하고 있다고 생각할 수밖에 없는 경우가 있다고 말한다. 이러한 잘못된 인상은 우리가 3세 아동에게 주변에 대한 논리적 관계를 기대하는 것에서 발생한다. 현실에 대한 이러한 종류의 관계는 아동들에게 고유한 것이 아니기 때문에 우리는 아동이 자기 자신의 생각과 공상에 몰두해서 생활하고, 아동에게는 자기중심적 지향이 고유하다는 사실을 용이하게 이해할 수 있다. 함께 놀고 있을 때 3~5세 아동들은 자주 자기 자신에게 몰두해서 자기 자신에게 말을 걸곤 한다. 만약 우리가 이것을 멀리서 보면 아동들이 대화를 하는 것처럼 보이지만, 가까이서 보면 이것은 집단적 독백이다. 이 집단적 독백에 참여하는 아동들은 타인의 말을 귀담아듣지도 않고 대답도 하지 않는다. 그러나 결국 아동의 자기중심적 지향에 대한 이러한 명료한 사례는 실제로 아동의 심리가 사회적 속박을 당하고 있다는 증거다. 집단적 독백에서 집단으로부터의 의도적인 고립화나 현대의 정신병리학에서 말하는 자폐증은 존재하지 않는다. 오히려 그것은 심리적 구조상 이것과는 직접적으로 대립되는 것이다. 아동의 자기중심성을 매우 강조하고, 이것을 아동의 심리적 특성을 설명하는 기본 명제로 여겼던 피아제는 집단적 독백을 할 때 아동들이 서로 이야기를 나누고 타인이 그것을 듣는다고 믿고 있다는 사실을 인정해야만 한다. 아동들이 타인에게 주의를 기울이지 않는 것처럼 행동한다는 것은 확실하다. 그러나 그것은 오직 아동들이 전혀 표현되지 않거나 불충분하게 표현할 수밖에 없는 그들의 모든 생각이 모든 사람에게도 마찬가지라고 생각하기 때문이다. 그륀바움의 시각에서 이것은 아동의 개인적 심리가 사회적 심리 전체로부터 충분히 독립하지 않았다는 증거가 되는 것이다.

그러나 다시 한번 반복하지만 이 문제의 최종적 해결은 이런저런 해석이 아니라 비판적 실험으로 결정된다. 우리는 이 실험에서 자기중심적 언어의 본성과 발생에 관한 문제에 답을 얻기 위해 자기중심적 언어의 세 가지 특성, 즉 우리가 위에서 언급한 음성화, 집단적 독백, 이해의 환상을 증가와 감소라는 측면에서 관찰하려고 시도했다. 첫 번째 실험에서 우리는 자기중심적 언어를 사용하는 아동에게 발생하는 이해의 환상, 즉 자신의 말을 다른 아동들이 이해한다고 믿는 환상을 제거하려고 시도했다. 이를 위해 우리는 피아제의 실험과 완전히 유사한 상황에서 자기중심적 언어의 계수를 미리 측정해놓은 아동들을 다른 상황에 놓아보았다. 즉 아무 말도 하지 못하는 농아 집단에 아동들의 활동을 조직해보거나 외국어를 사용하는 아동들 집단에 놓아보기도 했다. 모든 경우에서 다른 세부 사항과 마찬가지로 구조상에서 상황은 변하지 않았다. 우리의 실험에서는 단지 첫 번째 상황에서 자연스럽게 발생하고 이후 두 번째 상황에서는 배제되는 이해의 환상이 변수일 뿐이었다. 이해의 환상이 배제되었을 때 자기중심적 언어는 어떻게 되었는가? 실험에 따르면 자기중심적 언어의 계수는 이해의 환상이 배제된 경우에 급격하게 떨어져 대부분의 경우 제로에 이르렀고, 다른 모든 경우에도 8분의 1로 감소하는 것으로 나타났다.

이 실험은 이해의 환상이 우연적인 것이 아니며, 그것은 자기중심적 언어와의 관계에서 부차적이고 무의미한 부가물, 부대현상이 아니라 자기중심적 언어와 기능적으로 불가분의 관계에 있다는 사실을 증명했다. 피아제의 이론에서 보면 우리가 발견한 결과들은 이율배반적인 것이 아닐 수 없다. 한 아동과 주변 아동들 사이의 심리적 접촉이 적으면 적을수록, 아동과 집단 간의 관계가 약해질수록, 타인의 생각에 대한 적응과 사회화된 언어에 대한 요구가 적어질수록, 아동의 사고와 언어에서 자기중심성은 좀더 자유롭게 나타난다. 아동의 자기중심적 언어가 실제로 아동의 생각과 언어의 불충분한 사회화에서 발생하는 것이라면, 우리는 필연적으로 이러한 결론에 도달하게 될 것이다. 여기서 이해의 환상을 배제하는 것은 실제로 그랬던 것과 같이 자기중심적 언어의 계수를 낮추는 것이 아니라 올리는 것이다. 그러나 우리의 가설에서 보면, 이러한 실험 자료들은 자기 자신을 위한 언어의 불충분한 개인화, 타인을 위한 언어로부터의 미분화가 사회적 언어 밖에서 독자적으로 생존하고 기능할 수 없는 자기중심적 언어의 진정한 원천이라는 사실을 직접적으로 증명하는 것 이외에 아무것도 아니다. 이해의 환상을 제거하는 것으로, 모든 사회적 언어의 가장 중요한 심리학적 계기만으로도 자기중심적 언어가 소멸하기에 충분하다.

　두 번째 실험에서 우리는 기초실험에서 비판적 실험으로 이행하는 변수로서 아동의 집단적 독백을 선택했다. 다시 처음으로 집단적 독백 형식으로 이 현상이 나타나는 기초상황에서 자기중심적 언어의 계수를 측정했다. 그 후에 아동들은 다른 상황에서 활동하게 되었다. 아동들은 집단적 독백을 하지 못하거나 예전에 전혀 대화한 적이 없는 낯선 아동들과 섞이거나 방구석의 다른 탁자 뒤에 아동들에게서 격리되거나 마지막으로 아동이 집단 외부에서 외톨이로 작업을 하고 있을 때 실험자가 아동을 홀로 두고 실험실 밖으로 나가지만 그가 말하는 것을 보고 들을 수 있는 상황에 놓이게 되었다. 이러한 실험의 일반적 결과들은 완전히 첫 번째 실험의 결과와 일치했다. 다른 변수들이 불변하는 상황에서 집단적 독백의 배제는 자기중심적 언어 계수의 급격한 감소를 가져왔다. 다만 이 감소현상은 첫 번째 경우와 비교하면 그렇게 현저한 것은 아니었다. 계수는 제로까지 떨어졌다. 첫 번째 경우와 두 번째 경우에서 계수의 평균비율은 6대 1이었다. 집단적 독백이 배제되는 다양한 방법은 자기중심적 언어의 저하라는 분명한 변화를 가져왔다. 자기중심적 언어의 계수 저하라는 기본 경향은 이 실험에서 극히 명료하게 나타났다. 그러므로 우리는 이에 대하여 첫 번째 실험에 대해 우리가 방금 발전시킨 판단을 그대로 반복할 수 있다. 집단적 독백이 우연적이고 부차적인 상황이거나 자기중심적 언어와의 관계에서 부대 상황이 아니라 기능적으로 자기중심적 언어와 불가분의 관계에 있다는 것은 자명하다. 우리가 비판하는 가설의 관점에 따르면 이것은 다시 패러독스에 불과하다. 만약 자기 자신을 위한 언어가 실제로 아동의 사고와 언어의 불충분한 사회화에서 발생하는 것이라면 집단의 배제는 자기중심적 언어가 출현하는 공간과 자유를 부여하고, 자기중심적 언어 계수의 현저한 상승을 초래해야만 한다. 그러나 이 자료들은 이율배반적일 뿐만 아니라 논리적으로 우리가 옹호한 가설에서 나온 필연적인 결론이다. 만약 자기중심적 언어의 기초에 자기 자신을 위한 언어와 타인을 위한 언어 사이의 불충분한 분화와 분리가 존재한다면, 집단적 독백의 배제가 필연적으로 아동의 자기중심적 언어의 계수 감소로 이어진다는 사실을 반드시 전제해야만 한다. 사실은 이 명제를 완전하게 확증하고 있다.

마지막으로 세 번째 실험에서 우리는 기초실험에서 비판적 실험으로 이행하는 변수로서 자기중심적 언어의 음성화를 선택했다. 기본적 상황에서 자기중심적 언어의 계수를 측정한 이후에 아동은 음성화가 어렵거나 불가능한 상황에 놓여졌다. 아동은 넓은 방에서 멀리 떨어져 앉아 다른 아동들과는 먼 거리에 있거나 실험이 진행되는 실험실 밖에서 오케스트라를 연주하거나 타인의 목소리뿐만 아니라 자신의 목소리도 들을 수 없을 정도로 소음을 일으킨다. 그리고 마지막으로 특별히 지시를 해서 아동이 크게 이야기하는 것을 금지하고, 조용하고 낮은 목소리로 이야기하도록 했다. 이러한 비판적 실험에서 우리는 다시 첫 번째와 두 번째 실험과 동일한 놀랄 만한 법칙성을 관찰했다. 즉 자기중심적 언어의 계수 곡선은 급격하게 떨어졌다. 분명히 이러한 실험에서 계수의 저하는 두 번째 실험(기초실험과 비판적 실험에서 계수의 비율은 5(4) 대 1이었다.)보다 한층 복잡하게 나타났다. 즉 음성화를 배제하거나 곤란하게 하는 다양한 방법에서 변화는 두 번째 실험보다 크게 나타났다. 그러나 음성화를 배제했을 때 자기중심적 언어의 계수 감소에서 나타났던 기본적인 법칙은 다시 이 실험에서 의심할 여지 없이 명료하게 나타났다. 그리고 자기중심성을 이 연령의 아동들이 사용하는 자기 자신을 위한 언어의 본질로 보는 가설의 입장에서는 패러독스임에도 불구하고 우리는 다시 이러한 자료를 본래적인 의미의 내적 언어를 아직 습득하지 못한 아동들이 사용하는 자기 자신을 위한 언어의 본질로서 내적 언어를 이해하는 가설에 대한 직접적인 확증으로밖에 볼 수 없다.

이 세 가지 실험에서 우리는 동일한 목적을 추구했다. 즉 우리는 아동의 모든 자기중심적 언어가 성립할 때 발생하는 세 가지 현상, 즉 이해의 환상, 집단적 독백, 음성화를 연구의 기본으로 삼았다. 이 세 가지 현상은 자기중심적 언어와 사회적 언어에 공통되는 것이었다. 우리는 실험적으로 이러한 현상이 존재하는 상황과 존재하지 않는 상황을 비교했고, 자기 자신을 위한 언어가 타인을 위한 언어에 근접하는 이 계기들의 배제는 필연적으로 자기중심적 언어의 소멸로 이어진다는 것을 발견했다. 바로 여기에서 우리는 아동의 자기중심적 언어가 이미 기능적·구조적 측면에서 분리된 특수한 언어형식이라는 결론을 내리게 되었다. 그러나 이 언어는 아직 현상적으로 사회적 언어로부터 완전히 분리되지 않는다. 자기중심적 언어는 사회적 언어의 내부에서 끊임없이 발달하고 성숙한다.

우리가 발전시킨 가설을 분명하게 하기 위해 다음과 같은 가상의 예를 들어보자. 나는 책상에 앉아 당연히 내가 볼 수 없는 위치에 있는 내 뒤의 사람에게 이야기를 한다. 그 사람은 내가 눈치채지 못하게 방을 나간다. 나는 내 말을 그 사람이 듣고 이해하고 있다는 환상에 끌려 이야기를 계속한다. 이 경우에 나의 언어는 외형적으로 자기중심적 언어나 자신과 나누는 언어, 자기 자신을 위한 언어를 연상시킨다. 그러나 심리학적으로 언어의 본성이라는 측면에서 보면 이 언어는 물론 사회적 언어다. 이러한 경우를 아동의 자기중심적 언어와 비교해보자. 피아제의 관점에서 이것과 우리의 예를 비교한다면 명제는 반대가 될 것이다. 즉 심리학적이고 주관적으로 아동 자체의 입장에서 보면 이 언어는 자신을 위한 자기중심적 언어고, 자기 자신과 나누는 언어며, 오직 외적 발현의 측면에서만 사회적 언어가 된다. 이 언어의 사회적 성격은 가상의 예에서 존재하는 내 언어의 자기중심적 성격과 같이 환상이다. 우리의 가설에 따르면 여기서 명제는 훨씬 복잡해진다. 즉 심리학적으로 아동의 언어는 기능적·구조적 의미에서 자기중심적 언어다. 여기서 아동의 언어는 특수하고 독자적인 언어 형태지만 전적으로 그런 것은 아니다. 왜냐하면 아동의 언어는 오직 사회적 언어로서의 가능성이 주어지는 상황에서만 기능하기 때문이다. 이와 같이 주·객관적 측면에서 이 언어는 타인을 위한 언어에서 자기 자신을 위한 언어로 이행하는 혼합적인 과도적 형식이다. 바로 여기에 내적 언어의 기본적인 발전법칙이 있다. 자기 자신을 위한 언어, 즉 내적 언어는 그 발현의 외적 형태보다 기능과 구조, 즉 이 언어의 심리학적 본성에서 좀더 내면적인 것이 된다.

우리는 이와 같이 앞서 제기한 명제, 즉 자기중심적 언어와 그것의 기능적·구조적 본성을 설명하는 여러 가지 특징의 증대와 감소에 대한 동적 경향을 연구하는 것이 내적 언어의 심리학적 본성을 연구하는 열쇠라는 명제를 확인하게 되었다. 우리는 이제 우리 연구의 기본적인 결과들을 서술하고, 생각에서 말로 이행하는 운동의 세 번째 국면, 즉 내적 언어의 특징에 대해 설명할 수 있게 되었다.

4. 내적 언어의 구문법

우리의 실험 방법에 근거한 내적 언어의 심리학적 본성에 대한 연구에 따르면 내적 언어는 소리가 없는 언어가 아니라 그 구조와 기능의 방법상 완전히 특수하고 독자적인 언어적 기능이다. 그리고 내적 언어는 외적 언어와 비교하여 완전히 다르게 조직되어 있기 때문에 하나의 국면에서 다른 국면으로 진행되는 이행의 필연적인 동적 통일성 속에서 외적 언어와 결합되어 있다.

본질적으로 이 관찰은 새로운 것이 아니다. 심지어 왓슨과 같이 행동주의적 관점에서 내적 언어를 연구한 모든 학자조차 내적 언어에 고유한 중심적·본질적 특성으로 이러한 특징을 지적했다. 기억의 형상들 속에서 내적 언어를 외적 언어의 재현이라고 여겼던 저자들만이 내적 언어를 거울에 비친 외적 언어의 반영이라고 보았다. 그러나 우리가 알고 있는 한 이 특징을 더 검증하고 서술한 연구자는 없었다. 어떤 연구자도 내적 언어의 이러한 기본적인 현상에 대해 분석적으로 서술하지 않았다. 그래서 내부 분화에 해당하는 전체 현상들은 외적 발현에서 이런 다양한 현상이 내적 언어의 단편과 부분으로 표현되기 때문에 하나의 덩어리나 뒤엉킨 실타래처럼 혼재된 것으로 여겨졌다. 우리는 발생적 순서를 더듬으면서 첫째로, 내적 언어의 본성을 특징짓는 개별적 현상들의 뒤엉킨 실타래를 분석하고, 둘째로, 그 원인을 찾아 설명하려고 했다. 습관의 획득에서 관찰되는 단축 현상에 기초해서 왓슨은 동일한 것이 무언의 이야기나 사고에서도 의심할 여지 없이 발생한다고 생각했다. 만약 우리가 알려지지 않은 모든 과정을 드러내어 그것을 감각판이나 축음기의 실린더에 기록할 수 있다 해도, 기록된 모든 것은 많은 부분의 생략과 단축, 요약 과정을 거칠 것이다. 만약 완전히 사회적 성격을 띠고 있는 출발점부터 사회적 적응이 아니라 개인적 적응에 봉사하게 될 마지막 단계까지 이 모든 것의 형성 과정을 고찰하지 않는다면, 우리는 이에 대해 알지 못할 것이다. 이와 같이 내적 언어는 비록 그것을 축음기에 기록할 수 있다 해도 외적 언어와 비교하면 많은 부분이 생략된 단편적이고 두서없고 알 수 없으며 이해하기 어려운 언어다.

이와 완전히 유사한 현상을 우리는 아동의 자기중심적 언어에서 관찰할 수 있다. 이러한 현상과 자기중심적 언어의 유일한 차이는 이 현상이 우리가 보기에 아동이 성장하면서 증대하고, 취학 연령기에 자기중심적 언어의 내적 언어로의 접근이 정점에 이른다는 것이다. 우리는 이 증대과정에 대한 연구를 통해서 만약 이 곡선이 계속 진행된다면 이 언어가 결국 내적 언어의 완전한 생략과 단편성, 불가해성으로 전락하게 될 것이라는 사실을 확인했다. 그러나 자기중심적 언어에 대한 연구 결과를 통해서 우리는 처음부터 마지막 단계까지 내적 언어의 특수성들이 어떻게 발생하는지 차근차근 추적할 수 있었다. 피아제가 지적했듯이 자기중심적 언어는 그것이 발생하는 상황을 모른다면 이해할 수 없고, 외적 언어와 비교하면 많은 것이 생략된 단편적인 것이다.

자기중심적 언어의 이러한 특성의 증대를 점진적으로 추적함으로써 우리는 그것의 수수께끼 같은 특징을 분해하고 설명할 수 있게 된다. 발생적 연구는 우리가 최초의 자립적인 현상이라고 보는 이 언어의 생략이 어떻게, 어디로부터 발생하는지를 직접적으로 보여준다. 우리는 일반적인 법칙에 의거하여 자기중심적 언어는 발달 정도에 따라 말의 생략, 단축이나 전보문 같은 형태로 이행하는 단순한 경향이 아니라 주어나 그것에 관계하는 말을 생략하는 대신에 술어나 그것에 관계하는 문장의 부분을 보존하는 방향으로 어구와 문장을 생략하는 완전히 독자적인 경향이라고 말할 수 있다. 내적 언어의 구문법에서 술어주의의 경향은 우리의 모든 실험에서 거의 예외가 없는 엄격한 규칙성과 법칙성을 보였다. 그래서 결국 우리는 삽입법을 사용하여 순수하고 절대적인 술어주의를 내적 언어의 기본적인 구문형식으로 가정하지 않으면 안 된다.

　이 첫 번째 특징을 해명하기 위해서는 필연적으로 외적 언어에서 발생하는 유사한 정경과 비교하는 것이 필요하다. 우리의 관찰에서 보는 것처럼 외적 언어에서 순수한 술어주의는 두 가지 기본적인 상황에서 발생한다. 즉 그것은 대답하는 상황이나 판단을 진술하는 주어가 대화자에게 알려져 있는 상황이다. "차 어때요?"라는 물음에 대해 "아니오, 나는 차를 원하지 않습니다"라고 대답하는 사람은 없을 것이다. 그 대답은 순수하게 술어적으로 "아니오"가 될 것이다. 대답하는 사람은 오직 하나의 술어만을 사용할 것이다. 이러한 술어적 문장은 오직 그것의 주어, 즉 문장 속에서 무엇에 관해 이야기하고 있는지를 대화자가 이해하기 때문에 가능하다. 다음과 같은 질문에서도 마찬가지다. "당신의 형은 이 책을 읽었습니까?"라는 물음에 대해 "네, 나의 형은 이 책을 읽었습니다"라고 대답하는 사람은 아무도 없다. 이 경우에 대답은 순수하게 술어적이다. "네." 또는 "읽었습니다."

이와 완전히 유사한 상황은 두 번째 경우, 즉 판단을 진술하는 주어가 대화자에게 알려져 있는 상황이다. 어떤 방향으로 가기 위해 정류장에서 전차 B를 기다리고 있는 몇 사람이 있다고 가정해보자. 가까이 오고 있는 전차를 보고 "우리가 어디론가 가기 위해 기다리고 있던 전차 B가 온다"라고 말하는 사람은 없을 것이다. 항상 이 상황에서 하나의 술어는 "온다." 또는 "B다." 둘 중 하나다. 이 경우에 순수하게 술어적인 문장은 살아 있는 언어에서 발생한다는 것이 분명하다. 왜냐하면 주어와 그것에 관계하는 단어들은 직접적으로 대화자들이 서 있는 상황에서 잘 알려져 있기 때문이다. 이와 유사한 술어적 판단은 자주 우스꽝스러운 오해나 실수를 일으키는 원인이 된다. 왜냐하면 청자는 진술된 술어를 화자인 주어가 아니라 자신의 머릿속에 있는 다른 주어에 관계시키기 때문이다. 양자의 경우에 순수한 술어주의는 판단을 진술하는 주어가 대화자의 머릿속에 존재할 때 발생한다. 만약 그들의 생각이 일치하고 양자가 동일한 것을 염두에 두고 있다면 하나의 술어만으로도 이해는 완전하게 실현된다. 만약 그들의 생각 속에서 이 술어가 다양한 주어와 관계한다면 필연적으로 오해가 발생한다.

우리는 외적 언어의 생략과 하나의 술어로 사태를 정리하는 명료한 예를 가끔 이해의 심리학을 애용하는 톨스토이의 소설에서 발견하게 된다. "아무도 그[7]가 말한 것을 알아듣지 못했다. 오직 키치만이 이해했다. 왜냐하면 그녀는 머릿속에서 그에게 필요한 것을 계속 주시하고 있

---

7 죽어가고 있는 니콜라이 레빈 - 비고츠키.

었기 때문이다." 우리는 죽어가는 사람의 생각을 뒤쫓는 그녀의 생각 속에 아무도 이해하지 못한 그의 말이 관계를 맺고 있는 주어가 존재하고 있다고 할 수 있다. 아마도 이에 대한 가장 놀라운 예는 단어의 머리 글자를 통해서 키치와 레빈이 사랑을 고백하는 장면일 것이다.

"나는 예전부터 당신에게 묻고 싶은 것이 있었소." "아무쪼록 말씀해 보세요." "바로 이거요." 하고 그는 다음과 같이 단어의 머리글자를 적어 보였다. K, B, M, O, Э, H, M, Б, З, Л, Э, H, И, T. 이 머리글자는 다음과 같은 것을 의미했다. "당신은 나에게 이것을 할 수 없을 것 같다고 말했소만, 그것은 영원히 그렇다는 것이오? 아니면 그때만 그랬다는 것이오?" 그녀가 이 복잡한 문장을 이해하고 있었는지 확신이 없었다. 그녀는 얼굴을 붉히며 "알겠어요" 하고 말했다. "이것은 무슨 뜻이오?" 그는 '영원히'의 머리글자 H를 가리키며 말했다. "이것은 '영원히'를 의미하지만, 그것은 사실과 달라요"라고 그녀가 말했다. 그는 재빠르게 자신이 쓴 글자를 지우고, 그녀에게 백묵을 건네주고 일어섰다. 그녀는 T, Я, H, M, И, O라고 썼다. 그의 얼굴은 갑자기 빛이 났다. 그는 이해했다. 이 머리글자는 "그때 나는 달리 대답할 길이 없었어요"를 의미했다. 그녀는 또 다음과 같이 썼다. Ч, B, M, З, И, П, Ч, Б. 이것은 "당신이 그때 일을 잊고 용서해주시길 바랍니다"를 의미했다. 그는 떨리는 손으로 백묵을 잡고, 그걸 분질러가며 다음과 같은 뜻의 머리글자를 썼다. "나에겐 잊고 용서할 것도 없소. 나는 여전히 당신을 사랑하오." "알겠어요." 하고 그녀가 속삭이듯 말했다. 그는 앉아서 긴 문장을 썼다. 그녀는 모든 것을 이해했다. 그녀는 그에게 묻지 않고 백묵으로 바로 대답했다. 그는 오랫동안 그녀가 쓴 것을 이해할 수 없었기 때문에 그녀의 눈을 자주 쳐다보았다. 그는 행복에 젖어 넋을 잃고 있었던 것이다. 그는 아무래도 그녀가 의미한 말을 생각해낼 수 없었지만, 행복하게 빛나는 그녀의 아름다운 눈을 통해 그가 알아야 할 모든 것을 이해했다. 그리고 그는 세 머리글자를 썼다. 그러나 그는 미처 다 쓰지 못했다. 그녀가 이미 그의 손놀림을 다 읽고는 "네"라고 대답을 쓴 것이다. 그들의 대화는 모든 것을 말하고 있었다. 그녀가 그를 사랑한다는 것도, 내일 아침 그가 온다는 것을 부모님께 이야기한 것도.[8]

톨스토이의 예는 완전히 특별한 심리학적 의미를 지니고 있다. 왜냐하면 레빈과 키치의 사랑 고백은 톨스토이 자신의 경험에서 나온 것이기 때문이다. 톨스토이는 이렇게 자신의 아내가 될 베르스에게 사랑을 고백했던 것이다. 이 예는 이전의 것과 마찬가지로 우리가 흥미를 가지고 있는 내적 언어의 중심적 현상, 즉 내적 언어의 생략에 대한 문제와 밀접하게 관계가 있다. 말하는 사람들의 생각이 한결같고 의식이 동일한 방향을 향하고 있을 때 언어적 자극의 역할은 최소화된다. 그러나 한 치의 오차도 없이 이해는 이루어진다. 톨스토이는 작품의 다른 곳에서 매우 밀접한 심리적 접촉을 가지고 생활하는 사람들 사이에는 서투른 말씨의 생략된 언어를 통한 이해가 예외라기보다는 오히려 법칙이라는 점을 주목하고 있다. "레빈은 이제 자신의 생각을 정확한 단어로 표현하지 않고 말하는 데 익숙해졌다. 그는 지금과 같이 사랑의 순간에 조그마한 암시만으로도 그가 원하는 것을 아내에게 이해시킬 수 있다는 것을 알고 있었다. 그녀는 그를 이해하고 있었다."

대화적 언어의 생략에 관한 연구를 한 야쿠빈스키(Lev Petrovich Yakubinskii)는 무엇이 문제인지 알고 있는 경우에 추측을 통한 이해

---

8 톨스토이, 『안나 카레니나』, 4부, 13장.

와 그에 상응하는 암시적 발화, 서로 통하는 대화자들의 일정한 공통성이 언어적 소통에서 매우 중요한 역할을 한다는 결론에 도달했다. 언어의 이해는 무엇이 문제인지에 대한 지식을 필요로 한다. 폴리바노프(Evgenii Dimitrievich Polivanov)는 이에 대해 다음과 같이 언급하고 있다. "본질적으로 우리가 말하는 모든 것은 무엇이 문제인지 알고 있는 청자에게 필요하다." 만약 우리가 말하고자 하는 모든 것이 사용되는 말의 형식적 의미 속에 포함된다면, 개별적인 생각을 표현하기 위해 실제로 사용하는 것보다 훨씬 많은 단어를 사용해야만 했을 것이다. 우리는 최소한의 암시만으로 이야기를 하고 있는 것이다. 이 생략의 경우에서 야쿠빈스키가 언어의 구문법적 구조의 특성과 좀더 추론적인 말과 비교하여 그것의 객관적인 단순성을 언급한 것은 전적으로 올바르다. 구문법의 단순성, 최소한의 구문법적 분절, 압축된 생각의 표현, 현저하게 적은 단어의 수 등 모든 것은 일정한 상황의 외적 언어에서 나타나는 서술주의 경향의 특징이다. 오해가 발생하는 우스꽝스러운 경우는 단순한 구문법에서 이와 같은 이해와 완전히 대치되는 경우를 말한다. 그것은 우리가 앞서 언급한 바와 같이 각자의 생각 속에서 타인과 완전히 괴리되어 있는 두 사람의 귀머거리가 나누는 대화에 대한 유명한 패러디와 흡사하다.

한 귀머거리가 다른 귀머거리를 귀머거리 재판관의 법정에 불렀다.
한 귀머거리가 저 녀석이 내 소를 훔쳤다고 소리쳤다.
당치도 않아, 다른 귀머거리가 절규하듯 대답했다.
이 황무지는 아직 죽은 할아버지 것이야.
재판관은 판결했다. 어째서 너희 형제는 싸우는 것이냐.

너희들은 죄가 없다. 나쁜 것은 하녀다.

레빈과 키치의 사랑 고백과 귀머거리들의 재판 같은 극단적인 예를 비교한다면, 우리는 외적 언어의 생략 현상에 대한 두 가지 극단적 예를 발견하게 된다. 대화자들의 머리에 공통의 주어가 존재하는 경우에 이해는 극도로 단순화된 구문법의 최대한 생략된 언어를 통해 완전히 실현된다. 반대의 경우에 이해는 언어가 아무리 완벽해도 성립하지 않는다. 이렇게 두 사람의 귀머거리뿐만 아니라 같은 말에 다른 내용을 담고 있거나 대립되는 시각을 갖고 있는 두 사람 사이에 가끔 이야기가 성립되지 않는 경우가 발생한다. 톨스토이가 말하고 있듯이 독자적이고 고립되어 사고하는 사람들은 타인의 생각을 이해하는 데 둔하고, 특히 자기 자신의 생각을 편애한다. 반대로 밀접한 관계에 있는 사람들 사이에는 서툰 말로도 이해가 가능하다. 톨스토이는 이것을 거의 단어들을 사용하지 않은 채 가장 복잡한 생각을 간결하고 명료하게 전달하는 것이라고 했다.

5. 내적 언어의 구조적 특징

위의 예들에서 외적 언어의 생략 현상을 연구했기 때문에 우리가 주된 관심을 가지고 있는 내적 언어에서의 같은 현상을 더 풍부하게 다룰 수 있을 것이다. 우리가 이미 언급한 바와 같이 이러한 현상은 예외적인 상황뿐만 아니라 내적 언어가 기능하는 곳에서 항상 나타난다. 우리가 보기에 이러한 현상의 의미는 외적 언어를 문어나 내적 언어와 비교한다면 분명해진다. 폴리바노프는 만약 우리가 말하려는 모든 것을 사용하는 말들의 형식적 의미로 표현한다면, 개별적인 생각을 진술하기 위해 실제보다 훨씬 많은 단어를 사용해야 할 것이라고 지적했다. 그러나 이 경우는 문어에서 얼마든지 가능하다. 생각을 표현하는 데 문어는 구어보다 말의 형식적 의미를 훨씬 많이 요구한다. 문어는 대화자가 없는 언어다. 그러므로 문어는 최대한 상세한 언어가 되며, 여기서 구문법적 분절은 최고조에 이른다. 문어에서는 대화자가 분리되어 있기 때문에 서툰 말씨나 술어적 판단을 통한 이해에는 좀처럼 도달하기 힘들다. 문어에서 대화자들은 다양한 상황에 존재하며 그들의 생각 속에 공통의 주어가 존재할 가능성은 배제된다. 그러므로 문어는 이런 점에서 구어와 비교하여 언어의 구문법적 형태상 가장 섬세하고 복잡한 언어다. 이 언어에서 우리는 각자 생각을 표현하기 위해 구어보다 훨씬 더 많은 단어를 사용해야만 한다. 톰슨이 언급한 것과 같이 문어적 서술에서는 구어에서 부자연스러운 말과 표현, 구문이 사용된다. 그리보예도프(Aleksandr Sergeevich Griboedov)가 "쓰는 것처럼 이야기한다"라고 말한 것은 많은 단어를 사용해 구문법적으로 복잡하게 구성되고 분절된 문어를 구어로 옮겼을 때의 희극성을 염두에 둔 것이다.

최근의 언어학에서는 언어의 기능적 다양성의 문제가 가장 중요한 문제로 떠오르고 있다. 언어는 심지어 언어학자의 입장에서 보더라도 언어적 활동의 유일한 형식이 아니라 다양한 언어적 기능의 총체다. 이제 기능적 시각과 언어적 발화의 조건, 목적의 관점에서 언어를 연구하는 것이 연구자의 주된 관심이 되었다. 훔볼트는 이미 시와 산문에서 나타나는 언어의 기능적 다양성을 명확하게 인식하고 있었다. 시와 산문은 목표와 방법이 상이하고, 본성상 합치될 수 없는 것이다. 왜냐하면 시는 음악과 분리될 수 없고 산문은 언어를 특별히 편애하기 때문이다. 훔볼트에 따르면 산문의 특징은 언어가 자신의 고유한 우월성을 지배적인 목적에 종속시키면서 발휘한다는 데 있다. 다시 말하면 산문에서는 문장의 종속과 결합을 통해서 생각의 발달에 상응하는 논리적 율동성이 완전히 독자적으로 발달한다. 바로 이러한 논리적 율동성 속에서 산문적 언어는 자신의 고유한 목적을 구축한다. 모든 형태의 언어활동에서 언어는 특수하게 표현을 선택하고 말을 결합하는 문법적 형식과 구문법적 방법을 사용한다. 이와 같이 훔볼트의 생각에 따르면 기능적 사명에 따라 다양한 언어형식이 제각기 특수한 어휘와 문법, 구문법을 가지고 있다. 이것은 매우 중요한 생각이다. 비록 훔볼트와 그의 생각을 본받아서 발전시킨 포테브냐가 이러한 명제의 원칙적인 의미를 평가하지 못하고 시와 산문을 구분하는 것 이상으로 이론을 발전시키지 못했는데도, 즉 산문 내부에는 이념·감각의 자극 없이 일의 전달에만 충실한 일상적 잡담과 풍부한 생각, 교양을 동반한 대화 사이의 차이가 있다는 것을 인식하지 못했음에도, 그들의 생각은 언어학뿐만 아니라 언어 심리학에서도 매우 중요한 의미를 지니고 있다. 과거에 그들의 생각은 언어학자들도 주목하지 않았으나 최근에는 여러 사람의 관심을 끌게 되었다. 야쿠빈스키가 언급했듯이 이러한 견지에서의 문제 정립은 언어학과는 무관한 것이었고, 일반언어학에 관한 저서들은 이 문제들을 전혀 다루지 않았다. 언어학과 마찬가지로 언어 심리학도 자신의 독자적인 방법에 따라 언어의 기능적 다양성의 구별에 관한 문제를 다루었다. 특히 언어학뿐만 아니라 언어 심리학에서 대화적 언어형식과 독백적 언어형식의 근본적인 구별은 매우 중요한 의미를 가지게 되었다. 이 경우에 우리가 구어와 비교하는 문어와 내적 언어는 독백

적인 언어형식이다. 그리고 대부분의 경우 구어는 대화적인 언어형식
이다.

대화는 항상 대화자가 일의 핵심을 알고 있다는 것을 전제한다. 그리
고 그 일은 우리가 보았듯이 구어에서의 전체적인 생략을 가능하게 하
고, 일정한 상황에서 순수하게 서술적인 판단을 만들어낸다. 대화는 항
상 대화자의 시각적 지각, 그의 표정과 제스처, 언어의 모든 억양적 측
면에 대한 음향적 지각을 전제한다. 어떤 경우이건 간에 대화는 우리가
위에서 예로 든 것과 같이 서툰 말을 통한 이해나 암시를 통한 소통을
가능하게 한다. 타르드(Jean-Gabriel de Tarde)의 지적대로 오직 구어
에서만 서로에게 시선을 주는 정도에 지나지 않는 회화가 가능하다. 우
리가 이미 앞서 구어의 생략 경향에 대해 언급했기 때문에 여기서는 언
어의 음향적인 측면만을 다루면서 도스토옙스키(Fyodor Mikhailovich
Dostoevsky)의 수기에서 하나의 전형적인 예를 들어보기로 하자. 그것
은 억양이 얼마나 말의 의미에 대한 섬세하고 세밀한 이해를 돕는지 잘
보여준다.

도스토옙스키는 사전에도 없는 명사 하나만으로 구성되어 있는 술주
정뱅이의 언어에 관해 이야기하고 있다.

"벌써 해가 진 어느 일요일, 나는 술 취한 여섯 명의 직공과 함께 열
다섯 보 정도를 같이 걸었던 적이 있다. 그때 갑자기 나는 모든 생각과
감각, 심지어 심오한 판단조차도 별로 복잡하지 않은 명사 하나를 말하
는 것만으로 완전히 표현할 수 있다는 것을 확신했다. 한 사내가 이미
서로 이야기하던 어떤 문제에 대해 자신의 경멸스러운 부정을 표현하
기 위해 이 명사를 날카롭고 강하게 발음했다. 다른 사내는 그에 대한
답변으로 같은 명사를 반복했지만, 이미 전혀 다른 어조와 의미를 지닌

것이었다. 그는 첫 번째 사내가 부정하는 것이 올바른지에 강한 의문을 표시했다. 세 번째 사내는 갑자기 첫 번째 사내한테 격분하여 흥분해서 대화에 끼어들었다. 그리고 그에게 같은 명사로 소리쳤다. 그러나 그것은 이미 욕설과 매도의 의미였다. 그러자 다시 두 번째 사내가 무례한 행동을 한 세 번째 사내에게 화를 내며, 다음과 같은 의미의 말을 하며 말렸다. "아니, 너는 철딱서니 없이 끼어드냐. 우리는 조용히 논의하고 있었는데 어째서 간섭하며 필카를 욕하냐고." 그는 이 모든 생각을 앞에서 사용한 동일한 말로, 같은 비속어로, 어떤 대상의 극히 단순한 호칭으로 말했다. 그는 여기에 단지 손을 들어 제스처를 하고 세 번째 사내의 어깨를 잡았을 뿐이다. 그런데 거기에 갑자기 지금까지 가만히 있던 그들 중 가장 젊은 네 번째 청년이 논쟁의 최초의 문제점을 돌연 발견했다. 그래서 그는 매우 기뻐하며 손을 들면서 외쳤다⋯⋯. 아, 맞아, 알겠니? 알겠어? 그러나 맞힌 것도 없고 알아낸 것도 없었다. 그는 단지 사전에도 없는 같은 명사 하나만을, 오직 한 단어만을 흥분해서 기뻐 날뛰며 째지는 소리로 반복했을 뿐이다. 그것은 너무 심했던 것 같았다. 왜냐하면 이것이 나이가 가장 많은 무뚝뚝한 여섯 번째 사내의 마음에 들지 않았기 때문이다. 그는 숙녀들 앞에서는 쓸 수 없는 동일한 명사를 불쾌하고 교훈적인 저음으로 그에게 소리 내면서 흥분상태에 있는 젖비린내 나는 청년의 콧대를 순식간에 꺾어놓았다. 그는 정확하고 명료하게 "고함치는 녀석은 아가리를 찢어놓는다"라는 의미로 말했다. 이와 같이 그들은 다른 말은 사용하지 않고 그들만이 애용하는 한 단어를 계속해서 여섯 번씩 서로에게 반복했다. 그러나 그들은 서로 완벽하게 이해했다. 이것은 내가 목격한 사실이다."[9]

이러한 전형적인 형식 속에서 우리는 구어의 생략 경향의 단초가 되는 하나의 기원을 발견하게 된다. 우리는 최초의 기원을 미리 대화의 주어나 주제를 약속한 대화자들의 상호 이해 속에서 발견했다. 이 경우에 문제는 다른 곳에 있다. 도스토옙스키가 말하듯이 모든 생각과 감각, 심지어 심오한 판단조차도 하나의 단어로 표현할 수 있다. 이것은 억양이 화자의 내면적인 심리적 문맥을 전달하는 경우에만 가능하다. 여기서 주어진 단어의 의미는 화자의 내부에서만 이해할 수 있다. 도스토옙스키가 엿들은 대화에서 이 문맥은 처음에는 경멸적 부정의 의미로, 두 번째는 의심의 의미로, 세 번째는 분노의 의미로 사용되었다. 생각의 내적 내용이 억양을 통해서 전달될 때, 언어는 현저하게 생략 경향을 띠고 대화 전체는 하나의 단어만으로도 가능해진다.

구어의 생략을 용이하게 하는 두 가지 계기, 즉 주어의 사전 지식과 억양을 통한 생각의 직접적 전달은 문어에서 완전히 배제된다. 바로 이러한 이유 때문에 우리는 문어에서 동일한 생각을 표현하기 위해 구어보다 더 많은 단어를 사용한다. 그러므로 문어는 단어가 가장 많으며, 정확하고 상세한 언어형식이다. 구어에서 억양이나 상황에 대한 직접적인 지각을 통해서 전달되는 것이 문어에서는 단어를 통해 전달된다. 시체르바(Lev Vladimirovich Shcherba)는 구어에서 대화는 가장 자연스러운 형식이라고 지적했다. 그녀는 독백이 매우 인위적인 언어형식이며 진정한 언어의 존재는 오직 대화에서만 가능하다고 생각했다. 실제로 심리학적 측면에서 대화적 언어는 언어의 기본 형식이다. 이러한 생각을 표현하면서 야쿠빈스키는 대화가 의심할 여지 없이 문화현상이며 동시에 독백과 비교하여 현저하게 자연현상에 가깝다고 언급했다.

---

9 비고츠키는 이 인용문의 출처를 정확히 밝히고 있지 않다. 이 부분은 도스토옙스키의 『작가의 일기』(1873)에 나오는 한 대목이다 – 옮긴이.

심리학 연구에서 밝혀졌듯이 독백이 대화보다 더 고차원적이고 복잡하며 역사적으로도 늦게 발달한 언어형식이라는 것은 명백한 사실이다. 그런데 우리가 관심을 가지고 있는 것은 이 두 가지 형식을 하나의 측면에서, 즉 언어의 생략현상과 그것의 순수한 술어적 판단으로의 축소라는 측면에서 비교하는 것이다.

구어의 속도는 복잡한 의지적 행위의 질서 속에서 심사숙고와 모티프들의 경쟁, 선택을 수반한 언어활동의 진행을 촉진하는 계기가 아니다. 반대로 언어의 속도는 습관적 요소들을 포함한 단순한 의지적 행위의 질서 속에서 언어활동의 진행을 전제한다. 이것은 대화에서 쉽게 관찰할 수 있는 것이다. 실제로 독백(특히, 문어적 독백)과 달리 대화적 소통은 즉각적이고 임의적인 발화를 의미한다. 대화는 답변으로 이루어진 언어며 연쇄적인 반응이다. 우리가 앞서 살펴보았듯이 문어는 애초부터 의식성, 의도성과 연관되어 있다. 그러므로 대화는 거의 항상 함축성과 불충분한 발화, 불필요한 단어의 생략 등을 포함한다. 불필요한 단어들은 동일한 생각을 독백적 언어로 표현할 때 동원되어야만 한다. 대화의 구성적 단순함과는 반대로 독백은 일정한 구성적 복잡성을 가지고 있어서 언어적 사실들을 의식의 밝은 광장으로 인도하고 그것에 더욱 용이하게 집중시킨다. 여기서 언어적 관계는 그것 자신들(언어적 관계들)이 의식 속에 드러나는 체험의 결정자며 원천이 된다.

이 경우에 문어는 구어와 극단적으로 대립되는 것이 틀림없다. 문어에서는 대화자들에게 분명한 상황과 억양이나 표정, 제스처로 표현할 수 있는 모든 가능성이 배제되어 있다. 따라서 여기서는 우리가 구어에 관해 언급할 때 지적했던 모든 생략의 가능성도 배제된다. 여기서 이해는 단어와 그것의 결합으로 발생한다. 문어는 복잡한 활동을 통해 언어의 진행에 협력한다. 여기서 언어적 활동은 복잡한 것으로 규정된다. 초고를 사용하는 것도 바로 여기에 기초한 것이다. 초고를 거쳐 깨끗한 원고가 되는 과정은 복잡하기도 하다. 그러나 실제로 초고가 없는 경우에도 문어에서는 심사숙고의 계기가 존재한다. 우리는 자주 처음에 혼잣말을 하고 나중에 쓴다. 여기서는 생각 속에 초고가 있는 것이다. 이렇게 생각 속에 존재하는 초고는 우리가 앞 장에서 증명하려 한 바 있는 내적 언어다. 이 언어는 문어뿐만 아니라 구어에서도 내면적 초고 역할을 수행한다. 그러므로 우리는 이제 구어와 문어를 생략 경향이라는 관점에서 내적 언어와 비교해야만 한다.

우리는 구어에서 생략과 순수한 술어적 판단 경향이 두 경우에서 발생한다는 것을 보았다. 즉 하나는 화제가 되고 있는 상황이 두 대화자에게 익히 잘 알려져 있는 경우이고 다른 하나는 화자가 억양을 통해서 진술할 내용의 심리적 문맥을 표현하는 경우다. 문어에서 이 두 가지 경우는 완전히 배제되어 있다. 그러므로 문어는 술어주의 경향을 보이지 않는다. 문어는 가장 상세한 언어형식이다. 그러면 이 언어는 내적 언어와 어떤 관계가 있는가? 우리가 구어의 술어주의 경향에 대해 상세하게 논의한 이유는 이런 현상에 대한 분석이 우리가 내적 언어에 대한 실험을 통해 확인한 가장 애매하고 혼란스러우며 복잡한 문제, 즉 가장 중심이 되는 내적 언어의 술어주의에 관한 문제를 명료하게 표현할 수 있기 때문이다. 술어주의 경향이 구어에서 이따금 발생하고(특정한 상황에서는 자주 규칙적으로 발생하겠지만), 문어에서 전혀 나타나지 않는 반면, 내적 언어에서 그 경향은 항상 발생한다. 술어주의는 내적 언어의 기본적이고 유일한 형식이다. 심리학적 관점에서 모든 내적 언어는 하나의 술어만으로 구성된다. 게다가 여기서 우리는 주어의 생략을 대신한 술어의 상대적 존속이 아니라 절대적인 술어주의를 만나게 된다. 문어가 상세한 주어와 서술어로 구성된다는 것은 하나의 법칙이다. 그러나 내적 언어에서 이런 법칙은 항상 주어를 배제하고 술어만으로 구성된다.

이렇게 완전하고 절대적이며 법칙과도 같이 항상 관찰할 수 있는 내적 언어의 순수한 술어주의의 근간은 무엇인가? 우선 우리는 이것을 간단한 실험으로 확인할 수 있다. 그러나 문제는 이 사실을 일반화하고 의미를 부여하여 설명하는 것이다. 우리는 이것을 순수한 술어주의가 처음부터 마지막까지 어떻게 확대되는지를 관찰하고, 이론적 분석을 통해 이러한 동태를 문어와 내적 언어와 동일한 경향을 지닌 구어에서 진행되는 생략 경향과 비교하면서 수행할 수 있었다.

그러면 두 번째 경로, 즉 내적 언어를 구어·문어와 비교하는 것부터 시작해보자. 우리는 이 두 번째 경로를 이미 끝까지 검토한 바 있으며, 이 생각을 설명하기 위한 만반의 준비가 되어 있다. 결국 모든 문제는 구어에서 가끔 순수한 술어적 판단을 가능하게 하고, 문어에서는 완전히 배제되는 상황이 내적 언어와는 불가분의 관계에 있는 영원하고 필연적인 동반자라는 사실이다. 그러므로 술어주의 경향 자체는 필연적으로 발생할 수밖에 없으며, 이 경향은 실험에서 증명되었듯이 내적 언어에서 가장 순수하고 절대적인 형식을 띤 영원한 현상으로 나타난다. 만약 문어가 가장 상세한 언어며 구어와 같이 주어를 생략해야만 하는 상황과는 거리가 멀다는 점에서 구어와 정면으로 대립한다면, 내적 언어는 반대 이유로 구어와 대립한다. 왜냐하면 내적 언어는 절대적이고 규칙적인 술어주의가 지배하기 때문이다. 이와 같이 구어는 내적 언어와 문어 사이의 중간을 차지하고 있다. 그러면 내적 언어의 경우에 생략을 촉진하는 상황에 대해 더 자세히 검토해보자. 다시 한번 판단을 진술하는 주어가 두 대화자에게 잘 알려져 있을 때 구어에서는 음절의 생략과 문장의 단축이 발생한다는 점을 상기할 필요가 있다. 그러나 이러한 상태가 내적 언어에서는 절대적이고 항시적인 법칙이다. 우리는 항상 내적 언어에서 무엇에 관해 이야기하는지 알고 있다. 우리는 항상 내적 상황의 과정 속에 존재한다. 우리의 내적 대화의 주제는 항상 우리에게 잘 알려져 있다. 우리는 우리가 무엇을 생각하는지 알고 있다. 우리의 내적 판단의 주어는 항상 우리 생각 속에 존재한다. 그것은 항상 이해되고 있다. 피아제에 따르면 우리는 쉽게 자신의 말을 믿으며, 자신의 생각을 증명하거나 정초하려는 요구는 오직 다른 생각과 충돌할 때만 발생한다. 이러한 이유 때문에 우리는 서툰 말씨나 암시만으로도 아주 쉽게 이해할 수 있다고 말할 수 있다. 자신과 나누는 언어 속에서 항상 법칙적이라기보다 오히려 예외적으로 우리가 앞서 언급한 실례들이 구어에서 발생하는 상황에 놓이게 된다. 이러한 예들을 다시 염두에 둔다면 내적 언어는 항상 화자가 'B다'라는 하나의 술어로 정류장에서의 모든 판단을 진술하는 상황에서 행해지는 것이라고 할 수 있다. 실제로 우리는 항상 우리의 기대와 의도 속에 놓여 있다. 자기 자신과 마주 보고 있을 때 '우리가 어디론가 가기 위해 기다리던 전차 B가 온다.'와 같은 자세한 표현은 결코 필요하지 않다. 여기서는 항상 하나의 술어만이 필요하고, 그것으로 충분하다. 주어는 학생들이 10의 자릿수로 올림을 하는 덧셈을 할 때, 그 수를 머릿속에 넣어두는 것과 같이 항상 머릿속에 있다.

게다가 우리는 내적 언어에서 레빈이 자신의 아내와 대화하는 것과 같이 생각을 정확한 단어로 힘들여 표현하지 않으면서 자신의 생각을 어려움 없이 이야기한다. 위에서 본 것처럼 대화자의 심리적 친밀함은 화자의 공통된 통각[10]을 만든다. 이것은 암시를 통한 이해나 언어의 생략에서 결정적인 계기다. 그러나 이러한 통각의 공통성은 자신과 소통하는 내적 언어에서 완전하고 절대적인 것이 된다. 그러므로 내적 언어에서 톨스토이가 구어에서 드문 경우라고 말하는 경우, 즉 거의 아무 말 없이 가장 복잡한 생각을 간결하고 명료하게 전달하는 것은 법칙이 되며, 이것은 오직 화자들 사이에 매우 친밀한 내적 친근성이 존재할 경우에만 가능한 것이다. 내적 언어에서 우리는 무엇에 관해 이야기하는지, 즉 주어를 필요로 하지 않는다. 우리는 항상 이 주어에 관해 말하는 것, 즉 술어에 의해서만 규정 받는다. 그리고 이것은 내적 언어에서 순수한 술어주의의 지배를 의미한다.

　구어에서의 유사한 경향을 분석해 우리는 두 가지 기본적인 결론에 도달했다. 첫째, 구어에서 술어주의 경향은 판단의 주어가 대화자에게 잘 알려져 있고, 화자에게 통각의 공통성이 어느 정도 존재하는 경우에 발생한다. 그러나 완전하고 절대적인 형식의 한계에까지 도달한 경우가 내적 언어에서 항상 존재한다. 이 중 한 경우를 통해서 우리는 내적 언어에서 왜 순수한 술어주의의 절대적 지배가 관찰되는지를 이해하게 된다. 우리가 이미 살펴본 바와 같이 구어에서 이러한 상황은 구문의 단순화, 구문법적 분절의 최소화, 독자적인 구문법의 구조로 이어졌다.

---

10 통각(apperception)은 라이프니츠(Gottfried Wilhelm Leibniz)의 용어다. 라이프니츠는 이 개념을 인상에 대한 의식이 아직 형성되지 않은 의식적 자각을 지시하는 데 사용했다. 칸트는 이 개념을 의식에서 표상의 통일체로 이해했다. 심리학에서 통각이라는 개념은 분트의 체계에서 중요한 위치를 차지한다. 분트의 체계에서 이 개념은 지각된 것에 대한 의식적 자각과 그것의 내적 본성, 앞선 경험에 대한 종속을 의미한다. 이 개념 속에서 생각은 형상들과 마찬가지로 다른 생각과 연결된다 – 영어본 편집자.

그러나 구어에서 약간 애매한 경향으로 인정되는 것이 내적 언어에서는 절대적인 형식으로 나타난다. 그것은 최대한의 구문법적 단순화, 생각의 절대적 응축, 완전히 새로운 구문법적 구조를 의미한다. 엄격하게 말해서 이 구조는 구어적 구문법의 완전한 폐지와 문장의 순수한 술어적 구조 이외에 아무것도 아니다.

우리는 이 분석을 통해서 두 번째 결론에 도달했다. 그것은 언어의 기능적 변화가 필연적으로 언어의 구조적 변화를 초래한다는 것이다. 언어의 기능적 특수성의 영향에 따른 구조적 변화가 미약하게 표현된 것으로 구어에서 인정된 것이 내적 언어에서는 한계에까지 도달한 절대적 형식으로 나타났다. 우리가 발생적·실험적 연구에서 확인할 수 있었던 것같이 내적 언어의 기능은 확고하고 체계적으로 다음과 같은 결론을 도출한다. 즉 처음에는 기능적 측면에서 오직 사회적 언어와 구별된 자기중심적 언어는 점차 이러한 기능적 분화의 확대와 더불어 구어의 구문법의 완전한 폐지에 도달하는 구조상의 변화를 일으킨다.

만약 우리가 내적 언어와 구어의 비교에서 내적 언어의 구조적 특성에 대한 직접적 연구로 관심을 바꾼다면 술어주의의 확대 과정을 차근차근 추적할 수 있을 것이다. 처음에 자기중심적 언어는 구조적 측면에서 사회적 언어와 일치하지 않았다. 그러나 독립적·자율적인 언어형식의 측면에서 기능적 분화가 발달함에 따라 자기중심적 언어는 더욱더 생략 경향, 구문법적 분절의 약화, 응축으로 나타났다. 그것이 소멸되어 내적 언어로 이행할 때, 자기중심적 언어는 이미 단편적인 언어의 인상을 주게 된다. 왜냐하면 자기중심적 언어는 이미 거의 전적으로 순수하게 술어적인 구문법에 종속되기 때문이다. 실험은 내적 언어의 새로운 구문법이 어떻게, 어떤 원천에서 발생하는지를 보여주고 있다. 아동은 그 순간에 자기가 흥미를 느끼는 것, 지금 하는 것, 자기 눈에 보이는 것에 따라 말한다. 그러므로 아동은 점점 더 주어나 그것에 관계하는 단어들을 빠뜨리고 생략하고 응축한다. 그리고 차츰 자기의 이야기를 하나의 술어로까지 축소한다. 우리가 이 실험의 결과로서 확인할 수 있었던 중요한 법칙은 다음과 같은 것이다. 자기중심적 언어가 기능적 의미에서 그 자체로서보다 분명하게 표현될수록 구문법의 특성들, 즉 구문법의 단순화와 술어주의는 한층 더 명료하게 나타난다. 만약 우리의 실험에서 자기중심적 언어가 실험적으로 조작된 방해와 장애에도 불구하고 사고 수단으로서 내적 언어의 특수한 역할을 하는 경우에 아동의 자기중심적 언어를 다른 기능으로 나타내는 경우와 비교한다면 다음과 같은 것을 명확하게 확인할 수 있을 것이다. 내적 언어의 특수한 지적 기능 그 자체가 더 강하게 표현되면 될수록 그것의 구문법적 구조의 특성도 더 명료하게 나타난다.

그러나 내적 언어의 술어주의는 아직 구어와의 비교에서 내적 언어의 단축으로 표현되는 모든 현상의 복합체를 다 포괄하지 않는다. 이 복잡한 현상을 분석하려고 할 때, 우리는 그 뒤에 내적 언어의 구조적 특성이 숨어 있다는 것을 알아야 한다. 그중에 가장 중요한 것에 대해 지적해보자. 우선 여기서 우리가 이미 구어의 생략이 발생하는 몇몇 경우에서 다룬 바 있는 언어의 음성적 계기의 축소를 언급하지 않을 수 없다. 키치와 레빈의 사랑 고백, 머리글자를 통한 긴 대화, 머리글자만으로 긴 구절의 의미를 추측하는 것과 같은 예들을 통해 우리는 의식이 동일한 방향에 있을 때 언어 자극의 역할은 최소화되고(머리글자로까지), 이해는 완전하게 성립한다는 결론에 도달했다. 그러나 언어 자극의 역할이 최소화되는 것이 한계에 도달해 내적 언어에서는 거의 절대적 형식으로 나타난다. 그 이유는 여기서 의식의 동일한 방향성이 완전하기 때문이다. 본질적으로 내적 언어에는 항상 구어에서 드물게 나타나는 예외적 상황이 존재한다. 내적 언어에서 우리는 항상 키치와 레빈의 대화와 같은 상황을 발견하게 된다. 그러므로 우리는 항상 내적 언어에서 옛날 공작이 머리글자로 복잡한 문장을 알아맞히는 이 대화를 보고 지칭했던 머리글자 놀이를 한다. 이런 대화와 놀랄 정도로 유사한 경우를 우리는 르메트르의 내적 언어에 대한 연구에서 발견한다. 르메트르가 연구한 12세 소년 가운데 하나는 "스위스의 산들은 아름답다"(Les montagnes de la Suisse sont belles)는 문장을 L, m, d, l, S, s, b라는 머리글자로 사고하고 있었다. 이 글자 뒤에는 흐릿하게 산들의 윤곽이 그려져 있었다.[11] 여기서 우리는 내적 언어의 초기 형성단계에서 키치와 레빈의 대화에서 볼 수 있었던 언어의 생략과 단어의 음성적 측면을 머리글자 수준까지 축소하는 경우를 발견하게 된다. 내적 언어에서는 단어를 끝까지 발음할 필요가 없다. 우리는 이미 자신의 의향에서 어떤 단어를 발음해야 하는지 이해한다. 우리는 이 두 가지 예를 비교해서 내적 언어에서 말들은 항상 머리글자로 대신할 수 있고, 언어는 양자의 경우에 동일한 메커니즘을 통해 전개된다는 것을 말하려는 것은 아니다. 우리는 좀더 일반적인 어떤 것을 염두에 두고 있다. 우리가 말하려는 것은 단지 키치와 레빈의 대화에서 보는 것처럼 구어에서 의식이 동일한 방향에 있으면 언어 자극의 역할이 최소화되는 것과 마찬가지로 내적 언어에서 언어의 음성적 측면의 축소는 항상 존재하는 일반적 법칙이라는 사실이다. 내적 언어는 정확하게 말하면 거의 말이 없

---

11 르메트르, 「아동의 내적 언어에 관한 관찰들」, 『심리학 고문서』 4, 1905, 5쪽.

는 언어다. 바로 이런 이유 때문에 앞의 예들이 일치하는 것은 매우 중요한 의미가 있는 것으로 보인다. 즉 우리는 특수한 경우에 구어와 내적 언어가 말을 하나의 머리글자로 축소하고, 양자가 완전히 동일한 메커니즘의 지배를 받는다는 사실을 통해 우리가 비교한 구어와 내적 언어의 형상들의 내적 친근성을 확신하게 된다.

게다가 구어와 비교해볼 때, 내적 언어가 지니고 있는 단축성의 배후에는 이러한 현상 전체의 심리학적 본성을 이해하는 데 중심적 의미를 가지는 또 하나의 현상이 존재한다. 우리는 이제까지 술어주의와 언어의 형태적 측면의 축소를 내적 언어의 생략이 발생하는 두 가지 원천으로 보았다. 그러나 이미 이 두 가지 현상은 우리가 내적 언어에서 구어와는 완전히 다른 언어의 의미적·형태적 측면을 경험하게 되었다는 것을 의미한다. 언어의 형태적 측면, 구문법, 음성은 최소화되고, 최대한으로 단순화되며, 응축된다. 여기서 가장 중요한 것은 말의 의미다. 내적 언어는 주로 언어의 음성이 아니라 의미를 조작한다. 말의 의미가 음성적 측면으로부터 일정하게 떨어져 있는 상대적 독립성은 내적 언어에서 극히 선명하게 나타난다. 이것을 해명하기 위해서 우리는 언어의 단축의 세 번째 원천을 검토하지 않으면 안 된다. 이 언어의 단축은 우리가 이미 언급한 바와 같이 상호 긴밀하게 연관되어 있으면서도 직접적으로 일치하지 않는 독자적인 현상의 종합적 표현이다. 이 세 번째 원천을 우리는 내적 언어의 완전히 특수한 의미적 구조 속에서 발견한다. 연구 결과가 보여주듯이 언어가 지니고 있는 의미의 구문법과 의미적 측면의 모든 구조는 말의 구문법이나 그것의 음성적 구조보다 특이하다. 내적 언어의 의미론의 기본적인 특징은 무엇인가?

우리는 연구에서 내적으로 상호 연관되어 있으며 내적 언어의 의미적 측면의 독자성을 구성하는 세 가지 기본적 특징을 확인할 수 있었다. 첫 번째 특징은 내적 언어에서 말의 의미(意味)가 말의 어의(語義)보다 우월하다는 것이다. 폴항(Frederick Paulhan)은 말의 의미와 어의를 구분함으로써 언어의 심리학적 분석에 크게 공헌했다. 폴항이 증명하듯이 말의 의미는 어떤 단어에 의해 우리의 의식 속에 발생하는 모든 심리학적 사실의 총체다. 이렇게 말의 의미는 항상 동적이고 유동적이며 복잡한 구조물이지만 다양한 부동성의 여러 가지 영역을 가지고 있다. 말의 어의는 오직 어떤 이야기의 문맥 속에서 단어가 획득하는 의미들의 한 영역일 뿐이다. 게다가 이것은 가장 확고하고 통일적이며 정확한 영역이다. 주지하다시피 말은 다양한 문맥에서 자신의 의미를 쉽게 바꾼다. 반대로 어의는 다양한 문맥에서 이루어지는 말의 의미 변화에도 불구하고 변하지 않는 불변적이고 부동적인 지점이다. 이러한 말의 의미변화를 우리는 언어의 의미 분석에서 기본적인 사실로 확인할 수 있다. 말의 실제 어의가 불변하는 것은 아니다. 어느 경우에 말은 하나의 어의를 갖지만 다른 경우에는 또 다른 어의를 획득한다. 이러한 어의의 동적인 성격을 통해서 우리는 폴항이 제기한 문제, 즉 어의와 의미의 상호관계에 접근하게 된다. 사전 속의 단어는 오직 하나의 어의만 지닌다. 그러나 이 어의는 살아 있는 언어 속에서 실현되는 하나의 가능성일 뿐이다. 여기서 어의는 의미의 구조물을 구성하는 하나의 석재일 뿐이다.

말의 어의와 의미의 차이를 크릴로프의 우화 「잠자리와 개미」를 통해 설명해보자. 이 우화를 마무리 짓는 '춤추다'라는 단어는 모든 문맥에서 완전히 동일하고 일정한 어의를 가지고 있다. 그러나 우화의 문맥에서 이 단어는 광범위한 지적·격정적 의미를 획득한다. 이 단어는 이러한 문맥에서 '즐기다'와 '죽다'의 의미를 동시에 지닌다. 이렇게 말이 전체 문맥에서 받는 의미에 의해 풍부해지는 것은 어의의 역학이 지니는 기본 법칙이다. 말은 그것이 던져진 전체 문맥으로부터 지적·격정적 내용을 받고 흡수하며, 우리가 그것을 고립적으로 문맥 밖에서 볼 때 그것의 어의에 포함되어 있는 것보다 많은 것을 의미하기도 하고 적은 것을 의미하기도 한다. 말이 어의보다 많은 것을 의미하는 경우는 어의의 경계가 확대되어 새로운 내용으로 채워진 일련의 영역을 획득하기 때문이다. 말이 어의보다 적은 것을 의미하는 경우는 말의 추상적 어의가 한정되어 주어진 문맥에서만 의미를 형성하는 것으로 축소되기 때문이다. 폴항에 따르면 말의 의미는 일정 정도 개별적 의식에 따라 끊임없이 변화하고 동일한 의식이라도 상황에 따라 유동적인 복잡한 현상이다. 이런 점에서 말의 의미는 무궁무진하다. 말은 하나의 문장에서만 의미를 획득하지만, 문장은 문단의 문맥에서만 의미를 획득한다. 그리고 문단은 책의 맥락에서, 다시 책은 저자의 모든 텍스트의 문맥에서만 의미를 획득한다. 결국 모든 말의 현실적 의미는 그 말이 표현하는 것과 관계되어 있으며, 의식 속에 존재하는 풍성한 계기들로 결정된다. 이에 대해 폴항은 다음과 같이 지적한다.

"지구의 의미는 지구의 표상을 보충하는 태양계다. 태양계의 의미는 은하며 은하의 의미는 [……] 이것은 우리가 어떤 것의 완전한 의미, 따라서 어떤 말의 완전한 의미를 결코 알지 못한다는 것을 의미한다. 말은 새로운 문제들의 무궁무진한 원천이다. 말의 의미는 결코 완전한 것이 될 수 없다. 결국 그것은 세계의 이해와 개성 전체의 내면적 구조에 의존하는 것이다."

폴항의 중요한 공적은 그가 말과 의미의 관계를 분석하고, 말과 의미 사이에는 말과 어의보다 더 큰 독립적 관계가 존재한다는 것을 증명한 데 있다. 말들은 표현된 의미와 분리될 수 있다. 말이 그 의미를 바꿀 수 있다는 것은 이미 오래전에 알려진 사실이다. 의미가 어떻게 말을 바꾸는가, 더 정확하게 말하면 개념이 어떻게 자신의 명칭을 바꾸는가 하는 문제는 비교적 최근에 연구되기 시작했다. 폴항은 의미가 사라졌을 때 말이 어떻게 살아남는가 하는 문제에 대해 수많은 예를 제공하고 있다. 그는 틀에 박힌 관용구들(예를 들면, '어떻게 지내십니까?'와 같은), 거짓말 그리고 의미로부터 독립되어 있는 말들을 분석했다. 의미는 쉽게 어떤 말에 고정될 수 있는 것과 마찬가지로 그 말로부터 분리될 수도 있다. 폴항이 지적하고 있듯이 말의 의미가 그것의 개별적인 소리가 아니라 말 전체와 연관되어 있는 것과 유사하게 문장의 의미도 그것을 구성하고 있는 개별적인 말이 아니라 문장 전체와 연관되어 있는 것이다. 그러므로 하나의 말이 다른 말의 위치를 차지하는 일이 생긴다. 이렇게 의미가 말로부터 분리되어도 살아남는다. 그러나 만약 말이 의미 없이 존재할 수 있다면, 마찬가지로 의미도 말 없이 존재할 수 있다.

우리가 내적 언어에서 실험적으로 확인할 수 있었던 것과 유사한 현상을 구어에서도 찾아내기 위해 다시 한번 폴항의 분석을 이용해보자. 구어에서 우리는 보통 가장 고정적이고 항시적인 의미의 요소들과 그것의 가장 불변적인 영역들, 즉 말의 어의로부터 가장 유동적인 영역, 다시 말해 말의 의미로 이행하는 과정을 관찰했다. 반대로 내적 언어에서는 표현되는 정도가 경우마다 다르기는 하지만 우리가 구어에서 관찰한 바 있는 어의에 대한 의미의 우월성이 수학적 한계에까지 도달하고 절대적 형식을 띠게 된다. 여기서 어의에 대한 의미의, 말에 대한 문장의, 문장에 대한 문맥의 우월성은 예외가 아니라 불변의 법칙이다.

이로부터 내적 언어의 의미론이 지니고 있는 또 다른 두 가지 특징이 제기된다. 이 양자는 말의 연합과 결합, 융합과정과 관계가 있다. 첫 번째 특징은 교착과 유사한 것으로 몇몇 모국어에서는 기본적인 현상으로 관찰할 수 있다. 다른 것은 보기 드문 것으로 말의 결합방식이다. 예컨대 독일어에서는 하나의 명사가 문장 전체나 몇몇 개별적인 단어로부터 형성되는 경우가 있다. 이 경우에 이 단어들은 한 단어의 기능적 의미가 된다. 다른 언어에서 이러한 말의 결합은 끊임없이 활동하는 메커니즘으로 관찰된다. 분트는 이러한 복합어가 말의 우연적인 집합이 아니라 일정한 법칙에 따라 형성되는 것이라고 말한다. 이러한 모든 언어는 단순한 개념을 의미하는 많은 단어를, 매우 복잡한 개념을 표현할 뿐만 아니라 그 개념에 포함되는 모든 특수한 표상을 하나의 말로 결합한다. 이러한 언어적 요소들의 기계적 결합이나 교착에서 가장 중요한 것은 어근이나 주요한 개념이다. 언어를 쉽게 이해할 수 있는 근거는 바로 여기에 있다. 예를 들면, 댈러웨이어에서는 '얻다', '보트', '우리를'이라는 단어에서 만들어진 복합어가 있으며, 이것은 글자 그대로 '보트에서 우리에게 필요한 어떤 것을 얻다' '보트로 우리에게 어떤 것을 나르다'를 의미한다. 적이 강을 건너오도록 꾀어낼 때 보통 사용하는 이 단어는 댈러웨이어 동사의 다양한 법(mood)과 시제에 따라 변화한다. 여기서 주목할 것은 두 가지 계기다. 첫째는 복합어에 들어가는 개개의 단어는 자주 음성적 측면이 축소되기 때문에 복합어에 들어가는 것은 단어의 일부분이라는 사실이다. 둘째는 이와 같이 발생하는 복합어는 매우 복잡한 개념을 표현하며 기능적·구조적 측면에서 자립적인 단어들의 결합이 아니라 하나의 말로 나타난다. 분트는 아메리카

인디언들의 언어에서 복합어는 단순한 말과 같은 방식으로 명사와 동사 어미가 변한다고 언급하고 있다.

우리는 아동의 자기중심적 언어에서 이와 유사한 어떤 것을 발견했다. 이 언어의 형식이 내적 언어에 가까워짐에 따라 복잡한 개념을 표현하기 위해서 하나의 복합어를 형성하는 방법으로서의 교착은 더욱더 명료하게 나타난다. 아동은 자신의 자기중심적 발언 속에서 자기중심적 언어의 계수 저하와 병행하여 말들의 비구문법적 접착 경향을 더 자주 발견하게 된다.

내적 언어의 의미론의 세 번째 마지막 특징도 역시 구어에서의 유사한 현상과 비교·대조하는 방법으로 가장 용이하게 설명할 수 있다. 그 본질은 어의보다 동적이고 광범위한 말의 의미가 언어적 어의의 연합과 결합에서 관찰할 수 있는 것과는 다른 연합과 결합의 법칙으로 나타나는 것이다. 우리는 자기중심적 언어에서 관찰한 바 있는 말의 이러한 특이한 연합방식을 의미의 영향이라고 명명했다. 우리는 이 말을 글자 그대로의 의미인 주입과 오늘날 일반적으로 통용되는 의미로 동시에 이해하고 있다. 의미는 상호 영향을 주고받기 때문에 과거는 미래 속에 포함되고, 그것을 변형시킨다. 외적 언어에 대해 말하자면 우리는 이와 유사한 현상을 예술적 언어 속에서 자주 발견한다. 말은 어떤 예술작품을 통과하면서 그 속에 포함된 다양한 의미 단위를 흡수하고, 그 의미에서 전체 예술작품과 등가물이 된다. 이것은 문학작품의 제목을 예로 들면 쉽게 설명된다. 문학작품의 제목은 회화나 음악작품의 제목과는 다르다. 문학작품의 제목은 그림의 제목보다 작품의 의미적 내용을 더 많이 표현하고 장식한다. 예컨대 『돈키호테』, 『햄릿』, 『예브게니 오네긴』, 『안나 카레니나』 등과 같은 제목은 가장 순수한 형태로 의미의 영향이라는 법칙을 표현한다. 여기서 하나의 단어 속에 실제로 작품 전체의 의미적 내용이 포함된다. 의미의 영향이라는 법칙의 가장 명확한 예는 고골의 서사시 『죽은 혼』이다. 이 단어의 일차적 의미는 인구조사표에서 아직 지워지지 않아서 마치 살아 있는 농노와 같이 매매할 수 있는 죽은 농노를 의미한다. 이것은 죽었는데 아직 살아 있는 것처럼 간주되는 농노들이다. 이 단어는 이런 의미에서 서사시 전체를 관통하고 있으며, 작품의 슈제트 또한 죽은 혼을 사들이는 과정으로 구성되어 있다. 그러나 서사시의 직물 전체를 붉은 실이 관통하면서 이 두 단어는 완전히 새롭고 풍부한 의미를 흡수하고, 해면이 바다의 수분을 빨아들이듯이 서사시의 각 장과 형상의 심오한 일반적 의미를 받아들이며, 오직 서사시의 마지막에서 완전히 의미로 충만하게 된다. 그러나 이제 이 단어는 이미 원래의 의미와 비교하면 완전히 다른 어떤 것을 의미하게 된다. 『죽은 혼』은 죽었지만 살아 있는 것처럼 셀 수 있는 농노가 아니고, 살아 있지만 정신적으로는 죽어 있는 서사시의 모든 주인공이다.

이와 유사한 경우를 우리는 한계에까지 도달한 내적 언어에서 발견하게 된다. 여기서 말은 상술한 단어와 후술한 단어의 의미를 흡수하고 무한히 자신의 의미를 확대한다. 외적 언어보다 내적 언어에서 말은 훨씬 더 많은 의미를 가지게 된다. 고골의 서사시 제목과 같이 내적 언어에서 말은 의미의 집중적 응결물이다. 그 의미를 외적 언어로 번역하기 위해서는 하나의 단어로 응축된 의미를 단어의 파노라마로 펼쳐 보여야 한다. 마찬가지로 고골의 서사시 제목을 완전히 이해하기 위해서는 『죽은 혼』의 모든 텍스트를 펼쳐 보이지 않으면 안 된다. 이 서사시의 모든 다양한 의미가 두 단어의 긴밀한 액자 속에 포함되어 있는 것과 마찬가지로 내적 언어에서 거대한 의미 내용은 한 단어의 그릇 속에

쏟아 넣을 수 있다.

　내적 언어의 의미적 측면이 지니고 있는 이 모든 특징을 관찰자들은 모두 자기중심적 언어나 내적 언어의 불가해성이라고 이해했다. 만약 아동들의 술어가 무엇에 관계하는지 모르거나, 아동들이 지금 무엇을 하고, 무엇을 보는지 모른다면 아동의 자기중심적 진술을 이해하기 불가능하다. 왓슨은 내적 언어를 녹음기에 기록한다면 그것이 무슨 말인지 전혀 이해하지 못할 것이라고 언급했다. 내적 언어의 불가해성은 그것의 단축성과 마찬가지로 모든 연구자가 지적한 사실이지만, 아직 한 번도 분석된 적이 없다. 하지만 우리는 분석을 통해서 내적 언어의 불가해성과 단축성이 다양한 요인의 산물이며, 극히 다양한 현상의 총체적 표현이라는 것을 알고 있다. 위에서 언급한 사실들, 즉 내적 언어의 독자적인 구문법, 음성적 측면의 축소, 특수한 의미론적 구조는 불가해성의 심리학적 본성을 이미 설명했다. 그러나 우리는 이 불가해성을 적건 많건 간에 직접적으로 규정하고 그 뒤에 숨어 있는 두 가지 계기에 대해 검토해보려고 한다. 첫째는 위에서 언급한 모든 계기의 필연적인 결과며, 내적 언어의 기능적 특징에서 직접적으로 나온 것이다. 자신의 기능상 이 언어는 소통을 위한 것이 아니라 자기 자신을 위한 것이다. 이것은 완전히 다른 기능을 수행하는 외적 언어와 비교하여 완전히 다른 내적 조건에서 진행되는 언어다. 그러므로 이 언어가 불가해하다는 것이 놀라운 것이 아니라 내적 언어의 이해를 기대할 수 있다는 것이 놀라운 것이다. 내적 언어의 불가해성을 규정하는 두 번째 계기는 의미적 구조의 독자성과 연관이 있다. 우리의 생각을 해명하기 위해서는 다시 내적 언어의 현상과 그와 유사한 외적 언어의 현상을 비교·대조할 필요가 있다. 톨스토이는 『유년시절』, 『소년시절』, 『청년시절』과 그 밖의 작품에서 동일한 삶을 영위하는 사람들 사이에 어떻게 말의 조건적 의미와 서로 연관된 사람들만이 이해할 수 있는 특별한 방언과 은어가 쉽게 발생하는지를 보여주고 있다. 이르체니예프 형제들은 자신들만의 방언을 가지고 있었다. 거리의 아동들도 그런 방언을 가지고 있다. 일정한 조건에서 말은 자신의 일상적 어의와 의미를 바꾸고, 그것이 발생하는 특별한 조건이 부여하는 특수한 의미를 획득한다. 그리고 내적 언어에서 그러한 내적 방언이 필연적으로 발생한다는 것은 분명한 사실이다. 내적 언어로 사용되는 모든 말은 미묘한 차이와 색다른 의미상의 뉘앙스를 획득하며, 서로 조립되고 합쳐져서 말의 새로운 의미로 바뀌게 된다. 실험은 내적 언어에서 말의 의미가 외적 언어로는 번역될 수 없는 관용구라는 사실을 항상 보여준다. 이것은 항상 모음 생략이나 암호와 같이 관용구들로 가득 찬 내적 언어의 차원에서만 이해할 수 있는 개인적 의미다.

본질적으로 하나의 말에 다양한 의미 내용을 주입하는 것은 항상 개인적이고 번역하기 어려운 의미, 즉 관용구다. 여기서 우리가 위에서 언급한 도스토옙스키의 고전적 예에서 일어난 상황이 발생한다. 여섯 명의 술주정뱅이 직공의 대화에서 나타난 것은 외적 언어에서는 예외적인 것이며, 내적 언어에서는 규칙이 된다. 내적 언어에서 우리는 항상 하나의 명칭만으로 모든 생각, 느낌, 가장 심오한 판단을 표현할 수 있다. 여기서 복잡한 생각과 느낌, 판단을 표현하는 명칭의 의미는 외적 언어로 번역할 수 없으며, 동일한 말의 일상적 의미와는 비교할 수 없다. 내적 언어의 의미론이 지니고 있는 이러한 관용구적 성격 때문에 내적 언어는 자연스럽게 불가해한 것이 되고, 우리의 일상적 언어로는 번역하기 어렵게 된다.

이것으로 우리는 실험에서 관찰한 내적 언어의 특징에 대한 개관을 끝낼 수 있다. 다만 우리가 언급하고자 하는 것은 이러한 특징을 처음에는 자기중심적 언어에 대한 실험적 연구에서 확인할 수 있었으며, 이러한 사실을 설명하기 위해서 외적 언어에서 그것과 유사한 사실들을 비교·대조했다는 것이다. 이것은 우리가 발견한 사실들을 일반화하고 올바르게 설명할 뿐만 아니라 구어의 예들에서 내적 언어의 복잡하고 섬세한 특징을 해명하는 수단으로서 중요한 의미를 지니고 있다. 그러나 그보다 더 중요한 것은 이 비교·대조를 통해서 우리가 이러한 특징의 형성 가능성이 이미 외적 언어에도 존재하며, 자기중심적 언어와 외적 언어에서 내적 언어가 발생한다는 가설을 확증했기 때문이다. 이러한 모든 특징이 일정한 상황의 외적 언어에서 발생한다는 것은 중요한 사실이다. 그리고 이것이 일반적으로도 가능하다는 것, 즉 술어주의, 언어의 형태적 측면의 축소, 말의 어의에 대한 의미의 우월성, 의미론적 단위들의 교착, 의미들의 영향, 언어의 관용성 등을 외적 언어에서 관찰할 수 있고, 말의 본성과 법칙이 이것을 허용하고 가능하게 한다는 사실도 중요하다. 반복하지만 이것은 우리 시각에서 보면 아동의 자기중심적 언어와 사회적 언어의 분화를 통해 내적 언어가 발생한다는 가설을 확증하는 가장 좋은 예들이다.

우리가 지적한 내적 언어의 특징은 우리가 앞으로 제기할 명제, 즉 내적 언어는 완전히 특수하고 독립적이며 자율적이고 자립적인 언어의 기능이라는 기본 명제가 올바르다는 것을 보여준다. 우리 앞에 실제로 있는 것은 외적 언어와는 완전히 다른 언어다. 그러므로 우리가 이 언어를 생각과 말의 동적인 관계를 매개하는 언어적 사고의 특수한 내적 국면으로서 고찰하는 것은 정당하다. 내적 언어의 본성과 그것의 구조,

기능에 관해 이제까지 설명한 모든 것은 내적 언어에서 외적 언어로 이행하는 것이 한 언어에서 다른 언어로 직접적으로 번역한 것도 아니고, 무언(無言)에 음성적 측면을 부가하는 것도 아니며, 내적 언어의 단순한 음성화도 아니라는 사실을 보여준다. 그것은 언어의 재구성이며, 내적 언어의 완전히 특수하고 독자적인 구문법, 의미적·음성적 구조를 외적 언어의 구조적 형태로 변화시키는 것이다. 내적 언어가 단순히 음성이 없는 언어가 아니듯이 외적 언어는 음성이 있는 내적 언어가 아니다. 내적 언어에서 외적 언어로 이행하는 것은 복잡한 동적 변형, 즉 술어적이고 관용적인 언어가 구문법적으로 분절되고 타인에게 이해되는 언어로 변화하는 것이다.

6. 생각과 말

우리는 이제 모든 분석의 서론 격이었던 내적 언어의 정의와 그것의 외적 언어와의 비교를 마무리 지을 수 있게 되었다. 우리는 내적 언어가 완전히 특수한 기능이며 어떤 의미에서 외적 언어와 대립된다고 말했다. 우리는 내적 언어를 외적 언어에 선행하는 것이나 그것의 내적 측면이라고 보는 견해에 동의하지 않는다. 만약 외적 언어가 생각이 말로 변화하는 과정이거나 생각의 물질화·객관화라면 우리는 여기서 그 반대 방향의 과정, 즉 밖에서 안으로 나가는 과정, 언어가 생각으로 기화하는 과정을 보게 될 것이다. 그러나 언어는 결코 내적 형식에서 사라지지 않는다. 의식은 결코 증발하지 않으며, 순수한 정신에 용해되지도 않는다. 내적 언어도 역시 언어며, 말과 결합된 생각이다. 그러나 만약 생각이 외적 언어의 말 속에 구현된다면, 말은 생각을 낳으면서 내적 언어에서는 소멸할 것이다. 내적 언어는 대부분 순수한 의미들에 대한 사고다. 그러나 시인이 지적하듯이 우리는 "천상에서 빨리 지친다."[12] 내적 언어는 우리가 연구한 언어적 사고보다 더 공식적이고 완고한 극단들, 즉 말과 생각 사이에서 아른거리는 동적이고 유동적이며 변화무쌍한 계기다. 그러므로 내적 언어의 진정한 의미와 위치는 우리가 한 걸음 더 들어가 언어적 사고의 다음과 같은 확고한 국면에 관한 가장 일반적인 표상을 가지고 있을 때 해명될 수 있다.

언어적 사고의 새로운 국면은 생각 그 자체다. 우리가 수행해야 할 분석의 첫 번째 과제는 이러한 국면을 항상 직면하게 되는 통일체에서 추출하여 분리하는 것이다. 우리는 이미 모든 생각은 무엇과 무엇을 결합하려고 하고, 운동·단면·전개와 같은 측면을 가지고 있으며, 무엇과 무엇의 관계를 수립한다는 것, 즉 어떤 기능과 작업을 수행하면서 동시에 어떤 과제를 해결한다고 말한 적이 있다. 이러한 생각의 흐름과 운동은 언어의 전개와 직접적으로 일치하지 않는다. 생각의 단위와 언어의 단위는 일치하지 않는다. 양자의 과정은 통일성을 보이지만 동일하지는 않다. 양자는 복잡한 이행과 변화를 통해 서로 연관되어 있지만 마치 한 직선 위에 놓여 있는 것같이 서로 겹쳐져 있지 않다. 이것을 쉽게 확인할 수 있는 경우는 생각의 활동이 실패로 끝나거나 도스토옙스키가 언급하듯이 생각이 말로 전화되지 않는 경우다. 다시 이 점을 명료하게 설명하기 위해 우스펜스키(Gleb Ivanovich Uspensky)의 한 주인공이 등장하는 장면을 예로 들어보자. 이것은 불행한 유형수가 자신

---

12 러시아 시인 추체프(1803~73)의 시 「섬광」(1825)에 나오는 한 구절이다 - 옮긴이.

이 품고 있는 거대한 생각을 표현하지 못한 채 맥없이 괴로워하며, 신이 개념을 내려줄 것이라고 기대하면서 성자에게 기도하러 떠나는 장면이다. 그는 표현하지 못해 괴로운 심정이다. 그러나 본질적으로 이렇게 불쌍하게 상처 입은 두뇌활동을 체험하는 것은 시인이나 사상가가 겪는 언어의 고통과 결코 다른 것이 아니다. 그는 거의 같은 말을 한다. "나의 친구여, 나는 너에게 숨김없이 이야기했을 것이다. 하지만 우리에게는 그런 언어가 없다. [……] 내가 말하려는 것은 생각으로 성립하지만, 언어로 표현되지 않는다. 그런 우리의 슬픔은 바보들의 괴로움이다." 시간이 지남에 따라 어둠은 순간적인 빛으로 변하고 생각은 유형수에게 분명해진다. 그리고 그는 시인과 같이 '신비를 깨달은 얼굴이 된다.' 그는 다음과 같이 설명하기 시작한다.

"만약 내가 예를 들어 대지로 간다면 그것은 내가 대지에서 태어났기 때문이다. 만약 내가 예를 들어 대지로 돌아간다면 어떤 이가 나에게 그 대가를 받을 수 있었단 말인가?"

"아아." 우리는 기쁜 듯이 소리를 질렀다.

"봐요, 그것도 말이 필요해요. [……] 여러분, 어떻게 되는지 보시오……."

유형수는 일어나 방 가운데 서서 손가락 하나를 따로 세울 준비를 하고 있었다.

"여기서 가장 중요한 것은 아직 말로 표현되지 않았다오. 정말 필요한데 어째서일까? 예를 들어……."

그는 여기서 분명히 말했다.

"누가 너에게 영혼을 주었느냐?"

"신이."

"그래, 좋아. 이번에는 여기를 봐라……."

우리는 보려고 했지만 유형수는 또다시 힘을 잃고 더듬거렸고, 넓적다리를 손바닥으로 치면서 거의 필사적으로 외쳤다.

"좋아, 아무것도 하지 마! 모두가 거기가 아니고……. 오, 맙소사! 그러니까 나는 너에게 그 정도만 말하고 싶은 거야! 어디서도 말은 필요한 거야! 영혼에 대해! 응? 얼마나! 아니, 아니!"

이 경우에 생각을 말에서 구분하는 경계, 사고를 언어에서 구분하는 건널 수 없는 화자의 루비콘강은 명료하게 나타난다. 만약 생각이 그 구조와 흐름에서 언어와 직접적으로 일치한다면, 우스펜스키가 묘사한 그런 경우는 불가능했을 것이다. 그러나 실제로 생각은 자신의 특별한 구조와 흐름을 가지고 있으며, 그로부터 언어의 구조와 흐름으로 이행하는 것은 앞선 장면에서 나온 주인공만이 겪는 어려움이 아니다. 말 뒤에 숨어 있는 생각의 문제를 아마도 심리학자보다 무대 예술가가 먼저 느꼈을 것이다. 특히, 스타니슬랍스키(Konstantin Sergeevich Stanislavsky)의 체계에서 우리는 희곡의 모든 대화 속에 숨어 있는 내면적 의의를 재현하려고 했던, 즉 모든 발언의 배후에 있는 생각과 열망을 밝히려고 했던 시도를 발견한다. 다시 한번 예를 들어보자.

차츠키가 소피아에게 말한다.

"믿음이 있는 사람은 행복하오. 그에게 이 세상은 따뜻할 것이오."[13]

이 구절의 내면적 의의를 스타니슬랍스키는 '대화를 그만둡시다'라는 생각으로 이해했다. 우리는 동일한 구절을 다른 생각의 표현으로서, 즉 '나는 당신을 믿지 않는다. 당신은 나를 달래기 위해 그런 위로의 말을 한다.'로 이해할 수도 있다. 이 구절에 다음과 같은 또 다른 생각이 표현된 것으로 볼 수도 있다. '당신이 얼마나 나를 괴롭히는지 정말 모르느냐. 나는 당신을 믿고 싶었다. 이것은 나에게 행복이었으니까.' 살아 있는 사람이 말하는 살아 있는 구절은 항상 내면적 의의, 즉 배후에 가려진 생각을 가지고 있다. 심리적 주어, 술어가 문법적 주어나 술어와 일치하지 않는 경우를 보여주기 위해 인용한 예들에서 우리는 분석을 끝까지 하지 못하고 중도에 그만두고 말았다. 동일한 구절이 다양한 생각의 표현이 될 수 있듯이 동일한 생각이 다양한 구절에 표현될 수도 있다. 문장의 심리적 구조와 문법적 구조 사이의 불일치는 무엇보다도 어떤 생각이 이 문장에 표현되었느냐로 결정된다. '왜 시계가 섰어?'라는 물음에 '시계가 떨어졌어'라고 대답하는 것에는 '시계가 떨어져서 고장 난 것은 내 책임이 아니다'라는 생각이 들어 있을지도 모른다. 그리고 동일한 생각이 다른 구절로 표현될 수도 있다. 예를 들면 '나는 다른 사람 물건에 손을 대지 않아. 나는 먼지를 닦고 있었어'가 바로 그것이다. 만약 이 경우에 표현하려던 생각이 변명하는 것이었다면 이 구절 중에 어느 것도 그런 생각을 표현할 수 있을 것이다. 이 경우에 여러 가지 의미를 지니고 있는 다양한 구절이 동일한 생각을 표현하는 것이다.

우리는 이와 같이 생각은 직접적으로 언어적 표현과 일치하지 않는다는 결론에 도달하게 되었다. 생각은 언어같이 개별적 단어들로 구성

---

13 러시아 극작가 그리보예도프(1795~1829)의 희곡 『지혜의 슬픔』(1822~24)에 나오는 한 구절이다 ─ 옮긴이.

되지 않는다. 만약 내가 오늘 푸른색 점퍼를 입은 소년이 맨발로 뛰어가는 것을 보았다는 생각을 전달한다면, 나는 소년과 점퍼, 점퍼가 푸른색이었다는 것, 소년이 신발을 신지 않았다는 것, 소년이 뛰어갔다는 것을 별개로 보지 않을 것이다. 나는 이 모든 것을 통일된 생각의 행위 속에서 보지만 이것을 언어로 표현할 때는 개별적인 말로 분해한다. 생각은 항상 전체를 이루며, 그 길이와 용량에서 개별적 말보다 훨씬 크다. 연설하는 사람은 자주 동일한 생각을 몇 분에 걸쳐 전개한다. 이러한 생각은 연설자의 머릿속에서 전체로서 존재하지, 언어가 전개되는 것처럼 결코 개별적인 단위로 점진적으로 발생하지 않는다. 생각은 동시다발적으로 존재하지만, 언어는 연속적으로 전개된다. 생각은 말들의 비를 뿌리는 구름에 비유할 수 있다. 그러므로 생각에서 언어로 이행하는 과정은 생각이 분해되고 그것이 말로 재생되는 복잡한 과정이다. 바로 이런 이유 때문에 생각은 말뿐만 아니라 생각을 표현하는 말의 의미와도 일치하지 않는다. 생각에서 말로 전이하는 과정은 의미를 횡단해 존재한다. 우리 언어에는 배후의 생각이나 숨은 내면적 의의가 존재한다. 생각을 말로 직접 이행하기는 불가능하기 때문에 항상 복잡한 경로가 필요하고, 말의 불충분함에 대한 탄식과 생각의 불완전한 표현에 대한 슬픔이 발생한다.

내가 마음에 말을 건네듯이
당신을 다른 사람에게 이해시켰다면……[14]

---

[14] 페트(Afanasy Afanasyevich Fet)의 시 ─ 옮긴이.

또는

아, 말 없이 마음으로 이야기하는 일이 가능했으면!¹⁵

이러한 탄식을 극복하기 위해 새로운 말의 의미를 찾아 생각에서 말로 가는 새로운 경로를 만들면서 말을 용해하려는 시도가 발생한다. 흘레브니코프(Viktor Vladimirovich Khlebnikov)는 이 일을 하나의 골짜기에서 다른 골짜기로 길을 내는 것과 비교하면서 뉴욕을 거치지 않고 모스크바에서 키예프로 직행하는 경로에 관해 언급했다. 그는 자신을 언어의 교통기사라고 불렀다.

이미 언급한 것처럼 실험은 생각이 말로 표현될 수 없지만, 말 속에서 완성되는 것이라는 사실을 보여준다. 그러나 가끔 우스펜스키의 주인공처럼 생각은 말 속에서 완성되지 않는다. 그는 자신이 생각하려는 것을 알고 있었을까? 기억하지 못했음에도 불구하고 기억하려는 것을 알고 있는 한 알고 있었을 것이다. 그는 생각하기 시작한 것일까? 기억을 시작하고 있는 한 시작했을 것이다. 그러나 과정으로서의 생각이 그에게 존재했을까? 이 물음에 대해서는 부정적으로 대답할 수밖에 없다. 생각은 외적으로 기호에 의해 매개될 뿐만 아니라 내적으로 의미에 의해 매개된다. 문제는 의식 간의 직접적 소통이 물리적으로뿐만 아니라 심리적으로도 불가능하다는 것이다. 이것은 오직 간접적이고 매개적인 경로를 통해서만 가능하다. 이러한 경로는 처음에는 의미, 나중에는 말에 의한 생각의 내적 매개 속에서만 존재한다. 그러므로 생각은 말의

---

15 구밀료프(Nikolai Stepanovich Gumilyov)의 시 「말」−옮긴이.

직접적인 의미와 결코 일치하지 않는다. 의미는 생각이 언어적으로 표현될 수 있도록 매개한다. 즉 생각에서 말로 이행하는 경로는 간접적이고 내적으로 매개된 경로다.

우리는 마침내 언어적 사고의 내적 국면에 대한 분석에서 마지막 결론만을 남겨놓게 되었다. 생각은 아직 이 전 과정의 최종심급이 아니다. 생각 자체는 다른 생각에서 나오는 것이 아니라 우리의 성향, 요구, 흥미, 충동, 흥분, 정서를 포괄하는 동기화된 의식의 영역에서 태어나는 것이다. 생각의 배후에는 격정적이고 의지적인 경향이 있다. 오직 이런 경향만이 사고 분석에서 마지막 '왜'라는 질문에 답할 수 있다. 우리가 앞에서 생각을 말의 비를 뿌리는 비구름으로 비유했지만, 이런 비유가 계속 가능하다면 생각의 동기는 구름을 움직이는 바람이라고 할 수 있을 것이다. 낯선 생각에 대한 현실적이고 완전한 이해는 오직 우리가 생각의 활동적·격정적·의지적 이면을 파헤칠 때만 가능하다. 생각의 발생을 유도하고 그것의 흐름을 제어하는 동기들에 대한 해명은 우리가 이미 사용한 예에서와 같이 어떤 역할에 대한 무대적 해석에서 그것의 내면적 의의를 밝히는 것으로 할 수 있다. 희곡에 등장하는 주인공의 모든 대화의 배후에는 스타니슬랍스키가 지적하듯이 일정한 의지적 과제를 수행하기 위한 욕망이 숨어 있다. 거기서 무대적 해석의 방법으로 재현되는 것은 항상 언어적 사고의 모든 행위에서 최초의 계기가 된다. 그러므로 스타니슬랍스키는 희곡의 텍스트와 나란히 주인공의 생각과 언어를 움직이는 대사 속의 욕망을 적어놓고 있다. 그러면 스타니슬랍스키가 해석한 차츠키라는 인물의 대사와 그것의 내면적 의의를 예로 들어보자.

희곡의 텍스트와 대사	예정된 의도

소피아

아, 차츠키, 당신이 돌아와서 정말 기 자신의 당혹스러움을 숨기려고 함.
뻐요.

차츠키

당신이 기쁘다니, 그것 참 잘됐군. 조롱함으로써 후회하게 하려는 의도
그런데 대체 누가 이런 식으로 기뻐 부끄럽지도 않은가!
하지?
결국 난 하인과 말들을 추위에 떨게 그녀를 솔직하게 만들려고 함.
하며 그저 나 혼자 스스로를 위로했
던 거였군.

리자

그런데 나리, 방금 문 밖에 계셨어요? 그를 진정시키려고 함.
오, 세상에, 우리가 지금 나리 이야기
를 한 지 5분도 지나지 않았어요. 어려운 상황에 있는 소피아를 도와주
아가씨, 말 좀 해보세요. 려고 함.

소피아

지금만이 아니야, 항상 그랬어. 차츠키를 진정시키려고 함.
당신은 나를 비난할 수 없을 거예요. 자신이 죄가 없다는 것을 알리려고 함.

540

차츠키

그랬다고 칩시다.   대화를 그만두려는 의도.

믿음이 있는 사람은 행복하오.   그에게 이 세상은 따뜻할 것이오.

그에게 세상은 따뜻할 것이오.

타인의 언어를 이해하는 데 상대방의 생각이 아니라 몇몇 말만을 이해하는 것으로는 불충분하다. 그러나 대화자의 생각을 이해하는 것은 그 생각을 발화하게끔 하는 동기에 대한 이해가 없다면 불충분한 이해가 된다. 마찬가지로 모든 진술에 대한 심리학적 분석에서 최종적으로 언어적 사고에 숨겨져 있는 내적 국면을 밝힐 때만 철저히 분석할 수 있을 것이다.

7. 결론

이것으로 우리의 분석은 끝났다. 이 분석에서 우리가 얻은 것이 무엇인지 정리해보자. 언어적 사고는 복잡하고 동적인 총체적 과정이다. 여기서 생각과 말의 관계는 하나의 국면에서 다른 국면으로 이행하는 것과 마찬가지로 일련의 내적 국면들을 통과해야 하는 운동으로 나타난다. 우리는 가장 외적인 국면에서 가장 내적인 국면으로 분석을 수행했다. 언어적 사고가 생생하게 살아 있는 희곡에서 운동은 반대 방향으로 진행되었다. 즉 어떤 생각을 자극하는 동기에서 생각 자체의 형성이나 생각이 내적 언어로 전환되는 계기로 그리고 그다음 단계에서는 외적 언어의 의미에서, 마지막으로는 말들 속에서 운동이 진행되었다. 그러나 생각에서 말로 이행하는 이러한 유일한 경로만이 실제로 존재한다고 생각하는 것은 올바르지 않다. 반대로 이 문제에 대해 우리가 알고 있는 한 매우 다양하게 산정될 수 있는 정반대의 운동과 이행이 가능하다. 그러나 우리는 현재 일반적으로 이렇게 복잡한 경로의 모든 단계에서 동기가 생각을 통해 내적 언어가 되거나, 내적 언어가 생각이 되거나, 내적 언어가 외적 언어로 되는 모든 방향의 운동이 가능하다는 것을 알고 있다. 이렇게 다양하고 실제적으로 생각이 말로 전화되는 과정의 운동을 연구하는 것은 우리의 과제가 아니었다. 우리는 오직 한 가지, 즉 생각과 말의 관계를 동적인 과정, 생각이 말로 전화되는 경로, 생각이 말 속에서 완성되고 구현되는 과정을 밝히는 데 주력했다.

*　*　*

우리는 이 연구에서 몇몇 특수한 문제를 다루었다. 사고와 언어의 문제에서 우리는 직접적인 관찰로는 인식할 수 없는 내적 측면을 연구하려고 했다. 우리는 심리학에서는 연구되지도 않고 잘 알려지지도 않은 달의 이면에 해당되는 말의 의미를 분석하려고 했다. 외부로부터가 아니라 내부로부터 개인에게 호소하는 언어의 의미적·내면적 측면은 가장 최근에 이르기까지 심리학의 불가사의한 미개척 분야였다. 대부분의 학자는 우리와 관계를 맺고 있는 언어의 형태적 측면을 연구했다. 그러므로 생각과 말의 관계는 여러 가지 해석 중에서도 내적이고 동적이며, 유동적인 과정의 관계가 아니라 불변적이고 견고하며 항상 고정되어 있는 사물들 간의 관계로 이해되었다. 그러므로 우리 연구의 기본적인 결론은 다음과 같이, 즉 움직이지 않고 항상 결합된 것으로 여겨졌던 과정이 실제로는 유동적으로 결합되어 있다는 명제로 표현할 수 있다. 가장 단순한 구조로 생각되었던 것이 우리 연구에서 복잡한 것으로 드러났다. 언어의 외적 측면과 내적 측면, 말과 생각을 구분하려는 것은 실제로 언어적 사고와 다름없는 이 통일체를 좀더 복잡하고 섬세하게 보여주려는 것 이외에 아무것도 아니다. 연구 결과가 보여주듯이 이러한 통일체의 복잡한 구조와 언어적 사고의 개별적 국면들 사이의 유동적 관계와 이행들은 오직 발달과정 안에서만 발생한다. 의미와 음성, 말과 사물, 생각과 말의 분리는 개념발달 역사에서 필연적인 단계다.

우리는 언어적 사고의 모든 복잡한 구조와 동적인 과정을 남김없이 설명하려는 의도를 가지고 있지는 않다. 우리는 다만 이 동적인 구조의 거대한 복잡성에 대한 최초의 표상을 실험에서 얻어지고 검토된 사실들에 근거해서 이론적으로 일반화하려고 했을 뿐이다. 우리에게 남은 일은 모든 연구 결과에 근거해서 생각과 말의 관계에 대한 일반적인 이해를 요약하는 것이다.

연합 심리학에서는 생각과 말의 관계를 반복해서 형성되는 두 가지 현상의 외적 관계로서, 즉 원칙적으로 한 쌍을 이루는 기억에서 발생하는 무의미한 두 말 사이의 연합적 결합과 완전히 유사한 것으로 생각하고 있었다. 구조 심리학은 이것을 생각과 말 사이의 구조적 연관으로 대체했지만, 이 연관의 비특수성에 관한 가정을 불변의 것이라고 보았다. 구조 심리학은 이 연관을 침팬지 실험에서 관찰한 막대기와 바나나의 경우와 같이 두 가지 대상 사이에서 발생하는 다른 모든 구조적 연관과 동렬의 것으로 간주했다. 이 문제를 다른 방식으로 해결하려고 했던 이론은 다음과 같은 두 가지 대립된 학설로 양극화되었다. 하나의 극단은 사고와 언어에 대한 순수한 행동주의적 이해[16]로서 생각은 음성이 없는 언어라는 공식으로 표현된다. 다른 극단은 뷔르츠부르크학파의 대표자인 베르그송이 발전시킨 것으로 생각은 언어에서 완전히 독립해 있으며, 말이 생각을 왜곡한다고 주장하는 극단적인 관념론적 학설이다. "말로 표현된 생각은 거짓이다"라는 추체프의 시 구절은 이 학설의 본질을 표현하는 공식이 될 수 있다. 바로 여기에서 베르그송의 말대로 의식을 현실에서 분리하고, 공간의 지배로부터 자유로운, 즉 의식이 지각하는 대로 언어의 틀을 깨고 우리의 개념을 자연적인 상태로 파악하려는 시도가 발생한다. 이 모든 학설은 사고와 언어에 관한 거의 모든 이론이 고유하게 가지고 있는 하나의 공통점, 즉 뿌리 깊고 원칙적인 비역사주의를 보여준다. 이 모든 이론은 순수한 자연주의와 순수한 정신주의의 극단 사이에서 동요하고 있다. 이 모든 이론은 사고와 언어의 역사 밖에서 사고와 언어를 보고 있다.

---

16 행동주의는 왓슨의 용어로 문자 그대로 '행동의 과학'을 의미한다. 행동주의는 미국 심리학의 중요한 전통이 되었다. 행동주의는 20세기 초에 등장하여 (손다이크의 영향을 받아) 현재에는 가장 영향력 있는 조류가 되었다. 행동주의는 자기 관찰방법만 인정하는 주관적·경험주의적 심리학에 대한 비판에서 발생했다. 행동주의는 이러한 전통에 반대하여 객관적 방법을 통한 객관적 과정(행동)의 연구를 추구했다. 비고츠키는 이른바 '자극-반응' 체계를 포함한 왓슨의 유명한 행동주의 모델에 호감을 가지고 있었다. 행동주의는 1920년대 소비에트 심리학에 영향을 많이 주었다. 그래서 비고츠키는 자신의 이론과 행동주의 사이에 내적 모순이 있었음에도 어쩔 수 없이 행동주의 개념을 사용했다. 1930년대 저작에서 비고츠키는 전통적인 행동주의의 2항 체계와 직접적으로 비교되는 3항 체계를 발전시켰다. 몇 년 후에 톨만(Edward Tolman)과 훌(Clark Leonard Hull)의 신행동주의가 인정받기 시작했다. 여기서 전통적인 행동주의의 2항 체계는 주체의 내적 상태를 반영하는 중간 고리를 포함하는 3항 체계로 대체되었다. 신행동주의 이론과 비고츠키의 3항 체계 사이에 외적 유사성이 있음에도 이들 사이에는 근본적인 방법론적 차별성이 존재한다 – 편집자.

하지만 오직 역사적 심리학과 내적 언어에 대한 역사적 이론만이 이 복잡하고 거대한 문제를 올바로 이해할 수 있다. 우리는 이러한 방법으로 연구하려고 했다. 우리가 도달한 결론은 짧은 말로 요약이 가능하다. 우리는 생각과 말의 관계가 말 속에서 생각이 태어나는 살아 있는 과정이라는 사실을 확인했다. 생각이 없는 말은 무엇보다도 죽어 있는 말이다. 이에 대해 어느 시인은 다음과 같이 노래했다.

    텅 빈 벌집의 꿀벌들처럼
    죽은 말은 악취를 풍긴다.[17]

그러나 또 다른 시인이 노래하듯이 말로 체현되지 않은 생각은 음침한 그림자나 '안개, 종소리, 벌어진 입' 같은 것이다.[18] 헤겔은 말을 생각에 의해 생명을 갖게 된 존재로 보았다. 이러한 존재는 우리의 생각에 절대적으로 필요하다.

생각과 말의 연관은 태초에 주어진 것이거나 영원한 것이 아니다. 이것은 발달과정에서 발생하며, 스스로도 발달한다. "태초에 말(단어)이 있었다." 성경에 나오는 이 구절에 대해 괴테는 파우스트의 입을 빌려 "태초에 행위가 있었다"라고 대답한다. 이것은 말을 가치평가 하려는 것이다. 그러나 구츠만은 다음과 같이 지적한다. 만약 괴테와 같이 말 자체, 즉 음성화된 말을 너무 높이 평가하지 않고 성경의 이 구절을 "태초에 행위가 있었다"로 이해한다면, 역사발전의 관점에서 그것을 다

---

17 구밀료프의 시 「말」에서 인용 – 옮긴이.
18 러시아 시인 만델시탐의 시 「하지만 말로 체현되지 않은 생각은 음침한 그림자로 남으니……」에서 인용한 구절이다 – 옮긴이.

른 악센트로 읽을 수 있다. 즉 "태초에[19] 행위가 있었다." 구츠만은 여기서 행동의 최고 표현과 비교하여 말은 인간의 최고 발달 단계를 나타내는 것이라는 사실을 말하려고 했다. 물론, 그는 옳다. 말은 태초에 존재하지 않았다. 태초에는 행위가 있었다. 단어는 오히려 발달의 처음 단계보다 최후 단계를 구성한다. 말은 행위가 왕관을 차지하는 마지막 단계다.

*　*　*

결론에 즈음하여 향후 연구의 전망에 대해 몇 마디 언급하지 않을 수 없다. 우리는 연구를 통해서 사고의 문제보다 더 광범위하고 심오하며 거대한 문제, 즉 의식의 문제에 한층 밀접하게 접근하게 되었다. 우리의 연구는 시종일관 앞에서도 지적했듯이 달의 이면과 같이 실험 심리학에서 미개척지로 남아 있는 말의 다른 측면을 염두에 두고 있었다. 우리는 대상, 현실에 대한 말의 관계를 연구하려고 했다. 우리는 감각에서 사고로 진행되는 변증법적 이행과정을 실험적으로 연구하고, 사고 속의 현실은 감각 속의 현실과는 다르다는 것을 증명하려고 했다. 그리고 말의 기본적인 특징은 현실의 일반적인 반영이라는 것을 보여주려고 시도했다.

그러나 우리는 그것으로 말의 본성이 지니고 있는 다음과 같은 측면, 즉 사고 자체의 경계를 넘어서 좀더 보편적 문제인 말과 의식의 영역에서만 완전히 이 문제를 연구할 수 있다는 사실을 깨닫게 되었다. 만약

---

19 강조는 구츠만.

감각하는 의식과 사고하는 의식이 다른 방식으로 현실을 반영한다면, 그것은 다른 유형의 의식이다. 그러므로 사고와 언어는 인간 의식의 본성을 이해하는 열쇠다. 만약, '언어가 의식과 같이 오래된 것이다', '언어는 타인을 위해 존재하는 실재적인 것이고, 따라서 나 자신에게는 의식이다', '물질의 저주와 공기의 운동층의 저주가 태초에 순수한 의식을 짓누르고 있다'는 명제들이 사실이라면, 하나의 생각이 아니라 모든 의식 전체가 말의 발달과 연관되어 있는 것이 분명하다. 실제의 연구는 말이 의식의 개별적 기능에서가 아니라 의식 전체에서 중심 역할을 한다는 것을 보여주고 있다. 포이어바흐(Ludwig Andreas Feuerbach)의 표현대로 말은 의식 속에서 한 사람에게는 절대적으로 불가능하고, 두 사람에게는 가능한 것이다. 말은 인간 의식의 역사적 본성의 직접적 표현이다.

태양이 작은 물방울에 반영되듯이 의식은 말 속에 자신을 표현한다. 말과 의식의 관계는 미시적 세계와 거시적 세계, 살아 있는 세포와 유기체, 원자와 우주의 관계와 같다. 말은 의식의 소(小)세계다. 의미가 부여된 말은 인간 의식의 소우주다.

참고문헌

1. Пиаже, *Речь и мышление ребенка*, Госиздат, 1932.

2. Э. Блейлер, *Аугистическое мышление*, Одесса, 1927.

3. J. Piaget, *La représentation du monde chez l'nfant*, Librairie Félix Alcan, 1926.

4. J. Piaget, *La causalité physique chez l'nfant*, Librairie Félix Alcan, 1927.

5. В.И. Ленин, *Конспект книги Гегеля <Наука логики>*, Философские тетради, Изд. ЦК ВКП(б), 1934.

6. C. und W. Stern, *Die Kindersprache*, 4 Auflage, Verlag v. J.A. Barth, 1928.

7. Г. Фолькельт, *Экспериментальная психология дошкольника*, Госиздат, 1930.

8. E. Meumann, *Die Entstehung der ersten Wortbedeutung beim Kinde*, Philosophische Studien, B. XX.

9. W. Stern, *Person und Sache*, I. Band, Verlag v. J.A. Barth, Leipzig, 1905.

10. W. Köhler, *Intelligenzprüfungen an Menschenaffen*, 2 Auflage, Berlin, 1921.

11. R.M. Yerkes and E.W. Learned, *Chimpanzee Intelligence and its vocal expression*, Baltimore, 1925.

12. Б.М. Боровский, *Введение в сравнительную психологию*, 1927.

13. К. Бюлер, *Духовное развитие ребенка*, 1924.

14. W. Köhler, *Aus Psychologie des Schimpanzen*, Psychologische

Forschung, I, 1921.

15. K. Delacroix, *Le langage et la pensée*, 1924.

16. R.M. Yerkes, *The mental life of the monkeys and apes*, Behaviour monographs, 1916, III-1.

17. L. Lévy-Bruhl, *Les fonctions mentales dans les sociétés primitives*, 1922.

18. G. Kafka, *Handbuch der vergleichenden Psychologie*, B. I, Abt. I, 1922.

19. K. v. Frisch, *Die Sprache der Bienen*, 1928.

20. Ch. Bühler, *Soziologische und psychologische Studien über das erste Lebensjahr*, 1927.

21. В. Штерн, *Психология раннего детства*, 1922.

22. K. Bühler, *Abris der geistigen Entwicklung des Kindes*, 1923.

23. K. Koffka, *Grundlagen der psychischen Entwicklung*, 2 Auflage, 1925.

24. Дж. Уотсон, *Психология как наука о поведении*, 1926.

25. E.L. Thorndike, *The mental life of the monkeys*, 1901.

26. К. Маркс, *Капитал*, Т.1. М., 1920.

27. Плеханов, *Очерки по истории материализма*, Изд. 3, 1922.

28. Энгельс, *Диалектика природы*. <Архив Маркса и Энгельса>. Т.II. 1925.

29. J. Piaget, *Le langage et la pensée chez l'nfant*, 1923.

30. F. Rimat, *Intelligenzuntersuschungen anschliessend an die Ach'che Suchmethode*, 1925.

31. А. Гезелл, *Педология раннего возраста*, 1932.

32. Л. Леви-Брюль, *Первобытное мышление*, 1930.

33. К. Гроос, *Душевная жизнь ребенка*, 1916.

34. Э. Кречмер, *Медицинская психология*, 1927.

35. Ж.И. Шиф, *Развитие научных и житейских понятий*(диссертация).

36. Л.Н. Толстой, *Педагогические статьи*, Изд. Кушнерева и К°, 1903.

37. J. Piaget, *Psychologie de l'nfant et l'nseignement de l'istoire*, Bulletin trimestriel de la Conférence Internationale pour l'nseignement de l'istoire, Nr. Paris, 1933.

38. Дипломные работы студентов Ленинградского педагогического института им. Герцена(Арсеньевой, Заболотновой, Канушиной, Чантурия, Эфес, Нейфец и др.)

39. О. Кюльпе, *Современная психология мышления*, Новые идеи в философии, № 16, 1914.

40. Л.Ц. Выготский, *Педология подростка*, Учгиз, 1931.

41. A. Lemaitre, *Observations sur le langage intérieur des enfants*, Archives de Psychologie, 4, 1905.

찾아보기